**Prezado(a) Senhor(a):**

Os direitos autorais deste livro estão liberados até o dia 1º de janeiro de 2023.

Desta forma, qualquer cidadão ou empresa poderá, até a data especificada, reproduzir, traduzir, distribuir, comercializar, comunicar, pelas redes sociais ou espaços físicos, todo ou parte deste livro.

Espera-se, com essa medida, difundir o conhecimento dos fatos aqui relatados, colaborando assim com o voto consciente nas eleições de outubro de 2022.

| Walter Barretto Jr. | Luiz Fernando Emediato |
|---|---|
| O AUTOR | GERAÇÃO EDITORIAL |

APONTE A CÂMERA PARA O QR CODE E **BAIXE O LIVRO DE FORMA GRATUITA.**

WALTER BARRETTO JR.

# BOLSONARO E SEUS SEGUIDORES
# O HORROR EM 3.560 FRASES

GERAÇÃO

Copyright © 2021 by Walter Barretto Jr.
1ª edição — Agosto de 2022

Grafia atualizada segundo o Acordo Ortográfico da Língua Portuguesa de 1990, que entrou em vigor no Brasil em 2009.

Editor e Publisher
**Luiz Fernando Emediato**

Diretora Editorial
**Fernanda Emediato**

Produtora Editorial
**Ana Paula Lou**

Capa, Projeto Gráfico e Diagramação
**Marcelo Barreto**

Finalização
**Alan Maia**

Revisão
**Ana Maria Fiorini**

**Dados Internacionais de Catalogação na Publicação (CIP) de acordo com ISBD**

B274b   Barretto Jr., Walter
        Bolsonaro e seus seguidores: o horror em 3.560 frases / Walter Barretto Jr. – São Paulo : Geração Editorial, 2022.
        652 p. ; 15,6cm x 23cm.

        ISBN: 978-65-5647-076-4.

        1. Política. 2. Citações. 3. Frases. 4. Bolsonaro. 5. Seguidores. 6. Bolsonarismo. I. Título.

2022-2174                                          CDD 320
                                                                               CDU 32

**Elaborado por Vagner Rodolfo da Silva – CRB-8/9410**

**Índice para catálogo sistemático:**
1. Política   320
2. Política   32

Impresso no Brasil
*Printed in Brazil*

## DEDICATÓRIA

Às vidas ceifadas pela Covid-19.

AGRADECIMENTO

Aos(às) jornalistas, pela defesa da democracia e por informar corretamente aos brasileiros e brasileiras os riscos da Covid-19.

**Prezado(a) Senhor(a):**

Caso perceba que este livro pode ser aprimorado com a inclusão de alguma frase, ou mesmo que uma das frases publicadas necessita de alguma correção, no texto ou na fonte, ficaremos gratos se o(a) senhor(a) enviar a informação para o e-mail do autor: walter@barretto.com.br.

A alteração será realizada com a maior brevidade possível.

Gostaríamos de salientar que as frases foram reproduzidas em sua íntegra e, por isso, podem apresentar erros gramaticais.

ESTE LIVRO NÃO É ACONSELHADO PARA MENORES DE 18 ANOS.

Agradecemos a gentileza!

**Geração Editorial**

## INTRODUÇÃO

O livro *Bolsonaro e seus seguidores: o horror em 3.560 frases* é um registro histórico dessa triste fase da política contemporânea brasileira. Para mim, a produção do livro representou um misto de cansaço mental com a expectativa positiva de colaborar com a disseminação de conhecimento para uma reflexão pública sobre o projeto político da extrema direita brasileira, que surge em linha com movimentos extremistas e intolerantes verificados em diversos países do mundo.

Embora seja um livro de frases, proponho uma leitura para além delas. É preciso compreender a mensagem implícita. Lidas e interpretadas, cada uma delas, será possível perceber desconfortavelmente aonde chegamos. Espera-se que persista a incômoda pergunta de como permitimos isto!

Este é o segundo livro de uma série. Em dezembro de 2021, lancei, também pela Geração Editorial, o livro: *Bolsonaro e seus seguidores: 1.560 frases*. Agora, a obra é relançada com seu conteúdo atualizado e ampliado.

Apesar de eu ser um leitor assíduo dos temas da política brasileira, o personagem Jair Bolsonaro não estava no meu radar de leitura. Porém, no dia do *impeachment* da presidente Dilma Rousseff (2016), com a homenagem feita pelo então deputado Jair Bolsonaro ao coronel Brilhante Ustra, passei a conhecê-lo. Um primeiro susto, de centenas que estavam por vir.

A vida seguiu. E, infelizmente, o Brasil se manteve em um ambiente político muito tumultuado. Foi nesse cenário que o deputado Jair Bolsonaro se apresentou como candidato para a eleição presidencial de 2018. Mais uma vez, subestimei o cenário: "quem votaria para presidente em um deputado que homenageia alguém como Brilhante Ustra?".

Estava enganado! Bolsonaro passou a ser o político que melhor representava o *zeitgeist* — termo alemão que significa "espírito do tempo" — exatamente pelo seu discurso virulento. Aos poucos comecei a perceber que familiares, amigos e colegas de trabalho, assim como parte representativa da sociedade, estavam aderindo àquela candidatura que apresentava um conjunto de propostas que claramente faria o Brasil regredir ao século anterior, especialmente do ponto de vista civilizatório.

Porém continuava otimista, acreditando que na campanha eleitoral, com o contraponto dos demais candidatos, os esclarecimentos dos fatos pelos jornalistas, a opinião dos articulistas e acadêmicos, a sociedade brasileira escolheria qualquer outro caminho que não fosse a eleição de Jair Bolsonaro. E, registra-se, havia diversos políticos respeitáveis e dignos de receber os votos dos brasileiros no primeiro turno da eleição presidencial de 2018: Fernando Haddad, Ciro Gomes, Geraldo Alckmin, João Amoedo, Henrique Meirelles, Marina Silva, Álvaro Dias, Guilherme Boulos.

Até o dia da facada! Naquele momento, com a tragédia pessoal e política desenhada, finalmente percebi que o Brasil seguiria por caminhos turvos.

Sim, a maioria dos meus familiares, dos meus amigos e colegas de trabalho votaram em Jair Bolsonaro para a presidência da República.

A história seguiu, e, como todos sabemos, Bolsonaro venceu as eleições. No dia da posse, em 1º de janeiro de 2019, durante o discurso do presidente Jair Messias Bolsonaro — eu gosto de discursos —, ele disse, em pleno parlatório projetado por Oscar Niemeyer, que o "politicamente correto" iria acabar naquele governo que se iniciava. Eu dei risada e comentei: "ele vai falar muita bobagem nesses quatro anos".

## BOLSONARO E SEUS SEGUIDORES: O HORROR EM 3.560 FRASES

Eu estava enganado novamente! O que o Jair Bolsonaro começou a falar (e a fazer) na cadeira de presidente da República tomou a direção do horror, em vez do humor. E o pior: o fanatismo político dos seguidores de Bolsonaro os fazia aplaudir e apoiar todas as agressões proferidas pelo "mito", contaminando negativamente os ambientes onde viviam, inclusive os familiares, com crianças e adolescentes presentes.

Foi esse, por fim, o motivo que me fez escrever este livro, com as frases de Bolsonaro e de seus seguidores: as crianças e os adolescentes do Brasil, especialmente dessas famílias bolsonaristas. Num mundo em que as informações (verdadeiras ou falsas) circulam de forma praticamente instantânea, declarações públicas abjetas, que seriam repudiadas por toda a sociedade "nos tempos dos jornais de papel", acabam sendo rapidamente esquecidas — quando não são rapidamente suplantadas por declarações e eventos ainda mais repugnantes. Daí a necessidade de que as gerações futuras tenham acesso ao conteúdo, devidamente organizado em ordem cronológica, do que pensa e do que disse o líder desse projeto de poder. E, assim, possam examinar os fatos e decidir, com independência intelectual, os caminhos políticos e de valores a trilhar como sociedade.

Em seguida, veio a pesquisa. Cansativa, exaustiva, extenuante, nauseante. Na imprensa, nas redes sociais ou nas fontes oficiais da Câmara dos Deputados, as frases proferidas por Jair Bolsonaro e pelas pessoas que o admiram e o apoiam — seus seguidores — contam a história de diversos episódios ocorridos nesse período da história política brasileira.

No conteúdo do livro, bastam as frases de Bolsonaro e de seus seguidores? Sim. Afinal, não é necessário explicar a você, caro(a) leitor(a), o que significa e representa cada uma das 3.560 frases. Cada uma delas fala por si, sem a necessidade de qualquer mediação por parte deste autor.

Aos leitores que ainda apoiam Jair Bolsonaro, que o livro seja instrumento de reflexão. Você realmente compartilha desses valores que emanam das frases ditas pelo bolsonarismo?

**WALTER BARRETTO JR.**

Às crianças e adolescentes, que o livro contribua para que vocês sejam mais perspicazes que a minha geração foi. Que possam identificar e rejeitar, em seu nascedouro, um líder autoritário, intolerante e violento. Para que jamais se desonre novamente o cargo máximo da República brasileira!

Para o incauto leitor do futuro, que venha a encontrar um exemplar esquecido em alguma estante empoeirada, sugiro preparar seu espírito para mergulhar numa coletânea de frases que lhe parecerá extraída de alguma obra ficcional. Sim, vivemos estes tempos horríveis. As frases são legítimas e fomos obrigados a degluti-las com asco enquanto a vida se tornava insuportável. Precisamos retroagir séculos para reafirmar Copérnico, Galileu, Oswaldo Cruz, o estado laico, Darwin, Freud e tantos avanços civilizatórios que julgávamos sacramentados no passado longínquo. Para você, especialmente, a obrigação de, sabendo dos erros irremediáveis do passado, não permitir que venham a se repetir.

A todos, desejo, dentro do possível, uma boa leitura!

**18 de maio de 1991**
"(...) Como algumas pessoas acham que o cólera é uma doença sexual, pois teve origem num país que se chama Peru, algumas autoridades brasileiras — no caso o Sr. Presidente da República [Fernando Collor] — pensam que a recessão, a inflação e tudo o que de mau acontece no país têm origem no que se paga aos funcionários públicos civis e militares da União (...)." Deputado Jair Bolsonaro (PDC-RJ), no plenário da Câmara dos Deputados. Fonte: site da Câmara dos Deputados.

**11 de junho de 1991**
"(...) Quero fazer uma crítica ao Senhor Presidente da República [Fernando Collor]. Um Governo que pretende realmente erradicar o analfabetismo no Brasil não começa com planos de construir cinco mil CIACs [Centros Integrados de Atendimento à Criança] (...)." Deputado Jair Bolsonaro (PDC-RJ), no plenário da Câmara dos Deputados. Fonte: site da Câmara dos Deputados.

**15 de novembro de 1991**
"(...) Essa ação visa à volta da antiga ordem de prioridade na concessão de pensão às filhas dos militares (...)." Deputado Jair Bolsonaro (PDC-RJ), no plenário da Câmara dos Deputados. Fonte: site da Câmara dos Deputados.

**18 de dezembro de 1991**
"(...) Não quero falar hoje do chefe superior das Forças Armadas, que ontem encaminhou para o Congresso Nacional não um projeto de lei, mas um papel higiênico, onde bem se vê mais uma sujeira de sua parte (...) Não quero falar hoje sobre o Sr. ministro do Exército, este ministro fraco que já deveria ter pedido demissão há muito tempo (...) Que foi institucionalizada no Exército brasileiro a 'Medalha de Mérito de Ali Babá' (...)." Deputado Jair Bolsonaro (PDC-RJ), no plenário da Câmara dos Deputados. Fonte: site da Câmara dos Deputados.

24 de março de 1992
"(...) Defendo o princípio do direito adquirido (...) [o] direito à pensão das filhas solteiras de militares (...)." Deputado Jair Bolsonaro (PDC-RJ), no plenário da Câmara dos Deputados. Fonte: site da Câmara dos Deputados.

24 de março de 1992
"(...) Militares ocupantes de cargos no exterior, em sua grande parte, são pessoas que estão em fim de carreira e são muito bem remuneradas, recebendo em torno de nove mil dólares mensais como prêmio pelos seus 'serviços' — entre aspas — prestados ao Brasil. Esses militares realmente não prestam serviços. Em sua grande maioria, são militares que se agasalham no poder, que se mantêm subservientes ao sistema e acabam ganhando cargos no exterior como prêmio (...)." Deputado Jair Bolsonaro (PDC-RJ), no plenário da Câmara dos Deputados. Fonte: site da Câmara dos Deputados.

07 de julho de 1992
"(...) Eu, como cidadão, como deputado federal, como capitão da reserva do Exército e paraquedista também, e tendo em vista que a solenidade é aberta ao público, fui lá com a melhor das intenções para participar do evento. Para minha surpresa, por ordem do Sr. ministro Carlos Tinoco, logo na entrada da Brigada de Infantaria Paraquedista estava presente um pelotão da PE, um outro de soldados paraquedistas e mais um pelotão de 'arapongas' munidos de máquinas fotográficas e filmadoras. E a ordem foi apenas uma: 'Desculpa, capitão, mas Vossa Senhoria está proibido de assistir à solenidade' (...)." Deputado Jair Bolsonaro (PDC-RJ), no plenário da Câmara dos Deputados. Fonte: site da Câmara dos Deputados.

24 de outubro de 1992
"(...) O tempo é muito curto para que me defenda das acusações, que estão se tornando constantes (...) [que] seríamos os exterminadores de índios do nosso país. Penso que quem tem exterminado índios neste país são os demagogos como o Sr. Gilvan Borges, que defendem a demarcação de enormes áreas de terra nas quais possam enclausurar os índios, quando eles não têm mais condições de, após o contato com a civilização, viver isolados do nosso mundo (...)." Deputado Jair Bolsonaro (PDC-RJ), no plenário da Câmara dos Deputados. Fonte: site da Câmara dos Deputados.

30 de outubro de 1992
"Morreram poucos. A PM tinha que ter matado mil." Deputado Jair Bolsonaro (PDC-RJ), sobre o Massacre do Carandiru, em 2 de outubro de 1992, em que agentes da Polícia Militar mataram 111 detentos. Fonte: Folha, por Érika Kokay.

**BOLSONARO E SEUS SEGUIDORES: O HORROR EM 3.560 FRASES**

15 de janeiro de 1993
"(...) Muitos são os problemas sociais discutidos desta tribuna, como, por exemplo, o fim da violência através da implementação da pena de morte. Sou favorável à pena de morte (...)." Deputado Jair Bolsonaro (PDC-RJ), no plenário da Câmara dos Deputados. Fonte: site da Câmara dos Deputados.

1º de maio de 1993
"(...) Os militares deram apenas um golpe em 31 de março de 1964. Mas a partir daí, e em especial nos últimos anos, trata-se da classe que mais tem sofrido golpes neste país. Logicamente, (...) basicamente em cima dos nossos salários (...)." Deputado Jair Bolsonaro (PDC-RJ), no plenário da Câmara dos Deputados. Fonte: site da Câmara dos Deputados.

24 de junho de 1993
"(...) Sugiro que façamos um plebiscito para sabermos o que o povo, que é soberano, acha do atual papel do Congresso Nacional. Sr. Presidente, a atual Constituição garante a intervenção das Forças Armadas para a manutenção da lei e da ordem, conforme previsto no art. 142 (...)." Deputado Jair Bolsonaro (PDC-RJ), no plenário da Câmara dos Deputados. Fonte: site da Câmara dos Deputados.

24 de junho de 1993
"(...) Sou a favor, sim, de uma ditadura, de um regime de exceção, desde que este Congresso Nacional dê mais um passo rumo ao abismo, que no meu entender está muito próximo (...)." Deputado Jair Bolsonaro (PDC-RJ), no plenário da Câmara dos Deputados. Fonte: site da Câmara dos Deputados.

29 de outubro de 1993
"(...) A douta Comissão de Constituição e Justiça e de Redação analisou e rejeitou pelo voto representação da Mesa Diretora contra a minha pessoa, referente a pronunciamento que fiz no dia 24 de junho próximo — passado. Sr. Presidente, não poderia ter sido outra a decisão, porque o art. 53 da Constituição garante a inviolabilidade dos deputados e senadores em suas opiniões, palavras e votos. Por isso acabei sendo absolvido por 29 votos contra três. (...) Não pedi o fechamento do Congresso nem o fim da democracia, mas sim o fim do sistema em que estamos vivendo, o fechamento de um Congresso que não corresponde aos anseios do povo (...)." Deputado Jair Bolsonaro (PDC-RJ), no plenário da Câmara dos Deputados. Fonte: site da Câmara dos Deputados.

03 de dezembro de 1993
"(...) Ao pedir o fechamento do Congresso em 24 de junho próximo passado (sic), usando palavras fortes e figura extrema de retórica, por sentir junto ao povo o descrédito e o desagrado em relação ao mais transparente de todos os Poderes, o Legislativo, não estava errado; busquei, como parlamentar, alertar para a grave situação que o País atravessava e, infelizmente continua atravessando (...)." Deputado Jair Bolsonaro (PDC-RJ), no plenário da Câmara dos Deputados. Fonte: site da Câmara dos Deputados.

**24 de fevereiro de 1994**
"(...) Espero que não seja necessária a entrada da força nesta Casa [Câmara dos Deputados], mas, se por acaso se fizer necessária, eu, com cidadão brasileiro, vejo-me na situação de autoridade. Não serão apenas quinhentos soldados que expulsarão estes que estão aqui dentro (...)." Deputado Jair Bolsonaro (PPR-RJ), no plenário da Câmara dos Deputados. Fonte: site da Câmara dos Deputados.

08 de abril de 1994
"(...) Não tenho qualquer espaço na imprensa, porque critico o Plano FHC [Plano Real] (...)." Deputado Jair Bolsonaro (PPR-RJ), no plenário da Câmara dos Deputados. Fonte: site da Câmara dos Deputados.

**13 de abril de 1994**
"(...) Estamos vivendo uma ditadura nesta Casa [Câmara dos Deputados]. Embora o meu assunto não seja este, quero aqui nesta oportunidade, como não sou um conspirador, saudar o regime que se iniciou em 31 de março de 1964, do qual tenho saudades, e a população brasileira também. Digo isso porque naquela época, Sr. Presidente, vivíamos, sim, uma ditadura ideológica e hoje em dia vivemos uma ditadura econômica. Não foi um regime perfeito, os homens não eram perfeitos, e eu até diria que naquele tempo também roubavam sim, mas roubavam 10% e hoje roubam do povo brasileiro 90% (...)." Deputado Jair Bolsonaro (PPR-RJ), no plenário da Câmara dos Deputados. Fonte: site da Câmara dos Deputados.

**23 de junho de 1994**
"(...) Fui acusado de elaborar um plano terrorista: seriam detonados vários artefatos em diversas unidades da Vila Militar, como por exemplo a Academia Militar das Agulhas Negras, com o objetivo de chamar a atenção para a questão salarial dos militares. Naquela oportunidade houve uma vítima apenas, já que não fizeram explodir nada. As vítimas foram apenas o então capitão Jair Bolsonaro e outro companheiro, o capitão Fábio Paz da Silva. Respondemos a processo por oito meses. Não conseguimos justificação, mas felizmente a verdade veio à tona, e acabamos sendo absolvidos pelo Superior Tribunal Militar (...)." Deputado Jair Bolsonaro (PPR-RJ), no plenário da Câmara dos Deputados. Fonte: site da Câmara dos Deputados.

**BOLSONARO E SEUS SEGUIDORES: O HORROR EM 3.560 FRASES**

1º de julho de 1994
"(...) Amanhã entra em vigor uma moeda, o real. Votei contra o Plano de Estabilização Econômica (...)." Deputado Jair Bolsonaro (PPR-RJ), no plenário da Câmara dos Deputados. Fonte: site da Câmara dos Deputados.

07 de junho de 1995
"(...) Todos sabemos — infelizmente alguns poucos ainda não sabem — que a única instituição capaz de garantir a autoridade de um Presidente da República em momentos críticos são as Forças Armadas (...)." Deputado Jair Bolsonaro (PPR-RJ), no plenário da Câmara dos Deputados. Fonte: site da Câmara dos Deputados.

**17 de agosto de 1995**
"(...) Inicialmente, um breve registro: a cada dia, por suas atitudes, o Sr. Presidente da República [Fernando Henrique Cardoso], para mim, está valendo menos do que a meia furada que usava há dois dias (...)." Deputado Jair Bolsonaro (PPR-RJ), no plenário da Câmara dos Deputados. Fonte: site da Câmara dos Deputados.

**19 de outubro de 1995**
"(...) Os maiores inimigos dos militares sempre foram os seus próprios ministros [militares] (...)." Deputado Jair Bolsonaro (PPB-RJ), no plenário da Câmara dos Deputados. Fonte: site da Câmara dos Deputados.

**29 de fevereiro de 1996**
"(...) Já que até o presente momento não ouvi nenhum parlamentar falar a respeito da vinda do Sr. Alberto Fujimori [presidente do Peru] ao nosso país, quero manifestar a minha indignação pela maneira como aquele visitante foi tratado (...)." Deputado Jair Bolsonaro (PPR-RJ), no plenário da Câmara dos Deputados. Fonte: site da Câmara dos Deputados.

**20 de março de 1996**
"(...) A tentativa de reabrir casos de terrorismo do passado, lançando a culpa nos militares, parece ser a ordem do dia dos irresponsáveis de sempre. O Governo Fernando Henrique Cardoso, adotado em atos de desmando e corrupção, quer atrair a atenção pública para casos que a história sepultou. Não será com uma nova investigação sobre o caso Riocentro que trarão prosperidade ao Brasil (...)." Deputado Jair Bolsonaro (PPR-RJ), no plenário da Câmara dos Deputados. Fonte: site da Câmara dos Deputados.

## 19 de junho de 1996
"(...) Os sem-terra são massa de manobra que passam por marginais que invadem, saqueiam, sequestram, matam, ocultam cadáveres e têm um amplo espaço na mídia brasileira. Na grande maioria, pobres coitados e bem intencionados. Seus líderes são os verdadeiros vândalos (...)." Deputado Jair Bolsonaro (PPR-RJ), no plenário da Câmara dos Deputados. Fonte: site da Câmara dos Deputados.

## 04 de julho de 1996
"Sr. Presidente, diz o inciso I do art. 12: 'Art. 12 .. I — Constitui crime de tortura constranger alguém com emprego de violência ou grave ameaça, causando-lhe sofrimento físico ou mental' Pergunto: o que é grave ameaça? No meu entender, esse projeto nasceu do espírito de alguém que viveu no passado a tal chamada 'época da ditadura'. Parece que eles querem um projeto para se preservar de um possível futuro regime de exceção. Só que no regime de exceção não vale qualquer lei. (...)." Deputado Jair Bolsonaro (PPR-RJ), no plenário da Câmara dos Deputados. Fonte: site da Câmara dos Deputados.

## 31 de outubro de 1996
"(...) Hoje eu gostaria de questionar se realmente podemos considerar se a Amazônia ainda é nossa. Os sete grandes [países] do G7, de forma muito inteligente, aliada à falta de patriotismo das autoridades brasileiras, ao usar o índio como massa de manobra, demarcou absurdas áreas como terras indígenas na Região Amazônica (...)." Deputado Jair Bolsonaro (PPB-RJ), no plenário da Câmara dos Deputados. Fonte: site da Câmara dos Deputados.

## 09 de abril de 1997
"(...) Gostaria de elogiar o Sr. Presidente da República, Fernando Henrique Cardoso, pela criação da 'Secretaria da Vagabundagem', que prefere chamar, logicamente, de Secretaria dos Direitos Humanos (...)." Deputado Jair Bolsonaro (PPB-RJ), no plenário da Câmara dos Deputados. Fonte: site da Câmara dos Deputados.

## 24 de abril de 1997
"(...) Aproveito a oportunidade para elogiar o presidente do Peru, Sr. Alberto Fujimori (...)." Deputado Jair Bolsonaro (PPB-RJ), no plenário da Câmara dos Deputados. Fonte: site da Câmara dos Deputados.

## 23 de maio de 1997
"(...) Diz-se, no meio castrense, que o maior inimigo de um militar é outro militar. Quero, agora, mostrar que o maior inimigo do militar são os ministros militares e farei isso, logicamente, baseado em documentos (...)." Deputado Jair Bolsonaro (PPB-RJ), no plenário da Câmara dos Deputados. Fonte: site da Câmara dos Deputados.

## BOLSONARO E SEUS SEGUIDORES: O HORROR EM 3.560 FRASES

03 de julho de 1997
"(...) O que é mais importante, o médico ou o medicamento? Obviamente, o medicamento, instrumento sem o qual o médico não poderá exercer seu papel (...)." Deputado Jair Bolsonaro (PPB-RJ), no plenário da Câmara dos Deputados. Fonte: site da Câmara dos Deputados.

27 de julho de 1997
"O grande erro da ditadura foi não matar vagabundos e canalhas como [o presidente] Fernando Henrique [Cardoso]." Deputado Jair Bolsonaro (PPB-RJ). Fonte: Veja (12/01/2000).

06 de outubro de 1997
"Eu aprovo porque acho um absurdo a mulher ter um filho indesejado. Ela tem direito ao aborto. É o que permite a lei. (...) [Sou] radicalmente a favor da lei [e contra o] aborto pelo aborto. (...) O aborto indiscriminadamente, não." Bispo Edir Macedo, da Igreja Universal do Reino de Deus. Fonte: Folha, por Paulo Peixoto.

**30 de janeiro de 1998**
"(...) Está para chegar a essa Câmara mais um projeto de lei — e por que não dizer uma lei? — criando, infelizmente, o Ministério da Defesa, que também, muitos já sabem, nada mais é do que uma imposição norte-americana, visando, antes de tudo, retirar a participação dos militares nos assuntos mais importantes, ou seja, que tratam da segurança e soberania nacional. Sabemos do grande interesse norte-americano pela nossa Amazônia (...)." Deputado Jair Bolsonaro (PPB-RJ), no plenário da Câmara dos Deputados. Fonte: site da Câmara dos Deputados.

1º de abril de 1998
"Até vale uma observação neste momento: realmente, a cavalaria brasileira foi muito incompetente. Competente, sim, foi a cavalaria norte-americana, que dizimou seus índios no passado e, hoje em dia, não tem esse problema em seu país — se bem que não prego que façam a mesma coisa com o índio brasileiro; recomendo apenas o que foi idealizado há alguns anos, que seja demarcar reservas indígenas em tamanho compatível com a população." Deputado Jair Bolsonaro (PPB-RJ). Fonte: Revista Piauí, Folha, UOL (06/12/2018), por Chico Marés.

**06 de maio de 1998**
"(...) Hoje não quero defender a tortura, que considero plenamente válida neste país para acabarmos com alguns crimes, em especial os hediondos (...)." Deputado Jair Bolsonaro (PPB-RJ), no plenário da Câmara dos Deputados. Fonte: site da Câmara dos Deputados.

**06 de maio de 1998**
"(...) Hoje é um dia especialmente feliz para mim, porque uma luta que se arrasta desde que cheguei a esta Casa, em 1990, está prestes a chegar a seu final. Conseguimos, com muito sacrifício e a participação de outros, a integralização da pensão das viúvas dos militares (...)." Deputado Jair Bolsonaro (PPB-RJ), no plenário da Câmara dos Deputados. Fonte: site da Câmara dos Deputados.

**29 de maio de 1998**
"(...) Não vou entrar no mérito do que possa ou não possa falar da tribuna desta Câmara dos Deputados. Sei que, pelo art. 53 da Constituição, falo e opino sobre o que bem entender aqui. Se quiser pregar o fechamento do Congresso Nacional novamente, pregarei e tudo bem. Não estou nem um pouco preocupado com qualquer processo de cassação nesse sentido. E adianto até que acho que hoje em dia temos este Congresso Nacional só para dizer que há democracia (...)." Deputado Jair Bolsonaro (PPB-RJ), no plenário da Câmara dos Deputados. Fonte: site da Câmara dos Deputados.

**28 de outubro de 1998**
"(...) Há pouco um Parlamentar estava na tribuna dizendo que a sociedade não pode esquecer de generais torturadores como Augusto Pinochet, de generais que praticaram atos de exceção no passado, citando até generais brasileiros. Para que não se diga que nenhuma voz se levantou favoravelmente ao general Pinochet, quero dizer que este deputado está radicalmente contra o que está sendo feito não com o general, mas com o senador Pinochet, que, por ora, se encontra detido na Inglaterra por uma decisão da Justiça espanhola (...)." Deputado Jair Bolsonaro (PPB-RJ), no plenário da Câmara dos Deputados. Fonte: site da Câmara dos Deputados.

**26 de novembro de 1998**
"(...) Quem garantiu a transição para a democracia no Chile foi Augusto Pinochet. Lamento essa decisão inconsequente da Câmara dos Lordes, da Inglaterra, de extraditá-lo para a Espanha e fico muito preocupado com a situação que o povo chileno vai viver daqui para a frente (...)." Deputado Jair Bolsonaro (PPB-RJ), no plenário da Câmara dos Deputados. Fonte: site da Câmara dos Deputados.

**BOLSONARO E SEUS SEGUIDORES: O HORROR EM 3.560 FRASES**

27 de novembro de 1998
"(...) Homossexualismo não é doença. Doença tem cura, homossexualismo, não (...)." Deputado Jair Bolsonaro (PPB-RJ), no plenário da Câmara dos Deputados. Fonte: site da Câmara dos Deputados.

09 de dezembro de 1998
"(...) Dessas vinte pessoas, dezenove eram mulheres; e elas disseram que viviam muito melhor no regime militar do que no atual. Brevemente, no meu entender, chegará a hora de as mulheres novamente voltarem às ruas, como aconteceu em 1964 (...)." Deputado Jair Bolsonaro (PPB-RJ), no plenário da Câmara dos Deputados. Fonte: site da Câmara dos Deputados.

11 de dezembro de 1998
"(...) Quero dizer que as pessoas honestas e trabalhadoras do país nada têm a comemorar neste dia 10 de dezembro [Dia Internacional dos Direitos Humanos]. Enquanto as entidades que dizem defender os direitos humanos não definirem o que são seres humanos, nada teremos a comemorar, pois atualmente elas prestam-se apenas a defender direitos dos marginais, presidiários e vagabundos. Trata-se de uma tese tão forte que Fernando Henrique Cardoso até criou a 'Secretaria Nacional do Direito da Vagabundagem' (...)." Deputado Jair Bolsonaro (PPB-RJ), no plenário da Câmara dos Deputados. Fonte: site da Câmara dos Deputados.

22 de janeiro de 1999
"(...) Não há dúvida de que ontem esta Casa impôs grande derrota ao povo brasileiro. Ela não tem a ver com a democracia neste país. Maldita democracia! (...)." Deputado Jair Bolsonaro (PPB-RJ), no plenário da Câmara dos Deputados. Fonte: site da Câmara dos Deputados.

29 de abril de 1999
"(...) A questão do povo ianomâmi vem sendo tratado com certa frequência na ONU. No futuro, alegando os direitos humanos de 8 mil índios ianomâmis, ela poderá incentivar a independência da nação ianomâmi, como assim já é chamada por ela. (...)." Deputado Jair Bolsonaro (PPB-RJ), no plenário da Câmara dos Deputados. Fonte: site da Câmara dos Deputados.

23 de maio de 1999
"Ele merecia isso: pau de arara. Funciona. Eu sou favorável a tortura. Tu sabe disso. E o povo é favorável a isso também." Deputado Jair Bolsonaro (PPB-RJ), entrevista ao apresentador Jair Marchesini, no programa 'Câmera Aberta', na TV Bandeirantes. Fonte: Folha, por Érika Kokay.

**23 de maio de 1999**
"Não há a menor dúvida. Daria golpe no mesmo dia, no mesmo dia!" Deputado Jair Bolsonaro (PPB-RJ), em entrevista ao apresentador Jair Marchesini, no programa 'Câmera Aberta', na TV Bandeirantes. Fonte: YouTube.

**23 de maio de 1999**
"Através do voto você não vai mudar nada nesse país, nada, absolutamente nada! Só vai mudar, infelizmente, se um dia nós partirmos para uma guerra civil aqui dentro, e fazendo o trabalho que o regime militar não fez: matando uns 30 mil, começando pelo FHC, não deixar para fora, não, matando! Se vai morrer alguns inocentes, tudo bem, tudo quanto é guerra morre inocente." Deputado Jair Bolsonaro (PPB-RJ), entrevista ao apresentador Jair Marchesini, no programa 'Câmera Aberta', na TV Bandeirantes. Fonte: Folha, por Érika Kokay.

**23 de maio de 1999**
"Eu sonego tudo que for possível." Deputado Jair Bolsonaro (PPB-RJ), em entrevista ao apresentador Jair Marchesini, no programa 'Câmera Aberta', na TV Bandeirantes. Fonte: YouTube.

**25 de maio de 1999**
"Se fuzilassem 30.000 corruptos, a começar pelo presidente Fernando Henrique Cardoso, o país estaria melhor." Deputado Jair Bolsonaro (PPB-RJ). Fonte: Veja (12/01/2000).

**25 de maio de 1999**
"Se fosse o presidente, fecharia o Congresso, porque ele não funciona." Deputado Jair Bolsonaro (PPB-RJ). Fonte: Veja (12/01/2000).

**11 de junho de 1999**
"(...) Quero lamentar a criação do nefasto Ministério da Defesa. A partir de hoje, quando FHC [presidente Fernando Henrique Cardoso] reunir seu ministério, lá não estará presente um militar sequer. Seu trabalho de entregar o Brasil, dessa forma, será mais facilitado. Os traidores da Pátria e os entreguistas comemoram a criação desse ministério. Nosso dia chegará. Afinal, o povo deste país acredita em Deus e Ele nunca nos abandonou. O Brasil acima de tudo! É o que tenho a dizer." Deputado Jair Bolsonaro (PPB-RJ), no plenário da Câmara dos Deputados. Fonte: site da Câmara dos Deputados.

**BOLSONARO E SEUS SEGUIDORES: O HORROR EM 3.560 FRASES**

16 de junho de 1999
"Isso é que dá torturar e não matar." Deputado Jair Bolsonaro (PPB-RJ). Fonte: Veja (12/01/2000).

06 de agosto de 1999
"(...) Não estou buscando uma cassação, uma punição para minha pessoa nesta Casa. Não é também minha ideia afrontar nenhum parlamentar aqui. Respeito todos igualmente, mas exijo que respeitem o meu direito de opinar, em que pese serem opiniões antidemocráticas para alguns. Para minha surpresa, fiquei sabendo agora, sem ser ouvido nem nada, que está para chegar para o Plenário decidir um pedido de cassação temporária de meu mandato por trinta dias (...)." Deputado Jair Bolsonaro (PPB-RJ), no plenário da Câmara dos Deputados. Fonte: site da Câmara dos Deputados.

1º de setembro de 1999
"Ele [Hugo Chaves, presidente da Venezuela] não é anticomunista e eu também não. Na verdade, não tem nada mais próximo do comunismo do que o meio militar. Nem sei o que é comunismo hoje em dia. (...) Uma figura ímpar. (...) Quero passar uma semana lá [em Caracas] e ver se consigo uma audiência. (...) Gostaria muito que sua filosofia chegasse ao Brasil." Deputado Jair Bolsonaro (PPB-RJ). Fonte: Estadão (12/12/2017), por Adriana Ferraz.

03 de setembro de 1999
"(...) Há alguns dias, o jornal *Folha de S.Paulo* acusou-me de praticar nepotismo, porque empreguei, não em meu gabinete, a minha ex-companheira [Rogéria Nantes] nesta Casa. Primeiro, estou separado judicialmente. Meu divórcio saiu na semana passada (...)." Deputado Jair Bolsonaro (PPB-RJ), no plenário da Câmara dos Deputados. Fonte: site da Câmara dos Deputados.

28 de dezembro de 1999
"Para o crime que FHC está cometendo contra o país sua pena devia ser o fuzilamento." Deputado Jair Bolsonaro (PPB-RJ). Fonte: Veja (12/01/2000).

**1º de fevereiro de 2000**
"Tem de ser uma decisão do casal. (...) Já [vivi tal situação]. Passei para a companheira [Ana Cristina Valle]. E a decisão dela foi manter [Jair Renan Bolsonaro, o filho 'Zero Quatro']." Deputado Jair Bolsonaro (PPB-RJ), questionado sobre a legalização do aborto, em entrevista concedida à revista IstoÉ Gente. Fonte: IstoÉ Dinheiro (23/02/2022), Estadão Conteúdo.

**19 de março de 2000**
"(...) Talvez na próxima semana venha a ser votado nesta Casa o pedido de suspensão do meu mandato por trinta dias por destempero verbal. Não vou partir para a minha defesa tentando incriminar quem quer que seja. Pretendo apenas apelar para esta Casa ter em vista que o direito de manifestação e de opinião deve ser respeitado (...)." Deputado Jair Bolsonaro (PPB-RJ), no plenário da Câmara dos Deputados. Fonte: site da Câmara dos Deputados.

**18 de outubro de 2000**
"(...) No dia em que, como os países do Oriente Médio, tivermos bomba atômica, com toda certeza, o problema será resolvido. Como não dispomos dela, a visão expansionista norte-americana já se está fazendo presente na Amazônia (...)." Deputado Jair Bolsonaro (PPB-RJ), no plenário da Câmara dos Deputados. Fonte: site da Câmara dos Deputados.

**18 de outubro de 2000**
"(...) Quero agradecer aos 16.053 eleitores do Rio de Janeiro por terem acreditado no candidato a vereador Carlos Bolsonaro, meu filho, de 17 anos de idade, que só fará 18 anos em dezembro. Sua eleição é prova de que a juventude não quer apenas direitos, mas responsabilidade e deveres (...)." Deputado Jair Bolsonaro (PPB-RJ), no plenário da Câmara dos Deputados. Fonte: site da Câmara dos Deputados.

**20 de novembro de 2000**
"(...) Acho mesmo que vagabundo tem que ir para a vala, para o pau de arara e por aí afora — e infelizmente só mataram 111 no Carandiru (...)." Deputado Jair Bolsonaro (PPB-RJ), no plenário da Câmara dos Deputados. Fonte: site da Câmara dos Deputados.

**22 de novembro de 2000**
"(...) Fui um dos três Parlamentares que votou contra a criação do Ministério da Defesa. Já sabia que o objetivo do presidente Fernando Henrique Cardoso era o de esculhambar de vez as Forças Armadas (...)." Deputado Jair Bolsonaro (PPB-RJ), no plenário da Câmara dos Deputados. Fonte: site da Câmara dos Deputados.

**19 de maio de 2002**
"Não vou bater nem discriminar, mas, se eu vir dois homens se beijando na rua, vou bater." Deputado Jair Bolsonaro (PPB-RJ). Fonte: jornal Estado de Minas (14/04/2018), por Juliana Cipriani.

**30 de junho de 2002**
"Já tenho indicação de que, semanas após a posse de Lula [presidente eleito que tomaria posse em 1º de janeiro de 2003], será um pulo para vários deputados federais entrarem no PL." Valdemar Costa Neto, ao coligar o seu partido ao Partido dos Trabalhadores (PT). Fonte: Folha, por Fábio Zanini.

**07 de dezembro de 2002**
"(...) Quero também parabenizar, pelo transcurso da sua data natalícia, o mais jovem vereador da história do Brasil que, por coincidência, é meu filho Carlos Bolsonaro, que está completando 18 anos no dia de hoje (...). Parabéns a esse jovem e que siga, obviamente, os passos do seu pai (...)." Deputado Jair Bolsonaro (PPB-RJ), no plenário da Câmara dos Deputados. Fonte: site da Câmara dos Deputados.

**07 de dezembro de 2002**
"(...) E hoje, assistindo ao 'Bom Dia Brasil' [programa jornalístico da Rede Globo], ouvi do nobre jornalista Alexandre Garcia que ninguém deveria ser punido, porque tem imunidade. Mas quando me referi algum tempo atrás a fuzilar não sei quem, o mínimo que o Alexandre Garcia disse a meu respeito foi que eu deveria ser execrado desta Casa, porque eu havia ultrapassado os limites, e por aí afora." Deputado Jair Bolsonaro (PPB-RJ), no plenário da Câmara dos Deputados. Fonte: site da Câmara dos Deputados.

**12 de agosto de 2003**
"(...) Quero dizer aos companheiros da Bahia — há pouco ouvi um parlamentar criticar os grupos de extermínio — que enquanto o Estado não tiver coragem de adotar a pena de morte, o crime de extermínio, no meu entender, será muito bem-vindo. Se não houver espaço para ele na Bahia, pode ir para o Rio de Janeiro (...)." Deputado Jair Bolsonaro (PPB-RJ), no plenário da Câmara dos Deputados. Fonte: Congresso em Foco (13/10/2018).

### 03 de setembro de 2003

"(...) Esta semana, em caráter terminativo, as Comissões da Casa aprovaram projeto de lei de autoria da deputada Laura Carneiro, do Rio de Janeiro, que institui o Dia Nacional do Orgulho Gay e da Consciência Homossexual, a ser comemorado em 28 de junho, anualmente (...). Nossas crianças e adolescentes podem crescer direcionados para a visão de que ser gay ou homossexual é motivo de orgulho para si e para seus pais. (...) Daqui a pouco, será instituído feriado nacional no dia 28 de junho — não entendo por que não 24 de junho, seria mais apropriado. Não podemos, no momento em que os valores morais cada vez mais vão por terra, contribuir dessa maneira para a criação deturpada de nossos jovens (...)." Deputado Jair Bolsonaro (PPB-RJ), no plenário da Câmara dos Deputados. Fonte: site da Câmara dos Deputados.

### 10 de setembro de 2003

"(...) Vou ler aqui o que disse o ministro [da Justiça Márcio Thomaz Bastos] sobre o caso Chang, diante das televisões de todo o Brasil: 'Chega de tortura. Já sofremos muito disso na ditadura militar'. Sr. Presidente, isso é uma infâmia! Não há um só militar que tenha enriquecido durante o período em que estivemos sob o que eu chamo de regime militar (...)." Deputado Jair Bolsonaro (PPB-RJ), no plenário da Câmara dos Deputados. Fonte: site da Câmara dos Deputados.

### 23 de outubro de 2003

"(...) E há aqueles que pensam como um deputado evangélico do Rio de Janeiro que ontem, na Comissão, me criticou, dizendo que acredita na recuperação do homem. Eu dou uma sugestão a esse deputado evangélico e àqueles que também defendem os direitos humanos: se forem às portas dos presídios, constatarão que, todos os dias, presos estão sendo postos em liberdade. Chamem lá um estuprador, um homicida e contratem-no para ser seu motorista e levar sua filha ao colégio (...)." Deputado Jair Bolsonaro (PPB-RJ), no plenário da Câmara dos Deputados. Fonte: site da Câmara dos Deputados.

### 23 de outubro de 2003

"(...) Parece que o Brasil está em festa, pois está para ser aprovado o Estatuto do Desarmamento. Pão e circo para o povo. Lula tirou o pão, mas está mantendo o circo. Obrigado, Lula! O circo está aí (...)." Deputado Jair Bolsonaro (PPB-RJ), no plenário da Câmara dos Deputados. Fonte: site da Câmara dos Deputados.

### 24 de outubro de 2003
"(...) Pelos inúmeros serviços prestados à sociedade (...) no decorrer de sua carreira, atuou direta e indiretamente em ações promotoras de segurança e tranquilidade para a sociedade, recebendo vários elogios curriculares consignados em seus assentamentos funcionais. Imbuído de espírito comunitário, o que sempre pautou sua vida profissional, atua no cumprimento do seu dever de policial militar no atendimento ao cidadão. É com sentimento de orgulho e satisfação que presto esta homenagem [ao capitão Adriano Magalhães da Nóbrega]." Deputado estadual Flávio Bolsonaro (PP-RJ), em discurso na Assembleia Legislativa do Rio de Janeiro. Fonte: O Globo (22/01/2019), por Chico Otavio e Vera Araújo.

### 24 de outubro de 2003
"MOÇÃO Nº 2650/2003. EMENTA: DE LOUVOR AO 1º TENENTE PM ADRIANO MAGALHÃES DA NÓBREGA, DA POLÍCIA MILITAR DO ESTADO DO RIO DE JANEIRO, PELOS INÚMEROS SERVIÇOS PRESTADOS À SOCIEDADE. Autor(es): Deputado FLÁVIO BOLSONARO (PP/RJ). Plenário Barbosa Lima Sobrinho, 24 de Outubro de 2003." Deputado Flávio Bolsonaro (PP-RJ). Fonte: Assembleia Legislativa do Estado do Rio de Janeiro.

### 19 de novembro de 2003
"(...) Lugar para esse pessoal que defende direitos humanos é num Carandiru, num grande presídio junto com os marginais. Afinal de contas, tanto os defendem que deveriam viver ao lado deles. Quero dizer mais ainda: mais do que a certeza da impunidade que esses jovens assassinos têm é a certeza de que não faltarão integrantes do PT ou de entidades de direitos humanos para defender os que estão presos (...)." Deputado Jair Bolsonaro (PPB-RJ), no plenário da Câmara dos Deputados. Fonte: site da Câmara dos Deputados.

### 10 de dezembro de 2003
"(...) Quero saudar os sequestradores, os assassinos, os ladrões, os estupradores, porque hoje é o Dia Internacional dos Direitos Humanos (...)." Deputado Jair Bolsonaro (PPB-RJ), no plenário da Câmara dos Deputados. Fonte: site da Câmara dos Deputados.

### 1º de março de 2004
"MOÇÃO DE LOUVOR E CONGRATULAÇÕES AO CAP PM RONALD PAULO ALVES PEREIRA (...). JUSTIFICATIVA: Pelos importantes serviços prestados ao Estado do Rio de Janeiro (...)." Deputado Flávio Bolsonaro (PP-RJ). Fonte: Assembleia Legislativa do Estado do Rio de Janeiro (ALERJ).

04 de abril de 2004
"(...) É uma vergonha assistir a parlamentares da esquerda falarem sobre o que chamam de ditadura militar. Se hoje fosse feito uma pesquisa com as pessoas que viveram aquela época, 90% dos entrevistados diriam que naquele tempo se vivia muito melhor do que atualmente." Deputado Jair Bolsonaro (PTB-RJ), no plenário da Câmara dos Deputados. Fonte: site da Câmara dos Deputados.

31 de abril de 2004
"(...) 31 de março de 1964 é uma data reverenciada pelos brasileiros de bem, pelos democratas. (...) Para reverenciar a memória dos militares que, em 1964, evitaram fosse instalada no país ditadura totalitária de esquerda. Vou me ajoelhar, por alguns segundos... (Ajoelha-se o orador)." Deputado Jair Bolsonaro (PTB-RJ), no plenário da Câmara dos Deputados. Fonte: site da Câmara dos Deputados.

31 de março de 2005
"(...) Hoje é um dia muito especial para mim. Sou capitão do Exército Brasileiro e quero falar um pouco sobre o dia 31 de março de 1964 (...). A edição do AI-5 foi consequência da ação dos comunistas, que se lançaram à luta armada sob o pretexto de combater a 'ditadura'. Os militares sempre estiveram ávidos por entregar o controle do país aos civis, mas não puderam fazê-lo, ante o clima de guerra revolucionária desenvolvido pelas esquerdas. Os terroristas de ontem, hoje no poder, posam de combatentes da liberdade, camuflando a verdade histórica, que sempre foi a de tentar implantar no Brasil a ditadura do proletariado (...)." Deputado Jair Bolsonaro (PFL-RJ), no plenário da Câmara dos Deputados. Fonte: site da Câmara dos Deputados.

09 de setembro de 2005
"Tipo Título: Medalha Tiradentes. Nome: ADRIANO MAGALHÃES DA NOBREGA. Profissão: Militar PM. Autor: Flávio Bolsonaro. Local da Solenidade: Batalhão Especial Prisional." Deputado Flávio Bolsonaro (PP-RJ). Fonte: Assembleia Legislativa do Estado do Rio de Janeiro (ALERJ).

02 de fevereiro de 2006
"(...) Entendo que a FUNAI [Fundação Nacional do Índio] merece respeito, atenção e reformulação, mas ela precisa deixar de trabalhar para organismos internacionais e pensar no Brasil (...)." Deputado Jair Bolsonaro (PP-RJ), no plenário da Câmara dos Deputados. Fonte: site da Câmara dos Deputados.

02 de maio de 2006
"(...) Sou favorável à redução da maioridade penal para até 12 anos de idade. Meu filho caçula tem 9 anos, e tem plena consciência do que está fazendo (...)." Deputado Jair Bolsonaro (PP-RJ), no plenário da Câmara dos Deputados. Fonte: site da Câmara dos Deputados.

**BOLSONARO E SEUS SEGUIDORES: O HORROR EM 3.560 FRASES**

### 18 de maio de 2006
"(...) Aproveitando o ensejo, faço um breve comentário sobre projeto de lei de autoria de alguns petistas, acerca do Sistema Nacional de Prevenção da Tortura. Trata-se de projeto exclusivamente pautado na punição de agentes públicos de segurança acusados de prática de tortura física e psíquica. É brincadeira! Preconizam os autores a criação de um conselho, a quem competirá, entre outras 10 atribuições — sabemos como são compostos esses órgãos —, propor ao Governo Federal o pagamento de indenização para vítimas de prática de tortura (...)." Deputado Jair Bolsonaro (PP-RJ), no plenário da Câmara dos Deputados. Fonte: site da Câmara dos Deputados.

### 12 de julho de 2006
"(...) Trata-se de matéria sobre o deputado Luiz Eduardo Greenhalgh, que, com a Comissão de Direitos Humanos da Câmara, faz um retrato dos presídios no Brasil e defendeu os bandidos presos no nosso país, dizendo que eles são amontoados, que não têm alimentação correta, que não têm saúde, que alguns têm sarna, que não têm atendimento odontológico, e por aí afora. Ora, meu Deus do céu! Essas pessoas que estão presas fizeram por merecer e lutaram para ir para a cadeia (...)." Deputado Jair Bolsonaro (PP-RJ), no plenário da Câmara dos Deputados. Fonte: site da Câmara dos Deputados.

### 12 de fevereiro de 2007
"(...) Só dando um basta e adotando medida de força, num momento que não é de emoção — porque vivemos constantemente em emoção, em especial no Rio de Janeiro —, poderemos colocar um ponto final na questão e reduzir a maioridade penal, que no meu entender será muito bem aceita pela sociedade (...)." Deputado Jair Bolsonaro (PP-RJ), no plenário da Câmara dos Deputados. Fonte: site da Câmara dos Deputados.

### 28 de junho de 2007
"(...) Falarei hoje sobre um dos temas pelos quais sou apaixonado: o controle da natalidade (...)." Deputado Jair Bolsonaro (PP-RJ), no plenário da Câmara dos Deputados. Fonte: site da Câmara dos Deputados.

### 28 de junho de 2007
"(...) Temos aqui a riquíssima região amazônica, com toda a sua biodiversidade, gás, água potável, minérios e, o mais importante, no meu entender, levando-se em conta a população, grandes espaços vazios. Há notícias de que, há anos, alguns países pensam em alocar seu excesso populacional nessa área abandonada por nós (...)." Deputado Jair Bolsonaro (PP-RJ), no plenário da Câmara dos Deputados. Fonte: site da Câmara dos Deputados.

**18 de outubro de 2007**
"(...) Presidente, quando comecei a discursar, a TV Câmara cortou o sinal — essa tem sido a praxe quando eu discurso nesta Casa (...)." Deputado Jair Bolsonaro (PP-RJ), no plenário da Câmara dos Deputados. Fonte: site da Câmara dos Deputados.

**1º de maio de 2008**
"Ele deveria ir comer um capim ali fora para manter as suas origens." Deputado Jair Bolsonaro (PP-RJ), referindo-se ao índio Jacinaldo Barbosa. Fonte: CartaCapital (29/10/2018).

**1º de agosto de 2008**
"O erro da ditadura foi torturar e não matar." Deputado Jair Bolsonaro (PP-RJ), discursando em frente ao Clube Militar, no Rio de Janeiro. Fonte: CartaCapital (29/10/2018).

**11 de dezembro de 2008**
"(...) Louvo o AI-5 porque, pela segunda vez, colocou um freio naqueles da esquerda que pegavam em armas, sequestravam, torturavam, assassinavam e praticavam atos de terror em nosso país. Dizem que o AI-5 fechou o Congresso Nacional dando poderes ao Executivo para legislar, assumir as nossas atribuições, via decreto-lei. Pergunto: qual a diferença entre decreto-lei e medida provisória? Nenhuma! Ou melhor, o conteúdo, que é muito importante (...)." Deputado Jair Bolsonaro (PP-RJ), no plenário da Câmara dos Deputados. Fonte: site da Câmara dos Deputados.

**26 de maio de 2009**
"(...) Ontem meu filho [deputado estadual Flávio Bolsonaro] fez a sustentação oral de uma ação direta de inconstitucionalidade que ele mesmo interpôs no Tribunal de Justiça. Liminarmente, por 13 votos a 7, derrubamos a Lei de Cotas do Estado do Rio de Janeiro. Somos radicalmente contra qualquer cota, para quem quer que seja, que leve em conta a cor da pele, a raça, a origem, os problemas físicos, a ascendência. Seja lá o que for, a cota discrimina. Não podemos aprovar nesta Casa o Estatuto da Igualdade Racial (...)." Deputado Jair Bolsonaro (PP-RJ), no plenário da Câmara dos Deputados. Fonte: site da Câmara dos Deputados.

**27 de outubro de 2009**
"(...) Quero cumprimentar os que me antecederam. Só não concordo quando falam em ditadura militar. No regime militar, tinha-se autoridade e salário. Ditadura existe hoje em dia, disfarçada pelo voto (...)." Deputado Jair Bolsonaro (PP-RJ), no plenário da Câmara dos Deputados. Fonte: site da Câmara dos Deputados.

**BOLSONARO E SEUS SEGUIDORES: O HORROR EM 3.560 FRASES**

10 de março de 2010
"(...) Quanto mais se quer defender a mulher em nosso país, mais se prejudica o acesso delas ao trabalho. São tantos direitos que duvido que quem esteja nos ouvindo vá continuar dando empregos às mulheres. Demitir uma mulher é a coisa mais difícil que existe. Quando se criam certas vantagens como licença-gestante... (Pausa). Deixe-me falar? Para fazer demagogia, está cheio de gente nesta Casa (...)." Deputado Jair Bolsonaro (PP-RJ), no plenário da Câmara dos Deputados. Fonte: site da Câmara dos Deputados.

31 de março de 2010
"(...) Saúdo os militares e civis que, em 1964, tiveram a coragem de assumir o comando do país (...). Há alguma diferença hoje? Não. (...)." Deputado Jair Bolsonaro (PP-RJ), no plenário da Câmara dos Deputados. Fonte: site da Câmara dos Deputados.

1º de abril de 2010
"O Bolsa-farelo [Bolsa Família] vai manter esta turma no Poder." Deputado Jair Bolsonaro (PP-RJ). Fonte: o próprio Twitter.

19 de abril de 2010
"(...) Foi publicada uma foto na edição de hoje do jornal *Correio Braziliense* — e deve estar nos demais jornais — em que aquele maníaco de Goiás aparece enforcado. Lamento que no Brasil não haja pena de morte. Se houvesse, esse marginal, condenado pelos crimes anteriores, não precisaria praticar suicídio. Mas a foto — sem levar em conta o motivo que levou um ou outro a praticar suicídio — é idêntica à do suicídio do jornalista Vladimir Herzog (...)." Deputado Jair Bolsonaro (PP-RJ), no plenário da Câmara dos Deputados. Fonte: site da Câmara dos Deputados.

25 de novembro de 2010
"O filho começa a ficar assim meio gayzinho, leva um coro, ele muda o comportamento dele. Tá certo? Já ouvi de alguns aqui, olha, ainda bem que levei umas palmadas, meu pai me ensinou a ser homem." Deputado Jair Bolsonaro (PP-RJ), em programa da TV Câmara. Fonte: jornal Estado de Minas (14/04/2018), por Juliana Cipriani.

08 de dezembro de 2010
"(...) O Governo Federal está em vias de distribuir às escolas públicas de primeiro grau — a previsão é para o ano que vem — um kit contra a homofobia. Na verdade, meus companheiros, tenho certeza de que 90% do pessoal da Comissão de Educação não sabe disso. Com esse kit, em que são distribuídos alguns filmetes para garotos e garotas do primeiro grau, na verdade estimula-se o homossexualismo. Meus companheiros, eu acho que não estou ficando maluco (...)." Deputado Jair Bolsonaro (PP-RJ), no plenário da Câmara dos Deputados. Fonte: site da Câmara dos Deputados.

### 16 de março de 2011
"(...) Todos sabemos que, em 1979, foi sancionada a Lei da Anistia, que permitiu o retorno de muitos que estavam fora do país, não exilados, mas fugidos, inclusive daqueles que cometeram os mais bárbaros crimes. Os militares foram os responsáveis pela inserção deles na política nacional, e hoje eles estão no poder. Muitos deles, não satisfeitos com a situação, resolveram ao longo dos últimos anos fazer uma verdadeira caçada aos militares. Querem criar a Comissão da Verdade (...)." Deputado Jair Bolsonaro (PP-RJ), no plenário da Câmara dos Deputados. Fonte: site da Câmara dos Deputados.

### 30 de março de 2011
"Quem usa cota, no meu entender, está assinando embaixo que é incompetente. Eu não entraria num avião pilotado por um cotista. Nem aceitaria ser operado por um médico cotista." Deputado Jair Bolsonaro (PP-RJ). Fonte: CartaCapital (29/10/2018).

### 14 de abril de 2011
"(...) Estou disponibilizando na Internet e no meu gabinete, para quem quiser, o 'Kit Gay 2', lançado pela Secretaria Especial dos Direitos Humanos, uma verdadeira onda cor-de-rosa junto às escolas do primeiro grau do Brasil, pois a garotada recebe livro didático com a temática LGBT (...)." Deputado Jair Bolsonaro (PP-RJ), no plenário da Câmara dos Deputados. Fonte: site da Câmara dos Deputados.

### 16 de junho de 2011
"Uma vez eu fui ao programa 'SuperPop', da Rede TV!, e lá estava um casal de pastores homossexuais, um negro e um branco. Era a segunda vez que eu tinha contato com eles. O pessoal do Rio ficava falando: 'Pô, Bolsonaro, a gente quer saber quem é a menina lá, se é o negão ou se é o branquelo'. Aí perguntei [ao casal]: 'Quem é a menina aí?'. O negro ficou revoltado: 'Aqui são dois homens que se amam' [risos]. Não tenho nada a ver com a vida deles, repito, estou nessa briga por causa das escolas (...)." Deputado Jair Bolsonaro (PP-RJ). Fonte: revista Playboy (29/06/2021), por Jardel Sebba.

### 16 de junho de 2011
"Moro num condomínio, de repente vai um casal homossexual morar do meu lado. Isso vai desvalorizar minha casa! (...) Sim, desvaloriza! Se eles andarem de mão dada, derem beijinhos, vai desvalorizar. Porque, se uma pessoa quiser comprar minha casa e estiver adotando uma criança, vai ver aquilo e sair fora. Ninguém fala porque tem medo de ser taxado de homofóbico, mas é uma realidade (...)." Deputado Jair Bolsonaro (PP-RJ). Fonte: revista Playboy (29/06/2021), por Jardel Sebba.

16 de junho de 2011
"Prefiro que morra num acidente do que apareça com um bigodudo por aí. Para mim vai ter morrido mesmo. (...) [Eu] seria incapaz [de amar um filho homossexual]. Não vou dar uma de hipócrita aqui para fazer média com quem quer que seja. Teria vergonha mesmo. Acho que me abalaria politicamente, atrasaria minha vida (...)." Deputado Jair Bolsonaro (PP-RJ). Fonte: revista Playboy (29/06/2021), por Jardel Sebba.

16 de junho de 2011
"Acredito que homossexualismo vem das amizades, e aí vem drogas, vem tanta coisa atrás disso. E um filho meu não precisa se misturar com essa gente, como a Preta Gil, para ser feliz e vencer na vida (...) A promiscuidade da Preta Gil está no blog dela. Ela fala ali que é bissexual, diz que na casa dela os héteros eram exceção." Deputado Jair Bolsonaro (PP-RJ). Fonte: revista Playboy (29/06/2021), por Jardel Sebba.

16 de junho de 2011
"O cara vem pedir dinheiro para mim para ajudar os aidéticos. A maioria é por compartilhamento de seringa ou homossexualismo. Não vou ajudar porra nenhuma! Vou ajudar o garoto que é descente (...)." Deputado Jair Bolsonaro (PP-RJ). Fonte: revista Playboy (29/06/2021), por Jardel Sebba.

16 de junho de 2011
"No quartel, quando um soldado tinha algum problema nessa área [homossexualismo], eu tinha um cassetete de 1 metro e meio de altura escrito 'psicólogo'. (...) Não acredito em psicólogo. Sou retrógrado, neandertal, o que você quiser, mas não acredito (...)." Deputado Jair Bolsonaro (PP-RJ). Fonte: revista Playboy (29/06/2021), por Jardel Sebba.

16 de junho de 2011
"Geralmente os pedófilos são homossexuais. Baseado no que vejo, porra! Quando você fala um dois homens adotarem uma criança, ela vai crescer, com toda certeza, homossexual (...). O avanço do homossexualismo passa pela pedofilia também, e o consumo de drogas é a porta de entrada (...)." Deputado Jair Bolsonaro (PP-RJ). Fonte: revista Playboy (29/06/2021), por Jardel Sebba.

16 de junho de 2011
"Lá [em uma palestra em Florianópolis] defendi a justiça com as próprias mãos. (...) Nós não conseguimos mudar as leis como queremos, incluir a pena de morte, a prisão perpétua (...)." Deputado Jair Bolsonaro (PP-RJ). Fonte: revista Playboy (29/06/2021), por Jardel Sebba.

**16 de junho de 2011**
"Falam tanto em golpe militar... Ora, são sempre as Forças Armadas que dão golpe num país. É lógico! Não vão ser os jornalistas ou o pessoal da OAB, eles não tem fuzil! Quem dá golpe é quem tem força. Mas, se foi um golpe em 1964, de diga o nome do general ou do marechal que assumiu no dia 1º de abril. O pessoal reluta um pouquinho e responde: 'Castelo Branco'. Não, foi o [então presidente da Câmara dos Deputados] Ranieri Mazzilli. Só em 15 de abril que o [marechal] Castelo Branco assumiu. Que golpe é esse?" Deputado Jair Bolsonaro (PP-RJ). Fonte: revista Playboy (29/06/2021), por Jardel Sebba.

**16 de junho de 2011**
"Tortura sempre existiu desde que o homem é homem. (...) O advogado que eu vou trazer é um cassetete desse tamanho! (...) A Dilma Rousseff deveria ter recebido pena de morte. Ela participou de assalto; o grupo dela cometeu sequestro, latrocínio. Esses crimes merecem o quê?" Deputado Jair Bolsonaro (PP-RJ). Fonte: revista Playboy (29/06/2021), por Jardel Sebba.

**16 de junho de 2011**
"Agora eu fico imaginando um cara mantendo relações com o [deputado] Jean Wyllys. Meu Deus, além de homem, é feio! [risos]. Imagina esse cara olhando para trás e pedindo: 'Me dá um beijinho' [gargalhadas]." Deputado Jair Bolsonaro (PP-RJ). Fonte: revista Playboy (29/06/2021), por Jardel Sebba.

**17 de junho de 2011**
"(...) E nesse kit gay da nobre [deputada] Maria do Rosário [PT-RS] há 180 itens. Entre eles, cota para professor homossexual em escolas de primeiro grau; inserção em livros didáticos da temática diversidade sexual para o público infanto-juvenil; bolsa de estudos para jovem LGBT; estágio remunerado para jovem LGBT. O Governo está em via de lançar a campanha nacional de sexo seguro para jovens LGBT, ou seja, ensinar meninos de 15 anos a fazerem sexo com outro de 15, de forma segura. Essa é outra batalha que começamos (...)." Deputado Jair Bolsonaro (PP-RJ), em discurso na Câmara dos Deputados. Fonte: o site da própria Câmara dos Deputados.

**17 de junho de 2011**
"(...) Eu passei a frequentar o Conselho de Ética desde ontem. Mas tudo bem, a causa, a origem, é a mesma (...)." Deputado Jair Bolsonaro (PP-RJ), no plenário da Câmara dos Deputados. Fonte: site da Câmara dos Deputados.

**29 de junho de 2011**
"(...) Há poucos minutos, fui absolvido no Conselho de Ética e Decoro Parlamentar, pela representação do PSOL, por 10 votos a 7. Estou muito feliz e cumprimento a Comissão como um todo pela posição de independência tomada (...)." Deputado Jair Bolsonaro (PP-RJ), no plenário da Câmara dos Deputados. Fonte: site da Câmara dos Deputados.

**BOLSONARO E SEUS SEGUIDORES: O HORROR EM 3.560 FRASES**

29 de junho de 2011
"Atenção Boiolas, para infelicidade de vocês, eu sou hétero!" Vereador Carlos Bolsonaro (PPB-RJ). Fonte: o próprio Twitter.

02 de julho de 2011
"É mentira que o regime militar foi uma ditadura." Deputado Jair Bolsonaro (PP-RJ). Fonte: ÉPOCA.

02 de julho de 2011
"Não fui demitido, mas sim transferido para reserva remunerada, por força de imposição legal, ao ser diplomado vereador pelo Município do Rio de Janeiro, em 21 de dezembro de 1988." Deputado Jair Bolsonaro (PP-RJ). Fonte: ÉPOCA.

02 de julho de 2011
"Não posso ter opinião contrária, pois sou tachado de preconceituoso. Tenho paz na consciência e falo o que penso e tenho apoio de considerável parcela da sociedade." Deputado Jair Bolsonaro (PP-RJ). Fonte: ÉPOCA.

17 de outubro de 2011
"(...) Eu esperava não ter mais que tocar neste assunto, uma vez que já sofri um desgaste muito grande e fui jogado no Conselho de Ética. Acabei sendo absolvido, porque a maioria do Conselho era composta de héteros e de pessoas com vergonha na cara (...)." Deputado Jair Bolsonaro (PP-RJ), no plenário da Câmara dos Deputados. Fonte: site da Câmara dos Deputados.

31 de outubro de 2011
"(...) E o ministro [Fernando] Haddad, o ministro do kit gay, é o candidato do Lula lá em São Paulo, esse mesmo Lula que fala que a saúde pública vai muito bem, mas, quando tem um dodói qualquer, vai à rede particular, como está em São Paulo, agora, no Hospital Sírio-Libanês (...)." Deputado Jair Bolsonaro (PP-RJ), no plenário da Câmara dos Deputados. Fonte: site da Câmara dos Deputados.

29 de fevereiro de 2012
"(...) Vai ter um grande desafio na Baía de Angra dos Reis, onde o IBAMA, de forma truculenta, com violência inclusive, com invasão de domicílio, com queima de material, tem afastado os pescadores artesanais daquela área. Então, o Governo, o Governo da vossa presidente [Dilma Rousseff], que diz prezar pelo pobre, pelo trabalhador, não pode deixar com que o IBAMA continue perseguindo pescadores locais e artesanais (...)." Deputado Jair Bolsonaro (PP-RJ), no plenário da Câmara dos Deputados. Fonte: site da Câmara dos Deputados.

**16 de outubro de 2012**
"(...) Onde começou o kit gay? Começou no *Diário Oficial da União* de 12 de abril de 2010 — Haddad, pare de mentir! Fernando Haddad, pare de mentir —, à época ministro da Educação e Cultura. Está aqui no *Diário Oficial da União* (...). Atenção, povo católico, povo evangélico de São Paulo, povo paulistano, você quer que seu filho aprenda lições de homossexualismo no ensino fundamental? Se quer, vote no Haddad. Se quer que seu filho aprenda a ser homossexual desde cedo, vote no Haddad (...)." Deputado Jair Bolsonaro (PP-RJ), no plenário da Câmara dos Deputados. Fonte: site da Câmara dos Deputados.

**17 de outubro de 2012**
"(...) Eu vou falar sobre Fernando Haddad. Sr. Presidente, o Haddad tem uma política de estímulo à pedofilia (...)." Deputado Jair Bolsonaro (PP-RJ), no plenário da Câmara dos Deputados. Fonte: site da Câmara dos Deputados.

**21 de novembro de 2012**
"(...) Não estou contra empregada doméstica, não. Tenho duas lá em casa, inclusive uma babá. Pela PEC que está aqui, eu vou ter que pagar creche para a babá do meu filho, ou melhor, três creches para a babá de um único filho. Eu posso pagar, mas a massa de trabalhadores do Brasil não tem como arcar isto aqui. A previsão é a de que há 7 milhões de empregadas domésticas no Brasil. Pelo amor de Deus! Vão colocar na rua pelo menos 4 milhões de pessoas, que irão talvez para o Bolsa Família (...)." Deputado Jair Bolsonaro (PP-RJ), no plenário da Câmara dos Deputados. Fonte: site da Câmara dos Deputados.

**27 de fevereiro de 2013**
"(...) Por falar em tortura, essa tal Comissão da Verdade eu chamo de comissão da patifaria (...)." Deputado Jair Bolsonaro (PP-RJ), no plenário da Câmara dos Deputados. Fonte: site da Câmara dos Deputados.

**06 de março de 2013**
"(...) Gostaria de dizer que, a partir de amanhã, estarei na Comissão de Direitos Humanos (...)." Deputado Jair Bolsonaro (PP-RJ), no plenário da Câmara dos Deputados. Fonte: site da Câmara dos Deputados.

27 de março de 2013
"(...) Atenção, pedófilos, os que estimulam o homossexualismo nas escolas e os Deputados que querem a saída do deputado pastor Marco Feliciano da Comissão de Direitos Humanos! Está entendido o recado, para começar? Vamos lá. Primeiro, há uma pressão da [presidente] Dilma Rousseff para se retirar o deputado pastor Marco Feliciano dessa Comissão. Ela não tem compromisso com a família. Se tivesse, não teria indicado a Eleonora Menicucci para ser ministra das Mulheres, pois ela declara, no *Correio Braziliense*, que continua tendo relações com homens e mulheres, ou seja, no linguajar popular: sapatona! E ainda diz que o seu grande orgulho é a filha, que é gay (...)." Deputado Jair Bolsonaro (PP-RJ), no plenário da Câmara dos Deputados. Fonte: site da Câmara dos Deputados.

27 de março de 2013
"(...) [Presidente] Dilma [Rousseff], se a tua família é esta, é problema teu; se apoia gente com esta família, problema teu. Nós, brasileiros, não apoiamos! 'Inclusão da população LGBT nos programas de alfabetização nas escolas públicas'. Cota para professor homossexual na escola do ensino fundamental. Pobre que tem o filho na escola fundamental, é para o teu filho, para ensinar o teu filho ter como exemplo o traveco (...)." Deputado Jair Bolsonaro (PP-RJ), no plenário da Câmara dos Deputados. Fonte: site da Câmara dos Deputados.

**04 de abril de 2013**
"(...) Mais uma vez, eu quero cumprimentar o deputado pastor Marco Feliciano por estar à frente da Comissão de Direitos Humanos. Agora temos um homem sério nessa Comissão. Acabou a farra gay na Comissão e a farra com dinheiro público em emendas (...)." Deputado Jair Bolsonaro (PP-RJ), no plenário da Câmara dos Deputados. Fonte: site da Câmara dos Deputados.

**27 de maio de 2013**
"Em [19]70, 71 (...) Eu não tinha nenhuma ligação com eles [comunistas, na] política, infelizmente fui preso porque era uma pessoa simples e inocente da história e conhecia os caras, só isso (...). [Fiquei] dois meses preso, muita tortura, fiquei muito revoltado na época, pensei em virar um qualquer, um andarilho de rua... felizmente a paz estrutural que eu tenho de família fez com que eu levantasse a cabeça... eu saí de lá [da prisão] arrasado. Me torturaram, me deram choque, me deram pressão psicológica, uma série de coisas. Colocavam um capuz e me torturavam, as vezes batiam na mesa desesperadamente. Diziam que iam me jogar de cima de um avião, embaixo de um rio, que iam botar uma cobra comigo, essas coisas (...). Eu já tinha contado tudo que sabia, não tinha interesse de esconder nada, mas eles sempre achavam que você ainda tinha alguma coisa a mais para contar (...). Eu acho que eu não tinha que estar contra, brigando contra o governo, o governo estava defendendo de pessoas que estavam querendo tomar o país a força, com as armas nas mãos, nós podia (sic) ter virado uma Cuba, se isso tivesse acontecido (...). Não passei pro lado de ninguém [dos torturadores], não. Quando uma criança cospe na sua cara, chuta sua canela, o que a mãe e o pai deve fazer? Não deve corrigir? Então, eu estava fazendo uma coisa que não era correta (...). Eu acho que foi [uma boa correção que os torturadores me deram] (...). Eu acho que não era a forma de corrigir alguém [a tortura], mas eu estava errado, enfim eu acho que estava errado (...)." Amado Batista, cantor, em entrevista à apresentadora Marília Gabriela, no SBT. Fonte: YouTube, programa 'De Frente com Gabi', entrevista com Amado Batista, Parte 1.

**26 de agosto de 2013**
"E quando os manifestantes [médicos brasileiros] gritaram 'escravo, escravo, escravo' [se dirigindo aos médicos cubanos que iriam trabalhar no programa de governo 'Mais Médicos'], não foi no sentido pejorativo. Foi no sentido de defesa, de que eles estão submetidos a trabalho escravo e que estamos lutando para mudar aquele vínculo." José Maria Pontes, médico, presidente do Sindicato dos Médicos do Estado do Ceará (SIMEC) e ex-vereador de Fortaleza (CE). Fonte: Vermelho (26/03/2009).

**25 de setembro de 2013**
"(...) Cada um pode ter a opinião que bem entender sobre o fato, mas, no dia 9 de abril de 1964, este Congresso aqui votou o nome Castelo Branco para presidente da República. Inclusive Ulysses Guimarães votou em Castelo Branco. Juscelino Kubitschek, José Sarney e tantos outros nomes conhecidos votaram em Castelo Branco. Então, critiquem o período militar, mas não me venham falar em golpe. Se quiserem falar em golpe, vamos relacionar esses 361 deputados e senadores que votaram em Castelo Branco para presidente do país (...)." Deputado Jair Bolsonaro (PP-RJ), no plenário da Câmara dos Deputados. Fonte: site da Câmara dos Deputados.

## BOLSONARO E SEUS SEGUIDORES: O HORROR EM 3.560 FRASES

05 de fevereiro de 2014
"(...) Quero parabenizar a jornalista Rachel Sheherazade. Quem realmente é favorável à defesa de bandidos que os adote e os leve para casa, não os jogue no colo da sociedade (...)." Deputado Jair Bolsonaro (PP-RJ), no plenário da Câmara dos Deputados. Fonte: site da Câmara dos Deputados.

11 de fevereiro de 2014
"A única coisa boa do Maranhão é o presídio de Pedrinhas. É só você não estuprar, não sequestrar, não praticar latrocínio que tu não vai para lá. Vai dar vida boa para aqueles canalhas?" Deputado Jair Bolsonaro (PP-RJ). Fonte: UOL, por Bruna Borges e Fernanda Calgaro.

14 de fevereiro de 2014
"Os gays não são semideuses. A maioria é fruto do consumo de drogas." Deputado Jair Bolsonaro (PP-RJ). Fonte: El País.

14 de fevereiro de 2014
"Porque os mais pobres têm bolsas [benefícios] que os estimulam a terem mais filhos. Então, gente sem cultura acaba tendo mais filhos para ganhar 70 reais por mês." Deputado Jair Bolsonaro (PP-RJ). Fonte: El País.

14 de fevereiro de 2014
"E eu também defendo a pena de morte. Se levar o cara para a cadeira elétrica ele nunca mais vai matar, nem vai assaltar." Deputado Jair Bolsonaro (PP-RJ). Fonte: El País.

15 de março de 2014
"Ditadura, propriamente, não era. Era um regime autoritário forte. Agora, que não era uma democracia, não era. Não existe democracia em que o presidente pode editar ato institucional. Eu acho que a revolução escolheu bem a hora de entrar, mas não a de sair. Com o passar do tempo, o cachimbo entortou a boca. Por isso, saiu escorraçada." General Newton Cruz, chefe do Serviço Nacional de Informações (SNI) durante a ditadura militar, em entrevista à Folha. Fonte: Folha (16/04/2022).

22 de abril de 2014
"(...) E quero dizer que tenho um projeto que estende o porte de arma aos caminhoneiros em serviço, para lhes dar segurança por ocasião do seu trabalho Brasil afora (...)." Deputado Jair Bolsonaro (PP-RJ), no plenário da Câmara dos Deputados. Fonte: site da Câmara dos Deputados.

### 14 de outubro de 2014

"(...) Primeiro, eu queria agradecer a Deus a oportunidade que Ele me deu para continuar mais 4 anos ocupando esta tribuna. Queria agradecer também a oportunidade que deu ao meu filho, o policial federal Eduardo Bolsonaro, eleito por São Paulo para deputado federal com 82 mil votos. Queria agradecer ao pastor Marco Feliciano, que me ajudou na conquista da legenda e também ao deputado Gilberto Nascimento, que nos ofertou o tempo de televisão para a campanha dele em São Paulo. Ele gastou aproximadamente 50 mil reais e obteve 82 mil votos. O meu nome, o meu passado, obviamente, ajudaram bastante. É uma linha que eu tracei nesta Casa, desde quando aqui cheguei, em 1991. Podem alguns não gostar de mim, mas sabem exatamente qual é o meu posicionamento. Também queria agradecer a Deus a reeleição do meu filho Flávio Bolsonaro como o terceiro mais votado no estado do Rio de Janeiro. Um homem que já é querido pela Polícia Militar, pelo Corpo de Bombeiros Militar, pelos policiais civis e por uma grande parte da sociedade. Os quase meio milhão de votos que obtive, então, representam, sim, algo que eu prego aqui ao longo de 24 anos. E isso é motivo de orgulho para mim. E não é porque está dando certo a minha reeleição, é porque as minhas propostas, as minhas ideias, o que eu defendo é aquilo com que, cada vez mais, a população tem se identificado. E vamos continuar nessa mesma linha. Queria agradecer aqui ao Sr. Olavo de Carvalho, que me citou em seu blog, dizendo que, caso ele fosse eleitor no Rio de Janeiro, votaria em mim. É um homem que representa mais do que a direita, representa o direito em nosso país, representa a democracia e representa a verdade (...)." Deputado Jair Bolsonaro (PP-RJ), no plenário da Câmara dos Deputados. Fonte: site da Câmara dos Deputados.

### 12 de novembro de 2014

"O sujeito mostra o cu todo arrombado e proclama: 'Está vendo? Aí dentro não tem piroca nenhuma. É tudo teoria da conspiração'." Olavo de Carvalho. Fonte: o próprio Twitter.

### 05 de dezembro de 2014

"Aparentemente, não tenho alunos nem leitores: tenho seguidores, devotos, fiéis, militantes e cultores idolátricos. Todos iletrados e de baixíssimo QI. Ninguém discute as minhas ideias nem me cobra explicações. Ninguém ousa sequer fazer perguntas. Todo mundo recorta o que eu escrevo, gruda na parede, decora e recita antes de dormir para ver se ganha na loteria." Olavo de Carvalho. Fonte: o próprio Facebook.

### 09 de dezembro de 2014

"(...) Não saia, não, Maria do Rosário; fique aí! Fique aí, Maria do Rosário! Há poucos dias você me chamou de estuprador no Salão Verde, e eu falei que eu não a estuprava porque você não merece. Fique aqui para ouvir (...)." Deputado Jair Bolsonaro (PP-RJ), no plenário da Câmara dos Deputados. Fonte: site da Câmara dos Deputados.

**BOLSONARO E SEUS SEGUIDORES: O HORROR EM 3.560 FRASES**

**09 de dezembro de 2014**
"(...) Vamos aproveitar e falar um pouquinho sobre o Dia Internacional dos Direitos Humanos. No Brasil, este é o dia internacional da vagabundagem! Os direitos humanos no Brasil só defendem bandidos, estupradores, marginais, sequestradores e até corruptos! O Dia Internacional dos Direitos Humanos no Brasil serve para isso (...)." Deputado Jair Bolsonaro (PP-RJ), no plenário da Câmara dos Deputados. Fonte: site da Câmara dos Deputados.

**11 de dezembro de 2014**
"(...) Rede TV me convidou para uma entrevista no Salão Verde, porque eu sou um dos que têm proposta para redução da maioridade penal, e a Rede TV, então, queria ouvir meus argumentos. Por isso eu me fiz presente. Havia muita gente ao meu lado, e eu comecei a dar os argumentos por que eu era favorável à redução da maioridade penal. Ao terminar a entrevista, a deputada Maria do Rosário, que eu não sabia que estava presente — ela também iria dar uma entrevista para a Rede TV —, interrompeu-me e começou a me ofender, gratuitamente. O que eu estou falando aqui está no YouTube, não estou me defendendo, está no YouTube. Num dado momento, ela resolve, depois de várias ofensas, chamar-me de estuprador, do nada. Olhei para a cara dela, e ela repetiu: 'Estuprador'. Daí eu perguntei a ela: 'Eu, estuprador?'. Ela falou: 'Sim, você é estuprador'. Foi quando, então, veio o ato reflexo. O que eu podia fazer? Eu me defendi, Sr. Presidente. Eu disse a ela, num ato reflexo: 'Não sou estuprador, mas, se fosse, não iria estuprar você, porque você não mer (...)." Deputado Jair Bolsonaro (PP-RJ), no plenário da Câmara dos Deputados. Fonte: site da Câmara dos Deputados.

**05 de janeiro de 2015**
"Em breve, dar o cu e chupar pica em publico (sic) será um direito sacrossanto, consolidado em lei. Reclamar será crime de ódio." Olavo de Carvalho. Fonte: o próprio Twitter.

**10 de fevereiro de 2015**
"Quando falo em majorar as penas no nosso país, eu creio que temos que botar um freio na questão das progressões. Não pode um elemento cometer um crime e, ao cumprir um sexto da pena, às vezes, três quintos, ser posto em liberdade. Temos que botar um freio nos saidões, nas questões de indulto — estamos vendo agora José Genoíno pedindo indulto, 'o guerrilheiro de festim do Araguaia' pedindo indulto." Deputado Jair Bolsonaro (PP-RJ). Fonte: O Antagonista (21/04/2022).

**23 de fevereiro de 2015**
"Eu sou liberal. Defendo a propriedade privada. Se você tem um comércio que emprega 30 pessoas, eu não posso obrigá-lo a empregar 15 mulheres. A mulher luta muito por direitos iguais, legal, tudo bem. Mas eu tenho pena do empresário no Brasil, porque é uma desgraça você ser patrão no nosso país, com tantos direitos trabalhistas. Entre um homem e uma mulher jovem, o que o empresário pensa? 'Poxa, essa mulher tá com aliança no dedo, daqui a pouco engravida, seis meses de licença-maternidade...' Bonito pra caralho, pra caralho! Quem que vai pagar a conta? O empregador. No final, ele abate no INSS, mas quebrou o ritmo de trabalho. Quando ela voltar, vai ter mais um mês de férias, ou seja, ela trabalhou cinco meses em um ano." Deputado Jair Bolsonaro (PP-RJ), em entrevista ao jornal Zero Hora. Fonte: G1, Crescer, por Vanessa Lima.

**02 de março de 2015**
"[General Augusto Pinochet, ex-presidente do Chile,] fez o que tinha que ser feito. Devia ter matado mais gente. Tinha que agir de forma violenta para recuperar o país." Deputado Jair Bolsonaro (PP-RJ). Fonte: BBC News Brasil, por Júlia Dias Carneiro.

**10 de março de 2015**
"FIQUEM SEM [COMBUSTÍVEL]! NÃO TRABALHAREMOS, ENTÃO. O BRASIL PODE PARAR! NÃO ACEITAREMOS ESSE PREÇO. NÃO ABASTEÇAM! DEIXEM ELES COM A GASOLINA SOBRANDO, É A LEI DA OFERTA E DEMANDA. FIQUEM EM CASA OU VOLTEM DE ÔNIBUS. HOJE A [PRESIDENTE] DILMA [ROUSSEFF] DISSE QUE NÃO VAI BAIXAR [O PREÇO DOS COMBUSTÍVEIS], NÓS VAMOS FICAR SEM ALIMENTOS (...). PAREM DE ABASTECER OS CARROS." Taís Helena Galon Borges, circulando pela pista de abastecimento em um posto de combustível, em Caxias, no Rio Grande do Sul, quando o preço da gasolina chegou a R$ 2,80/litro. Fonte: Correio, Falando Verdades e DCM, por Joaquim de Carvalho.

**24 de março de 2015**
"(...) Eu gostaria que a esquerda explicasse por que essa tara tão grande no tocante à tortura, que muitas vezes é algo subjetivo (...)." Deputado Jair Bolsonaro (PP-RJ), no plenário da Câmara dos Deputados. Fonte: site da Câmara dos Deputados.

**BOLSONARO E SEUS SEGUIDORES: O HORROR EM 3.560 FRASES**

### 26 de março de 2015
"(...) Eu esperava não tocar mais neste assunto aqui, mas, como [a presidente] Dilma Rousseff não tem palavra, eu sou obrigado, em defesa das crianças e da família, a voltar a esse tema. Eu digo isso porque, em 2011, perante a bancada evangélica, ela falou que ia recolher aquele material conhecido como kit gay, porque era inadequado. Men-ti-ro-sa! Não é porque ela ficou presa 3 anos com Eleonora Menicucci, que declarou agora, em 2012, que continua fazendo sexo com homens e mulheres, que eu estou voltando a esse assunto. Não tenho a ver com a vida particular de ninguém. Nada! E não tenho nada a favor nem contra gay. A minha briga é contra o material homoafetivo que está chegando às escolas do ensino fundamental (...)." Deputado Jair Bolsonaro (PP-RJ), no plenário da Câmara dos Deputados. Fonte: site da Câmara dos Deputados.

### 08 de abril de 2015
"Nenhum pai tem orgulho de ter um filho gay." Deputado Jair Bolsonaro (PP-RJ). Fonte: O Globo Época, por Rita Constantino, Valter Costa e Yuri Riras.

### 14 de abril de 2015
"Eu não sou homofóbico, gordofóbico, flamengofóbico, heterofóbico. É o governo que estimula isso através do Plano Nacional de Promoção de Direitos Humanos e Cidadania LGBT. O governo é que joga homo contra hétero." Deputado Jair Bolsonaro (PP-RJ). Fonte: O Globo Época, por Rita Constantino, Valter Costa e Yuri Riras.

### 28 de maio de 2015
"(...) No início de 2011, foi ao ar uma entrevista minha no programa CQC. Quem comandava o programa era o Sr. Marcelo Tas. O programa foi ao ar, e aparecia primeiro uma pergunta da Preta Gil: 'O que você faria se seu filho se relacionasse com negra?' E houve a resposta minha: 'Meu filho foi muito bem educado, não corre esse risco, etc. etc. etc.'. Detalhe, Sr. Presidente: não foi aquela pergunta que a Preta Gil fez para mim no programa CQC. As perguntas estavam lá: 'Se seu filho se relacionasse com negra e com gay...'. E eu dei as respostas! Só que o Marcelo Tas, por maldade, inverteu a resposta (...). Me esculacharam: 'Racista!'. Foi doído! E a recomendação de gente do meu partido era: 'Vai mergulhar! Desaparece! Fica 1 mês fora! Diz que não entendeu'. Mas eu havia entendido a pergunta e dei a resposta (...)." Deputado Jair Bolsonaro (PP-RJ), no plenário da Câmara dos Deputados. Fonte: site da Câmara dos Deputados.

### 25 de junho de 2015
"(...) Agora o PGR [Procuradoria Geral da República] informou e sugeriu ao Supremo Tribunal Federal que nos desse um prazo para criminalizarmos a homofobia, sob pena de o Supremo [STF] poder tipificar como racismo a homofobia. (...) Agora, não partam para essa linha, porque, além de, no meu entender, estarem entrando na área do Congresso Nacional, isso é péssimo para a democracia!" Deputado Jair Bolsonaro (PP-RJ), no plenário da Câmara dos Deputados. Fonte: site da Câmara dos Deputados.

**14 de julho de 2015**
"(...) Posso até dizer aqui, se eu tiver imunidade, Sr. Presidente, por que Dilma Rousseff quer legalizar a pedofilia. Se me derem o direito de eu falar o que bem entender aqui, digo por que Dilma Rousseff quer legalizar a pedofilia no Brasil (...)." Deputado Jair Bolsonaro (PP-RJ), no plenário da Câmara dos Deputados. Fonte: site da Câmara dos Deputados.

**12 de agosto de 2015**
"(...) Se eu criticar haitiano aqui, agora sou terrorista?! Se eu for contra a entrada de haitiano no Brasil, que é o programa de poder do PT, eu sou terrorista, Sr. Presidente?! Eu peço aos nossos colegas consciência. Não podemos criticar a entrada de haitianos, senegaleses e cubanos aqui, que seremos terroristas. Onde este Congresso está com a cabeça? Pelo amor de Deus! Estão confundindo as coisas (...)." Deputado Jair Bolsonaro (PP-RJ), no plenário da Câmara dos Deputados. Fonte: site da Câmara dos Deputados.

**15 de setembro de 2015**
"Espero que o mandato dela [presidente Dilma Rousseff] acabe hoje, infartada ou com câncer, ou de qualquer maneira." Deputado Jair Bolsonaro (PP-RJ). Fonte: O Globo Época (15/06/2019), por Guilherme Amado.

**27 de setembro de 2015**
"A escória do mundo está chegando ao Brasil como se nós não tivéssemos problema demais para resolver." Deputado Jair Bolsonaro (PP-RJ). Fonte: CartaCapital (29/10/2018).

**30 de setembro de 2015**
"(...) O voto impresso é a garantia de eleições limpas para o ano que vem (...)." Deputado Jair Bolsonaro (PP-RJ), no plenário da Câmara dos Deputados. Fonte: site da Câmara dos Deputados.

**06 de outubro de 2015**
"(...) Acabei de ter acesso a uma pesquisa eleitoral para presidente em 2018. Continuo no G4, com 6,4%, o que é muito bom, é saudável. Sou uma pessoa diferente, lógico! Tem gente que gosta, gente que odeia, gente que detesta, mas nós temos que fazer a diferença, apresentar, realmente, um leque de opções para 2018. Detalhe: com o voto impresso, porque senão não vai dar para disputar as eleições com o PT (...). Assim como eu não tenho como comprovar que houve fraude, ninguém também do outro lado tem como comprovar que não houve fraude (...)." Deputado Jair Bolsonaro (PP-RJ), no plenário da Câmara dos Deputados. Fonte: site da Câmara dos Deputados.

**BOLSONARO E SEUS SEGUIDORES: O HORROR EM 3.560 FRASES**

**07 de outubro de 2015**
"(...) Quero falar da proposta de emenda à Constituição que trata do voto impresso. Se não aprovarmos essa PEC, o partido que está no Governo vai fazer o sucessor em 2018. O apelo que faço aos colegas é no sentido de trabalhar pela aprovação do voto impresso. Assim como não tenho prova de que houve fraude, ninguém tem prova para confirmar que não houve (...)." Deputado Jair Bolsonaro (PP-RJ), no plenário da Câmara dos Deputados. Fonte: site da Câmara dos Deputados.

**29 de outubro de 2015**
"Combateu o terrorismo e a guerrilha, por isso ele é um herói." General Hamilton Mourão, se referindo ao coronel Carlos Alberto Brilhante Ustra. Fonte: Folha, por Rubens Valente.

**24 de novembro de 2015**
"(...) Acredito que, para nós, no Brasil, derrotarmos o petismo em 2018, só mesmo havendo o voto impresso (...)." Deputado Jair Bolsonaro (PP-RJ), no plenário da Câmara dos Deputados. Fonte: site da Câmara dos Deputados.

**26 de novembro de 2015**
"Essa loja é da filha da Dilma (...). E eu fico impressionada como os filhos de presidentes no Brasil ficam milionários e se tornam grandes empreendedores. (...) E o mais interessante disso tudo é chamar Havan, a loja, né, com uma estátua da liberdade ao lado. Quer dizer que é chamar a gente de idiota, né? Estátua da Liberdade com um símbolo que lembra Cuba. (...) Olha para onde está indo seu dinheiro: lavagem de dinheiro." Carla Zambelli (PSL-SP). Fonte: Congresso em Foco (12/12/2019).

**09 de dezembro de 2015**
"(...) Umas das questões que mais será debatida, numa agenda bastante apertada, é a questão da terra indígena, que eu prefiro chamar de indústria da demarcação de terras indígenas. Nós temos a área mais rica do mundo, com biodiversidade, riquezas minerais, água potável, grandes espaços vazios e reservas de gás e petróleo, e estamos cada vez mais ameaçados de perdê-la, exatamente pela cobiça internacional. (...) Nós não podemos continuar correndo o risco iminente de perdermos a nossa Amazônia." Deputado Jair Bolsonaro (PP-RJ), no plenário da Câmara dos Deputados. Fonte: site da Câmara dos Deputados.

**14 de dezembro de 2015**
"Em breve só restarão duas religiões no mundo: maconha e cu." Olavo de Carvalho. Fonte: o próprio Twitter.

## WALTER BARRETTO JR.

**03 de fevereiro de 2016**
"(...) Por que o PT, o PCdoB e o PSOL odeiam propriedade privada? Porque eles nunca trabalharam. Nunca trabalharam! Não conhecemos ninguém desses partidos que tenha sido empresário, agricultor, empreendedor. Eles nunca trabalharam. Vieram ou de movimentos sindicais ou da ociosidade. Por isso, eles detestam a propriedade privada (...)." Deputado Jair Bolsonaro (PP-RJ), no plenário da Câmara dos Deputados. Fonte: site da Câmara dos Deputados.

**15 de fevereiro de 2016**
"Não empregaria [homens e mulheres] com o mesmo salário. Mas tem muita mulher que é competente." Deputado Jair Bolsonaro (PP-RJ), no programa 'SuperPop' de Luciana Gimenez, da RedeTV! Fonte: UOL.

**19 de fevereiro de 2016**
"Se eu quiser entrar armado aqui, eu entro." Deputado Jair Bolsonaro (PP-RJ), para seguranças da Fundação Getulio Vargas (FGV-RJ). Fonte: O Globo Época, por Rita Constantino, Valter Costa e Yuri Riras.

**03 de março de 2016**
"(...) Viemos a conseguir a urgência para a terça-feira, e, quem sabe, na própria terça-feira consigamos votar um projeto de lei para liberar a fosfoetanolamina, independentemente de qualquer parecer da ANVISA. Nós não queremos driblar a ANVISA, mas esta não pode continuar impedindo que aqueles que queiram lutar pela vida façam uso desse medicamento (...)." Deputado Jair Bolsonaro (PP-RJ), no plenário da Câmara dos Deputados. Fonte: site da Câmara dos Deputados.

**11 de março de 2016**
"Com o passar do tempo, com as liberalidades, as drogas e as mulheres trabalhando, aumentou bastante o número de homossexuais." Deputado Jair Bolsonaro (PP-RJ). Fonte: O Globo Época, por Rita Constantino, Valter Costa e Yuri Riras.

**31 de março de 2016**
"31 de março de 1964, devemos, sim, comemorar esta data. Afinal de contas, foi um novo 7 de Setembro (...). O Brasil merece os valores dos militares de 1964 a 1985." Deputado Jair Bolsonaro (PP-RJ). Fonte: Folha.

**BOLSONARO E SEUS SEGUIDORES: O HORROR EM 3.560 FRASES**

17 de abril de 2016
"Neste dia de glória para o povo brasileiro, um nome entrará para a história nesta data pela forma como conduziu os trabalhos desta Casa: Parabéns, Presidente Eduardo Cunha! Perderam em 1964. Perderam agora em 2016. Pela família e pela inocência das crianças em sala de aula, que o PT nunca teve... Contra o comunismo, pela nossa liberdade, contra a *Folha de S.Paulo*, pela memória do coronel Carlos Alberto Brilhante Ustra, o pavor de Dilma Rousseff! Pelo Exército de Caxias, pelas nossas Forças Armadas, por um Brasil acima de tudo, e por Deus acima de todos, o meu voto é 'sim'!" Deputado Jair Bolsonaro (PSC-RJ), votando 'sim' no processo de *impeachment* da presidente Dilma Rousseff. Fonte: site da Câmara dos Deputados.

24 de abril de 2016
"Minha propriedade privada é sagrada. Se um dia invadirem, não sairão!" Deputado Jair Bolsonaro. Fonte: O Globo Época (08/01/2019), por Rita Constantino, Valter Costa e Yuri Eiras.

18 de maio de 2016
"Na Bíblia diz que a mulher tem que casar com um homem." Deputado Jair Bolsonaro (PP-RJ). Fonte: O Globo Época, por Rita Constantino, Valter Costa e Yuri Riras.

09 de junho de 2016
"Costumo dizer que não falo o que o povo quer. Sou o que o povo quer." Deputado Jair Bolsonaro (PP-RJ). Fonte: ÉPOCA.

06 de julho de 2016
"(...) O que falta neste Brasil? Falta um Presidente da República que assuma, que diga o seguinte: 'Em combate, soldado meu vivo não senta em banco de réu'. E ponto final. Estamos em combate! Eu não ando à noite no Rio de Janeiro nem com segurança, nem com carro blindado (...)." Deputado Jair Bolsonaro (PSC-RJ), no plenário da Câmara dos Deputados. Fonte: site da Câmara dos Deputados.

08 de julho de 2016
"O erro da ditadura foi torturar e não matar." Deputado Jair Bolsonaro (PP-RJ), no programa 'Pânico', da Jovem Pan. Fonte: CartaCapital (29/10/2018).

08 de julho de 2016
"Completamente contra [a política de cotas para negros]. Você acha justo a minha neta ser cotista? Por que não? O meu sogro é o Paulo Negão." Deputado Jair Bolsonaro (PSC-RJ), em entrevista ao programa 'Pânico', da Jovem Pan. Fonte: o próprio YouTube do programa.

16 de julho de 2016
"Eu fumo há meio século, dois ou três maços por dia, e o meu pulmão está INTACTO, graças a Deus." Olavo de Carvalho. Fonte: o próprio Twitter.

18 de julho de 2016
"Desde que a OMS [Organização Mundial da Saúde] autorizou (e estimulou) a classe médica a apontar o tabagismo como 'causa mortis', em QUALQUER caso de morte de um paciente fumante, todas as estatísticas de 'morte por tabagismo' são FALSAS." Olavo de Carvalho. Fonte: o próprio Twitter.

26 de agosto de 2016
"O antitabagismo é o penúltimo refúgio dos canalha. O último é o desarmamento." Olavo de Carvalho. Fonte: o próprio Twitter.

27 de agosto de 2016
"Se o cigarro causasse câncer do pulmão e doenças cardíacas, a redução drástica do número de fumantes JAMAIS teria vindo junto com o aumento da incidência dessas doenças, como de fato veio." Olavo de Carvalho. Fonte: o próprio Twitter.

17 de setembro de 2016
"BOLSONARISTA MAV. CRACHÁ DA MILÍCIA. NOME: MARYA OLIMPIA. FUNÇÃO: Milícia das Mídias Sociais. PRESIDENTE BOLSONARO." Marya Olímpia Ribeiro Pacheco, promotora do Ministério Público do Distrito Federal e Territórios (MPDFT), em postagem no próprio Facebook, com outras imagens contendo símbolos nazistas. Fonte: Congresso em Foco (23/09/2021), por Lucas Neiva.

**22 de outubro de 2016**
"Vocês estão escancarando as portas do Brasil para tudo quanto é gente, isso vai virar a casa da mãe Joana, todo tipo de escória vai entrar aqui." Deputado Jair Bolsonaro (PP-RJ). Fonte: O Globo Época, por Rita Constantino, Valter Costa e Yuri Riras.

08 de novembro de 2016
"Sou capitão do Exército, conhecia e era amigo do coronel, sou amigo da viúva (...). O coronel Carlos Alberto Brilhante Ustra recebeu a mais alta comenda do Exército, a Medalha do Pacificador, é um herói brasileiro." Deputado Jair Bolsonaro (PP-RJ). Fonte: Folha, por Ranier Bragon.

**BOLSONARO E SEUS SEGUIDORES: O HORROR EM 3.560 FRASES**

### 09 de novembro de 2016
"Gostem ou não gostem, eu sou candidato em 2018. Minha arma são as palavras, minha bomba atômica é a verdade." Deputado Jair Bolsonaro (PP-RJ). Fonte: ÉPOCA.

### 23 de novembro de 2016
"(...) Nós não podemos dar margem para o povo pedir o fechamento do Congresso. Ninguém quer isso. Ninguém está pregando isso (...)." Deputado Jair Bolsonaro (PSC-RJ), no plenário da Câmara dos Deputados. Fonte: site da Câmara dos Deputados.

### 6 de dezembro de 2016
"(...) Não podemos, neste momento de crise mundial, escancarar as portas do Brasil para todo tipo de gente! Isso vai virar — desculpem-me o termo — a casa da mãe joana. Este país é nosso! Não é de todo mundo! Não podemos fazer isso. Até mesmo o [Donald] Trump ganhou as eleições na Flórida, juntamente com os cubanos, exatamente em função disso. Nós não podemos escancarar as portas do Brasil para o mundo! Nós não comportamos esse tipo de gente aqui dentro, sem controle! (...)." Deputado Jair Bolsonaro (PSC-RJ), no plenário da Câmara dos Deputados. Fonte: site da Câmara dos Deputados.

### 20 de dezembro de 2016
"(...) Lá atrás, eu fui vítima quando fui acusado de racismo. Era uma questão muito simples: a fita bruta comprovaria que a minha declaração, no programa CQC, não correspondia à pergunta feita pela cantora ou artista Preta Gil. Mas, por 3 anos, deixaram-me sangrando no Supremo Tribunal Federal. Depois, uma questão de crime ambiental. A data e a hora da autuação eram quase coincidentes com as de uma certidão que consegui nesta Casa, na qual constava o registro no painel eletrônico de votação. Mas fiquei 2 anos sangrando. No momento, sofro uma ação no Supremo [Tribunal Federal] por apologia ao estupro (...)." Deputado Jair Bolsonaro (PSC-RJ), no plenário da Câmara dos Deputados. Fonte: site da Câmara dos Deputados.

### 1º de janeiro de 2017
"Obediência e lealdade." Prevent Senior, lema utilizado pela empresa até o ano de 2017, e também pelo exército nazista. Fonte: O Antagonista (22/09/2021).

### 02 de fevereiro de 2017
"(...) Temos que ter um presidente que não peite, mas que procure o chefe do poder Judiciário e busque alternativas para isso. Ninguém pode admitir, em sã consciência, que o Supremo [Tribunal Federal] venha — se a informação do jornal *O Globo* for verdadeira — a legalizar maconha e cocaína." Deputado Jair Bolsonaro (PSC-RJ), no plenário da Câmara dos Deputados. Fonte: site da Câmara dos Deputados.

## 15 de fevereiro de 2017
"Somos um país cristão. Não existe essa historinha de Estado laico, não. O Estado é cristão. (...) As minorias têm que se curvar às maiorias. As minorias se adequam ou simplesmente desapareçam." Deputado Jair Bolsonaro (PSC-RJ). Fonte: CartaCapital (29/10/2018).

## 09 de março de 2017
"(...) Lamentavelmente, uma pequena área indígena está sendo ampliada em Miracatu, São Paulo, onde há montanhas de grafeno. O Brasil tem jeito, mas faltam brasileiros e políticos que pensem na sua Nação!" Deputado Jair Bolsonaro (PSC-RJ), no plenário da Câmara dos Deputados. Fonte: site da Câmara dos Deputados.

## 10 de março de 2017
"Parabéns a todas as mulheres do Brasil [pelo Dia da Mulher], porque eu defendo a posse de armas de fogo para todos, né? Inclusive vocês, obviamente, as mulheres. Nós temos de acabar com o mi-mi-mi. Acabar com essa história de feminicídio, que, daí, com arma na cintura, vai ter é homicídio, tá ok? Valeu, felicidades!" Deputado Jair Bolsonaro (PSC-RJ). Fonte: Congresso em Foco (09/03/2019), por Débora Álvares e Edson Sardinha.

## 13 de março de 2017
"Você não combate violência com amor, combate com porrada, pô. Se bandido tem pistola, [a gente] tem que ter fuzil." Deputado Jair Bolsonaro (PSC-RJ). Fonte: ÉPOCA.

## 1º de abril de 2017
"Fui num quilombola [quilombo] em Eldorado Paulista. O afrodescendente mais leve lá pesava sete arrobas. Não fazem nada! Eu acho que nem para procriar servem mais." Deputado Jair Bolsonaro (PSC-RJ), em palestra no Clube Hebraica, no Rio de Janeiro. Fonte: CartaCapital (29/10/2018).

## 1º de abril de 2017
"Pode ter certeza que se eu chegar lá [na presidência da República], no que depender de mim, todo mundo terá uma arma de fogo em casa, não vai ter um centímetro demarcado para reserva indígena ou para quilombola." Deputado Jair Bolsonaro (PSC-RJ), em palestra no Clube Hebraica, no Rio de Janeiro. Fonte: UOL (16/03/2022), por Anna Satie.

**BOLSONARO E SEUS SEGUIDORES: O HORROR EM 3.560 FRASES**

1º de abril de 2017
"Foram quatro homens. A quinta eu dei uma fraquejada e veio uma mulher." Deputado Jair Bolsonaro (PSC-RJ), em palestra no Clube Hebraica. Fonte: Jornal Estado de Minas (14/04/2018), por Juliana Cipriani.

02 de abril de 2017
"Para o PT, brevemente a pedofilia deixará de ser crime." Deputado Jair Bolsonaro (PSC-RJ). Fonte: O Globo Época, por Rita Constantino, Valter Costa e Yuri Riras.

02 de abril de 2017
"Há excesso de direitos no Brasil." Deputado Jair Bolsonaro (PSC-RJ). Fonte: ÉPOCA.

03 de abril de 2017
"Tinha lá uma ensacadora de vento na presidência. Não precisava falar nada. Tínhamos outro energúmeno que não sabia contar até dez porque não tinha dedo. Uma vergonha pro nosso Brasil." Deputado Jair Bolsonaro (PSC-RJ). Fonte: ÉPOCA.

04 de abril de 2017
"Se eu chegar lá [na presidência da República], não vai ter dinheiro para ONG. Esses inúteis vão ter que trabalhar." Deputado Jair Bolsonaro (PSC-RJ). Fonte: CartaCapital (29/10/2018).

07 de abril de 2017
"Alguém já viu algum japonês pedindo esmola por aí? Porque é uma raça que tem vergonha na cara." Deputado Jair Bolsonaro (PSC-RJ). Fonte: Folha.

11 de abril de 2017
"Eu falo 'uuuuuu', e me processam." Deputado Jair Bolsonaro (PSC-RJ). Fonte: O Globo Época, por Rita Constantino, Valter Costa e Yuri Riras.

**12 de abril de 2017**
"(...) Como disse, qualquer país do mundo pode encher um navio, colocar 10 mil pessoas nele e jogar num ponto qualquer do Brasil, que essas pessoas serão acolhidas de braços abertos. Não temos estrutura para isso! Estão me acusando de xenofobia. Nós teremos um país sem fronteiras. (...) Em relação a costumes e cultura, há país que adota a poligamia, por exemplo. Um cidadão desse país vai poder ficar com três, quatro ou cinco mulheres e tudo bem. Mais ainda: se ele quiser sair com uma menina de 10 anos de idade, que pode ser a neta de um deputado inconsequente que votou favoravelmente a isso, ele poderá. Poderá até namorar uma menina de 10 anos de idade e engravidá-la se quiser também, é direito dele. Nós é que temos que nos adequar à cultura deles (...)." Deputado Jair Bolsonaro (PSC-RJ), no plenário da Câmara dos Deputados. Fonte: site da Câmara dos Deputados.

**10 de maio de 2017**
"Tem uns neguinho aí querendo me estrangular com uma chave de cu." Olavo de Carvalho. Fonte: o próprio Twitter.

**10 de maio de 2017**
"(...) A extrema esquerda brasileira sempre detestou a propriedade privada. Ninguém aqui é favorável ao trabalho escravo, mas a Emenda Constitucional nº 81, de 2014, relativiza a propriedade privada, porque determina que quem pratica trabalho escravo, quer seja no campo, quer seja na cidade, como pena, tenha seu imóvel expropriado (...). Por exemplo, se uma mulher grávida estiver pulverizando uma plantação qualquer, com todo o equipamento, e chegar a fiscalização do trabalho e constatar que ela está grávida, mesmo que ela nem sequer saiba, isso será considerado trabalho análogo ao escravo, e o proprietário rural perderá a sua propriedade, com todos os semoventes (...)." Deputado Jair Bolsonaro (PSC-RJ), no plenário da Câmara dos Deputados. Fonte: site da Câmara dos Deputados.

**17 de maio de 2017**
"(...) Eu faço um apelo ao presidente Michel Temer para que vete integralmente a Lei de Migração. Nós não podemos transformar o Brasil num país sem fronteiras. Ou seja, quem quiser poderá entrar no Brasil, inclusive respeitando a cultura que traz. Mas há países onde a cultura é a poligamia, a cultura é sexo com meninas a partir de 2 anos de idade, o que é mais grave (...)." Deputado Jair Bolsonaro (PSC-RJ), no plenário da Câmara dos Deputados. Fonte: site da Câmara dos Deputados.

**1º de junho de 2017**
"No futuro as bucetas e pirocas serão abolidas. Oficialmente, só haverá bucerocas." Olavo de Carvalho. Fonte: o próprio Twitter.

**BOLSONARO E SEUS SEGUIDORES: O HORROR EM 3.560 FRASES**

30 de junho de 2017
"Sou capitão do Exército, minha especialidade é matar." Deputado Jair Bolsonaro (PSC-RJ), em Porto Alegre, durante uma entrevista na Federação das Indústrias do Rio Grande do Sul (FIERGS), participando da 19ª TranspoSul, a Feira e Congresso de Transporte e Logística do Sul. Fonte: Zero Hora.

11 de julho de 2017
"O chinês não tem coração. Não manda seus homens para o Afeganistão nem para lutar no Iraque. Manda homens de negócios para comprar tudo. A China está garantindo sua segurança alimentar com nossas terras, e vamos nos tornar inquilinos dela." Deputado Jair Bolsonaro (PSC-RJ). Fonte: O Globo Época, por Rita Constantino, Valter Costa e Yuri Riras.

02 de agosto de 2017
"(...) Para ser uma grande nação, o Brasil precisa de um presidente honesto, cristão e patriota (...)." Deputado Jair Bolsonaro (PSC-RJ), no plenário da Câmara dos Deputados. Fonte: site da Câmara dos Deputados.

18 de agosto de 2017
"Não se pode comer uma deusa. Buceta de deusa queima pintos." Olavo de Carvalho. Fonte: o próprio Twitter.

23 de agosto de 2017
"(...) O progresso barateou as bucetas e disseminou o divórcio." Olavo de Carvalho. Fonte: o próprio Twitter.

04 de setembro de 2017
"Do you burn the donut? I don't care! Be happy! Hugs for you!" Deputado Jair Bolsonaro (PSC-RJ). Fonte: o próprio Twitter.

14 de setembro de 2017
"Respeitaremos as minorias, mas quem mandará será a maioria." Deputado Jair Bolsonaro (PSC-RJ). Fonte: O Globo Época, por Rita Constantino, Valter Costa e Yuri Riras.

**27 de setembro de 2017**
"(...) Ainda dá tempo de o TSE [Tribunal Superior Eleitoral] procurar o Parlamento e arranjar recursos para comprar aquelas impressoras. O custo é baixíssimo! Nós não podemos permitir que o TSE passe por cima do Parlamento brasileiro. O voto impresso é a garantia de que não haverá fraude no ano que vem (...)." Deputado Jair Bolsonaro (PSC-RJ), no plenário da Câmara dos Deputados. Fonte: site da Câmara dos Deputados.

**28 de setembro de 2017**
"Não tenha dúvidas, um dos próximos passos da esquerda no Brasil é tentar legalizar a pedofilia! Tomem conta de seus filhos!" Vereador Carlos Bolsonaro (PSC-RJ). Fonte: O próprio Twitter.

**04 de outubro de 2017**
"(...) Eu não confio na Justiça Eleitoral. Eu não confio na lisura desse sistema de votação. Eu não tenho como comprovar que houve fraude e também duvido que algum Parlamentar tenha como comprovar que não houve fraude. Já diziam os marxistas do passado que quem decide a eleição não é quem vota, mas quem conta os votos. O voto impresso é uma oportunidade para o TSE [Tribunal Superior Eleitoral] retirar de si a suspeita de ser um colegiado parcial. Digo mais ainda, em especial aos mais novos que estão chegando aqui: assim como pode haver fraude por ocasião das eleições presidenciais do ano que vem, pode também haver fraude nas eleições para deputados federais. O que pode ser feito? Na maioria ou em muitas seções do Brasil, podem-se inserir votos de legenda para o partido X — eu não quero falar PT. Esse partido X, que aparelhou o TSE, que aparelhou muitas instituições no Brasil, para não dizer quase todas, poderá, com essa inserção, fazer com que aqui dentro se tenha uma bancada monstruosa de parlamentares desse partido. E aí, meus amigos, babau democracia. O pessoal fala tanto de democracia, e alguns me chamam de ditador, mas, se isso acontecer, acaba a democracia. (...)." Deputado Jair Bolsonaro (PSC-RJ), no plenário da Câmara dos Deputados. Fonte: site da Câmara dos Deputados.

**11 de outubro de 2017**
"Sou ignorante em economia, mas foram os especialistas que levaram o país para o buraco." Deputado Jair Bolsonaro (PSC-RJ). Fonte: ÉPOCA.

**1º de novembro de 2017**
"[O deputado Jair Bolsonaro] tem um caráter fascista. Muito preconceituoso. É muito fácil você ir para a televisão e dizer que vai matar bandido, é muito fácil, mas isso não é para um presidente da República. O presidente da República é uma pessoa que vai cuidar de gerar emprego e renda, que vai cuidar da saúde, vai cuidar da infraestrutura. Jair Bolsonaro não tem essa capacidade de fazer isso." Ciro Nogueira (PP-PI), futuro ministro da Casa Civil do Governo Bolsonaro, em entrevista à TV Meio Norte. Fonte: Poder360 (21/07/2021).

## BOLSONARO E SEUS SEGUIDORES: O HORROR EM 3.560 FRASES

**12 de novembro de 2017**
"Por trás de todo liberal há um cu aberto implorando por uma pica comunista." Olavo de Carvalho. Fonte: o próprio Twitter.

**20 de novembro de 2017**
"Preso não deve ter direito nenhum, não é mais cidadão. O sentido da cadeia não é ressocializar, mas tirar o marginal da sociedade." Deputado Jair Bolsonaro (PSC-RJ). Fonte: O Globo Época, por Rita Constantino, Valter Costa e Yuri Riras.

**20 de novembro de 2017**
"Se morrerem 40 mil bandidos [por ano, por ação da polícia], temos que passar para 80 mil. Não há outro caminho. Não dá para combater violência com políticas de paz e amor." Deputado Jair Bolsonaro (PSC-RJ). Fonte: O Globo Época, por Rita Constantino, Valter Costa e Yuri Riras.

**27 de novembro de 2017**
"Esses policiais têm que ser condecorados. Policial que não mata não é policial." Deputado Jair Bolsonaro (PSC-RJ). Fonte: O Globo Época, por Rita Constantino, Valter Costa e Yuri Riras.

**14 de dezembro de 2017**
"INDULTO DE NATAL e outros — tais atitudes concedidas por uma canetada pelo Presidente da República, coloca milhares de bandidos novamente nas ruas, extinguindo suas penas, para aterrorizarem novamente os inocentes. ISSO TEM QUE MUDAR." Deputado Jair Bolsonaro (PSC-RJ). Fonte: o próprio Twitter.

**12 de janeiro de 2018**
"Como eu estava solteiro na época, esse dinheiro do auxílio-moradia eu usava pra comer gente." Deputado Jair Bolsonaro (PSC-RJ), em entrevista ao jornal Folha de S. Paulo. Fonte: CartaCapital (29/10/2018).

**30 de janeiro de 2018**
"Ele [deputado Jair Bolsonaro] reconheceu que não entendia nada de economia e decidiu que procuraria alguém, mas não alguém que já tivesse passado pelo governo. Queria um cara que estivesse 'na lua' e eu, por acaso, estava na lua." Paulo Guedes, na Latin America Investment Conference. Fonte: Estadão, por Elena Landau.

**05 de fevereiro de 2018**
"Eu não tenho [foro privilegiado]." Deputado Jair Bolsonaro (PSC-RJ), candidato à presidência da República, em entrevista à Jovem Pan. Fonte: UOL, Folha, Agência Lupa (28/10/2018).

**11 de fevereiro de 2018**
"O mercado sempre me achou um rinoceronte. Vou me dar por feliz se sair daqui com vocês me achando um homem das cavernas." Deputado Jair Bolsonaro (PSC-RJ), durante encontro com investidores. Fonte: O Globo Época, por Rita Constantino, Valter Costa e Yuri Riras.

**25 de fevereiro de 2018**
"É possível aliança entre liberal econômico e conservador de costumes." Paulo Guedes, em entrevista à Folha. Fonte: Estadão, por Elena Landau.

**26 de fevereiro de 2018**
"Eu cheguei de Chicago (...) Não teve gente com melhor treinamento do que eu, pode ter tido igual." Paulo Guedes, em entrevista ao Valor Econômico. Fonte: Estadão, por Elena Landau.

**28 de fevereiro de 2018**
"FHC é tão obstinado pela liberação das drogas que teve seu cérebro, se [é] que ainda tem, deslocado para o intestino grosso." Deputado Jair Bolsonaro (PSC-RJ). Fonte: O Globo Época, por Rita Constantino, Valter Costa e Yuri Riras.

**20 de março de 2018**
"Neste caso, dado o simbolismo dela [Marielle Franco, vereadora do PSOL-RJ], qualquer coisa que por ventura eu viesse a falar seria potencializada e distorcida contra mim. Então, no momento, eu me resguardo o direito de permanecer em silêncio nesse caso e aguardo a conclusão das investigações." Deputado Jair Bolsonaro (PSC-RJ), pré-candidato à presidência da República, em sua primeira declaração sobre o assassinato da vereadora Marielle Franco (PSOL-RJ), ocorrido no dia 14/03/2018. Fonte: O Dia, por Paulo Cappelli.

**20 de março de 2018**
"Ela [vereadora Marielle Franco, assassinada no dia 14/03/2018] é só mais um número (...). PSOL é partido político? (...) Para mim o PSOL vai um pouquinho além das atribuições de um partido político (...) [O PSOL] prega um céu na Terra, mas é um céu completamente vermelho. Ouça os discursos da moça que foi assassinada defendendo que traficante tenha metralhadora pra encarar a polícia, que nós temos que desmilitarizar a polícia, ela gritava que Sérgio Moro [juiz] era bandido e tem que estar na preso na cadeia. Que Lula é santo. Quando você pega a esquerda, o cérebro de um esquerdista é do tamanho de uma ervilha. Até pouco tempo atrás fiquei sabendo que um esquerdista tomou um tiro na cabeça no Rio de Janeiro e que demorou uma semana pra morrer porque a bala não encontrava o cérebro." Pastor e deputado Marco Feliciano (PSC-SP), no programa 'Pânico' da Jovem Pan. Fonte: Jovem Pan, no YouTube.

**BOLSONARO E SEUS SEGUIDORES: O HORROR EM 3.560 FRASES**

**27 de março de 2018**
"Se a esquerda está apavorada com a série 'Mecanismo', imagina se eles soubessem que a Netflix Brasil poderia estar interessada em fazer uma série sobre Bolsonaro." Senador Flávio Bolsonaro (PSL-RJ), no Twitter. Fonte: Brasil Fede Covid (29/12/2021), no Instagram.

**30 de março de 2018**
"Até os anjos tem (sic) espadas e flechas porque sabem que para proteger são preciso (sic) armas." Deputado Eduardo Bolsonaro (PSL-SP). Fonte: o próprio Twitter.

**02 de abril de 2018**
"Há excesso de direitos no Brasil." Deputado Jair Bolsonaro (PSL-RJ). Fonte: O Globo Época, por Rita Constantino, Valter Costa e Yuri Riras.

**03 de abril de 2018**
"Nessa situação que vive o Brasil, resta perguntar às instituições e ao povo quem realmente está pensando no bem do País e das gerações futuras e quem está preocupado apenas com interesses pessoais? Asseguro à Nação que o Exército Brasileiro julga compartilhar o anseio de todos os cidadãos de bem de repúdio à impunidade e de respeito à Constituição, à paz social e à Democracia, bem como se mantém atento às suas missões institucionais." General Villas Bôas, comandante do Exército Brasileiro, um dia antes de um julgamento de *habeas corpus* (HC) do ex-presidente Luiz Inácio Lula da Silva no Supremo Tribunal Federal (STF). Fonte: o próprio Twitter.

**03 de abril de 2018**
"(...) Longe da teoria da conspiração e respondendo um pouco a quem está à minha esquerda, eu respeito a democracia. A minha grande preocupação no dia de amanhã — e deve ser, com toda certeza, a de 90% dos brasileiros — é com o julgamento do *habeas corpus* do [ex-presidente] Luiz Inácio Lula da Silva, no Supremo Tribunal Federal. Eu temo que este HC [*habeas corpus*] venha a ser acolhido, ignorando jurisprudência e tudo o que aconteceu no Supremo nos últimos anos. Ato contínuo, ele continua em campanha. O TSE [Tribunal Superior Eleitoral], na frente, pode até dizer que ele é inelegível, mas caberia recurso a este mesmo Supremo, que poderia reinterpretar essa decisão do TSE, e ele concorreria às eleições. E, sem o voto impresso, ele tem tudo na base da fraude para ganhar as eleições. É isso que nós não queremos. Eu apelo para o povo brasileiro que amanhã, junto ao Supremo Tribunal Federal, em especial o pessoal de Brasília, logicamente, vá fazer o seu protesto pacífico, não para pressionar, mas para dizer ao Supremo que nós queremos o cumprimento da lei. Que esse HC seja negado e que ele vá para a cadeia. Afinal de contas, não podemos ter leis para uns e para outros em nosso Brasil." Deputado Jair Bolsonaro (PSL-RJ), no plenário da Câmara dos Deputados. Fonte: site da Câmara dos Deputados.

**03 de abril de 2018**
"Caro Comandante [general Villas Bôas], Amigo e líder receba a minha respeitosa e emocionada continência. Tenho a espada ao lado, a sela equipada, o cavalo trabalhado e aguardo suas ordens!!" General Paulo Chagas. Fonte: o próprio Twitter.

**03 de abril de 2018**
"Mais uma vez o Comandante do Exército expressa as preocupações e anseios dos cidadãos brasileiros que vestem fardas. Estamos juntos, Comandante General Villas Boas!" General Freitas. Fonte: o próprio Twitter.

**04 de abril de 2018**
"O partido do Exército é o Brasil. Homens e mulheres, de verde, servem à Pátria. Seu Comandante é um Soldado a serviço da Democracia e da Liberdade. Assim foi no passado e sempre será. Com orgulho: 'Estamos juntos General Villas Boas'." Deputado Jair Bolsonaro (PSL-RJ). Fonte: o próprio Twitter.

**22 de abril de 2018**
"Aponte um áudio meu dizendo que mulher tem que ganhar menos do que homem." Deputado Jair Bolsonaro, candidato à presidência, em entrevista ao programa 'Agora É com Datena', da Band. Fonte: UOL, Folha, Agência Lupa (28/10/2018).

**24 de abril de 2018**
"Nós, homens, somos relaxados. Mulher, não. Tá sempre se limpando. Nós, homens, jogamos uma cerveja no piu-piu e tá limpo." Deputado Jair Bolsonaro (PSL-RJ). Fonte: ÉPOCA.

**24 de abril de 2018**
"(...) Agradecemos a todos do Espírito Santo, a todos sem exceção, mas em especial à garotada da faixa etária entre 16 anos e 24 anos, que nos dá, em todo o Brasil, uma média de 40% de intenção de votos. O futuro do Brasil depende dessa garotada. É dessa garotada que vão sair, com toda a certeza, grandes quadros para o Parlamento brasileiro e para os Executivos Federal e Estadual. Povo capixaba, aquele abraço! Estamos juntos! O nosso lema é Brasil acima de tudo, Deus acima de todos. Nós cumpriremos essa missão. Obrigado." Deputado Jair Bolsonaro (PSL-RJ), no plenário da Câmara dos Deputados. Fonte: site da Câmara dos Deputados.

**25 de abril de 2018**
"Tudo nosso é espontâneo, mas há muitas pessoas que trabalham para mim e que confiam em mim. Não conheço 99% delas." Deputado Jair Bolsonaro (PSL-RJ), sobre as atividades digitais em sua campanha eleitoral. Fonte: ÉPOCA.

**BOLSONARO E SEUS SEGUIDORES: O HORROR EM 3.560 FRASES**

30 de abril de 2018
"É que nem um deputado que conheço que casou com uma prostituta. É daqui para a frente, porra. Zerou o passado, lavou, tá novo." Deputado Jair Bolsonaro (PSL-RJ), sobre Paulo Guedes. Fonte: O Globo Época, por Rita Constantino, Valter Costa e Yuri Riras.

30 de abril de 2018
"[O ministro da Educação] tem que ser alguém que chegue com um lança-chamas e toque fogo no Paulo Freire." Deputado Jair Bolsonaro (PSL-RJ). Fonte: O Globo Época, por Rita Constantino, Valter Costa e Yuri Riras.

11 de maio de 2018
"Errar, até na sua casa, todo mundo erra. Quem nunca deu um tapa no bumbum do filho e depois se arrependeu? Acontece." Deputado Jair Bolsonaro (PSL-RJ), sobre os assassinatos na ditadura militar. Fonte: O Globo Época, por Rita Constantino, Valter Costa e Yuri Riras.

23 de maio de 2018
"A QUE PONTO CHEGARÃO? Primeiro a imprensa mente ao publicar que estive com Waldemar da Costa [Valdemar Costa Neto, presidente do PL] na semana passada. Agora diz que aceno para corruptos e condenados. É a velha imprensa de sempre, não sabem fazer outra coisa a não ser mentir e mentir." Deputado Jair Bolsonaro (PSL-RJ). Fonte: o próprio Twitter.

28 de maio de 2018
"Quando a Petrobras produz o seu combustível, toda a cadeia [produtiva] com o pagamento de mão de obras, contratos e serviços, são pagos em real. Por que o Brasil não consegue então transferir esse benefício para o posto lá na bomba?" Deputado Eduardo Bolsonaro (PSL-SP). Fonte: Desmentindo Bolsonaro, no Instagram e no Twitter.

29 de maio de 2018
"Por que é que a Petrobras sempre reajusta o preço dos combustíveis aqui, praticamente todos os dias, conforme a variação do barril do petróleo no mercado internacional, se nós produzimos aqui cerca de 80% do que nós consumimos?" Deputado Flávio Bolsonaro (PSL-RJ). Fonte: TikTok @deputadoeliasvaz.

**15 de junho de 2018**
"Tu põe a mão no fogo se eu não gosto de queimar a rosca de vez em quando? Porra, isso é problema meu, cara. Ninguém tem nada a ver com isso." Deputado Jair Bolsonaro (PSL-RJ). Fonte: O Globo Época, por Rita Constantino, Valter Costa e Yuri Riras.

**26 de junho de 2018**
"Não entro em detalhes de segurança. Tá na cara que estou sendo um problema para o sistema, não é para esse partido ou aquele, é para o sistema." Deputado Jair Bolsonaro (PSL-RJ), candidato à presidência da República. Fonte: ÉPOCA.

**29 de junho de 2018**
"Aqui no Brasil não existe isso de racismo, tanto é que meu sogro é Paulo Negão e quando eu vi a filha dele não queria saber quem era o pai dela." Deputado Jair Bolsonaro (PSL-RJ). Fonte: O Globo Época, por Rita Constantino, Valter Costa e Yuri Riras.

29 de junho de 2018
"O outro nome que você falou aí, Valdemar Costa Neto. Já foi condenado no mensalão, está citado. Citado não, bastante avançado. As citações dele no tocante à Lava-Jato. Eu converso com o Magno Malta. Qual partido não tem gente com problema? (...)." Deputado Jair Bolsonaro (PSL-RJ). Fonte: Metrópoles e SamPancher (08/11/2021).

**29 de junho de 2018**
"Desfazendo mais uma mentira forçada dos canalhas: aliança [Paulo] Skaf e Valdemar Costa Neto." Vereador Carlos Bolsonaro (PSC-RJ). Fonte: O próprio Twitter.

**07 de julho de 2018**
"Ninguém tem prova de nada (...). Suicídio acontece, pessoal pratica suicídio." Deputado Jair Bolsonaro (PSL-RJ), sobre o jornalista Vladimir Herzog, em entrevista ao programa 'Mariana Godoy Entrevista', da RedeTV! Fonte: Folha de Pernambuco.

09 de julho de 2018
"Estamos, eu entendo, num período pior que o pré-1964. Porque a esquerda naquela época não estava tão aparelhada como está hoje." Deputado Jair Bolsonaro (PSL-RJ). Fonte: O Globo Época (08/01/2019), por Rita Constantino, Valter Costa e Yuri Eiras.

**11 de julho de 2018**
"Temos discutido aumentar para 21 [o número de ministros do Supremo Tribunal Federal]. É uma maneira de botar dez isentos lá dentro." Deputado Jair Bolsonaro (PSL-RJ). Fonte: O Globo Época, por Rita Constantino, Valter Costa e Yuri Riras.

**19 de julho de 2018**
"Deus nos livre e guarde do Centrão." Deputada Bia Kicis (PSL-DF). Fonte: o próprio Twitter.

**21 de julho de 2018**
"Na grande mídia, dizem que eu não entendo de economia, mas vou disputar eleições no ano que vem, não o vestibular." Deputado Jair Bolsonaro (PSL-RJ). Fonte: O Globo, por Marco Grillo, Maiá Menezes e Thiago Prado.

**21 de julho de 2018**
"Chega de frescura, quando eu era criança brincava de arma o tempo todo. Nas favelas, tem gente de fuzil por todo o lado." Deputado Jair Bolsonaro (PSL-RJ). Fonte: O Globo, por Marco Grillo, Maiá Menezes e Thiago Prado.

**21 de julho de 2018**
"Aí eu vou para o Posto Ipiranga. Perguntar para o Paulo Guedes. Não tenho vergonha de falar isso, não." Deputado Jair Bolsonaro (PSL-RJ). Fonte: ÉPOCA.

**21 de julho de 2018**
"Dirigentes do Centrão são alta nata de tudo que não presta no Brasil." Deputado Jair Bolsonaro (PSL-RJ). Fonte: UOL (22/07/2021).

## 22 DE JULHO DE 2018
## O PARTIDO SOCIAL LIBERAL (PSL) OFICIALIZA A CANDIDATURA DE JAIR BOLSONARO À PRESIDÊNCIA DO BRASIL, TENDO COMO CANDIDATO A VICE-PRESIDENTE O GENERAL HAMILTON MOURÃO (PRTB)

22 de julho de 2018
"Se gritar 'pega Centrão', não fica um, meu irmão." General Augusto Heleno, na convenção do candidato Jair Bolsonaro. Fonte: O Globo, por Jussara Soares, Marco Grillo e Vinícius Sassine.

**30 de julho de 2018**
"Alguns anos atrás, a Inglaterra baixou sua carga tributária de 28% para 21%." Jair Bolsonaro, candidato à presidência da República, no programa 'Roda Viva', da TV Cultura. Fonte: UOL, Folha, Agência Lupa (28/10/2018).

30 de julho de 2018
"Não houve golpe militar em 1964." Jair Bolsonaro, candidato à presidência da República, no programa 'Roda Viva', da TV Cultura. Fonte: Folha de Pernambuco.

30 de julho de 2018
"O português nem pisava na África [quando houve escravidão]. Eram os próprios negros que entregavam os escravos. (...) Que dívida é essa, meu Deus do céu. Um negro não é melhor do que eu nem eu sou melhor do que ele. Por que cotas?" Jair Bolsonaro, candidato à presidência da República, no programa 'Roda Viva', da TV Cultura. Fonte: jornal Estado de Minas, por Bertha Maakaroun.

**BOLSONARO E SEUS SEGUIDORES: O HORROR EM 3.560 FRASES**

30 de julho de 2018
"De acordo com a nossa Constituição ninguém poderá ser declarado culpado sem sentença transitado em julgado, o que não aconteceu com [coronel Carlos Alberto Brilhante] Ustra. (...) Esses que se diziam torturados o faziam para conseguir indenizações, votos, piedade, poder. Só se ouve um lado da história, outro não. Se tivéssemos perdido hoje o Brasil seria uma Cuba." Jair Bolsonaro, candidato à presidência da República, no programa 'Roda Viva', da TV Cultura. Fonte: jornal Estado de Minas, por Bertha Maakaroun.

30 de julho de 2018
"Que dívida? Eu nunca escravizei ninguém na minha vida. (...) É justo a minha filha ser cotista? O negro não é melhor do que eu, e nem eu sou melhor do que o negro. Na Academia Militar das Agulhas Negras, vários negros se formaram comigo. Alguns abaixo de mim, alguns acima de mim, sem problema nenhum. Por que cotas?" Jair Bolsonaro, candidato à presidência da República, no programa 'Roda Viva', da TV Cultura. Fonte: UOL.

1º de agosto de 2018
"Se eleito, vou dar uma foiçada na Funai, mas uma foiçada no pescoço." Deputado Jair Bolsonaro, candidato à presidência da República. Fonte: UOL (16/03/2022), por Anna Satie.

02 de agosto de 2018
"Vamos votar nele [Jair Bolsonaro] porque a classe política vai finalmente se reaproximar do povo." Paulo Guedes. Fonte: Estadão, por Elena Landau.

03 de agosto de 2018
"Eu nunca fui homofóbico." Jair Bolsonaro, candidato à presidência da República, em entrevista à GloboNews. Fonte: UOL, Folha, Agência Lupa (28/10/2018).

03 de agosto de 2018
"Essa declaração [de que mulheres devem ganhar menos do que homens no mercado de trabalho] não é da minha boca. Botaram na minha conta." Jair Bolsonaro, candidato à presidência, em entrevista à GloboNews. Fonte: UOL, Folha, Agência Lupa (28/10/2018).

04 de agosto de 2018
"O mais difícil do que chegar lá, é se manter lá. Eu queria tirar foto de cada um dos senhores aqui, para saber se em 2019, quando o couro comer pra valer, vocês vão se deixar seduzir pelo discurso do Centrão ou se vão se manter firmes e fortes com Bolsonaro." Deputado Eduardo Bolsonaro (PSL-SP), durante a convenção partidária do PSL. Fonte: Congresso em Foco (11/05/2020).

06 de agosto de 2018
"Temos uma certa herança da indolência, que vem da cultura indígena. Eu sou indígena, minha gente, meu pai era amazonense. E a malandragem. (...) nada contra, viu, mas a malandragem que é oriunda do africano. Esse é o nosso caldinho (sic) cultural (...)." General Hamilton Mourão, candidato a vice-presidente da República. Fonte: GZH.

09 de agosto de 2018
"Tenho projeto de lei que visa a castração química [para o condenado por estupro]." Jair Bolsonaro, candidato à presidência da República, em entrevista ao programa 'Brasil Urgente'. Fonte: UOL, Folha, Agência Lupa (28/10/2018).

17 de agosto de 2018
"É mentira que defendi em qualquer época da minha vida que mulher deve ganhar menos [do que o homem]." Jair Bolsonaro, candidato à presidência da República, no debate da RedeTV. Fonte: UOL, Folha, Agência Lupa (28/10/2018).

17 de agosto de 2018
"Eu defendo a castração química para estupradores." Jair Bolsonaro, candidato à presidência da República, no debate da RedeTV. Fonte: UOL, Folha, Lupa (28/10/2018).

18 de agosto de 2018
"Não serve para nada [a ONU]. É local de reunião de comunistas e gente que não tem compromisso com a América do Sul." Jair Bolsonaro, candidato à presidência da República. Fonte: O Globo Época, por Rita Constantino, Valter Costa e Yuri Riras.

18 de agosto de 2018
"Paulo fala: 'venda suas capas e compre espadas'. Está na Bíblia. É que naquele tempo [da Bíblia] não tinha arma de fogo, senão com toda certeza seria ponto 50 e fuzil." Jair Bolsonaro, candidato à presidência da República. Fonte: ÉPOCA.

21 de agosto de 2018
"O Bolsonaro é humilde, é simples, é prático. É comprometido com o país (...). Temos tudo para dar certo, por que damos errado? Porque votamos errado." Luciano Hang, empresário, dono da Havan. Fonte: El País.

**BOLSONARO E SEUS SEGUIDORES: O HORROR EM 3.560 FRASES**

**23 de agosto de 2018**
"O ECA [Estatuto da Criança e do Adolescente] tem que ser rasgado e jogado na latrina. É um estímulo à vagabundagem e à malandragem infantil." Jair Bolsonaro, candidato à presidência da República. Fonte: O Globo Época, por Rita Constantino, Valter Costa e Yuri Riras.

**24 de agosto de 2018**
"Eu quero zerar [o déficit fiscal] em um ano." Paulo Guedes. Fonte: Estadão, por Elena Landau.

**26 de agosto de 2018**
"Vai morrer gente? Vai. Mas é melhor bandido ou inocente? É uma escolha da sociedade. Quer continuar assim? Vamos virar um anarcopaís, e seu filho não vai poder ir à escola porque não sabe se vai voltar." General Augusto Heleno. Fonte: Metrópoles, por Ian Ferraz.

**28 de agosto de 2018**
"[O policial] entra, resolve o problema e, se matar 10, 15 ou 20, com 10 ou 30 tiros cada um, ele tem que ser condecorado, e não processado." Jair Bolsonaro, candidato à presidência da República, em entrevista ao Jornal Nacional da TV Globo. Fonte: Folha, por Érika Kokay.

**29 de agosto de 2018**
"Nada tenho contra um gay." Jair Bolsonaro, candidato à presidência da República, em entrevista ao Jornal Nacional. Fonte: UOL, Folha, Agência Lupa (28/10/2018).

**1º de setembro de 2018**
"Vamos fuzilar a petralhada aqui no Acre." Jair Bolsonaro, candidato à presidência da República, em comício da campanha eleitoral. Fonte: CartaCapital (29/10/2018).

**1º de setembro de 2018**
"O que vem sendo feito ao longo dos últimos anos? O presidente indica os seus ministros, de acordo com interesses político-partidários, tem tudo para não dar certo. Qual é a nossa proposta? É indicar as pessoas certas para os Ministérios certos. Por isso nós não integramos o Centrão (...)." Jair Bolsonaro, candidato à presidência da República, em vídeo da campanha eleitoral. Fonte: Rede de Televisão Brasileira.

**04 de setembro de 2018**
"Tá, e daí? Já tá feito, já pegou fogo, quer que eu faça o quê? O meu nome é Messias, mas eu não tenho como fazer milagre." Jair Bolsonaro, candidato à presidência da República, sobre o incêndio no Museu Nacional. Fonte: O Globo Época, por Rita Constantino, Valter Costa e Yuri Riras.

**16 de setembro de 2018**
"O [Fernando] Haddad eleito presidente, ele já falou isso, e se não falou, vocês sabem, assina no mesmo minuto da posse o indulto de Lula, e no minuto seguinte nomeia chefe da Casa Civil." Presidente Jair Bolsonaro, candidato à presidência da República. Fonte: Estadão, por Matheus Lara.

**17 de setembro de 2018**
"A partir do momento em que a família é dissociada, surgem os problemas sociais. Atacam eminentemente nas áreas carentes, onde não há pai e avô, é mãe e avó. E, por isso, torna-se realmente uma fábrica de elementos desajustados que tendem a ingressar nessas narcoquadrilhas." General Hamilton Mourão, candidato a vice-presidente da República, num evento do Secovi/SP. Fonte: GZH.

**17 de setembro de 2018**
"Tribunal Superior Eleitoral entregou códigos de segurança das urnas eletrônicas para a Venezuela e negou acesso para auditores brasileiros." Jornal da Cidade Online. Fonte: O Globo (22/05/2020).

**24 de setembro de 2018**
"Tem uma passagem falsa dele [Adélio Bispo de Oliveira, agressor de Bolsonaro] pela Câmara dos Deputados no dia 6 de setembro [dia do atentado]." Jair Bolsonaro, candidato à presidência da República, em entrevista à Jovem Pan. Fonte: UOL, Folha, Agência Lupa (28/10/2018).

**28 de setembro de 2018**
"Eu não aceito resultado das eleições diferente da minha eleição." Jair Bolsonaro, candidato à presidência da República, em entrevista ao programa 'Brasil Urgente'. Fonte: UOL, Folha, Agência Lupa (28/10/2018).

**28 de setembro de 2018**
"[O voto eletrônico] é um sistema eleitoral que não existe em nenhum lugar do mundo." Jair Bolsonaro, candidato à presidência da República, em entrevista ao programa 'Brasil Urgente'. Fonte: UOL, Folha, Agência Lupa (28/10/2018).

**28 de setembro de 2018**
"Eu não estou coligado com ninguém." Jair Bolsonaro, candidato à presidência da República, em entrevista ao RedeTV News. Fonte: UOL, Folha, Lupa (28/10/2018).

**28 de setembro de 2018**
"Me achem um áudio, uma imagem minha dizendo que mulher tem que ganhar menos do que homem. Não existe." Jair Bolsonaro, candidato à presidência da República, em entrevista ao programa 'Brasil Urgente'. Fonte: UOL, Folha, Agência Lupa (28/10/2018).

**BOLSONARO E SEUS SEGUIDORES: O HORROR EM 3.560 FRASES**

30 de setembro de 2018
"As mulheres de direita são mais bonitas que as da esquerda. Elas não mostram os peitos nas ruas e nem defecam nas ruas. As mulheres de direita têm mais higiene." Deputado Eduardo Bolsonaro (PSL-SP). Fonte: Correio Braziliense.

02 de outubro de 2018
"O professor Olavo de Carvalho foi, ainda na minha adolescência, responsável pelo meu despertar político." Marcel van Hattem, cientista político e jornalista. Fonte: o próprio Twitter.

06 de outubro de 2018
"Meu neto é um cara bonito, viu ali? Branqueamento da raça." General Hamilton Mourão, candidato a vice-presidente da República, no aeroporto de Brasília, apresentando o neto aos jornalistas. Fonte: GZH.

07 de outubro de 2018
"Preciso urgente a ajuda de todos vocês. Estou recebendo informações que estão vindo de vários eleitores (...), relatando que não tão conseguindo votar em alguns locais para presidente [Bolsonaro]. Você vota todos, deputados etc. chega no presidente mas não aparece a foto de Bolsonaro. (...) Muito preocupado agora. (...) Vários relataram que não conseguiram votar para presidente (...), que não apareceu a foto de Bolsonaro (...). Eu preciso que você que está assistindo agora que compartilhe esse vídeo (...). Nós precisamos saber o que está acontecendo com as urnas eletrônicas (...). Eu pedi a apuração da Polícia Federal, muita gente me criticou, pedi que a inteligência do Exército pudesse estar junto, ninguém me respondeu, estou pressionando o TSE, mas até agora nada (...). Compartilha rápido isso [o vídeo]. Você é um fiscal do Bolsonaro (...)." Deputado Estadual Fernando Francischini (PSL-PR), em vídeo, no dia do primeiro turno da eleição de 2018. Fonte: Brasil Fede Covid, no Twitter (20/10/2021).

07 de outubro de 2018
"[Vou botar um] ponto final em todo o ativismo no Brasil. (...) Não podemos continuar flertando com o comunismo e o socialismo. (...) Estou aqui porque acredito em vocês e vocês acreditam no Brasil. O objetivo do Executivo e do Parlamento é produzir felicidade. Até a vitória, se Deus quiser." Jair Bolsonaro, candidato à presidência da República. Fonte: Leia Já, Estadão Conteúdo.

## 07 DE OUTUBRO DE 2018
## JAIR BOLSONARO (PSL) OBTÉM 46% DOS VOTOS VÁLIDOS NO 1º TURNO DA ELEIÇÃO PRESIDENCIAL E VAI DISPUTAR O SEGUNDO TURNO COM FERNANDO HADDAD (PT)

07 de outubro de 2018
"Se tivéssemos confiança no voto eletrônico, já teríamos o nome do futuro presidente da República decidido no dia de hoje." Jair Bolsonaro, candidato à presidência da República, insinuando que só não foi eleito no primeiro turno devido a fraudes nas urnas eletrônicas. Fonte: Folha, por Igor Gielow, Talita Fernandes e Sérgio Rangel.

08 de outubro de 2018
"Eu vou dar uma notícia para vocês. Esses vagabundos, eles foram na Cinelândia, e à revelia de todo mundo, eles pegaram uma placa da Praça Marechal Floriano, no Rio de Janeiro, e botaram uma placa escrito 'Rua Marielle Franco'. Eu e Daniel Silveira essa semana fomos lá e quebramos a placa. Jair Bolsonaro sofreu um atentado contra a democracia e esses canalhas calaram a boca. Por isso, a gente vai varrer esses vagabundos. Acabou PSOL, acabou PCdoB, acabou essa p**** aqui. Agora é Bolsonaro, p***." Rodrigo Amorim, com Daniel Silveira, ambos deputados eleitos pelo PSL-RJ, exibindo a placa quebrada com os dizeres em homenagem à vereadora assassinada: 'Rua Marielle Franco'. Wilson Witzel, candidato a governador do Rio de Janeiro, estava com eles no palanque. Fonte: UOL, Folha, Agência Lupa, por Chico Marés, Leandro Resende e Clara Becker.

09 de outubro de 2018
"O [Fernando] Haddad era ministro da Educação [do governo Lula], ele criou o kit gay." Jair Bolsonaro, candidato à presidência da República, em entrevista ao programa 'Pânico' da Jovem Pan. Fonte: Jovem Pan.

**11 de outubro de 2018**
"Eu não sou de extrema direita. Sou admirador do [presidente Donald] Trump. Ele quer a América grande, eu quero o Brasil grande." Jair Bolsonaro, candidato à presidência da República. Fonte: O Globo Época, por Rita Constantino, Valter Costa e Yuri Riras.

**11 de outubro de 2018**
"Não temos qualquer comprovação de que são médicos [os cubanos que fazem parte do programa Mais Médicos]." Jair Bolsonaro, candidato à presidência da República, em entrevista ao RedeTV News. Fonte: UOL, Folha, Agência Lupa (28/10/2018).

**BOLSONARO E SEUS SEGUIDORES: O HORROR EM 3.560 FRASES**

**16 de outubro de 2018**
"Eu levo sugestões, e ele [Paulo Guedes] que decide." Jair Bolsonaro, candidato à presidência da República, em entrevista ao SBT Brasil. Fonte: UOL, Folha, Agência Lupa (28/10/2018).

**16 de outubro de 2018**
"O policial, hoje em dia, tem que esperar o bandido atirar para reagir (...). Por isso queremos mexer no Código Penal." Jair Bolsonaro, candidato à presidência da República, em entrevista ao SBT Brasil. Fonte: UOL, Folha, Agência Lupa (28/10/2018).

**21 de outubro de 2018**
**"Cara, se quiser fechar o STF, sabe o que você faz? Você não manda nem um jipe. Manda um soldado e um cabo. Não é querer desmerecer o soldado e o cabo, não." Deputado Eduardo Bolsonaro (PSL-SP), em vídeo que viralizou nessa data. Fonte: Folha.**

**21 de outubro de 2018**
"Esses marginais vermelhos serão banidos de nossa pátria." Jair Bolsonaro, candidato à presidência da República Fonte: CartaCapital (29/10/2018).

**21 de outubro de 2018**
"Eu — dentro do hospital, baixado, de cama — cresci muito mais do que ele [Haddad] nas ruas." Jair Bolsonaro, candidato à presidência da República. Fonte: UOL, Folha, Agência Lupa (28/10/2018).

**21 de outubro de 2018**
"Ele [Haddad] e sua coligação tiveram mais de R$ 500 milhões para a campanha." Jair Bolsonaro, candidato à presidência da República. Fonte: UOL, Folha, Lupa (28/10/2018).

**21 de outubro de 2018**
"Para nós, coube apenas R$ 3 milhões, e eu não usei a parte desse fundo partidário." Jair Bolsonaro, candidato à presidência da República. Fonte: UOL, Folha, Lupa (28/10/2018).

**23 de outubro de 2018**
"Isso não pode continuar existindo. Tudo é coitadismo. Coitado do negro, coitado da mulher, coitado do gay, coitado do nordestino, coitado do piauiense. Vamos acabar com isso." Jair Bolsonaro, candidato à presidência da República. Fonte: CartaCapital (29/10/2018).

**24 de outubro de 2018**
"Por que é vantajoso comprar carro na Bahia? Porque já vem com freio de mão puxado. Eu vou perder o voto da Bahia toda." Jair Bolsonaro, candidato à presidência da República. Fonte: Metro1, por Rodrigo Daniel Silva.

**26 de outubro de 2018**
"O capitão Bolsonaro é um brasileiro patriota e, acredito, um grande líder para seu país nesse momento histórico. (...) líder, brilhante, sofisticado, muito parecido [com o presidente Donaldo Trump]. (...) Eu acho que Bolsonaro, seus filhos e conselheiros são sofisticados. Agora isso está apenas começando a aparecer. (...) Ele é um cara brilhante. Eu digo às pessoas que fiquei muito impressionado e os admiro por terem vindo aqui com humildade. (...) Sou apenas um apoiador. Eu estou aqui endossando com alegria o capitão Bolsonaro e sua campanha para se tornar o próximo líder do Brasil." Steve Bannon, ex-assessor do presidente Donald Trump. Fonte: Agência Reuters, BBC Brasil e Veja.

**26 de outubro de 2018**
"Então qualquer presidente que porventura distribua ministério, estatais, ou diretorias de banco para apoio dentro do Parlamento, ele está infringindo o art. 85 do inciso 2 (sic) da Constituição. E daí? Qualquer um pode, se eu por exemplo, apresento no Ministério para um partido com objetivo de compras voto, qualquer um pode então me questionar que eu estou interferindo no exercício do Poder Legislativo." Jair Bolsonaro, candidato à presidência da República. Fonte: G1, por Jornal Nacional.

**28 de outubro de 2018**
"Você só negocia com quem tiver inclinações bolivarianas. O Mercosul foi feito totalmente ideológico. É uma prisão cognitiva." Paulo Guedes. Fonte: Metrópoles.

**28 de outubro de 2018**
"É isso que você queria ouvir? Mercosul não será prioridade. A gente não está preocupado em te agradar. Eu conheço esse estilo." Paulo Guedes, respondendo a uma jornalista argentina. Fonte: Metrópoles.

**BOLSONARO E SEUS SEGUIDORES: O HORROR EM 3.560 FRASES**

## 28 DE OUTUBRO DE 2018
## JAIR BOLSONARO É ELEITO PRESIDENTE DO BRASIL COM 55% DOS VOTOS VÁLIDOS, TENDO COMO VICE-PRESIDENTE O GENERAL HAMILTON MOURÃO

**28 de outubro de 2018**
"Conhecereis a verdade e a verdade vos libertará. Nunca estive sozinho. Sempre senti a presença de Deus e a força do povo brasileiro. (...) Faço de vocês minhas testemunhas de que esse governo será um defensor da Constituição, da democracia e da liberdade. Isso é uma promessa não de um partido. Não é a palavra vã de um homem. É um juramento a Deus. (...) Liberdade é um princípio fundamental: liberdade de ir e vir, de andar nas ruas, em todos os lugares deste país, liberdade de empreender, liberdade política e religiosa, liberdade de informar e ter opinião. Liberdade de fazer escolhas e ser respeitado por elas. (...) Porque assim será o nosso governo; constitucional e democrático. (...) Libertaremos o Brasil e o Itamaraty das relações internacionais com viés ideológico a que foram submetidos nos últimos anos. (...) Recuperaremos o respeito internacional pelo nosso amado Brasil. Durante a nossa caminhada de quatro anos pelo Brasil, uma frase se repetiu muitas vezes: 'Bolsonaro, você é a nossa esperança'. (...) Mesmo no momento mais difícil desta caminhada, quando, por obra de Deus e da equipe médica de Juiz de Fora, ganhei uma nova certidão de nascimento, não perdemos a convicção de que juntos poderíamos chegar a esta vitória. (...) Somos um grande país, e agora vamos juntos transformar esse país em uma grande nação. Uma nação livre, democrática e próspera! BRASIL ACIMA DE TUDO, DEUS ACIMA DE TODOS!" Presidente eleito Jair Bolsonaro, em seu primeiro pronunciamento após a vitória eleitoral. Fonte: G1.

**29 de outubro de 2018**
"Eu mostrei, e hoje em dia grande parte da população entende, que o período militar não foi ditadura, como a esquerda sempre pregou." Presidente eleito Jair Bolsonaro, em entrevista ao Jornal da Band, da TV Bandeirantes. Fonte: Folha de Pernambuco.

**29 de outubro de 2018**
"O papel dos militares será o mesmo das últimas décadas (...) vão continuar apartidários, apolíticos e fazendo sua tarefa constitucional." General Augusto Heleno, em entrevista à Reuters. Fonte: Metrópoles.

**29 de outubro de 2018**
"A arma de fogo, mais do que garantir a vida de uma pessoa, garante a liberdade de um povo." Presidente eleito Jair Bolsonaro. Fonte: O Globo Época, por Rita Constantino, Valter Costa e Yuri Riras.

31 de outubro de 2018
"Deus escolheu as coisas loucas, para confundir as sábias. Deus escolheu as coisas fracas, para confundir as fortes. Agora a coisa vai ser mais profunda: Deus escolheu as coisas vis, de pouco valor, as desprezíveis, que podem ser descartadas, as que não são, que ninguém dá importância, para confundir as que são, para que nenhuma carne se glorie diante dele. É por isso que Deus te escolheu." Pastor Silas Malafaia, se referindo ao presidente eleito Jair Bolsonaro, em culto na Assembleia de Deus Vitória em Cristo. Fonte: YouTube do próprio Silas Malafaia.

1º de novembro de 2018
"Imbecil. (...) [se utilizava de] mamata [para apresentar] programa pra maconheiro e bandido." Cantor sertanejo Eduardo Costa, se referindo à artista Fernanda Lima, apresentadora do programa 'Amor e Sexo' na TV Globo. Fonte: Jovem Pan (21/02/2022).

1º de novembro de 2018
"Se houver indulto para criminosos neste ano [2018], será o último." Presidente eleito Jair Bolsonaro. Fonte: O Antagonista (21/04/2022).

1º de novembro de 2018
"O correto é matar o bandido que está de fuzil. A polícia vai fazer o correto: vai mirar na cabecinha e... fogo! Para não ter erro." Wilson Witzel (PSC), governador eleito do Rio de Janeiro. Fonte: Estadão.

1º de novembro de 2018
"A gente fez um pacto: a gente não vai para a cadeia (...)." Deputado Eduardo Bolsonaro (PSL-SP). Fonte: O Globo.

09 de novembro de 2018
"Moro vai pegar vocês, corruptos. Antes ele pescava de varinha, agora vai ser com rede arrastão de 500 metros." Presidente eleito Jair Bolsonaro. Fonte: O Globo Época, por Rita Constantino, Valter Costa e Yuri Riras.

**BOLSONARO E SEUS SEGUIDORES: O HORROR EM 3.560 FRASES**

**09 de novembro de 2018**
"Eu reconheço que houve um episódio em que nós estivemos realmente no limite, que foi aquele tuite da véspera da votação no Supremo da questão do Lula. Ali, nós conscientemente trabalhamos sabendo que estávamos no limite. Mas sentimos que a coisa poderia fugir ao nosso controle se eu não me expressasse. Porque outras pessoas, militares da reserva e civis identificados conosco, estavam se pronunciando de maneira mais enfática. Me lembro, a gente soltou [o post no Twitter no dia 03/04/2018] 20h20, no fim do Jornal Nacional, o William Bonner [jornalista da Rede Globo] leu a nossa nota. Do pessoal de sempre [vieram as críticas], mas a relação custo-benefício foi positiva. Alguns me acusaram... de os militares estarem interferindo numa área que não lhes dizia respeito. Mas aí temos a preocupação com a estabilidade, porque o agravamento da situação depois cai no nosso colo. É melhor prevenir do que remediar." General Villas Bôas, comandante do Exército Brasileiro, sobre o tuite postado um dia antes de um julgamento de *habeas corpus* (HC) do ex-presidente Luiz Inácio Lula da Silva no Supremo Tribunal Federal (STF). Fonte: Folha, por Igor Gielow.

**20 de novembro de 2018**
"Eu fui contra a última lei de imigração nossa, que transformou o Brasil em um país sem fronteiras." Presidente eleito Jair Bolsonaro. Fonte: O Globo Época, por Rita Constantino, Valter Costa e Yuri Riras.

**24 de novembro de 2018**
"A criação de campos de refugiados, talvez, para atender aos venezuelanos que fogem da ditadura de seu país. Porque do jeito que estão fugindo da fome e da ditadura, tem gente também que nós não queremos no Brasil." Presidente eleito Jair Bolsonaro, durante evento militar no Rio de Janeiro. Fonte: Agência Brasil, por Douglas Corrêa.

**28 de novembro de 2018**
"Fui escolhido presidente do Brasil para atender aos anseios do povo brasileiro. Pegar pesado na questão da violência e criminalidade foi um dos nossos principais compromissos de campanha. Garanto a vocês, se houver indulto para criminosos neste ano, certamente será o último." Presidente eleito Jair Bolsonaro. Fonte: o próprio Twitter.

**30 de novembro de 2018**
"Já que indulto é um decreto presidencial, a minha caneta continuará com a mesma quantidade de tinta até o final do mandato. Não é apenas a questão de corrupção, qualquer criminoso tem que cumprir sua pena de maneira integral. É isso inclusive que eu acertei com Sergio Moro, indicado para ser ministro da Justiça." Presidente eleito Jair Bolsonaro. Fonte: O Antagonista (21/04/2022).

## 01 de dezembro de 2018
"Não vou mais admitir o Ibama sair multando a torto e a direito por aí, bem como o ICMbio. Essa festa vai acabar." Presidente eleito Jair Bolsonaro. Fonte: O Globo Época, por Rita Constantino, Valter Costa e Yuri Riras.

## 1º de dezembro de 2018
"Avisem a [deputada e presidente do PT] Gleisi [Hoffmann, PT-PR] e [a deputada] Maria do Rosário [PT-RS] que se sobrevoarem Brasília de vassoura serão abatidas." Alexandre Correa, marido de Ana Hickmann, em publicação na rede social. Fonte: UOL, por Gilvan Marques.

## 05 de dezembro de 2018
"O programa 'Mais Médicos' não é e nunca foi uma solução sequer razoável para solucionar os problemas que motivaram sua criação. E o desfecho de agora deixa claro que a saúde da população brasileira não era a motivação da iniciativa. Trata-se de uma tentativa de retaliação, porque quiseram passar o atendimento primário de saúde para Cuba. E agora Cuba quer tentar desarticular o atendimento da população. Os médicos brasileiros não vão permitir." Mayra Pinheiro, médica. Fonte: Brasil de Fato.

## 06 de dezembro de 2018
"Não é a política que vai mudar esta nação, é a igreja." Damares Alves, ministra indicada da Mulher, Família e Direitos Humanos. Fonte: Estadão, por Marianna Holanda.

## 12 de dezembro de 2018
"Ninguém recebe ou dá dinheiro sujo com cheque nominal, meu Deus do céu." Presidente eleito Jair Bolsonaro, sobre os depósitos feitos por Fabrício Queiroz na conta de senhora Michelle Bolsonaro. Fonte: O Globo Época, por Rita Constantino, Valter Costa e Yuri Riras.

## 12 de dezembro de 2018
"(...) Veio o garoto Ricardo Salles. Quando vi entidades ambientais criticando ele, eu falei: 'poxa, Onyx [Lorenzoni], acho que acertamos'." Presidente eleito Jair Bolsonaro. Fonte: O Globo Época, por Rita Constantino, Valter Costa e Yuri Riras.

## 13 de dezembro de 2018
"O Brasil voltou a acreditar, voltou a ter esperança. Meu pedido é: não deixe essa esperança morrer [presidente eleito Jair Bolsonaro]. Eu sei que alguma coisa vai acontecer porque quem te colocou nesse cargo foi Deus. E Ele vai te dar sabedoria para resolver não só os problemas que estão no meu estado do Rio de Janeiro, mas também em nosso país." Deputada eleita Flordelis dos Santos de Souza (PSD-RJ), pastora da igreja que criou, a Ministério Flordelis, e também cantora gospel. Fonte: pleno.news, por Ana Luiza Menezes.

**BOLSONARO E SEUS SEGUIDORES: O HORROR EM 3.560 FRASES**

**17 de dezembro de 2018**
"Tem que meter a faca no Sistema S." Paulo Guedes, ministro indicado da Economia, na Federação das Indústrias do Rio de Janeiro (Firjan). Fonte: Estadão.

**17 de dezembro de 2018**
"(...) Isso é uma negação a quem é cristão, é uma negação a quem realmente acreditar no ser humano. Ou se nasce homem ou se nasce mulher." Presidente eleito Jair Bolsonaro. Fonte: ÉPOCA.

**18 de dezembro de 2018**
"Nós não convidamos [para a posse] o ditador cubano nem venezuelano. Afinal de contas é uma festa da democracia. Lá [em Cuba e na Venezuela] não existem eleições, quando existem são suspeitas de fraudes." Presidente eleito Jair Bolsonaro. Fonte: O Globo Época, por Rita Constantino, Valter Costa e Yuri Riras.

**19 de dezembro de 2018**
"Parabéns ao presidente do Supremo Tribunal Federal por derrubar a liminar que poderia beneficiar dezenas de milhares de presos em segunda instância no Brasil e colocar em risco o bem estar de nossa sociedade, que já sofre diariamente com o caos da violência generalizada!" Presidente eleito Jair Bolsonaro. Fonte: o próprio Twitter.

**22 de dezembro de 2018**
"É muito grave mais uma rodada de exclusões de mais de 10 páginas de direita incluindo as de Paulo Eduardo Martins, Eder Borges e República de Curitiba pelo Facebook. A liberdade de expressão tem que ser respeitada, inclusive quando você é atacado, e legalmente responde!" Presidente eleito Jair Bolsonaro. Fonte: o próprio Twitter.

**29 de dezembro de 2018**
"Por decreto pretendemos garantir a POSSE de arma de fogo para o cidadão sem antecedentes criminais, bem como tornar seu registo definitivo." Presidente eleito Jair Bolsonaro. Fonte: o próprio Twitter.

**31 de dezembro de 2018**
"Uma das metas para tirarmos o Brasil das piores posições nos rankings de educação do mundo é combater o lixo marxista que se instalou nas instituições de ensino. Junto com o Ministro de Educação e outros envolvidos vamos evoluir em formar cidadãos e não mais militantes políticos." Presidente eleito Jair Bolsonaro. Fonte: o próprio Twitter.

## 1º DE JANEIRO DE 2019
## JAIR BOLSONARO TOMA POSSE COMO PRESIDENTE DO BRASIL, TENDO COMO VICE-PRESIDENTE O GENERAL HAMILTON MOURÃO.

1º de janeiro de 2019
"(...) E me coloco diante de toda a nação, neste dia, como o dia em que o povo começou a se libertar do socialismo, da inversão de valores, do gigantismo estatal e do politicamente correto. (...) Não podemos deixar que ideologias nefastas venham a dividir os brasileiros. (...) Essa é a nossa bandeira, que jamais será vermelha. Só será vermelha se for preciso nosso sangue para mantê-la verde e amarela. (...) O Brasil voltará a ser um país livre das amarras ideológicas." Presidente Jair Bolsonaro, em discurso de posse no parlatório do Palácio do Planalto. Fonte: O Globo Época, por Rita Constantino, Valter Costa e Yuri Riras.

1º de janeiro de 2019
"(...) Minha querida esposa Michelle, da aqui vizinha Ceilândia. Meus filhos e familiares aqui presentes —a conheci aqui na Câmara. Brasileiros e brasileiras. Primeiro, quero agradecer a Deus por estar vivo. Que, pelas mãos de profissionais da Santa Casa de Juiz de Fora, operou um verdadeiro milagre. Obrigado, meu Deus! Com humildade, volto a esta Casa, onde, por 28 anos, me empenhei em servir à nação brasileira, travei grandes embates e acumulei experiências e aprendizados que me deram a oportunidade de crescer e amadurecer. (...) Vamos unir o povo, valorizar a família, respeitar as religiões e nossa tradição judaico-cristã, combater a ideologia de gênero, conservando nossos valores. O Brasil voltará a ser um país livre das amarras ideológicas (...). Nada aconteceria sem o esforço e o engajamento de cada um dos brasileiros que tomaram as ruas para preservar a nossa liberdade e a democracia (...). O cidadão de bem merece dispor de meios para se defender, respeitando o referendo de 2005, quando optou, nas urnas, pelo direito à legítima defesa (...). Precisamos criar um ciclo virtuoso para a economia que traga a confiança necessária para permitir abrir nossos mercados para o comércio internacional, estimulando a competição, a produtividade e a eficácia, sem o viés ideológico (...). Nesse processo de recuperação do crescimento, o setor agropecuário seguirá desempenhando um papel decisivo, em perfeita harmonia com a preservação do meio ambiente (...). Uma de minhas prioridades é proteger e revigorar a democracia brasileira, trabalhando arduamente para que ela deixe de ser apenas uma promessa formal e distante e passe a ser um componente substancial e tangível da vida política brasileira, com o respeito ao Estado Democrático (...). Brasil acima de tudo! Deus acima de todos!" Presidente Jair Bolsonaro, em discurso de posse no Congresso Nacional. Fonte: Folha.

02 janeiro de 2019
"[Olavo de Carvalho] é o grande responsável pela transformação que o Brasil está vivendo: como Dom Quixote, ele, caído à beira do caminho, começou a conversar com os passantes sobre as próprias façanhas." Ernesto Araújo, ministro das Relações Exteriores. Fonte: O Globo.

03 de janeiro de 2019
"Atenção, atenção. É uma nova era no Brasil. Menino veste azul e menina veste rosa." Damares Alves, ministra da Mulher, Família e Direitos Humanos. Fonte: Folha.

10 de janeiro de 2019
"Aproveito o momento para que nós realmente venhamos fazer justiça aqui no Brasil. Tem uma senhora de nome Walderice [conhecida como Wal do Açaí], minha funcionária, que trabalhava na Vila Histórica de Mambucaba e tinha uma lojinha de açaí. (...) O jornal *Folha de São Paulo* foi lá, nesse dia, 10 de janeiro, e fez uma matéria e a rotulou de forma injusta como 'fantasma'. É uma senhora, mulher, negra e pobre. Só que nesse dia 10 de janeiro, segundo boletim 'A iniciativa da Câmara', de 19 de dezembro, ela estava de férias." Presidente Jair Bolsonaro. Fonte: Folhajus (23/03/2022).

15 de janeiro de 2019
"Todo e qualquer cidadão e cidadã, em qualquer lugar do país, por conta desse dispositivo, tem o direito de ir até uma delegacia de Polícia Federal, levar os seus documentos, pedir autorização, adquirir a arma e poder ter a respectiva posse." Onyx Lorenzoni, ministro da Casa Civil, sobre o decreto assinado pelo presidente Jair Bolsonaro e publicado em edição extra do Diário Oficial da União. Fonte: GZH, por Mateus Ferraz e Silvana Pires.

15 de janeiro de 2019
"Na legislação anterior [sobre a posse de armas], se poderia comprar meia dúzia de armas, mas na prática, não poderia comprar nenhuma. Era muito difícil atingir esse objetivo. Com a legislação atual, pode-se comprar até quatro e ele [comprador], preenchendo esses requisitos, cidadão de bem, com toda a certeza, poderá fazer uso dessas armas." Presidente Jair Bolsonaro, sobre o decreto de ampliação de uso de armas que passa a entrar em vigor no Brasil. Fonte: GZH, por Mateus Ferraz e Silvana Pires.

**22 de janeiro de 2019**
"Continuo a ser vítima de uma campanha difamatória com objetivo de atingir o governo do [presidente] Jair Bolsonaro. A funcionária que aparece no relatório do COAF [Conselho de Controle de Atividades Financeiras] foi contratada por indicação do [meu] ex-assessor Fabrício Queiroz, que era quem supervisionava seu trabalho. Não posso ser responsabilizado por atos que desconheço, só agora revelados com informações desse órgão. Tenho sido enfático para que tudo seja apurado e os responsáveis sejam julgados na forma da lei. Quanto ao parentesco constatado da funcionária, que é mãe de um foragido [Adriano Magalhães da Nóbrega], já condenado pela Justiça, reafirmo que é mais uma ilação irresponsável daqueles que pretendem me difamar. Sobre as homenagens prestadas a militares, sempre atuei na defesa de agentes de segurança pública e já concedi centenas de outras homenagens. Aqueles que cometem erros devem responder por seus atos." Senador Flávio Bolsonaro (PSL-RJ). Fonte: O Globo (22/01/2019), por Chico Otavio e Vera Araújo.

**11 de fevereiro de 2019**
"As pessoas da esquerda têm cabeças fracas e bom coração. As pessoas da direita têm cabeças fortes e corações não tão bons." Paulo Guedes, ministro da Economia, entrevista ao jornal Financial Times. Fonte: Estadão, por Elena Landau.

**18 de fevereiro de 2019**
"O brasileiro viajando é um canibal. Rouba coisas dos hotéis, rouba o assento salva-vidas do avião; ele acha que sai de casa e pode carregar tudo." Ricardo Vélez Rodriguez, ministro da Educação. Fonte: Veja.

**29 de fevereiro de 2019**
"Marechal Castelo Branco, um homem que foi eleito presidente da República do Brasil no dia 11 de abril de 1964 e tomou posse no dia 15 de abril de 1964, tudo à luz da Constituição vigente naquele momento." Presidente Jair Bolsonaro. Fonte: Aos Fatos.

**1º de março de 2019**
"No dia que Bolsonaro se envolver em algum escândalo de corrupção eu chupo o cu do Caetano Veloso." Olavo de Carvalho. Fonte: o próprio Twitter.

**05 de março de 2019**
"O que é golden shower?" Presidente Jair Bolsonaro, depois de ter compartilhado no Twitter um vídeo com cenas obscenas no Carnaval de rua. Fonte: Metrópoles (06/03/2019), por Thaís Paranhos.

## BOLSONARO E SEUS SEGUIDORES: O HORROR EM 3.560 FRASES

06 de março de 2019
"O [general Hamilton] Mourão [vice-presidente] é obviamente um INIMIGO DO PRESIDENTE E DE SEUS ELEITORES. Não dá mais para esconder." Olavo de Carvalho. Fonte: o próprio Twitter.

07 de março de 2019
"As Forças Armadas sempre estiveram ao lado da democracia e da liberdade." Presidente Jair Bolsonaro. Fonte: Aos Fatos.

07 de março de 2019
"Eu não tenho nenhum envolvimento com a milícia. Qual envolvimento vão falar? Foto do [presidente] Jair Bolsonaro? Ele tira 1 milhão de fotos por ano com todo mundo. Será que se eu tirar uma foto com um policial, eu vou ser responsável por tudo que ele fizer? Igual à questão da medalha. Flávio [Bolsonaro, senador] deu a medalha em 2004 [para o ex-capitão do Bope Adriano Magalhães da Nóbrega]. O cara é suspeito de alguma coisa agora e querem associar com o Flávio. Para mim, isso aí é... Tem uma parte da imprensa, nem sempre grande imprensa, mas às vezes a imprensa alternativa que se presta a esse trabalho sujo, muito financiada pelos últimos governos, que cai no descrédito ao tentar fazer esse tipo de relação. É um desespero para tentar dizer que Bolsonaro tem culpa no cartório. Quem era Marielle? Estou falando com todo o respeito. Ninguém conhecia quem era Marielle Franco [vereadora do PSOL-RJ] antes de ela ter sido assassinada. Depois, todo mundo começou a conhecer porque foi dada uma grande notoriedade. Agora, pelo amor de Deus, tentar fazer essa relação [da morte de Marielle Franco com o presidente Jair Bolsonaro] é mais do que absurda, é repugnante." Deputado Eduardo Bolsonaro (PSL-SP). Fonte: O Globo, Bruno Góes.

11 de março de 2019
"Vocês sabem que as pressões são enormes porque a velha política parece que quer nos puxar para fazer o que eles faziam antes. Nós não pretendemos fazer isso." Presidente Jair Bolsonaro, ao anunciar a liberação de R$ 1 bilhão em emendas parlamentares. Fonte: Folha (30/11/2021).

18 de março de 2019
"O Brasil não é um terreno aberto onde nós pretendemos construir coisas para o nosso povo. Nós temos é que desconstruir muita coisa. Desfazer muita coisa. Para depois nós começarmos a fazer. Que eu sirva para que, pelo menos, eu possa ser um ponto de inflexão, já estou muito feliz." Presidente Jair Bolsonaro, durante jantar na embaixada brasileira nos Estados Unidos com a presença de Steve Bannon e Olavo de Carvalho. Fonte: Valor Econômico

18 de março de 2019
"Você [Olavo de Carvalho] é o líder da revolução." Paulo Guedes, ministro da Economia, durante jantar oferecido na casa do embaixador brasileiro, Sergio Amaral, ao presidente Jair Bolsonaro, em Washington. Fonte: Estadão, por Elena Landau.

18 de março de 2019
"Guardo sincera esperança de que ao conjunto dos 11 ministros do STF prevaleça a isenção e os exemplos dos grandes e verdadeiros juristas que por lá já passaram, antes que, ao arrepio ou não da Constituição, um Tribunal de Exceção tenha que ser criado para ajudá-los e fazer-lhes a vez." General Paulo Chagas. Fonte: o próprio Twitter.

18 de março de 2019
"A população aprendeu a usar mídias sociais e não confia mais nem acredita na grande imprensa." Presidente Jair Bolsonaro. Fonte: Aos Fatos.

19 de março de 2019
"Agora não tem mais volta — fecha o STF [Supremo Tribunal Federal], fecha o Senado [Federal], fecha a Câmara [dos Deputados] —, Bolsonaro. Eu tenho nojo do STF [Supremo Tribunal Federal], eu tenho repúdio, me dá até ânsia de vômito, porque são 11 que querem mandar em uma nação inteira. E, se for preciso fechar, que feche. Não vai fazer falta nenhuma, pelo contrário, fará um bem à nação brasileira." Fernando Lisboa, do canal 'O Vlog do Lisboa'. Fonte: Estadão, por Tomás Conte.

26 de março de 2019
"Por mim, o único 'golpe militar' no Brasil que não pode ser comemorado é o de 1889. Parabéns, Presidente!" Deputada Carla Zambelli (PSL-SP). Fonte: o próprio Twitter.

26 de março de 2019
"O Nhonho [Rodrigo Maia, presidente da Câmara dos Deputados] quer articular cu com piroca. A piroca dele e o cu nosso." Olavo de Carvalho. Fonte: o próprio Twitter.

27 de março de 2019
"Hoje eu tive a honra de conhecer o meu presidente. (...) Vendo todos os comentários, e ainda não consigo entender as pessoas que acham que todo mundo tem que ter mesma opinião. O nosso país sempre fala em democracia, mas sempre tem aqueles que se negam a aceitar [a democracia]. Cada um tem o livre arbítrio para escolher o que achar melhor. Não tem que julgar uma pessoa por ter uma escolha diferente da sua. Uns gostam de magros, outros de gordos, uns preferem loiras, outros, morenas, e por aí vai (...)." Ana Hickmann. Fonte: UOL, por Gilvan Marques.

**BOLSONARO E SEUS SEGUIDORES: O HORROR EM 3.560 FRASES**

**27 de março de 2019**
"Temos de conhecer a verdade. Não quer dizer que foi uma maravilha, não foi uma maravilha regime nenhum. Qual casamento é uma maravilha? De vez um quando tem um probleminha, é coisa rara um casal não ter um problema, tá certo? (...) E onde você viu uma ditadura entregar pra oposição de forma pacífica o governo? Só no Brasil. Então, não houve ditadura." Presidente Jair Bolsonaro, em entrevista ao programa 'Brasil Urgente', da TV Bandeirantes. Fonte: Folha de Pernambuco.

**27 de março de 2019**
"As nossas Forças Armadas sempre tiveram (sic) ao lado do povo e da liberdade." Presidente Jair Bolsonaro. Fonte: Aos Fatos.

29 de março de 2019
"Convite. O Comandante Militar do Norte, General de Exército PAULO SÉRGIO NOGUEIRA DE OLIVEIRA, tem a honra de convidar V Exa / V Sa para a solenidade alusiva aos 55 anos da Revolução Democrática de 31 de março de 1964. Local Quartel-General Integrado do Comando Militar do Norte." Comando Militar do Norte. Fonte: Congresso em Foco.

**29 de março de 2019**
"Diante de um cenário de graves convulsões, foi interrompida a escalada em direção ao totalitarismo. As Forças Armadas, atendendo ao clamor da ampla maioria da população e da imprensa brasileira, assumiram o papel de estabilização daquele processo." General Lourival Carvalho Silva, em discurso na solenidade alusiva aos 55 anos da Revolução Democrática de 31 de março de 1964. Fonte: Metrópoles (15/04/2022), por Guilherme Amado e Bruna Lima.

**29 de março de 2019**
"É uma coisa que eu falo muito e é muito uma tendência da esquerda. Ela pega uma coisa boa, sequestra e perverte, transforma em uma coisa ruim. Acho que é mais ou menos o que aconteceu sempre com esses regimes totalitários. Por isso que eu digo também que... quer dizer, isso tem a ver com o que eu digo, que fascismo e nazismo são fenômenos de esquerda, não é?" Ernesto Araújo, ministro das Relações Exteriores. Fonte: G1 e Jornal Nacional.

### 31 de março de 2019

"As Forças Armadas participam da história da nossa gente, sempre alinhadas com as suas legítimas aspirações. O 31 de março de 1964 foi um episódio simbólico dessa identificação. (...) As famílias no Brasil estavam alarmadas e colocaram-se em marcha. Diante de um cenário de graves convulsões, foi interrompida a escalada em direção ao totalitarismo. As Forças Armadas, atendendo ao clamor da ampla maioria da população e da imprensa brasileira, assumiram o papel de estabilização daquele processo (...)." Ministério da Defesa, Ordem do Dia, documento assinado pelo ministro da Defesa, Fernando Azevedo e Silva, e pelos três comandantes das Forças Armadas. Fonte: Jornal Nacional, por William Bonner.

### 31 de março de 2019

"Se você tem a mesma idade que eu, pouco mais, pouco menos, sabe que houve um tempo que o nosso céu de repente não tinha mais estrelas que outros, nem nossa vida e nossos campos, bosques, mais flores e amores. Se você é jovem já deve ter ouvido isso dos seus pais. Mas, se você quer mais detalhes, quer depoimentos, quer ter certeza de que isso é verdade, faça uma pesquisa, consulte os jornais, revistas, filmes da época. Você vai ver, era sim um tempo de medo e ameaças, ameaças daquilo que os comunistas faziam e era imposto sem exceção. Prendiam e matavam os seus próprios compatriotas. Havia sim, muito medo no ar. Greve nas fábricas, insegurança em todos os lugares. Foi aí que, conclamado pelos jornais, rádios, TVs e principalmente pelo povo na rua, povo de verdade: pais, mães, Igreja, que o Brasil lembrou que possuía um exército nacional, e apelou a ele. Foi só aí que a escuridão, graças a Deus, foi passando, passando, e fez-se a luz. A bandeira verde e amarela voltou a tremular e o medo deu lugar à confiança no futuro. O Exército nos salvou! O Exército nos salvou! Não há como negar. E tudo isso aconteceu num dia como o de hoje: um 31 de março! Não dá para mudar a história! [ao fundo, o som do hino nacional brasileiro]. O Exército não quer palmas nem homenagens, o Exército apenas cumpriu o seu papel." Secretaria de Comunicação da Presidência, em vídeo distribuído por um número oficial de WhatsApp do Planalto, usado para o envio de mensagens de utilidade pública, notícias e serviços do Governo Federal. Fonte: GZH e Estadão Conteúdo.

### 31 de março de 2019

"Num dia como o de hoje o Brasil foi liberto. Obrigado militares de 64! Duvida? Pergunte aos seus pais ou avós que viveram aquela época como foi?" Deputado Eduardo Bolsonaro (PSL-SP). Fonte: o próprio Twitter.

### 02 de abril de 2019

"Não há dúvida né [que o nazismo é de esquerda]? Como é o nome do partido? Partido Nacional Socialista da Alemanha, né?" Presidente Jair Bolsonaro. Fonte: Aos Fatos.

02 de abril de 2019
"É seu MACACO!! PEDÓFILO!! CIMINOSO!!! TU VAI MORRER PELA BOCA!!!" Maria Carla Petrellis, cientista pesquisadora com pós-doutorado, atuando no Instituto Butantan e na Universidade São Paulo (USP), se referindo a Felipe Neto. Fonte: o próprio Twitter e LinkedIn.

02 de abril de 2019
"Por favor, venham a Israel. Vocês dois estão convidados: Neymar e Medina. Tragam todo mundo com vocês." Binyamin Netanyahu, primeiro-ministro de Israel, popularmente chamado de 'Bibi', em vídeo ao lado do presidente Jair Bolsonaro. Fonte: UOL Esporte.

02 de abril de 2019
"Alô, Bibi e Bolsonaro, obrigado por nos convidar. Israel, estamos indo." Neymar, jogador de futebol. Fonte: UOL Esporte.

02 de abril de 2019
"Oi, Bibi e Bolsonaro, obrigado por nos convidar para ir a Israel. Israel, estamos indo. Muito obrigado." Gabriel Medina, surfista. Fonte: UOL Esporte.

03 de abril de 2019
"Tchutchuca é a mãe, é a avó!" Paulo Guedes, ministro da Economia, em audiência no Congresso. Fonte: GZH.

03 de abril de 2019
"Olho para Deus, falo: 'Meu Deus, o que eu fiz para merecer isso?' É só problema!" Presidente Jair Bolsonaro. Fonte: Instagram do UOL (15/10/2021), por Lucas Borges Teixeira.

05 de abril de 2019
"Eu não posso me arrepender de ter feito xixi na cama [quando era criança, aos 5 anos de idade]. Saiu, pô." Presidente Jair Bolsonaro. Fonte: GloboNews, por Natuza Nery e Gerson Camarotti.

05 de abril de 2019
"Desculpem as caneladas, não nasci para ser presidente, nasci para ser militar. Mas, no momento, estou nesta condição de presidente e, junto com vocês, nós podemos mudar o destino do Brasil. Sozinho não vou chegar a lugar nenhum" Presidente Jair Bolsonaro. Fonte: UOL e Folha, por Daniel Carvalho.

## 09 de abril de 2019

"Ao contrário: vocês, militares, entregaram o país à esquerda, e a esquerda dominou o país por 35 anos, humilhando vocês. (...) Onde o positivismo conseguiu se impor, logo em seguida deu lugar ao comunismo. Abriu as portas ao comunismo. Dizem que o autor do positivismo, Auguste Comte, morreu louco. Eu acho que viveu louco. E foi o positivismo que dominou nossos militares. Com esses libertadores, onde íamos parar? Eles não libertaram o país coisa nenhuma. Nós nada devemos aos militares sob esse aspecto. Sob o aspecto econômico, sim, eles fizeram coisas muito importantes. Mas, politicamente, destruíram a possibilidade de uma política eficaz de direita e abriram as portas ao domínio tucano-petista. (...) Estou falando isso para todas as Forças Armadas. (...) Esses generais abriram as portas do Brasil ao tucano-petismo e nunca se arrependeram, nunca pediram desculpas. Agora vamos esperar que os generais nos salvem de novo? Eles não vão salvar. Somos nós que temos de fazer isso. Contra o comunismo não adianta positivismo, só anticomunismo. (...) Agora eles vêm com essa: 'ah, o Olavo de Carvalho comeu três mulheres na década de 70'. É isso que fazem." Olavo de Carvalho, no 32º Fórum da Liberdade, organizado pelo Instituto de Estudos Empresariais (IEE), no Centro de Eventos da PUCRS. Fonte: GZH, por Juliana Bublitz.

## 13 de abril de 2019

"Podemos perdoar, mas não podemos esquecer [o Holocausto]. E é minha essa frase: quem esquece seu passado está condenado a não ter futuro." Presidente Jair Bolsonaro, durante encontro com evangélicos. Fonte: Folha.

## 18 de abril de 2019

"O Bolsonaro é um militar. Como esperam que um homem com 64 anos, que viveu mais da metade da vida no Exército, um ambiente viril, venha falar sobre sexualidade com total conforto? (...) Eu votei no Bolsonaro e apoio a política dele porque eu quero um presidente, não um namorado (...). Se o homofóbico vai para as ruas preparado para agredir e violentar, o gay precisa ter direito à legítima defesa, assim como a mulher para poder combater o estuprador. É uma questão de equidade na defesa. Então sim, as armas podem ajudar os gays a combaterem a violência homofóbica. (...) É verdade que a bandeira LGBT é frequentemente associada à esquerda. Mas veja: aqui na Alesp, quem é o único deputado assumidamente gay? Eu. Na bancada do PT tem algum deputado gay? Na bancada petista do Congresso? Não. Na Câmara Municipal, fora o Fernando Holiday, tem algum outro vereador gay? Não. (...) O que os movimentos LGBTs querem fazer com os gays é transformá-los em semideuses." Deputado estadual Douglas Garcia (PSL-SP). Fonte: El País, por Gil Alessi.

**BOLSONARO E SEUS SEGUIDORES: O HORROR EM 3.560 FRASES**

**22 de abril de 2019**
"Os milicos têm que começar por confessar os seus erros antes de querer corrigir os erros dos outros. Essa é a lei de Cristo. Primeiro, os teus pecados, depois, os do vizinho. Agora, no Brasil, não, todo mundo é assim: 'Nós somos os patriotas, os heróis, nós salvamos o Brasil do comunismo, nós isso, aquilo'. Tudo conversa mole. Quem salvou o Brasil do comunismo foram as lideranças civis em 1964." Olavo de Carvalho. Fonte: G1, por Guilherme Mazui.

**22 de abril de 2019**
"Em relação ao Olavo de Carvalho, mostra o total desconhecimento dele de como funciona o ensino militar. Acho que até é bom a gente convidar ele para ir nas nossas escolas e conhecer. Acho que ele deve se limitar, ele, Olavo de Carvalho, à função que ele desempenha bem, que é de astrólogo." General Hamilton Mourão, vice-presidente da República. Fonte: G1, por Guilherme Mazui.

**22 de abril de 2019**
"O [vice-presidente Hamilton] Mourão deveria se limitar à única função que desempenha bem, de modelo." Olavo de Carvalho. Fonte: G1, por Guilherme Mazui.

**22 de abril de 2019**
"O professor Olavo de Carvalho teve um papel considerável na exposição das ideias conservadoras que se contrapuseram à mensagem anacrônica cultuada pela esquerda e que tanto mal fez ao nosso país. (...) Entretanto, suas recentes declarações contra integrantes dos poderes da República não contribuem para a unicidade de esforços e consequente atingimento dos objetivos propostos em nosso projeto de governo que visa, ao fim e ao cabo, o bem-estar da sociedade brasileira e o soerguimento do Brasil no contexto das nações." Presidente Jair Bolsonaro. Fonte: G1, por Guilherme Mazui.

**25 de abril de 2019**
"O presidente Bolsonaro e eu concordamos que o filme deveria ser recolhido. A saída do diretor é uma decisão de consenso, inclusive com aceitação do próprio." Rubem Novaes, presidente do Banco do Brasil, sobre a divulgação de campanha publicitária dirigida ao público jovem com atores que representavam a diversidade racial e sexual, com atores jovens, mulheres e homens negros, uma personagem transexual, muitos com tatuagens e cabelos coloridos. A campanha causou ainda a exoneração do diretor de comunicação e marketing. Fonte: Folha e Meio & Mensagem.

**25 de abril de 2019**
"Se for nessa linha, acaba a entrevista." Presidente Jair Bolsonaro. Fonte: Folha (21/06/2021).

**25 de abril de 2019**
"Quem quiser vir aqui [ao Brasil] fazer sexo com uma mulher, fique à vontade. O Brasil não pode ser um país de turismo gay. Temos famílias." Presidente Jair Bolsonaro, durante café da manhã com jornalistas. Fonte: Folha.

**30 de abril de 2019**
"Universidades que, em vez de procurar melhorar o desempenho acadêmico, estiverem fazendo balbúrdia, terão verbas reduzidas." Abraham Weintraub, ministro da Educação, no Twitter. Fonte: Estadão.

**04 de maio de 2019**
"Enquanto corre na Justiça o processo em que pede R$ 10 mil, [Guilherme] Boulos deveria procurar seu primeiro emprego. Viver de mesada com a idade que tem é uma forma de vadiagem. Só no Brasil do Psol vagabundos profissionais discursam no Dia do Trabalho." Augusto Nunes, jornalista. Fonte: o próprio Twitter.

**04 de maio de 2019**
"[General] Santos Cruz [ministro-chefe da Secretaria de Governo] e Ciro Gomes [ex-governador do Ceará] são aqueles tipos de bandidinhos que não podem receber um elogio sem respondê-lo com insultos, para mostrar que são gostosões. Gente sem caráter nem valor. Bostas em toda a extensão do termo." Olavo de Carvalho. Fonte: Metrópoles, por Natália Lázaro.

**04 de maio de 2019**
"[Olavo de Carvalho é um] desocupado esquizofrênico." General Santos Cruz, ministro-chefe da Secretaria de Governo. Fonte: Metrópoles, por Natália Lázaro.

**04 de maio de 2019**
"A quem me chama de desocupado não posso nem responder que desocupado é o cu dele, já que não para de cagar o dia inteiro." Olavo de Carvalho. Fonte: o próprio Twitter.

**06 de maio de 2019**
"Quando reagi pela primeira vez ao general Santos Cruz [ministro-chefe da Secretaria de Governo], tudo o que eu sabia contra ele era que se tratava de um grosseiríssimo ingrato e difamador. O resto da merda que vem aparecendo contra ele não fui eu que..." Olavo de Carvalho. Fonte: o próprio Twitter.

**BOLSONARO E SEUS SEGUIDORES: O HORROR EM 3.560 FRASES**

### 06 de maio de 2019
"Mais uma vez, o senhor Olavo de Carvalho, a partir de seu vazio existencial, derrama seus ataques aos militares e às FFAA [Forças Armadas], demonstrando total falta de princípios básicos de educação, respeito, humildade e modéstia. (...) Verdadeiro Trotski de direita, não compreende que substituindo uma ideologia pela outra não contribui para a elaboração de uma base de pensamento que promova soluções concretas para os problemas brasileiros." General Eduardo Villas Bôas, ex-comandante do Exército. Fonte: G1.

### 07 de maio de 2019
"Aos poucos outros nomes foram se somando na causa que defendia, entre eles Olavo de Carvalho. Olavo, sozinho, rapidamente tornou-se um ícone, verdadeiro fã (sic) para muitos. Seu trabalho contra a ideologia insana que matou milhões no mundo e retirou a liberdade de outras centenas de milhões é reconhecida por mim. Sua obra em muito contribuiu para que eu chegasse no Governo (...)." Presidente Jair Bolsonaro. Fonte: o próprio Twitter.

### 08 de maio de 2019
"Dar fim à bandidagem." Governador Wilson Witzel (PSC-RJ), em um helicóptero da Polícia Civil, do qual policiais dispararam rajadas de tiros que perfuraram uma lona azul estendida numa trilha do Monte do Campo Belo, onde funciona um ponto de apoio para peregrinação de evangélicos, confundido com uma casamata do tráfico de drogas. Fonte: O Globo, por Matheus Maciel.

### 12 maio de 2019
"Cu também é gente." Olavo de Carvalho. Fonte: o próprio Twitter.

### 15 maio de 2019
"Tudo pequenininho aí?" Presidente Jair Bolsonaro, ao posar para foto com estrangeiro de feições asiáticas, e fazendo gesto com os dedos, em insinuação sobre órgão sexual. Fonte: Folha.

### 22 de maio de 2019
"Criei quatro filhos com arma dentro de casa e meus filhos nunca foram lá porque eu ensinei para eles o que ela significa. A gente às vezes vê criança pequena botar o dedo dentro do liquidificador, ligar e perde o dedinho. Aí vamos proibir o liquidificador? Não. É uma questão de educação, é uma questão de orientação. No caso da arma é a mesma coisa." General Augusto Heleno, ministro-chefe do Gabinete de Segurança Institucional (GSI), em entrevista à GloboNews. Fonte: CartaCapital.

**24 de maio de 2019**
"Se for uma reforma de japonês, ele vai embora. Lá [no Japão], tudo é miniatura." Presidente Jair Bolsonaro. Fonte: Folha (28/05/2019), por Rafael Balago.

**28 de maio de 2019**
"Minha resposta é uma sonora risada. O presidente pode falar o que ele quiser. Não tem que dar muito valor, tem que relevar, que rir." Renato Ishikawa, presidente do Bunkyo (Sociedade Brasileira de Cultura Japonesa). Fonte: Folha, por Rafael Balago.

29 de maio de 2019
**"Não estudei o assunto da Terra plana. Só assisti a uns vídeos de experimentos que mostram a planicidade das superfícies aquáticas, e não consegui encontrar, até agora, nada que os refute." Olavo de Carvalho. Fonte: GZH, por Itamar Melo.**

**30 de maio de 2019**
"De julho em diante, o Brasil começa a decolar." Paulo Guedes, ministro da Economia, depois da divulgação do recuo de 0,2% do PIB no primeiro trimestre de 2019. Fonte: Estadão, por Elena Landau.

30 de maio de 2019
"Quem não entende, que vá chupar uma pica esférica." Olavo de Carvalho. Fonte: o próprio Twitter.

**31 de maio de 2019**
"Minha tendência é vetar. Aliás, eu fui convencido a vetar o dispositivo. Não só porque é do PT. Se bem que é um indicativo. Os caras são socialistas, comunistas, são estatizantes. Eles gostam de pobre." Presidente Jair Bolsonaro. Fonte: Catraca Livre.

04 de junho de 2019
"Será punida apenas com advertência por escrito [e não mais com pagamento de multa, os motoristas que estiverem trafegando com crianças de zero a sete anos e meio de idade sem a cadeira apropriada]." Casa Civil da Presidência, sobre o Projeto de Lei que o governo submeteu ao Congresso Nacional, e que foi entregue pessoalmente pelo presidente Jair Bolsonaro ao presidente do Congresso Nacional. Fonte: O Globo, por Gustavo Maia.

**BOLSONARO E SEUS SEGUIDORES: O HORROR EM 3.560 FRASES**

**06 de junho de 2019**
"Está mexendo com o seu filho. Precisa estar na lei algo para o seu filho ser protegido? Nem precisava de lei. Quem tem responsabilidade sabe disso, vai lá e bota a cadeirinha atrás e leva o bebê ali atrás. (...) [O motorista que infringia a lei e era multado] recorria ao judiciário e ganhava. Ou seja, não tinha multagem e nem tinha também a perda de pontos na carteira. (...) Nós criamos a figura da advertência. E não tem multa obviamente, porque eu acho advertência é mais que suficiente (...)." Presidente Jair Bolsonaro, justificando o Projeto de Lei enviado pelo governo ao Congresso Nacional que elimina a multa para os motoristas que transportarem crianças de zero a sete anos e meio sem a cadeira de proteção. Fonte: UOL, por Danielle Brant.

**18 de junho de 2019**
"Em qualquer caso, ao mesmo tempo em que se garante a manutenção da exigência se toma providência para evitar exageros punitivos." Tarcísio de Freitas, ministro da Infraestrutura, em justificativa ao Projeto de Lei encaminhado pelo governo ao Congresso Nacional, que isenta de multa os motoristas que trafegarem com crianças de zero a sete anos e meio sem a cadeira apropriada, mantendo como punição ao motorista uma advertência por escrito. Fonte: EXTRA, por Gustavo Maia.

**18 de junho de 2019**
"Um prazer enorme encontrar nosso presidente Jair Messias Bolsonaro." Ronaldinho Gaúcho, no Palácio do Planalto, em visita ao presidente. Fonte: Gazeta Esportiva.

**27 de junho de 2019**
"Nós temos exemplo para dar para à Alemanha, inclusive sobre o meio ambiente. A indústria deles continua sendo fóssil, em grande parte de carvão, e a nossa não. Então, eles têm a aprender muito conosco." Presidente Jair Bolsonaro, em Osaka, no Japão, onde participaria do G20. Fonte: G1.

**27 de junho de 2019**
"O presidente do Brasil que está aqui não é como alguns anteriores, que vieram aqui para serem advertidos por outros países. A situação aqui é de respeito para com o Brasil. Não aceitaremos tratamento como no passado." Presidente Jair Bolsonaro, em Osaka, no Japão, onde participaria do G20. Fonte: G1.

**30 de junho de 2019**
"Deus me deu esse dom de espalhar alegria entre os que gostam de mim e dor no cu entre os que não gostam." Olavo de Carvalho. Fonte: o próprio Twitter.

**04 de julho de 2019**
"O Brasil tem 5 milhões de km² na Amazônia. A quantidade desmatada no ano passado foi de 8 mil km², em números gerais. Dá 0,002%. Numericamente, não digo que seja um objetivo em si mesmo, mas, percentualmente, nós já temos um desmatamento zero. É a terceira casa decimal depois do zero. (...) Busca-se o zero absoluto ou o zero relativo? O zero relativo nós já atingimos." Ricardo Salles, ministro do Meio Ambiente, errando na conta (o desmatamento tinha sido de 0,16%). Fonte: O Globo.

**04 de julho de 2019**
"Primeiro você tem que entender que a Amazônia é do Brasil, não é de vocês. Nós preservamos mais do que todo mundo. Nenhum país do mundo tem moral para falar sobre a Amazônia. (...) Para que tanta ONG na Amazônia, já que estão tão preocupados com o meio ambiente e o ser humano, e zero no semiárido nordestino? Responda pra mim isso aí, será que o interesse de vocês é com o ser humano ou é outro interesse futuro nessa área?" Presidente Jair Bolsonaro, respondendo, em uma coletiva de imprensa, à seguinte pergunta do jornalista britânico Dom Phillips: "Os números de desmatamento estão mostrando um crescimento assustador, Ibama tá dando menos multas, menos operações. Os sinais que o governo tá dando para a Europa não são positivos no sentido da proteção do meio ambiente. Por exemplo, o ministro do Meio Ambiente [Ricardo Salles] estava na Rondônia, nesta semana, com uma galera das madeireiras. Como o senhor presidente entende e pretende convencer e mostrar para o mundo que realmente o governo tem uma preocupação séria com a preservação da Amazônia?" Fonte: Correio Braziliense (14/06/2022), por Pedro Grigori.

**04 de julho de 2019**
"Não fui prejudicado em nada. Quando um moleque de nove, dez anos vai trabalhar em algum lugar tá cheio de gente aí 'trabalho escravo, não sei o quê, trabalho infantil'. Agora quando tá fumando um paralelepípedo de crack, ninguém fala nada. Então trabalho não atrapalha a vida de ninguém. (...) Eu aprendi, inclusive. Irresponsabilidade? Nada, pô. (...) Eu atirei jovem também e não tinha problema nenhum. (...) Hoje em dia é tanto direito, tanta proteção que temos uma juventude aí que tem uma parte considerável que não tá na linha certa (...)." Presidente Jair Bolsonaro. Fonte: Estadão.

**04 de julho de 2019**
"Nós defendemos o meio ambiente." Presidente Jair Bolsonaro. Fonte: Aos Fatos.

**14 de julho de 2019**
"Vocês vão apanhar do pai [presidente Jair Bolsonaro]... Vocês não souberam nada de política. (...) Vocês vão ser gozados pelos colegas [deputados e senadores]." Silvio Santos, dono do SBT, entrevistando o senador Flávio Bolsonaro (PSL-RJ) e o deputado Eduardo Bolsonaro (PSL-SP) no 'Programa Silvio Santos', no quadro Jogo das 3 Pistas, no SBT. Fonte: Observatório da TV, UOL, por Henrique Carlos.

**BOLSONARO E SEUS SEGUIDORES: O HORROR EM 3.560 FRASES**

14 de julho de 2019
"[Cantora] Fafá de Belém." Senador Flávio Bolsonaro (PSL-RJ), respondendo a Silvio Santos a pergunta: "cantora paraibana?" Fonte: Reinaldo Azevedo, no programa 'O É da Coisa' na Rádio BandNews, com Alexandre Bentivoglio e Bob Furuya.

14 de julho de 2019
"[O presidente] Médici." Deputado Eduardo Bolsonaro (PSL-SP), respondendo a Silvio Santos a pergunta: "qual o presidente do Brasil que nasceu no Mato Grosso do Sul [pista 1], proibiu o biquíni [pista 2] e renunciou à Presidência [pista 3]?" Fonte: programa 'O É da Coisa' na Rádio BandNews, com Reinaldo Azevedo, Alexandre Bentivoglio e Bob Furuya.

**14 de julho de 2019**
"Pulo." Senador Flávio Bolsonaro (PSL-RJ), não sabendo responder à seguinte pergunta feita por Silvio Santos: "que fruta é ressecada para se tornar uma ameixa seca? Opção 1: ameixa; opção 2: uva; opção 3: pêssego; opção 4: melão". Fonte: SBT.

**16 de julho de 2019**
"Eduardo fala inglês, espanhol e frita hambúrguer também." Presidente Jair Bolsonaro, sobre a indicação do deputado Eduardo Bolsonaro (PSL-SP) para ser embaixador do Brasil nos Estados Unidos. Fonte: CitaçõesIn.

**18 de julho de 2019**
"[Pretendo] beneficiar o filho, sim. (...) Se puder dar um filé mignon para o meu filho, eu dou." Presidente Jair Bolsonaro, sobre a indicação do deputado Eduardo Bolsonaro (PSL-SP) para ser embaixador do Brasil nos Estados Unidos. Fonte: UOL, por Alex Taira.

**18 de julho de 2019**
"Quem diz que não vai votar mais em mim, paciência. É igual aquele maridão malandro. Está lá, felicíssimo com a mulher seis meses depois do casamento. Em um dia lá, a mulher queima o ovo dele. Ovo na frigideira, pra deixar bem claro [risos]. Aí pronto, já quer acabar com o casamento. Não tem cabimento isso aí. Vai ter coisas que eu vou desagradar vocês." Presidente Jair Bolsonaro. Fonte: UOL, por Alex Taira.

**19 de julho de 2019**
"Ela [Miriam Leitão, jornalista] estava indo para a guerrilha do Araguaia quando foi presa em Vitória. E depois conta um drama todo, mentiroso, que teria sido torturada, sofreu abuso etc. Mentira. Mentira." Presidente Jair Bolsonaro. Fonte: UOL (04/04/2022), por Leonardo Sakamoto.

**19 de julho de 2019**
"O Brasil é o país que menos usa agrotóxicos." Presidente Jair Bolsonaro. Fonte: Aos Fatos.

**23 de julho de 2019**
"Daqueles governadores de 'paraíba', o pior é o do Maranhão. Tem que ter nada com esse cara." Presidente Jair Bolsonaro. Fonte: Folha, por Guilherme Magalhães e Flávia Faria.

**24 de julho de 2019**
"Problema grave do Brasil é a obesidade e não a fome." Osmar Terra, ministro da Cidadania. Fonte: GZH.

**24 de julho de 2019**
"Pode até acabar com a Anvisa. A agência está enfrentando o governo. É um órgão do governo enfrentando o governo." Osmar Terra, ministro da Cidadania. Fonte: GZH.

**24 de julho de 2019**
"Eu não confio nas pesquisas da Fiocruz." Osmar Terra, ministro da Cidadania. Fonte: GZH.

**24 de julho de 2019**
"(...) E como pelo que tudo indica, o triângulo Rio, São Paulo, Brasília, é quase uma linha reta. A soma dos catetos se aproxima da hipotenusa, eu pretendo ao final da tarde passar por São Paulo, e uma agenda extremamente positiva, eu quero assistir o jogo Palmeiras e Vasco da Gama. Bem, fugindo da rotina, se me permitem, quem vai comigo já sabe qual o time que vai ter que torcer lá (...)." Presidente Jair Bolsonaro, discursando durante a Cerimônia de Lançamento do novo FGTS e liberação do PIS/PASEP em Brasília. Fonte: Governo Federal.

**25 de julho de 2019**
"Fala-se muito sobre [Hunter Biden] o filho de [Joe] Biden [ex-vice-presidente e então candidato à Presidência dos Estados Unidos], que Biden interrompeu a investigação e muitas pessoas querem descobrir isso, então o que quer que você possa fazer com o procurador-geral seria ótimo. (...) Biden saiu por aí se vangloriando de ter impedido a investigação, então, se você puder conferir isso... Parece horrível para mim." Donald Trump, presidente dos Estados Unidos, em ligação telefônica com Volodymir Zelensky, presidente da Ucrânia, segundo a transcrição disponibilizada pelo Departamento de Justiça dos Estados Unidos. Fonte: G1 (25/09/2019).

**BOLSONARO E SEUS SEGUIDORES: O HORROR EM 3.560 FRASES**

25 de julho de 2019
"A questão da investigação é, na verdade, uma questão de se certificar de que a honestidade seja restaurada. (...) Então, nós vamos cuidar disso e vamos trabalhar na investigação do caso." Volodymir Zelensky, presidente da Ucrânia, respondendo a Donald Trump, presidente dos Estados Unidos. Fonte: Veja (25/09/2019).

25 de julho de 2019
"As meninas lá são exploradas porque não têm calcinhas, não usam calcinhas, são muito pobres. E disseram: por que o Ministério não faz uma campanha para levar calcinhas pra lá? Conseguimos um monte. Mas por que levar calcinhas? As calcinhas vão acabar. Nós temos que levar uma fábrica de calcinhas para a Ilha de Marajó. Gerar emprego lá e a calcinha vai sair baratinha pras meninas lá. Então nós estamos buscando, se alguém tiver fábrica de calcinha e quiser colaborar com a gente, venha. Mas nós estamos buscando empreendimentos para a Ilha de Marajó. Já estamos conversando com empresários. Na nossa visita a Miami, empresários milionários brasileiros que estão lá fora se oferecendo para também abraçar o Marajó com a gente." Damares Alves, ministra da Mulher, Família e Direitos Humanos. Fonte: Preto no Branco, por Sibelle Fonseca.

26 de julho de 2019
"Não vou responder pergunta idiota." Presidente Jair Bolsonaro. Fonte: Folha (21/06/2021).

29 de julho de 2019
"Um dia se o presidente da OAB [Felipe Santa Cruz] quiser saber como é que o pai dele desapareceu no período militar, eu conto para ele. Ele não vai querer ouvir a verdade. Eu conto para ele." Presidente Jair Bolsonaro. Fonte: G1, por Guilherme Mazui.

30 de julho de 2019
"A linha divisória entre trabalho escravo e trabalho análogo à escravidão é muito tênue e para pular para escravo é um pulo." Presidente Jair Bolsonaro. Fonte: Estadão, por Julia Lindner e Eduardo Rodrigues.

1º de agosto de 2019
"Se quebrar a confiança vai ser demitido sumariamente. Se for possível, se não tiver mandato, não tem desculpa para nenhum ato, por parte de quem quer que seja." Presidente Jair Bolsonaro, se referindo a Ricardo Galvão, diretor do Instituto Nacional de Pesquisas Espaciais (Inpe). Fonte: G1, Jornal Nacional (02/08/2019).

**02 de agosto de 2019**
"Podemos dizer que o país tem recessão, tem desemprego e que as pessoas podem estar comprando menos. Mas para comprar comida elas têm dinheiro — só não compram se não quiserem." Osmar Terra, ministro da Cidadania. Fonte: Veja, por Marcela Mattos.

**05 de agosto de 2019**
"Eu que falei pro Onyx [Lorenzoni, ministro], eu não chamei eles de 'paraíba'. E se fosse, qual o problema? Eu falei o da Paraíba, e depois o governador do Maranhão." Presidente Jair Bolsonaro. Fonte: Aos Fatos.

**08 de agosto de 2019**
"Herói nacional." Presidente Jair Bolsonaro, se referindo ao coronel Carlos Alberto Brilhante Ustra. Fonte: Folha.

**08 de agosto de 2019**
"É só você deixar de comer menos um pouquinho. Quando se fala em poluição ambiental, é só você fazer cocô dia sim, dia não, que melhora bastante a nossa vida também, está certo?" Presidente Jair Bolsonaro. Fonte: G1.

**10 de agosto de 2019**
"Eu digo mais, se querem que eu acolha isso [multifamílias], apresente uma emenda à Constituição e modifique o artigo 226. Que lá está escrito que família é homem e mulher." Presidente Jair Bolsonaro. Fonte: Aos Fatos.

**15 de agosto de 2019**
"Desde quando o Brasil, para crescer, precisou da Argentina?" Paulo Guedes, ministro da Economia, sobre o nosso terceiro maior parceiro comercial. Fonte: GZH.

**15 de agosto de 2019**
"O deputado Eduardo Bolsonaro reúne as qualificações necessárias para assumir esse relevante posto diplomático [embaixador do Brasil nos Estados Unidos], o que certamente será demonstrado na sabatina na comissão de Relações Exteriores do Senado. (...) Além de seu conhecimento e de sua experiência no trato dos temas de relações internacionais, como comprova a sua condição na presidência da Comissão de Relações Exteriores e de Defesa da Câmara dos Deputados, Eduardo Bolsonaro detém um perfil político apropriado para estreitar as relações entre o Brasil e os EUA. (...) Acreditamos que a aprovação do deputado para o posto será uma medida positiva para o aprimoramento das relações entre os dois países e beneficia o desenvolvimento brasileiro." Confederação Nacional da Indústria (CNI), em carta assinada pelo seu presidente, Robson Braga Andrade, dirigida ao presidente do Senado, Davi Alcolumbre. Fonte: UOL (06/04/2022), por Jamil Chade.

**BOLSONARO E SEUS SEGUIDORES: O HORROR EM 3.560 FRASES**

**21 de agosto de 2019**
"Foi para lá [na Amazônia] o pessoal [de ONGs] para filmar e depois tacaram fogo." Presidente Jair Bolsonaro. Fonte: Aos Fatos.

**22 de agosto de 2019**
"Com uma clareza dificilmente vista, estamos assistindo a mais um país europeu, dessa vez a França, por intermédio do seu presidente [Emmanuel] Macron, realizar ataques diretos à soberania brasileira, que inclui, objetivamente, ameaças de emprego do poder militar." General Villas Bôas, ex-comandante do Exército. Fonte: o próprio Twitter.

**28 de agosto de 2019**
"Essa inverdade do [Emmanuel] Macron [presidente da França] ganhou verdade porque ele é de esquerda e eu sou de centro-direita." Presidente Jair Bolsonaro. Fonte: Aos Fatos.

**1º de setembro de 2019**
"Uso de toda a autoridade que me foi concedida por Deus para abençoar este homem, para lhe dar sabedoria, para que este país seja transformado, que faça um novo Brasil. (...) Vivenciamos o inferno da mídia, mas eu estou aqui e o presidente está lá. Ele [presidente Jair Bolsonaro] vai arrebentar lá, não porque sou eu, não porque é ele, é porque é o espírito de Deus. (...) Hoje nós estamos recebendo a presença do presidente Jair Bolsonaro e ele foi eleito porque acreditamos na palavra dele. Aqueles que perderam a eleição foi porque nós não cremos na palavra deles. Sim ou não?" Bispo Edir Macedo, da Igreja Universal do Reino de Deus, em culto evangélico ocorrido no Templo de Salomão, em São Paulo. Fonte: Estadão, por André Ítalo Rocha.

**05 de setembro de 2019**
"[Emmanuel] Macron [presidente da França] falou que tão botando fogo na floresta brasileira e o presidente devolveu: 'que a mulher dele é feia, por isso ele tá falando isso'. Tudo bem, é divertido, não tem problema nenhum. É tudo normal e é tudo verdade. Presidente falou mesmo, e é verdade mesmo, a mulher é feia mesmo. Não existe mulher feia, existe mulher observada do ângulo errado." Paulo Guedes, ministro da Economia. Fonte: Estadão, por Elena Landau.

**10 de setembro de 2019**
"Por vias democráticas a transformação que o Brasil quer não acontecerá na velocidade que almejamos... e se isso acontecer. Só vejo todo dia a roda girando em torno do próprio eixo o os que sempre nos dominaram continuam nos dominando de jeitos diferentes." Vereador Carlos Bolsonaro (PSC-RJ), no Twitter. Fonte: Correio.

**10 de setembro de 2019**
"Eles dizem que os Beatles são semianalfabetos em música. Mal sabiam tocar violão. Quem compôs as canções deles foi Theodor Adorno. Agora você sabe o efeito devastador da música dos Beatles?" Olavo de Carvalho. Fonte: Blasting News Brasil, por Amauri Nolasco e Felipe Cherque.

**17 de setembro de 2019**
"Para mim essa questão de terra plana é como qualquer outra: ninguém tem certeza de porra nenhuma. As pessoas sensatas se divertem com a investigação, os neuróticos se ofendem com a pergunta." Olavo de Carvalho. Fonte: o próprio Twitter.

**24 de setembro de 2019**
"Apresento aos senhores um novo Brasil, que ressurge depois de estar à beira do socialismo. (...) Senhorita YSANY KALAPALO, agora vamos falar de Amazônia. (...) Nesta época do ano, o clima seco e os ventos favorecem queimadas espontâneas e criminosas. Vale ressaltar que existem também queimadas praticadas por índios e populações locais, como parte de sua respectiva cultura e forma de sobrevivência. (...) A visão de um líder indígena não representa a de todos os índios brasileiros. Muitas vezes alguns desses líderes, como o cacique Raoni, são usados como peça de manobra por governos estrangeiros na sua guerra informacional para avançar seus interesses na Amazônia. (...) Nossa política é de tolerância zero para com a criminalidade, aí incluídos os crimes ambientais. (...) O Brasil reafirma seu compromisso intransigente com os mais altos padrões de direitos humanos, com a defesa da democracia e da liberdade, de expressão, religiosa e de imprensa. (...) Foram julgados e punidos graças ao patriotismo, perseverança e coragem de um juiz que é símbolo no meu país, o Dr. Sérgio Moro, nosso atual ministro da Justiça e Segurança Pública. (...) Hoje o Brasil está mais seguro e ainda mais hospitaleiro. (...) Ela [a Amazônia] não está sendo devastada e nem consumida pelo fogo, como diz mentirosamente a mídia. Cada um de vocês pode comprovar o que estou falando agora. Não deixem de conhecer o Brasil, ele é muito diferente daquele estampado em muitos jornais e televisões! (...) Seguindo João 8:32: — 'E conhecereis a verdade, e a verdade vos libertará'. (...) Agradeço a todos pela graça e glória de Deus! Meu muito obrigado." Presidente Jair Bolsonaro, discursando na 74ª Assembleia Geral da Organização das Nações Unidas (ONU). Fonte: Governo Federal.

**24 de setembro de 2019**
"I love you." Presidente Jair Bolsonaro, se dirigindo a Donald Trump, presidente dos Estados Unidos, após o seu discurso na Assembleia Geral da ONU, em Nova York. Fonte: IstoÉ (25/09/2019) e Claudia (25/09/2019).

**30 de setembro de 2019**
"Imprensa, gosto muito de vocês. Mas tudo é deturpado. Quando fizerem uma matéria real do que aconteceu lá na ONU, eu dou a entrevista." Presidente Jair Bolsonaro. Fonte: Folha (21/06/2021).

## BOLSONARO E SEUS SEGUIDORES: O HORROR EM 3.560 FRASES

**02 de outubro de 2019**
"Confesso, [Augusto] Aras [procurador-geral da República], respeitosamente, que foi um amor à primeira vista. (...) Depois dessa gravata verde e amarela." Presidente Jair Bolsonaro, em discurso feito na sede da Procuradoria Geral da República (PGR). Fonte: Metrópoles, por Guilherme Waltenberg.

**04 de outubro de 2019**
"Sem comentários. Não tem coisas boas para perguntar para mim? Ralo o dia todo e não tem uma coisa para perguntar? (...) Pessoal, pedir desculpa aí. Eu estou com a cabeça quente. Desculpa." Presidente Jair Bolsonaro, no dia em que o Ministério Público de Minas Gerais denunciou o ministro do Turismo, Marcelo Álvaro Antônio (PSL), sob acusação de envolvimento no esquema de 'laranjas' do PSL. Fonte: Folha, por Fernanda Canofre, Camila Mattoso e Ranier Bragon.

**04 de outubro de 2019**
"[O ministro Marcelo Álvaro Antônio] reafirma sua confiança na Justiça e reforça sua convicção de que a verdade prevalecerá e sua inocência será comprovada. (...) [Vítima de uma] campanha difamatória e mentirosa, o ministro reitera que não cometeu qualquer irregularidade na campanha eleitoral de 2018. Vale lembrar que esta é apenas mais uma etapa de investigação e o ministro segue confiante de que ficará comprovada sua inocência." Ministério do Turismo, em nota oficial sobre o ministro Marcelo Álvaro Antônio, que foi denunciado pelo Ministério Público de Minas Gerais, sob acusação de envolvimento no esquema de 'laranjas' do PSL. Fonte: Folha, por Fernanda Canofre, Camila Mattoso e Ranier Bragon.

**05 de outubro de 2019**
"Tá com sua mãe." Presidente Jair Bolsonaro, quando questionado por um ciclista sobre o paradeiro de Fabrício Queiroz. Fonte: UOL e Folha (24/08/2020).

**12 de outubro de 2019**
"Povo gaúcho, se essa esquerdalha voltar aqui na Argentina, nós poderemos ter, sim, no Rio Grande do Sul, um novo estado de Roraima. E não queremos isso: irmãos argentinos fugindo pra cá, tendo em vista o que de ruim parece que deve se concretizar por lá caso essas eleições realizadas ontem se confirmem agora no mês de outubro. (...) Não se esqueçam que aqui mais ao sul, na Argentina, o que aconteceu nas eleições de ontem. O que aconteceu nas eleições de ontem.... A turma da Cristina Kirchner, que é a mesma da Dilma Rousseff, que é a mesma de [Nicolás] Maduro e [Hugo] Chávez, e Fidel Castro, deram sinal de vida aqui." Presidente Jair Bolsonaro. Fonte: O Globo.

**12 de outubro de 2019**
"Resultado preocupante nas primárias argentinas. O trabalho conjunto de Brasil e Argentina na promoção da prosperidade, da estabilidade e da liberdade é essencial para o futuro da nossa região. O Mercosul não pode voltar a ser uma UTI de ditaduras e teorias econômicas fracassadas." Filipe Martins, assessor internacional da Presidência da República. Fonte: O Globo.

**13 de outubro de 2019**
"Que pensar de um sujeito que começa como puxa-saco do Olavo para depois terminar como chupador de pica do Bebê Ãnus?" Olavo de Carvalho. Fonte: o próprio Twitter.

**28 de outubro de 2019**
"Se a esquerda radicalizar a esse ponto, a gente vai precisar ter uma resposta. E uma reposta pode ser via um novo AI-5, pode ser via uma legislação aprovada através de um plebiscito como ocorreu na Itália. Alguma resposta vai ter que ser dada." Deputado Eduardo Bolsonaro (PSL-SP), em entrevista à jornalista Leda Nagle. Fonte: no YouTube de Leda Nagle.

**29 de outubro de 2019**
"Todo mundo gostaria de passar uma tarde com um príncipe, principalmente vocês, mulheres, né? (...) [Há uma] certa afinidade entre nós dois, desde Osaka [reunião do G20, no Japão]. Acredito que vai ser uma tarde bastante proveitosa." Presidente Jair Bolsonaro, em Riad, na Arábia Saudita, sobre as expectativas para um encontro à tarde com o príncipe herdeiro Mohammed bin Salman, conhecido como MBS. O príncipe Mohamed bin Salman e outras autoridades sauditas são suspeitos de envolvimento com o assassinato do jornalista Jamal Khashoggi, segundo um relatório produzido por uma investigadora da Organização das Nações Unidas (ONU). Fonte: G1.

**29 de outubro de 2019**
"Isso é uma patifaria, TV Globo! TV Globo, isso é uma patifaria! É uma canalhice o que vocês fazem. Uma ca-na-lhi-ce, TV Globo. Uma canalhice fazer uma matéria dessas em um horário nobre, colocando sob suspeição que eu poderia ter participado da execução da Marielle Franco, [vereadora] do PSOL. (...) Temos uma conversa em 2022. Eu tenho que estar morto até lá. Porque o processo de renovação da concessão não vai ser perseguição, nem pra vocês nem para TV ou rádio nenhuma, mas o processo tem que estar enxuto, tem que estar legal. Não vai ter jeitinho pra vocês nem pra ninguém." Presidente Jair Bolsonaro. Fonte: iG Último Segundo (27/01/2021), por Caique Alencar.

**BOLSONARO E SEUS SEGUIDORES: O HORROR EM 3.560 FRASES**

29 de outubro de 2019
"Deixar bem claro também: dia 9 de outubro, às 21h, eu estava no Clube Naval no Rio de Janeiro, quando chegou o governador [Wilson] Witzel (...). Chegou perto de mim e falou o seguinte: 'O processo tá no Supremo [Tribunal Federal]'. Eu falei: 'que processo?' 'O processo da Marielle [Franco, vereadora que morreu assassinada].' 'Que que eu tenho a ver com a Marielle?' 'O porteiro [do condomínio de casas que você mora] citou teu nome.' Ou seja, Witzel sabia do processo, que estava em segredo de Justiça. Comentou comigo." Presidente Jair Bolsonaro. Fonte: G1.

30 de outubro de 2019
"O porteiro ou se equivocou, ou não leu o que assinou (...) Pode o delegado ter feito... tomado a termo... escrito o que bem entendeu ali, e o porteiro, uma pessoa humilde, né, acabou assinando embaixo. Isso pode ter acontecido. (...) Estou conversando com o ministro da Justiça [Sérgio Moro] o que pode ser feito para tomar, via Polícia Federal, o depoimento novamente desse porteiro. Agora pela PF, para esclarecer de fato. De modo que esse fantasma que querem botar no meu colo como possível mentor da morte de Marielle [Franco, vereadora assassinada] seja enterrado de vez." Presidente Jair Bolsonaro. Fonte: G1 e TV Globo, por Delis Ortiz.

30 de outubro de 2019
"A grande mídia deu espaço enorme. [Chamou] de 'heroína', 'futura presidente', 'mulher lésbica'. Peraí... Morre gente da sociedade (...) e ninguém toma providência. Grande parte das redações são tomadas por gente de esquerda que faz um estardalhaço terrível." Presidente Jair Bolsonaro, sobre a morte da vereadora Marielle Franco. Fonte: DW.

03 de novembro de 2019
"Os ricos capitalizam seus recursos. Os pobres consomem tudo." Paulo Guedes, ministro da Economia. Fonte: Folha, por Alexa Salomão.

05 de novembro de 2019
"E qual é o problema se for plana? Se for plana ou redonda não muda nada para mim." Deputado Marcio Labre (PSL-RJ). Fonte: Conversa Afiada.

08 de novembro de 2019
"Gente falando que é um absurdo eu querer conversar com o Lula no Flow Podcast. Só digo uma coisa, eu conversaria no Flow até com Hitler. A pessoa não precisa ser santa para a conversa ser foda." Bruno Aiub, conhecido como Monark. Fonte: Imagens História, no Instagram.

**14 de novembro de 2019**
"Nunca teve ditadura no Brasil. (...) Você tinha liberdade de expressão. (...) Você votava." Presidente Jair Bolsonaro. Fonte: Aos Fatos.

**15 de novembro de 2019**
"Você confia nas urnas eletrônicas? Podemos acreditar no resultado do 1º turno de 2018? Como dirimir essas dúvidas?..." Presidente Jair Bolsonaro. Fonte: o próprio Twitter.

**15 de novembro de 2019**
"Uma pena, prefiro cuidar dos estábulos, ficaria mais perto da égua sarnenta e desdentada da sua mãe." Abraham Weintraub, ministro da Educação, debatendo com uma cidadã no Twitter. Fonte: Metrópoles (12/12/2021), por Tácio Lorran.

**22 de novembro de 2019**
"Então, o que você tem [nas universidades]? Você tem plantações de maconha, mas não são três pés de maconha, são plantações extensivas em algumas universidades, a ponto de ter borrifador de agrotóxico, porque orgânico é bom contra a soja, para não ter agroindústria no Brasil, mas na maconha deles eles querem toda a tecnologia que tem à disposição. (...) Você pega laboratórios de química, uma faculdade de química não era um centro de doutrinação... desenvolvendo drogas sintéticas, metanfetamina, e a polícia não pode entrar nos *campi*. O desafio é esse (...)." Abraham Weintraub, ministro da Educação, em entrevista ao 'Jornal da Cidade Online'. Fonte: GZH.

**25 de novembro de 2019**
"Não se assustem, então, se alguém pedir o AI-5." Paulo Guedes, ministro da Economia, durante coletiva de imprensa, em Washington. Fonte: Estadão, por Elena Landau.

**25 de novembro de 2019**
"O dólar está alto. Qual o problema? Zero. Nem inflação ele [dólar alto] está causando. Vamos importar um pouco mais e exportar um pouco menos. (...) É bom se acostumar com juros mais baixos por um bom tempo e com o câmbio mais alto por um bom tempo." Paulo Guedes, ministro da Economia, em Washington. Fonte: GZH, por Marina Dias.

**05 de dezembro de 2019**
"Fundador e ex-deputado do PT denuncia envolvimento de Lula e do partido com o narcotráfico." Jornal da Cidade Online. Fonte: O Globo (22/05/2020).

**12 de dezembro de 2019**
"Mas a família, como está na Constituição, se não me engano, no artigo 216, é um homem e uma mulher." Presidente Jair Bolsonaro. Fonte: Aos Fatos.

**BOLSONARO E SEUS SEGUIDORES: O HORROR EM 3.560 FRASES**

### 20 de dezembro de 2019
"[Diz que repórter tem] cara de homossexual terrível." Presidente Jair Bolsonaro. Fonte: Folha (21/06/2021).

### 20 de dezembro de 2019
"Oh, rapaz, pergunta para a tua mãe o comprovante que ela deu para o teu pai, tá certo? (...) Você tem uma cara de homossexual terrível, nem por isso eu te acuso de ser homossexual. Se bem que não é crime ser homossexual." Presidente Jair Bolsonaro, respondendo a um repórter do jornal O Globo. Fonte: iG Último Segundo (27/01/2021), por Caique Alencar.

### 24 de dezembro de 2019
"O viés ideológico deixou de existir em nossas relações comerciais (...), bem demonstram os novos rumos do Brasil." Presidente Jair Bolsonaro. Fonte: Aos Fatos.

### 04 de janeiro de 2020
"Outubro de 2015, histórico e inesquecível. (...) Ficamos acorrentados pelo *impeachment* [da presidente Dilma Rousseff], em uma das colunas do Salão Verde da Câmara dos Deputados." Deputada Carla Zambelli (PSL-SP). Fonte: O Antagonista.

### 04 de janeiro de 2020
"Tenho minhas suspeitas de quem matou Marielle [Franco, vereadora PSOL-RJ], suspeitas apenas, né? (...). No meu entender, ele [porteiro] assinou sem ler, foi pressionado ou subornado. A TV Globo pôs no ar. (...) Ele, [Wilson Witzel, governador do Rio de Janeiro], teve acesso a um processo que corria em segredo de Justiça. E mais, quem interrogou foi um delegado da Polícia Civil dele. (...) Qual interesse eu teria contra Marielle? Interesse zero, vocês nunca me viram conversando com ela, trocando uma mensagem com ela. (...) Muito obrigado, governador [Wilson Witzel], pelo trabalho que vocês estão fazendo aí. Justiça vai ser feita, mas não é essa justiça tua aí, de um setor do Judiciário. No mínimo o que está acontecendo no Rio de Janeiro é obstrução de Justiça. Fica plantando essas notícias, com apoio do Jornal Nacional. (...) O que estão fazendo é um absurdo, quebrando o sigilo de 90 pessoas ligadas a mim, ligadas ao meu filho. Busca e apreensão na casa de pessoas que foram demitidas em 2008 e 2009. Uma barbaridade que o juiz de primeira instância está fazendo. (...) Armaram há pouco tempo uma busca e apreensão na casa do meu filho Carlos [Bolsonaro, vereador], já com provas forjadas para jogar para cima dele, com dinheiro lá dentro, com armas, com drogas. Quem está fazendo esse tipo de serviço é o mesmo [do] caso Marielle." Presidente Jair Bolsonaro, em uma *live*. Fonte: Folha, por Fábio Fabrini e Natália Cancian.

**07 de janeiro de 2020**
"Sim [sou aluno de Olavo de Carvalho], eu o conhecei em 2003, quando ele fez uma palestra em Santos. Ele parecia um Sócrates, trazendo reflexões com muita cultura e uma grande habilidade em mostrar onde estava nossa falta de sinceridade. Achei interessante continuar os cursos dele. Aprendi que, mais do que estudar para acumular cultura, é preciso estudar para formar personalidade. Ainda hoje sou aluno dele (...). Eu tenho um pendor a favor da ideia da monarquia, por gostar daquele período. A República tem se dado muito mal aqui no Brasil, nós tivemos muitos golpes de Estado, muitas ditaduras, muitas revoltas e revoluções. O período da monarquia foi muito mais estável (...).". Rafael Nogueira, presidente da Biblioteca Nacional do Brasil, no Rio de Janeiro. Fonte: Gazeta do Povo, por Tiago Cordeiro.

**09 de janeiro de 2020**
"Uma deputada fofucha de São Paulo e outro deputado também meio japonesinho. (...) Se estivessem fazendo coisas boas a primeira estaria mais magra e o segundo estaria menos pitoco de sem vergonha... Eu acho que mentir engorda, mentir engorda." Presidente Jair Bolsonaro, se referindo à deputada Joice Hasselmann (PSL-SP) e ao deputado Kim Kataguiri (DEM-SP). Fonte: UOL, Congresso em Foco, por Erick Mota.

**13 de janeiro de 2020**
"O problema do brasileiro é insensibilidade anal. Toma no cu e nem percebe." Olavo de Carvalho. Fonte: o próprio Twitter.

**14 de janeiro de 2020**
"O livro é *fake news*, um livro mentiroso, não vou responder sobre o livro." Presidente Jair Bolsonaro, sobre o livro *Tormenta* da jornalista Thais Oyama. Fonte: UOL e Folha (24/08/2020).

**15 de janeiro de 2020**
"Acabou a entrevista." Presidente Jair Bolsonaro, questionado se havia conflito de interesse na atuação do secretário-chefe da Secretaria Especial de Comunicação Social (SECOM), Fábio Wajngarten. Fonte: UOL e Folha (24/08/2020).

**16 de janeiro de 2020**
"Fora, *Folha de S.Paulo*, você não tem moral para perguntar. Cala a boca." Presidente Jair Bolsonaro. Fonte: Folha (21/06/2021).

**16 de janeiro de 2020**
"Você está falando da tua mãe?" Presidente Jair Bolsonaro, ao responder a um repórter se tinha conhecimento dos contratos assinados pela FW Comunicação e Marketing, da qual Fabio Wajngarten, chefe da SECOM (Secretaria de Comunicação Social da Presidência da República), tem 95% das cotas. Fonte: UOL e Folha, por Ricardo Della Coletta e Talita Fernandes.

**BOLSONARO E SEUS SEGUIDORES: O HORROR EM 3.560 FRASES**

17 de janeiro de 2020
"A arte brasileira da próxima década será heroica e será nacional. Será dotada de grande capacidade de envolvimento emocional e será igualmente imperativa (...) ou não será nada." Roberto Alvim, secretário de Cultura, imitando o discurso do ministro da Propaganda nazista, Joseph Goebbels, ao som de Richard Wagner, o compositor favorito de Adolf Hitler. Fonte: El País, por Gil Alessi.

17 de janeiro de 2020
"Acertadamente o presidente Jair Bolsonaro demitiu o admirador do Ministro de Comunicação Nazista, Ex-secretário [Roberto] Alvim. Estou esperando os 'imparciais pela democracia' elogiarem o Presidente, que fez sua obrigação. Nazista deve se fuder, assim como os bandidos amados pela esquerda." Gabriel Monteiro, youtuber. Fonte: o próprio Twitter.

21 de janeiro de 2020
"As pessoas destroem o meio ambiente porque precisam comer. Você não tem um meio ambiente limpo porque as soluções não são simples." Paulo Guedes, ministro da Economia, no Fórum Econômico de Davos. Fonte: Estadão, por Elena Landau.

23 de janeiro de 2020
"Com toda a certeza, o índio mudou, tá evoluindo. Cada vez mais o índio é um ser humano igual a nós. Então, [precisamos] fazer com que o índio se integre à sociedade, e que seja verdadeiro de sua terra. É isso que queremos aqui." Presidente Jair Bolsonaro. Fonte: Congresso em Foco, por Erick Mota.

26 de janeiro de 2020
"Estamos preocupados, obviamente, mas não é uma situação alarmante." Presidente Jair Bolsonaro, na sua primeira declaração pública sobre a Covid-19. Fonte: Folha.

27 de janeiro de 2020
"Estamos nos aproximando de todos os países sem o tradicional viés ideológico adotado nos últimos 30 anos pelo Brasil." Presidente Jair Bolsonaro. Fonte: Aos Fatos.

**29 de janeiro de 2020**
"Os artistas do Setor Sertanejo do Brasil expressam seu apoio ao governo do presidente Jair Messias Bolsonaro e reconhecem seus notáveis feitos no ano de 2019, nos diversos setores produtivos do país. (...) O país carece de um ambiente institucional e político estável, com políticas públicas voltadas para o bem-estar da população brasileira, num ambiente econômico saudável e sustentável." Bia Ferraz, Breno Ferreira, Cleber e Cauan, Cuiabano Lima, Dedé Santana, Dipaulo e Paulino, Duduca e Dalvan, Durval e Davi, Edu Braga, Gian e Giovani, Gilberto e Gilmar, Henrique e Juliano, Héster e Helena, Hugo e Guilherme, Hungria, Israel Novaes, Jads e Jadson, Jefferson Moraes, João Neto e Frederico, João Reis, Kleo di Bah, Matheus e Kauan, Marcos Brasil, Marcus Paulo e Marcelo, Max e Luan, Paraná, Paulo Pires, Racine e Rafael, Rejane Carminati, Samuel (Os Parazinhos), Saonara Power Santana, Teodoro e Sampaio, Tiago (Os Parazinhos), Zé Henrique e Gabriel, Cristiano (de Zé Neto e Cristiano), em carta entregue ao presidente Jair Bolsonaro, no Palácio do Planalto Fonte: Poder360, por Mateus Maia.

**30 de janeiro de 2020**
"Já que deturpou a conversa, acabou a entrevista." Presidente Jair Bolsonaro, perguntado sobre possível saída de Onyx Lorenzoni da Casa Civil. Fonte: UOL e Folha (24/08/2020).

**30 de janeiro de 2020**
"O Bill Gates patenteou o coronavírus e tudo isso tem um objetivo: redução populacional." Olavo de Carvalho. Fonte: O Globo e Época, por Guilherme Amado.

**03 de fevereiro de 2020**
"O viés ideológico deixou de existir em nossas relações com o exterior." Presidente Jair Bolsonaro. Fonte: Aos Fatos.

**07 de fevereiro de 2020**
"O funcionalismo teve aumento de 50% acima da inflação, além de ter estabilidade na carreira e aposentadoria generosa. O hospedeiro está morrendo, o cara virou um parasita." Paulo Guedes, ministro da Economia. Fonte: Estadão, por Elena Landau.

**07 de fevereiro de 2020**
"Por que nós estamos aqui hoje? (...)." Deputado Eduardo Bolsonaro (PSL-SP), discursando em sessão solene na Câmara de Vereadores de Salvador, Bahia, requerida pelo Vereador Alexandre Aleluia (DEM-BA). Fonte: Câmara dos Vereadores da cidade do Salvador.

**BOLSONARO E SEUS SEGUIDORES: O HORROR EM 3.560 FRASES**

**12 de fevereiro de 2020**
"DENÚNCIA! Acaba de chegar a meu conhecimento que há pessoas acelerando a cremação de Adriano da Nóbrega para sumir com as evidências de que ele foi brutalmente assassinado na Bahia [no dia 09 de fevereiro]. Rogo às autoridades competentes que impeçam isso e elucidem o que de fato houve." Senador Flávio Bolsonaro (sem partido-RJ). Fonte: o próprio Twitter.

**12 de fevereiro de 2020**
"Eu vou deixar mais claro, mas muito mais claro, porque eu acho que eu não fui muito direto nessa situação da jornalista [Patrícia Campos Mello]. Ela queria sair comigo e eu não dei interesse para ela. Ela parou na porta da minha casa e se insinuou para entrar na minha casa, com o propósito de pegar a matéria. Ela se insinuou para entrar, e eu ainda falei que não podia entrar na minha casa. Ela queria ver o meu computador, que inclusive eu trouxe para cá. Não está aqui, eu trouxe para o flat em que a gente está. E quando eu cheguei na *Folha de S.Paulo*, quando ela escutou a negativa, o distrato que eu dei e deixei claro que não fazia parte do meu interesse, a pessoa querer um determinado tipo de matéria a troco de sexo, que não era a minha intenção, que a minha intenção era ser ouvido a respeito do meu livro, entendeu?" Hans River do Rio Nascimento, ex-funcionário de uma agência de disparos de mensagens em massa por WhatsApp, em depoimento prestado à CPMI das Fake News, no Congresso. Fonte: Folha (13/02/2020).

**12 de fevereiro de 2020**
"Se você acha que está na pior, lembre-se da jornalista da *Folha de S.Paulo* [Patrícia Campos Mello] que oferece SEXO em troca de alguma matéria para prejudicar [o presidente] Jair Bolsonaro. Depois de hoje, vai chover falsos informantes pra cima desta senhora. Força, coragem e dedicação, Patrícia, você vai precisar!" Deputado estadual André Fernandes (Republicanos-CE), após o depoimento de Hans River à CPMI das Fake News no Congresso Nacional. Fonte: Conjur (20/07/2021), por Rafa Santos.

**12 de fevereiro de 2020**
"Não tem negócio de câmbio a R$ 1,80. Vamos importar menos, fazer substituição de importações, turismo. [Era] todo mundo indo para a Disneylândia, empregada doméstica indo para a Disneylândia, uma festa danada." Paulo Guedes, ministro da Economia. Fonte: Estadão, por Elena Landau.

**12 de fevereiro de 2020**
"Eu não duvido que a senhora Patrícia Campos Mello, jornalista da Folha, possa ter se insinuado sexualmente, como disse o senhor Hans, em troca de informações para tentar prejudicar a campanha do presidente Jair Bolsonaro." Deputado Eduardo Bolsonaro (PSL-SP), no plenário da Câmara dos Deputados. Fonte: Catraca Livre.

**12 de fevereiro de 2020**
"Eu fico feliz com a participação do Exército na vida política e social porque o Exército brasileiro, ao contrário do americano, não tem presença na sociedade. Eles vivem encostadinhos no canto deles e viram pessoas tímidas. Agora os militares estão presentes, estão participando da vida social. Acho ótimo, tem que colocar mais militar, encher de militar. (...) Você acha que eu entendo alguma coisa de Ministério da Educação? Eu não entendo bosta nenhuma. O presidente me chamou para ser ministro da Educação e eu disse que para isso eu precisaria ao menos estudar o organograma do Ministério, eu nunca vi o que tem lá dentro." Olavo de Carvalho. Fonte: O Globo, por Natália Portinari.

**15 de fevereiro de 2020**
"Eu é que pedi para o meu filho [Flávio Bolsonaro] condecorar para que não haja dúvida. Ele [Adriano Magalhães da Nóbrega] era um herói [na época]. O meu filho, recém-eleito [deputado estadual]... eu que determinei, pode trazer para cima de mim isso aí. O meu filho condecorou centenas de policiais. (...) Ele foi condenado em primeira instância, absolvido em segunda. Não tem nenhuma sentença transitada e julgada (sic) condenando o capitão Adriano por nada. Sem querer defendê-lo, desconheço a vida pregressa dele. Naquele ano, era o herói da Polícia Militar." Presidente Jair Bolsonaro, sobre e ex-policial Adriano Magalhães da Nóbrega, que estava foragido e foi morto durante um suposto confronto com policiais militares. Fonte: UOL, por Pauline Almeida.

**15 de fevereiro de 2020**
"[A PM] não procurou preservar a vida de um foragido, e sim sua provável execução sumária." Presidente Jair Bolsonaro, sobre a morte do ex-capitão Adriano Nóbrega. Fonte: Folha, por Paulo Saldaña.

**18 de fevereiro de 2020**
"Pelo o que estou sabendo, o Ministério Público Federal da Bahia, não tenho certeza, vai cobrar uma perícia independente hoje. É o primeiro passo para começar a desvendar as circunstâncias em que ele [Adriano Magalhães da Nóbrega] morreu e por quê. Poderia interessar para alguém a queima de arquivo. Contra quem ele teria para falar? Contra mim que não era nada. Contra mim teria certeza que os cuidados seriam outro (sic) para preservá-lo vivo." Presidente Jair Bolsonaro. Fonte: Estadão (20/02/2020), por Bruno Nomura.

**18 de fevereiro de 2020**
"Ela queria dar um furo (...)." Presidente Jair Bolsonaro, se referindo a Patrícia Campos Mello, jornalista da Folha de S. Paulo. Fonte: Correio Braziliense, por Ingrid Soares.

**BOLSONARO E SEUS SEGUIDORES: O HORROR EM 3.560 FRASES**

**20 de fevereiro de 2020**
"Você [Jorge Seif Jr., secretário da Pesca] falou sobre beijo hétero, né? Hoje, um empresário falou sobre as qualidades do presidente, né? Honesto, trabalhador. Faltou falar 'hétero'. Aí eu falei: 'hétero'. Ser hétero agora é uma qualidade, né?" Presidente Jair Bolsonaro. Fonte: Poder360, no YouTube.

**20 de fevereiro de 2020**
"Vou te dar um beijo hétero aqui, não fica arrepiado não." Jorge Seif Jr., secretário da Pesca, em uma *live*, dando um beijo no presidente Jair Bolsonaro. Fonte: Poder360, no YouTube.

**26 de fevereiro de 2020**
"Eu e minha família apoiamos [o presidente] Jair Bolsonaro. #EuApoioBolsonaro." Gabriel Monteiro, youtuber. Fonte: o próprio Twitter.

**03 de março de 2020**
"Temos 15 semanas para mudar o Brasil." Paulo Guedes, ministro da Economia. Fonte: Estadão, por Elena Landau.

**04 de março de 2020**
"PIB? PIB? O que que é PIB? Pergunta o que que é PIB." Presidente Jair Bolsonaro, questionado sobre o crescimento de 1,1% do PIB em 2019. Fonte: UOL e Folha (24/08/2020).

**05 de março de 2020**
"Enviei o vídeo do nosso Gabriel Monteiro [youtuber] para a Ministra de Direitos Humanos Damares Alves para pedir a proteção da União ao nosso jovem talentoso, dedicado e combativo, Gabriel você não está sozinho nessa luta #somostodosgabrielmonteiro." Deputado Sóstenes Cavalcante (DEM-RJ). Fonte: o próprio Twitter.

**05 de março de 2020**
"Pode chegar a R$ 5? Ué, se o presidente pedir para sair, se todo mundo pedir para sair. É um câmbio que flutua, se fizer muita besteira, ele pode ir para esse nível." Paulo Guedes, ministro da Economia. Fonte: Folha.

**08 de março de 2020**
"The coronavirus panic is dumb." Elon Musk. Fonte: o próprio Twitter.

**08 de março de 2020**
"É uma grande honra ter o presidente do Brasil conosco. Ele é um homem sensacional, está fazendo um ótimo trabalho. Nossa relação nunca foi mais próxima. E é muito bom tê-lo aqui." Presidente Donald Trump, em um jantar na Flórida com o presidente Jair Bolsonaro. Fonte: Notícias Agrícolas.

**09 de março de 2020**
"Tem a questão do coronavírus também que, no meu entender, está superdimensionado o poder destruídor desse vírus." Presidente Jair Bolsonaro. Fonte: UOL.

**09 de março de 2020**
"Pessoal, a Amazônia não pega fogo, ela é úmida. Não pega fogo." Presidente Jair Bolsonaro. Fonte: Aos Fatos.

**10 de março de 2020**
"Temos um ambientalista no Meio Ambiente." Presidente Jair Bolsonaro, se referindo a Ricardo Salles, ministro do Meio Ambiente. Fonte: Aos Fatos.

**10 de março de 2020**
"Muito do que tem ali é muito mais fantasia, a questão do coronavírus, que não é isso tudo que a grande mídia propaga." Presidente Jair Bolsonaro. Fonte: Folha.

**10 de março de 2020**
"Vou ligar para o [Luiz Henrique] Mandetta, [ministro da Saúde]. Eu não sou médico, não sou infectologista. O que eu ouvi até o momento [é que] outras gripes mataram mais do que esta." Presidente Jair Bolsonaro. Fonte: Folha.

**10 de março de 2020**
"Ache um brasileiro que confie no sistema eleitoral." Presidente Jair Bolsonaro. Fonte: UOL e Folha (24/08/2020).

**11 de março de 2020**
"CORONAVÍRUS: PANDEMIA OU HISTERIA? Tudo indica que estamos diante de um experimento psicológico de manipulação em escala global, uma gigantesca fraude para manipular economias, suprimir dissidências e beneficiar grupos de poder." Jornal Brasil Sem Medo. Fonte: Relatório da CPI da Covid-19 do Senado Federal.

**13 de março de 2020**
"Com 3 bilhões, 4 bilhões ou 5 bilhões de reais a gente aniquila o coronavírus. Porque já existe bastante verba na saúde, o que precisaríamos seria de um extra." Paulo Guedes, ministro da Economia. Fonte: Veja, por Thiago Bronzatto.

## BOLSONARO E SEUS SEGUIDORES: O HORROR EM 3.560 FRASES

14 de março de 2020
"Não desejo que o corona [Covid-19] adentre os presídios. Almejo a ressocialização de todos. Mas sei que nem todos presos querem. Que surjam leis mais fortes, como prisão perpétua, não um vírus para dizimá-los. Também não é certo liberá-los, a sociedade não pode ficar exposta a mais vírus como eles." Gabriel Monteiro, youtuber. Fonte: o próprio Twitter.

15 de março de 2020
"Tivemos vírus muito mais grave que não provocaram essa histeria. Certamente tem um interesse econômico nisso. Em 2009 teve um vírus também [H1N1] e não chegou nem perto disso. Mas era o PT no governo aqui e os democratas nos Estados Unidos." Presidente Jair Bolsonaro. Fonte: Yahoo! Notícias.

15 de março de 2020
"Os que criticam a admiração popular ao Bolsonaro só queriam ser o Bolsonaro. Estão anos e anos na 'vida pública' e não são reconhecidos nem pelos vizinhos. Fazem de tudo para serem famosos: mentem, se vitimizam, invertem, mas não passam de meros desconhecidos para o povo." Gabriel Monteiro, youtuber. Fonte: o próprio Twitter.

16 de março de 2020
"Foi surpreendente o que aconteceu na rua. Até com esse superdimensionamento. Tudo bem que vai ter problema. Vai ter. Quem é idoso e está com problema ou deficiência. Mas não é isso tudo que dizem. Até que na China já está praticamente acabando." Presidente Jair Bolsonaro. Fonte: Folha (23/09/2021).

16 de março de 2020
"Não dá para querer jogar nas minhas costas uma possível disseminação do vírus." Presidente Jair Bolsonaro. Fonte: Rádio Bandeirantes.

16 de março de 2020
"Se eu resolvi apertar a mão do povo, desculpa aqui, eu não convoquei o povo para ir às ruas, isso é um direito meu. Afinal de contas, eu vim do povo. Eu venho do povo brasileiro." Presidente Jair Bolsonaro. Fonte: Folha.

16 de março de 2020
"O que está em jogo? É uma disputa política por parte desses caras, eu estou sozinho em um canto, apanhando de todo mundo. Grande parte da mídia, não são todos, muitos governadores, os chefes do Poder Legislativo, que é o da Câmara e o do Senado, batendo o tempo todo, é uma luta de poder." Presidente Jair Bolsonaro. Fonte: Yahoo! Notícias.

**16 de março de 2020**
"Querer colocar a culpa na expansão do vírus porque eu vim saudar alguns na frente da Presidência da República em um movimento que eu não convoquei é querer se ver livre da responsabilidade que é de todos nós." Presidente Jair Bolsonaro. Fonte: Yahoo! Notícias.

**16 de março de 2020**
"'Um dos efeitos colaterais da cloroquina, remédio baratíssimo, é prevenir a corrupção', diz Procurador Ailton Benedito." Conexão Política. Fonte: Relatório da CPI da Covid-19 do Senado Federal.

**17 de março de 2020**
"Não vou viver preso dentro do Alvorada. Se eu resolvi apertar a mão do povo, é um direito meu, eu vim do povo. Tenho obrigação de saudar o povo." Presidente Jair Bolsonaro. Fonte: Yahoo! Notícias.

**17 de março de 2020**
"O que é que se dá atenção? Morreu de coronavírus. É que o coronavírus chegou por último e aquela pessoa já bastante debilitada. Agora tem que se levar em conta como um todo do que aquela pessoa faleceu. Se fosse outra gripe qualquer, poderia ter falecido também." Presidente Jair Bolsonaro. Fonte: Yahoo! Notícias.

**17 de março de 2020**
"Pelo que parece, não tenho certeza, pela última informação que eu tive, que está faltando confirmação, Agora a Itália é uma cidade... é um país parecido com o bairro de Copacabana, onde cada apartamento tem um velhinho ou um casal de velhinhos. Então são muito mais sensíveis, morre mais gente." Presidente Jair Bolsonaro. Fonte: Yahoo! Notícias.

**17 de março de 2020**
"Tem locais em alguns países que já têm saques acontecendo, isso pode vir para o Brasil, pode ter aproveitamento político em cima disso, a gente não quer pensar nisso daí, mas tem que ter calma. Vai passar. Desculpa aqui, é como uma gravidez, um dia vai nascer a criança. E o vírus ia chegar aqui um dia, acabou chegando." Presidente Jair Bolsonaro. Fonte: Yahoo! Notícias.

**18 de março de 2020**
"A Gripe suína, H1N1, matou 2 pessoas a cada dia no Brasil em 2019. Este número, deve ser maior que as mortes que acontecerão pelo coronavírus aqui. E não se parou o país nem se destruiu a economia, como está acontecendo agora. É o fato e a versão do fato!" Deputado Osmar Terra (MDB-RS), médico. Fonte: o próprio Twitter e revista Veja.

**BOLSONARO E SEUS SEGUIDORES: O HORROR EM 3.560 FRASES**

18 de março de 2020
"Não descumpro qualquer orientação sanitária por parte do senhor ministro da Saúde, a nossa autoridade máxima no momento sobre esse caso." Presidente Jair Bolsonaro. Fonte: Aos Fatos.

18 de março de 2020
"(...) Era uma preocupação [do presidente Jair Bolsonaro]. (...) Vamos lançar uma camada de proteção aos autônomos [por conta da Covid-19]. (...) R$ 200." Paulo Guedes, ministro da Economia. Fonte: Record News, no YouTube.

18 de março de 2020
"O ministro da Economia, Paulo Guedes, anunciou nesta quarta (18), um programa de R$ 15 bilhões para ajudar [devido à Covid-19] trabalhadores informais por três meses. O ministro também afirmou que os beneficiários do bolsa família passarão a receber o valor de R$ 200 reais." Secretaria Especial de Comunicação Social (SECOM), do Governo Federal. Fonte: o próprio Twitter.

18 de março de 2020
"Quem assistiu Chernobyl vai entender o que ocorreu. Substitua a usina nuclear pelo coronavírus e a ditadura soviética pela chinesa. Mais uma vez uma ditadura preferiu esconder algo grave a expor tendo desgaste, mas que salvaria inúmeras vidas. A culpa é da China e liberdade seria a solução." Deputado Eduardo Bolsonaro (PSL-SP). Fonte: o próprio Twitter.

19 de março de 2020
"É grave, é preocupante, mas não chega ao campo da histeria ou de uma comoção nacional. E é dessa forma que nós encararemos essa questão." Presidente Jair Bolsonaro. Fonte: Yahoo! Notícias.

20 de março de 2020
"Coronavírus pode trazer mais falência do que falecidos." Rodrigo Constantino, jornalista, comentarista da Jovem Pan. Fonte: o próprio Twitter.

20 de março de 2020
"Estão tomando medidas, no meu entender, exageradas." Presidente Jair Bolsonaro. Fonte: Yahoo! Notícias.

20 de março de 2020
"Depois da facada, não vai ser uma gripezinha que vai me derrubar (...)." Presidente Jair Bolsonaro. Fonte: Folha, por Gustavo Uribe, Julia Chaib e Ricardo Della Coletta.

**20 de março de 2020**
"Temos que tomar medidas equilibradas, [e não medidas] que cada vez mais levam pânico. Se vocês acompanharem o que está acontecendo com o povo, em especial o mais pobre... Daqui a pouco vamos ter problema de saque, outros problemas vão aparecer no Brasil." Presidente Jair Bolsonaro. Fonte: Yahoo! Notícias.

**21 de março de 2020**
"Omitir o uso de cloroquina é o mesmo que deixar judeus na dúvida entre chuveiro e câmara de gás." Allan dos Santos, *youtuber* e blogueiro do canal 'Terça Livre'. Fonte: Relatório da CPI da Covid-19 do Senado Federal.

**21 de março de 2020 (11h13 USA)**
"HYDROXYCHLOROQUINE & AZITHROMYCIN, taken together, have a real chance to be one of the biggest game changers in the history of medicine. The FDA has moved mountains — Thank you! Hopefully they will BOTH (H works better with A, International Journal of Antimicrobial Agents)....." Presidente Donald Trump. Fonte: o próprio Twitter.

**21 de março de 2020 (15h40 BRA)**
"Agora há pouco, os profissionais do hospital Alberto (sic) Einstein me informaram que iniciaram protocolo de pesquisa para avaliar a eficácia da cloroquina nos pacientes com Covid-19 (...) Tenhamos fé que em breve ficaremos livres desse vírus." Presidente Jair Bolsonaro. Fonte: UOL.

**21 de março de 2020**
"O Coronavírus é a terra plana da saúde." Canal Terça Livre. Fonte: Relatório da CPI da Covid-19 do Senado Federal.

**22 de março de 2020**
"Brevemente o povo saberá que foi enganado por esses governadores e por grande parte da mídia nessa questão do coronavírus." Presidente Jair Bolsonaro, sobre o isolamento social decretado pelos governadores. Fonte: Folha.

**22 de março de 2020**
"Você não me vê atacando nenhum governador. Nenhum. Zero." Presidente Jair Bolsonaro. Fonte: Aos Fatos.

**22 de março de 2020**
"Há um alarmismo muito grande por parte da mídia. Alguns dizem que estou na contramão. Estou naquilo que acho que tem que ser feito. Posso estar errado, mas acho que deve ser tratado dessa maneira." Presidente Jair Bolsonaro. Fonte: Yahoo! Notícias.

**BOLSONARO E SEUS SEGUIDORES: O HORROR EM 3.560 FRASES**

22 de março de 2020
"O número de pessoas que morreram de H1N1 foi mais de 800 pessoas. A previsão é não chegar aí a essa quantidade de óbitos no tocante ao coronavírus." Presidente Jair Bolsonaro. Fonte G1.

22 de março de 2020
"Não podemos nos comparar com a Itália. Lá o número de habitantes por quilômetro quadrado é 200. Na França, 230. No Brasil, 24. O clima é diferente. A população lá é extremamente idosa. Esse clima não pode vir pra cá porque causa certa agonia e causa um estado de preocupação enorme. Uma pessoa estressada perde imunidade." Presidente Jair Bolsonaro. Fonte: Yahoo! Notícias.

22 de março de 2020
"Existe a possibilidade, sim, de que o Reuquinol seja eficaz para tratar os portadores da Covid-19." Presidente Jair Bolsonaro. Fonte: Yahoo! Notícias.

23 de março de 2020
"Brevemente o povo saberá que foi enganado por esses governadores e por grande parte da mídia na questão do coronavírus." Presidente Jair Bolsonaro. Fonte: Yahoo! Notícias.

23 de março de 2020
"O Governo Federal liberou um auxílio emergencial de R$ 200 voltado a trabalhadores informais, desempregados e microempreendedores individuais que integram família de baixa renda! Saiba mais: http://bit.ly/2UeqRM6." Secretaria Especial de Comunicação Social (SECOM), do Governo Federal. Fonte: o próprio Twitter.

23 de março de 2020
"O número de mortes dessa suposta epidemia [de Covid-19] não aumentou em nem um único caso o número habitual de mortos por gripe no mundo." Olavo de Carvalho. Fonte: Congresso em Foco, por Sandy Mendes.

24 de março de 2020
"Hoje temos informações, por ser um clima mais tropical, estamos aí praticamente no final, ou já acabou aí, o verão, e o vírus não se propaga com essa velocidade em climas quentes como o nosso." Presidente Jair Bolsonaro. Fonte: Relatório da CPI da Covid-19 do Senado Federal.

**24 março de 2020**
"Nossa vida tem que continuar (...). Devemos, sim, voltar à normalidade." Presidente Jair Bolsonaro. Fonte: Congresso em Foco.

**24 de março de 2020**
"(...) No meu caso particular, pelo meu histórico de atleta, caso fosse contaminado pelo vírus, não precisaria me preocupar, nada sentiria ou seria, quando muito, acometido de uma gripezinha ou resfriadinho, como bem disse aquele conhecido médico, daquela conhecida televisão." Presidente Jair Bolsonaro, em pronunciamento oficial na televisão. Fonte: Rede Globo.

**24 de março de 2020**
"Eu sei que tínhamos que chorar, e vamos chorar a cada uma das pessoas que morreram com coronavírus. Vamos cuidar. Vamos isolar os idosos, vamos isolar as pessoas que têm algum problema de saúde, como diabetes. Vamos. É nossa obrigação fazer isso. Mas nós não podemos, por conta de 5.000 pessoas ou 7.000 pessoas que vão morrer (...)." Junior Durski, sócio da rede Madero. Fonte: UOL.

**24 de março de 2020**
"Você que é funcionário, que talvez esteja em casa numa boa, numa tranquilidade, curtindo um pouco esse *home office*, esse descanso forçado, você já se deu conta de que, ao invés de estar com medo de pegar esse vírus, você deveria também estar com medo de perder o emprego? Será que sua empresa tem condições de segurar o seu salário por 60, 90 dias? Você já pensou nisso?" Alexandre Guerra, sócio da rede Giraffas. Fonte: UOL.

**24 de março de 2020**
"A todos que querem o Monark [ele próprio] fora do Flow, vocês se foderam! O Flow podcast é uma ditadura minha e do Igor, e vai morrer com nós nele. Brasil vai ter que aturar minhas loucuras." Bruno Aiub, conhecido como Monark. Fonte: Imagens História, no Instagram.

**24 de março de 2020**
"No Brasil, nós temos aqui poucos casos ainda e temos, infelizmente, 25 mortos, mas 25 mortos para 210 milhões de habitantes, de novo, é um número muito baixo. O que eu quero dizer com isso? Eu quero dizer que nós estamos dando um tiro de canhão para matar um pássaro. Nós estamos exagerando na dose." Roberto Justus, empresário e apresentador de TV. Fonte: UOL.

**BOLSONARO E SEUS SEGUIDORES: O HORROR EM 3.560 FRASES**

**24 de março de 2020**
"Grande parte dos meios de comunicação foram na contramão. Espalharam exatamente a sensação de pavor, tendo como carro-chefe o anúncio de um grande número de vítimas da Itália, um país com grande número de idosos e com um clima totalmente diferente do nosso. Um cenário perfeito, potencializado pela mídia, para que uma verdadeira histeria se espalhasse pelo nosso país." Presidente Jair Bolsonaro. Fonte: Yahoo! Notícias.

**25 de março de 2020**
"Se nós nos acovardamos, formos para o discurso fácil, todo mundo em casa, vai ser o caos, ninguém vai produzir mais nada, desemprego tá aí, vai acabar o que tem na geladeira." Presidente Jair Bolsonaro. Fonte: Yahoo! Notícias.

**25 de março de 2020**
"AGUARDEM! No final da história vamos ver quem está com a razão, Bolsonaro ou os politiqueiros de plantão e a imprensa que tem produzido pânico no povo. O TEMPO VAI DIZER! Na Itália, só 5 pessoas abaixo de 50 anos morrerem, todos com problemas de saúde. NINGUÉM ABAIXO [DE] 30 [ANOS] MORREU." Pastor Silas Malafaia. Fonte: o próprio Twitter.

**25 de março de 2020**
"Se essa pessoa tivesse pego H1N1, iam morrer também." Presidente Jair Bolsonaro. Fonte: Aos Fatos.

**25 de março de 2020**
"Quem tá são [com saúde] o risco é quase zero. O problema é acima dos 60 anos ou quem tem algum problema de saúde." Presidente Jair Bolsonaro. Fonte: Aos Fatos.

**25 de março de 2020**
"Essas pessoas [que morreram no Brasil], como você vê nos Estados Unidos, têm uma média de idade na casa dos 80 anos. São pessoas que têm duas outras três doenças preexistentes." Presidente Jair Bolsonaro. Fonte: Aos Fatos.

**25 de março de 2020**
"Ele [presidente Donald Trump] já anunciou via FDA, sua Anvisa de lá, a liberação para alguns casos da cloroquina." Presidente Jair Bolsonaro. Fonte: Aos Fatos.

**26 de março de 2020**
"Eu acho que não vai chegar a esse ponto [do número de casos confirmados nos EUA]. Até porque o brasileiro tem que ser estudado. Ela não pega nada. Você vê o cara pulando em esgoto ali. Ele sai, mergulha e não acontece nada com ele." Presidente Jair Bolsonaro. Fonte: Folha, por Gustavo Uribe e Daniel Carvalho.

**26 de março de 2020**
"[O vírus da Covid-19] é uma onda e vai passar. O que não pode chegar é uma onda de desemprego, que essa demora para ir embora." Presidente Jair Bolsonaro. Fonte: Yahoo! Notícias.

**26 de março de 2020**
"Não posso afirmar porque não sou médico nem pesquisador, mas pelas informações que eu tenho, as informações é que [a hidroxicloroquina] já deu certo. Nós vamos vencer essa onda e o Brasil vai crescer." Presidente Jair Bolsonaro. Fonte: Yahoo! Notícias.

**26 de março de 2020**
"Queremos que não haja morte por causa do vírus. Mas esse vírus é igual a chuva: fechou o tempo, deu trovoada, você vai se molhar. E vamos tocar o barco. Não vou minimizar a gripe. Se bem que, dizem os infectologistas, para 90% das pessoas é quase nada. Falar gripezinha não pode." Presidente Jair Bolsonaro. Fonte: Yahoo! Notícias.

**26 de março de 2020**
"Aplica logo [a hidroxicloroquina], pô. Sabe quando esse remédio começou a ser produzido no Brasil? Ele começou a ser usado no Brasil quando eu nasci, em 1955. Medicado corretamente, não tem efeito colateral." Presidente Jair Bolsonaro. Fonte: Yahoo! Notícias.

**26 de março de 2020**
"Nessas cidades com poucos habitantes, a chance de contaminação é quase zero." Presidente Jair Bolsonaro. Fonte: Aos Fatos.

**26 de março de 2020**
"Um país só estará imune a o vírus, já que não tem vacina, quando uma parte da sua população for infectada e adquirir anticorpos." Presidente Jair Bolsonaro. Fonte: Aos Fatos.

**26 de março de 2020**
"Chegaram à catástrofe, prevendo milhares e milhares de mortes, coisa que não aconteceu um nenhum lugar do mundo." Presidente Jair Bolsonaro. Fonte: Aos Fatos.

**26 de março de 2020**
"Países do G20 não recomendam quarentena, confirmando posição de Bolsonaro. (...)" Estudos Nacionais. Fonte: Relatório da CPI da Covid-19 do Senado Federal.

**BOLSONARO E SEUS SEGUIDORES: O HORROR EM 3.560 FRASES**

**27 de março de 2020**
"Tem um estado aí que orientou por decreto que, em última análise, se não tiver uma causa concreta do óbito, bota lá [coronavírus]." Presidente Jair Bolsonaro. Fonte: Yahoo! Notícias.

**27 de março de 2020**
"Vamos tocar o barco, porque as consequências, depois dessas medidas equivocadas, vão ser muito mais danosas do que o próprio vírus." Presidente Jair Bolsonaro. Fonte: Yahoo! Notícias.

**27 de março de 2020**
"A maioria das mortes [na Itália] não tem nada a ver com coronavírus." Presidente Jair Bolsonaro. Fonte: Aos Fatos.

**27 de março de 2020**
"Se outra gripe qualquer, se H1N1 acometer essa pessoa [com problemas de saúde preexistentes], ela ia morrer também." Presidente Jair Bolsonaro. Fonte: Aos Fatos.

**27 de março de 2020**
"Até os 29 anos, nenhuma pessoa morreu [de Covid-19], dentre os 59 mortos." Presidente Jair Bolsonaro. Fonte: Aos Fatos.

**27 de março de 2020**
"temos informações precisas que a Cloroquina tem sido usada pelo Brasil com uma grande taxa de sucesso. O remédio existe, apenas aguardavam as formalidades para seu uso legal. Nossos parabéns à Anvisa pela presteza na liberação do registro." Presidente Jair Bolsonaro. Fonte: o próprio Twitter.

**28 de março de 2020**
"O Brasil não pode parar (...). No mundo todo, são raros os casos de vítimas fatais do coronavírus entre jovens e adultos. A quase-totalidade dos óbitos se deu com idosos (...)." Secretaria Especial de Comunicação Social (SECOM), do Governo Federal. Fonte: o próprio Twitter.

**28 de março de 2020**
"Tem que tomar cuidado, claro, mas a OMS [Organização Mundial da Saúde] pensa nos países que são bilionários. Os Estados Unidos têm trilhões, a Alemanha tem ouro. Se tivéssemos o dinheiro dos Estados Unidos eu também falaria para todo mundo ficar em casa. (...) Não podemos e não vamos parar o país. Como as pessoas vão comer? Vai ao posto de gasolina e não consegue abastecer?" Otávio Mesquita, apresentador. Fonte: O Antagonista (12/05/2021).

**29 de março de 2020**
"O país só fica isento dela [Covid-19], imune, depois de 60%, 70% for infectado." Presidente Jair Bolsonaro. Fonte: Aos Fatos.

**29 de março de 2020**
"Aquele remédio, a hidroxicloroquina, tá dando certo em tudo quanto é lugar." Presidente Jair Bolsonaro. Fonte: Aos Fatos.

**29 de março de 2020**
"Tive um estudo agora que veio de uma entidade francesa, vi num hospital renomado aqui do Brasil, a questão da cloroquina, hidroxicloroquina, já é uma realidade. Nesse estudo feito com pacientes, de 80, 78 foram curados." Presidente Jair Bolsonaro. Fonte: Aos Fatos.

**29 de março de 2020**
"É a vida. Todos nós iremos morrer um dia." Presidente Jair Bolsonaro. Fonte: Veja.

**29 de março de 2020**
"Tem que abrir os comércios e trabalhar normalmente. (...) O país fica imune quando 60%, 70% foram infectados. (...) Já é uma realidade [um remédio para o coronavírus]." Presidente Jair Bolsonaro. Fonte: G1.

**29 de março de 2020**
"A Cloroquina já é uma realidade, em testes feitos com 80 contaminados pelo coronavírus 78 foram curados." Jornal da Cidade Online. Fonte: Relatório da CPI da Covid-19 do Senado Federal.

**30 de março de 2020**
"Parece que há interesse por parte de alguns governadores de inflar o número de vitimados do vírus. Daria mais respaldo para eles, para justificar as medidas que eles tomaram." Presidente Jair Bolsonaro. Fonte: Yahoo! Notícias.

**30 de março de 2020**
"Se o vírus pegar em mim, não vou sentir quase nada. Fui atleta e levei facada." Presidente Jair Bolsonaro. Fonte: Yahoo! Notícias.

**30 de março de 2020**
"O que o povo mais pede é para voltar a trabalhar." Presidente Jair Bolsonaro. Fonte: Yahoo! Notícias.

**30 de março de 2020**
"Se [a Covid-19] fosse algo terrivelmente mortal para mim, talvez não tivesse na rua." Presidente Jair Bolsonaro. Fonte: Yahoo! Notícias.

**30 de março de 2020**
"Quem tem abaixo de 10 [anos], é zero." Presidente Jair Bolsonaro. Fonte: Aos Fatos.

**31 de março de 2020**
"Hoje é o dia da liberdade." Presidente Jair Bolsonaro, sobre o 31 de março de 1964. Fonte: Folha.

**31 de março de 2020**
"Há 56 anos, as Forças Armadas intervieram na política nacional para enfrentar a desordem, subversão e corrupção que abalavam as instituições e assustavam a população. Com a eleição do general Castello Branco, iniciaram-se as reformas que desenvolveram o Brasil." General Hamilton Mourão, vice-presidente da República. Fonte: o próprio Twitter.

**31 de março de 2020**
"11 de abril de 64: em eleições indiretas o Congresso elege o Marechal Castelo Branco como Presidente da república, de acordo com a Constituição de 1946 (...) e não houve golpe em 31 de março." Presidente Jair Bolsonaro. Fonte: Aos Fatos.

**31 de março de 2020**
"O movimento de 1964 é um marco para a democracia brasileira." Fernando Azevedo e Silva, ministro da Defesa. Fonte: Folha (17/03/2022), por Fábio Zanini.

**1º de abril de 2020**
"Esse vírus é estranho. A gente pode ir na lotérica, no banco, no posto, no supermercado, na farmácia que não pega. Pega só se for trabalhar. O que vocês acham?" Pastor Silas Malafaia, da Igreja Assembleia de Deus. Fonte: Catraca Livre.

**1º de abril de 2020**
"Essa garotada, se infectando agora, ela seria uma barreira no futuro para não transmitir o vírus aos mais idosos." Presidente Jair Bolsonaro. Fonte: Aos Fatos.

1º de abril de 2020
"Os mandantes do crime que tentou tirar a vida do presidente [no atentado a faca]. (...) Um braço político ligado ao PSOL [e] Jean Wyllys [ex-deputado do PSOL] surge como forte indício de que Adélio [Bispo, o agressor] não agiu sozinho." Oswaldo Eustáquio Filho, em uma publicação no portal Renews. Fonte: Folha (02/02/2022), por Mônica Bergamo.

1º de abril de 2020
"Incomoda o desconhecimento dele [Luiz Henrique Mandetta, ministro da Saúde], sobre a companhia [Prevent Senior]. Ele não sabe os números da companhia, como a gente está estruturado. Ele falar por falar, simplesmente sem ter a informação, é uma irresponsabilidade vinda de um ministro de Estado. (...) A empresa sempre adotou uma postura transparente nessa epidemia. E agora vão botar a Prevent Senior no epicentro dessa discussão [da Covid-19]?" Fernando Parrillo, dono da Prevent Senior. Fonte: O Globo, por Leo Branco.

02 de abril de 2020
"Pedir um dia de jejum ao povo brasileiro em nome de que o Brasil fique livre desse mal o mais rápido possível." Presidente Jair Bolsonaro. Fonte: Yahoo! Notícias.

02 de abril de 2020
"Como dizem os infectologistas: 60%, 70% da população será infectada e só a partir daí nós teremos o país considerado imunizado." Presidente Jair Bolsonaro. Fonte: Aos Fatos.

02 de abril de 2020
"Era uma cidade fria [onde ocorreram as mortes na Itália]." Presidente Jair Bolsonaro. Fonte: Aos Fatos.

02 de abril de 2020
"Mesmo esse 3,3% [de óbitos entre 30 e 39 anos no Brasil], é gente que tinha algum problema de saúde, doenças preexistentes." Presidente Jair Bolsonaro. Fonte: Aos Fatos.

02 de abril de 2020
"Eu desconheço qualquer hospital que esteja lotado. Não é isso tudo que estão pintando." Presidente Jair Bolsonaro. Fonte: Yahoo! Notícias.

02 de abril de 2020
"Duvido que um cara desses, um governador desses vá falar com o povo. Tá com medinho de pegar vírus, é? Ah, tá de brincadeira." Presidente Jair Bolsonaro. Fonte: Yahoo! Notícias.

**BOLSONARO E SEUS SEGUIDORES: O HORROR EM 3.560 FRASES**

03 de abril de 2020
"Esse vírus é igual uma chuva. Vai molhar 70% de vocês. Isso ninguém contesta. (...) Toda nação vai ficar livre de pandemia depois que 70% forem infectados e conseguir os anticorpos." Presidente Jair Bolsonaro. Fonte: Aos Fatos.

03 de abril de 2020
"Destes 70%, que são os idosos e quem tem problema de saúde, vai ter problema sério." Presidente Jair Bolsonaro. Fonte: Aos Fatos.

04 de abril de 2020
"Hoje de manhã conversávamos com um amigo na Inglaterra que criou o passaporte de imunidade. Ele faz 40 milhões de testes. Ele coloca disponível para nós, brasileiros, 40 milhões de testes por mês." Paulo Guedes, ministro da Economia. Fonte: G1, por Ana Krüger e Felipe Matoso.

04 de abril de 2020
"No Brasil, onde estamos sendo submetidos a uma quarentena radical que destrói nossa economia e empregos, eu pergunto: onde está o achatamento da curva??!! NÃO EXISTE. Com a quarentena ou não, chegaremos ao pico da epidemia antes do final de abril [de 2020]." Deputado Osmar Terra (MDB-RS), médico. Fonte: o próprio Twitter.

04 de abril de 2020
"Em 2018, morreram cerca de 1.300.000 pessoas no Brasil, ou 1.279.948, exatamente, para não se dizer que a cifra é exagerada. Isso dá uns 3.500 por dia — contra os 18 cujas mortes são lançadas na conta do coronavírus." J. R. Guzzo, colunista da Revista Oeste, do jornal O Estado de S.Paulo e da Gazeta do Povo. Fonte: o próprio Twitter.

04 de abril de 2020
"Geopoliticamente, quem podeLá saiL foLtalecido, em teLmos Lelativos, dessa cLise mundial? PodeLia seL o Cebolinha? Quem são os aliados do BLasil do plano infalível do Cebolinha paLa dominaL o mundo? SeLia o Cascão ou há mais amiguinhos?" Abraham Weintraub, ministro da Educação, em post no Twitter. Fonte: Estadão.

05 de abril de 2020
"LIVE com Hélio Beltrão, Dr. Zanotto e Pedro Batista Jr., da Prevent Senior. Esclarecedores dados e pró-atividade contra o Covid-19. Assista: youtu.be/nTPGCsMT8ww." Presidente Jair Bolsonaro. Fonte: o próprio Twitter.

**07 de abril de 2020**
"Antes mesmo do início da epidemia do vírus chinês, o Presidente Jair Bolsonaro já falava das possibilidades do tratamento por meio da hidroxicloroquina e da necessidade de preservar os empregos e a economia, até mesmo como condição para fazer frente à ameaça do vírus. O presidente foi duramente criticado por isso, e veículos de imprensa chegaram a fazer a acusação leviana de que o mandatário brasileiro estaria fazendo 'propaganda de remédio'." Crítica Nacional, por Paulo Eneas. Fonte: Fonte: Relatório da CPI da Covid-19 do Senado Federal.

**07 de abril de 2020**
"Três grandes nomes da saúde francesa recomendam o tratamento com hidroxicloroquina e azitromicina assim que os primeiros sintomas do coronavírus aparecerem." Conexão Política. Fonte: Relatório da CPI da Covid-19 do Senado Federal.

**08 de abril de 2020**
"(...) Temos mais boas notícias. Fruto de minha conversa direta com o primeiro--ministro da Índia, receberemos até sábado matéria-prima para continuar produzindo a hidroxicloroquina, de modo a podermos tratar pacientes da covid-19, bem como malária, lúpus e artrite." Presidente Jair Bolsonaro. Fonte: Relatório da CPI da Covid-19 do Senado Federal.

**08 de abril de 2020**
"Há 40 dias venho falando do uso da Hidroxicloroquina no tratamento do COVID-19. Sempre busquei tratar da vida das pessoas em 1º lugar, mas também se preocupando em preservar empregos. Fiz, ao longo desse tempo, contato com dezenas médicos e chefes de estados de outros países." Presidente Jair Bolsonaro. Fonte: o próprio Twitter.

**08 de abril de 2020**
"Cada vez mais o uso da Cloroquina se apresenta como algo eficaz." Presidente Jair Bolsonaro. Fonte: Aos Fatos.

**08 de abril de 2020**
"Abaixo de 10 [anos, a taxa de mortalidade] é zero, que nós sabemos até agora." Presidente Jair Bolsonaro. Fonte: Aos Fatos.

08 de abril de 2020
**"De qualquer maneira [com ou sem medidas de isolamento], o número de infectados vai ser o mesmo." Presidente Jair Bolsonaro. Fonte: Aos Fatos.**

**BOLSONARO E SEUS SEGUIDORES: O HORROR EM 3.560 FRASES**

**08 de abril de 2020**
"O presidente destacou que as medidas restritivas que estão afetando os cidadãos não foram ordenadas pelo governo federal, sendo responsabilidade dos governadores e prefeitos. Bolsonaro enfatizou que o governo federal não foi consultado nem quanto ao alcance nem quanto à duração dessas medidas." Folha Política. Fonte: Relatório da CPI da Covid-19 do Senado Federal.

**09 de abril de 2020**
"Pelo que tudo indica, tem salvado vidas [a hidroxicloroquina]." Presidente Jair Bolsonaro. Fonte: Aos Fatos.

**09 de abril de 2020**
"70% vai contrair o vírus. Não adianta." Presidente Jair Bolsonaro. Fonte: Aos Fatos.

**09 de abril de 2020**
"10 mil médicos de todo o Brasil defendem o tratamento precoce da Covid-19." Carlos Wizard, empresário. Fonte: o próprio Twitter.

09 de abril de 2020
"A Organização Mundial da Saúde [OMS] faz recomendações erradas ou sem embasamento científico, espalha informações falsas e ignora novos dados, mesmo assim, políticos, juízes e jornalistas veneram a instituição com fervor religioso e acatam suas diretrizes como verdade de fé." Jornal Brasil Sem Medo. Fonte: Relatório da CPI da Covid-19 do Senado Federal.

10 de abril de 2020
"Eu tenho o direito constitucional de ir e vir. Ninguém vai tolher minha liberdade de ir e vir." Presidente Jair Bolsonaro. Fonte: Yahoo! Notícias.

11 de abril de 2020
"Em vídeo, governador do Pará diz que vai colocar presos para monitorar população em quarentena." Gazeta Brasil. Fonte: o próprio site.

**11 de abril de 2020**
"Com a hidroxicloroquina se tornando cada vez mais eficaz contra o coronavírus, agora não tem jeito, o pessoal que torce pelo vírus vai é atacar o medicamento mesmo." Deputado Eduardo Bolsonaro (PSL-SP). Fonte: o próprio Twitter.

**12 de abril de 2020**
"Parece que está começando a ir embora a questão do vírus." Presidente Jair Bolsonaro. Fonte: Aos Fatos.

**12 de abril de 2020**
"Seu pai [presidente Jair Bolsonaro] virou pra mim e disse: 'ô, magrelo, você que é porra louca, vai lá e estuda isso daí'. Aí comecei a ler artigo científico, artigo que o pessoal começa a soltar. Essas caras me mandando, o Luciano Dias Azevedo, Paulo Zanotto, e falei pra ele [presidente Jair Bolsonaro]: cloroquina tá funcionando, já tem resultado. Passei pra ele os estudos, ele lê. Eu passo no zap e depois tá impresso na mesa dele." Arthur Weintraub, assessor-chefe da Presidência da República, em vídeo com o deputado Eduardo Bolsonaro (PSL-SP). Fonte: Twitter SamPancher, Twitter Metrópoles e Correio Braziliense.

**13 de abril de 2020**
"Eu estou convencido que o pico é agora, e termina em maio [de 2020, a pandemia da Covid-19]." Deputado Osmar Terra (MDB-RS), médico. Fonte: UOL.

**14 de abril de 2020**
"Para salvar o Brasil, Exército atende Bolsonaro: 2,2 milhões de comprimidos de cloroquina estão prontos e produção será ampliada." Jornal da Cidade Online. Fonte: Relatório da CPI da Covid-19 do Senado Federal.

**16 de abril de 2020**
"Dizem que 60% dos brasileiros foram ou serão infectados, e a partir desse momento poderemos dizer que estamos livres do vírus, tendo em vista esse percentual grande de pessoas que conseguirem os anticorpos (...)." Presidente Jair Bolsonaro. Fonte: Yahoo! Notícias.

**16 de abril de 2020**
"Todo mundo diz, é quase unanimidade, que 60% dos brasileiros já foram ou serão infectados [pela Covid-19]. E a partir desse momento, que nós podemos praticamente dizer que ficamos livres do vírus tendo em vista esse percentual grande de pessoas ter conseguido anticorpos. Então a mensagem é: cuidar dos idosos e de quem tem comorbidade, e as demais pessoas também tomar o devido cuidado, mas não precisa se apavorar caso venha a ser contaminado." Presidente Jair Bolsonaro. Fonte: Relatório da CPI da Covid-19 do Senado Federal.

16 de abril de 2020
"Particularmente, comecei a defender a hidroxicloroquina, calcado também nas experiências de médicos pelo Brasil, que apostavam nela e tinham uma resposta através da sua observação. Não consegui impor ou propor a sugestão ao então ministro da Saúde, de retirar do protocolo que o tratamento com a hidroxicloroquina, deveria ser ministrada apenas, quando o paciente tivesse em estado grave (...)." Presidente Jair Bolsonaro, no discurso de posse de Eduardo Pazuello no Ministério da Saúde. Fonte: Relatório da CPI da Covid-19 do Senado Federal.

17 de abril de 2020
"Esquerda se une para fazer pesquisa fake sobre a cloroquina. Objetivo é demonizar o remédio, mesmo sabendo que ele é efetivo para salvar vidas." Deputado Eduardo Bolsonaro (PSL-SP). Fonte: o próprio Twitter.

19 de abril de 2020
"A economia não roda dessa forma. Vai faltar dinheiro para pagar salário de servidor público e o Brasil está mergulhado num caos. Quero crer que não seja apenas uma vontade desses políticos, que não vou nominar aqui, de querer abalar a presidência da República. Não vão me tirar daqui." Presidente Jair Bolsonaro. Fonte: Yahoo! Notícias.

19 de abril de 2020
"De um grupo de 636 pacientes acompanhados pelos médicos, 224 NÃO fizeram uso da hidroxicloroquina. Destes, 12 foram hospitalizados e 5 faleceram." Presidente Jair Bolsonaro. Fonte: Aos Fatos.

19 de abril de 2020
"Eu estou aqui porque acredito em vocês. (...) Não queremos negociar nada." Presidente Jair Bolsonaro, discursando em frente ao Quartel-General do Exército, em Brasília, em manifestação que pedia o fechamento do Congresso e o retorno do Ato Institucional número 5 (AI-5). Fonte: UOL.

19 de abril de 2020
"Segundo o CEO Fernando Parrillo, a Prevent Senior reduziu de 14 para 7 dias, o tempo de uso de respiradores e divulgou hoje, às 1:40 da manhã, o complemento de um levantamento clínico feito: — De um grupo de 636 pacientes acompanhados pelos médicos, 224 NÃO fizeram uso da HIDROXICLOROQUINA. Destes, 12 foram hospitalizados e 5 faleceram. — Já dos 412 que optaram pelo medicamento, somente 8 foram internados e, além de não serem entubados, o número de óbitos foi ZERO. O estudo completo será publicado em breve!" Presidente Jair Bolsonaro. Fonte: o próprio Twitter.

**19 de abril de 2020**
"Prevent Senior diz ter estabilizado situação, tem vagas de UTI, já deu alta para 400 pacientes que tiveram Covid-19 e criou protocolo que reduziu de 14 para 7 dias tempo de uso de respiradores. SUS nunca a procurou para saber qual foi o protocolo usado." Senador Flávio Bolsonaro (sem partido-RJ). Fonte: o próprio Twitter.

**19 de abril de 2020**
"Dia ruim para quem torce pelo vírus. Parabéns à Prevent Senior. Isto é uma pesquisa séria, feita com CIÊNCIA e não com politicagem. A esquerda fará de tudo para derrubar esta pesquisa, a exemplo do que se viu com a pseudo pesquisa feita em Manaus: suo.im/6r5yrb." Deputado Eduardo Bolsonaro (PSL-SP). Fonte: o próprio Twitter.

**20 de abril de 2020**
"Em média, 70% vai pegar o vírus. É a realidade." Presidente Jair Bolsonaro. Fonte: Aos Fatos.

**20 de abril de 2020**
"A molecada pode se contagiar, não tem risco, zero (...)." Presidente Jair Bolsonaro. Fonte: Aos Fatos.

**20 de abril de 2020**
"Fui treinada na Ucrânia e digo: chegou a hora de ucranizar!" Sara Fernanda Giromini, conhecida como Sara Winter, líder do Acampamento dos 300. Fonte: UOL, por Reinaldo Azevedo.

**20 de abril de 2020**
"A ativista Sara Winter está recrutando 300 brasileiros ou brasileiras que estejam dispostos a mudar a história do Brasil. ATENÇÃO — ENTRE NO CANAL DO TELEGRAM POR ESSE LINK. VAMOS UCRANIZAR O BRASIL! COMEÇOU!" Oswaldo Eustáquio Filho. Fonte: o próprio Twitter.

**20 de abril de 2020**
"O Presidente está por sofrer um golpe de Estado, por [Rodrigo] Maia [presidente da Câmara dos Deputados], [David] Alcolumbre [presidente do Senado] e [Dias] Toffoli [presidente do STF]. Civis e militares de todo o país organizarão o MAIOR acampamento contra a esquerda e a corrupção DO MUNDO, em Brasília." Sara Fernanda Giromini, conhecida como Sara Winter, líder do Acampamento dos 300. Fonte: DCM, por Mauro Donato.

**BOLSONARO E SEUS SEGUIDORES: O HORROR EM 3.560 FRASES**

**20 de abril de 2020**
"Eu consigo deixar esses caras com vergonha, eu consigo desestabilizá-los emocionalmente. E eu consigo, principalmente, mostrar para a imprensa que está cobrindo (...) que o povo já não os reconhece mais como autoridades. Quando eu consigo desmoralizá-los diante do próprio povo, é o primeiro passo para quebrar o poder que eles têm: a quebra da autoridade. Então, gente, o que eu estou ensinando? Táticas de guerra não violenta. Eu não sei nada sobre guerra. Mas eu sei muito de guerra não violenta. É o que eu estou fazendo. Primeiro passo: desmoralizá-los com atos, com palavras. O primeiro passo é você humilhá-los, ridicularizá-los. Para que a gente possa tirar a autoridade dessas pessoas e mostrar que o povo está reagindo." Sara Fernanda Giromini, conhecida como Sara Winter, líder do Acampamento dos 300. Fonte: UOL, por Reinaldo Azevedo.

**20 de abril de 2020**
"Vamos surpreender o mundo. A recuperação econômica, após a crise do novo coronavírus, será em 'V', com retomada tão rápida quanto a queda." Paulo Guedes, ministro da Economia. Fonte: Estadão, por Elena Landau.

**20 de abril de 2020**
"Eu não sou coveiro, tá certo?" Presidente Jair Bolsonaro. Fonte: Folha.

**20 de abril de 2020**
"(...) As medidas de quarentena horizontal provaram-se inócuas e não foram capazes de achatar a curva em qualquer país, desmontando mais uma tese do Imperial College e da OMS [Organização Mundial da Saúde]." Bernardo Küster, diretor de opinião do jornal Brasil Sem Medo, escritor e empreendedor cultural. Fonte: Relatório da CPI da Covid-19 do Senado Federal.

**21 de abril de 2020**
"A Cloroquina mata o coronavírus e mata a narrativa comunista que quer nos impor a dominação pelo medo. E aí, é claro, o Partido dos Trabalhadores foi ao Supremo Tribunal Federal para tentar impedir que o Presidente Jair Bolsonaro recomende o seu uso. PT = Partido da trevas." Deputada Bia Kicis (PSL-DF). Fonte: o próprio Twitter.

**22 de abril de 2020**
"Bota ordem nesse troço aí, dá logo um esporro..." General Hamilton Mourão, vice-presidente da República, em reunião ministerial. Fonte: UOL (22/05/2020).

**22 de abril de 2020**
"Senhores, bom dia. (...) Essa reunião é por solicitação minha ao Presidente da República, porque (...) nós iríamos apresentar isso à imprensa que não foi apresentado e começaram uma série de especulações sobre esse plano de retomada. (...) É um Plano Marshall brasileiro, né?" General Walter Braga Netto, ministro da Casa Civil, em reunião ministerial. Fonte: UOL (22/05/2020).

**22 de abril de 2020**
"Eu queria fazer a primeira observação, é o seguinte, não chamem de Plano Marshall porque revela um despreparo enorme. (...) É bonito isso, mas isso é o que o [presidente Luiz Inácio] Lula [da Silva], o que a [presidente] Dilma [Rousseff] tão fazendo há trinta anos. Se a gente quiser acabar igual a Dilma, a gente segue esse caminho. (...) Como é que um governo quebrado vai investir, vai fazer grandes investimentos públicos?" Paulo Guedes, ministro da Economia, em reunião ministerial. Fonte: UOL (22/05/2020).

22 de abril de 2020
"(...) Porque só fala de Covid e ir passando a boiada e mudando todo o regramento e simplificando normas. De IPHAN, de Ministério da Agricultura, de Ministério de Meio Ambiente, de ministério disso, de ministério daquilo." Ricardo Salles, ministro do Meio Ambiente, em reunião ministerial. Fonte: G1.

**22 de abril de 2020**
"Então pra isso precisa ter um esforço nosso aqui enquanto estamos nesse momento de tranquilidade no aspecto de cobertura de imprensa, porque só fala de Covid e ir passando a boiada e mudando todo o regramento e simplificando normas. De Iphan, de Ministério da Agricultura, de Ministério de Meio Ambiente, de ministério disso, de ministério daquilo. Agora é hora de unir esforços pra dar de baciada a simplificação regulam... É de regulatório que nós precisamos, em todos os aspectos." Ricardo Salles, ministro do Meio Ambiente, em reunião ministerial. Fonte: UOL (22/05/2020).

**22 de abril de 2020**
"Me ligou agora de manhã o Eduardo [Eugenio] Gouvêa Vieira [presidente] da Firjan [Federação das Indústrias do Estado do Rio de Janeiro]. (...) Ele quer fazer uma videoconferência onde mais de trezentos empresários do Rio, que é um pouquinho abaixo do potencial de São Paulo, pra hipotecar solidariedade a uma ideia que nós temos de reabrir o comércio." Presidente Jair Bolsonaro, em reunião ministerial. Fonte: UOL (22/05/2020).

**BOLSONARO E SEUS SEGUIDORES: O HORROR EM 3.560 FRASES**

**22 de abril de 2020**
"Até em cima do que eu falei, em frente ao forte apache [Quartel-General do Exército, em Brasília]. Eu sou o chefe supremo das Forças Armadas. Ponto final. O pessoal estava lá, eu fui lá. Dia do Exército. E falei algo que eu acho que não tem nada demais. Mas a repercussão é enorme. 'Ó, o AI-5. Cadê o AI-5?' (...)." Presidente Jair Bolsonaro, em reunião ministerial. Fonte: UOL (22/05/2020).

**22 de abril de 2020**
"Pô, eu tenho a PF [Polícia Federal] que não me dá informações. (...) Eu tenho as inteligências das Forças Armadas que não tenho informações. ABIN tem os seus problemas, tenho algumas informações. Só não tenho mais porque tá faltando, realmente, temos problemas, pô! Aparelhamento etc. Mas a gente num pode viver sem informação. (...) E não dá pra trabalhar assim. Fica difícil. Por isso, vou interferir! E ponto final, pô! Não é ameaça, não é uma extrapolação da minha parte. É uma verdade. Como eu falei, né? Dei os Ministérios para os senhores. O poder de veto. Mudou agora. Tem que mudar, pô. E eu quero, é realmente, é governar o Brasil (...)." Presidente Jair Bolsonaro, em reunião ministerial. Fonte: UOL (22/05/2020).

**22 de abril de 2020**
"O Iphan [Instituto do Patrimônio Histórico e Artístico Nacional], não é? Tá lá vinculado à Cultura. Eu fiz a cagada em escolher, não escolher uma pessoa que tivesse um outro perfil. E uma excelente pessoa que tá lá, tá? Mas tinha que ter um outro perfil também. O Iphan para qualquer obra do Brasil, como para a do Luciano Hang [sócio da Havan]. Enquanto tá lá um cocô petrificado de índio, para a obra, pô! Para a obra. O que que tem que fazer? Alguém do Iphan que resolva o assunto, né? E assim nós temos que proceder. E assim, cada órgão, como eu falei da Teresa Cristina [ministra da Agricultura], que mudou uma Instrução Normativa, revogou uma Instrução Normativa (...)." Presidente Jair Bolsonaro, em reunião ministerial. Fonte: UOL (22/05/2020).

**22 de abril de 2020**
"(...) Hoje de manhã, por exemplo, o pessoal da Band queria dinheiro. O ponto é o seguinte, vai ou não vai dar dinheiro pra Bandeirantes? Ah, não vai dar dinheiro pra Bandeirantes? Passei meia hora levando porrada, mas repliquei. E falei: 'Olha, vocês tão em casa? Eu tenho trinta mil funcionário na rua. Não tem esse negócio, essa frescurada de *home office*. Eu já visitei quinze agências, e você em casa?'." Pedro Guimarães, presidente da Caixa, em reunião ministerial. Fonte: UOL (22/05/2020).

22 de abril de 2020
"Eu, por mim, botava esses vagabundos todos na cadeia. Começando no STF [Supremo Tribunal Federal]. (...) Eu percebo que tem, assim, tem o jogo que é jogado aqui [pelos ministros], mas eu não vim pra jogar o jogo. Eu vim aqui pra lutar. E eu luto e me ferro. Eu tô com um monte de processo aqui no comitê de ética da Presidência. Eu sou o único que levou processo aqui. Isso é um absurdo o que tá acontecendo aqui no Brasil. A gente tá conversando com quem a gente tinha que lutar (...)." Abraham Weintraub, ministro da Educação, em reunião ministerial. Fonte: UOL (22/05/2020).

**22 de abril de 2020**
"Odeio o termo 'povos indígenas', odeio esse termo. Odeio. 'Povos ciganos'... Só tem um povo nesse país. Quer, quer. Não quer, sai de ré. É povo brasileiro, só tem um povo. Pode ser preto, pode ser branco, pode ser japonês, pode ser descendente de índio, mas tem que ser brasileiro, pô! Acabar com esse negócio de povos e privilégios." Abraham Weintraub, ministro da Educação, em reunião ministerial. Fonte: Relatório da CPI da Covid-19 do Senado Federal.

22 de abril de 2020
"O que esses filha de uma égua quer, ô [Abraham] Weintraub [ministro da Educação], é a nossa liberdade. Olha, eu estou... como é fácil impor uma ditadura no Brasil. Como é fácil. O povo tá dentro de casa. Por isso que eu quero, ministro da Justiça [Sérgio Moro] e ministro da Defesa [Fernando Azevedo e Silva], que o povo se arme! Que é a garantia que não vai ter um filho da puta aparecer pra impor uma ditadura aqui! Que é fácil impor uma ditadura! Facílimo! (...) Eu peço ao Fernando [Azevedo e Silva] e ao [Sérgio] Moro que, por favor, assine essa portaria hoje e que eu quero dar um puta de um recado pra esses bosta! Por que que eu estou armando o povo? Porque eu não quero uma ditadura! E não dá pra segurar mais! Não é? Não dá pra segurar mais." Presidente Jair Bolsonaro, em reunião ministerial. Fonte: EXTRA (28/05/2020).

**22 de abril de 2020**
"Quem não aceitar a minha, as minhas bandeiras, Damares: família, Deus, Brasil, armamento, liberdade de expressão, livre mercado. Quem não aceitar isso, está no governo errado. Esperem pra 22, né? O seu Álvaro Dias. Espere o Alckmin. Espere o Haddad. Ou talvez o Lula, né? E vai ser feliz com eles, pô! No meu governo tá errado! É escancarar a questão do armamento aqui. Eu quero todo mundo armado! Que povo armado jamais será escravizado." Presidente Jair Bolsonaro, em reunião ministerial. Fonte: EXTRA (28/05/2020).

**BOLSONARO E SEUS SEGUIDORES: O HORROR EM 3.560 FRASES**

**22 de abril de 2020**
"Aqui eu já falei: perde o Ministério quem for elogiado pela Folha ou pelo Globo! Pelo Antagonista! Né? Então tem certos blogs aí que só tem notícia boa de ministro. Eu não sei como! O presidente leva porrada, mas o ministro é elogiado. A gente vê por aí. (...) O Ministério tá indo bem, apesar do presidente'. Vai pra puta que o pariu, porra! Eu que escalei o time, porra." Presidente Jair Bolsonaro, em reunião ministerial. Fonte: EXTRA (28/05/2020).

**22 de abril de 2020**
"Deixa cada um se fuder, ô Damares, Damares, Damares, deixa cada um, Damares, Damares [Alves, ministra da Mulher, Família e Direitos Humanos], o presidente fala em liberdade, deixa cada um se fuder do jeito que quiser (...) e é nessa confusão toda, todo mundo tá achando que estamos distraídos, (...) [que] nós já botamos a granada no bolso do inimigo: dois anos sem aumento de salário [do funcionalismo público]." Paulo Guedes, ministro da Economia, em reunião ministerial. Fonte: TikTok.

**22 de abril de 2020**
"Atrapalha ninguém [liberar cassino no Brasil]. Aquilo não atrapalha ninguém. Deixa cada um se foder. Ô Damares. Damares. Damares. Deixa cada um ... Damares. Damares. O presidente [Jair Bolsonaro], o presidente fala em liberdade. Deixa cada um se foder do jeito que quiser. Principalmente se o cara é maior, vacinado e bilionário. Deixa o cara se foder, pô! Não tem, lá não entra nenhum, lá não entra nenhum brasileirinho." Paulo Guedes, ministro da Economia, em reunião ministerial. Fonte: Fonte: UOL (22/05/2020).

**22 de abril de 2020**
"Então, ó, tem 100 bilhões vindo pra saneamento. Tinha 100 bilhões que viriam, as 17 maiores petroleiras do mundo viriam pra a nossa cessão onerosa, 100 bilhões de cessão onerosa, 100 bilhões de mineração, 100 bilhões de saneamento, 230 bilhões de concessões. Quinhentos bilhões!" Paulo Guedes, ministro da Economia, em reunião ministerial. Fonte: Estadão, por Elena Landau.

**22 de abril de 2020**
"Projeto globalista (...) Novo caminho do comunismo. (...) Já se vinha executando por meio do climatismo ou alarmismo climático, da ideologia de gênero, do dogmatismo politicamente correto, do imigracionismo, do racialismo ou reorganização da sociedade pelo princípio da raça, do antinacionalismo, do cientificismo. (...) São instrumentos eficientes, mas a pandemia, colocando indivíduos e sociedades diante do pânico da morte iminente, representa a exponencialização de todos eles. (...) Comunavírus (...) Vírus ideológico. (...) Despertar para o pesadelo comunista." Ernesto Araújo, ministro das Relações Exteriores, em reunião ministerial. Fonte: Folha.

## 22 de abril de 2020
"Com base na Lei nº 13.979, de 06 de fevereiro de 2020, na Medida Provisória nº 926 e no Decreto nº 10.282, ambos de 20 de março de 2020, o Ministério da Saúde disponibilizou para uso, em casos confirmados e à (sic) critério médico, o medicamento cloroquina e hidroxicloroquina como terapias adjuvantes no tratamento de formas graves, em pacientes hospitalizados, sem que outras medidas de suporte sejam preteridas em seu favor." Ministério da Saúde. Fonte: Diário Oficial da União, edição 76, seção 1, página 88.

## 23 de abril de 2020
"(...) Na visão do CFM [Conselho Federal de Medicina], a primeira possibilidade em que pode ser considerado o uso da cloroquina e da hidroxicloroquina é no caso de paciente com sintomas leves, em início de quadro clínico, em que tenha sido descartadas outras viroses (como influenza, H1N1, dengue) e exista diagnóstico confirmado de covid-19. A segunda hipótese é em paciente com sintomas importantes, mas ainda sem necessidade de cuidados intensivos, com ou sem recomendação de internação. O terceiro cenário possível é em paciente crítico recebendo cuidados intensivos, incluindo ventilação mecânica (...)." Conselho Federal de Medicina (CFM). Fonte: Conselho Federal de Medicina (CFM), Parecer nº 04/2020.

## 23 de abril de 2020
"O Conselho Federal de Medicina autorizou a utilização de cloroquina e hidroxicloroquina em pacientes com sintomas leves a partir da confirmação do diagnóstico de Covid-19." Presidente Jair Bolsonaro. Fonte: Aos Fatos.

## 23 de abril de 2020
"Essa campanha para nos 'proteger da pandemia' é o mais vasto e mais sórdido crime já cometido contra a espécie humana inteira." Olavo de Carvalho. Fonte: o próprio Twitter.

## 23 de abril de 2020
"Infelizmente o vírus chegou e infelizmente continua levando pessoas a óbito, infelizmente. Em especial os mais idosos e o pessoal que tem algum tipo de doença. Mas uma verdade que ninguém contesta, né, que 60% a 70% da população vai ser infectado. Ninguém contesta esse número. Só a partir daí, diz gente do mundo todo, que o país começa a realmente entrar em uma normalidade, poder dizer que está ficando livre do vírus (...)." Presidente Jair Bolsonaro. Fonte: Relatório da CPI da Covid-19 do Senado Federal.

## 23 de abril de 2020
"Ele nem é médico." Presidente Jair Bolsonaro, sobre o diretor-presidente da Organização Mundial da Saúde (OMS). Fonte: Correio Braziliense.

**BOLSONARO E SEUS SEGUIDORES: O HORROR EM 3.560 FRASES**

23 de abril de 2020
"Eu tô respondendo processo dentro e fora do Brasil sendo acusado de genocídio, por ter defendido uma tese diferente da OMS [Organização Mundial da Saúde]." Presidente Jair Bolsonaro. Fonte: Aos Fatos.

**24 de abril de 2020**
"Senhores e senhoras, boa tarde. Meus ministros, imprensa, povo brasileiro que me assiste. Sabia que não seria fácil. Uma coisa é você admirar uma pessoa [Sergio Moro, ex-ministro da Justiça e da Segurança Pública]. A outra, é conviver com ela, trabalhar com ela. Hoje pela manhã, por coincidência, tomando café com alguns parlamentares, eu lhes disse: 'Hoje vocês conhecerão aquela pessoa que tem um compromisso consigo próprio, com seu ego e não com o Brasil' (...). Acertamos como fizemos com todos os ministros: 'Vai ter autonomia no seu Ministério'. Autonomia não é sinal de soberania. A todos os ministros, e a ele também, falei do meu poder de veto (...). Assim foi também com o senhor [Maurício] Valeixo, até ontem, diretor da nossa honrada e gloriosa Polícia Federal. A indicação foi do senhor Sérgio Moro (...). Falava-se em interferência na Polícia Federal. Ora bolas! Se eu posso trocar um ministro, por que não posso, de acordo com a lei, trocar o diretor da Polícia Federal? (...) Será que é interferir na Polícia Federal quase que exigir e implorar a Sergio Moro que apure quem mandou matar Jair Bolsonaro [no caso da facada]? A Polícia Federal de Sergio Moro mais se preocupou com Marielle [Franco, vereadora (PSOL-RJ) assassinada] do que com seu chefe supremo (...). Isso é interferir na Polícia Federal? Será que pedir à Polícia Federal, quase que implorar, via ministro, para que fosse apurado, no caso porteiro da minha casa 58, na Avenida Lúcio Costa 3100? (...) Será que é interferir na Polícia Federal exigir uma investigação sobre esse porteiro? O que aconteceu com ele? Ele foi subornado? Ele foi ameaçado? Ele sofre das faculdades mentais? (...). Sempre falei pra ele: 'Moro, não tenho informações da Polícia Federal'. Eu tenho que todo dia ter um relatório do que aconteceu (...). Então, eu falei que amanhã, dia de hoje, o 'Diário Oficial da União' publicaria a exoneração do senhor [Maurício] Valeixo. E, pelo que tudo indicava, a exoneração a pedido. Bem, ele relutou, o senhor Sergio Moro, e falou: 'mas o nome tem que ser o meu'. Eu falei: 'vamos conversar. Por que que tem que ser o seu e não o meu? Ou, então, vamos pegar, já que não vai ter interferência política, técnica ou humana, pegar os que tem condições e fazer um sorteio'. (...) E mais, já que ele falou em algumas particularidades, mais de uma vez, o senhor Sergio Moro disse pra mim: 'você pode trocar o Valeixo, sim, mas em novembro, depois que o senhor me indicar para o Supremo Tribunal Federal' (...)." Presidente Jair Bolsonaro, sobre o pedido de demissão de Sergio Moro, ex-ministro da Justiça e Segurança Pública. Fonte: G1

**25 de abril de 2020**
"Todas as epidemias de vírus levam um prazo de 13 a 14 semanas para passar. O pico da curva é o ponto onde há o maior número de novos contágios por dia, e depois vai caindo." Deputado Osmar Terra (MDB-RS), médico. Fonte: CNN Brasil.

**25 de abril de 2020**
"O país não precisa de Bolsonaro. Bolsonaro tem feito muito mal ao Brasil. O país precisa desses pilares. General Mourão [vice-presidente] foi eleito democraticamente! Ninguém pode acusá-lo de ser de esquerda. (...) Se os Ministros Militares retirarem o apoio a Bolsonaro e Mourão garantir esses dois pilares, bem representados por Guedes e Moro, poderemos colocar o país no rumo rapidamente. (...) Não há tempo para um processo de impeachment moroso e desgastante. Eu tenho experiência para falar. Bolsonaro precisa, ao menos uma vez, colocar o Brasil acima, retirando-se. Temos um vírus a combater, temos empregos a resgatar, precisamos de alguma estabilidade!" Deputada estadual Janaina Paschoal (PRTB-SP). Fonte: o próprio Twitter.

**26 de abril de 2020**
"Se você não lê jornal está sem informação, sê lê está desinformado. Bom dia a todos." Presidente Jair Bolsonaro. Fonte: o próprio Twitter.

**28 de abril de 2020**
"E daí? Lamento. Quer que eu faça o quê? Eu sou Messias, mas não faço milagres." Presidente Jair Bolsonaro. Fonte: Folha, por Julia Chaib e Daniel Carvalho.

**28 de abril de 2020**
"As mortes de hoje, a princípio, essas pessoas foram infectadas há duas semanas. É o que eu digo para vocês: o vírus vai atingir 70% da população, infelizmente é a realidade. Mortes vão haver. Ninguém nunca negou que haveria mortes." Presidente Jair Bolsonaro. Fonte: Yahoo! Notícias.

**28 de abril de 2020**
"Está na hora de Ucrânizar (sic) o Brasil! Quem sabe o que foi feito por lá, entenderá. #EuApoioBolsonaro." Deputado Daniel Silveira (PSL-RJ). Fonte: o próprio Twitter.

**29 de abril de 2020**
"Como disse outro parlamentar aqui, os países que adotaram isolamento horizontal foram os que mais faleceram gente." Presidente Jair Bolsonaro. Fonte: Aos Fatos.

**BOLSONARO E SEUS SEGUIDORES: O HORROR EM 3.560 FRASES**

29 de abril de 2020
"Prezado [Otávio de] Noronha, permita-me fazer assim, presidente do STJ [Superior Tribunal de Justiça]. Eu confesso que a primeira vez que o vi foi um amor à primeira vista. Me simpatizei com Vossa Excelência. Temos conversado com não muita persistência, mas as poucas conversas que temos o senhor ajuda a me moldar um pouco mais para as questões do Judiciário. Muito obrigado a Vossa Excelência." Presidente Jair Bolsonaro. Fonte: Congresso em Foco e UOL (09/07/2020).

30 de abril de 2020
"Eu não engoli ainda essa decisão do senhor Alexandre de Moraes [ministro do STF]. Não engoli. Não é essa a forma de tratar um chefe do Executivo, que não tem uma acusação de corrupção e faz tudo possível pelo seu país." Presidente Jair Bolsonaro. Fonte: Correio Braziliense.

30 de abril de 2020
"E pelo que parece, pelo que estamos vendo até agora, todo o empenho para achatar a curva foi praticamente inútil. (...) Governadores e prefeitos que tomaram medidas bastante rígidas não achataram a curva." Presidente Jair Bolsonaro. Fonte: Aos Fatos.

30 de abril de 2020
"Repetindo: 70% da população vai ser infectada. E pelo que parece, pelo que estamos vendo agora, todo empenho para achatar a curva, praticamente foi inútil. Agora, consequência disso, efeito colateral disso: desemprego. O povo quer voltar a trabalhar. Todo mundo sabe que quanto mais jovem, menos problema tem, de ter uma consequência danosa, sendo infectado pelo vírus. As pessoas abaixo de 40 anos de idade, dos infectados com alguma outra comorbidade, em torno de 0,2% apenas que o fim é trágico." Presidente Jair Bolsonaro. Fonte: Relatório da CPI da Covid-19 do Senado Federal.

30 de abril de 2020
"Coloca aqui os processos que respondo por corrupção! Obs: Processo por tortura não vale!" Deputado Éder Mauro (PSD-PA), ex-delegado, líder da 'Bancada da Bala' na Região Norte. Fonte: o próprio Twitter.

**03 de maio de 2020**
"Vocês sabem que o povo está conosco, as Forças Armadas — ao lado da lei, da ordem, da democracia e da liberdade — também estão ao nosso lado, e Deus acima de tudo. (...) Vamos tocar o barco. Peço a Deus que não tenhamos problemas nessa semana. Porque chegamos ao limite, não tem mais conversa. Tá ok? Daqui para frente, não só exigiremos, faremos cumprir a Constituição. Ela será cumprida a qualquer preço. E ela tem dupla-mão. Não é de uma mão de um lado só não. Amanhã nomeamos novo diretor da PF [Polícia Federal]." Presidente Jair Bolsonaro, discursando em manifestação. Fonte: G1.

**05 de maio de 2020**
"Não tem nenhum parente meu investigado pela Polícia Federal — nem eu, nem meus filhos. Uma mentira que a imprensa replica o tempo todo: dizer que os meus filhos querem trocar o superintendente [da Polícia Federal]." Presidente Jair Bolsonaro, em conversa com jornalistas. Fonte: Poder360.

**06 de maio de 2020**
"Orientações da OMS para crianças com menos de 4 anos incluem masturbação e identidade de gênero (...)." Senso Incomum. Fonte: o próprio site.

**06 de maio de 2020**
"Nestas últimas três semanas, a verdade sobre a eficácia da HCQ ficou ainda mais clara: o estudo da Prevent Senior (não publicado ainda) se soma agora ao do francês Dr. Didier Raoult com 1.061 pacientes, que acabou de ser publicado (no prelo) em uma revista médica internacional (...)." Jornal Brasil Sem Medo. Fonte: Relatório da CPI da Covid-19 do Senado Federal.

**07 de maio de 2020**
"A humanidade não para de morrer. Se você falar 'vida' do outro lado tem 'morte'. Sempre houve tortura, [Joseph] Stalin, quantas mortes? [Adolf] Hitler, quantas mortes? Não quero arrastar um cemitério nas minhas costas." Regina Duarte, secretária de Cultura, em entrevista à CNN Brasil. Fonte: Poder360.

**07 de maio de 2020**
"Nós temos um bem muito maior até que a própria vida, se me permite falar isso: é a nossa própria liberdade." Presidente Jair Bolsonaro, quando atravessou a Praça dos Três Poderes com Paulo Guedes, ministro da economia, o general Luiz Eduardo Ramos, ministro da Casa Civil, e um grupo de empresários para uma reunião com Dias Toffoli, presidente do Supremo Tribunal Federal (STF), para protestar contra as medidas de restrição de circulação decretadas por alguns governadores e prefeitos. Fonte: UOL, por Reinaldo Azevedo.

**BOLSONARO E SEUS SEGUIDORES: O HORROR EM 3.560 FRASES**

**07 de maio de 2020**
"Estou cometendo um crime. Vou fazer um churrasco no sábado aqui em casa. Vamos bater um papo, quem sabe uma 'peladinha', alguns ministros, alguns servidores mais humildes que estão do meu lado." Presidente Jair Bolsonaro. Fonte: Yahoo! Notícias.

**07 de maio de 2020**
"Não tem efeito colateral [a cloroquina]." Presidente Jair Bolsonaro. Fonte: Aos Fatos.

**07 de maio de 2020**
"70% será infectado. Não tem como fugir. É como uma chuva." Presidente Jair Bolsonaro. Fonte: Aos Fatos.

**08 de maio de 2020**
"Tá todo mundo convidado aqui. 800 pessoas no churrasco. Tem mais um pessoal de Águas Lindas, serão 900 pessoas confirmadas. Tem mais um pessoal de Taguatinga, 1100. Vai estar todo mundo aqui amanhã? 1300 pessoas no churrasco." Presidente Jair Bolsonaro. Fonte: Yahoo! Notícias.

**11 de maio de 2020**
"(...) O trabalho, a união e a verdade libertarão o Brasil." Secretaria Especial de Comunicação Social (SECOM), do Governo Federal, no próprio Twitter. Fonte: IstoÉ.

**11 de maio de 2020**
"Repito: o vírus vai atingir pelo menos 70% da população." Presidente Jair Bolsonaro. Fonte: Aos Fatos.

**12 maio de 2020**
"O medo de um suposto vírus mortífero não passa de historinha de terror para acovardar a população e fazê-la aceitar a escravidão como um presente de Papai Noel. (...) O falecido Dr. Carlos Armando de Moura Ribeiro dizia explicitamente: 'vacinas matam ou endoidam. Nunca dê uma a um filho seu. Se houver algum problema, venha aqui que eu resolvo." Olavo de Carvalho. Fonte Reinaldo Azevedo, no Instagram.

**12 de maio de 2020**
"(...) O Conselho Federal de Medicina (CFM) autorizou, falei com o ministro da Saúde, está autorizado o uso da hidroxicloroquina com azitromicina." Presidente Jair Bolsonaro. Fonte: Aos Fatos.

**12 de maio de 2020**
"Uso de cloroquina com azitromicina no tratamento da Covid-19 está liberado, anuncia Bolsonaro." Terça Livre. Fonte: Relatório da CPI da Covid-19 do Senado Federal.

**12 de maio de 2020**
"O Brasil não pode parar." Campanha publicitária do Governo Federal. Fonte: Congresso em Foco.

**13 de maio de 2020**
"Há quase um consenso na classe médica sobre esse assunto, a cloroquina." Presidente Jair Bolsonaro. Fonte: Aos Fatos.

**13 de maio de 2020**
"Eu acho o Bolsonaro feio por fora e bonito por dentro." Marcelo Crivella, prefeito da cidade do Rio de Janeiro. Fonte: O Globo.

**14 de maio de 2020**
"Não deu certo em lugar nenhum do mundo [o *lockdown*]." Presidente Jair Bolsonaro. Fonte: Aos Fatos.

**14 de maio de 2020**
"Essa epidemia, embora tenha uma velocidade maior do que a gente esperava, é menos letal. O dano que ela causa no pulmão é menor do que o do H1N1, mas ela tem uma quantidade maior de pessoas atingidas. A letalidade dessa epidemia pode ser a do H1N1." Deputado Osmar Terra (MDB-RS), médico. Fonte: GZH.

**14 de maio de 2020**
"O governador [de Nova Iorque] foi para a televisão dizer que, para surpresa dele, 85% das pessoas que estão em hospitais em Nova Iorque estavam em quarentena. Elas se contaminaram em casa." Deputado Osmar Terra (MDB-RS), médico. Fonte: GZH.

**14 de maio de 2020**
"Eu acho que amanhã, [Nelson] Teich, [ministro da Saúde], dará uma resposta para a gente. Acho que vai ser pela mudança do protocolo. Para poder usar [a cloroquina] no início do tratamento." Presidente Jair Bolsonaro. Fonte: Folha.

**BOLSONARO E SEUS SEGUIDORES: O HORROR EM 3.560 FRASES**

15 de maio de 2020
"A palavra 'PF', duas letras: 'PF'. (...) Ó cara, ó cara, tem a ver com a Polícia Federal mas a reclamação 'PF' no tocante ao serviço de inteligência." Presidente Jair Bolsonaro, que disse não ter citado 'Polícia Federal', na reunião ministerial de 22/04/2020. Fonte: SamPancher.

16 de maio de 2020
"Uma BOA NOTÍCIA para o povo brasileiro: General Pazuello assume interinamente o Ministério da Saúde com a missão de liberar o uso da cloroquina desde o início dos sintomas da Covid-19! Não podemos mais adiar a utilização de uma possibilidade promissora de salvar muitas vidas!" Deputada Carla Zambelli (PSL-SP). Fonte: O Antagonista.

16 de maio de 2020
"Quer se manter informado? Nº01. @oproprioolavo. @tercalivre. @conexaopolitica. @RenovaMidia. @JornalBSM. @alexandregarcia. @bernardopkuster. @allantercalivre. @LiloVLOG. @camila_abdo. @profpaulamarisa. @ValeiraBnews. @visaomacro. @opropriopontes. @WinstonLing. @isentoes2. @AnapaulaVolei." Senador Flávio Bolsonaro (sem partido-RJ). Fonte: o próprio Twitter.

16 de maio de 2020
"Não precisa dessa grana toda para conter a expansão. Conter por um tempo, porque o vírus vai atingir pelo menos 70% da população. Essa maneira radical de proporcionar *lockdown* (...). Eu não falo inglês, como é? *Lockdown*. Não dá certo, e não deu certo em lugar algum do mundo. A Suécia está bem com sua economia. Se morrem cem pessoas aqui e cem no Uruguai, há uma diferença enorme. Lá a população é 30 ou 40 vezes menor do que a nossa." Presidente Jair Bolsonaro. Fonte: Yahoo! Notícias.

17 de maio de 2020
"Uma boa notícia. Começam a se esvaziar hospitais de Manaus, pela queda de número de internações por Covid-19. Sinaliza para efeito 'rebanho', com maioria da população já desenvolvendo anticorpos para o vírus. Curva subiu e começa a descer sem nunca haver se 'achatado'!" Deputado Osmar Terra (MDB-RS), médico. Fonte: o próprio Twitter.

19 de maio de 2020
"Toma quem quiser, quem não quiser, não toma. Quem é de direita toma cloroquina. Quem é de esquerda toma Tubaína." Presidente Jair Bolsonaro. Fonte: Folha, por Gustavo Uribe e Daniel Carvalho.

**19 de maio de 2020**
"Se falarmos que vai ter mais três meses, mais três meses, mais três meses, aí ninguém trabalha. Ninguém sai de casa e o isolamento vai ser de oito anos porque a vida está boa, está tudo tranquilo." Paulo Guedes, ministro da Economia, em encontro com empresários. Fonte: Estadão, por Elena Landau.

**19 de maio de 2020**
"Não existe rodízio de torturadores no mundo. Nunca se viu rodízio de torturadores. Aqui tivemos cinco de rodízio." Presidente Jair Bolsonaro, se referindo aos cinco presidentes brasileiros de 1964 a 1985. Fonte: Aos Fatos.

**19 de maio de 2020**
"No 31 de março [de 1964] não houve nada (...). Não sabem que foi um processo democrático [a posse do presidente Castelo Branco]. Teve votação." Presidente Jair Bolsonaro. Fonte: Aos Fatos.

**19 de maio de 2020**
"Por volta de 70% das pessoas vão contrair o vírus." Presidente Jair Bolsonaro. Fonte: Aos Fatos.

**19 de maio de 2020**
"Lockdowns são feitos para nos condicionar à obediência servil. Uma nação que obedece sem questionar o que lhes dizem os 'especialistas' é uma nação que está pronta para ser subjugada por um tirano. Devemos proteger sempre nossas vidas, mas jamais podemos esquecer de nossa liberdade." Filipe G. Martins. Fonte: o próprio Twitter.

**20 de maio de 2020**
"Olha, pessoal, eu vim aqui perguntar pessoalmente para o presidente [Jair Bolsonaro] se ele está realmente me fritando. Porque eu tomei conhecimento disso pela imprensa, que eu não acredito mais. Está me fritando presidente? (...)." Regina Duarte, secretária de Cultura. Fonte: presidente Jair Bolsonaro, no Twitter.

**20 de maio de 2020**
"Regina Duarte relatou que sente falta de sua família, mas para que ela possa continuar contribuindo com o Governo e a Cultura Brasileira assumirá, em alguns dias, a Cinemateca em SP [se afastando da Secretaria da Cultura]. Nos próximos dias, durante a transição, será mostrado o trabalho já realizado nos últimos 60 dias." Presidente Jair Bolsonaro. A atriz Regina Duarte não foi nomeada para a Cinemateca. Fonte: o próprio Twitter.

**BOLSONARO E SEUS SEGUIDORES: O HORROR EM 3.560 FRASES**

**20 de maio de 2020**
"Ao contrário do que a mídia insiste em dizer, o presidente não está "fritando" Regina Duarte. Ela segue com a gente, só que contribuindo lá de São Paulo, mais perto de sua família, na Cinemateca, para onde vai daqui alguns dias." Deputada Carla Zambelli (PSL-SP). Fonte: o próprio Twitter.

**20 de maio de 2020**
"E daí?" Bia Kicis (PSL-DF), em frase na própria máscara, no Congresso Nacional, interpretada como uma referência à fala do presidente Jair Bolsobaro sobre as mortes por coronavírus no Brasil: 'E daí? Lamento. Quer que eu faça o quê? Eu sou Messias, mas não faço milagre'. Fonte: Yahoo! Notícias (21/05/2020), por Ana Paula Ramos.

**20 de maio de 2020**
"Falo em 'V' porque os sinais vitais da economia estão mantidos. Pode ser em 'V' meio torto? Pode. Pode ser um 'V' da Nike? Pode." Paulo Guedes, ministro da Economia. Fonte: Estadão, por Elena Landau.

**20 de maio de 2020**
"Obrigado BOLSONARO!!! NOVO PROTOCOLO LIBERRANDO (sic) A CLOROQUINA FOI APROVADO!!! Estamos nos aproximando do fim dessa opressão contra o povo Brasileiro. Obrigado Deus!!!" Kim D. Paim, jornalista. Fonte: Relatório da CPI da Covid-19 do Senado Federal.

**21 de maio de 2020**
"Veja, por exemplo, você por um decreto mantém todas as pessoas dentro de casa [se referindo ao isolamento social por causa da Covid-19]. Imagina se Mao Tsé-Tung sonhou algum dia com uma coisa dessas, Mao Tsé-Tung ou Stálin, ou Hitler." Olavo de Carvalho. Fonte: BBC News Brasil, por Mariana Sanches.

**21 de maio de 2020**
"Essa mortalidade [de Covid-19] é menor do que a de qualquer outra epidemia já conhecida no mundo, se você compara isso com a gripe espanhola é absolutamente ridículo. Morre mais gente de pneumonia, morre mais gente de doença sexualmente transmissível, morre mais gente de Aids do que disso daí. (...) Por causa de pneumonia, ninguém fez isso [isolamento social]. Por causa de Aids, ninguém fez isso [isolamento social]." Olavo de Carvalho. Fonte: BBC News Brasil, por Mariana Sanches.

**21 de maio de 2020**
"Não existe um único dado que prove que o isolamento [social], que o *lockdown*, protege as pessoas [contra a contaminação por Covid-19]. Ao contrário, está sendo provado o contrário. Também não existe nem uma única prova de que essas pessoas que estão alegadamente sendo mortas por coronavírus, morreram de coronavírus mesmo, não tem teste." Olavo de Carvalho. Fonte: BBC News Brasil, por Mariana Sanches.

21 de maio de 2020
"O senhor [presidente Jair Bolsonaro] não pode começar a exercer a Presidência antes de o senhor assegurar que tem o poder na mão, e o senhor não vai ter o poder na mão se não amarrar a mão desses camaradas que o estão boicotando 24 horas por dia, esses caras do STF [ministros do Supremo Tribunal Federal], todos eles metidos em alguma investigação (...) Claro, esse pessoal do STF não conhece a Constituição, eles não têm capacidade para julgar, para arbitrar, nem uma partida de futebol de botão da segunda divisão. E se tiver um confronto meu com eles eu provo isso, eles não são capazes de entender nem o linguajar jurídico, eles não entendem, eles se confundem, são analfabetos funcionais. Não digo que todos sejam assim, mas esse [ministro] Celso de Mello obviamente é. O outro lá, o [ministro] Alexandre de Moraes, obviamente é (...). Se esse senhor Alexandre de Moraes, o senhor Celso de Mello viessem fazer o meu curso sairiam mais inteligentes, mas eles não vêm, eles são orgulhosinhos. (...) Dá pra trocar sim, dá pra fazer *impeachment* deles [ministros do Supremo Tribunal Federal]. Se o Senado tivesse um pingo de vergonha, já teria feito o *impeachment* de vários." Olavo de Carvalho. Fonte: BBC News Brasil, por Mariana Sanches.

21 de maio de 2020
"Bolsonaro é morbidamente honesto, ele é que nem o marechal Castelo Branco [primeiro presidente da ditadura militar], que não deixava comprar uma caixa de fósforos com o dinheiro público, tirava do dinheiro dele. Bolsonaro também é assim. (...) Agora será que toda família Bolsonaro é assim? Não sei, como é que vai saber? Então se tiver alguma coisa, investiga. Mas o pessoal investiga, investiga, investiga, nunca descobre nada. (...) Se eu fosse presidente eu botava minha família inteira lá. Por quê? Porque eu confio neles! (...) É nepotismo se você der pro cara um cargo onde ele só vai ter vantagem e não vai ter que trabalhar. Agora, se você dá pra ele um cargo em que ele vai ter um salário modesto e vai ter que trabalhar para caralho, isso não é nepotismo nenhum, ao contrário, é um sinal de que você está sacrificando a sua família pelo bem do país. E é isso que Bolsonaro faz, os filhos dele não estão ficando milionários com isso. (...) Primeiro nós temos que resolver quem mandou matar o Bolsonaro, depois verificamos se os filhos dele roubaram palito de fósforo, pô." Olavo de Carvalho. Fonte: BBC News Brasil, por Mariana Sanches.

21 de maio de 2020
"Se gabam [as Forças Armadas] de ter livrado o Brasil do comunismo em 1964, coisa que eles não fizeram de maneira alguma. No tratamento deles com o comunismo fizeram só merda, do início até o fim. E quando terminou o governo militar, qual era a única força política que restava? A esquerda." Olavo de Carvalho. Fonte: BBC News Brasil, por Mariana Sanches.

**21 de maio de 2020**
"[Fabrício] Queiroz não é filho do Bolsonaro, o Queiroz foi um chofer do cara! (...) Então eu tenho um chofer que é ladrão e eu sou o culpado agora? É uma associação de ideias muito remota, muito forçada e muito desproporcional. (...) Quer dizer que descobrir a sacanagem do Queiroz, se ela existe, virou mais importante do que descobrir os mandantes do Adélio [Bispo, autor da facada contra o então candidato Jair Bolsonaro em 2018], os mandantes do Adélio foram 100% defendidos pelo seu [Sérgio] Moro [ex-ministro da Justiça e Segurança Pública], protegidos pelo STF, protegidos por todo o PT. (...) Eu não sei quem são os mandantes [do atentado ao então candidato Jair Bolsonaro], mas eu sei que existe um acobertamento, esse acobertamento veio do STF, da Polícia Federal, do Ministério da Justiça, do Congresso inteiro. (...) Pode vir o Papai Noel dizer que o Adélio agiu sozinho, eu tenho o filme que você ouve o sujeito dizendo 'Agora não, Adélio. Agora não dá'. Porra! O relatório vai desmentir o vídeo?" Olavo de Carvalho. Fonte: BBC News Brasil, por Mariana Sanches.

**21 de maio de 2020**
"Para mim [Sérgio Moro] nunca foi um herói. Ele era apenas um funcionário da Justiça, um funcionário regularmente honesto, nada de excepcional, cumpriu a obrigação dele, pronto, acabou. Isso não o faz um herói. (...) Ele [Sérgio Moro] saiu pra ser candidato a presidente, meu Deus do céu. Esse é o sonho da vida dele. Só que deu errado, porque todo mundo que tenta desmoralizar Bolsonaro sai desmoralizado. Por quê? Porque Bolsonaro é inocente. Você pode chamá-lo do que quiser, pode chamá-lo de burro, de mau administrador, mas de ladrão você não vai conseguir. Ele é um homem honesto." Olavo de Carvalho. Fonte: BBC News Brasil, por Mariana Sanches.

**21 de maio de 2020**
"Eu tinha uma boa imagem dela [Regina Duarte], mas parece que não funciona. Quando o presidente me perguntou, 'o que o senhor acha da Regina Duarte?', eu disse que achava que era uma boa pessoa. Mas eu sou a pessoa menos qualificada para indicar qualquer pessoa para qualquer cargo. Eu estou longe faz 16 anos. Ele pediu uma opinião e eu dei, não quer dizer que ele será obrigado a segui-la. Ele poderia perguntar para uma pessoa que está mais informada." Olavo de Carvalho. Fonte: BBC News Brasil, por Mariana Sanches.

**21 de maio de 2020**
"Eu indiquei Vélez Rodriguez [para o ministério da Educação]. Eu o conheci de livros que ele escreveu 15 a 20 anos atrás. Foi lá e fez cagada." Olavo de Carvalho. Fonte: BBC News Brasil, por Mariana Sanches.

**21 de maio de 2020**
"[Abraham] Weintraub [para o ministério da Educação, depois de Vélez Rodriguez] não foi indicação minha. Não sei de quem. Depois que ele foi indicado, é que eu descobri que ele foi, entrou, não sei se antes ou depois, do meu curso. Ele é aluno há pouco tempo. E eu não poderia tê-lo indicado porque nada sabia dele. Mas eu acho que ele é uma boa pessoa." Olavo de Carvalho. Fonte: BBC News Brasil, por Mariana Sanches.

**21 de maio de 2020**
"Com o bispo [Edir] Macedo [Igreja Universal], eu fiz uma piada. Piada é uma coisa, opinião séria é outra. Eu disse que ele era um falso profeta. Não é um falso profeta, é um falso merda (risos). Ele finge que é um merda, mas nem isso ele consegue ser. Mesmo se ele me processar, eu vou falar que isso aí é animus jocandi [comentário em tom humorístico, sem intenção de ofensa]. É uma piada. Não é um julgamento sério sobre o cara. Agora, o pessoal não sabe nem distinguir entre piada, opinião ocasional e doutrina." Olavo de Carvalho. Fonte: BBC News Brasil, por Mariana Sanches.

**21 de maio de 2020**
"A palavra 'seguidor' tem um sentido disciplinar... Tem um sentido no YouTube, que é a pessoa que lê diariamente o que você escreve. Mas isso é um engano semântico. Seguidor é a pessoa que conhece as ideias do outro e obedece, na medida da possibilidade." Olavo de Carvalho. Fonte: BBC News Brasil, por Mariana Sanches.

**21 de maio de 2020**
"Quando eu recomendei o Ernesto Araújo [ministro das Relações Exteriores] para ser ministro, ele [presidente Jair Bolsonaro] aceitou. Esse eu recomendei mesmo porque parecia um cara competente e está provando até hoje que é competente. Mas em outros casos, indicar o Vélez foi um erro, indicar a Regina foi mais ainda. Peço desculpa. *Errare humanum est.* [errar é humano, em latim]." Olavo de Carvalho. Fonte: BBC News Brasil, por Mariana Sanches.

**21 de maio de 2020**
"O vírus é chinês mesmo. Agora, leia minhas postagens, eu não acho justo a elite ocidental ficar criticando o governo chinês porque o governo chinês, com esse negócio do coronavírus, deu à elite ocidental o pretexto perfeito para implantar ditadura com controle social total. É isso que eles queriam. O Xi Jinping está fazendo mal para nós, para o povão. Mas para a elite está sendo uma maravilha. Para George Soros, o Bill Gates, para essa turma dos bancos. Eles deviam agradecer e dar um dinheiro para o Xi Jinping." Olavo de Carvalho. Fonte: BBC News Brasil, por Mariana Sanches.

**BOLSONARO E SEUS SEGUIDORES: O HORROR EM 3.560 FRASES**

21 de maio de 2020
"Eu nunca disse que Bolsonaro era o cara mais preparado. Eu disse que ele é o homem mais honesto e sincero. E isto lhe dá uma força espetacular. O povão confia nele. Isso já é alguma coisa. Mas o povão não tem poder de ação. Um poder relativo, um poder de intimidação, por assim dizer. Mas isso é o máximo. Eu não sei como isso vai acabar, eu não tenho a menor ideia." Olavo de Carvalho. Fonte: BBC News Brasil, por Mariana Sanches.

21 de maio de 2020
"Com Joe Biden candidato, [os democratas] não ganham nem para vereador em São Tomé das Letras. Não tem perigo. [Donald] Trump [presidente dos Estados Unidos] vai ganhar de novo." Olavo de Carvalho. Fonte: BBC News Brasil, por Mariana Sanches.

21 de maio de 2020
"Esse pessoal que faz essas denúncias [de tortura], eu conheço. Eu tenho uma contraparente que ficou presa. Todo mundo dizia que ela apanhou tanto que tinha perdido um rim. A última pessoa que a viu antes de ela ser presa fui eu. Eu fui numa festa na casa dela. E a primeira pessoa que ela viu fui eu, porque eu fui buscá-la na prisão. Estava muito mais saudável do que quando entrou. Só não ganhou um rim extra porque isso não existe." Olavo de Carvalho. Fonte: BBC News Brasil, por Mariana Sanches.

21 de maio de 2020
"Eu tenho QI 147 [Quociente de Inteligência]. Para me influenciar, precisa ser muito mais inteligente do que eu. (...) Máscara eu não uso de jeito nenhum. (...) Porque eu não acredito na eficiência dessa máscara. Também não acredito na eficiência de você trancar as pessoas [isolamento social por causa da Covid-19]. Isso está provado que não funciona. (...) Então, por exemplo, a questão da cloroquina deveríamos estar estudando melhor. O nível de cura é imenso. No Brasil, o sucesso da cloroquina está mais do que comprovado." Olavo de Carvalho. Fonte: BBC News Brasil, por Mariana Sanches.

21 de maio de 2020
"Veja, eu saí do Brasil para ajudar o Brasil. Me inspirei numa frase de Lênin: 'As revoluções se fazem no exterior'. Tudo que eu tentei fazer no Brasil deu errado. Eu saí pra cá e deu tudo certo. Eu obtive essa imensa audiência que eu tenho hoje. Eu obtive aqui. Com meu programa, com meus artigos. Lênin estava certo. Ele também passou a maior parte do tempo fora da Rússia, não era idiota." Olavo de Carvalho. Fonte: BBC News Brasil, por Mariana Sanches.

**21 de maio de 2020**
"O Ministério da Saúde adotou um novo protocolo para receita da cloroquina/hidroxicloroquina. O medicamento, que já é adotado em diversas partes do mundo, é considerado o mais promissor no combate à Covid-19 (...). O tratamento mais eficaz contra o coronavírus." Secretaria Especial de Comunicação Social (SECOM), do Governo Federal, no próprio Twitter. Fonte: UOL.

**21 de maio de 2020**
**"CLOROQUINA JÁ!" Deputado Hélio Lopes (PSL-RJ). Fonte: o próprio Twitter.**

**21 de maio de 2020**
"Não há estudos de que a cloroquina agrava mais a doença nem que ela pode curar a Covid. Esse remédio está sendo utilizado porque em alguns países iniciaram a prescrição, porque haviam evidências de que teria efeito positivo. Isso acabou sendo propagado em vários países. Eu mesmo tomei o medicamento no estágio inicial. As contraindicações vêm para quem toma muito desse remédio e por muito tempo, isso não é o caso da Covid." Deputado Ricardo Barros (PP-PR), líder do governo na Câmara dos Deputados, em entrevista à revista Plural. Fonte: Relatório da CPI da Covid-19 do Senado Federal.

**22 de maio de 2020**
"Dei toda a carta branca para ele [Sérgio Moro, ex-ministro da Justiça]." Presidente Jair Bolsonaro. Fonte: Aos Fatos.

**22 de maio de 2020**
"O que esses caras fizeram com o vírus, esse bosta desse governador de São Paulo, esse estrume do Rio de Janeiro, entre outros, é exatamente isso. Aproveitaram o vírus, tá um bosta de um prefeito lá de Manaus agora, abrindo covas coletivas. Um bosta." Presidente Jair Bolsonaro. Fonte: Yahoo! Notícias.

**22 de maio de 2020**
**"O vírus vai pegar 70% da população, não adianta querer fugir." Presidente Jair Bolsonaro. Fonte: Aos Fatos.**

**22 de maio de 2020**
"Um estudo francês mostrou que 86% das pessoas pegaram o vírus em casa." Presidente Jair Bolsonaro. Fonte: Aos Fatos.

**22 de maio de 2020**
"Os que estão morrendo, lamentavelmente, não tem como evitar a morte deles." Presidente Jair Bolsonaro. Fonte: Aos Fatos.

**BOLSONARO E SEUS SEGUIDORES: O HORROR EM 3.560 FRASES**

22 de maio de 2020
"Aí ficam os idiotas: 'ah, não tem comprovação científica' [a cloroquina]. Eu sei que não tem!" Presidente Jair Bolsonaro. Fonte: Aos Fatos.

26 de maio de 2020
"Eu tenho obrigação como chefe de Estado de tomar decisões. Estou de mãos amarradas por decisão do Supremo Tribunal Federal que delegou a Estados e municípios essas medidas. Continuam chegando vídeos pra mim de pessoas sendo algemadas por estarem na rua. Isso não pode continuar assim (...). O povo tá com medo dentro de casa." Presidente Jair Bolsonaro. Fonte: Estadão, por Vinícius Valfré.

26 de maio de 2020
"Concordo que o bom jornalismo depende de credibilidade e honestidade. Essas virtudes foram abandonadas por grande parte da imprensa, hoje pautada pela parcialidade e pelo fanatismo contra o Governo Federal." General Augusto Heleno, ministro-chefe do Gabinete de Segurança Institucional (GSI). Fonte: UOL (11/02/2022), por Rubens Valente.

27 de maio de 2020
"Eu entendo essas pessoas que querem evitar esse momento de caos [ruptura institucional], mas falando abertamente, opinião de Eduardo Bolsonaro, não é mais uma opinião de se, mas de quando isso vai ocorrer." Deputado Eduardo Bolsonaro (PSL-SP). Fonte: GZH.

27 de maio de 2020
"Pena que ele mora em São Paulo. Porque se ele morasse aqui eu já estava na frente da casa dele convidando para trocar soco comigo. (...) Queria tocar soco com esse filho da puta, esse arrombado. (...) Pois você me aguarde, senhor Alexandre de Moraes [ministro do STF]. Nunca mais vai ter paz na sua vida. A gente vai descobrir quem são as empregadas domésticas que trabalham para o senhor. (...) A gente vai descobrir tudo da sua vida até o senhor pedir para sair (...)." Sara Winter, ativista. Fonte: jornal Estado de Minas, por Ana Mendonça.

**28 de maio de 2020**
"As coisas têm um limite. Ontem foi o último dia. Acabou, porra! Me desculpem o desabafo. Acabou. Não dá para admitir mais atitudes de certas pessoas individuais, tomando de forma quase que pessoal certas ações. (...) Nunca tive a intenção de controlar a Polícia Federal, pelo menos [a operação da Polícia Federal] serviu [para mostrar isso]. Mas ordens absurdas não se cumprem, temos que botar um limite nessas questões." Presidente Jair Bolsonaro, um dia depois da operação da Polícia Federal contra *fake news* que atingiu Sara Winter e Allan dos Santos. Fonte: BBC News.

**28 de maio de 2020**
"Mais um dia triste na nossa história. Mas o povo tenha certeza: foi o último dia triste. (...) Chega! Chegamos no limite. Estou com as armas da democracia na mão. Eu honro o juramento que fiz quando assumi a Presidência da República." Presidente Jair Bolsonaro, usando uma gravata com o desenho de vários fuzis. Fonte: Folha (25/02/2022), por Reinaldo Azevedo.

**1º de junho de 2020**
"Eu gosto e tomo leite de vez em quando. Tomo sempre, dia sim, dia não, tá certo. E vamos ajudar o consumo de leite no Brasil. Nada de consumir refrigerante." Presidente Jair Bolsonaro com Pedro Guimarães, presidente da Caixa, e com Jorge Seif Júnior, secretário de Agricultura e Pesca, os três tomando leite em uma *live*. Fonte: O Globo e SONAR.

**1º de junho de 2020**
"A HCQ [hidroxicloroquina], [doada pelo governo dos Estados Unidos ao Brasil], será usada como profilático para ajudar a defender enfermeiros, médicos e profissionais de saúde do Brasil contra o vírus. Ela também será utilizada no tratamento de brasileiros infectados." Ministério das Relações Exteriores. Fonte: Agência Brasil.

**1º de junho de 2020**
"(...) Vêm na pessoa do presidente Jair Bolsonaro um homem íntegro, justo e honesto, que apresenta os melhores primeiros 500 dias de governo que nosso país já teve." Deputada Major Fabiana (PSL-RJ). Fonte: CNN Brasil.

**1º de junho de 2020**
"A gente não tá pensando em reeleição." Presidente Jair Bolsonaro. Fonte: Aos Fatos.

**1º de junho de 2020**
"70% vai pegar [Covid-19]." Presidente Jair Bolsonaro. Fonte: Aos Fatos.

**BOLSONARO E SEUS SEGUIDORES: O HORROR EM 3.560 FRASES**

**02 de junho de 2020**
"Eu exonerei três diretores nossos (...). Qualquer um deles pode ter feito isso. Quem poderia? Alguém que quer me prejudicar, invadir esse prédio para me espancar, invadir com a ajuda de gente daqui... O movimento negro, os vagabundos do movimento negro, essa escória maldita." Sérgio Camargo, presidente da Fundação Palmares. Fonte: Estadão, por Vera Rosa e Julia Lindner.

**02 de junho de 2020**
"Não tenho que admirar Zumbi dos Palmares, que, para mim, era um filho da puta que escravizava pretos. Não tenho que apoiar agenda consciência negra. Aqui não vai ter, vai ter zero da consciência negra. Quando cheguei aqui, tinha eventos até no Amapá, tinha show de pagode no dia da consciência negra." Sérgio Camargo, presidente da Fundação Palmares. Fonte: Estadão, por Vera Rosa e Julia Lindner.

02 de junho de 2020
**"A gente lamenta todos os mortos, mas é o destino de todo mundo." Presidente Jair Bolsonaro. Fonte: Folha.**

**02 de junho de 2020**
"A curva de contágio da Covid-19 já passou pelo pico e está caindo durante o mês de maio, como prevíamos. Todas as cidades mais afetadas registram quedas de internação diária. A trajetória do vírus ignorou a quarentena, não achatou curva alguma. Epidemia termina em junho [de 2020]." Deputado Osmar Terra (MDB-RS), médico. Fonte: o próprio Twitter e a Veja.

**03 de junho de 2020**
"Isso é o que está acontecendo geral, qualquer negócio é Covid." Presidente Jair Bolsonaro. Fonte: Yahoo! Notícias.

**04 de junho de 2020**
"Vamos apostar 100%, seguir e defender a cloroquina. Esperamos que, nos próximos 30 dias, possamos receber essa carga no Brasil." Carlos Wizard, empresário, na secretaria de Ciência, Tecnologia e Insumos Estratégicos (SCTIE). Fonte: Isto É.

**04 de junho de 2020**
"Hoje há fortíssimas evidências que o vírus foi criado em laboratório, que o PCC (Partido Comunista da China) escondeu o início da pandemia e informou à Organização Mundial da Saúde (OMS) que não havia contagio entre humanos e, depois de tudo, vendeu produtos necessários para o tratamento para todo o mundo." Abraham Weintraub, ex--ministro da Educação. Fonte: CNN Brasil, por Renata Agostini.

**04 de junho de 2020**
"Número de óbitos da Covid oscila muito no papel! Num dia cai e no seguinte triplica 'batendo records'. Na verdade nunca morreram 1.000 pessoas num único dia no Brasil. Números do Ministério da Saúde de ontem soma óbitos ocorridos em várias semanas. O dos últimos 3 dias está embaixo da tabela, 408!" Deputado Osmar Terra (MDB-RS), médico. Fonte: o próprio Twitter.

04 de junho de 2020
**"Alvorada. Colecionadores, Atiradores e Caçadores (CACs)." Presidente Jair Bolsonaro. Fonte: o próprio Twitter.**

**05 de junho de 2020**
"A OMS [Organização Mundial da Saúde] é o seguinte né, o [presidente] Donald Trump cortou a grana deles e voltaram atrás em tudo. O cara que nem é médico lá (...). Os Estados Unidos saiu, e a gente estuda no futuro ou a OMS trabalha sem viés ideológico ou nós vamos estar fora também. Não precisamos de gente de lá de fora dando palpite na saúde aqui dentro." Presidente Jair Bolsonaro. Fonte: Yahoo! Notícias.

**05 de junho de 2020**
"Acabou matéria no Jornal Nacional." Presidente Jair Bolsonaro, quando o Ministério da Saúde mudou o horário de divulgação dos dados da Covid-19 para 22h. Fonte: Yahoo! Notícias.

**05 de junho de 2020**
"O Jornal Nacional gosta de dizer que o Brasil é recordista em mortes." Presidente Jair Bolsonaro. Fonte: Yahoo! Notícias.

**06 de junho de 2020**
"Estão querendo criar um pavor infinito? Nunca morreram 1.000 brasileiros num único dia pela Covid-19. São óbitos de meses, com registro atrasado, notificados um único dia! O Ministério da Saúde deve divulgar qual o número real do dia e os demais separados. Em tempo real os óbitos vem diminuindo." Deputado Osmar Terra (MDB-RS), médico. Fonte: o próprio Twitter.

07 de junho de 2020
**"Parabéns Tarcísio de Freitas [ministro da Infraestrutura]. SC [Santa Catarina] agradeçe (sic)!" Mario Frias, secretário especial de Cultura. Fonte: o próprio Twitter.**

**07 de junho de 2020**
"Ao invés do presidente [Jair Bolsonaro] dizer que é meu amigo, não é meu amigo não, você simplesmente se aproveitou. Ao invés de me dar uma condecoração, enfia a condecoração no cu. Tá certo? Não quero mais saber. Outra coisa, você não está agindo contra os bandidos, você vê o crime, eles cometem os crimes, você presencia em flagrante e não faz nada contra eles. Isso chama-se prevaricação. Quer levar um processo de prevaricação da minha parte? Esse pessoal não consegue derrubar o seu governo? Eu derrubo. Continue inativo, continue covarde, eu derrubo essa merda desse seu governo." Olavo de Carvalho. Fonte: Brasil de Fato, por Igor Carvalho.

**08 de junho de 2020**
"Lembro à Nação que, por decisão do STF, as ações de combate à pandemia ficaram sob a total responsabilidade dos governadores e dos prefeitos." Presidente Jair Bolsonaro. Fonte: Yahoo! Notícias.

**09 de junho de 2020**
"A gente vai denunciar na PGR [Procuradoria-Geral da República], vai ter coisa de Polícia Federal, vai ter mandado de busca e apreensão de celular. Se você se dispor a pedir demissão, se dispor a contribuir e etc., fica melhor pra você, entendeu? Do que você de repente ser pega daqui a três ou quatro semanas em uma operação da Polícia Federal igual meus amigos foram, isso não é legal, é horrível, entendeu? Então assim, o [deputado] Felipe Francischini [PSL-PR] falou que vai avaliar como está a situação da liderança e etc. Dependendo como for, você vai trabalhar na liderança do PSL." Deputada Carla Zambelli (PSL-SP), em áudio, tentando convencer uma assessora parlamentar da deputada Joice Hasselmann (PSL-SP) a denunciar a deputada. Fonte: UOL, Congresso em Foco, por Erick Mota.

**09 de junho de 2020**
"Para efeitos da pandemia, nós podemos separar o Brasil em Norte e Nordeste, que é a região que está mais ligada ao inverno do hemisfério Norte. São as datas do hemisfério Norte em termos de inverno. E ao Centro-Sul, Sudeste, Centro-Oeste, que é o restante do país que está mais ligado ao inverno do hemisfério sul, que tá começando agora, junho, julho e agosto." General Eduardo Pazuello, ministro da Saúde. Fonte: G1.

**09 de junho de 2020**
"Vidas estão sendo salvas com esse comprimido [hidroxicloroquina], mesmo que a gente saiba que cientificamente não está comprovada a sua eficácia." Presidente Jair Bolsonaro. Fonte: Aos Fatos.

**09 de junho de 2020**
"A conclusão da OMS [Organização Mundial da Saúde] sobre o baixíssimo risco de transmissão da Covid-19 por pessoas assintomáticos comprova o que já sabíamos: o isolamento horizontal destruiu empregos e gerou pobreza, mas não alterou o curso natural do vírus nem evitou que milhares de vidas fossem perdidas." Filipe G. Martins. Fonte: o próprio Twitter.

**10 de junho de 2020**
"ABSURDO! Aprovado o PL que obriga você a usar máscara dentro de sua casa. Inclusive permitindo INVASÃO DOMICILIAR para fiscalizar se você está USANDO máscara dentro da sua própria casa. ISSO É INCONSTITUCIONAL! O que era inviolável não é mais!" Deputada Carla Zambelli (PSL-SP). Fonte: o próprio Twitter.

**11 de junho de 2020**
"A ivermectina, que é um comprimido azul, da Annita, tem gente que diz, o Marcos Pontes, nosso ministro da Ciência e da Tecnologia, tem testado isso com protocolo da Anvisa em alguns hospitais, e tem dado resultado também." Presidente Jair Bolsonaro. Fonte: Aos Fatos.

**11 de junho de 2020**
"Tem hospitais de campanha perto de você, tem um hospital público, né? Arranja uma maneira de entrar e filmar. Muita gente vem fazendo isso, mas mais gente tem que fazer para mostrar se os leitos estão ocupados, ou não." Presidente Jair Bolsonaro. Fonte: jornal Estado de Minas, por Matheus Adler.

**11 de junho de 2020**
"Tem dados que chegam, que a população reclama, que a pessoa tinha uma série de problemas, entrou em óbito. Não tinha contraído o vírus e aparece 'Covid-19'. São dezenas de casos por dia que chegam nesse sentido. Tem um ganho político dos caras, só pode ser isso, aproveitando as pessoas que falecem para ter ganho político e culpar o Governo Federal." Presidente Jair Bolsonaro. Fonte: Yahoo! Notícias.

**11 de junho de 2020**
"Falavam que tinha que fazer o isolamento para que os hospitais tivessem UTI e respiradores. Posso estar equivocado, mas pelas informações que temos, ninguém perdeu a vida por falta de respiradores." Presidente Jair Bolsonaro. Fonte: Yahoo! Notícias.

**11 de junho de 2020**
"João Doria anunciou que o [Instituto] Butantan fará parceria com um laboratório chinês para criar vacina contra Covid-19. Laboratório chinês criando vacina contra vírus chinês e com a pesquisa bancada por um governador que é grande parceiro da China? Eu que não quero essa vacina, e você?" Roberto Jefferson, presidente nacional do PTB. Fonte: o próprio Twitter.

**13 de junho de 2020**
"(...) A população tem o direito, sim, de verificar o que está acontecendo nesses hospitais. Não pode ser uma caixa-preta em que ninguém possa ter acesso." Deputado Carlos Jordy (PSL-RJ). Fonte: CNN Brasil.

**14 de junho de 2020**
"Em tempos tão difíceis, é essencial voltarmos aos princípios: 1º. A democracia pressupõe, acima de tudo, que todo poder emana do povo. Por isso, todas as instituições devem respeitá-lo. Devemos respeitar a vontade das urnas e o voto popular. Devemos agir por este povo, compreendê-lo e ver sua crítica e manifestação com humildade. Na democracia, a voz popular é soberana. 2º. A democracia pressupõe o respeito às suas instituições democráticas. Qualquer ação relacionada à Presidência da República, ao Congresso Nacional, ao STF ou qualquer instituição de Estado deve pautar-se por esse respeito. 3º. Portanto, todos devemos fazer uma autocrítica. Não há espaço para vaidades. O momento é de união. O Brasil e seu povo devem estar em 1º lugar." André Mendonça, ministro da Justiça, depois de manifestantes pró-governo lançarem fogos de artifício em direção ao Supremo Tribunal Federal (STF) e ofenderem integrantes da Corte durante um protesto. Fonte: O Globo, por André de Souza.

**16 de junho de 2020**
"É triste ver uma coisa dessa acontecer [ter sofrido uma operação da Polícia Federal no inquérito que investiga atos antidemocráticos], neste momento em que estamos criticando o Supremo Tribunal Federal. O que é que eles querem fazer?" Alberto Silva, do canal Giro de Notícias. Fonte: R7, por Pablo Nascimento.

**16 de junho de 2020**
"Luto para fazer a minha parte, mas não posso assistir calado enquanto direitos são violados e ideias são perseguidas. Por isso, tomarei todas as medidas legais possíveis para proteger a Constituição e a liberdade dos brasileiros." Presidente Jair Bolsonaro. Fonte: Yahoo! Notícias.

**16 de junho de 2020**
"Soube pela imprensa que meu sigilo bancário estaria sendo quebrado por haver indícios de financiamento a 'atos antidemocráticos'. Eu pouco importo para o que verão lá, mas chegamos no extremo. Direitos e garantias fundamentais garantidos, salvo se apoiador do presidente." Deputado Cabo Junio Amaral (PSL-MG). Fonte: CNN Brasil.

**17 de junho de 2020**
"E nós somos um exemplo na questão ambiental." Presidente Jair Bolsonaro. Fonte: Aos Fatos.

**20 de junho de 2020**
"Rumo ao abismo com essa picaretagem de isolamento horizontal e *lockdown*, coisa que até o sem-noção da OMS [Organização Mundial da Saúde] não defende mais." Mario Frias, secretário especial de Cultura. Fonte: Época.

**22 de junho de 2020**
"Medo de ser preso porque estou dando minha opinião? Jamais. (...) Ao contrário do que às vezes entende ou prega o Supremo [Tribunal Federal], eu prego o caminho correto, legal." Alberto Silva, do canal Giro de Notícias, após sofrer operação da Polícia Federal. Fonte: Estadão, por Tomás Conte.

**25 de junho de 2020**
"Não podemos ter aquele pavor lá de trás, que chegou junto à população e houve, no meu entender, um excesso de preocupação apenas com uma questão [saúde] e não podia despreocupar com a outra [economia]." Presidente Jair Bolsonaro. Fonte: Folha.

**25 de junho de 2020**
"Parabéns ao senhor Carlos Alberto Decotelli, que é bacharel em Ciências Econômicas pela UERJ, fez mestrado na Fundação Getulio Vargas, é doutor pela Universidade de Rosario, na Argentina e pós-doutor na Universidade Wuppertal, na Alemanha." Presidente Jair Bolsonaro, sobre indicado para o MEC que caiu por maquiar currículo. Fonte: Aos Fatos.

**25 de junho de 2020**
"A contaminação é uma realidade. Ninguém discute isso aí. Todo mundo acha que — os entendidos, médicos, etc. — que aproximadamente 70% das pessoas vão se contaminar." Presidente Jair Bolsonaro. Fonte: Aos Fatos.

**BOLSONARO E SEUS SEGUIDORES: O HORROR EM 3.560 FRASES**

**28 de junho de 2020**
"(...) Eu fui contaminado [pelo coronavírus], tive a experiência própria, fiz o uso da hidroxicloroquina, tornei isso público, porque também não tinha como não tornar público. E aí, houve uma movimentação grande porque um senador se posicionando favorável ao tratamento precoce (...). O que a gente precisa fazer é ter o apoio do CRM [Conselho Regional de Medicina] (...). Tem um inimigo muito grande contra esse movimento que é a Rede Globo (...). A gente tem que criar estratégia e saber chegar ao resultado (...). Tem que ter muito foco, seguir com um objetivo que é realmente conseguir medicar o máximo de gente possível inicialmente (...) viabilizar essa medicação para vocês. (...) O tratamento inicial vai ser uma das grandes soluções para essa crise de saúde que nós estamos passando (...). Disponibilizassem oficialmente o Exército aqui no meu estado para armazenar a medicação e também fazer a distribuição. Consegui recursos com o Ministério da Saúde para comprar mais de 200 mil kits para o meu estado, Espírito Santo, que são 4 milhões de moradores." Marcos do Val, senador, em vídeo com Carlos Wizard. Fonte: The Intercept Brasil.

**02 de julho de 2020**
"Esse Supremo Tribunal Federal (...) corrupto (...) corrupto, que que ele fez? (...). Em 64 não houve golpe militar, foi um contragolpe (...) porque daqui a pouco as pessoas vão falar: 'Oswaldo, você é a favor de uma intervenção militar?' Não, eu sou a favor de uma intervenção do povo." Oswaldo Eustáquio Filho. Fonte: G1.

**03 de julho de 2020**
"(...) Orientações para prescrição em PACIENTES ADULTOS: sinais e sintomas LEVES: Fase 1 (1º ao 5º dia) e Fase 2 (6º ao 14º dia): DIFOSFATO DE CLOROQUINA = D1: 500mg 12/12h (300 mg de cloroquina base). D2 ao D5: 500 mg 24/24h (300 mg de cloroquina base) AZITROMICINA = 500 mg 1x ao dia, durante 5 dias OU SULFATO DE HIDROXICLOROQUINA = D1: 400 mg 12/12h. D2 ao D5: 400 mg 24/24h AZITROMICINA = 500 mg 1x ao dia, durante 5 dias (...)." Ministério da Saúde, Nota Informativa nº 17/2020 — SE/GAB/SE/MS — Orientações para Manuseio Medicamentoso Precoce de Pacientes com Diagnóstico da Covid-19. Fonte: Ministério da Saúde.

**03 de julho de 2020**
"O fato é: Daniel Silveira [deputado, PSL-RJ] não cometeu crime algum e estamos diante da prisão mais inconstitucional da história do Brasil, pois ela ocorre mediante uma constituição que não permite tal ato. O que o STF referendou é passível de prisão do Alexandre de Moraes e seu impeachment." Paola Daniel, advogada, mulher do deputado Daniel Silveira. Fonte: o próprio Twitter.

**03 de julho de 2020**
"(...) Orientações para prescrição em PACIENTES PEDIÁTRICOS: sinais e sintomas MODERADOS: Fase 1 (1º ao 5º dia) e Fase 2 (6º ao 14º dia): CLOROQUINA BASE = 6 mg/kg/dia de cloroquina base por 5 dias, 1 vez ao dia (máximo de 300 mg cloroquina base) AZITROMICINA = 10 mg/kg no 1º dia seguida de 5 mg/kg/dia por 4 dias, limite de 500 mg/dia. OU SULFATO DE HIDROXICLOROQUINA = 6 mg/kg/dia por 5 dias, 1 vez ao dia (máximo: 400 mg/dia) AZITROMICINA = 10 mg/kg no 1º dia seguida de 5 mg/kg/dia por 4 dias, limite de 500 mg/dia. Oseltamivir por até 5 dias até exclusão de influenza (...)." Ministério da Saúde, Nota Informativa nº 17/2020 — SE/GAB/SE/MS — Orientações para Manuseio Medicamentoso Precoce de Pacientes com Diagnóstico da Covid-19. Fonte: Ministério da Saúde.

**04 de julho de 2020**
"Mais isolamento social é igual a mais mortes." Deputado Osmar Terra (MDB-RS), médico. Fonte: o próprio Twitter e revista Veja.

**04 de julho de 2020**
"Um grande amigo, Jesus está tomando conta dele! Luís Ernesto Lacombe, conte comigo. Ninguém vai te CENSURAR! Seu futuro é brilhante. Sábado de muita alegria." Gabriel Monteiro, youtuber. Fonte: o próprio Twitter.

**05 de julho de 2020**
"Nós vamos fazer quatro grandes privatizações nos próximos 30, 60, 90 dias." Paulo Guedes, ministro da Economia, em entrevista à CNN Brasil. Fonte: Estadão.

**07 de julho de 2020**
"Estou me sentindo muito bem. Estava mais ou menos domingo, mal na segunda-feira e hoje, terça, estou muito melhor do que sábado. Então, com toda certeza, está dando certo. (...) Não tem eficácia comprovada, mas é mais uma pessoa que está dando certo. Eu confio na hidroxicloroquina. E você?" Presidente Jair Bolsonaro, sobre estar com Covid-19. Fonte: CNN Brasil, por Guilherme Venaglia.

**07 de julho de 2020**
"Tendo em vista esse meu contato com o povo, bastante intenso nos últimos meses, eu achava até que já tivesse contraído e não ter percebido, como a maioria da população brasileira, que contrai o vírus e não percebe a contaminação." Presidente Jair Bolsonaro. Fonte: Yahoo! Notícias.

**07 de julho de 2020**
"Confesso a vocês, se não tivesse feito o exame e tivesse tomado a hidroxicloroquina como preventivo como muita gente faz, eu estaria trabalhando até, e obviamente, poderia estar contaminando gente." Presidente Jair Bolsonaro. Fonte: Yahoo! Notícias.

07 de julho de 2020
"O presidente é um ser humano como todo mundo, acabou pegando a doença [Covid-19]. Mas no máximo em uma semana já estará bem, usando muita cloroquina e hidroxicloroquina." Deputado Bibo Nunes (PSL-RS). Fonte: Fonte: GZH.

07 de julho de 2020
"Eu sei que não tem uma comprovação científica ainda, mas a eficácia da hidroxicloroquina, bem como ivermectina, entre outros, tem aparecido." Presidente Jair Bolsonaro. Fonte: Aos Fatos.

07 de julho de 2020
"Pra vocês [mais jovens] a possibilidade de algo mais grave é próximo de zero." Presidente Jair Bolsonaro. Fonte: Yahoo! Notícias.

08 de julho de 2020
"Estou tomando aqui a terceira dose da hidroxicloroquina." Presidente Jair Bolsonaro. Fonte: Bob Fernandes, no YouTube.

08 de julho de 2020
"O tratamento é de cinco dias, de hidroxicloroquina. (...) Você pode usar na primeira fase hidroxicloroquina ou ivermectina, ou os dois, com azitromicina e zinco. Porque essa composição é a melhor coisa." Nise Yamaguchi, médica. Fonte: O Globo Época, por Guilherme Amado.

09 de julho de 2020
"Uma matéria de ontem do jornalista Alexandre Garcia, ele compara números do ano passado e desse ano, números de mortos. Hoje em dia, morre menos gente, em 2020, morre menos gente por dia do que morreu no início do ano passado." Presidente Jair Bolsonaro. Fonte: Aos Fatos.

09 de julho de 2020
"É um testemunho meu. [A hidroxicloroquina] deu certo e estou muito bem. Aqueles que criticam, apresentem uma alternativa." Presidente Jair Bolsonaro. Fonte: Yahoo! Notícias.

09 de julho de 2020
"Tem centenas de relatos de médicos e de infectados dizendo que ela [a hidroxicloroquina] deu certo. Quem não quiser tomar, não toma, mas não fica aí querendo proibir." Presidente Jair Bolsonaro. Fonte: Yahoo! Notícias.

**09 de julho de 2020**
"Me apontem um texto meu de ódio, ou dessas pessoas que tão do meu lado. Apontem uma imagem de ódio no meu Facebook, no dos meus filhos. Não tem nada." Presidente Jair Bolsonaro. Fonte: Aos Fatos.

**10 de julho de 2020**
"Tivemos lá um médico [como ministro da Saúde, Luiz Henrique Mandetta], um primeiro médico lá, olha a desgraça que foi." Presidente Jair Bolsonaro. Fonte: Yahoo! Notícias.

**10 de julho de 2020**
"Finalmente uma medida que vai salvar muitas vidas. Nossos 50.000 postos de saúde vão auxiliar o tratamento precoce de pacientes de Covid. Vinha defendendo isso desde o início pandemia." Deputado Ricardo Barros (PP-PR). Fonte: Relatório da CPI da Covid-19 do Senado Federal.

**10 de julho de 2020**
"(...) A elaboração de um projeto de nação nos traz uma oportunidade para buscarmos sinergia entre todos que integram a sociedade brasileira e, colocando o interesse coletivo como referência, encontrarmos os caminhos que conduzam à paz e à prosperidade. É o que esperam de nós as gerações futuras, os países que nos são vizinhos e os que desejam compartilhar um futuro comum (...)." General Eduardo Villas Bôas, ex-comandante do Exército, em artigo no Estadão. Fonte: Estadão.

**11 de julho de 2020**
"Você acha que alguns poucos militares nazistas conseguiriam controlar aquela massa de rebanho de judeus famintos se não os submetessem diariamente a humilhações?" Nise Yamaguchi, médica, em entrevista à TV Brasil. Fonte: IstoÉ.

**14 de julho de 2020**
"Se alguém conseguir apontar para mim o que está comprovado com relação ao Covid, a gente só faz o que está comprovado. Agora, eu jogo o desafio para todos para mostrarem o que está comprovado. Eu, se tiver Covid, vou tomar cloroquina. Eu acho que a decisão do presidente [Jair Bolsonaro] é acertadíssima. A discussão agora é política, cabe ao tribunal [TCU] indicar o que deveria ser feito. Eu já sei o que eu faria: eu vou tomar o remédio [cloroquina], quero que o remédio esteja lá, acho que o governo fez corretamente." Wagner Rosário, ministro da Controladoria-Geral da União (CGU). Fonte: Agência Senado.

**BOLSONARO E SEUS SEGUIDORES: O HORROR EM 3.560 FRASES**

15 de julho de 2020
"A História irá dizer quem está certo sobre a cloroquina." Presidente Jair Bolsonaro. Fonte: UOL.

16 de julho de 2020
"Também agora está aí, estão apresentando o [remédio] Annita. Não sou médico, recomendo é que você procure o médico (...). Você que está com parente, amigo, um idoso com sintomas, procure um médico. Doutor, você ministra hidroxicloroquina ou não? Ministra Annita ou não? O médico vai falar alguma coisa. Ele pode falar 'vai para casa e deite'. Aí você decide e procura outro médico se quiser." Presidente Jair Bolsonaro. Fonte: Yahoo! Notícias.

16 de julho de 2020
"Não estou estimulando, mas estou orientando procurar um médico e ver o que ele acha [sobre a hidroxicloroquina]. Não tem outra alternativa." Presidente Jair Bolsonaro. Fonte: Yahoo! Notícias.

16 de julho de 2020
"Tem aumentado o número de suicídios pelo desemprego." Presidente Jair Bolsonaro. Fonte: Aos Fatos.

16 de julho de 2020
"Todos dizem, são unânimes, que pelo menos 70% da população vai ser infectado." Presidente Jair Bolsonaro. Fonte: Aos Fatos.

16 de julho de 2020
"Não sou médico, não recomendo nada pra ninguém." Presidente Jair Bolsonaro. Fonte: Aos Fatos.

16 de julho de 2020
"Agora, tem que tomar [hidroxicloroquina] no início [dos sintomas]." Presidente Jair Bolsonaro. Fonte: Aos Fatos.

18 de julho de 2020
"(...) Não tô fazendo propaganda [da cloroquina]." Presidente Jair Bolsonaro. Fonte: Aos Fatos.

20 de julho de 2020
"Hoje a AMB [Associação Médica Brasileira] recomendou que fosse usado esse medicamento [cloroquina] para combater o vírus em fase inicial." Presidente Jair Bolsonaro. Fonte: Aos Fatos.

**20 de julho de 2020**
"Bom dia. Quinta à noite comecei a sentir sintomas que poderiam ser da Covid. Sexta-feira passei por exames, entre eles o PCR e o resultado saiu hoje e o Covid foi detectado. Desde sexta-feira estou seguindo o protocolo de azitromicina, ivermectina e cloroquina e já sinto os efeitos positivos." Onyx Lorenzoni, ministro-chefe da Secretaria Geral da Presidência da República. Fonte: o próprio Twitter.

20 de julho de 2020
"Quando é que os ditos 'conservadores' vão parar de usar o termo 'pandemia' [se referindo a Covid-19]?" Olavo de Carvalho. Fonte: o próprio Twitter.

21 de julho de 2020
"O *lockdown* não tem comprovação científica" Presidente Jair Bolsonaro. Fonte: Relatório da CPI da Covid-19 do Senado Federal.

22 de julho de 2020
"Importantíssimo você assistir! Amanhã, dia 23, às 20h, eu vou participar de uma *live* com médicos que vão falar sobre a importância do tratamento precoce da Covid-19. Compartilhe e não perca! Assista no meu canal. Pastor Samuel Câmara. Pastor Silas Malafaia. Pastor Jonatas Câmara. Dr. Zeballos. Dra. Luciana Cruz. Dr. Anthony Wong." Pastor Silas Malafaia. Fonte: o próprio Twitter.

23 de julho de 2020
"Não existe nada de científico em fechar o comércio. (...) Na linha de frente do combate ao coronavírus, estão pessoas muito vinculadas politicamente, e que por isso ainda questionam a cloroquina. (...) Agora o gestor pode disponibilizar os remédios que estão no protocolo e que o Ministério da Saúde está indicando. Que são ivermectina, cloroquina, hidroxicloroquina, azitromicina, zinco e mais alguns. E para tratamento precoce. Como é que se evita o respirador e a UTI? Tratando o paciente de forma precoce. (...) E as pessoas estão se automedicando, porque todo mundo quer se salvar. Não é que a gente está indicando sem receita. É que ivermectina não precisa de receita para comprar na farmácia. Eu liguei para o meu médico para saber se devia ou não tomar ivermectina. E ele respondeu que já tinha tomado, que o pai dele tinha tomado, e que os filhos dele já tinham tomado. Então eu também já tomei." Deputado Giovani Cherini (PL-RS). Fonte: Correio do Povo.

**BOLSONARO E SEUS SEGUIDORES: O HORROR EM 3.560 FRASES**

23 de julho de 2020
"Alguns estão falando que isso vai durar até 2022, imagina? Vai empobrecer todo mundo. Se continuar com essa política que está aí, empobrece todo mundo." Presidente Jair Bolsonaro. Fonte: Yahoo! Notícias.

23 de julho de 2020
"Eu peço a Deus que não tenhamos mais problemas no Brasil com fecha tudo, *lockdown*, toque de recolher, porque isso não tá comprovado cientificamente." Presidente Jair Bolsonaro. Fonte: Relatório da CPI da Covid-19 do Senado Federal.

25 de julho de 2020
"Além de reforçar a economia trabalhamos para promover a segurança na nossa região e enfrentar o esquema de esquerdismo-narcotráfico-crime organizado-terrorismo que subsiste na América Latina. Com os parceiros regionais queremos integração enraizada na democracia e economia aberta." Ernesto Araújo, ministro das Relações Exteriores. Fonte: Congresso em Foco, por Erick Mota.

26 de julho de 2020
"Tendo em vista o noticiário recente envolvendo reações a medidas adotadas pelo ministro Alexandre de Moraes [STF] no curso do inquérito 4781, informo que a única pessoa autorizada a me representar perante o Supremo Tribunal Federal é o advogado Celso Vilardi." Edgard Corona, empresário, fundador da rede de academias Smart Fit, investigado no inquérito das Fake News e que teve as suas contas em redes como Twitter e Facebook suspensas. Fonte: UOL.

29 de julho de 2020
"Médicos estão sendo censurados e impedidos de divulgar os resultados e as descobertas de sua prática clínica no atendimento a pacientes com coronavírus apenas porque esses resultados e descobertas não coincidem com os resultados e descobertas que o establishment julga aceitável." Filipe G. Martins. Fonte: o próprio Twitter.

30 de julho de 2020
"Acabei de fazer um exame de sangue, né, estava com um pouco de fraqueza ontem, acharam até um pouco de infecção também. Estou agora no antibiótico. (...) Depois de 20 dias dentro de casa, a gente pega outros problemas. Eu peguei mofo, mofo no pulmão." Presidente Jair Bolsonaro. Fonte: Yahoo! Notícias.

30 de julho de 2020
"Eu não preciso tomar [vacina] que já tô safo [da Covid-19]." Presidente Jair Bolsonaro. Fonte: Aos Fatos.

**30 de julho de 2020**
"Depois da tomada de decisão e do desenho do protocolo, decidimos de uma forma pioneira distribuir kit Covid. Chegamos a distribuir mais de 25 mil." Anderson Nascimento, superintendente nacional da Hapvida, em evento virtual com a participação da secretária de Gestão e Trabalho do Ministério da Saúde, Mayra Pinheiro. Fonte: O Globo (06/10/2021), por Eduardo Gonçalves.

**30 de julho de 2020**
"Bolsonaro mostra caixa de Hidroxicloroquina a manifestantes e é ovacionado (veja o vídeo). Em certo momento, o presidente tirou uma caixa de hidroxicloroquina que tinha no bolso, levantou aos céus e foi ovacionado pela população. O medicamento está sendo usado por Bolsonaro em seu tratamento contra a Covid-19. O povo clama pela Hidroxicloroquina." Jornal da Cidade Online. Fonte: Relatório da CPI da Covid-19 do Senado Federal.

**06 de agosto de 2020**
"A gente lamenta todas as mortes, está chegando ao número de 100 mil. (...) Mas vamos tocar a vida e buscar uma maneira de se safar desse problema." Presidente Jair Bolsonaro. Fonte: Yahoo! Notícias.

**06 de agosto de 2020**
"Talvez em dezembro, janeiro, exista a possibilidade da vacina e daí este problema estará vencido poucas semanas depois." Presidente Jair Bolsonaro. Fonte: Yahoo! Notícias.

**06 de agosto de 2020**
"Não é uma regra isso, mas, em alguns casos, o médico poupa uma autópsia. É isso ou não? (...) Tem chegado ao conhecimento da gente. Não vou dizer que são fontes confiáveis, mas chegam essas informações, de que se poupa uma autópsia." Presidente Jair Bolsonaro. Fonte: Yahoo! Notícias.

**07 de agosto de 2020**
"Política nojenta de produzir óbitos. A partir de qual dia os paulistas poderão morrer de outra doença?" Deputado Coronel Tadeu (PSL-SP). Fonte: Veja São Paulo.

**07 de agosto de 2020**
"Desse 1 milhão [de casos de Covid-19], você conhece um? Porque eu não conheço, até hoje, ninguém que tenha Covid-19." Lisa Paulino, *influencer*. Fonte: Veja São Paulo.

**BOLSONARO E SEUS SEGUIDORES: O HORROR EM 3.560 FRASES**

**07 de agosto de 2020**
"Aqui no meu prédio todo mundo já sabe que estou podre. Estão pirando porque fui pegar comida no elevador. As vizinhas não sabem que eu passei de trinco em trinco dando uma tossidinha na porta da casa delas para largarem mão de ser idiotas (...)." Andrezza Mantovani, *influencer*. Fonte: Veja São Paulo.

**07 de agosto de 2020**
"O presidente é a comprovação científica de que o uso da hidroxicloroquina dá certo." Alexandre Garcia, jornalista. Fonte: Veja São Paulo.

**08 de agosto de 2020**
"Respeito a ciência e a prescrição médica. Muitos têm me perguntado o que eu tomei no período da enfermidade. Meus médicos prescreveram: Hidroxicloroquina, ivermectina, azitromicina, zinco e vitamina D. Agora, cada dia melhor." Milton Ribeiro, ministro da Educação. Fonte: CNN Brasil, por Lorena Lara e Anna Satie.

**08 de agosto de 2020**
"Dizer que o Brasil é um dos países com a pior situação na Covid-19 com base em números absolutos é desonestidade e desprezo pela ciência e pela realidade. É preciso senso das proporções. O Brasil tem dados transparentes e é uma das grandes nações com menos óbitos por milhão de habitante." Secretaria Especial de Comunicação Social (SECOM). Fonte: Relatório da CPI da Covid-19 do Senado Federal.

**08 de agosto de 2020**
"Fascista é o cu da sua mãe. Antifascista é a buceta." Olavo de Carvalho. Fonte: o próprio Twitter.

**08 de agosto de 2020**
"Para ensinar o amor e o respeito ao próximo não precisa escrever livro LGBT. Isso se aprende com boas maneiras dentro de casa e na escola. Já não basta a pedofilia, a exploração sexual infantil, e agora tem isso? Deixem as nossas crianças em paz!" Deputada estadual Rosane Felix (PSD-RJ), sobre um livro publicado por Xuxa Meneghel. Fonte: Correio Braziliense (17/02/2022), por Cecília Sóter.

**09 de agosto de 2020**
"O tempo e a ciência nos mostrarão que o uso político da Covid por essa TV trouxe-nos mortes que poderiam ter sido evitadas." Presidente Jair Bolsonaro. Fonte: Yahoo! Notícias.

**09 de agosto de 2020**
"Temos a consciência tranquila. Com os meios que temos, podemos realmente dizer que fizemos o possível e o impossível para salvar vidas." Presidente Jair Bolsonaro. Fonte: Yahoo! Notícias.

**09 de agosto de 2020**
"A desinformação mata mais do que o próprio vírus." Presidente Jair Bolsonaro. Fonte: Yahoo! Notícias.

09 de agosto de 2020
"O *lockdown* matou 2 pessoas para cada 3 de Covid no Reino Unido. No Brasil, mesmo ainda sem dados oficiais, os números não seriam muito diferentes." Presidente Jair Bolsonaro. Fonte: Yahoo! Notícias.

**09 de agosto de 2020**
"De forma covarde e desrespeitosa aos 100.000 brasileiros mortos, essa TV festejou essa data no dia de ontem, como uma verdadeira final da Copa do Mundo, culpando o presidente da República por todos os óbitos." Presidente Jair Bolsonaro. Fonte: UOL

**09 de agosto de 2020**
"No mais, essa mesma rede de TV desdenhou, debochou e desestimulou o uso da hidroxicloroquina que, mesmo não tendo ainda comprovação científica, salvou a minha vida e, como relatos, a de milhares de brasileiros." Presidente Jair Bolsonaro. Fonte: Yahoo! Notícias.

**10 de agosto de 2020**
"Espero você. Vai interessar a todos nós, para que não tentem nos enganar. LOCKDOWN. Como uma medida nunca antes testada e sem validação científica pode ter contribuído para incendiar a pandemia no Brasil (...)." Alexandre Garcia. Fonte: o próprio Twitter.

12 de agosto de 2020
"A regra é clara: Bruto, rústico e sistemático toma cloroquina decerto. Prudente e sofisticado toma ozônio no..." Deputado Carlos Jordy (PSL-RJ). Fonte: no próprio Twitter.

**BOLSONARO E SEUS SEGUIDORES: O HORROR EM 3.560 FRASES**

**13 de agosto de 2020**
"Eu sou a prova viva de que deu certo. Muitos médicos defendem esse tratamento e sabemos que mais de 100 mil pessoas morreram no Brasil que, caso tivesse sido tratados lá atrás, com esse medicamento poderiam essas vidas [mortes] ter sido evitadas. E mais ainda, aqueles que criticam a hidroxicloroquina não apresentaram alternativa." Presidente Jair Bolsonaro. Fonte: Yahoo! Notícias.

**13 de agosto de 2020**
"Chegou na minha tela aqui, o presidente da Anvisa (...) acabou de confirmar a informação sobre a hidroxicloroquina e a ivermectina, você já pode comprar com uma receita simples caso seu médico recomenda, obviamente." Presidente Jair Bolsonaro. Fonte: Yahoo! Notícias.

**13 de agosto de 2020**
"A história vai mostrar onde se errou, e se algumas mortes poderiam ser evitadas." Presidente Jair Bolsonaro. Fonte: Yahoo! Notícias.

13 de agosto de 2020
"(...) Hoje eu posso afirmar que a composição do STF [Supremo Tribunal Federal] apoia o narcoterror, ou seja, apoia o narcoterrorismo, apoia facções criminosas. Eu sei que algum ministrinho vai querer dizer: 'Daniel, como é que você fala isso?'. Quebra de decoro. Não é quebra de decoro não, é que eu estou dando um diagnóstico preciso do fato (...)." Daniel Silveira (PSL-RJ). Fonte: YouTube do próprio deputado Daniel Silveira, com o título: "Hoje posso dizer que o STF apoia o narcoterrorismo".

**16 de agosto de 2020**
"Um dos melhores estudos sobre a Covid-19 concluiu que a maioria das pessoas é imune ao vírus." Presidente Jair Bolsonaro. Fonte: Aos Fatos.

18 de agosto de 2020
"Qual sua opinião sobre a proposta do Bolsonaro: Castração química a estupradores? Deem RT! SIM: 96,2%; Não: 3,8%." Gabriel Monteiro, youtuber. Fonte: o próprio Twitter.

**19 de agosto de 2020**
"Tem algum médico aí? Eficácia dessa máscara é quase nenhuma." Presidente Jair Bolsonaro. Fonte: Aos Fatos.

21 de agosto de 2020
"Essa Globo é uma merda de imprensa. Vocês são uma porcaria de imprensa." Presidente Jair Bolsonaro. Fonte: UOL e Folha (24/08/2020).

21 de agosto de 2020
"A vacina chinesa (que Pazuello e Doria estão chamando de Vacina do Butantã) só vai ser comprada se a Anvisa aprovar. Como sabemos, não tem esquerdista na Anvisa, a agência nunca deu bola para a OMS [Organização Mundial da Saúde], e nunca criou problemas com a hidroxicloroquina e a ivermectina. (contém ironia)." Paulo Eneas. Fonte: Relatório da CPI da Covid-19 do Senado Federal.

22 de agosto de 2020
"A China recomenda agora a cloroquina para o tratamento do coronavírus. Será que agora a OMS [Organização Mundial da Saúde] vai recomendar também?" Deputado Carlos Jordy (PSL-RJ). Fonte: no próprio Twitter.

23 de agosto de 2020
"Vontade de encher tua boca com uma porrada, tá? Seu safado." Presidente Jair Bolsonaro, respondendo a pergunta do jornalista do jornal O Globo: 'presidente, por que a sua esposa recebeu R$ 89.000 do Fabrício Queiroz?'. Fonte: BBC News.

24 de agosto de 2020
"Não tivesse sido politizado de maneira irresponsável, o tratamento precoce da Covid-19, com os medicamentos indicados para isso, teria salvado muitas vidas. É o que o Presidente e Governo buscam desde sempre." Secretaria Especial de Comunicação Social (SECOM), do Governo Federal. Fonte: Relatório da CPI da Covid-19 do Senado Federal.

**BOLSONARO E SEUS SEGUIDORES: O HORROR EM 3.560 FRASES**

24 de agosto de 2020
"Esse ato simbólico, digo que é profético: é possível mudar essa história [da pandemia da Covid-19]. Pacientes, população: vocês não precisam mais se desesperar com o vírus. Não estou dizendo que o vírus não mata; estou dizendo que nós temos algo embasado em mentes brilhantes que estão aqui representadas. (...) Aqui estão representados médicos dos 27 estados. Não representamos nossos colegas na grande massa, mas representamos os médicos que optaram pela ousadia. Nós representamos os médicos que, independente das evidências lá de abril, ousaram ter lucidez. Ousaram aplicar algo que lá no início, em abril, era uma tentativa. E nós fomos açoitados, ridicularizados, nós fomos humilhados. (...) 'nossa linda e velha hidroxicloroquina'." Raissa Soares, médica, no evento 'Brasil Vencendo a Covid', no Palácio do Planalto. Fonte: Relatório da CPI da Covid-19 do Senado Federal.

24 de agosto de 2020
"Quando [a Covid-19] pega num bundão de vocês [jornalistas] a chance de sobreviver é bem menor. Só sabem fazer maldade, pesar a caneta com maldade, grande parte. Tem exceções, né, como é o Alexandre Garcia." Presidente Jair Bolsonaro, no evento 'Brasil Vencendo a Covid'. Fonte: Poder360, por Mateus Maia.

24 de agosto de 2020
"É uma missão difícil e então o Pazuello continuou e resolveu mudar, não foi protocolo, foi orientação. Foi orientação. O Pazuello resolveu mudar a orientação e botou ali então, em qualquer situação, aplicar-se a, ou melhor, receitar-se a hidroxicloroquina, de modo que a possibilidade de receitar a hidroxicloroquina, que o médico pudesse ter a sua liberdade." Presidente Jair Bolsonaro, no evento 'Brasil Vencendo a Covid', no Palácio do Planalto. Fonte: Relatório da CPI da Covid-19 do Senado Federal.

26 de agosto de 2020
"Muito obrigada pelas mensagens de apoio e orações! Estou 100% curada e pronta para continuar trabalhando em defesa de vocês. Curada com tratamento precoce e hidroxicloroquina!" Deputada Carla Zambelli (PSL-SP), Segundo o G1, porém, o hospital informou que a deputada não teve Covid-19. Fonte: o próprio Twitter e G1.

27 de agosto de 2020
"Conversei com o chefe do posto da PRF [Polícia Rodoviária Federal], ele falou que tinha aumentado em três o número de mortes na pista. É o atropelamento. E daí? Qual seria a causa disso? Ele disse: não temos como comprovar, mas a princípio é suicídio." Presidente Jair Bolsonaro. Fonte: Aos Fatos.

**28 de agosto de 2020**
"Evento com mais de 100 profissionais de saúde dos 27 estados do Brasil sobre o combate efetivo da Covid-19 e o uso com sucesso da hidroxicloroquina." Vereador Carlos Bolsonaro (PSC-RJ). Fonte: o próprio Twitter.

**29 de agosto de 2020**
"Então a hidroxicloroquina [no enfrentamento à Covid-19] é uma realidade." Presidente Jair Bolsonaro. Fonte: Aos Fatos.

**30 de agosto de 2020**
"Covid-19, eu não tenho nada a ver com Covid-19, segundo o STF. Quem trata disso são os governadores e prefeitos." Fonte: Relatório da CPI da Covid-19 do Senado Federal.

**1º de setembro de 2020**
"E só Deus sabe o que eu já passei e passo dentro dessa sala aqui. Não queira minha cadeira, com todo respeito, não sou Super-Homem, mas não é para qualquer um." Presidente Jair Bolsonaro. Fonte: Instagram do UOL (15/10/2021), por Lucas Borges Teixeira.

**1º de setembro de 2020**
"Quero em nome de toda a minha família agradecer por tudo que o senhor faz, não por nós, mas pelo nosso Brasil. As orações, o trabalho de convencimento, de levar as coisas positivas que Deus tem abençoado o presidente Bolsonaro de estar fazendo. (...) A mensagem aqui é de gratidão e agradecimento ao senhor por estar do nosso lado. Um abraço a todos que estão com o senhor nessa trajetória. Se não fossem pessoas como o senhor, certamente a nossa batalha diária, nossa guerra na disputa aqui do poder em Brasília seria sem dúvida alguma mais complicada." Senador Flávio Bolsonaro (PSL-RJ), ao pastor Gilmar Santos, presidente da Convenção Nacional das Igrejas e Ministros da Assembleia de Deus no Brasil — Cristo Para Todos (Conimadb). Fonte: O Globo, Sonar, por Bernardo Mello.

**1º de setembro de 2020**
"Mais um estudo mostrando que o *lockdown* é dez vezes mais letal que a Covid-19 em si." Allan dos Santos, *youtuber* e blogueiro do canal 'Terça Livre'. Fonte: Relatório da CPI da Covid-19 do Senado Federal.

**03 de setembro de 2020**
"Muitas vezes o cara tá fazendo uma fogueira de São João e aparece no satélite como foco de incêndio." Presidente Jair Bolsonaro. Fonte: Aos Fatos.

**BOLSONARO E SEUS SEGUIDORES: O HORROR EM 3.560 FRASES**

**03 de setembro de 2020**
"Quando se fala nessa tal pandemia aí, que desde o começo eu apanhei muito, né? Porque eu falo que quem tem um bom preparo, está bem de saúde, não tem que se preocupar, pô, é igual uma chuva (...)." Presidente Jair Bolsonaro. Fonte: Yahoo! Notícias.

**03 de setembro de 2020**
"Tem muito médico dizendo já que essa máscara não protege bulhufas. Bulhufas." Presidente Jair Bolsonaro. Fonte: Aos Fatos.

03 de setembro de 2020
"Afinal de contas, nós não podemos ser irresponsáveis, uma vacina que não tem comprovação científica, tem nesses países, né, mas não tem no Brasil. Nós temos que ver. Nós não podemos ser irresponsável de colocar para dentro do corpo de uma pessoa uma vacina." Presidente Jair Bolsonaro. Fonte: Aos Fatos.

**03 de setembro de 2020**
"A máscara, não só ela é inócua no combate à pandemia, mas ela também é nociva, causa problemas de saúde." Carlos Ferraz, assessor da Secretaria Nacional da Juventude do Ministério da Mulher, da Família e dos Direitos Humanos. Fonte: Relatório da CPI da Covid-19 do Senado Federal.

**03 de setembro de 2020**
"[As máscaras] têm eficácia zero. (...) No Brasil, infelizmente, se veem pessoas nas ruas usando máscaras." Paulo Eneas, editor do Crítica Nacional. Fonte: Relatório da CPI da Covid-19 do Senado Federal.

**03 de setembro de 2020**
"Se a vacina é tão eficiente, quem for vacinado está imune. Neste caso, quem não tomar a vacina e pegar a gripe chinesa não ira contaminar os que foram vacinados. Não há nenhuma lógica no discurso de que todos devem se vacinar por amor ao próximo. PENSEM." Paula Marisa , especialista em educação, palestrante e comentarista política. Fonte: o próprio Twitter.

**04 de setembro de 2020**
"Ah, não tem comprovação científica [a hidroxicloroquina]. Eu sabia que não tinha." Presidente Jair Bolsonaro. Fonte: Aos Fatos.

**04 de setembro de 2020**
"Eu estudei. O FDA americano, que é a nossa Anvisa, estava estudando [a hidroxicloroquina]." Presidente Jair Bolsonaro. Fonte: Aos Fatos.

**04 de setembro de 2020**
"Países da África, abaixo do Saara ali, países pobres. Por que a imprensa não divulga quantos morreram ali? Não divulga. Porque pouca gente morreu. Porque tem a cloroquina lá. E é barato." Presidente Jair Bolsonaro. Fonte: Aos Fatos.

**06 de setembro de 2020**
"Estou curado da Covid-19, graças a Deus! Tratei, desde os primeiros sintomas, com hidroxicloroquina e azitromicina, com acompanhamento médico! Comigo, já são quase 3,3 milhões de brasileiros recuperados!" Senador Flávio Bolsonaro (sem partido-RJ). Fonte: Jovem Pan.

**08 de setembro de 2020**
"Presidente [Jair Bolsonaro], o senhor tem uma tropa aqui de leões, os leões precisam ser guiados por um leão também e uma das coisas importantes que tenho para falar é o seguinte: no contexto da vacina, a gente tem que tomar um extremo cuidado, o Brasil tem uma diversidade genética assombrosa que faz a população brasileira, provavelmente uma das grandes mecas no desenvolvimento de vacinas. A gente tem que tomar um cuidado enorme com isso. Com todo o respeito, eu acho que a gente tem que ter vacina ou talvez não, porque o grande problema dos coronavírus é que eles têm, intrinsicamente, problemas no desenvolvimento vacinal. A gente não tem condições, nesse momento, de dizer que a gente tem qualquer vacina, que poderia estar realisticamente no que eles chamam de fase 3. Isso é muito sério. Então, nesse sentido, a gente precisaria, a minha sugestão, até enviei uma mensagem ao executivo, mandei carta para o Arthur Weintraub, talvez fosse importante se montar um grupo e a gente poderia ajudar. Porque não sou especialista em vacina, mas eu gostaria de ajudar o executivo a montar um '*shadow board*', como se fosse um '*shadow cabinet*' [gabinete paralelo], esses indivíduos não precisam ser expostos, digamos assim, à popularidade." Paolo Zanotto, médico virologista da USP. Fonte: Metrópoles (04/06/2021).

**08 de setembro de 2020**
"Galo aqui, galo aqui é o médico: é o nosso padrinho, deputado Osmar Terra." Presidente Jair Bolsonaro. Fonte: Metrópoles (04/06/2021).

**08 de setembro de 2020**
"Tive desentendimento [com Luiz Henrique Mandetta, ex-ministro da Saúde]? Sim. Não é o que eu quero. Mas muitos médicos achavam, inclusive o Osmar Terra, que a linha não era aquela." Presidente Jair Bolsonaro. Fonte: Metrópoles (04/06/2021).

**BOLSONARO E SEUS SEGUIDORES: O HORROR EM 3.560 FRASES**

10 de setembro de 2020
"Começou cedo? Como é que é?" Presidente Jair Bolsonaro, em uma *live*, se dirigindo a Esther Castilho, 10 anos, *youtuber* mirim, quando disse ao presidente que começou cedo na carreira de repórter, aos 6 anos. Fonte: Correio Braziliense, por Maíra Alves.

10 de setembro de 2020
"Eu confesso, a primeira vez que gritaram misógino comigo eu não sabia o que era. (...) Se não gosta de mulher, gosta de homem, então, né." Presidente Jair Bolsonaro, na *live* com a presença de Esther Castilho, 10 anos, *youtuber* mirim. Fonte: Correio Braziliense, por Maíra Alves.

10 de setembro de 2020
"Alguns anos atrás, quando eu previa que logo iriam tentar estender aos pedófilos os direitos dos gays, diziam que eu era maluco, né?" Olavo de Carvalho. Fonte: o próprio Twitter.

15 de setembro de 2020
"O que o Padre Lancellotti faz é DEPLORÁVEL. A Igreja Católica tem uma linda história (sic) que não pode ficar a mercê de um cafetão da miséria. Nunca ameacei ninguém, nem ele. Ele é uma das maiores farsas do Brasil, em breve vocês saberão! Vou DESMASCARAR esse Padre." Deputado Arthur do Val, conhecido como Mamãe Falei. Fonte: o próprio Twitter.

**15 de setembro de 2020**
"Esses são os medicamentos que estou tomando, por ordem médica. Clexane 2 vezes ao dia, hidroxicloroquina, predsin e zinco. Estou bem melhor. De quinta-feira passada para hoje, é o meu melhor dia." Roberto Jefferson, presidente nacional do PTB. Fonte: o próprio Twitter.

18 de setembro de 2020
"Vocês não pararam durante a pandemia. Vocês não entraram na conversinha mole de 'fica em casa'. Isso é para os fracos." Presidente Jair Bolsonaro. Fonte: Folha.

**19 de setembro de 2020**
"Passamos uma grande provação, ou melhor, estamos no final dela." Presidente Jair Bolsonaro. Fonte: Aos Fatos.

**22 de setembro de 2020**
"Durante a fraudemia [fraude + pandemia], Bolsonaro acertou MUITAS vezes e agora estudos e estatísticas mostram que ele sempre teve razão. Poste aqui todas as vezes que o presidente esteve certo." Paula Marisa, especialista em educação, palestrante e comentarista política. Fonte: o próprio Twitter.

**22 de setembro de 2020**
"(...) Como aconteceu em grande parte do mundo, parcela da imprensa brasileira também politizou o vírus, disseminando o pânico entre a população. (...) Nosso governo estimulou, ouvindo profissionais de saúde, o tratamento precoce da doença. (...) Somos vítimas de uma das mais brutais campanhas de desinformação sobre a Amazônia e o Pantanal. (...) A Amazônia brasileira é sabidamente riquíssima. Isso explica o apoio de instituições internacionais a essa campanha escorada em interesses escusos que se unem a associações brasileiras, aproveitadoras e impatrióticas, com o objetivo de prejudicar o governo e o próprio Brasil. (...) E, por isso, há tanto interesse em propagar desinformações sobre o nosso meio ambiente. (...) Nossa floresta é úmida e não permite a propagação do fogo em seu interior. Os incêndios acontecem praticamente nos mesmos lugares, no entorno leste da Floresta, onde o caboclo e o índio queimam seus roçados em busca de sua sobrevivência, em áreas já desmatadas. (...) O nosso Pantanal, com área maior que muitos países europeus, assim como a Califórnia, sofre dos mesmos problemas. As grandes queimadas são consequências inevitáveis da alta temperatura local, somada ao acúmulo de massa orgânica em decomposição. (...) Em 2019, o Brasil foi vítima de um criminoso derramamento de óleo venezuelano, vendido sem controle, acarretando severos danos ao meio ambiente e sérios prejuízos nas atividades de pesca e turismo. (...) Na América Latina, continuamos trabalhando pela preservação e promoção da ordem democrática como base de sustentação indispensável para o progresso econômico que desejamos. A LIBERDADE É O BEM MAIOR DA HUMANIDADE. Faço um apelo a toda a comunidade internacional pela liberdade religiosa e pelo combate à cristofobia. O Brasil é um país cristão e conservador e tem na família sua base. Deus abençoe a todos! E o meu muito obrigado!" Presidente Jair Bolsonaro, discursando na 75ª Assembleia Geral da Organização das Nações Unidas (ONU). Fonte: Governo Federal.

**22 de setembro de 2020**
"[O presidente Jair Bolsonaro] usou um tom sereno, porém firme, e mostrou que o Brasil tem um presidente que não se curva a pressões globalistas (...)." Rodrigo Constantino, jornalista, comentarista da Jovem Pan. Fonte: Jovem Pan.

**24 de setembro de 2020**
"Ser um professor é ter quase que uma declaração de que a pessoa não conseguiu fazer outra coisa." Milton Ribeiro, ministro da Educação. Fonte: Humanista, jornalismo e direitos humanos, em editorial (12/10/2020).

**BOLSONARO E SEUS SEGUIDORES: O HORROR EM 3.560 FRASES**

**24 de setembro de 2020**
"Esse não é um problema do MEC [internet para os alunos na pandemia da Covid-19], é um problema do Brasil. Não tem como, vai fazer o quê? (...)." Milton Ribeiro, ministro da Educação. Fonte: Estadão.

**24 de setembro de 2020**
"O adolescente que muitas vezes opta por andar no caminho do homossexualismo vem, algumas vezes, de famílias desajustadas." Milton Ribeiro, ministro da Educação. Fonte: O Globo (03/09/2021), por Paula Ferreira, Mariana Muniz e Bruno Alfano.

**28 de setembro de 2020**
"Não sou racista e quem me conhece sabe disso. Critiquei dois ex-ministros [Sérgio Moro e Henrique Mandetta] que traíram o PR [presidente] e não encontram trabalho e fariam de tudo para entrar novamente no jogo político. Se ofendi alguém, peço desculpas." Deputada Bia Kicis (PSL-DF). Fonte: G1, por Carolina Cruz.

**1º de outubro de 2020**
"Eu falei que não ia numa parada do Orgulho Gay porque acredito em Deus, família, não seu o que lá. (...) E daí essa associação de lésbicas falou que eu ofendi a família de homossexuais." Presidente Jair Bolsonaro. Fonte: Aos Fatos.

**1º de outubro de 2020**
"Deus foi tão abençoado que nos deu a hidroxicloroquina para quem se acometer da doença [Covid-19]. Quem não acreditou, engula essa. Eu não sou médico, mas sou ousado, como o cabra da peste nordestino. (...) Não tem que prender ninguém dentro de casa [sobre o isolamento social]." Presidente Jair Bolsonaro. Fonte: CartaCapital e O Globo.

**05 de outubro de 2020**
"E o que Bolsonaro fez para me defender? Bosta nenhuma. Aí vem com 'condecoraçãozinha'. Enfia a condecoração no cu. Porque eu fui seu amigo, mas você nunca foi meu amigo. Quantos crimes contra o Olavo você investigou, seu Bolsonaro? Nenhum. Você nem se interessou." Olavo de Carvalho. Fonte: UOL (25/01/2022), por Pedro Vilas Boas.

**05 de outubro de 2020**
"Tem uma... não li... temos uma do Tarcísio [de Freitas, ministro da Infraestrutura] essa semana que vai praticamente desregulamentar, desburocratizar tudo sobre aviação civil, carteira de habilitação para piloto." Presidente Jair Bolsonaro, respondendo a um apoiador sobre o PIX. Fonte: Exame, por Carolina Riveira.

06 de outubro de 2020
"1) Anos depois de a Pepsi, sob chuva de denúncias, romper o contrato com o laboratório que usava fetos na pesquisa de adoçantes, o mito 'Olavo mentiu sobre a Pepsi' ainda se repete na porra da mídia como verdade inquestionável." Olavo de Carvalho. Fonte: o próprio Twitter.

06 de outubro de 2020
"Por meio da Medida Provisória nº 940, para aquisição de medicamentos, encontra-se em processo de aquisição (...) o montante de 4.000.000 de comprimidos de Difosfato de Cloroquina 150 mg. O medicamento Cloroquina 150 mg está sendo distribuído de acordo com as 'Orientações do Ministério da Saúde para manuseio medicamentoso precoce de pacientes com diagnóstico da COVID-19' (...)." Ministério da Saúde. Fonte: o próprio MS e a Folha (10/02/2021).

06 de outubro de 2020
"EU AMO A GLOBO! Domingo assisti uma conferência onde foi dito que devemos amar os que nos perseguem. AMO OS CIENTISTAS TAMBÉM, mas enquanto eles não apresentarem uma solução definitiva, vou seguir na missão de salvar vidas através do tratamento precoce. CovidTemTratamentoSim.com.br. O MAGO DA CLOROQUINA." Carlos Wizard, empresário. Fonte: o próprio Twitter.

07 de outubro de 2020
"(...) Eu nem sabia o que era o SUS." General Eduardo Pazuello, ministro da Saúde. Fonte: CNN Brasil, por Natália André.

07 de outubro de 2020
"Por isso, prezado Paulo Guedes, é que nós fomos um dos países que melhor se saiu, no tocante à economia, nessa questão da pandemia." Presidente Jair Bolsonaro. Fonte: Aos Fatos.

07 de outubro de 2020
"Olá, amigos de Angra dos Reis. Vocês sabem da minha ligação que eu tenho com a Wal do Açaí e com o Edenilson, marido dela, um grande amigo meu, e vocês sabem da injustiça que foi feita para com ela naquele caso lá atrás, quando a acusaram de ser fantasma em uma época em que ela estava, segundo o boletim administrativo da Câmara [dos Deputados], de férias. Ou seja, podia estar em qualquer lugar do Brasil e do mundo que não teria qualquer problema. (...) Então nesse momento eu aconselhei, orientei a Wal a vir candidata a vereadora aí por Angra dos Reis e você, na medida do possível, eu peço a você que vote na Wal. Ela está botando até o nome Wal Bolsonaro. Tá autorizado." Presidente Jair Bolsonaro. Fonte: Folha, por Fábio Zanini, Guilherme Seto e Juliana Braga.

**07 de outubro de 2020**
"Eu acabei com a Lava Jato porque não tem mais corrupção no governo." Presidente Jair Bolsonaro. Fonte: Metrópoles e SamPancher.

**08 de outubro de 2020**
"Vejo aqui na minha página de Facebook: 'Bolsonaro nunca mais, você é corrupto'. Posso falar palavrão aqui? Puta que o pariu, não fode, porra! Desculpa a linguagem aí. Fala merda o tempo todo, não sabe o que acontece pô!" Presidente Jair Bolsonaro, em uma *live*. Fonte: iG Último Segundo (27/01/2021), por Caique Alencar.

**09 de outubro de 2020**
"Cu." Olavo de Carvalho. Fonte: o próprio Twitter.

**09 de outubro de 2020**
"Lamentavelmente, alguns obrigaram vocês a ficarem em casa. Eu não tive participação nisso, por decisão do Supremo Tribunal Federal." Presidente Jair Bolsonaro. Fonte: Aos Fatos.

**11 de outubro de 2020**
"Se você pegar o número de mortes de janeiro a setembro do ano passado e janeiro a setembro desse ano, se bobear tá parecido." Presidente Jair Bolsonaro. Fonte: Aos Fatos.

**11 de outubro de 2020**
Tem uma parte, sim [que coloca fogo de propósito no Pantanal], mas uma boa parte é caboclo, o nativo." Presidente Jair Bolsonaro. Fonte: Aos Fatos.

**11 de outubro de 2020**
"A Amazônia em si ela não pega fogo." Presidente Jair Bolsonaro. Fonte: Aos Fatos.

**11 de outubro de 2020**
"Sim estava certa. A Suécia agiu como sempre se agiu nas outras epidemias e pandemias. Cuidados individuais, proteção do grupo de risco e tudo funcionando, desde o início, inclusive as escolas... quarentena e lockdown foram invenções pseudo científicas que só pioraram o resultado." Deputado Osmar Terra (MDB-RS), médico. Fonte: o próprio Twitter.

12 de outubro de 2020
"Impressionante gráfico da Secretaria de Saúde de Porto Alegre mostra que morreu menos pessoas na capital gaúcha em 2020, nos tempos de Covid-19, do que em 2019. E as mortes diminuíram mais, particularmente depois que houve uma 'flexibilização' da quarentena e do *lockdown* inúteis!" Deputado Osmar Terra (MDB-RS), médico. Fonte: o próprio Twitter.

14 de outubro de 2020
"A última tá lá a OMS [Organização Mundial da Saúde] dizendo que são contra o confinamento, o lockdown." Presidente Jair Bolsonaro. Fonte: Aos Fatos.

16 de outubro de 2020
"Estamos subsidiando capital e taxando o trabalho. É inaceitável. Então, enquanto as pessoas não vierem com uma solução melhor, eu prefiro a segunda melhor, que é esse imposto de merda [imposto sobre transações financeiras]." Paulo Guedes, ministro da Economia, em *live* em inglês promovida pela XP Investimentos. Fonte: IstoÉ Dinheiro, Estadão Conteúdo.

19 de outubro de 2020
"(...) Em resumo, nós temos agora uma ferramenta [no combate a Covid-19] que o Ministério da Saúde pode utilizar para ajudar a salvar vidas. (...) Dá para ter uma noção do que estamos anunciando aqui hoje, né? Nós estamos anunciando algo que vai começar a mudar a história da pandemia." Astronauta Marcos Pontes, ministro da Ciência e Tecnologia e Inovações, em cerimônia no Palácio do Planalto, com a presença do presidente Jair Bolsonaro, se referindo ao uso do antiparasitário nitazoxanida (também conhecido pelo nome comercial Annita). Fonte: Folha, por Phillippe Watanabe.

19 de outubro de 2020
"A gente começa a conversar com o nosso Ernesto Araújo, começa a conversar com alguns embaixadores fora do Brasil, porque em país da África Subsaariana, por exemplo, que é muito comum a malária e é muito combatida com a hidroxicloroquina, por que que as mortes são baixas?" Presidente Jair Bolsonaro. Fonte: Aos Fatos.

19 de outubro de 2020
"(...) E na economia o Brasil é um dos países que melhor se saiu nessa questão da pandemia." Presidente Jair Bolsonaro. Fonte: Aos Fatos.

19 de outubro de 2020
"[A vacina] tem que ter comprovação científica." Presidente Jair Bolsonaro. Fonte: Aos Fatos.

**BOLSONARO E SEUS SEGUIDORES: O HORROR EM 3.560 FRASES**

**19 de outubro de 2020**
"E, não apenas isso, conversei com médicos militares e outros civis que conhecia no Brasil todo, alguns no seu respectivo hospital estavam usando isso [hidroxicloroquina] e no início estava dando certo (...)." Presidente Jair Bolsonaro. Fonte: Aos Fatos.

**19 de outubro de 2020**
"Metade da população diz que não quer tomar esse vacina, esse é um direito das pessoas." Presidente Jair Bolsonaro. Fonte: Yahoo! Notícias.

**19 de outubro de 2020**
"A coisa ficou insana mesmo: apoiar o uso não compulsório da cloroquina (usada desde 2012 contra o corona) está sendo EQUIPARADO à vacinação compulsória de algo que só os hamsters poderiam dizer que funciona. O que fizeram com o cérebro dessa gente?" Allan dos Santos, *youtuber* e blogueiro do canal 'Terça Livre'. Fonte: Relatório da CPI da Covid-19 do Senado Federal.

20 de outubro de 2020
"Espero, se for a vontade de Deus, comparecer à posse do presidente [Donald Trump], brevemente reeleito nos EUA. Não preciso esconder isso, é do coração." Presidente Jair Bolsonaro. Fonte: BBC News.

**20 de outubro de 2020**
"Vivemos em um país democrático, governado por um Presidente que luta pela liberdade do povo. Isso significa que nós, brasileiros, temos o DIREITO de escolha. Não pode impor vacina, sobretudo porque sabemos que vacinas seguras costumam exigir o tempo. Na minha casa, não entram!" Fábio Faria, ministro das Comunicações. Fonte: o próprio Twitter.

20 de outubro de 2020
"Após reunião virtual com governadores na tarde de hoje, o ministro da Saúde, general Eduardo Pazuello, assinou um protocolo de intenções para adquirir 46 milhões de doses da vacina CoronaVac, que está sendo desenvolvida pela farmacêutica chinesa Sinovac em parceria com o Instituto Butantan." Governo Federal. Fonte: Agência Brasil.

**20 de outubro de 2020**
"Tratamento precoce para salvar vidas. Não tivesse sido politizado de maneira irresponsável o tratamento precoce da Covid-19, com os medicamentos indicados para isso, teria salvado muitas vidas. É o que o presidente e o governo buscam desde sempre. (...) O Ministério da Saúde divulgou novas orientações para o uso da cloroquina ou da hidroxicloroquina no tratamento precoce de pacientes diagnosticados com a Covid-19. Agora, crianças, gestantes e adolescentes que fazem parte dos grupos de risco também podem tratadas com os medicamentos." Secretaria Especial de Comunicação Social (SECOM), do Governo Federal. Fonte: Relatório da CPI da Covid-19 do Senado Federal.

**21 de outubro de 2020**
"'Efeito colateral da vacina chinesa pode ser pior que a Covid-19', diz neurocirurgião. (...)" Jovem Pan. Fonte: Relatório da CPI da Covid-19 do Senado Federal.

**21 de outubro de 2020**
"Obrigar a população a se vacinar é uma atitude autoritária. (...) [A população] já está por demais inalada (sic) por discursos de terrorismo desde o início da pandemia." Presidente Jair Bolsonaro. Fonte: Valor Econômico, por Matheus Schuch.

21 de outubro de 2020
"Não compraremos a vacina [CoronaVac, desenvolvida pelo Instituto Butantan e a fabricante chinesa de medicamentos Sinovac] da China, bem como meu governo não mantém diálogo com João Doria [governador de São Paulo, estado sede do Instituto Butantan] sobre covid-19" Presidente Jair Bolsonaro. Fonte: G1 e Poder360.

21 de outubro de 2020
"Houve uma interpretação equivocada do ministro da Saúde [general Eduardo Pazuello]. Não houve qualquer compromisso com o governo do estado de São Paulo ou seu governador no sentido de aquisição de vacinas contra a Covid-19." Coronel Elcio Franco Filho, secretário executivo do ministério da Saúde. Fonte: YouTube.

21 de outubro de 2020
"Toda e qualquer vacina está descartada." Presidente Jair Bolsonaro. Fonte: Folha.

21 de outubro de 2020
"Os números têm apontado que a pandemia está indo embora." Presidente Jair Bolsonaro. Fonte: Aos Fatos.

**BOLSONARO E SEUS SEGUIDORES: O HORROR EM 3.560 FRASES**

21 de outubro de 2020
"Não se justifica um bilionário aporte financeiro num medicamento que sequer ultrapassou sua fase de testagem. Diante do exposto, minha decisão é a de não adquirir a referida vacina." Presidente Jair Bolsonaro. Fonte: o próprio Twitter.

22 de outubro de 2020
"Da China nós não compraremos, é decisão minha. Eu não acredito que ela [vacina] transmita segurança suficiente para a população pela sua origem." Presidente Jair Bolsonaro. Fonte: UOL (16/07/2021).

22 de outubro de 2020
"Senhores, é simples assim: um manda e o outro obedece." General Eduardo Pazuello, ministro da Saúde, ao lado do presidente Jair Bolsonaro. Fonte: G1.

22 de outubro de 2020
"Lembrando que o jornalista investigativo Joshua Philipp já denunciou que a vacina chinesa é para aumentar a propagação do vírus." Allan dos Santos, *youtuber* e blogueiro do canal 'Terça Livre'. Fonte: Relatório da CPI da Covid-19 do Senado Federal.

22 de outubro de 2020
"O que a pandemia tem nos revelado são os aprendizes de ditadores. Figuras nanicas, hipócritas, idiotas, boçais, achando que mandam no estado dele. 'Vai tomar vacina. Vai tomar você, vai tomar o que você entender, Coca-cola, Tubaína'." Presidente Jair Bolsonaro. Fonte: Correio Braziliense, por Thays Martins.

22 de outubro de 2020
"Somente a fé verdadeira desse povo cristão e conservador proporciona a couraça moral e o coração palpitante de amor patriótico para enfrentar o dragão da maldade." Ernesto Araújo, ministro das Relações Exteriores. Fonte: O Globo.

22 de outubro de 2020
"Se isso [a política externa do governo Bolsonaro] faz de nós um pária internacional, então que sejamos esse pária." Ernesto Araújo, ministro das Relações Exteriores. Fonte: O Globo.

24 de outubro de 2020
"Vacina obrigatória só aqui no Faísca [o cachorro]." Presidente Jair Bolsonaro. Fonte: Veja, por Hugo Marques.

**25 de outubro de 2020**
"Presidente Bolsonaro afirma que vacina chinesa não oferece credibilidade." Crítica Nacional. Fonte: Relatório da CPI da Covid-19 do Senado Federal.

**25 de outubro de 2020**
"Se a vacina contra o vírus chinês, que por sinal ainda nem existe, é tão boa, só quem quiser tomar deveria tomar por uma simples razão: os vacinados não seriam contaminados pelos não-vacinados e os não-vacinados não teriam sua liberdade violada. Todo mundo ficaria feliz. Fechado?" Bernardo P. Küster, diretor de opinião do jornal Brasil Sem Medo. Fonte: o próprio Twitter.

**27 de outubro de 2020**
"Boas notícias sobre a Covid-19: 1) queda acentuada do número de mortes registradas por Covid-19 nas últimas 4 semanas. Como o registro de óbitos sempre é atrasado, essa queda vem acontecendo há mais tempo. 2) no mês 10 estão ocorrendo menos mortes de todas as causas que em 2019!" Deputado Osmar Terra (MDB-RS), médico. Fonte: o próprio Twitter.

**28 de outubro de 2020**
"O meu [caso de Covid-19] eu não senti nada. Uma pequena febre, de 37ºC, quase 38ºC, um pouco de cansaço. Tomei a cloroquina, a hidroxicloroquina, no dia seguinte estava bom." Presidente Jair Bolsonaro. Fonte: Aos Fatos.

**28 de outubro de 2020**
"Eu queria debater, em especial, a imunidade de rebanho por transmissão, volta à normalidade. Esse é o tema. Nós estamos vendo a segunda onda de infecção, transmissão do vírus na Europa. Todas as medidas de recuperação econômica tomadas vão por água abaixo, começa tudo de novo. É muito caro este modelo. Eu pessoalmente acredito que nós deveríamos retomar totalmente a normalidade da sociedade, fazer o isolamento vertical, ou seja, só idosos e imunodeprimidos terem cuidados especiais, e, desta forma, nós adquiriríamos a imunidade de rebanho, encerraríamos a epidemia e faríamos um plano de retomada econômica sustentável, no médio e longo prazos (...). Nós já estruturamos o sistema de saúde, já temos os antivirais que sabemos que têm algum efeito. Já estamos com campanha — até assisti ontem; parabéns ao ministro Pazuello! — na televisão, mandando tratar os primeiros sintomas." Deputado Ricardo Barros (PP-PR), líder do Governo na Câmara dos Deputados, em evento no Congresso Nacional para debater a 'imunidade de rebanho', que contou com a participação de Nise Yamaguchi, Paolo Zanotto e Anthony Wong. Fonte: Relatório da CPI da Covid-19 do Senado Federal.

**BOLSONARO E SEUS SEGUIDORES: O HORROR EM 3.560 FRASES**

**28 de outubro de 2020**
"A cloroquina tem uma comprovação aí. A ivermectina. A Annita também, comprovada cientificamente aqui, né? Cientificamente, não. Comprovada por experiência, por análise através do Marcos Pontes." Presidente Jair Bolsonaro. Fonte: Aos Fatos.

**29 de outubro de 2020**
"Ninguém vai tomar a tua vacina na marra não, tá ok? Procura outro. E eu que sou o governo, o dinheiro não é meu, é do povo, não vai comprar tua vacina também, não, tá ok? Procura outro para pagar tua vacina aí." Presidente Jair Bolsonaro, se dirigindo a João Doria, governador de São Paulo, sobre a vacina CoronaVac. Fonte: UOL.

**29 de outubro de 2020**
"Já mandei cancelar [a compra da vacina CoronaVac]. (...) Não abro mão da minha autoridade." Presidente Jair Bolsonaro. Fonte: UOL.

**29 de outubro de 2020**
"Na África Subsaariana, abaixo do Saara. Chegava o cara com malária e Covid. Tomava hidroxicloroquina e se curava." Presidente Jair Bolsonaro. Fonte: Aos Fatos.

**29 de outubro de 2020**
"E mais ainda, quem toma [hidroxicloroquina] nem vai para o hospital. Muito menos vai ficar intubado." Presidente Jair Bolsonaro. Fonte: Aos Fatos.

**29 de outubro de 2020**
"Eu acho que não, a vacina as pessoas têm que sentir segurança para tomar (...)." Tereza Cristina, ministra da Agricultura, numa *live*, questionada pelo presidente Jair Bolsonaro: 'você vai tomar [a vacina], Tereza?' Fonte: YouTube.

**29 de outubro de 2020**
"Doutor Bolsonaro." Tereza Cristina, ministra da Agricultura, numa *live* sendo perguntada pelo presidente Jair Bolsonaro se ela tomaria cloroquina e quem era o médico dela. Fonte: YouTube.

**30 de outubro de 2020**
"O que que eu vejo na questão da pandemia? Ela tá indo embora." Presidente Jair Bolsonaro. Fonte: Aos Fatos.

**03 de novembro de 2020**
"Mais uma semana se inicia. Reta final da campanha [eleitoral]. Fiquem espertos com a falsa direita, estou vendo muita gente sendo iludida. No Rio [de Janeiro] o Presidente Bolsonaro apoia [Marcelo] Crivella [Republicanos-RJ] prefeito! Olhos bem abertos em relação aos vereadores também." Rogéria Bolsonaro, ex-vereadora, ex-mulher do presidente Jair Bolsonaro e mãe de Flávio, Carlos e Eduardo Bolsonaro. Fonte: o próprio Twitter.

**04 de novembro de 2020**
"Tá chegando a hora, o Brasil está com [Donald] Trump." Rogéria Bolsonaro, ex-vereadora, ex-mulher do presidente Jair Bolsonaro e mãe de Flávio, Carlos e Eduardo Bolsonaro. Fonte: o próprio Twitter.

**04 de novembro de 2020**
"Nego acha que eu chutei a hidroxicloroquina. Eu tenho ligação com o mundo todo. Países da África Subsaariana. O cara chegava com malária e com Covid. Tomava hidroxicloroquina e se curava. Precisa ser inteligente que dava certo também para a Covid." Presidente Jair Bolsonaro. Fonte: Aos Fatos.

**04 de novembro de 2020**
"A diminuição da carga viral é enorme, comprovado não só a Annita, como a ivermectina e a hidroxicloroquina." Presidente Jair Bolsonaro. Fonte: Aos Fatos.

**05 de novembro de 2020**
"A informação que recebi AGORA é MUITO BOA. Assustadora, mas é boa. Ainda preciso verificar os detalhes, o resumo é esse: [o presidente Donald] Trump ganhou as eleições, mas quer provar a fraude de 2018 e 2020. Para provar, precisou 'deixar' o inimigo 'agir' para provar." Allan dos Santos, *youtuber* e blogueiro do canal 'Terça Livre'. Fonte: o próprio Twitter.

**07 de novembro de 2020**
"Eu já contraí o vírus, você já contraiu? Então o meu entendimento: nós não precisamos de vacina. Nós já estamos imunizados." Presidente Jair Bolsonaro. Fonte: Aos Fatos.

**10 de novembro de 2020**
"Quando acabar a saliva, tem que ter pólvora." Presidente Jair Bolsonaro, ameaçando os Estados Unidos do presidente eleito Joe Biden. Fonte: Poder360.

## BOLSONARO E SEUS SEGUIDORES: O HORROR EM 3.560 FRASES

**10 de novembro de 2020**
"A minha vida aqui é uma desgraça, problema o tempo todo. Não tenho paz para nada. Não posso mais tomar um caldo de cana na rua, comer um pastel." Presidente Jair Bolsonaro. Fonte: Fórum.

**11 de novembro de 2020**
"Morte, invalidez, anomalia [sobre a vacina CoronaVac]. (...) O presidente disse que a vacina jamais poderia ser obrigatória. Mais uma que Jair Bolsonaro ganha." Presidente Jair Bolsonaro. Fonte: Yahoo! Notícias.

**11 de novembro de 2020**
"E vai ajudar a mostrar, para quem vem de fora, que a Bacia Amazônica não pega fogo." Presidente Jair Bolsonaro. Fonte: Aos Fatos.

**11 de novembro de 2020**
"Tudo agora é pandemia, tem que acabar esse negócio. Lamento os mortos, lamento. Todos nós vamos morrer um dia, aqui todo mundo vai morrer. Não adianta fugir disso, fugir da realidade. Tem que deixar de ser um país de maricas." Presidente Jair Bolsonaro. Fonte: Yahoo! Notícias.

**11 de novembro de 2020**
"Eu desconheço qualquer pessoa que tenha tomado esses três medicamentos [hidroxicloroquina, ivermectina e nitazoxanida] no início do seu problema que ele tenha agravado a sua situação de saúde. Isso não aconteceu." Presidente Jair Bolsonaro. Fonte: Aos Fatos.

**11 de novembro de 2020**
"Olha que prato cheio para a imprensa. Prato cheio para a urubuzada [de jornalistas] que está ali atrás." Presidente Jair Bolsonaro. Fonte: Yahoo! Notícias.

**11 de novembro de 2020**
"Eu tomei a hidroxicloroquina na fase inicial." Presidente Jair Bolsonaro. Fonte: Aos Fatos.

**12 de novembro de 2020**
"(...) Que foi o Marcos Pontes que chegou nessa conclusão e já tem uma comprovação, [a nitazoxanida] serve como remédio." Presidente Jair Bolsonaro. Fonte: Aos Fatos.

**12 de novembro de 2020**
"Sobre a vacina, parece que tem coisa esquisita aparecendo, mas não vou falar, para evitar polêmica." Presidente Jair Bolsonaro. Fonte: Yahoo! Notícias.

**12 de novembro de 2020**
"Pode ser o efeito colateral da vacina também. Tudo pode ser. Não sei se já chegaram à conclusão, mas esclarece e volta a pesquisar a vacina, a CoronaVac, da China. (...) Estão tentando investigar, porque quando um pessoa comete suicídio, geralmente tem um histórico de depressão, a mulher largou ele, o marido largou ela. Uma série de coisas: histórico familiar, perdeu o emprego, perdeu tudo. Vamos apurar a causa do suicídio e daí, obviamente, em sendo suicídio, não tem nada a ver com a vacina." Presidente Jair Bolsonaro. Fonte: jornal Estado de Minas.

**13 de novembro de 2020**
"Mesmo que houvesse uma segunda onda [de Covid-19], é só fazer o tratamento precoce. Conversa com o médico, tem três medicamentos para outras coisas que servem também para combater a Covid, que a princípio se resolve o assunto." Presidente Jair Bolsonaro. Fonte: Yahoo! Notícias.

**13 de novembro de 2020**
**"E agora tem essa conversinha de segunda onda." Presidente Jair Bolsonaro. Fonte: Yahoo! Notícias.**

**16 de novembro de 2020**
"O péssimo desempenho dos bolsonaristas na eleição não tem mistério nenhum. Ludibriado pela conversa mole de generais-melancias, o presidente confiou demais no sucesso inevitável da sua liderança pessoal, sem perceber que ela não passava, precisamente, disso: uma liderança pessoal sem respaldo militante e incapaz, por isso, de transmitir seu prestígio a qualquer aliado." Olavo de Carvalho. Fonte: UOL (25/01/2022), por Pedro Vilas Boas.

**18 de novembro de 2020**
"URGENTE: Um grande estudo dinamarquês confirma que as máscaras não funcionam e podem ser perigosas." Canal 'Terça Livre'. Fonte: Relatório da CPI da Covid-19 do Senado Federal.

**18 de novembro de 2020**
"Diante do aumento do número de casos de Covid-19 (...), recomendamos o tratamento precoce. (...) As pessoas que estão fora do grupo de risco e as crianças devem continuar suas atividades normais." Ministério da Saúde, no Twitter. Fonte: Relatório da CPI da Covid-19 do Senado Federal.

**BOLSONARO E SEUS SEGUIDORES: O HORROR EM 3.560 FRASES**

19 de novembro de 2020
"Se o índio faz uma queimadinha, o caboclo faz, aparece no satélite. Se ele faz uma fogueira de São João." Presidente Jair Bolsonaro. Fonte: Aos Fatos.

20 de novembro de 2020.
"Não existe racismo estrutural no Brasil: o nosso racismo é circunstancial — ou seja, há alguns imbecis que cometem o crime. Uma 'estrutura onipresente' que dia e noite oprime e marginaliza todos os negros, como defende a esquerda, não faz sentido nem tem fundamento." Sérgio Camargo, presidente da Fundação Palmares. Fonte: o próprio Twitter.

21 de novembro de 2020
"Tratamento precoce para pacientes com Covid-19. Importância da Hidroxicloroquina e de outros tratamentos precoces nos Estados Unidos e no mundo." Nise Yamaguchi. Fonte: Sleeping Giants Brasil.

22 de novembro de 2020
"Mantemos o firme compromisso de continuar a preservar nosso patrimônio ambiental." Presidente Jair Bolsonaro. Fonte: Aos Fatos.

24 de novembro de 2020
"Tira o digital se você tem culhão! Tira a porra do digital e cresce! Dá nome aos bois! De uma vez por todas, Barroso [Luís Roberto Barroso, ministro do STF e presidente do TSE], vira homem! Tira a porra do digital! E bota só terrorista! Pra você ver o que a gente faz com você! Tá na hora de falar grosso nessa porra!" Allan dos Santos, *youtuber* e blogueiro do canal 'Terça Livre'. Fonte: YouTube do Terça Livre.

24 de novembro de 2020
"Pergunta pro vírus." Presidente Jair Bolsonaro, ao ser perguntado sobre uma possível extensão do auxílio emergencial. Fonte: Yahoo! Notícias.

25 de novembro de 2020
"Bolsonaro: se você não é capaz nem de defender a liberdade dos seus mais fiéis amigos, renuncie e vá para casa antes de perder o prestígio que em outras épocas soube merecer." Olavo de Carvalho. Fonte: o próprio Twitter.

**25 de novembro de 2020**
"Tal acordo [rachadinhas] teria sido realizado sem consulta ou anuência do então Deputado Estadual [Flávio Bolsonaro] nem de seu Chefe de Gabinete, valendo-se da confiança e da autonomia que possuía." Fabrício Queiroz, em explicação dada ao Ministério Público Estadual (MPE-RJ), no processo que tramita no Órgão Especial do Tribunal de Justiça do estado do Rio de Janeiro, sobre a prática das 'rachadinhas' na Assembleia Legislativa do Rio de Janeiro. Fonte: CNN Brasil, por Iuri Corsini e Elis Barreto.

**26 de novembro de 2020**
"Há uma preocupação de que 'interesses outros' possam estar envolvidos nessa questão da vacina. Se morrer hoje, vai para o céu, que é santo. Mas a questão é séria e temos que ter responsabilidade, Não é falar que 'vou obrigar'." Presidente Jair Bolsonaro. Fonte: Yahoo! Notícias.

**26 de novembro de 2020**
"Eu falei para o meu estado atlético, minha vida pregressa, que eu sempre cuidei do meu corpo. Nunca deixei de praticar esporte, nunca fui sedentário, e disse que se o Covid chegar em mim eu não sentiria quase nada. O pessoal foi para a gozação, para o lado que eu estava menosprezando as mortes." Presidente Jair Bolsonaro. Fonte: Yahoo! Notícias.

**26 de novembro de 2020**
"A grande mídia falando que eu chamei de gripezinha a questão do Covid. Não existe um vídeo ou um áudio meu falando dessa forma." Presidente Jair Bolsonaro. Fonte: BBC News.

**26 de novembro de 2020**
"Zombaram de mim, chamaram de capitão hidroxicloroquina, agora, não apresentavam alternativa. (...) Eu, no dia seguinte [após tomar a hidroxicloroquina], estava bem." Presidente Jair Bolsonaro. Fonte: Aos Fatos.

**27 de novembro de 2020**
"Vou estar em Itajaí antes do Natal, mas não vou tomar ozônio lá não tá (risos). Diz que o prefeito do ozônio foi reeleito né?! O pessoal sabe dessa história ou não? Vou falar só em partes: o prefeito falou que cura a Covid com ozônio, com aplicação de ozônio. Mas não pergunta onde é a aplicação, não (risos). Tinha muita gente indo pra lá tomar ozônio... 'estou com Covid' (risos)." Presidente Jair Bolsonaro. Fonte: Yahoo! Notícias.

**27 de novembro de 2020**
"O ministro Tarcísio [de Freitas, da Infraestrutura] acabou de dar Covid. Fui informado e não conseguia falar com ele. Já está tomando hidroxicloroquina." Presidente Jair Bolsonaro. Fonte: Metrópoles.

27 de novembro de 2020
"[A máscara] é pouco eficaz. (...) A última coisa que falta eu acertar é a máscara." **Presidente Jair Bolsonaro. Fonte: Metrópoles.**

**27 de novembro de 2020**
"Eu não inventei a cloroquina. Você liga para os embaixadores da África e pergunta: 'Quando o cara chega com malária e Covid e ele toma hidroxicloroquina, ele cura das duas?'. 'Sim.' Qualquer pessoa com mediana inteligência conclui que serve para as duas coisas." Presidente Jair Bolsonaro. Fonte: Metrópoles.

27 de novembro de 2020
**"Eu já peguei o vírus, eu não vou tomar a vacina." Presidente Jair Bolsonaro. Fonte: Aos Fatos.**

29 de novembro de 2020
"Eu tenho minhas fontes de informações. Não adianta falar pra vocês [jornalistas], [que] não vão divulgar. Realmente teve muita fraude lá [nos EUA]. Se ela foi suficiente para definir um ou outro, eu não sei. Eu estou aguardando um pouco mais que lá seja decidido. Pelos Estados, ou pela Justiça Eleitoral deles e, quem sabe, pela Suprema Corte". Presidente Jair Bolsonaro. Fonte: Poder360, por Nathan Victor.

**29 de novembro de 2020**
"Agora, tinha reclamações de que o cara ia votar no 17 e não conseguia votar. Mas votava no 13." Presidente Jair Bolsonaro. Fonte: Aos Fatos.

**29 de novembro de 2020**
"Vamos fazer campanha de voto impresso para próximas eleições. QUEREMOS VOTO IMPRESSO." Rogéria Bolsonaro, ex-vereadora, ex-mulher do presidente Jair Bolsonaro e mãe de Flávio, Carlos e Eduardo Bolsonaro. Fonte: o próprio Twitter.

**02 de dezembro de 2020**
"Eu já tô vacinado. Eu peguei o vírus" Presidente Jair Bolsonaro. Fonte: Aos Fatos.

02 de dezembro de 2020
"Registra-se que as vacinas do Covid-19 são experimentais e algumas inclusive trazem inovações desconhecidas em seres humanos como as vacinas NRA, que pode, afetar o DNA." Deputada Bia Kicis (PSL-DF). Fonte: o próprio Twitter.

**02 de dezembro de 2020**
"Fundamentalmente que ela [a vacina da farmacêutica Pfizer] seja termoestável por longos períodos, em temperatura de 2°C a 8°C. Por quê? Porque nossa rede de frios, nas 34 mil salas, é montada e estabelecida com aproximadamente 2°C a 8°C." General Eduardo Pazuello, ministro da Saúde, defendendo que a rede de saúde pública não tem infraestrutura para a imunização contra a Covid-19 com a vacina Pfizer/BioNTech. Fonte: BBC News Brasil.

**03 de dezembro de 2020**
"Como na semana passada, eu falei que desafio alguém a mostrar um áudio, um vídeo meu dizendo que eu classifiquei a Covid-19 como uma gripezinha." Presidente Jair Bolsonaro. Fonte: Aos Fatos.

**03 de dezembro de 2020**
"Agora a gente vai para aquela questão da Guerra do Pacífico: quando o soldado chegava, ferido, sem sangue e não tinha um doador. Porque quem podia doar já doou. Começaram a tocar o quê? Água de coco na veia dele. Depois, foi ver no futuro. Começou a salvar gente. E no futuro comprovou-se que era uma maneira de remediar, de substituir o sangue naquele momento." Presidente Jair Bolsonaro. Fonte: Aos Fatos.

03 de dezembro de 2020
"(...) Entre um milico e um redator do Diário do Cu do Mundo, qual a diferença?" Olavo de Carvalho. Fonte: o próprio Twitter.

06 de dezembro de 2020
"Há milhares de homens honrados nas Forças Armadas, mas de quê adianta isso se são comandados por farsantes e traidores?" Olavo de Carvalho. Fonte: o próprio Twitter.

06 de dezembro de 2020
"Por que os que se fingem de valentes se escondem por trás de ZÓIOS DO CU VERDES?" Olavo de Carvalho. Fonte: o próprio Twitter.

**BOLSONARO E SEUS SEGUIDORES: O HORROR EM 3.560 FRASES**

06 de dezembro de 2020
"Durante toda a sua campanha eleitoral, o Bolsonaro prometia uma luta decisiva contra os comunistas, enquanto os generais tramavam uma aliança com eles, enganando o povo inteiro. (...) Por que a turma verdinha nunca diz 'A' contra os comunistas, só contra quem os combate? Por que concede aos comunistas o monopólio do direito à propaganda ideológica? (...) Escondem-se por trás de um homem paralisado pela doença [se referindo indiretamente ao general Eduardo Villas Bôas, ex-comandante do Exército, que sofre de uma doença degenerativa], usando-o como arma contra um inocente, e depois ainda fingem que foi este, e não eles próprios, quem desrespeitou o doente. Valores e princípios? Baixeza e vigarice, isto sim. (...) Há milhares de homens honrados nas Forças Armadas, mas de quê adianta isso se são comandados por farsantes e traidores?" Olavo de Carvalho. Fonte: Poder360.

06 de dezembro de 2020
"(...) O Brasil tem passado por uma subversão da ordem, principalmente na ordem jurídica e na ordem legislativa. O desrespeito à tripartição do Estado é tão escandalosa que as vezes qualquer pessoa que não seja jurista ou até mesmo um aluno de direito, ou até mesmo uma pessoa minimamente esclarecida se assusta com o que está acontecendo. Hoje nós temos tivemos um ato aqui em Brasília, eu estou em Brasília, sobre o voto impresso, que é um voto que é muito importante porque é o único mecanismo, único objeto que permite que você tenha certeza que o seu voto computado foi para aquele candidato que você escolheu. E aqui no Brasil, desde 1996, nós temos a urna eletrônica, que foi um meio de perpetuação no poder, embora sempre ocorreram as fraudes, mas em menor escala porque tínhamos uma hegemonia da política esquerdista no Brasil, o que significa que eles fraudavam pouco, logo passava despercebido por todos nós porque não era necessário uma fraude ampla. Depois das ondas conservadoras que varreram o Brasil de ponta a ponta, essa fraude começou a ficar muito mais acentuada, muito mais hostil e muito mais explícita, de forma que eles sequer se preocupem em fazê-la, tanto que eles têm o apoio da mídia, e evidente a mídia passa pano pros corruptos, pros fraudadores, aí pro nosso boquinha de veludo, ministro [do STF Luís Roberto] Barroso, que hoje é [também] presidente do TSE [Tribunal Superior Eleitoral], que foi até os Estados Unidos observar como seriam as fraudes lá para que ele pudesse aplicar o protocolo aqui. E muitas pessoas têm medo de falar porque evidentemente vão sofrer retaliações de uma Suprema Corte, que nem tão suprema é, com ministrinhos de papel que simplesmente alimentam e nutrem a corrupção. Essa é a verdade, ponto! (...) Claro que eles [os 11 ministros do STF] vão ter lá seus familiares, que na minha opinião são cúmplices, são tão criminosos quanto, porque se acobertam nisso. Se eu sou criminoso e minha mãe me defende ela é criminosa comigo. Esse é o ponto. Esse é o ponto inarredável da questão. Se minha filha comete o tráfico de drogas, eu mesmo vou prendê-la, ponto. Tá cometendo um ilícito que coloca em risco a sociedade de bem, pode ser minha filha, pode ser minha mãe, minha irmã, meu falecido irmão, qualquer um, amigo, eu não vou lá passar pano para vagabundo. Eu não quero que passem pano para mim caso um dia eu

venha a errar, o que simplesmente não vai acontecer porque eu tenho lá minha bússola moral a seguir. Falei lá na manifestação: se continuarem nessa maneira o STF e a Justiça Eleitoral não vão mais existir porque nós não permitiremos, e é verdade. Nós não vamos permitir que uma Justiça Eleitoral, totalmente detentora de um monopólio de poder exista. (...) Me prendam! Me prendam que eu quero ver. Manda o Alexandre de Moraes, o [Edson] Fachin, o [Luiz] Fux, o Marco Aurélio Melo, [Ricardo] Lewandowski, Rosa Weber, Carmem Lúcia [todos(as) ministros(as) do STF], venham me prender que eu quero ver. Venham me prender! Eu desafio vocês a isso: me prendam! Me prendam! Que tem uns relatórios vindo aí para vocês sobre fraudes nas urnas. [Luís Roberto] Barroso, te prepara Barroso, existe um tempo para tudo, te prepara que a tua batata está assando, e está assando bem. Só que tem um problema, vocês não contavam com políticos como eu e outros (...). Seus idiotas [os ministros do STF] (...). [Luís Roberto] Barroso, vocês são tão cretinos, tão marginais, isso é cretinice. Não adianta ficar ofendidinho não. Não adianta não! (...) Mas a Rosa Weber, malandramente, preparando terreno para você, Barroso. (...) Isso é um crime, não só esse mas vários outros. Vocês margeiam a lei. São marginais. Vocês são marginais (...). Vocês protegem bandidos, vocês protegem esses bandidos, dão liberdades a eles e a expectativa da liberdade. Vocês permitem que eles se encorajem cada vez mais para cometerem seus ilícitos, e eles [os criminosos] sabem que tem um escritório de advocacia só para eles: o STF [Supremo Tribunal Federal] (...). Porque vocês mesmos, guardiões da Constituição, a estão rasgando no meio, e limpando as suas bundas com ela, é o que vocês estão fazendo (...). Quem vocês pensam que são? Vocês são a escória do poder judiciário. O lixo do poder judiciário (...). Já deixou muito claro o jurista doutor Ives Gandra [Martins] (...) que o artigo 142 é o poder moderador (...). Quando bater um cabo e um soldado na portinha de vocês, não adianta fechar a porta, não, porque vai ser arrombada. (...) Sim, sim, as Forças Armadas podem sim intervir. É o que nós queremos? Eu confesso que a maioria dos brasileiros pede isso (...). Vocês [ministros do STF] são tão oligofrênicos. Na verdade não, vocês são canalhas mesmo. Vocês tomam decisões sempre em prol da injustiça, do crime. O STF não precisava existir, não precisava! Ele deveria ser extinto e criado uma nova corte constitucional com juízes de carreira, totalmente imparciais que defendessem a norma independente se o cara é de direita ou de esquerda (...). Vocês são doentes! Vocês são megalomaníacos! Vocês não merecem sentar nessa cadeira da Suprema Corte. Vocês precisam passar por um teste de sanidade mental (...). Qualquer tipo de fraude ou suspeita de fraudes as eleições, o pleito deve ser anulado, Barroso não aceitou. Claramente tivemos centenas e milhares de fraudes por todos os 5.570 municípios do Brasil (...) E o risco que nós corremos é ter uma fraude em 2022 para tentarem derrubar o presidente [Jair Bolsonaro]. (...) Vocês [ministros do STF] já cavaram as suas covas (...)." Daniel Silveira (PSL-RJ). Fonte: YouTube do próprio deputado Daniel Silveira, com o título: "Convoquei as Forças Armadas para intervir no STF?".

**BOLSONARO E SEUS SEGUIDORES: O HORROR EM 3.560 FRASES**

**06 de dezembro de 2020**
"A pandemia não pode ser pretexto para controle social totalitário violando inclusive os princípios das Nações Unidas. As liberdades fundamentais não podem ser vítimas da Covid. Liberdade não é ideologia. Nada de Great Reset. Minha fala em sessão ONU sem Covid: youtu.be/nikOIQVm6vc." Ernesto Araújo, ministro das Relações Exteriores. Fonte: o próprio Twitter.

**06 de dezembro de 2020**
"Os globalistas preparam uma vacina para mudar nosso DNA, que nos foi dado por Deus. Esse Bill Gates é um assassino, genocida, satanista. Ele quer matar milhões de pessoas e trocar o nosso DNA pela marca da Besta. Ele é um demônio!" Roberto Jefferson, presidente nacional do PTB. Fonte: o próprio Twitter.

**08 de dezembro de 2020**
"O Ministério [da Saúde] optou por assegurar o mínimo de 10%, mas é importante ressaltar que, conforme previsto no contrato de adesão, a pasta pode adquirir mais vacinas junto aos laboratórios que integram a aliança." Ministério da Saúde, que optou por aderir ao Covax Facility, iniciativa da Organização Mundial da Saúde (OMS), com cota mínima de 10% das doses de vacinas, ao invés da cota máxima de 50%. Fonte: UOL e Poder360.

**09 de dezembro de 2020**
"Cloroquina tem uso recomendado off label. Vacina não se toma off label, não confunda alhos com bugalhos. Procure sobre medicamentos off label." Deputado Carlos Jordy (PSL-RJ). Fonte: no próprio Twitter.

**09 de dezembro de 2020**
"Ministro [Luiz Eduardo] Ramos, sinceramente não sei onde o senhor estava nos anos 2016, 2017, 2018... Mas eu, junto ao Ministro Onyx [Lorenzoni] e outros membros do governo, já estava na Câmara do Deputados articulando em favor da então candidatura do Presidente Jair Bolsonaro (em um momento que quase ninguém acreditava na eleição dele). (...) Não me admira o senhor, Ministro [Luiz Eduardo] Ramos, ir ao presidente Jair Bolsonaro pedir minha cabeça, a entrega do Ministério do Turismo ao Centrão para obter êxito na eleição da Câmara dos Deputados. Ministro [Luiz Eduardo] Ramos, o senhor entra na sala do presidente Jair Bolsonaro comemorando algumas aprovações insignificantes no Congresso, mas não diz o ALTÍSSIMO PREÇO que tem custado, conheço de parlamento, o nosso governo paga um preço de aprovações de matérias NUNCA VISTO ANTES NA HISTÓRIA (...) Ministro [Luiz Eduardo] Ramos, o senhor é exemplo de tudo que não quero me tornar na vida, quero chegar ao fim da minha jornada EXATAMENTE como meus pais me ensinaram, LEAL aos meus companheiros e não um traíra como o senhor. Tenha um Bom dia!" Marcelo Álvaro Antônio, ministro do Turismo, em mensagem para grupo de WhatsApp, e demitido pelo presidente Jair Bolsonaro nesse mesmo dia. Fonte: jornal Estado de Minas, por Ana Mendonça.

**10 de dezembro de 2020**
"Sabe quem também foi filiado ao PSOL? Adélio Bispo, bandido que só não matou Jair Bolsonaro por milagre de Deus. Tanto na tentativa de assassinato do Presidente quanto na morte de Marielle Franco, [vereadora, PSOL-RJ], temos envolvimento de filiados do PSOL. Por que a mídia nunca fala disso?" Deputado Eduardo Bolsonaro (PSL-SP). Fonte: o próprio Twitter.

**10 de dezembro de 2020**
"Estamos vivendo um finalzinho de pandemia. Nosso governo, levando em conta outros países do mundo, foi o que melhor se saiu no tocante à economia (...)." Presidente Jair Bolsonaro. Fonte: Folha.

**10 de dezembro de 2020**
"Não adianta começar a fechar tudo de novo. Um *lockdown* mais rígido acarreta mais mortes." Presidente Jair Bolsonaro. Fonte: Yahoo! Notícias.

**10 de dezembro de 2020**
"O tratamento precoce é o ideal. Sentiu sintomas, vai no médico. Vem alguns dizerem que [a hidroxicloroquina] não tem comprovação. Eu sei, mané." Presidente Jair Bolsonaro. Fonte: Yahoo! Notícias.

**10 de dezembro de 2020**
"Não temos notícia dos nossos irmãos da África, abaixo do deserto do Saara, de grande quantidade de óbitos por Covid e todos esperavam justamente o contrário. As pessoas com alguma deficiência alimentar, pessoas mais pobres, fossem ser em boas e quantidade vitimadas. E não foi por quê? Eles tratam lá, muito, infelizmente, a malária [com cloroquina]." Presidente Jair Bolsonaro. Fonte: Yahoo! Notícias.

**12 de dezembro de 2020**
"Não deixem que o pânico nos domine, a nossa liberdade não tem preço, ela vale mais que a nossa própria vida." Presidente Jair Bolsonaro. Fonte: Yahoo! Notícias.

**12 de dezembro de 2020**
"Hoje tem 'O Brasil Precisa Saber' com a Dra. Nise Yamaguchi. Com décadas de medicina e milhares de vidas salvas, ela deu uma verdadeira palestra sobre pandemia, tratamento precoce, cloroquina e muito mais." Deputado Eduardo Bolsonaro (PSL-SP). Fonte: o próprio Twitter.

**BOLSONARO E SEUS SEGUIDORES: O HORROR EM 3.560 FRASES**

**14 de dezembro de 2020**
"A 'vacina do Doria', que veio da China e que o governador queria aplicar o mais cedo possível, subiu no muro. Até cinco minutos atrás, Doria ameaçava ir 'à justiça', para impor sua vacina. Agora é o próprio Butantã que pede mais tempo para estudar a coisa. Como é que fica, então?" J. R. Guzzo, colunista da Revista Oeste, do jornal O Estado de S.Paulo e da Gazeta do Povo. Fonte: o próprio Twitter.

**15 de dezembro de 2020**
"(...) Mas, como sempre, eu nunca fugi da verdade, eu te digo: eu não vou tomar vacina. E ponto final. Se alguém acha que a minha vida está em risco, o problema é meu. E ponto final." Presidente Jair Bolsonaro. Fonte: Yahoo! Notícias.

**15 de dezembro de 2020**
"Vamos apurar? Vamos, mas cada um com a sua devida estatura e não massacrar o tempo todo, como massacram a minha esposa, quando falei desde o começo que aqueles cheques do Queiroz ao longo de 10 anos foram para mim, não foram para ela. Eu dava 89 (...) divide aí, Datena. R$ 89 mil por 10 anos, dá em torno de R$ 750 por mês. Isso é propina? Pelo amor de deus! Pelo amor de Deus! R$ 750 por mês. O Queiroz pagava conta minha também. Era de confiança, tá?" Presidente Jair Bolsonaro, em entrevista ao jornalista José Luiz Datena, na Band. Fonte: Poder360.

**15 de dezembro de 2020**
"O Queiroz está com esse processo agora. Eu não tenho conversado com ele, agora, ele está sendo injustiçado." Presidente Jair Bolsonaro. Fonte: TV Cultura, UOL.

**15 de dezembro de 2020**
"Os cheques foram para mim, não foram para ela [Michelle Bolsonaro, primeira-dama]." Presidente Jair Bolsonaro. Fonte: TV Cultura, UOL.

**15 de dezembro de 2020**
"É meu filho, sei que tem a ver com ele. Sempre torci que fosse um processo justo, mas isso não está sendo feito. A pressão em cima do meu filho é para me atingir. Não é só em cima do meu filho, é em cima de esposa, ex-mulher, outros filhos, parentes meus, amigos. Essa questão da Abin (...). Estive com o general [Augusto] Heleno e perguntei se alguma coisa foi feita, ele falou que não." Presidente Jair Bolsonaro. Fonte: TV Cultura, UOL.

**15 de dezembro de 2020**
"Parece que o maior bandido da face da terra é o senhor Flávio Bolsonaro. Se tem a sua culpa, que se apure e se puna, mas não dessa forma, tentando me atingir politicamente em todo o momento." Presidente Jair Bolsonaro, em entrevista no programa 'Agora É com Datena', na Band. Fonte: Poder360.

**15 de dezembro de 2020**
"Teve hospital que foi fechado só para atender a Covid, não fez mais nada. Quem tinha problema e podia ter detectado um câncer precoce está numa situação agora que não adianta mais fazer quimioterapia." Presidente Jair Bolsonaro. Fonte: Yahoo! Notícias.

**16 de dezembro de 2020**
"Para que essa ansiedade [de se vacinar], essa angústia?" General Eduardo Pazuello, ministro da Saúde, durante o lançamento do Plano de Vacinação contra a Covid-19. Fonte: G1.

**16 de dezembro de 2020**
"Se você tomar a vacina contra a Covid-19 e tiver efeitos adversos, saiba que você será apenas mais um número estatístico. Ser submetido a tais substâncias farmacêuticas tão precoces é uma decisão sua, um direito individual. Mas saiba que toda escolha tem sua devida consequência." Davy Albuquerque. Fonte: o próprio Twitter.

**16 de dezembro de 2020**
"Lá no meio dessa bula está escrito que a empresa não se responsabiliza por qualquer efeito colateral. Isso acende uma luz amarela. A gente começa a perguntar para o povo: você vai tomar a vacina?" Presidente Jair Bolsonaro. Fonte: Yahoo! Notícias.

**17 de dezembro de 2020**
"Se você virar um jacaré é problema de você. Não vou falar outro bicho para não falar besteira aqui." Presidente Jair Bolsonaro. Fonte: Twitter de Samuel Pancher.

**17 de dezembro de 2020**
"Daí dão porrada em mim porque tá pegando fogo em alguns locais — não da Bacia Amazônica, porque lá não pega fogo —, mas do entorno." Presidente Jair Bolsonaro. Fonte: Aos Fatos.

**BOLSONARO E SEUS SEGUIDORES: O HORROR EM 3.560 FRASES**

**17 de dezembro de 2020**
"Se as pessoas que defendem a vacina de fato acreditassem no poder que ela tem, não nos forçariam a vacinar nossos filhos, afinal se ela funciona, vocês estarão imunizados e não 'pegarão' o vírus de quem não se vacinou. É tão óbvio, que dá vontade de desenhar para os ministros do STF [Supremo Tribunal Federal]." Deputada Carla Zambelli (PSL-SP). Fonte: o próprio Twitter.

**17 de dezembro de 2020**
"Se você se transformar num Super-Homem, se crescer barba em alguma mulher aí, ou algum homem começar a falar fino, eles [farmacêutica Pfizer] não têm nada com isso. E, o que é pior, mexem no sistema imunológico das pessoas." Presidente Jair Bolsonaro. Fonte: Diário de Notícias.

**18 de dezembro de 2020**
"Penetração forçada sem consentimento... [foto de uma seringa de vacina contra a Covid-19]. É estupro. (...) Meu corpo, minhas regras." Elizangela, atriz. Fonte: o próprio Instagram e UOL, Splash (21/01/2022).

**18 de dezembro de 2020**
"É obrigatório mas não é forçado. Poremos uma piroca no seu cu, mas sem enrabá-lo." Olavo de Carvalho. Fonte: o próprio Twitter.

**19 de dezembro de 2020**
"A pressa da vacina não se justifica, porque mexe com a vida das pessoas. Você vai inocular algo e o seu sistema imunológico pode reagir de forma imprevista. (...) A pandemia está chegando no fim. Os números têm mostrado isso. Estamos com uma pequena ascensão agora, que pode acontecer." Presidente Jair Bolsonaro. Fonte: CNN Brasil.

**19 de dezembro de 2020**
"Não há politização nenhuma da nossa parte. Não tenho pressa em gastar, viu, governador? Não estamos com pressa em gastar dinheiro, a nossa pressa é em salvar vidas. Não quero aqui fazer mau juízo de quem quer que seja, mas está muito suspeita essa pressa em gastar R$ 20 bilhões para comprar vacina." Presidente Jair Bolsonaro. Fonte: Yahoo! Notícias.

19 de dezembro de 2020
"A senhora [viúva do coronel Carlos Alberto Brilhante Ustra] é um exemplo. A senhora conta, narra fatos. Como os presos, não era preso político, não, terroristas, eram tratados lá no DOI-Codi de São Paulo. Tratados com toda a dignidade, inclusive as presas grávidas por parte da senhora." Presidente Jair Bolsonaro. Fonte: Aos Fatos.

21 de dezembro de 2020
"A minha concessão de televisão pertence ao Governo Federal e eu jamais me colocaria contra qualquer decisão do meu 'patrão', que é o dono da minha concessão. Nunca acreditei que um empregado ficasse contra o dono, ou ele aceita a opinião do chefe, ou então arranja outro emprego." Silvio Santos, sócio do SBT. Fonte: Folha, TelePadi.

21 de dezembro de 2020
"Não poderia ser exigível comportamento diverso do Laboratório Químico Farmacêutico do Exército, senão a busca dos insumos necessários e o pronto atendimento às prementes necessidades de produção da cloroquina, que, por seu baixíssimo custo, seria o equivalente a produzir esperança a milhões de coração aflitos com o avanço e os impactos da doença no Brasil e no mundo." André Luiz Silveira, comandante da 1ª Região Militar, em resposta ao Tribunal de Contas da União (TCU). Fonte: Metrópoles.

22 de dezembro de 2020
"Eu tive a melhor vacina, foi o vírus. Sem efeito colateral." Presidente Jair Bolsonaro. Fonte: Twitter Blog do Noblat.

22 de dezembro de 2020
"Se a gente não tiver voto impresso em 2022 pode esquecer a eleição." Presidente Jair Bolsonaro. Fonte: Poder360.

23 de dezembro de 2020
"Nós temos, com a liderança do presidente, procurado proporcionar aos brasileiros a opção dos tratamentos, a questão que vocês acompanham, da hidroxicloroquina, que acho tem salvado vidas, e infelizmente algumas pessoas se recusam a reconhecer por questões políticas." Ernesto Araújo, ministro das Relações Exteriores. Fonte: Política Livre.

**23 de dezembro de 2020**
"Eu não uso, mas tudo bem." Presidente Jair Bolsonaro, quando um apoiador tentou entregar uma máscara. Fonte: Yahoo! Notícias.

**24 de dezembro de 2020**
"O povo tem que estar armado porque a arma é a garantia de sua liberdade." Presidente Jair Bolsonaro. Fonte: Poder360.

**24 de dezembro de 2020**
"A eficácia daquela vacina em São Paulo [CoronaVac] parece que está lá embaixo, né? (...) Não vou divulgar porcentual aqui, porque se eu errar 0,001% eu vou apanhar da mídia, mas parece que o porcentual tá lá embaixo levando-se em consideração a outra." Presidente Jair Bolsonaro. Fonte: Ji Política, por Agência Estado.

**26 de dezembro de 2020**
"Ninguém me pressiona pra nada, eu não dou bola pra isso. É razão, razoabilidade, é responsabilidade com o povo, você não pode aplicar qualquer coisa no povo." Presidente Jair Bolsonaro. Fonte: Yahoo! Notícias.

**27 de dezembro de 2020**
"A pressão do povo funcionou também em Manaus. O governador do Amazonas, Wilson Lima, voltou atrás em seu decreto de Lockdown. Parabéns, povo amazonense, vocês fizeram valer seu poder!" Deputada Bia Kicis (PSL-DF). Fonte: o próprio Twitter.

**28 de dezembro de 2020**
"Abaixo de 40 anos, quase ninguém contrai [o coronavírus]. Ou se contrai, é assintomático. Para que esse pavor todo? A vida tem que continuar. Eu não errei nenhuma [medida no combate à pandemia]." Presidente Jair Bolsonaro. Fonte: Yahoo! Notícias.

**31 de dezembro de 2020**
"Quando você compra a biopolítica do 'fique em casa' talvez esteja ajudando o narcotráfico. (...) Mensagem de Ano-Novo sobre a importância de liberais e conservadores trabalharem juntos por um verdadeiro *Reset* de liberdade e democracia." Ernesto Araújo, ministro das Relações Exteriores. Fonte: Poder360.

**31 de dezembro de 2020**
"Falam tanto em máscara. O tempo todo essa mídia pobre falando: 'o presidente sem máscara'. Não encheu o saco ainda, não? (...) Isso é uma ficção. Quando é que nós vamos ter gente com coragem, que eu não sou especialista no assunto, para falar que a proteção da máscara é um percentual pequeno? A máscara funciona para o médico, que está operando uma máscara específica. A nossa aqui, praticamente zero." Presidente Jair Bolsonaro. Fonte: Yahoo! Notícias.

**31 de dezembro de 2020**
"No meu caso particular, como já fui infectado, eu já tenho anticorpos, eu não vou tomar a vacina." Presidente Jair Bolsonaro. Fonte: Aos Fatos.

**31 de dezembro de 2020**
"Ivermectina, azitromicina, hidroxicloroquina, Annita, tem dado certo, pessoal." Presidente Jair Bolsonaro. Fonte: Aos Fatos.

**31 de dezembro de 2020**
**"Se bem que para mim, de acordo com a Bíblia e a Constituição, o casamento é entre um homem e uma mulher. Mas não vou discutir esse assunto. Tá na Constituição." Presidente Jair Bolsonaro. Fonte: Aos Fatos.**

**1º de janeiro de 2021**
"Não tem de ter medo da hidroxicloroquina. Ela não causa arritmia. Não faz mal a hidroxicloroquina. Comigo deu certo. Não fique no lero-lero. Eu tomei imediatamente a hidroxicloroquina. O tratamento precoce é a solução e a chave dessa questão." Presidente Jair Bolsonaro. Fonte: Yahoo! Notícias.

**1º de janeiro de 2021**
"(...) No meu caso particular, como eu já fui infectado e tenho anticorpos eu não vou tomar a vacina." Presidente Jair Bolsonaro. Fonte: Yahoo! Notícias.

**1º de janeiro de 2021**
"Nas minhas primeiras horas como VEREADOR deixei o almoço de comemoração com a família de lado e vim FISCALIZAR o Hospital de Campanha do RJ [exclusivo para pessoas com Covid-19], após recebermos denúncias. Analisei as nuances possíveis do hospital, relatarei todas as observações e oficiarei as autoridades competentes." Vereador Gabriel Monteiro (PSD-RJ). Fonte: o próprio Twitter.

**02 de janeiro de 2021**
**"Dúvida cruel. O Vírus Mocoronga [Covid-19] mata mesmo as pessoas ou só as ajuda a entrar nas estatísticas?" Olavo de Carvalho. Fonte: o próprio Twitter.**

## BOLSONARO E SEUS SEGUIDORES: O HORROR EM 3.560 FRASES

**02 de janeiro de 2021**
"Por que estão falando mal da buceta de 33 metros em vez de enfrentá-la com um pirocão?" Olavo de Carvalho. Fonte: o próprio Twitter.

**04 de janeiro de 2021**
"O tratamento precoce salva vidas." Presidente Jair Bolsonaro. Fonte: Aos Fatos.

**05 de janeiro de 2021**
"Passo a passo para andar sem máscara no *shopping* de forma legítima, sem ser admoestado e ainda posar de bondoso: 1- compre um sorvete; 2- pendure a máscara no pescoço ou na orelha, para afetar elevação moral; 3- caminhe naturalmente." Ludmila Lins Grilo, juíza da Vara Criminal e da Infância e da Juventude de Unaí (MG), em vídeo no próprio Twitter, que tem 139,1 mil seguidores. Fonte: Poder360, por Marina Ferraz.

**05 de janeiro de 2021**
"Sabia que o tio estava na praia nadando de máscara? Estava nadando de máscara? Mergulhei de máscara também, para não pegar Covid nos peixinhos." Presidente Jair Bolsonaro. Fonte: Yahoo! Notícias.

**05 de janeiro de 2021**
"Agora criaram um pânico perante a população e quando eu falei lá atrás que tinha que enfrentar: 'ah, ele despreza a morte!' Tem que enfrentar, pô, é igual a uma guerra." Presidente Jair Bolsonaro. Fonte: Yahoo! Notícias.

**05 de janeiro de 2021**
"O Brasil está quebrado. Eu não consigo fazer nada. Eu queria mexer na tabela do imposto de renda (...). Teve esse vírus, potencializado pela mídia que nós temos." Presidente Jair Bolsonaro. Fonte: Yahoo! Notícias.

**06 de janeiro de 2021**
"Eu acompanhei tudo. Você sabe que eu sou ligado ao [Donald] Trump. Você sabe da minha resposta. Agora muita denúncia de fraude, muita denúncia de fraude. Eu falei isso um tempo atrás, a imprensa falou: 'Sem provas o presidente Bolsonaro falou que foram fraudadas as eleições americanas'. (...) A minha foi fraudada. Eu tenho indício de fraude, era para eu ter ganhado no primeiro turno. Ninguém reclamou que foi votar no 13 e que a maquininha não respondia. Mas o contrário sim: quem votava no 17 aparecia [o número 13 nas urnas], mas o contrário, ninguém que votava no 13 aparecia [o número 17] (...) Tinha uma colinha lá no número 7. O pessoal fraudou as maquininhas, sabotou. Mas ninguém botou cola no número 13. Presidente Jair Bolsonaro. Fonte: Veja.

**06 de janeiro de 2021**
"Agora, é irresponsabilidade alguém querer obrigar a tomar algo que é experimental [as vacinas conta a Covid-19]." Presidente Jair Bolsonaro. Fonte: Aos Fatos.

**07 de janeiro de 2021**
"Alguém sabe quantos por cento da população vai tomar vacina? Pelo que eu sei, menos da metade vai tomar vacina. E essa pesquisa que eu faço, faço na praia, faço na rua, faço em tudo quanto é lugar. Mas para quem quiser, em janeiro vai ter. Pessoal pode tomar, sem problema nenhum." Presidente Jair Bolsonaro. Fonte: Correio Braziliense, por Sarah Teófilo.

07 de janeiro de 2021
"Eu com as minhas medidas de sugerir tratamento precoce, evitamos muitas mortes." Presidente Jair Bolsonaro. Fonte: Aos Fatos.

**07 de janeiro de 2021**
"Quando o pessoal tá com verme, é comum receitar a ivermectina (...). Agora, por coincidência, isso passou também a ajudar a diminuir a carga viral [do coronavírus]. (...) Alguns ficam sempre batendo na tecla: 'ah, não tem comprovação científica'. Ô, cara pálida, eu sei que não tem, cara pálida. Mas daqui a alguns anos vai ter." Presidente Jair Bolsonaro. Fonte: Aos Fatos.

07 de janeiro de 2021
"**O pessoal tem que analisar o que aconteceu nas eleições americanas agora. Basicamente qual foi o problema, a causa dessa crise toda: falta de confiança no voto. Então lá, o pessoal votou e potencializaram um voto pelos correios por causa da pandemia e houve gente que votou três, quatro vezes, mortos votaram, foi uma festa.**" Presidente Jair Bolsonaro. Fonte: UOL.

**07 de janeiro de 2021**
"Se nós não tivermos o voto impresso em 2022, uma maneira de auditar o voto, nós vamos ter problema pior que os Estados Unidos." Fonte: CNN Brasil.

**08 de janeiro de 2021**
"A Sua Excelência o Senhor Narendra Modi, Primeiro-Ministro da República da Índia (...). Informo Vossa Excelência de que o governo brasileiro lançou o Programa Nacional de Imunização contra a Covid-19. Entre as vacinas selecionadas pelo governo brasileiro, encontram-se aquelas da empresa indiana Bharat Biotech International Limited (COVAXIN) (...)." Presidente Jair Bolsonaro. Fonte: TV Globo, por Delis Ortiz.

**10 de janeiro de 2021**
"Muita denúncia de fraude. (...) Vamos ter problema pior que os Estados Unidos." Presidente Jair Bolsonaro, sobre a invasão do Capitólio na eleição presidencial dos Estados Unidos. Fonte: Folha.

**11 de janeiro de 2021**
"Diante do quadro epidemiológico que hoje toma conta do estado do Amazonas e diversos estados brasileiros, nós estamos apresentando para a sociedade um aplicativo que permite forte valor preditivo, que diz se um doente, diante de suas manifestações clínicas, tem ou não a Covid-19. E assim nós pudemos, em um período de cinco minutos de utilização do aplicativo, ofertar imediatamente para milhões de brasileiros o tratamento precoce, evitando que essas pessoas evoluam para quadros mais graves." Mayra Pinheiro, secretária de Gestão e Trabalho do Ministério da Saúde, médica. Fonte: Relatório da CPI da Covid-19 do Senado Federal.

**11 de janeiro de 2021**
"O estado do Amazonas será o primeiro do Brasil a utilizar o aplicativo piloto TrateCOV, lançado, nesta segunda-feira (11/01), pelo Ministério da Saúde, em solenidade que contou com a participação do ministro [da Saúde] general Eduardo Pazuello e do governador [do Amazonas] Wilson Lima, em Manaus. O novo método consiste em um protocolo clínico para fazer um diagnóstico rápido da doença. Por um aplicativo de celular, profissionais de saúde irão utilizar um sistema de pontos que obedece rigorosos critérios médicos. Manaus será a primeira cidade a testar o aplicativo que, posteriormente, poderá ser ampliado para outros municípios." Secretaria de Saúde do Estado do Amazonas. Fonte: Relatório da CPI da Covid-19 do Senado Federal.

**11 de janeiro de 2021**
"A vacina vai começar no dia D, na hora H, no Brasil." General Eduardo Pazuello, ministro da Saúde. Fonte: Correio Braziliense, por Sarah Teófilo e Maria Eduarda Cardim.

**12 de janeiro de 2021**
"NENHUMA DESTAS VACINAS REDUZ A TRANSMISSÃO DO VIRUS: FRANCISCO CARDOSO youtu.be/cloinPm2VjY via @YouTube." Leda Nagle. Fonte: o próprio Twitter.

**12 de janeiro de 2021**
"[Luís Roberto] Barroso [ministro do Supremo Tribunal Federal] é um satanista de merda, por isso adora aquelas merdas do João de Deus." Allan dos Santos, blogueiro e *youtuber*. Fonte: O Antagonista.

**12 de janeiro de 2021**
"Eficácia da vacina chinesa, CoronaVac, ficou de apenas 50,4%. É tipo jogar uma moeda pra cima e fazer uma fezinha para não virar jacaré. E o problema é a cloroquina, né?" Bernardo P. Küster, diretor de opinião do jornal Brasil Sem Medo. Fonte: o próprio Twitter.

**13 de janeiro de 2021**
"General de merda: Quando o cano de uma metralhadora comunista entrar no seu cu, quero ver você dizer que tudo não passa de blá-blá-blá ideológico." Olavo de Carvalho. Fonte: o próprio Twitter.

**13 de janeiro de 2021**
"Sou sim. Vou comer o seu cu." Olavo de Carvalho. Fonte: o próprio Twitter.

**14 de janeiro de 2021**
"Por que o número de mortes está sendo menor no Brasil? Pelo tratamento precoce. Não tem outra explicação. Graças ao voluntarismo de algumas dezenas de milhares de médicos que resolveram levar avante isso. Comprovaram na ponta da linha. Trataram com hidroxicloroquina, trataram com ivermectina, com Annita, com azitromicina e deu certo. (...) Não tem comprovação científica. Ô, cara, mas não tem efeito colateral, sequer a questão do coração, a arritmia. (...) No Brasil agora tem dado certo a hidroxicloroquina, a azitromicina, ivermectina, Annita, zinco, vitamina D têm dado certo. Procure seu médico. Se ele achar que tá errado, procure outro médico." Presidente Jair Bolsonaro. Fonte: Relatório da CPI da Covid-19 do Senado Federal.

**14 de janeiro de 2021**
"Estamos agora para salvar as vidas dos nossos familiares. Quando cheguei na minha casa ontem, estava minha cunhada. O irmão não tinha oxigênio nem para passar o dia. 'Ah, acho que chega amanhã'. 'O que você vai fazer?' 'Nada'." General Eduardo Pazuello, ministro da Saúde, sobre a falta de oxigênio nos hospitais de Manaus/AM. Fonte: CartaCapital.

## BOLSONARO E SEUS SEGUIDORES: O HORROR EM 3.560 FRASES

**14 de janeiro de 2021**
"O tratamento precoce é preconizado pelos Conselhos Federais, Conselhos Regionais, orientado pelo Ministério da Saúde. Se mostrou eficaz em todas as cidades e estados do Brasil. O diagnóstico clínico e o tratamento o mais rápido possível a partir do diagnóstico do médico e esses medicamentos têm que estar disponíveis na rede pública para que todos os brasileiros possam receber e iniciar o seu tratamento." Eduardo Pazuello, ministro da Saúde, em *live* com o presidente Jair Bolsonaro. Fonte: Relatório da CPI da Covid-19 do Senado Federal.

**14 de janeiro de 2021**
O TrateCOV dá autonomia a profissionais habilitados para encaminharem o atendimento de acordo com a individualidade do paciente. O 'app' foi desenvolvido pelo Ministério da Saúde e começa a ser usado em Manaus, onde 342 profissionais já estão habilitados. (...) APLICATIVO AUXILIA MÉDICOS NO DIGNÓSTICO DA COVID-19. (...) Que ajudará o médico a fazer o diagnóstico. O TrateCOV também mostra opções terapêuticas disponíveis na literatura científica." Ministério da Saúde. Fonte: o próprio Twitter.

**14 de janeiro de 2021**
"Governo Bolsonaro, mais uma vez, provando que ninguém fica pra trás mesmo quando a responsabilidade pelo problema não tem absolutamente nada a ver com a esfera federal. Povo de Manaus, contem conosco!" Senador Flávio Bolsonaro (sem partido-RJ). Fonte: o próprio Twitter.

**15 de janeiro de 2021**
"Vale lembrar que o Presidente foi impedido de atuar diretamente no combate, cabendo a ele exclusivamente o repasse de recursos aos governos estaduais. O Presidente está precisando desobedecer essa determinação esdrúxula para evitar que o caos se instale no país." Vereador Carlos Bolsonaro (PSC-RJ). Fonte: o próprio Twitter.

**15 de janeiro de 2021**
**"Pelo STF eu tinha que estar na praia uma hora dessas, tomando uma cerveja. O Supremo falou isso para mim." Presidente Jair Bolsonaro, em entrevista à TV Band. Fonte: UOL.**

**15 de janeiro de 2021**
"E até em outros países [a hidroxicloroquina] tem dado certo, em especial os países na África Subsaariana." Presidente Jair Bolsonaro. Fonte: Aos Fatos.

**15 de janeiro de 2021**
"Olha o que tá acontecendo em Manaus. O Pazuello chegou lá, o nosso ministro da Saúde, e interviu rapidamente e determinou o tratamento precoce. É criticado? É criticado. Mas o que que nós podemos oferecer sabendo que muitos lugares deu certo esse tratamento precoce?" Presidente Jair Bolsonaro. Fonte: Aos Fatos.

**18 de janeiro de 2021**
"Quem decide se o povo vai viver em uma democracia ou ditadura são as suas Forças Armadas. Não tem ditadura onde as Forças Armadas não a apoiam." Presidente Jair Bolsonaro. Fonte: R7.

**18 de janeiro de 2021**
"E esta vacina que está aí é 50% de eficácia. Ou seja, se jogar uma moedinha para cima, é 50% de eficácia." Presidente Jair Bolsonaro. Fonte: Aos Fatos.

**18 de janeiro de 2021**
"Agora se fala que a Venezuela tá fornecendo oxigênio para Manaus. A White Martins é uma empresa multinacional que está lá também. Agora, se o Maduro quiser fornecer oxigênio para nós, vou receber, sem problema nenhum." Presidente Jair Bolsonaro. Fonte: Aos Fatos.

**18 de janeiro de 2021**
"Superlotação de moribundos nos hospitais por falta de oxigênio agora chama-se 'pandemia de Mocoronga'." Olavo de Carvalho. Fonte: o próprio Twitter.

**18 de janeiro de 2021**
"Impeachment ou morte, Freixko (sic)? E, para você, cadeia ou piroca no cu, está bem?" Olavo de Carvalho. Fonte: o próprio Twitter.

**19 de janeiro de 2021**
"Essa senhora já havia sido cobaia da tal vacina há um tempo atrás, agora aparece novamente (pelo que eu entendi) tomando a vacina pela terceira vez. Segundo alguns globais desempregados e seus textos lacradores, relatam que: A PRIMEIRA MULHER A TOMAR A VACINA É NEGRA E BLA BLA BLA... História confusa da porra, por vários motivos, mas um deles não posso deixar de citar, QUAL A IMPORTÂNCIA DE ENFATIZAR QUE ESSA SENHORA É NEGRA? Qual a diferença? Essa gente é tão lixo, que não percebe o fomento do racismo que eles acham que não cometem. Bom, pra resumir essa opera, quero dizer que vou aguardar, os pretos, os brancos, os pardos e albinos tomarem essa porra [vacina contra a Covid-19], depois eu decido se tomo ou não. E garanto a vocês que esse post não é político, ele é responsável e coerente, e quem quiser achar o contrário FODA-SE." Antonia Fontenelle, atriz. Fonte: o próprio Instagram, RD1 e CenárioMT.

**BOLSONARO E SEUS SEGUIDORES: O HORROR EM 3.560 FRASES**

19 de janeiro de 2021
"Não vou dizer que sou um excelente presidente, mas tem muita gente querendo voltar o que eram os anteriores, reparou? (...)." Presidente Jair Bolsonaro. Fonte: Folha (31/12/2021).

19 de janeiro de 2021
"Como já tive Covid e minha taxa de imunidade é alta, meu médico não recomendou, neste momento, que eu tome a vacina. Vou seguir a ciência." Senador Flávio Bolsonaro (sem partido-RJ). Fonte: o próprio Twitter.

21 de janeiro de 2021
"Então realmente lá [nos EUA] eles são favoráveis ao tratamento da ivermectina." Presidente Jair Bolsonaro. Fonte: Aos Fatos.

22 de janeiro de 2021
"Ela tem que ser voluntária, afinal de contas, não está nada comprovada cientificamente com essa vacina ainda." Presidente Jair Bolsonaro. Fonte: Aos Fatos.

22 de janeiro de 2021
"Com todos esses bilhões que foram para Manaus, não tiveram um centavo para montar uma fábrica de oxigênio em cada hospital? Não sobrou um real para comprar um cilindro? Enfiaram todo esse dinheiros no...? A corrupção mata!" Markinhos Show, assessor especial e chefe da comunicação do ministério da Saúde. Fonte: Correio do Povo e R7.

24 de janeiro de 2021
"Trump: cloroquina é eficaz. Esquerda: Genocida! / Bolsonaro: cloroquina é eficaz. Esquerda: Genocida! / Biden: cloroquina é eficaz. Esquerda: ISSO É CIÊNCIA! TRATAMENTO PRECOCE, JÁ! Não é o que diz, e sim QUEM DIZ." Luís Ernesto Lacombe, jornalista da RedeTV! Fonte: o próprio Twitter.

26 de janeiro de 2021
"Eu, sinceramente, não faço a menor questão de ser vacinado. Posso ficar no fim da fila até três anos, que aliás é o prazo para o desenvolvimento de uma vacina." Luís Ernesto Lacombe, jornalista da RedeTV! Fonte: Gazeta do Rio de Janeiro.

**27 de janeiro de 2021**
"Vai para puta que o pariu. Imprensa de merda essa daí. É para enfiar no rabo de vocês aí, vocês não, vocês da imprensa essa lata de leite condensado." Presidente Jair Bolsonaro, num almoço com os artistas Amado Batista, Naiara Azevedo, Sorocaba (da dupla Fernando & Sorocaba), Netinho (cantor), Rick (de Rick & Rener) e Diego (da dupla Diego & Arnaldo); além do pai do jogador Neymar, Neymar da Silva Santos. Fonte: Blog Social 1, UOL.

**27 de janeiro de 2021**
"E como a decisão de fechar é dos governadores; se fosse minha, não fecharia nada." Presidente Jair Bolsonaro. Fonte: Aos Fatos.

**27 de janeiro de 2021**
"Café da manhã do PSL/Aliança com nosso Presidente Jair Bolsonaro e o Ministro Luiz Ramos sobre o futuro da política na Câmara dos Deputados e nosso apoio a Arthur Lira [PP-AL, para a eleição de presidente da Câmara dos Deputados] para enterrar a ditadura instaurada pelo [atual presidente] Rodrigo Maia [DEM-RJ]." Deputada Bia Kicis (PSL-DF). Fonte: o próprio Twitter.

**28 de janeiro de 2021**
"O Conselho Nacional de Medicina (sic) incentiva a medicação para Covid com aquele velho chavão fora de bula, não apoia nem desapoia, mas diz claramente que médico na ponta da linha tem que ser respeitado... Nas minhas observações aqui eu quero receitar para você o medicamento que é usado para combater a malária, não pra Covid, mas temos aqui observado que hidroxicloroquina diminui a carga viral, os efeitos colaterais são esses, não tem arritmia. (...) A informação que nós temos é que mais cedo ou mais tarde a hidroxicloroquina, ivermectina realmente não aumenta a carga viral e cura da Covid-19. E quando comprovar vocês vão ver, sabendo que das 200 mil, 140 poderiam ter sido tratadas e não serem levadas a óbito." Presidente Jair Bolsonaro. Fonte: Relatório da CPI da Covid-19 do Senado Federal.

**30 de janeiro de 2021**
"Agora, Manaus, repito, foi uma coisa de uma hora para a outra: ninguém poderia prever passar de 'x' para '5x' o consumo de oxigênio. (...) Não é obrigação nossa se antecipar a problemas. Até porque problema, nós temos." Presidente Jair Bolsonaro. Fonte: Aos Fatos.

**1º de fevereiro de 2021**
"UNIDOS EM FAVOR DA VIDA! ENTIDADES ADEREM CAMPANHA PARA GARANTIR TRATAMENTO PREVENTIVO E PRECOCE EM BRUSQUE — SC. Muito feliz em saber que estes empresários e autoridades estão preocupados com a saúde da população. Queremos reunir recursos para a compra de medicamentos que auxiliam no tratamento preventivo e precoce do coronavírus. Com o valor vamos comprar os medicamentos e doar para a prefeitura de Brusque. Reforço aqui o meu pedido para que os brusquenses que quiserem e puderem também façam a sua contribuição. É muito importante o envolvimento de todos, pois o objetivo é salvar vidas! Conta para Depósito de doação: Banco Santander. Agência: 1636. Conta corrente: 01003085-3. Luciano Hang. CPF: 516.814.479-91. PIX: 516.814.479-91. A conta nunca foi utilizada pelo empresário e foi disponibilizada para doações." Luciano Hang, empresário, dono da Havan. Fonte: o próprio Instagram e o site do Sinduscon Brusque.

**02 de fevereiro de 2021**
"Saída de Pazuello não seria boa para o país (...)." Carlos Wizard, empresário. Fonte: o próprio Twitter.

**03 de fevereiro de 2021**
"Quase fui condenado porque, um colega meu, eu falei que ele pesava oito arrobas." Presidente Jair Bolsonaro. Fonte: Aos Fatos.

**04 de fevereiro de 2021**
"Se não faz mal, por que não tomar?" Presidente Jair Bolsonaro, sobre a hidroxicloroquina. Fonte: Poder360.

**04 de fevereiro de 2021**
"Tudo bem, paciência." Presidente Jair Bolsonaro, sobre a possibilidade de a hidroxicloroquina não ter o efeito desejado. Fonte: Poder360.

**04 de fevereiro de 2021**
"Me desculpa, tchau. Pelo menos eu não matei ninguém. Mas se lá na frente comprovarem [a eficácia da hidroxicloroquina], você que criticou, parte da imprensa, vai ser responsabilizada." Presidente Jair Bolsonaro. Fonte: Poder360.

**04 de fevereiro de 2021**
"Nós não podemos fechar os olhos para os medicamentos que viraram realmente uma celeuma grande, uma briga ideológica, uma cegueira política, o que não é justo com a população. Se há estudos que mostram a eficácia desses medicamentos [hidroxicloroquina, cloroquina e ivermectina], por que não falarmos sobre isso? Já existem estudos profundos no Brasil e no exterior com resultados práticos." Senador Eduardo Girão (Podemos-CE). Fonte: Senado Notícias.

**04 de fevereiro de 2021**
"As Forças Armadas precisam entrar urgentemente." Allan dos Santos, *youtuber* e blogueiro do canal 'Terça Livre'. Fonte: UOL e Estadão.

**04 de fevereiro de 2021**
"E eu seria omisso se não falasse agora: pode ser que lá na frente fale, 'ah, a chance é zero, era um placebo'. Tudo bem, paciência, me desculpa, tchau." Presidente Jair Bolsonaro. Fonte: Aos Fatos.

**04 de fevereiro de 2021**
"Vai chegar um dia que vai falar: 'olha, essa vacina aqui é 100% confiável'. Como tantas outras que existem por aí. No momento, ela é emergencial." Presidente Jair Bolsonaro. Fonte: Aos Fatos.

**04 de fevereiro de 2021**
"É a mesma coisa lá na frente. Já existem estudos que dizem por aí, não vou falar aqui para evitar blá-blá-blá-blá-blá-blá, né? Mas vai chegar a hora que vai se falar: tem eficácia ou não tem. E se falar que tem eficácia?" Presidente Jair Bolsonaro. Fonte: Aos Fatos.

**04 de fevereiro de 2021**
"Eu tomei [hidroxicloroquina]. E eu repito: se não faz mal, por que não tomar?" Presidente Jair Bolsonaro. Fonte: Aos Fatos.

**08 de fevereiro de 2021**
"Nem se você pegar um fósforo ali [na Bacia Amazônica], um álcool, é difícil pegar fogo. É úmida, pô. Não pega fogo." Presidente Jair Bolsonaro. Fonte: Aos Fatos.

**08 de fevereiro de 2021**
"Olha, a região Amazônica ninguém planta soja." Presidente Jair Bolsonaro. Fonte: Aos Fatos.

**BOLSONARO E SEUS SEGUIDORES: O HORROR EM 3.560 FRASES**

08 de fevereiro de 2021
"A pedofilia está relacionada mais especificamente com a chamada 'teoria de gênero' e sua aplicação nos ambientes escolares (...), defendida explicitamente por alguns expoentes do movimento LGBT, a pedofilia está sendo visivelmente introduzida no país como fator de dissolução da confiança nas relações familiares e corrupção moral de toda uma geração de crianças expostas a uma erotização abominável desde a mais tenra infância." Deputada Chris Tonietto (PSL-RJ). Fonte: Congresso em Foco, UOL.

08 de fevereiro de 2021
"(...) Mesmo sendo uma vacina aí que não tá ainda comprovada cientificamente." Presidente Jair Bolsonaro. Fonte: Aos Fatos.

08 de fevereiro de 2021
"Até quando vão ficar nessa política de isolar, *lockdown*, confinamento? Se não deu certo lá atrás, não vai dar certo agora." Presidente Jair Bolsonaro. Fonte: Aos Fatos.

09 de fevereiro de 2021
"Eu conversava com a Tereza Cristina [ministra da Agricultura], por que que os incêndios são maiores quando acontecem? É aquela história do boi bombeiro, que às vezes alguns levam para a chacota, mas é uma realidade. Por vezes, a legislação atrapalha a gente a preservar aquela área." Presidente Jair Bolsonaro. Fonte: Aos Fatos.

09 de fevereiro de 2021
"[Eu sou] vítima de uma armação montada." Frederick Wassef, advogado, indiciado pelo crime de injúria racial por ter, em novembro de 2020, segundo a denunciante, a chamado de 'macaca'. Fonte: Metrópoles, por Manoela Alcântara e Mirelle Pinheiro.

11 de fevereiro de 2021
"Quando eu falei remédio lá atrás, levei pancada. Nego bateu em mim até não querer mais. Entrou na pilha da vacina. (...) O cara que entra na pilha da vacina, só a vacina, é um idiota útil. Nós devemos ter várias opções." Presidente Jair Bolsonaro. Fonte: Poder360, por Murilo Fagundes.

13 de fevereiro de 2021
"Arthur [Weintraub] começou a buscar junto com o Abraham [Weintraub] para achar soluções para o país e para os hospitais e levava os artigos para o presidente ler. O presidente foi entendendo a doença, foi entendendo as possíveis soluções, o tratamento [precoce] era uma das soluções." Luciano Dias Azevedo, anestesista, em uma *live* com Arthur Weintraub, assessor-chefe da Presidência da República. Fonte: Folha (03/06/2021).

14 de fevereiro de 2021
"Vocês estão felizes com o decreto das armas?" Deputado Eduardo Bolsonaro (PSL-SP). Fonte: O Globo, por Carolina Macário.

**14 de fevereiro de 2021**
"O povo tá vibrando, o povo tá vibrando." Presidente Jair Bolsonaro, quando questionado sobre os decretos que facilitam o acesso a armas no Brasil. Fonte: O Globo, por Carolina Macário.

16 de fevereiro de 2021
"Fala, pessoal, boa tarde. O ministro [Edson] Fachin [STF] começou a chorar, decidiu chorar. Fachin, seu moleque, seu menino mimado, mau caráter, marginal da lei, esse menininho aí, militante da esquerda, lecionava em uma faculdade, sempre militando pelo PT, pelos partidos narcotraficantes, nações narcoditadoras. O que acontece, Fachin, é que todo mundo já está cansado dessa sua cara de filho da puta que tu tem. Essa cara de vagabundo, né. Decidindo aqui no Rio de Janeiro que polícia não pode operar enquanto o crime vai se expandindo cada vez mais. Me desculpe, ministro, se estou um pouquinho alterado. Realmente eu estou. Por várias e várias vezes já te imaginei tomando uma surra. Ô? quantas vezes eu imaginei você e todos os integrantes dessa Corte. Quantas vezes eu imaginei você, na rua, levando uma surra. O que você vai falar? Que eu estou fomentando a violência? Não. Eu só imaginei. Ainda que eu premeditasse, ainda sim não seria crime. Você sabe que não seria crime. Você é um jurista pífio, mas sabe que esse mínimo é previsível. Então, qualquer cidadão que conjecturar uma surra bem dada nessa sua cara com um gato morto até ele miar, de preferência, após cada refeição, não é crime. E vocês acharam que iriam me calar. É claro que vocês pensaram. E eu estou literalmente cagando e andando para o que vocês pensam, né. É claro que vocês vão me perseguir o resto da minha vida política. Mas eu também vou perseguir vocês. Eu não tenho medo de vagabundo, não tenho medo de traficante, não tenho medo de assassino? Vou ter medo de 11? Que não servem pra porra nenhuma nesse país? Não. Não vou ter. Só que eu sei muito bem com quem vocês andam, o que vocês fazem. Lá em [19]64 — na verdade em [19]35, quando eles perceberam a manobra comunista de vagabundos da sua estirpe —, em [19]64, então foi dado o contragolpe militar, é que teve lá, até os 17 atos institucionais, o AI-5 que é o mais duro de todos como vocês insistem em dizer, aquele que cassou 3 ministros da Suprema Corte, você lembra? Cassou senadores, deputados federais, estaduais, foi uma depuração. Com recadinho muito claro: se fizer besteirinha, a gente volta." Deputado Daniel Silveira (PSL-RJ). Fonte: UOL (30/03/2022), por Reinaldo Azevedo.

**16 de fevereiro de 2021**
"kkkkkkkkkkkk... estou aguardando me prenderem. Rsrsrs... idiota!" Deputado Daniel Silveira (PSL-RJ). Fonte: o próprio Twitter.

**BOLSONARO E SEUS SEGUIDORES: O HORROR EM 3.560 FRASES**

16 de fevereiro de 2021
"Polícia Federal na minha casa neste exato momento com ordem de prisão expedida pelo ministro [do STF] Alexandre de Moraes." Deputado Daniel Silveira (PSL-RJ). Fonte: o próprio Twitter.

25 de fevereiro de 2021
"Começam a aparecer os efeitos colaterais das máscaras. (...) Eu tenho minha opinião sobre as máscaras, cada um tem a sua, mas a gente aguarda um estudo sobre isso feito por pessoas competentes." Presidente Jair Bolsonaro. Fonte: Folha.

26 de fevereiro de 2021
"Não reclamo das dificuldades. Sofro ataques 24 horas por dia. Mas entre esses que atacam e vocês, vocês estão muito na frente. Não me vão fazer desistir porque, afinal de contas, ou sou imbrochável." Presidente Jair Bolsonaro. Fonte: Folha (31/12/2021).

26 de fevereiro de 2021
"Minha última parcela do Auxílio [Emergencial, por causa da Covid-19] foi em novembro [de 2020]. Moro em Petrópolis [RJ] e precisava do dinheiro para custear minha despesa até meu local de trabalho [exercendo cargo comissionado no Instituto de Pesquisas Jardim Botânico do Rio de Janeiro, órgão vinculado ao Ministério do Meio Ambiente]. Após meu primeiro vencimento, procurei uma maneira de devolver essa última parcela, pesquisei e observei que era bem burocrático e que continha muitas dificuldades, dificuldades essas que ainda estou tentando solucionar. No mais, fiz tudo dentro da legalidade." Paola Daniel, advogada, mulher do deputado Daniel Silveira (PSL-RJ). Fonte: jornal Estado de Minas.

27 de fevereiro de 2021
"O isolamento não adianta de nada e já sabemos o resultado!" Senador Flávio Bolsonaro (sem partido-RJ). Fonte: Terra, por Isadora Duarte.

27 de fevereiro de 2021
"20 MILHÕES DE DOSES DA COVAXIN. Os esforços do governo do presidente Jair Messias Bolsonaro para adquirir cada vez mais vacinas contra a Covid-19 não param. Desta vez, o Ministério da Saúde assinou contrato para compra de 20 milhões de doses da vacina Covaxin junto à Precisa Medicamentos / Bharat Biotech. O investimento total foi de R$ 1,614 bilhão." Senador Flávio Bolsonaro (sem partido-RJ), publicado no próprio Twitter e apagado em 02/07/2021. Fonte: Mídia Ninja.

1º de março de 2021
"NOTA PÚBLICA CONTRA O *LOCKDOWN*. O CRM-DF é contra o *lockdown* como medida para controle da transmissão do Sars-CoV-2. Tal medida já se mostrou ineficaz, atentatória contra direitos fundamentais da carta magna e condenada até mesmo pela própria Organização Mundial da Saúde (OMS) (...)." Conselho Regional de Medicina do Distrito Federal. Fonte: Política Distrital.

03 de março de 2021
"A política [do *lockdown*] não deu certo em lugar nenhum do mundo." Presidente Jair Bolsonaro. Fonte: Aos Fatos.

04 de março de 2021
"Nós temos que enfrentar os nossos problemas, chega de frescura e de mi-mi-mi. Vão ficar chorando até quando?" Presidente Jair Bolsonaro. Fonte: Folha

04 de março de 2021
"Não deu certo no ano passado [essa política de *lockdown*]. (...) Até a desacreditada OMS [Organização Mundial da Saúde] diz que o *lockdown* não funciona." Presidente Jair Bolsonaro. Fonte: Aos Fatos.

04 de março de 2021
"Tem idiota que a gente vê nas mídias sociais, na imprensa, né?... [Dizendo:] 'vai comprar vacina'. Só se for na casa da sua mãe." Presidente Jair Bolsonaro. Fonte: Folha.

04 de março de 2021
"Deram superpoderes [aos prefeitos] que só estado de sítio existe e assim mesmo não é decisão do presidente." Presidente Jair Bolsonaro. Fonte: Aos Fatos.

04 de março de 2021
"Eu tomei hidroxicloroquina com receita médica." Presidente Jair Bolsonaro. Fonte: Aos Fatos.

04 de março de 2021
"Todo mundo procura saber quem matou aquela vereadora do Rio de Janeiro. Quem mandou me matar não há interesse (...). Até hoje não foi descoberto o responsável porque tinha muita gente e ainda tem quem não quer apurar a verdade." Presidente Jair Bolsonaro. Fonte: Aos Fatos.

**BOLSONARO E SEUS SEGUIDORES: O HORROR EM 3.560 FRASES**

**06 de março de 2021**
"O plano dos vagabundos vai de vento em poupa (sic). Quando a empregabilidade começava a mostrar resultados, surge a 'pandemia', então tranca-se tudo, fecham-se empresas, aumentam impostos, estraçalham empregos, vidas, mentes, economia e colocam a culpa... no único que não joga com as tesouras! Tem método! Prudência, sofisticação, biografia e pega vareta!" Vereador Carlos Bolsonaro (PSC-RJ). Fonte: o próprio Twitter.

**06 de março de 2021**
"Eu já tive o vírus vivo. Então eu estou imunizado." Presidente Jair Bolsonaro. Fonte: Aos Fatos.

**06 de março de 2021**
"O sistema de saúde está sob estresse, mas está suportando bem. Há falta de UTIs (Unidades de Terapia Intensiva) em alguns estados, mas no geral o sistema está suportando bem." Ernesto Araújo, ministro das Relações Exteriores, em evento virtual promovido pelo Conselho das Américas, entidade fundada por banqueiros americanos. Fonte: Correio do Povo.

**08 de março de 2021**
"Eu me curei com hidroxicloroquina, com a minha idade. (...) Se não faz mal hidroxicloroquina, ivermectina, por que que não tomar?" Presidente Jair Bolsonaro. Fonte: Aos Fatos.

**08 de março de 2021**
"Onde o governador do Rio Grande do Sul, que fala muito manso, muito educadamente, uma pessoa até simpática, mas é um péssimo administrador, enfiou essa grana? Eu não vou responder pra ele, mas acho que eu sei onde ele botou essa grana toda aí, não botou na Saúde." Presidente Jair Bolsonaro, em entrevista ao programa do Datena, na TV Band. Fonte: Metrópoles.

**08 de março de 2021**
"Vou só dar um recado aqui: alguns querem que eu decrete *lockdown*. Não vou decretar. E pode ter certeza de uma coisa: o meu Exército não vai para a rua para obrigar o povo a ficar em casa." Presidente Jair Bolsonaro. Fonte: Folha (30/12/2021), no Instagram.

**11 de março de 2021**
"Assassino é o seu cu, Pumdeu." Olavo de Carvalho. Fonte: o próprio Twitter.

**11 de março de 2021**
"Isso [proibir as pessoas de sair de casa] é estado de sítio, que compete privativamente a mim decretá-lo." Presidente Jair Bolsonaro. Fonte: Aos Fatos.

**11 de março de 2021**
"Esse jogo para mim é claro, as pessoas estão morrendo justamente para facilitar o caminho de retomada ao poder pela esquerda." Deputado Coronel Tadeu (PSL-SP). Fonte: jornal Estado de Minas.

**11 de março de 2021**
"O que eu vi até o momento, é que outras gripes mataram mais do que essa [do coronavírus]." Presidente Jair Bolsonaro. Fonte: Aos Fatos.

**11 de março de 2021**
"'Ele falou que era uma gripezinha'. Estou esperando alguém mostrar um áudio ou vídeo meu dizendo que era uma gripezinha. Estou esperando." Presidente Jair Bolsonaro. Fonte: Aos Fatos.

**11 de março de 2021**
"Nós estamos já há um ano de *lockdown* e o vírus continua aí." Presidente Jair Bolsonaro. Fonte: Aos Fatos.

**11 de março de 2021**
"Enfia no rabo [a máscara], gente, porra!" Deputado Eduardo Bolsonaro (PSL-SP). Fonte: O Tempo.

**11 de março de 2021**
"'Ah, isso [tratamento precoce] não dá certo'. Tem um ditado, quem dizia era meus avós, meus pais: 'o que não mata, engorda'." Presidente Jair Bolsonaro. Fonte: Aos Fatos.

**12 de março de 2021**
"Não contem comigo para uma possível confusão na economia. Não tenho vaidade, aspirações financeiras. (...) Se a resultante for negativa, ou vou ser demitido, ou me demitir. (...) Eu entro no supermercado, as pessoas me agradecem. Isso me recompensa mais que qualquer elogio. (...) Não vou sair no grito. Não adianta ofender. Estou mais preocupado com 200 mil brasileiros do que com militantes atacando, inventando narrativas. Saio se não puder ser útil ao Brasil, seja por falta de confiança do presidente, seja porque estamos indo para o caminho errado." Paulo Guedes, ministro da Economia. Fonte: jornal Estado de Minas, por Ana Mendonça.

**15 de março de 2021**
"Nossa experiência aqui foi exitosa. Fazemos tratamento precoce já nos pacientes sintomáticos, no quarto dia, no máximo (...). [Iniciamos] antes mesmo de chegar o resultado do exame, que às vezes demora dez dias. Essa antecipação do tratamento com azitromicina, dexametasona, ivermectina, vitamina D e zinco tem salvado nossa população. Nós estamos com zero paciente internado na UTI." Walter José Lessa (PTB-MG), prefeito de São Lourenço/MG, médico. Fonte: Revista Oeste, por Artur Piva.

**16 de março de 2021**
"Eu não convoquei ninguém para as ruas, não fiz nenhum movimento contra o Legislativo e o Judiciário." Presidente Jair Bolsonaro. Fonte: Aos Fatos.

**16 de março de 2021**
"Até porque com uma gripe outra qualquer leva a óbito." Presidente Jair Bolsonaro. Fonte: Aos Fatos.

**17 de março de 2021**
"Nossa situação não é tão crítica, é até confortável." Deputado Ricardo Barros (PP-PR), líder do Governo na Câmara dos Deputados. Fonte: Relatório da CPI da Covid-19 do Senado Federal.

**17 de março de 2021**
"Vai ter problema." José Sabatini, empresário, em vídeo postado em redes sociais, com uma camiseta do Brasil e a bandeira do país enrolada na cintura, com uma arma na mão, fazendo disparos e citando o nome do ex-presidente Luiz Inácio Lula da Silva. Fonte: G1, por Patrícia Teixeira.

**18 de março de 2021**
"Eu não posso ter nada contra pessoas negras, meu sogro é conhecido como Paulo Negão." Presidente Jair Bolsonaro. Fonte: Aos Fatos.

**18 de março de 2021**
"Esse negócio de lockdown não tem PORRA NENHUMA a ver com vírus. O fenômeno mais óbvio do mundo é o projeto da elite megabilionária — já em ação — para reduzir todas as classes médias do mundo à ESCRAVIDÃO POR DÍVIDA." Olavo de Carvalho. Fonte: o próprio Twitter.

**18 de março de 2021**
"[Toque de recolher] é estado de defesa, estado de sítio, que só uma pessoa pode decretar: eu." Presidente Jair Bolsonaro. Fonte: Aos Fatos.

**18 de março de 2021**
**"Se você começar a sentir um negócio esquisito lá, você segue a receita do [ex-ministro Luiz Henrique] Mandetta. Você vai para casa, e quando você estiver lá com falta de ar [imita uma pessoa sufocando], aí você vai para o hospital." Presidente Jair Bolsonaro, em uma *live*. Fonte: Poder360.**

**18 de março de 2021**
"Muita gente reclamando: eu quero vacina. Eu também quero." Presidente Jair Bolsonaro. Fonte: Aos Fatos.

**18 de março de 2021**
"E milhares de pessoas têm se socorrido desse tratamento inicial [contra a Covid-19] e dão testemunho que seguraram." Presidente Jair Bolsonaro. Fonte: Aos Fatos.

**18 de março de 2021**
**"O que que... que mal poderia ocasionar uma nebulização [com hidroxicloroquina]? Eu acho difícil ter uma arritmia, ou algo mais grave, até porque essa pessoa é bastante grave." Presidente Jair Bolsonaro. Fonte: Aos Fatos.**

**18 de março de 2021**
"[Toque de recolher] é estado de defesa, estado de sítio, que só uma pessoa pode decretar: eu." Presidente Jair Bolsonaro. Fonte: Aos Fatos.

**18 de março de 2021**
"O *lockdown*, eu tenho ouvido vocês falarem no programa 'Pingos nos Is', a nossa querida OMS [Organização Mundial da Saúde], um de seus diretores, disse que o *lockdown* não funciona. Serve apenas para uma coisa: tornar o pobre mais pobre." Presidente Jair Bolsonaro. Fonte: Aos Fatos.

**21 de março de 2021**
"A mentira: 'Governo Bolsonaro negligenciou a vacina contra Covid!'. A VERDADE: Presidente e Governo buscam vacinas comprovadamente seguras e eficazes desde MARÇO DE 2020." Secretaria Especial de Comunicação Social (SECOM), do Governo Federal. Fonte: o próprio Twitter.

**BOLSONARO E SEUS SEGUIDORES: O HORROR EM 3.560 FRASES**

**21 de março de 2021**
"Estão esticando a corda, faço qualquer coisa pelo meu povo. Esse qualquer coisa é o que está na Constituição, nossa democracia e nosso direito de ir e vir." Presidente Jair Bolsonaro. Fonte: Folha (31/12/2021).

**22 de março de 2021**
"Se eu fosse xenófobo, machista, misógino, racista, como é que justifica eu ter ganho as eleições no Brasil? Mentira, *fake news*." Presidente Jair Bolsonaro. Fonte: Aos Fatos.

**22 de março de 2021**
"Pesquisas sérias nos Estados Unidos mostram que a maior parte da população contrai o vírus em casa." Presidente Jair Bolsonaro. Fonte: Aos Fatos.

**22 de março de 2021**
"(...) Que todos os brasileiros tenham assesso a cultura (sic)." Mario Frias, secretário especial de Cultura, no próprio Twitter. Fonte: UOL.

**24 de março de 2021**
"Chegou no final do ano, uma carreata de gente pedindo dinheiro politicamente. O que nós fizemos? Nós distribuímos todo o recurso do Ministério. Foi outra porrada, porque todos queriam um 'pixulé' no final do ano." General Eduardo Pazuello, ministro da Saúde. Fonte: Poder360.

**25 de março de 2021**
"Se eu por ventura for reinfectado, eu já tenho, meu médico aqui, eu sei o que ele vai receitar para mim. O que me salvou lá atrás." Presidente Jair Bolsonaro. Fonte: Aos Fatos.

**25 de março de 2021**
"Trabalhei com o Filipe Martins durante 2 anos e sempre tive nele um dos principais aliados da comunidade judaica no governo. A acusação que fazem contra ele é ridícula, criminosa e um insulto aos judeus, pois banaliza o sofrimento do nosso povo para atingir um adversário político. Se ajeitar o terno é sinal de nazismo, que nome daremos aos que trabalham dia e noite para atacar o Estado de Israel?" Fábio Wajngarten. Fonte: o próprio Twitter.

**25 de março de 2021**
"E conhecereis a verdade, e a verdade os libertará. João 8:32." Deputado Helio Lopes (PSL-RJ), comentando o *tweet* de Fábio Wajngarten sobre Filipe Martins. Fonte: o próprio Twitter.

25 de março de 2021
"Filipe Martins, sugiro que você explique ao Pacheco: — Eu não estava de brincadeira, estava mandando tomar no cu com toda a seriedade." Olavo de Carvalho. Fonte: o próprio Twitter.

25 de março de 2021
"Eu considero todos eles muito tolos. Por que? Porque não são inteligentes. Muitos ainda insistem numa ferramenta chamada *lockdown*, que já está provada em várias experiências no mundo que ela é ineficiente. (...) E por que ela é ineficiente? Alguém consegue impedir nas áreas urbanas que o passarinho, o cão de rua, o gato, o rato, a pulga, a formiga, o inseto se locomova? Alguém consegue fazer o *lockdown* dos insetos? É óbvio que não. E todos eles transportam o vírus. Não são contaminados pelo vírus, mas podem transportar o vírus. É uma possibilidade." Onyx Lorenzoni, ministro-chefe da Secretaria Geral da Presidência da República e médico veterinário. Fonte: BBC News Brasil.

**26 de março de 2021**
"Que democracia é essa na qual eu, um deputado federal eleito pelo povo, tenho que cuidar com o que eu falo ou opino sob ameaça de ser preso?? Dias sombrios no Brasil, que Deus nos guarde." Pastor e deputado Marco Feliciano (PL-SP). Fonte: o próprio Twitter.

27 de março de 2021
"Respeite o próprio cu: Jamais o limpe com a IstoÉ." Olavo de Carvalho. Fonte: o próprio Twitter.

**27 de março de 2021**
"Isso é muito grave! A CoronaVac do João Doria Jr. [governador de São Paulo] não deu a imunidade à jovem e ela veio a óbito. Essa vacina do Doria é genocídio SIM!" Richards Pozzer. Fonte: o próprio Twitter.

**27 de março de 2021**
"Está precisando montar umas milícias em Juiz de Fora e dar um pau na guarda municipal. Um pau! Pau para quebrar, para piorar os caras. (...) Atear fogo nas viaturas (...) Dar pauladas nos joelhos e cotovelos, para quebrar [os agentes]." Roberto Jefferson, presidente nacional do PTB. Fonte: jornal Estado de Minas.

**27 de março de 2021**
"Aos cristãos kit anti-satanás, o satanás quer fechar a igreja para impor o comunismo no Brasil. Kit anti-satanás! Primeiro 20 cristãos de uma igreja, decididos, precisam desse primeiro instrumento aqui, isso é uma balaclava. Porque a hora que chegar o satanás para fechar a igreja você não pode respirar o ar do satanás para não adoecer. Então o satanás vai chegar. Vocês fechem as portas da igreja e todo mundo de balaclava. Tem que olhar o satanás armado. Tem um satanás armado? Esse imediatamente um irmão patriota bota fora de combate [simula um tiro na pessoa]. Aí um outro [cristão decidido] vai estar com uma lata de *spray* de pimenta na mão, tem que ter alguém com uma perna dessa de enxada ou um taco de *basebol* e bater aqui, de lado. (...) Um chicote para botar o satanás para correr. Deem uma cossa de chicote no satanás (...)." Roberto Jefferson, presidente nacional do PDT, em vídeo, orientando os cristãos sobre como evitar o fechamento das igrejas, decretado em algumas cidades por causa da Covid-19. Fonte: YouTube e O Globo.

**30 de março de 2021**
"Na convicção de que essa alteração legislativa capacitará o Estado brasileiro a agir de modo mais contundente, direto e eficaz no combate à pandemia, sem necessidade de se valer das intensas restrições a direitos, liberdades e garantias comuns a outros instrumentos de defesa do Estado e das instituições, conclamo meus nobres pares para que votem a seu favor. (...) Meu projeto de lei não inova no ordenamento jurídico, apenas cria mais uma hipótese de decretação da Mobilização Nacional. Esta, por sua vez, apenas entraria em vigor após a solicitação do presidente e o aval do Congresso, para evitar que outras medidas mais graves pudessem ser decretadas, como o Estado de Sítio, Estado de Defesa e Intervenção Federal. Uma eventual Mobilização Nacional serviria para juntar esforços frente à grande ameaça da pandemia. Não há um golpe em curso, o único objetivo do meu projeto é reforçar as logísticas nacionais para combater a pandemia." Deputado Major Vítor Hugo (PSL-GO). Fonte: Jovem Pan.

**30 de março de 2021**
"Não há risco de ruptura democrática." General Hamilton Mourão, vice-presidente da República. Fonte: GZH.

**30 de março de 2021**
"A vida é tão importante quanto a questão do emprego." Presidente Jair Bolsonaro. Fonte: Aos Fatos.

**31 de março de 2021**
"Neste dia, há 57 anos, a população brasileira, com apoio das Forças Armadas, impediu que o Movimento Comunista Internacional fincasse suas tenazes no Brasil. Força e Honra!" General Hamilton Mourão, vice-presidente da República, sobre 1964. Fonte: Congresso em Foco, UOL.

**31 de março de 2021**
"Dia de relembrar os Heróis da Pátria." Deputado Otoni de Paula, sobre 1964. Fonte: Congresso em Foco, UOL.

**31 de março de 2021**
"Talvez hoje, seríamos uma Venezuela piorada." Deputado Guiga Peixoto (PSL-SP), sobre 1964. Fonte: Congresso em Foco, UOL.

**31 de março de 2021**
**"Ocorreu dentro da lei, com apoio da população e garantiu um Brasil livre." Deputado Eduardo Bolsonaro (PSL-SP), sobre 1964. Fonte: Congresso em Foco e UOL.**

**1º de abril de 2021**
"Nós sempre nos preocupamos com vidas, mas sempre disse, e continuo dizendo, que vírus e desemprego, nós devemos atacá-los." Presidente Jair Bolsonaro. Fonte: Aos Fatos.

**06 de abril de 2021**
"A Folha diz que [o presidente Jair] Bolsonaro e [o ministro da Defesa, Walter] Braga Netto eram os 'únicos sem máscara' quando 'tomaram sopa'. Faço um desafio: dou R$ 10.000,00 para o repórter da Folha que me mandar um vídeo tomando sopa de máscara!! PS Não vale abaixar, furinho, canudinho etc." Marcelo de Carvalho, sócio da RedeTV!. Fonte: RD1.

**07 de abril de 2021**
"Fui acometido de Covid. Procurei não me apavorar. Tomei um medicamento que todo mundo sabe qual foi e no outro dia estava bom." Presidente Jair Bolsonaro. Fonte: Folha.

**07 de abril de 2021**
"Os verdadeiros cristãos não estão dispostos, jamais, a matar por sua fé, mas estão sempre dispostos a morrer para garantir a liberdade de religião e de culto." André Mendonça, advogado-geral da União, no Supremo Tribunal Federal (STF), durante o julgamento sobre a abertura ou fechamento das igrejas e templos, por causa da Covid-19. Fonte: Migalhas.

**07 de abril de 2021**
"Eu gostaria de pedir que fossem retiradas das notas taquigráficas as palavras injuriosas ao presidente da República." Deputada Bia Kicis (PSL-DF), presidindo a Comissão de Constituição e Justiça (CCJ). Fonte: Estadão.

**07 de abril de 2021**
"Essas políticas restritivas, eu tenho falado, como o *lockdown* exagerado, direito de ir e vir, toque de recolher, isso não existe nem no estado de sítio." Presidente Jair Bolsonaro. Fonte: Aos Fatos.

**BOLSONARO E SEUS SEGUIDORES: O HORROR EM 3.560 FRASES**

**08 de abril de 2021**
"São Paulo está em *lockdown* há três semanas e, um dia após o outro, está batendo recorde de mortes. São Paulo está representando 33% do número de mortos do Brasil. Se estivesse dando certo [o *lockdown*], São Paulo era pra estar com número mínimo [de casos de Covid-19]." Fábio Faria, ministro das Comunicações. Fonte: CNN Brasil.

**08 de abril de 2021**
"Parece, mas não é a gaiola das loucas, são só as pessoas portadoras de vagina na CCJ [Comissão de Constituição e Justiça e de Cidadania da Câmara dos Deputados] sendo levadas a loucura pelas verdades ditas pelo Deputado Éder Mauro [PSD-PA]." Deputado Eduardo Bolsonaro (PSL-SP). Fonte: o próprio Twitter.

**09 de abril de 2021**
"(...) Pelo que me parece, falta coragem moral para o Barroso e sobra ativismo judicial. Não é disso que o Brasil precisa, vivendo um momento crítico da pandemia. Pessoas morrem e o ministro do Supremo Tribunal Federal faz politicalha junto ao Senado federal." Presidente Jair Bolsonaro, por Luís Roberto Barroso, ministro do STF, ter obrigado o Senado Federal a instalar a CPI da Covid-19. Fonte: Conjur.

**10 de abril de 2021**
"Não tem mais animais na Venezuela. Comeram até cavalo." Presidente Jair Bolsonaro. Fonte: Metrópoles.

**10 de abril de 2021**
"Você está aterrissando a nave em Marte. Aí chega um macaco lá, aperta 3 botões, chuta o painel e começa a desviar a nave." Paulo Guedes, ministro da Economia, sobre a forma como o Orçamento 2021 tinha sido negociado no Congresso. Fonte: Poder360, por Douglas Rodrigues (18/06/2021).

**12 de abril de 2021**
"*Lockdown* é o oposto de distanciamento social. No *lockdown* as pessoas são condenadas a ficarem confinadas em casa, aumentando a proliferação do vírus." Deputado Eduardo Bolsonaro (PSL-SP). Fonte: o próprio Twitter.

**12 de abril de 2021**
"Daí, vou ter que sair na porrada com um bosta desses [senador Randolfe Rodrigues, Rede-AP]." Presidente Jair Bolsonaro, em conversa gravada com o senador Jorge Kajuru (Cidadania-GO). Fonte: Folha (31/12/2021).

**12 de abril de 2021**
"Hoje você está tendo uma amostra do que é o comunismo e quem são os protótipos de ditadores, aqueles que decretam proibição de cultos, toque de recolher, expropriação de imóveis, restrições a deslocamentos, etc... (...) Cada vez mais a população está ficando sem emprego, renda e meios de sobrevivência... o caos bate na porta dos brasileiros. — Pergunte o que cada um de nós poderá fazer pelo Brasil e sua liberdade e ... prepare-se." Presidente Jair Bolsonaro. Fonte: o próprio Twitter.

**13 de abril de 2021**
"PESSOAS COM VAGINA. Fiz tweet ironizando a esquerda que adotou a expressão 'pessoas com vagina' para referir-se a mulheres. Após isso a esquerda quer dizer que eu criei a expressão e me tachar de machista, era só o que faltava." Deputado Eduardo Bolsonaro (PSL-SP). Fonte: o próprio Twitter.

**16 de abril de 2021**
"Esse é o ator Paulo Gustavo que alguns estão pedindo oração e reza. E você vai orar ou rezar? Eu oro para que o dono dele o leve para junto de si." Pastor José Olímpio, da Assembleia de Deus. Fonte: Migalhas (28/04/2022)

**19 de abril de 2021**
"Acreditem ou não, mas o STF quer acabar com o presidente, porém eles não irão conseguir por um motivo bem forte, mais da metade das cadeiras dos urubus de capa preta receberam propina (...)." Leda Nagle, compartilhando no seu perfil do Instagram. Fonte: UOL, Notícias da TV.

**19 de abril de 2021**
"Sou contra endeusar as pessoas, mas o Olavo [de Carvalho] é brilhante. (...) Eu considero ter aula com ele como ter aula com Santos Dumont sobre aeronaves, ou de música com Heitor Villa-Lobos." Abraham Weintraub, ex-ministro da Educação. Fonte: O Tempo (22/04/2021), por Folhapress.

**19 de abril de 2021**
"Ele [Olavo de Carvalho] consegue ver as coisas sem ter estado lá. Consegue saber simplesmente deduzindo. É impressionante. (...) Aqueles palavrões que ele usa, aquilo é genial, porque tem impacto nas ideias, você aprende muito rápido, assimila rápido." Arthur Weintraub, ex-assessor da Presidência da República. Fonte: O Tempo (22/04/2021), por Folhapress.

**BOLSONARO E SEUS SEGUIDORES: O HORROR EM 3.560 FRASES**

**19 de abril de 2021**
"Quando eu vejo a imprensa falando do professor Olavo [de Carvalho], eu fico perguntado de quem eles estão falando: do maior mestre da língua portuguesa vivo, do maior filósofo vivo, do homem que depois de abandonado pelo '*mainstream*' monta sozinho um curso *online*, que continua capacitando desembargadores, economistas, professores universitários e até a senhorinha dona de casa? Não, eles falam apenas do professor Olavo que publica nas redes sociais. (...) O Brasil não merece o amor que o professor Olavo tem pelo Brasil. (...) Ele poderia muito bem parar tudo o que está fazendo e viver a vidinha dele." Allan dos Santos, *youtuber* e blogueiro do canal 'Terça Livre'. Fonte: O Tempo (22/04/2021), por Folhapress.

**19 de abril de 2021**
"A gente não tem a qualidade do Olavo [de Carvalho] para acertar sempre, mas ele nos fornece as ferramentas para acertar. O que o Olavo consegue é um negócio único. Nunca vi alguém fazer isso. (...) Olavo sempre diz que o isentismo antecede o socialismo, o comunismo. (...) Mais uma vez Olavo estava completamente certo." Bernardo Küster, diretor de opinião do jornal Brasil Sem Medo, escritor e empreendedor cultural. Fonte: O Tempo (22/04/2021), por Folhapress.

20 de abril de 2021
"Eu sou, realmente, a Constituição." Presidente Jair Bolsonaro. Fonte: UOL.

21 de abril de 2021
"Mesmo sem comprovação científica e com autorização do paciente." Presidente Jair Bolsonaro, defendendo o uso da cloroquina e ivermectina. Fonte UOL.

22 de abril de 2021
"Quando o sujeito manda raspar os pelos do cu, é em sinal de respeito pelas pirocas." Olavo de Carvalho. Fonte: o próprio Twitter.

22 de abril de 2021
"É impressionante como só se fala em vacina, né? Mas também, uma compra bilionária, no mundo todo, então é só vacina." Presidente Jair Bolsonaro, em uma *live* com o astronauta Marcos Pontes, ministro da Ciência e Tecnologia e Inovações. Fonte: Twitter Blog do Noblat.

**22 de abril de 2021**
"Apesar das limitações orçamentárias do Governo, determinei o fortalecimento dos órgãos ambientais, duplicando os recursos destinados às ações de fiscalização. (...) O Brasil está na vanguarda do enfrentamento ao aquecimento global." Presidente Jair Bolsonaro. Fonte: Aos Fatos.

**22 de abril de 2021**
"A vacina da Pfizer era a mais promissora, com altos índices de eficácia, segundo os estudos. Precisávamos da maior quantidade de vacinas no menor tempo possível. E dinheiro nunca faltou. Então, eu abri as portas do Palácio do Planalto. Convidei os diretores da empresa a vir a Brasília. Fizemos várias reuniões. Fui o primeiro a ver a caixa que armazenava as vacinas a menos 70 graus. Eu também levei a caixa para o presidente Bolsonaro ver. Expliquei que aquilo não era um bicho de 7 cabeças, como alguns técnicos pintavam. (...) Infelizmente, as coisas travaram no Ministério da Saúde." Fabio Wajngarten, ex-secretário de Comunicação. Fonte: Poder360.

**23 de abril de 2021**
"(...) Essa política de lockdown, quarentena, se tivermos problema nós temos um plano de como entrar em campo. Eu sou o chefe supremo das Fossas (sic) Armadas (...) E se eu decretar isso vai ser cumprido esse decreto (...)." Presidente Jair Bolsonaro. Fonte: Twitter do Blog do Noblat.

**23 de abril de 2021**
"CPF Cancelado." Presidente Jair Bolsonaro fotografado segurando uma placa com esse texto. Ao lado do presidente estavam: Sikêra Júnior, apresentador; Marcelo Queiroga, ministro da Saúde; Milton Ribeiro, ministro da Educação; João Roma, ministro da Cidadania e Gilson Machado Neto, ministro do Turismo. Fonte: Alerta Nacional, TV A Crítica, RedeTV!.

**23 de abril de 2021**
"Eu tomei cloroquina às 17h de um dia. No outro dia tava bom." Presidente Jair Bolsonaro. Fonte: Aos Fatos.

**24 de abril de 2021**
"Quem tem que julgar a conduta das pessoas é a História. Não sou eu. Minha função não é ficar vigiando as atitudes do presidente da República." Marcelo Queiroga, ministro da Saúde, médico. Fonte: Twitter Blog do Noblat.

**25 de abril de 2021**
"Pois é, estou sem [máscara]." General Eduardo Pazuello, ex-ministro da Saúde, em um *shopping center* em Manaus. Fonte: Folha.

**BOLSONARO E SEUS SEGUIDORES: O HORROR EM 3.560 FRASES**

26 de abril de 2021
"A política do MEC [Ministério da Educação] deve vir e tem que vir em consonância com a visão educacional, do projeto, do senhor presidente da República. É com ele que eu troco ideias quando quero fazer uma mudança." Milton Ribeiro, ministro da Educação. Fonte: Twitter Blog do Noblat.

26 de abril de 2021
"(...) É perda de tempo neste momento se instalar uma CPI [da Covid-19] porque o Congresso não é delegacia de polícia neste momento, é a Casa de leis." Arthur Lira (PP-AL), presidente da Câmara dos Deputados. Fonte: Folha.

26 de abril de 2021
"Prêmio Nobel de Medicina, Dr. Satoshi Ômura, sugere colocar na bula da Ivermectina, que evita Covid-19. Confira e compartilhe, se apoia!" Deputado Bibo Nunes (PSL-RS). Fonte: o próprio Twitter.

26 de abril de 2021
"Se você tem medo de tomar medicamentos prescritos pelo seu médico porque o jornalista disse que não são bons, deixe o médico, cancela o plano de saúde e vá consultar um jornalista ou um radialista. Os jornalistas não aceitam convênios, estudam menos, mentem mais e são mais caros que os médicos (...)." Roberta Lacerda, médica infectologista, defendendo o uso da ivermectina no tratamento contra a Covid-19. Fonte: Saiba Mais.

26 de abril de 2021
"Não tem o que perguntar, não? Deixa de ser idiota." Presidente Jair Bolsonaro. Fonte: Folha (21/06/2021).

27 de abril de 2021
"O chinês inventou o vírus." Paulo Guedes, ministro da Economia. Fonte: Folha.

27 de abril de 2021
"Fies bancou até filho de porteiro que zerou vestibular." Paulo Guedes, ministro da Economia. Fonte: Poder360.

**27 de abril de 2021**
"Eu tenho CPF e o presidente da República tem outro. Da minha parte entendo que houve ingratidão, falta de consideração por parte do presidente [do Senado Rodrigo Pacheco, DEM-MG] de pelo menos nos buscar para que pudéssemos dar nosso ponto de vista sobre a conveniência e oportunidade de instaurar uma CPI [da Covid-19] como essa." Senador Flávio Bolsonaro (sem partido-RJ). Fonte: Folha.

**27 de abril de 2021**
"Num evento, estava o [presidente] Lula, a [ministra] Dilma [Rousseff], o [Fernando] Haddad [ministro da Educação] atrás, Celso Amorim [ministro das Relações Exteriores], e dois homens se beijando. Mas de língua, parecia aqueles casais apaixonados do Titanic, né. Uma coisa inacreditável. Cada um vá fazer amor, ser feliz como bem entender. Agora, aquela cena, um presidente da República sorrindo, de deboche, como se fosse a coisa mais linda do mundo. Repito, cada um vai ser feliz como bem entender entre quatro paredes na sua intimidade aí. Agora, publicamente?" Presidente Jair Bolsonaro. Fonte: Diário de Pernambuco e Correio Braziliense, por Ingrid Soares.

**27 de abril de 2021**
"Tem um livro que eu mostrei [no Jornal Nacional da rede Globo], onde o livro tem lá, o menino tem um lugar para você botar o dedo no furinho e mexer com o livro. (...) A sexualização nas escolas praticamente zerou. Você não vê mais aquela doutrinação. Aquela sexualização na escola praticamente zerou no nosso governo. Ninguém quer o filho dele, com 6, 7 anos de idade, envolvido com sexo. Ninguém quer isso. Agora, a esquerdalha que estava aí. Quem foi um dos últimos ministros da Educação que ficou 12 anos lá dentro? Foi o tal do [Fernando] Haddad. As barbaridades que ele deixou de herança para nós." Presidente Jair Bolsonaro. Fonte: Diário de Pernambuco e Correio Braziliense, por Ingrid Soares.

**28 de abril de 2021**
"Jair Bolsonaro é o mais sincero e honesto presidente que este país já teve. Seus inimigos são o lixo do Brasil." Olavo de Carvalho. Fonte: o próprio Twitter.

**28 de abril de 2021**
"A questão da vacina: quando o último brasileiro tomar a vacina, eu tomo." Presidente Jair Bolsonaro. Fonte: Aos Fatos.

**28 de abril de 2021**
"E por que foi a questão do *lockdown* lá atrás: não foi para achatar a curva? Tá há um ano achatando a curva." Presidente Jair Bolsonaro. Fonte: Aos Fatos.

## BOLSONARO E SEUS SEGUIDORES: O HORROR EM 3.560 FRASES

28 de abril de 2021
"Tomei. Foi em Brasília, ali no Shopping Iguatemi. Tomei escondido [a vacina contra a Covid-19] (...)." General Luiz Eduardo Ramos, ministro-chefe da Casa Civil. Fonte: Rádio CBN.

28 de abril de 2021
"Conheça o Brasil por dentro e por fora, a verdade acima de tudo, Amazônia, Antártica (...)." Presidente Jair Bolsonaro. Fonte: no canal Terra de Todos.

**29 de abril de 2021**
"O TSE não faz [auditoria das urnas]. O TSE tem que disponibilizar no site todas as seções do Brasil." Presidente Jair Bolsonaro. Fonte: UOL

29 de abril de 2021
"A gente tá indo muito bem junto aos indígenas." Presidente Jair Bolsonaro. Fonte: Aos Fatos.

29 de abril de 2021
"A gente continua trabalhando a todo vapor. Não estamos preocupados com essa CPI [da Pandemia do Senado Federal]. Nós não estamos preocupados." Presidente Jair Bolsonaro. Fonte: Folha (30/12/2021), no Instagram.

30 de abril de 2021
"A ÚNICA frase da minha autoria que o Deu Ôco Mainardi entendeu foi 'Vá tomar no cu'." Olavo de Carvalho. Fonte: o próprio Twitter.

**30 de abril de 2021**
"(...) Crianças com nove anos, dez anos, não sabem ler. Sabe tudo, com respeito a todas as senhoras aqui presente, sabe até colocar uma camisinha, mas não sabe que 'b' mais 'a' é 'ba'." Milton Ribeiro, ministro da Educação, numa aula magna proferida na Universidade Federal da Paraíba (UFPB). Fonte: Estadão.

**30 de abril de 2021**
"Se o presidente sai sem máscara e se expõe, cabe a quem está ali perto se cuidar. É um absurdo o chamarem de genocida. É uma covardia misturar a tragédia com política." Anderson Torres, ministro da Justiça e Segurança Pública. Fonte: Veja.

**1º de maio de 2021**
"Pobre? Está doente? Dá um *voucher* para ele. Quer ir no Einstein? Vai no Einstein. Quer ir no SUS, pode usar seu *voucher* onde quiser." Paulo Guedes, ministro da Economia. Fonte: Folha.

**1º de maio de 2021**
"Um governo popular, audaz e visionário [do presidente Jair Bolsonaro] foi-se transformando numa administração tecnocrática sem alma nem ideal. Penhoraram o coração do povo ao sistema. O projeto de construir uma grande nação minguou no projeto de construir uma base parlamentar." Ernesto Araújo, ex-ministro das Relações Exteriores. Fonte: o próprio Twitter.

**03 de maio de 2021**
"Se alguma criança tiver em perigo, é só chamar." Vereador Gabriel Monteiro (PSD-RJ). Fonte: o próprio Twitter.

**03 de maio de 2021**
"Presidente de El Salvador Nayib Bukele tem maioria dos parlamentares em seu apoio. Agora, o Congresso destituiu todos os ministros da suprema corte por interferirem no Executivo, tudo constitucional (...)." Deputado Eduardo Bolsonaro (PSL-SP). Fonte: o próprio Twitter.

**03 de maio de 2021**
"Qual pai não defenderia o filho em qualquer circunstância?" Zezé di Camargo, cantor sertanejo, sobre o presidente Jair Bolsonaro interferir na Polícia Federal por causa do senador Flávio Bolsonaro (Sem partido-RJ). Fonte: EXTRA.

**04 de maio de 2021**
"No meu estado, nos municípios de Rancho Queimado e Chapecó, fizeram um tratamento inicial com kit-Covid. E o resultado foi extraordinariamente positivo." Senador Jorginho Mello (PL-SC), na CPI da Covid-19 do Senado Federal. Fonte: jornal Estado de Minas.

**05 de maio de 2021**
"Nas ruas já se começa a pedir por parte do governo que se baixe um decreto. E se eu baixar um decreto, vai ser cumprido. Não vai ser contestado por nenhum tribunal, porque será cumprido. O que constaria no corpo desse decreto? Os incisos do artigo 5º da Constituição." Presidente Jair Bolsonaro, sobre o isolamento social decretado por alguns governadores e prefeitos. Fonte: Correio Braziliense.

**05 de maio de 2021**
"(...) O presidente estava sem máscara na inauguração. Já encheu o saco isso, pô." Presidente Jair Bolsonaro. Fonte: Metrópoles.

05 de maio de 2021
"Eu sempre respeitei o vírus. Sempre desafiei a mídia a mostrar um áudio ou vídeo meu dizendo que era uma gripezinha." Presidente Jair Bolsonaro. Fonte: Quebrando o Tabu.

05 de maio de 2021
"É um vírus novo, ninguém sabe se nasceu em laboratório ou se nasceu por algum ser humano ingerir um animal inadequado. Será que não estamos enfrentando uma nova guerra? Qual o país que mais cresceu seu PIB? Não vou dizer para vocês." Presidente Jair Bolsonaro. Fonte: Rádio CBN.

05 de maio de 2021
"Eu não falei a palavra China." Presidente Jair Bolsonaro. Fonte: Rádio CBN.

05 de maio de 2021
"Eu não exaltei o golpe militar de 64. O golpe mili [parou a fala no meio da palavra] — não, não disse que era uma exaltação. (...) Não houve um golpe militar." Walter Braga Netto, ministro da Defesa, à Comissão de Relações Exteriores da Câmara dos Deputados. Fonte: O Antagonista.

05 de maio de 2021
"No final de semana eu tomo uma hidroxicloroquina e ivermectina. Foi um médico que me receitou. Fui à farmácia e adquiri a medicação." Senador Marcos do Val (Podemos-ES), na CPI da Covid-19 do Senado Federal. Fonte: ESBrasil.

05 de maio de 2021
"Por que não se investe em remédio? Por que é barato demais? (...) Ouso dizer que milhões de pessoas fizeram esse tratamento [com a hidroxicloroquina]. Por que [ser] contra?" Presidente Jair Bolsonaro. Fonte: Aos Fatos.

06 de maio de 2021
"Eu fui tratado com cloroquina e ponto final." Presidente Jair Bolsonaro. Fonte: Aos Fatos.

06 de maio de 2021
"E com o consumo desse medicamento [hidroxicloroquina], tivemos que aumentar a produção." Presidente Jair Bolsonaro. Fonte: Aos Fatos.

**06 de maio de 2021**
"Canalha é quem diz 'não tome isso' e não tem alternativa. É canalha (...)." Presidente Jair Bolsonaro, sobre a cloroquina. Fonte: UOL.

**06 de maio de 2021**
"Quando tenho problema no estômago, alguém sabe o que eu tomo? Eu tomo Coca-Cola e fico bom. É problema meu, o bucho é meu. Talvez a Coca-Cola, meu bucho todo corroído, me salvou da facada do Adélio. Deem porrada em mim amanhã, *Folha de S.Paulo*, *Globo*, *Estadão*, *IstoÉ*, UOL. Deem porrada em mim!" Presidente Jair Bolsonaro. Fonte: UOL.

06 de maio de 2021
**"Vai ter voto impresso em 2020 e ponto final. Não vou nem falar mais nada. Vai ter voto impresso. Se não tiver voto impresso é sinal de que não vai ter eleição. Acho que o recado está dado."** Presidente Jair Bolsonaro. Fonte: Eixo Político.

**06 de maio de 2021**
"Não vou fazer juízo de valor." Marcelo Queiroga, ministro da Saúde, médico, na CPI da Covid-19 do Senado Federal, respondendo sobre o fato de o presidente Jair Bolsonaro se pronunciar contra o isolamento social. Fonte: Folha de Pernambuco.

06 de maio de 2021
**"Estou vendo uma barata, estou vendo uma barata aqui."** Presidente Jair Bolsonaro, falando com uma pessoa com cabelo estilo *black power*. Fonte: Folha.

**06 de maio de 2021**
"A função das visitas era conversas com os colegas médicos — todos os profissionais eram médicos — e tentar orientá-los sobre o atendimento precoce na unidade." Mayra Pinheiro, médica, secretária de Gestão do Trabalho do Ministério da Saúde, responsável pela organização de uma comitiva de médicos que foi em janeiro de 2021 ao Amazonas para difundir o uso da cloroquina como tratamento contra a Covid-19. Fonte: Poder360.

06 de maio de 2021
**"Há um agrupamento de colegas que defendem fortemente esse chamado tratamento precoce com esses fármacos e há outros colegas que se posicionam contrariamente. O Ministério da Saúde quer acolher todos para que cheguemos a um consenso. Essa questão do tratamento precoce não é decisiva no enfrentamento à pandemia."** Marcelo Queiroga, ministro da Saúde, médico, na CPI da Covid-19 do Senado Federal. Fonte: Correio Braziliense.

**BOLSONARO E SEUS SEGUIDORES: O HORROR EM 3.560 FRASES**

**06 de maio de 2021**
"Ivermectina, outro medicamento sem patente que tem demonstrado constante eficácia no tratamento da Covid. (...) Eu tive Covid, a minha esposa teve Covid, e nos salvamos. A minha filha, a minha neta, o meu neto, Covid, tudo com esse tratamento." Senador Luis Carlos Heinze (PP-RS), na CPI da Covid-19 do Senado Federal. Fonte: GZH.

**07 de maio de 2021**
"A única republiqueta do mundo que aceita isso daí é a nossa." Presidente Jair Bolsonaro, sobre o voto em urna eletrônica. Fonte: Correio Braziliense.

**07 de maio de 2021**
"Não encha o saco." Presidente Jair Bolsonaro, sobre o uso ou não da cloroquina e ivermectina. Fonte: UOL.

**07 de maio de 2021**
"Não tenho nada a ver como isso, negão (...)." General Hamilton Mourão, vice-presidente da República, indagado sobre o uso político da Abin na CPI da Covid-19 do Senado Federal. Fonte: O Antagonista.

**07 de maio de 2021**
"O único gordo da Venezuela é o [presidente Nicolás] Maduro." Presidente Jair Bolsonaro. Fonte: Gazeta Brasil.

**07 de maio de 2021**
"O Olavo [de Carvalho] é dono de seu nariz, como eu sou do meu e você é do seu. (...) Eu recebo críticas muito graves e não reclamo. Todo mundo fala muito em engolir sapo, eu engulo sapo pela fosseta lacrimal e estou quieto aqui, tá ok?" Presidente Jair Bolsonaro. Fonte: Antena1, por Lisandra Paraguassu.

**07 de maio de 2021**
"Olavo [de Carvalho] é ícone não é à toa. É porque lá atrás, quando era vergonhoso se dizer de direita e havia uma automática associação com a 'ditadura', muitos ficaram quietos e asfaltaram o caminho para a esquerda. Hoje praticamente só temos Olavo e para fabricar outro serão necessários outros 30, 40 anos. (...) Eu acho que ele [Olavo de Carvalho] segue tendo razão. Cada um tem seu estilo de falar. Eu tenho o meu, ele tem o dele, mas se deixar o comportamento de lado, você vai ver que o Olavo, na minha opinião, ele continua tendo razão." Deputado Eduardo Bolsonaro (PSL-SP). Fonte: Antena1, por Lisandra Paraguassu.

**08 de maio de 2021**
"Jamais esperava estar aqui. Já ouviram falar isso daí. A imprensa toda contra, os mais variados rótulos. O que mais pegou foi o racismo e a gente demonstra aí que não existe isso para mim. Até digo, né, somos todos iguais. Sempre questionei a questão de cotas. Acho que a cota eleva o homem pela cor da sua pele como subalterno ao outro de cor de pele diferente. Somos iguais. O meu sogro é o Paulo Negão." Presidente Jair Bolsonaro. Fonte: Correio Braziliense, por Ingrid Soares.

**08 de maio de 2021**
"A CPI [da Covid-19] é um vexame, só se fala em cloroquina. Quem aqui tomou? Esta semana vamos gravar um vídeo com os ministros falando quem tomou cloroquina. Todos tomaram. Agora, na CPI, nós queremos apurar o caso de Manaus, onde muitos irmãos nossos foram a óbito." Presidente Jair Bolsonaro. Fonte: O Antagonista.

**08 de maio de 2021**
"Estamos lutando pelo voto impresso para não ter fraude, para melhorar o Legislativo, o Executivo e até o Judiciário." Presidente Jair Bolsonaro. Fonte: O Antagonista.

**08 de maio de 2021**
"Eu vou ser o último a tomar [a vacina contra a Covid-19], porque quem quiser tomar, toma na minha frente." Presidente Jair Bolsonaro. Fonte: Aos Fatos.

**08 de maio de 2021**
"[A hidroxicloroquina] é a alternativa no momento [contra a Covid-19]. (...) Ah, não tem comprovação científica [de eficácia da hidroxicloroquina]. Mas não tem cientificamente dizendo o contrário, também." Presidente Jair Bolsonaro. Fonte: Aos Fatos.

**08 de maio de 2021**
"Tem gente melhor que eu? Tem. Mas Deus quis que fosse assim." Presidente Jair Bolsonaro. Fonte: O Antagonista.

**08 de maio de 2021**
"Não vi um governador qualquer, dos 27, conversando com o povo. Fui aqui em Brasília, em Itapuã, no Chaparral... Amanhã organizaram um passeio em homenagem pelo Dia das Mães. Isso é bom porque demonstra que a população está acreditando no governo." Presidente Jair Bolsonaro. Fonte: O Antagonista.

**08 de maio de 2021**
"Tem um cotado aí. Por enquanto, é ele, mas não está batido o martelo. Uma vez eu disse: 'Imagina uma sessão do STF começar com uma oração com esse ministro?'" Presidente Jair Bolsonaro. Fonte: O Antagonista.

**BOLSONARO E SEUS SEGUIDORES: O HORROR EM 3.560 FRASES**

**09 de maio de 2021**
"Ganhe quem ganhar, mas na certeza, e não da suspeição da fraude. (...) Não podemos admitir isso porque o voto é a essência da democracia." Presidente Jair Bolsonaro. Fonte: Folha.

09 de maio de 2021
"Alguns não perceberam que torcem pelos bandidos, contra a polícia, pelo vírus, pelas mortes e pela queda da economia só para tentar atingir o governo Jair Bolsonaro. Deve ser muito ruim nutrir esses sentimentos só porque não gostam do Bolsonaro. Que Deus possa perdoar essas pessoas." Fábio Faria, ministro das Comunicações. Fonte: o próprio Twitter.

**09 de maio de 2021**
"Dra. ROBERTA LACERDA. INFECTOLOGISTA. Se você tem medo de tomar medicamentos prescritos pelo seu médico porque o jornalista disse que não são bons, deixe o médico, cancele o plano de saúde e vá se consultar com o jornalista." Vereador Carlos Bolsonaro (PSC-RJ). Fonte: o próprio Twitter.

**09 de maio de 2021**
"Hoje o povo brasileiro tem a oportunidade de recuperar sua esperança, ao pedir ao presidente Bolsonaro que ele volte a ser o presidente eleito em 2018, aquele que prometeu derrotar o sistema, o líder de uma transformação histórica e constitucional." Ernesto Araújo, ex-ministro das Relações Exteriores. Fonte: Folha.

**10 de maio de 2021**
"O pessoal fala em comprovação científica. *Lockdown* não tem comprovação científica nenhuma. Alguns queriam que eu decretasse *lockdown* nacional." Presidente Jair Bolsonaro. Fonte: O Antagonista.

**10 de maio de 2021**
"Querem colocar no presidente [Jair Bolsonaro] o carimbo de culpado." Senador Marcos Rogério (DEM-RO), na CPI da Covid-19 no Senado Federal. Fonte: Folha.

10 de maio de 2021
"O Brasil só terá melhores dias quando TODAS as atuais grandes empresas de mídia forem à falência." Olavo de Carvalho. Fonte: o próprio Twitter.

**10 de maio de 2021**
"[Eu sou] um dos principais mentores do presidente Bolsonaro na luta da Covid." Marcelo Hermes Lima, biólogo, professor da UnB, diretor de Relações Institucionais da associação denominada 'Docentes pela Liberdade'. Fonte: O Antagonista.

**10 de maio de 2021**
"[O presidente Jair Bolsonaro é] um dos maiores heróis do mundo ocidental e cristão." Marcelo Hermes Lima, biólogo, professor da UnB, diretor de Relações Institucionais da associação denominada 'Docentes pela Liberdade'. Fonte: Yahoo.

**11 de maio de 2021**
"Bom dia aos homens que ficam com seus amigos sem perder a heterossexualidade." Vereador Gabriel Monteiro (PSD-RJ). Fonte: o próprio Twitter.

**11 de maio de 2021**
"Inventaram que eu tenho um orçamento secreto agora. Tenho um reservatório de leite condensado, 3 milhões de latas. Eles não têm o que falar. Como um orçamento foi aprovado, discutido por meses e agora apareceu R$ 3 bilhões? Só os canalhas do [jornal] *Estado de São Paulo* para escrever isso aí." Presidente Jair Bolsonaro. Fonte: Estadão.

**12 de maio de 2021**
"O governo deixará saudades." Presidente Jair Bolsonaro. Fonte: Correio Braziliense.

**12 de maio de 2021**
"Nenhum *blog*, nenhum *site* foi contemplado com nenhum centavo da SECOM [Secretaria Especial de Comunicação Social, do Governo Federal]." Fabio Wajngarten, ex-secretário de Comunicação, na CPI da Covid-19 do Senado Federal. Fonte: O Antagonista.

**12 de maio de 2021**
"Eu recebi a carta em 9 de novembro [de 2020]. Até lá, ninguém havia respondido a carta [da farmacêutica Pfizer, datada de 12 de setembro de 2020, oferecendo ao governo brasileiro a possibilidade de adquirir 70 milhões de doses de vacinas contra a Covid-19]." Fabio Wajngarten, ex-secretário de Comunicação do governo, na CPI da Covid-19 do Senado Federal. Fonte: GloboNews.

**12 de maio de 2021**
"As Forças Armadas acompanham a política, disso os senhores tenham certeza. Mas não existe politização das Forças Armadas, que são pautadas pelo que prevê a Constituição Federal." General Braga Netto, ministro da Defesa. Fonte: Poder360.

12 de maio de 2021
"Pode se fazer de vítima, espernear, fazer o cacete nessa porra dessa sessão [da Câmara dos Deputados]. (...) E vou dizer mais, senhoras deputadas de esquerda: eu, infelizmente, já matei sim, não foi pouco, não, foi muita gente. Tudo bandido. Queria que estivessem aqui para discutir olho a olho. Vão dormir e esqueçam de acordar!" Deputado Éder Mauro (PSD-PA), ex-delegado, líder da 'Bancada da Bala' na região Norte. Fonte: Fórum.

13 de maio de 2021
"Um prazer redobrado estar ao lado do [ex-presidente Fernando] Collor [PROS-AL]." Presidente Jair Bolsonaro. Fonte: CNN Brasil.

13 de maio de 2021
"O voto impresso tem nome. Mãe é a deputada Bia Kicis [PSL-DF] lá de Brasília. O pai é o Arthur Lira [PP-AL]. Instalou a comissão no dia de ontem. Parabéns, Arthur!" Presidente Jair Bolsonaro. Fonte: Poder360.

13 de maio de 2021
"Nem era para ter CPI. (...) O ministro da Saúde teve que ficar lá um dia perdendo tempo na CPI, em vez de estar trabalhando perdeu um dia de trabalho lá na CPI." Presidente Jair Bolsonaro. Fonte: Poder360.

13 de maio de 2021
"A empresa [farmacêutica Pfizer] foi informada na reunião [do dia 07 de agosto de 2020] que não cabe ao Ministério da Economia decidir sobre a compra de determinada vacina, pois se trata de uma decisão de Saúde Pública." Ministério da Economia, em comunicado à CPI da Covid-19 do Senado Federal, sobre a oferta da farmacêutica Pfizer ao governo brasileiro das 70 milhões de doses da vacina Pfizer/BioNTech. Fonte: UOL.

13 de maio de 2021
"Fez tudo certo no ano passado." Presidente Jair Bolsonaro, se referindo ao ex-ministro da Saúde general Eduardo Pazuello. Fonte: Poder360.

13 de maio de 2021
"Fiz uma proposta para a [deputada] Carla Zambelli [PSL-SP] sugerindo uma CPI na Câmara pra investigar o tratamento imediato. (...) Tratamento imediato, porque se falar outro nome [tratamento precoce] pode cair a *live* aqui. (...) Eu tomei lá atrás e, se pegar [Covid-19] de novo, vou tomar de novo." Presidente Jair Bolsonaro. Fonte: Metrópoles.

13 de maio de 2021
"[O presidente Jair] Bolsonaro não gosta de pesquisa, não acredita em pesquisa, não vê pesquisa, nem boa, nem ruim, nem média. Nunca mandei uma pesquisa para ele que ele tenha respondido." Fábio Faria, ministro das Comunicações. Fonte: UOL.

13 de maio de 2021
"É difícil, sabíamos, não vai ser fácil, sabemos. Porque sempre tem algum picareta, vagabundo querendo atrapalhar o trabalho daqueles que produzem. Se Jesus teve um traidor, temos um vagabundo inquirindo pessoas de bem em nosso país. É um crime o que vem acontecendo nessa CPI [da Covid-19 do Senado Federal]. (...) O recado que eu tenho para esse indivíduo, se quer fazer um show tentando me derrubar, não fará. Somente Deus me tira daquela cadeira." Presidente Jair Bolsonaro, em Alagoas, com o senador Fernando Collor (PROS-AL); deputado Arthur Lira (PP-AL), presidente da Câmara dos Deputados; Tarcísio de Freitas, ministro da Infraestrutura; João Roma, ministro da Cidadania; Gilson Machado Neto, ministro do Turismo; Rogério Marinho, ministro do Desenvolvimento Regional; e Pedro Guimarães, presidente da Caixa. Fonte: Poder360.

13 de maio de 2021
"A voz do povo é a voz de Deus. E na hora que a população se manifesta em praça pública o faz com sentimento de apreensão e revolta, mas também reagindo às calúnias e à forma como alguns membros do Parlamento têm se comportado [na CPI da Covid-19 do Senado Federal]." Rogério Marinho, ministro do Desenvolvimento Regional. Fonte: Poder360.

13 de maio de 2021
"O YouTube me 'pediu' para apagar as *lives* que falassem de tratamento precoce, prevenção, hidroxicloroquina e ivermectina." Leda Nagle. Fonte: Folha.

13 de maio de 2021
"Eu tomei lá atrás [hidroxicloroquina] e me dei bem." Presidente Jair Bolsonaro. Fonte: Aos Fatos.

14 de maio de 2021
"Eu não falei nada. O meu Exército só vai para a rua para manter a liberdade de vocês, jamais vai mantê-los dentro de casa. Eu respondo por meus atos, agora, se governadores, prefeitos estão na contramão. (...) Pessoal, já dei o recado que eu tinha que dar, daqui pra frente eu vou agir, tá ok?" Presidente Jair Bolsonaro. Fonte: O Antagonista.

**BOLSONARO E SEUS SEGUIDORES: O HORROR EM 3.560 FRASES**

14 de maio de 2021
"Até quando isso [*lockdown*] vai prevalecer sem qualquer comprovação científica? (...) Não existe comprovação científica de *lockdown*, não existe." Presidente Jair Bolsonaro. Fonte: Aos Fatos.

14 de maio de 2021
"Chamei o médico e ele falou: 'você está com todos os sintomas'. Daí eu peguei a caixinha de cloroquina e ele falou: 'vamos esperar um pouquinho mais'. Falei: 'ó, ô bicho, você quer voltar para a tropa ou quer que eu tome cloroquina agora?' A saúde é minha." Presidente Jair Bolsonaro. Fonte: Aos Fatos.

14 de maio de 2021
"Um minutinho de mulher." Presidente Jair Bolsonaro, quando uma apoiadora quis mostrar vídeo do pai que morreu recentemente. Fonte: Folha.

14 de maio de 2021
"É o tempo todo o pessoal enchendo: cadê a vacina?" Presidente Jair Bolsonaro. Fonte: Estadão.

14 de maio de 2021
"Ninguém acredita mais em jornal, não." Presidente Jair Bolsonaro. Fonte: Aos Fatos.

14 de maio de 2021
"Não há nada secreto." Rogério Marinho, ministro do Desenvolvimento Regional, sobre os recursos públicos direcionados pelos deputados para a compra de tratores. Fonte: Estadão.

14 de maio de 2021
"Só a ausência do voto auditável pode dar vitória sobre Bolsonaro, o presidente mais popular da história recente do Brasil." Deputada Bia Kicis (PSL-DF), presidente da Comissão de Constituição e Justiça (CCJ) da Câmara dos Deputados. Fonte: Folha.

14 de maio de 2021
"Engraçado, né? Se falar cloroquina é crime, falar em maconha é legal. Jesus também não pode falar, não pode falar em Jesus também não." Presidente Jair Bolsonaro. Fonte: Folha (31/12/2021).

**15 de maio de 2021**
"Queremos eleições em 2022 onde o voto possa ser auditado. Se tiraram da cadeia o maior canalha da história do Brasil, se para esse canalha foi dado o direito de concorrer, o que me parece é que se não tivermos o voto auditável, esse canalha, pela fraude, ganha as eleições do ano que vem. Não podemos admitir um sistema eleitoral que é passível de fraude." Presidente Jair Bolsonaro. Fonte: Estadão, por Lauriberto Pompeu e Lorenna Rodrigues.

**15 de maio de 2021**
"O MDR [Ministério do Desenvolvimento Regional] destaca que, por se tratar de um instrumento novo, não foi instituída a obrigatoriedade de os ofícios de parlamentares com o direcionamento de recursos estarem disponíveis na plataforma." Ministério do Desenvolvimento Regional, sobre os recursos públicos direcionados pelos deputados para a compra de tratores. Fonte: Estadão.

**15 de maio de 2021**
"Já os informais, quase 40 milhões, quem destruiu foram alguns governadores e prefeitos com sua política sem qualquer comprovação científica do 'fique em casa, a economia a gente vê depois'." Presidente Jair Bolsonaro. Fonte: Aos Fatos.

**15 de maio de 2021**
"Hoje, meus 22 ministros estão alinhados para defender o governo com a própria vida, se possível for. (...) Não queremos confronto com ninguém, mas não ouse tirar os direitos do nosso povo." Presidente Jair Bolsonaro, em manifestação no centro de Brasília, onde chegou montado num cavalo, com a participação de Tereza Cristina, ministra da Agricultura; Ricardo Salles, ministro do Meio Ambiente; Gilson Machado Neto, ministro do Turismo; Tarcísio de Freitas, ministro da Infraestrutura; e o general Braga Netto, ministro da Defesa. Fonte: Correio Braziliense.

**16 de maio de 2021**
"Considerando que dezenas de estudos demonstram a eficácia dos medicamento no tratamento precoce da Covid (...), e inclusive metanálises [sobre a ivermectina], até a de uma das maiores especialistas em Medicina baseada em evidências, a Dra. Tess Lawrie." Senador Eduardo Girão (Podemos-CE), na CPI da Covid-19 do Senado Federal. Fonte: Folha.

**16 de maio de 2021**
"Jamais promovi nenhum atrito com a China, seja antes, seja durante a pandemia." Ernesto Araújo, ex-ministro das Relações Exteriores, na CPI da Covid-19 do Senado Federal. Fonte: Folha.

**BOLSONARO E SEUS SEGUIDORES: O HORROR EM 3.560 FRASES**

**16 de maio de 2021**
"A OMS [Organização Mundial da Saúde], em certo momento, disse que o vírus não era transmissível entre humanos. Isso está documentado, se me permite citar algumas datas. Em 23 de janeiro, depois, em 4 de fevereiro, a OMS disse, sim, é transmissível entre humanos." Ernesto Araújo, ex-ministro das Relações Exteriores, na CPI da Covid-19 do Senado Federal. Fonte: Folha.

**17 de maio de 2021**
"O que a gente fica infeliz, insatisfeito, é como até hoje a gente não tem uma maneira de auditar as nossas urnas. Da mesma maneira que nós temos como comprovar que houve fraude, o outro lado também não tem como comprovar que não houve fraude, e é isso que a gente quer colocar um ponto final aqui." Deputado Eduardo Bolsonaro (PSL-SP). Fonte: O Antagonista.

**17 de maio de 2021**
"Somente somaremos o voto impresso para dupla checagem. Quem pode ser contra a conferência dupla de uma votação? Se [o presidente Jair] Bolsonaro ganhar no ano que vem, os lulistas poderão pedir a conferência, assim como pediremos conferência se outro candidato vencer. Justo, não?" Deputada Carla Zambelli (PSL-SP). Fonte: O Antagonista.

**17 de maio de 2021**
"Alguns idiotas até hoje ficam em casa." Presidente Jair Bolsonaro. Fonte: A Gazeta.

**17 de maio de 2021**
"O voto impresso irá consolidar ainda mais a democracia brasileira." Deputado Bibo Nunes (PSL-RS). Fonte: O Antagonista.

**17 de maio de 2021**
"Nunca existiu uma fraude, porque nunca aceitaram uma denúncia. O voto é sagrado e tem que oferecer o máximo de segurança. Qual o sentido de ser contra mais segurança?" Deputado Heitor Freire (PSL-CE). Fonte: O Antagonista.

**17 de maio de 2021**
"Teremos mais segurança. Não tem nada a ver com regredir na tecnologia. Qual o problema em auditarmos o resultado das votações? É uma garantia a mais para o eleitor e para o candidato." Deputado José Rocha (PL-BA). Fonte: O Antagonista.

**17 de maio de 2021**
"Tendo em vista que a tecnologia da urna eletrônica pode ser vulnerável a ataques *hackers* e, com isso, o resultado final ser alterado (...)." Deputado Capitão Wagner (PROS-CE). Fonte: O Antagonista.

**17 de maio de 2021**
"Auditar o voto da urna eletrônica seria algo importante, sem dúvida alguma. Poderia ser feito por amostragem. É um direito do eleitor. Existe uma desconfiança sobre o voto eletrônico. Não vejo motivo para não ter votos auditáveis, para dar mais credibilidade ao resultado da eleição." Deputado Toninho Wandscheer (PROS-PR). Fonte: O Antagonista.

**17 de maio de 2021**
"Já falei que sou 'imorrível', já falei que sou 'imbrochável' e também sou 'incomível'." Presidente Jair Bolsonaro. Fonte: O Antagonista.

**17 de maio de 2021**
"Engraçado: a maconha pode, a cloroquina não pode?" Presidente Jair Bolsonaro. Fonte: O Antagonista.

**17 de maio de 2021**
"Tinha gente do próprio governo [do PT] envolvida com pedofilia." Presidente Jair Bolsonaro em evento com Damares Alves, ministra da Mulher, Família e Direitos Humanos; Flávia Arruda, ministra da Secretaria de Governo; João Roma, ministro da Cidadania; e Silvinei Vasques, diretor-geral da Polícia Rodoviária Federal. Fonte: Poder360.

**17 de maio de 2021**
"A máscara que ele usou durante toda a campanha pode ter prejudicado o câncer que ele teve, porque as células precisam de respiração." Deputado Giovani Cherini (PL-RS), se referindo ao prefeito de São Paulo, Bruno Covas, falecido no dia anterior. Fonte: GZH

**18 de maio de 2021**
"Não." Ernesto Araújo, ex-ministro das Relações Exteriores, na CPI da Covid-19, dizendo que não pediu autorização ao governo da Venezuela para que um avião da FAB entrasse no espaço aéreo venezuelano e fosse buscar, para Manaus/AM, o oxigênio hospitalar doado por aquele país. O transporte foi feito por via terrestre. Fonte: O Antagonista.

**18 de maio de 2021**
"Ninguém do governo me procurou para tratar dessa questão." Ernesto Araújo, ex-ministro das Relações Exteriores, na CPI da Covid-19 do Senado Federal, sobre a carta da Pfizer oferecendo 70 milhões de doses de vacinas, que também foi endereçada ao Itamaraty. Fonte: O Antagonista.

19 de maio de 2021
"Sobre o Centrão, aquela brincadeira que eu fiz foi numa convenção do PSL, na época da campanha eleitoral. Naquela época existia à disposição na mídia, várias críticas ao Centrão. Não quer dizer que hoje haja Centrão. Isso foi muito modificado ao longo do tempo." General Augusto Heleno, ministro-chefe do Gabinete de Segurança Institucional (GSI). Fonte: Poder360.

19 de maio de 2021
"(...) Nós [Ministério da Saúde] fizemos uma nota informativa, seguindo o Conselho Federal de Medicina. O Conselho Federal de Medicina fez uma publicação clara, dando autonomia aos médicos utilizarem tais medicamentos, inclusive a hidroxicloroquina, a cloroquina de forma *off-label* (...)." Eduardo Pazuello, ex-ministro da Saúde. Fonte: Relatório da CPI da Covid-19 do Senado Federal.

19 de maio de 2021
"O presidente nunca me deu ordens diretas para nada." General Eduardo Pazuello, ex-ministro da Saúde, na CPI da Covid-19 do Senado Federal. Fonte: UOL.

19 de maio de 2021
"Exagerada e desnecessária. (...) Até porque, todos os que foram incluídos nesta operação sempre estiveram à disposição para esclarecer quaisquer questões." Ricardo Salles, ministro do Meio Ambiente, sobre a operação da PF, autorizada pelo STF, que cumpriu 35 mandados de busca e apreensão incluído os endereços funcionais e pessoais do ministro, além do afastamento do cargo do presidente do IBAMA, Eduardo Bim. Fonte: Agência Brasil.

19 de maio de 2021
"Missão cumprida." General Eduardo Pazuello, ex-ministro da Saúde, na CPI da Covid-19 do Senado Federal, respondendo sobre o motivo da sua saída do Ministério. Fonte: O Antagonista.

20 de maio de 2021
"Todos os gestores em todos os níveis são responsáveis, cada um no seu nível de responsabilidade." General Eduardo Pazuello, ex-ministro da Saúde, na CPI da Covid-19 do Senado Federal. Fonte: UOL.

20 de maio de 2021
"Não acompanhei todos os vídeos do presidente. Mas eu não concordo. Eu não comprei 1g de hidroxicloroquina, não incentivei." General Eduardo Pazuello, ex-ministro da Saúde, na CPI da Covid-19 do Senado Federal. Fonte: UOL.

**20 de maio de 2021**
"E existe nesse país, pessoas que estão torcendo para o vírus, que fala de boca cheia quando chega a 2 mil, 3 mil, 4 mil, 5 mil (...). Falando com gosto." Senador Vanderlan Cardoso (PSD-GO), na CPI da Covid-19 do Senado Federal. Fonte: Diário de Goiás.

**20 de maio de 2021**
"(...) Minha palavra hoje aqui, ministro Pazuello, é de gratidão. Gratidão pelo que o senhor fez pelo país." Senador Vanderlan Cardoso (PSD-GO), na CPI da Covid-19 do Senado Federal. Fonte: Diário de Goiás.

**20 de maio de 2021**
"Eu não conheço nada, desculpa! Me ajude." Mario Frias, secretário especial de Cultura, na Bienal de Veneza, quando perguntado sobre o prêmio Leão de Ouro que estava sendo concedido a Lina Bo Bardi. Fonte: Folha, por Michele Oliveira.

**20 de maio de 2021**
"Nós sabemos como é o presidente da República. Ele fala de improviso, de pronto, o que vem na cabeça dele. Não podemos esconder o sol com a peneira." General Eduardo Pazuello, ex-ministro da Saúde, na CPI da Covid-19 do Senado Federal. Fonte: O Antagonista.

**20 de maio de 2021**
"Há poucos dias estava me sentindo mal. E antes mesmo de procurar um médico, olha só que exemplo eu estou dando, eu tomei depois, aquele remédio [cloroquina]. Que estava com sintoma. Tomei, fiz exame, não estava. Mas, por precaução, tomei. Qual o problema? Eu vou esperar sentir falta de ar para ir para o hospital?" Presidente Jair Bolsonaro. Fonte: Estadão.

**20 de maio de 2021**
"Essa plataforma (TrateCOV), ela não foi distribuída aos médicos (...). O aplicativo — o aplicativo, não, a plataforma, não é um aplicativo — nunca entrou em operação." General Eduardo Pazuello, ex-ministro da Saúde, na CPI da Covid-19 do Senado Federal. Fonte: O Antagonista.

**20 de maio de 2021**
"Nunca o presidente da República mandou eu desfazer qualquer contrato [de compra de vacina], qualquer acordo com o Butantan [fabricante da vacina CoronaVac]. Nem por uma vez (...). O presidente da República fala também como agente político." General Eduardo Pazuello, ex-ministro da Saúde, na CPI da Covid-19 do Senado Federal. Fonte: O Antagonista.

**BOLSONARO E SEUS SEGUIDORES: O HORROR EM 3.560 FRASES**

**20 de maio de 2021**
"Não pode falar [o nome cloroquina]. O Brasil é o país da hipocrisia, a começar por essa CPI. Eu tinha vontade de voltar a ser deputado para falar o que penso dessa CPI. Um vexame (...)." Presidente Jair Bolsonaro. Fonte: Poder360.

**20 de maio de 2021**
"Ricardo Salles é um ministro excepcional." Presidente Jair Bolsonaro, dois dias depois da operação da Polícia Federal no Ministério do Meio Ambiente o no IBAMA. Fonte: Poder360.

**20 de maio de 2021**
"Querem ouvir uma pessoa que dá conselho ao presidente da República? Vou dar o nome: pastor Silas Malafaia. Ele fala quase que diariamente com o presidente e o influencia. Chamem ele aqui." Senador Flávio Bolsonaro (sem partido-RJ), na CPI da Covid-19 do Senado Federal. Fonte: Folha de Pernambuco.

20 de maio de 2021
**"A esquerda não toma cloroquina porque vai matar o verme que eles são." Presidente Jair Bolsonaro. Fonte: O Antagonista.**

**20 de maio de 2021**
"[A imprensa é] canalha, patife. (...) Virou partido político. (...) Quer acabar com a CPI? Só dar dinheiro para a imprensa." Presidente Jair Bolsonaro, numa *live* ao lado de Tarcísio de Freitas, ministro da Infraestrutura. Fonte: O Antagonista.

20 de maio de 2021
**"O comunista gordo." Presidente Jair Bolsonaro, se referindo a Flávio Dino, governador do Maranhão. Fonte: Poder360.**

**20 de maio de 2021**
"Agora, qual é a alternativa [à hidroxicloroquina]? Não tem alternativa." Presidente Jair Bolsonaro. Fonte: Aos Fatos.

**22 de maio de 2021**
"A doutora Luana [Araújo] é uma pessoa muito qualificada, com currículo excelente. Foi convidada para o cargo [de secretária extraordinária de Enfrentamento à Covid-19], não houve nomeação, e agora procuramos uma pessoa com perfil semelhante ao da doutora para ocupar essa posição." Marcelo Queiroga, ministro da Saúde, médico. Fonte: CNN Brasil, por Anna Satie.

**23 de maio de 2021**
"Estamos no final de uma pandemia, se Deus quiser." Presidente Jair Bolsonaro, em manifestação com Tarcísio de Freitas, ministro da Infraestrutura, e general Eduardo Pazuello, ex-ministro da Saúde. Fonte: jornal Estado de Minas.

**23 de maio de 2021**
"O meu Exército Brasileiro jamais irá para a rua para manter vocês dentro de casa. O meu Exército Brasileiro, a nossa PM e a nossa PRF. É obrigação nossa lutar por liberdade, democracia. O nosso exército são vocês. Mais importante do que o Poder Executivo, Legislativo e Judiciário é o povo brasileiro." Presidente Jair Bolsonaro, em manifestação ao lado do general Eduardo Pazuello. Fonte: Folha (04/06/2021).

**23 de maio de 2021**
"Eu não ia perder esse passeio de moto de jeito nenhum. Tamo junto, hein? Tamo junto. Parabéns pra galera que está aí, prestigiando o PR [presidente Jair Bolsonaro]. PR é gente de bem. PR é gente de bem. Abraço, galera." General Eduardo Pazuello, em manifestação ao lado do presidente Jair Bolsonaro. Fonte: UOL (03/06/2021).

**23 de maio de 2021**
"A melhor pesquisa eleitoral é o povo, ao qual (sic) o presidente nunca saiu do lado! (...) Verdadeira festa da democracia!!" Senador Flávio Bolsonaro (Patriota-RJ), sobre a manifestação em que estava o presidente Jair Bolsonaro e o general Eduardo Pazuello. Fonte: Folha (04/06/2021).

**23 de maio de 2021**
"O DATAPOVO informa: não adianta chorar. É o presidente mais amado da história!!!" Mario Frias, secretário especial de Cultura, sobre a manifestação em que estava o presidente Jair Bolsonaro e o general Eduardo Pazuello. Fonte: Folha (04/06/2021).

**24 de maio de 2021**
"Até o momento, o SUS já distribuiu mais de 90 milhões de doses de vacinas e vacinou mais de 55 milhões de pessoas (...)." Marcelo Queiroga, ministro da Saúde, médico, em discurso na OMS [Organização Mundial da Saúde]. Porém, até esse momento, tinham sido vacinadas com uma dose 41,9 milhões de brasileiros e com duas doses, 20,6 milhões. Fonte: UOL.

**24 de maio de 2021**
"Nosso Exército são vocês. São mais importantes do que os Poderes Executivo, Judiciário e Legislativo." Presidente Jair Bolsonaro. Fonte: UOL, por Reinaldo Azevedo.

## BOLSONARO E SEUS SEGUIDORES: O HORROR EM 3.560 FRASES

24 de maio de 2021
"Nós jogamos na defesa nos primeiros anos, controlando despesas. Agora vem a eleição? Nós vamos para o ataque." Paulo Guedes, ministro da Economia. Fonte: Folha.

24 de maio de 2021
"Estou dando mau exemplo aqui." Presidente Jair Bolsonaro, em Quito, Equador, na posse do presidente Guillermo Lasso, sobre o uso da máscara. Fonte: Metrópoles.

24 de maio de 2021
"Aprendemos, com o atendimento precoce, que ataca o vírus já na fase inicial da doença usando remédios simples, como a hidroxicloroquina, a azitromicina, o zinco, juntos com outros medicamentos, torna essa doença mais branda e impede que a maioria dos doentes se agrave. Isso faz com que consigamos tratar a maioria dos pacientes, ainda que piorem, sem a necessidade de internação e no conforto dos seus lares." Luciano Dias Azevedo, tenente-médico da Marinha. Fonte: Correio Braziliense.

24 de maio de 2021
"Informo que, em virtude de um problema de vírus em nossa rede do Ministério da Saúde, estamos com uma série de dificuldades de conexão em rede e abertura de e-mails, o que dificultou ou até impediu o acesso aos arquivos enviados até a presente data, assim como sua respectiva análise." Elcio Franco, secretário-executivo do Ministério da Saúde, sobre as não respostas, desde 14 de agosto de 2020, aos 10 e-mails enviados pela Pfizer para discutir a venda das 70 milhões de vacinas contra a Covid-19. Fonte: Poder360.

25 de maio de 2021
"Você passou 30 anos votando em quem? Em que tipo de gente? Calma lá, vamos com calma que o negócio é sério. Quer ditadura, não é comigo. Para quem não está contente comigo, tem Lula em 2022." Presidente Jair Bolsonaro. Fonte: Correio Braziliense, por Augusto Fernandes.

25 de maio de 2021
"A OMS [Organização Mundial da Saúde] retirou a orientação desses medicamentos [cloroquina e hidroxicloroquina] para tratamento da Covid baseada em estudos que foram feitos com qualidade metodológica questionável, usando o uso de medicações na fase tardia da doença, onde todos nós já sabemos que não há benefício para os pacientes." Mayra Pinheiro, secretaria de Gestão do Trabalho e Educação do Ministério da Saúde, médica, na CPI da Covid-19 do Senado Federal. Fonte: Folha.

**25 de maio de 2021**
"Não, recomendou não, orientamos. É uma orientação do Ministério [da Saúde]." Mayra Pinheiro, secretária de Gestão e Trabalho do Ministério da Saúde, médica, respondendo ao presidente da CPI, senador Omar Aziz (PSD-AM), sobre o uso da cloroquina para combater a Covid-19. Fonte: Relatório da CPI da Covid-19 do Senado Federal.

**27 de maio de 2021**
"Foram três momentos com os índios balaios, ianomâmis, eles falaram que tomavam chá disso daqui, saracura, carapanaúba e jambu, e ficaram livres da Covid. (...) Então, pessoal, tem cura pra Covid? Tem, pô." Presidente Jair Bolsonaro. Fonte: UOL.

**27 de maio de 2021**
"Se eu voltasse a mostrar aquilo [cloroquina] para a ema, eu pegaria três anos de cadeia. Parabéns, [Omar] Aziz [(PSD-AM), presidente da CPI da Covid-19 do Senado Federal]! Que vergonha, hein? (...) Pelo amor de Deus, encerra logo essa CPI (...)." Presidente Jair Bolsonaro. Fonte: Estadão.

**27 de maio de 2021**
"Seria possível o Butantan disponibilizar? Porque essas células aí são extraídas de fetos abortados. Eu queria saber se era possível o Butantan disponibilizar amostra laboratorial da CoronaVac ou permitir que um laboratório fizesse a referida análise." Senador Eduardo Girão (Podemos-CE), na CPI sobre a Covid-19 do Senado Federal. Fonte: Congresso em Foco.

**27 de maio de 2021**
"Estamos Há 16 Meses Sem Corrupção, Sem Criança Tocando Homem Nu, Sem Crucifixo no Rabo. Só Isso Já Valeu Meu VOTO." Senador Flávio Bolsonaro (sem partido-RJ). Fonte: o próprio Instagram.

**27 de maio de 2021**
"(...) Porque o coração da Amazônia não pega fogo. A floresta é úmida, não pega fogo." Presidente Jair Bolsonaro. Fonte: Aos Fatos.

**27 de maio de 2021**
"Eu tomei aquele negócio [cloroquina] que eu mostrei para a ema, no dia seguinte tava bom." Presidente Jair Bolsonaro. Fonte: Aos Fatos.

**BOLSONARO E SEUS SEGUIDORES: O HORROR EM 3.560 FRASES**

27 de maio de 2021
"E é o país [Argentina] que mais tem fechado no mundo e é o país com maior número de mortes por milhão de habitantes." Presidente Jair Bolsonaro. Fonte: Aos Fatos.

28 de maio de 2021
"Ninguém aguenta mais esses *lockdowns*, esses isolamentos por aí, ninguém aguenta mais isso. Respeitamos, lamentamos as mortes, lamentamos todas as mortes, todas as mortes, sem exceção, a morte é uma coisa que todo mundo morre, todo mundo vai passar por ela, não é? E não vai sentir." Presidente Jair Bolsonaro. Fonte: programa 'O É da Coisa' na Rádio BandNews, com Reinaldo Azevedo, Alexandre Bentivoglio e Bob Furuya.

28 de maio de 2021
"Se o cara [ex-presidente Lula] voltar, só volta na fraude. Imagine quem será o ministro da Educação? Volta o Haddad?" Presidente Jair Bolsonaro. Fonte: O Antagonista.

28 de maio de 2021
"YouTube retirou do ar também o nosso 'O Brasil Precisa Saber' com a Dra. Nise Yamaguchi (...). A censura também mata." Deputado Eduardo Bolsonaro (PSL-SP). Fonte: O Antagonista.

29 de maio de 2021
"Imorrível. Imbroxável. Incomível." Presidente Jair Bolsonaro. Fonte: o próprio Twitter.

29 de maio de 2021
"Agora, tem uma saltitante na comissão que queria me convocar. É brincadeira, né? Ô, saltitante, está de brincadeira. Não tem o que fazer não, saltitante?" Presidente Jair Bolsonaro, se referindo ao senador Randolfe Rodrigues (Rede-AP), vice-presidente da CPI da Covid-19 do Senado Federal. Fonte: Fórum.

29 de maio de 2021
"Tem um Brasil que está dando muito certo e está sendo varrido para debaixo do tapete, simplesmente por uma questão de militância." Caio Coppolla. Fonte: YouTube.

30 de maio de 2021
"Temos um governo que acredita em Deus, deve lealdade ao seu povo e respeita os seus militares. Mais do que obrigação e dever, tenho certeza que vocês vão atuar dentro das quatro linhas da Constituição, se necessário for. Bom dia!" Movimento Brasil Forte. Fonte: o próprio Twitter.

31 de maio de 2021
"Sabe por que tem pouca gente nessa manifestação da esquerda do último fim de semana? Porque a PF e a PRF estão apreendendo muita maconha pelo Brasil. Faltou erva para o movimento. Faltou dinheiro também." Presidente Jair Bolsonaro. Fonte: O Antagonista.

31 de maio de 2021
"Elas gostam é do bem duro. Comprido também fica legal, né?" Victor Sorrentino, médico e influenciador, preso no Egito após assediar vendedora. Fonte: Estadão.

31 de maio de 2021
"Se o Doriana [João Doria, governador de São Paulo] me chamasse de genocida, a resposta mais educadinha que eu lhe daria é: — Genocida é o seu cu." Olavo de Carvalho. Fonte: o próprio Twitter.

31 de maio de 2021
"Estive com o presidente da República hoje e fui convidá-lo a participar do Patriota (...). Não, não tem nada ilegal. Nada ilegal feito no partido (...). Minha equipe é reduzida. Aliás, eu tenho poucos parentes no partido (...). Se eu tiver dois, três, quatro parentes no elo de um partido nacional, é muito. E, mesmo assim, está dentro da lei. O partido político, apesar de receber fundo público, é de direito privado e, portanto, não existe nepotismo. (...) É um partido também com pessoas que não entendem nada de direita nem esquerda. É um partido que pega tudo." Adilson Barroso, presidente do Patriota. Fonte: Folha, por Renier Bragon e Thiago Resende.

1º de junho de 2021
"(...) Quem quer mais é só ir no banco e fazer empréstimo." Presidente Jair Bolsonaro, sobre o auxílio emergencial. Fonte: UOL.

1º de junho de 2021
"Mesmo com a esquerda e a grande mídia torcendo contra, o Brasil caminha rumo ao progresso!" Senador Flávio Bolsonaro (Patriota-RJ), no próprio Twitter.

1º de junho de 2021
"Eu não posso me vacinar, porque eu tenho uma doença autoimune [vasculite]." Nise Yamaguchi, médica, na CPI da Covid-19 do Senado Federal. Fonte UOL.

**BOLSONARO E SEUS SEGUIDORES: O HORROR EM 3.560 FRASES**

1º de junho de 2021
"Nenhum dos argumentos levantados pela oposição [na CPI da Covid-19 no Senado Federal] se manteve em pé diante do depoimento da dra. Nise Yamaguchi. Não se sustentam as acusações sobre mudança de bula por decreto, ou sobre o gabinete paralelo. Nem mesmo sobre a tal imunidade de rebanho que teria sido defendida por ela." Senador Marcos Rogério (DEM-RO). Fonte: o próprio Twitter.

1º de junho de 2021
"Temos evidências científicas bastante robustas [sobre a eficácia de cloroquina e da hidroxicloroquina] que é uma droga segura e eficiente, usada há 70 anos e considerada pela OMS [Organização Mundial da Saúde] como medicamento essencial." Nise Yamaguchi, médica, na CPI da Covid-19 do Senado Federal. Fonte: O Antagonista.

1º de junho de 2021
"'Médicos Pela Vida' repudiam veementemente a postura de vários Senadores no depoimento prestado pela Dra. Nise Yamaguchi à CPI da Pandemia, no Senado Federal. Apesar da dedicação, da disposição em contribuir com a comissão e enriquecer o debate neste período de busca por soluções e o combate à Covid-19, têm demonstrado, no mínimo, total falta de respeito à Dra. Nise Yamaguchi, à sua trajetória de 40 anos dedicados à saúde e à ciência, em defesa da vida. Uma atuação reconhecida mundialmente e que foi desconsiderada pela CPI." Médicos pela Vida. Fonte: DCM.

1º de junho de 2021
"Anticoncepcionais e até o próprio Viagra têm efeito colateral. (...) Até o café que a gente toma tem efeitos adversos. (...) Sabemos que imunidade de rebanho é um conceito complexo." Senador Marcos Rogério (DEM-RO), na CPI da Covid-19, durante depoimento da médica Nise Yamaguchi. Fonte: O Antagonista.

1º de junho de 2021
"Então, assim como 'LGDBTYH', não sei, querem respeito, eu acredito que eles têm que ser mais compreensivos com aqueles que hoje ainda não entendem direito e estão se abrindo para isso (...)." Patrícia Abravanel, no SBT. Fonte: UOL.

1º de junho de 2021
"É uma quadrúpede." Presidente Jair Bolsonaro, se referindo a Daniela Lima, jornalista da CNN Brasil. Fonte: Folha.

1º de junho de 2021
"Achávamos que a pandemia estava acabando não por má-fé, foi um engano." Paulo Guedes, ministro da Economia, justificando a falta de previsão orçamentária para o combate à Covid-19 em 2021. Fonte: Estadão.

**1º de junho de 2021**
"O pessoal prefere se consultar com jornalista do que com médico. Bonner, o que é que eu vou tomar? William Bonner, Renata [Vasconcellos]. Reinaldo Azevedo, o que eu vou tomar, Reinaldo Azevedo? O povo que pensa dessa maneira, realmente, sem comentário, né? Sem comentário." Presidente Jair Bolsonaro. Fonte: Twitter de Reinaldo Azevedo.

**1º de junho de 2021**
"Artigo 26 da Lei 7.170 de 14 de dezembro de 1983 [Lei de Segurança Nacional], caluniar o presidente da República (…)." Policial militar, prendendo o professor Arquidones Bites, que tinha no seu carro um adesivo escrito: 'Fora Bolsonaro Genocida'. Fonte: Metrópoles, Blog do Noblat.

**1º de junho de 2021**
"Agora, quem fez isso daí fez de forma irresponsável, porque não existe qualquer comprovação científica de que o *lockdown* evita você se contaminar." Presidente Jair Bolsonaro. Fonte: Aos Fatos.

**1º de junho de 2021**
"Só dois países da América Latina diminuíram a pobreza. Se não me engano, nós e o Panamá." Presidente Jair Bolsonaro. Fonte: Aos Fatos.

**02 de junho de 2021**
"(…) Brasil acima de tudo, Deus acima de todos." Coronel William Delano Marques de Araújo, em formatura na Academia de Polícia Militar de Brasília. Fonte: Folha.

**02 de junho de 2021**
"(…) Deus os abençoe, muita sorte, sucesso. Brasil acima de tudo, Deus acima de todos." Coronel Márcio Cavalcante de Vasconcelos, em formatura na Academia de Polícia Militar de Brasília. Fonte: Folha.

**03 de junho de 2021**
"Obrigado por me informar sobre possível candidatura a deputado federal, pois nem eu mesmo sabia dessa pretensão. Mas, sabe, você me deu uma boa ideia." Fabrício Queiroz, subtenente da reserva da PM do Rio de Janeiro. Fonte: UOL, Juliana Dal Piva.

**03 de junho de 2021**
"Mais cedo ou mais tarde, isso virá à tona, verão que milhares de pessoas poderiam estar entre nós, vivas, se o outro lado não politizasse isso. Eu não politizei isso, não politizei isso. Quem politizou foi o outro lado, quem diz para não tomar e não dá outra alternativa, são eles." Presidente Jair Bolsonaro. Fonte: UOL.

03 de junho de 2021
"NOTA À IMPRENSA. Acerca da participação do General de Divisão EDUARDO PAZUELLO em evento realizado na Cidade do Rio de Janeiro, no dia 23 de maio de 2021, o Centro de Comunicação Social do Exército informa que o Comandante do Exército [Paulo Sérgio Nogueira] analisou e acolheu os argumentos apresentados por escrito e sustentados oralmente pelo referido oficial-general. Desta forma, não restou caracterizada a prática de transgressão disciplinar por parte do General PAZUELLO. Em consequência, arquivou-se o procedimento administrativo que havia sido instaurado. Brasília-DF, 3 de junho de 2021." Centro de Comunicação Social do Exército. Fonte: o próprio Exército brasileiro.

03 de junho de 2021
"31 de março não aconteceu nada." Presidente Jair Bolsonaro. Fonte: Aos Fatos.

04 de junho de 2021
"O Enem tem uma questão de sigilo que, para você ter uma ideia, nem mesmo o ministro da Educação tem acesso. Este ano, talvez, eu tenho conversado com o meu presidente, o grupo que me assessora, [para] que eu possa fazer parte, ter conhecimento, e, naturalmente, manter a questão do sigilo." Milton Ribeiro, ministro da Educação. Fonte: UOL.

06 de junho de 2021
"Aqui quem mata [de Covid-19] é a mídia militante e os idiotas que querem Lula de volta (...)." Roger Rocha Moreira, músico da banda de rock Ultraje a Rigor. Fonte: o próprio Twitter e Jornal da Cidade Online.

06 de junho de 2021
"Faltou um debate nacional. O ministro [da Advocacia-Geral da União] André Mendonça é testemunha ocular disso. Logo no início da pandemia, o [então] ministro da Saúde [Luiz Henrique] Mandetta foi convidado para ir ao Supremo. [Ele disse] que na pandemia iam morrer 400 mil pessoas, que ia não sei o quê (...). O André Mendonça diz que foi uma sessão de terror. Faltou a gente conversar. Não houve isso. Foi goela abaixo." General Luiz Eduardo Ramos, ministro-chefe da Casa Civil. Fonte: UOL, O Globo.

06 de junho de 2021
"Há um uso demasiado político da CPI, para atingir o presidente Bolsonaro. Não vão conseguir porque o presidente fez a coisa correta." General Luiz Eduardo Ramos, ministro--chefe da Casa Civil. Fonte: O Antagonista e O Globo.

**06 de junho de 2021**
"Tomamos remédios, tomamos sim. Graças a isso, eu, Abraham, acredito que não fui intubado, pela virulência da cepa que peguei. As nossa esposas também ficaram mal. Tomaram o mesmo procedimento e não foi a primeira vez." Abraham Weintraub, ex--ministro da Educação. Fonte: O Antagonista.

**06 de junho de 2021**
"(...) O presidente é uma pessoa simples, eu não vou ficar passando *paper* científico para ele, eu tinha que fazer um resumo das coisas." Arthur Weintraub. Fonte: O Antagonista.

**06 de junho de 2021**
"(...) Vejam bem: não falam apenas em vencer nas urnas, superar, destruir. Falam em ELIMINAR. Estaria o artigo [da revista *The Economist*] fazendo uma assustadora apologia ao homicídio do Presidente?" Secretaria Especial de Comunicação Social (SECOM), do Governo Federal. Fonte: o próprio Twitter.

**07 de junho de 2021**
"(...) Em primeira mão aqui para vocês: não é meu, é do tal do Tribunal de Contas da União, questionando número de óbitos o ano passado por Covid. E ali, o relatório final não é conclusivo, mas em torno de 50% dos óbitos por Covid no ano passado não foram por Covid, segundo o Tribunal de Contas da União. Esse relatório saiu há alguns dias, logicamente que a imprensa não vai divulgar, nós vamos divulgar hoje aqui. Já passei pro... eu tenho três jornalistas, não vou falar o nome deles, que eu converso, só três que eu converso, que são pessoas sérias, né, e já passei para eles e devo divulgar hoje à tarde. E, como é do Tribunal de Contas da União, ninguém queira me criticar por causa disso. Isso aí muita gente suspeitava, muitos vídeos vocês viram no WhatsApp etc., de pessoas reclamando que o ente querido não faleceu daquilo. Muito bem fundamentado, tá bem claro, né. Só jornalista não vai entender, o resto todo mundo vai entender." Presidente Jair Bolsonaro. Fonte: Relatório da CPI da Covid-19 do Senado Federal.

**08 de junho de 2021**
"A nota informativa [que recomenda dosagens de cloroquina, hidroxicloroquina e azitromicina contra a Covid-19] perdeu seu objetivo. A nota não é protocolo, é informação de dose, perdeu objeto porquanto a Conitec está elaborando protocolo. Ela não é ato administrativo e não cabe revogação. Ela apenas está no site [do Ministério da Saúde] porque faz parte da história desse enfrentamento à pandemia. Ela faz parte da história." Marcelo Queiroga, ministro da Saúde, médico, na CPI da Covid-19 do Senado Federal. Fonte: O Antagonista.

**08 de junho de 2021**
"Na minha equipe direta, não tenho nenhum infectologista comigo." Marcelo Queiroga, ministro da Saúde, médico, na CPI da Covid-19 do Senado Federal. Fonte: O Antagonista.

**BOLSONARO E SEUS SEGUIDORES: O HORROR EM 3.560 FRASES**

**08 de junho de 2021**
"O presidente da República não conversou comigo sobre a atitude dele. Eu não sou um censor do presidente da República (...). As imagens [sobre aglomerações com a presença do presidente Jair Bolsonaro] falam por si só. E não vou fazer juízo de valor sobre a conduta do presidente da República." Marcelo Queiroga, ministro da Saúde, médico, na CPI da Covid-19 do Senado Federal. Fonte: O Antagonista.

**08 de junho de 2021**
"Eu não estou mentindo, olha pra minha cara, tenho 70 anos de idade." Senador Luiz Carlos Heinze (PP-RS), na CPI da Covid-19 do Senado Federal. Fonte: UOL.

**09 de junho de 2021**
"Eu fui eleito no primeiro turno. Eu tenho provas materiais disso. Mas o sistema para fraude que existiu sim e me jogou para o segundo turno. (...)." Presidente Jair Bolsonaro. Fonte: UOL Notícias no Twitter.

**09 de junho de 2021**
"Nossa gestão do Ministério da Saúde defendia o atendimento precoce do paciente." Coronel Elcio Franco, ex-secretário-executivo do Ministério da Saúde, na CPI da Covid-19 do Senado Federal. Fonte: Folha, Raquel Lopes e Renato Machado.

**09 de junho de 2021**
"Essas vacinas ainda estavam na fase 3 de desenvolvimento de estudos clínicos, ou seja, a fase que também é denominada cemitério das vacinas. O grau de incerteza é muito grande, não é? Nenhum desses laboratórios poderia nos garantir, efetivamente, que a vacina seria desenvolvida com sucesso." Coronel Elcio Franco, ex-secretário-executivo do Ministério da Saúde, na CPI da Covid-19 do Senado Federal. Fonte: Folha, por Raquel Lopes e Renato Machado.

**09 de junho de 2021**
"Destaco que o general Pazuello recebeu a sua missão diretamente do presidente da República, com o aval do Ministro da Defesa e do Comandante do Exército. Fomos reforçados com 17 militares da ativa selecionados e designados pelo Exército." Coronel Elcio Franco, ex-secretário-executivo do Ministério da Saúde, na CPI da Covid-19 do Senado Federal. Fonte: O Antagonista.

09 de junho de 2021
"Se nós retirarmos as possíveis fraudes, nós vamos ter em 2020, ou melhor, teremos 2020 sim, o país, o nosso país, o Brasil, como aquele com o menor número de mortos por milhão de habitantes por causa da Covid." Presidente Jair Bolsonaro, em culto evangélico, transmitido ao vivo pela TV Brasil. Fonte: O Antagonista, por Cedê Silva.

**10 de junho de 2021**
"Acabei de conversar com um tal de Queiroga [Marcelo Queiroga, ministro da Saúde, médico], não sei se vocês sabem quem é, e ele vai ultimar um parecer visando a desobrigar o uso de máscara por parte daqueles que foram vacinados ou que já foram contaminados. Para tirar esse símbolo, que obviamente tem a sua utilidade para quem está infectado." Presidente Jair Bolsonaro. Fonte: UOL, do Viva Bem.

10 de junho de 2021
"Me aponte um país do mundo que comprou vacina no ano passado." Presidente Jair Bolsonaro. Fonte: O Antagonista.

**10 de junho de 2021**
"Que nesse grupo, a gente tá discutindo uma saída plebiscitária. Seria uma proposta de um plebiscito para dissolver a alta instância do Judiciário, né... A... O STJ e o STF e criar uma nova Corte Constitucional nos moldes da americana. Sabe?! Que julgue só casos constitucionais mesmo porque depois acho que não sei que ano teve uma medida que as instâncias recursais mudaram. Acho que foi em 2003 ou em 2004 que mudaram e o STJ e o STF passaram a ser instância recursal pra tudo no Brasil e virou essa salada e esse extremo poder que eles têm pra tudo." Otávio Fakhoury, empresário, em diálogos obtidos pela Polícia Federal. Fonte: Poder360, por Paulo Roberto Netto.

**10 de junho de 2021**
"A minha proposta é muito mais forte. É que ela não é compreensível pelas pessoas mais radicais. Quando eu digo: demitir os ministros. Essa figura não existe na Constituição. Eu estou falando claramente em cassação dos ministros. Não é fechar o Supremo. É cassar a herança maldita desses ministros que foram aparelhados no Supremo pelos tucanos e pelos petistas e é nisso que vai dar já já. (...) Isso quer dizer o seguinte, amigo: Ato Institucional. Só que eu não posso falar isso dessa forma porque me leva pra cadeia. Eu estou dizendo: atos legais, demissão. É... É..., atos que representem a instituição." Roberto Jefferson, presidente nacional do PTB, em diálogos obtidos pela Polícia Federal. Fonte: Poder360, por Paulo Roberto Netto.

**BOLSONARO E SEUS SEGUIDORES: O HORROR EM 3.560 FRASES**

**10 de junho de 2021**
"E eu pergunto: a vacina tem comprovação científica ou está em estado experimental ainda? Está [em estado] experimental. Nunca vi ninguém morrer por tomar hidroxicloroquina, em especial na região amazônica. (...) Não veio da minha cabeça o que eu falo sobre essa doença, veio de conversas com pessoas que realmente se preocupam com pesquisas sobre o assunto." Presidente Jair Bolsonaro. Fonte: Vida & Ação.

**11 de junho de 2021**
"Quem fala 'Fora Bolsonaro' tem que estar viajando de jegue, não de avião, é ou não é? Para ser solidário ao candidato deles." Presidente Jair Bolsonaro. Fonte: Correio Braziliense.

**11 de junho de 2021**
"Acabo de ouvir do [comandante da Aeronáutica] Carlos de Almeida Baptista Junior que estou honrando seu voto. Muito obrigada, brigadeiro! É uma honra para mim ter o seu reconhecimento como meu eleitor." Deputada Bia Kicis (PSL-DF). Fonte: Estadão, por Felipe Frazão.

**11 de junho de 2021**
"Lembra: lá no passado, ele falou acerca de vacinas e usou uma figura de linguagem de um animal. E as pessoas falaram: 'ah, porque isso, porque aqui (...)'. Na realidade, o que o presidente está falando? Sobre a segurança de determinados insumos, que podem ser vacinas, que podem ser fármacos. E ele, como é um excelente comunicador, usa uma forma que a sociedade entenda." Marcelo Queiroga, ministro da Saúde, médico. Fonte: O Antagonista.

**11 de junho de 2021**
"Tenho as Forças Armadas ao meu lado (...). Poderão ir um dia às ruas para garantir a sua liberdade e seu bem maior." Presidente Jair Bolsonaro. Fonte: O Antagonista.

**12 de junho de 2021**
"Deixo claro um documento produzido pelo Tribunal de Contas da União, onde ele, apesar de não ser conclusivo, é bastante objetivo que o critério usado para governadores buscarem recursos no governo [federal] era o número de mortes por Covid. Houve sim, pelo que tudo indica, segundo o relatório não conclusivo do TCU, a supernotificação de casos de Covid." Presidente Jair Bolsonaro. Fonte: Poder360, por Hamilton Ferrari.

**12 de junho de 2021**
"Pode ter certeza. Hidroxicloroquina e ivermectina, que não faz mal nenhum. Nunca fiquei sabendo que um militar das Forças Armadas que servem na Amazônia, onde é comum a malária, que tomou cloroquina por ventura faleceu por causa desse remédio. Assim como, nunca ouvi alguém me dizer que alguém morreu por ter tomado ivermectina. Estão aqui para salvar vidas." Presidente Jair Bolsonaro. Fonte: Poder360, por Hamilton Ferrari.

**12 de junho de 2021**
"Sempre falei do isolamento vertical. O meu governo não fechou o comércio. O meu governo não decretou *lockdown*. O meu governo não impôs toque de recolher." Presidente Jair Bolsonaro. Fonte: Poder360, por Hamilton Ferrari.

**13 de junho de 2021**
"A The Economist colocou na capa sua denúncia sobre um Brasil mórbido e amaldiçoado justo no momento em que o país tem as suas melhores notícias há pelo menos cinco anos." J. R. Guzzo, colunista da Revista Oeste, do jornal O Estado de S.Paulo e da Gazeta do Povo. Fonte: o próprio Twitter.

**13 de junho de 2021**
"O médico-chefe e cardiologista da equipe italiana confirmou via rádio italiana que Eriksen havia recebido a vacina Pfizer em 31 de Maio. Há especulações de que ele teve coágulo sanguíneo ou miocardite, nada ainda confirmado em relação à vacina, mas o questionamento é grande." Allan Dos Santos, *youtuber* e blogueiro político do canal 'Terça Livre'. Fonte: o próprio Twitter.

**14 de junho de 2021**
"(...) Estou, sim, preocupado com a forma como atacam as coisas que acredito, como o tratamento precoce. Eu não sou burro." Senador Luis Carlos Heinze (PP-RS). Fonte: O Antagonista, por Wilson Lima.

**15 de junho de 2021**
"Fiz uma ligação ao ministro Pazuello no dia 7 de janeiro por telefone explicando a necessidade de apoio logístico para trazer oxigênio de Belém a Manaus, a pedido da White Martins. A partir daí, fizemos contato com o Comando Militar da Amazônia, por orientação do ministro, para fazer esse trabalho logístico. Não houve resposta, que eu saiba." Marcellus Campêlo, ex-secretário estadual de Saúde do Amazonas, em depoimento à CPI da Covid-19 do Senado Federal. Fonte: UOL, por Thaís Augusto, Hanrrikson de Andrade e Luciana Amaral.

**BOLSONARO E SEUS SEGUIDORES: O HORROR EM 3.560 FRASES**

**15 de junho de 2021**
"A segunda mais usada aqui no país, a CoronaVac, o prazo de validade dela é em torno de 6 meses, e muita gente tem tomado e não desenvolve anticorpo nenhum. Então, essa vacina não tem comprovação científica ainda." Presidente Jair Bolsonaro, em uma entrevista à SIC TV, afiliada da RecordTV em Rondônia. Fonte: UOL, Viva Bem.

**15 de junho de 2021**
"Viciado em crack não pode ser compulsoriamente tratado, mas você tem que ser obrigado a tomar vacina. Complicado..." Deputado Eduardo Bolsonaro (PSL-SP). Fonte: o próprio Twitter.

**15 de junho de 2021**
"(...) E nós sempre defendemos o tratamento precoce depois de ouvir muitos profissionais de saúde como esses, que eram os 'Médicos Pela Vida'." Presidente Jair Bolsonaro, em uma entrevista à SIC TV, afiliada da RecordTV em Rondônia. Fonte: Folha, por Daniel Carvalho.

**17 de junho de 2021**
"(...) Eu não consigo dormir, apesar de uma segurança enorme aqui no [Palácio do] Alvorada, sem ter uma arma do meu lado." Presidente Jair Bolsonaro. Fonte: Correio Braziliense, por Ingrid Soares.

**17 de junho de 2021**
"(...) O cara com a máscara, dentro do carro fechado, vai ter oxigenação menor. Isso vai dar acidente." Presidente Jair Bolsonaro. Fonte: O Antagonista.

**17 de junho de 2021**
"Hoje descobri que usar qualquer elemento com a 'suástica' [nazista] é crime federal no Brasil. Pensava que a liberdade de expressão permitisse." Ricardo Santa Ritta, secretario de Turismo de Maceió. Fonte: o próprio Twitter.

**17 de junho de 2021**
"Eu não quero tomar essa vacina. Sabe? Eu não sei de onde vem, quem fez? Né? Aliás, a gente sabe de onde vem. Vem da China, todo mundo sabe disso. Mas quem quiser tomar, pode tomar." Sikêra Jr., apresentador da RedeTV! Fonte: Quebrando o Tabu.

**17 de junho de 2021**
"Minha amiga e meu amigo, não se preocupe com o coronavírus." Bispo Edir Macedo, da Igreja Universal do Reino de Deus. Fonte: Quebrando o Tabu.

**17 de junho de 2021**
"O prato de um [cidadão de] classe média europeu, que já enfrentou duas guerras mundiais, são pratos relativamente pequenos. E os nossos aqui, nós fazemos almoços onde às vezes há uma sobra enorme. Isso vai até o final, que é a refeição da classe média alta, até lá há excessos. (...) Como utilizar esses excessos que estão em restaurantes e esse encadeamento com as políticas sociais, isso tem que ser feito. Toda aquela alimentação que não for utilizada durante aquele dia no restaurante, aquilo dá para alimentar pessoas fragilizadas, mendigos, desamparados. É muito melhor do que deixar estragar essa comida toda." Paulo Guedes, ministro da Economia. Fonte: Folha, por Bernardo Caram.

**18 de junho de 2021**
"Tenho convicção de que realmente tem fraude. As informações que nós temos aqui, um dia a gente, quem sabe a gente, vai disponibilizar, é que o Aécio ganhou em 2014, é que eu ganhei em 2018 em primeiro turno." Presidente Jair Bolsonaro. Fonte: Metrópoles, por Guilherme Amado e Naomi Matsul.

**18 de junho de 2021**
"É melhor Jair se acostumando. Bolsonaro 2022." Presidente Jair Bolsonaro, exibindo camiseta com esse *slogan*, em um evento transmitido pela TV Brasil. Fonte: O Antagonista.

**18 de junho de 2021**
"O presidente Bolsonaro é um democrata, fala com o palavreado do povo, mas nada disso com a intenção de quebrar as estruturas, destruir as instituições, dar um golpe. Houve alguma acusação de corrupção contra o presidente Bolsonaro? Ele se elegeu para combater a corrupção." General Luis Carlos Gomes Mattos, presidente do Supremo Tribunal Militar. Fonte: o próprio Twitter.

**18 de junho de 2021**
"Eu estou vacinado entre aspas. Todos que contraíram o vírus estão vacinados, até de forma mais eficaz que a própria vacina, porque você pegou vírus para valer. Quem pegou o vírus está imunizado, não se discute." Presidente Jair Bolsonaro. Fonte: O Povo, por Lara Vieira.

**18 de junho de 2021**
"Mesmo para os leigos como eu, parece bastante óbvio, quanto mais cedo começarmos um tratamento médico de qualquer doença, inclusive Covid, melhores serão os resultados. Não entendo a lógica que alguns defendem, em retardar qualquer tratamento. Imagino que as chances serão menores." Rubens Menin, dono da CNN Brasil e da MRV Engenharia. Fonte: Reinaldo Azevedo.

**BOLSONARO E SEUS SEGUIDORES: O HORROR EM 3.560 FRASES**

**18 de junho de 2021**
"Recebi, do Ministério da Saúde, eu não trabalho de graça. Eu vivo de quê? De propaganda, né? Eu vendo aqui caixão, terreno, carro, redução de parcela de carro, sorvete, dentista, eu vendo dentista, remédio, vitamina. Eu vendo tudinho (...). Eu vendo faculdade, eu vendo limusine funerária, cinta para perder quilo, pneu, manteiga, suplemento para emagrecer, para engordar. Eu vendo tudo, eu sou um profissional." Sikêra Jr., apresentador da RedeTV! Fonte: Folha, por Constança Rezende e Raquel Lopes.

**19 de junho de 2021**
"Em breve vocês verão políticos, artistas e jornalistas 'lamentando' o número de 500 mil mortos. Nunca os verão comemorar os 86 milhões de doses aplicadas ou os 18 milhões de curados, porque o tom é sempre o do 'quanto pior, melhor'. Infelizmente, eles torcem pelo vírus." Fábio Faria, ministro das Comunicações. Fonte: o próprio Twitter.

**21 de junho de 2021**
"Cala a boca, vocês são uns canalhas." Presidente Jair Bolsonaro, após ser lembrado por uma repórter de uma afiliada da TV Globo que foi multado pelo Governo de São Paulo por não usar máscara. Fonte: UOL e Folha.

**21 de junho de 2021**
"Não é assassinato em massa, é o cumprimento de um objetivo, temos que ter 70% da população imunizada ou por vacinação ou por contágio." Deputado Ricardo Barros (PP-PR), líder do Governo na Câmara dos Deputados, em entrevista ao UOL. Fonte: Relatório da CPI da Covid-19 do Senado Federal.

**22 de junho de 2021**
"A CPI não trará efeito algum." Deputado Arthur Lira (PP-AL), presidente da Câmara dos Deputados. Fonte: O Globo, por Evandro Éboli e Thiago Bronzatto.

**22 de junho de 2021**
"Esse país tem um presidente que pensa." Deputado Osmar Terra (MDB-RS). Fonte: Mônica Bergamo, no Twitter.

**22 de junho de 2021**
"Eu uso máscara quando eu quiser. Vocês são uma merda de imprensa. Cala a boca!" Presidente Jair Bolsonaro. Fonte: Quebrando o Tabu.

**23 de junho de 2021**
"Vocês viram aí que a Oxford encontrou fortes indícios de que a ivermectina realmente previne (...)." Presidente Jair Bolsonaro. Fonte: O Antagonista.

**23 de junho de 2021**
"Pediu para sair, então ele que tem de dizer." Presidente Jair Bolsonaro, sobre o pedido de demissão de Ricardo Salles, ex-ministro do Meio Ambiente. Fonte: UOL.

**23 de junho de 2021**
"Eu chego como quiser, onde quiser, eu cuido da minha vida. Se você não quiser usar máscara, não usa." Presidente Jair Bolsonaro, respondendo à jornalista Laurene Santos, da TV Vanguarda, afiliada da Globo. Fonte: Folha.

**23 de junho de 2021**
"Deputado Luis Miranda, Deus está vendo. Mas o senhor não vai só se entender com Deus, vai se entender com a gente também. O senhor vai explicar e vai pagar pela irresponsabilidade, mau-caratismo, má-fé, denunciação caluniosa e produção de provas falsas (...). Se o senhor achava que ia conseguir luz e talvez apoio para uma tentativa de eleição, deputado, o senhor errou." Onyx Lorenzoni, ministro da Secretaria Geral da Presidência, sobre irregularidades na compra da Covaxin. Fonte: Poder360, por Emilly Behnke.

**23 de junho de 2021**
"Pessoal ali, a maioria é pago. Se perguntar o que está fazendo, não sabe o que estão fazendo. Esse pessoal aí, a gente vai recuperando esse pessoal devagar. A maioria que tem ali são pobres coitados." Presidente Jair Bolsonaro, sobre as pessoas em manifestações contrárias ao governo. Fonte: O Globo.

**23 de junho de 2021**
"Prezado, Ricardo Salles, você faz parte dessa história. O casamento da Agricultura com o Meio Ambiente foi um casamento quase que perfeito. Parabéns, Ricardo Salles." Presidente Jair Bolsonaro, sobre o pedido de demissão do ministro do Meio Ambiente Ricardo Salles. Fonte: GloboNews.

**23 de junho de 2021**
"Eu vou entrar em contato com o pessoal da Frente [de Proteção Etnoambiental] e pressionar: 'Vocês têm de cuidar dos índios isolados, porque senão eu vou, junto com os marubos, meter fogo nos [índios] isolados'." Henry Charlles Lima da Silva, tenente da reserva do Exército e coordenador da Funai no Vale do Javari (AM), em áudio gravado durante reunião na aldeia Vida Nova. Fonte: Folha (22/07/2021), por Fabiano Maisonnave.

**24 de junho de 2021**
"Qual você vai tomar? CoronaVac? Agora vou te pegar." Presidente Jair Bolsonaro, perguntando a Fábio Faria, ministro das Comunicações. Fonte: programa 'O É da Coisa' na Rádio BandNews, com Reinaldo Azevedo, Alexandre Bentivoglio e Bob Furuya.

**24 de junho de 2021**
"Não [vou tomar a CoronaVac], vou ver se tem outra lá." Fábio Faria, ministro das Comunicações, respondendo o presidente Jair Bolsonaro. Fonte: programa 'O É da Coisa' na Rádio BandNews, com Reinaldo Azevedo, Alexandre Bentivoglio e Bob Furuya.

**24 de junho de 2021**
"Se o Lula vencer sem o voto auditável, eu não vou aceitar essa eleição." Deputada Carla Zambelli (PSL-SP). Fonte: UOL.

**25 de junho de 2021**
"Responda! Comprada quando? Responda! Comprada quando? (...) Onde é que tem vacina para vender para atender a todo o mercado? (...) Responda! Responda! (...) Pare de fazer pergunta idiota, pelo amor de Deus. (...) Ridículo, você tá empregada onde?" Presidente Jair Bolsonaro, respondendo à repórter Victoria Abel, da Rádio CBN, sobre a compra da vacina Covaxin. Fonte: programa 'O É da Coisa' na Rádio BandNews, com Reinaldo Azevedo, Alexandre Bentivoglio e Bob Furuya.

**25 de junho de 2021**
"Eu caguei para o que me perguntaram. Respondi só o que queria." Presidente Jair Bolsonaro. Fonte: UOL, por Pedro Caramuru.

**25 de junho de 2021**
"Ele [presidente Jair Bolsonaro] nos recebeu num sábado, por conta de que eu aleguei que era urgente, urgentíssimo, devido à gravidade das informações [sobre suspeita de corrupção na compra da vacina Covaxin] trazidas pelo meu irmão [um funcionário do Ministério da Saúde] para a minha pessoa. O Presidente entendeu a gravidade. Olhando os meus olhos, ele falou: 'Isso é grave!' Não me recordo do nome do parlamentar, mas ele até citou um nome pra mim, dizendo: 'Isso é coisa de fulano'. Não me recordo." Deputado Luis Miranda (DEM-DF), na CPI da Covid-19 do Senado Federal. Fonte: Poder360, por Mateus Maia.

25 de junho de 2021
"Foi o [deputado] Ricardo Barros [(PP-PR), líder do Governo na Câmara dos Deputados] que o presidente falou." Deputado Luis Miranda (DEM-DF), na CPI da Covid-19 do Senado Federal. Fonte: Poder360, por Mateus Maia.

25 de junho de 2021
"Deus tá vendo. Mas você não vai se entender com Deus só, não. Vai se entender com a gente também." Senador Fernando Bezerra (MDB-PE), líder do governo no Senado, na CPI da Covid-19, se dirigindo ao deputado Luis Miranda (DEM-DF), que estava denunciando uma possível prevaricação do presidente Jair Bolsonaro no caso da vacina Covaxin. Fonte: jornal Estado de Minas, por Ana Mendonça.

25 de junho de 2021
"Estão inventando agora na CPI [da Pandemia do Senado Federal] uma corrupção virtual. Uma vacina que não foi comprada, não chegou uma ampola aqui, não foi gasto um real. E o governo está envolvido em corrupção. É o desespero. Por Deus que está no céu, me policio o tempo todo. Só Deus me tira daqui. Tapetão por tapetão, sou mais o meu." Presidente Jair Bolsonaro, sobre denúncias de irregularidades na compra da Covaxin. Fonte: Folha (30/12/2021), no Instagram.

**25 de junho de 2021**
"(...) Eu já conheci meu marido quando ele era comandante da Força Nacional, e o dedinho mindinho do meu marido vale mais do que o senhor. Então pega essa bunda gorda sua, que está aí na CPI [da Covid-19 do Senado Federal] sentada, e vê se faz alguma coisa de útil, que preste, para este país, em vez de ficar falando merda das pessoas." Deputada Carla Zambelli (PSL-SP), dirigindo-se ao senador Omar Aziz (PSD-AM), presidente da CPI da Covid. Fonte: UOL.

**27 de junho de 2021**
"Encontrarão a escuridão eterna. (...) Tentando alcançar a luz, os holofotes, encontrarão as trevas." Deputado Bibo Nunes (PSL-RS), sobre os irmãos Miranda. Fonte: Folha.

**27 de junho de 2021**
"Eu sou contra vacina, mas como eu quero viajar o mundo eu vou tomar a Pfizer que eu acho que é a menos pior." Fernanda Venturini, ex-jogadora da seleção brasileira de vôlei. Fonte: Lance & IstoÉ.

**28 de junho de 2021**
"Não tenho como saber [o que acontece nos ministérios]. O da Damares [Alves, ministra da Mulher, da Família e dos Direitos Humanos], o da Justiça, o da Educação. Não tenho como saber o que acontece nos ministérios, vou na confiança em cima de ministros, e nada fizemos de errado." Presidente Jair Bolsonaro, sobre denúncias de irregularidades na compra da Covaxin. Fonte: Folha (31/12/2021).

**28 de junho de 2021**
"Não existe absolutamente interesse público patente a motivar acesso às informações extraídas de referido processo administrativo disciplinar, qual regulam unicamente uma relação personalíssima entre um militar e seu comandante, em que se analisa se o subordinado transgrediu ou não uma norma castrense." Comando do Exército, sobre o processo referente à participação do ex-ministro Eduardo Pazuello em ato político com o presidente Jair Bolsonaro ter recebido sigilo por 100 anos. Fonte: Poder360, por Tiago Angelo.

**29 de junho de 2021**
"Raça desgraçada." Sikêra Júnior, apresentador da Rede TV!, ofendendo a comunidade LGBTQIA. Fonte: Correio Braziliense, por Ronayre Nunes.

**29 de junho de 2021**
"Eu peço por último oração. Oração porque quem sabe Deus possa nos ajudar. Quem sabe Deus possa indicar um caminho. Porque tem hora que é difícil, a gente olha e não enxerga um caminho. Mas a gente olha para cima e diz: Meu Deus do céu, por favor me dê forças para seguir só mais um dia (...)." Deputada Carla Zambelli (PSL-SP). Fonte: o próprio Twitter.

**30 de junho de 2021**
"Eu me reservo o direito de permanecer em silêncio." Carlos Wizard, empresário, na CPI da Covid-19 do Senado Federal. Fonte: TV Senado.

**30 de junho de 2021**
"(...) O presidente é um homem democrático, que segue as leis, as linhas da Constituição, e vai continuar seguindo. (...) Me sinto muito mais ameaçada pelos 11 ministros do STF do que por algumas falas do presidente." Deputada Carla Zambelli (PSL-SP). Fonte: Folha, por Carolina Linhares.

**30 de junho de 2021**
"(...) Não existe nem vacina comprovada. No Chile, a população vacinada continua pegando o coronavírus." Deputada Carla Zambelli (PSL-SP). Fonte: Folha, por Carolina Linhares.

**30 de junho de 2021**
"O Bolsonaro quem inventou fui eu, né? Como ele mesmo diz (...)." Luciana Gimenez, apresentadora do programa 'SuperPop' da Rede TV! Fonte: Folha, por Constança Rezende e Raquel Lopes.

**1º de julho de 2021**
"O Centrão é um nome pejorativo. Eu sou do Centrão. Eu fui do PP metade do meu tempo. Fui do PTB, fui do então PFL. No passado, integrei siglas que foram extintas, como PRB, PPB. O PP, lá atrás, foi extinto. Depois, nasceu novamente da fusão do PDS com o PPB, se não me engano. Eu nasci de lá." Presidente Jair Bolsonaro, ao justificar a nomeação de Ciro Nogueira (PP-PI) para ministro da Casa Civil. Fonte: Folha (30/11/2021).

**1º de julho de 2021**
"Abriram inquérito especial para meus dois filhos hoje, o mais velho [senador Flávio Bolsonaro] e o 02 [vereador Carlos Bolsonaro] sobre *fake news*. Se jogarem fora das quatro linhas da Constituição, entramos no vale-tudo no Brasil. E no vale-tudo vale tudo. (...) Esse negócio de prender esposa, irmãos e filhos é da ditadura. (...) Teimam em achar que têm super poderes. (...) O outro lado está sendo desmamado." Presidente Jair Bolsonaro, após a decisão do ministro do STF Alexandre de Moraes de abrir inquérito contra dois de seus filhos por suspeita de divulgação de notícias falsas. Fonte: O Guia Financeiro, Estadão.

**1º de julho de 2021**
"Era de US$1 por dose [de vacina contra a Covid-19]." Luiz Paulo Dominguetti Pereira, em depoimento na CPI da Covid-19. Fonte: Relatório da CPI da Covid-19 do Senado Federal.

**1º de julho de 2021**
"Abre logo o jogo, que tem uma vacina aí que infelizmente não deu certo. Estou aguardando aquele cara de São Paulo [governador João Doria] falar. Falava todo dia (...). Não deu certo, infelizmente, essa vacina dele no Chile. Aqui no Brasil também parece que está complicada. Torcemos para que essas notícias não estejam certas, mas parece que infelizmente não deu muito certo." Presidente Jair Bolsonaro. Fonte: UOL.

**BOLSONARO E SEUS SEGUIDORES: O HORROR EM 3.560 FRASES**

1º de julho de 2021
"Luiz Paulo Dominguetti Pereira falou [na CPI da Covid-19 no Senado Federal] que foi procurado para uma propina, pouca coisa, 400 milhões de doses. US$ 1 por dose, uma propininha de R$ 2 bilhões de reais. Ele não aceitou. E depois [Luiz Paulo Dominguetti Pereira] cita o nome de um deputado. Vocês acham que deputado é esse né?" Presidente Jair Bolsonaro. Fonte: Folha, por Ricardo Della Coletta.

1º de julho de 2021
"Me chamam de misógino, racista, fascista, homofóbico, genocida (...). Tudo bem. Chamam o [pastor] Silas Malafaia de tudo, até mais do que falei aqui, chamam os parlamentares de tudo, não tem problema nenhum. [Mas] quando alguém faz uma crítica ao STF [Supremo Tribunal Federal], cai o mundo. Nós queremos democracia!" Presidente Jair Bolsonaro. Fonte: UOL.

1º de julho de 2021
"Esses dois que assinaram (...). Gastaram tinta da caneta, né? Assinaram o 'superimpeachment'. Eu estou dando risada desses dois otários. 'Superimpeachment'! Faltou vocês me trazerem aqui as acusações: genocida, não usa máscara, fez motociata (...). São pessoas que não têm o que fazer." Presidente Jair Bolsonaro. Fonte: UOL.

1º de julho de 2021
"Não vou admitir um sistema fraudável de eleições." Presidente Jair Bolsonaro. Fonte: UOL, por Juliana Arreguy e Beatriz Montesanti.

1º de julho de 2021
"Tem uma articulação de 3 ministros do Supremo para não ter voto auditável. Se não tiver, eles vão ter que apresentar uma maneira de termos uma eleição limpa, com a contagem pública de votos. Caso contrário, vamos ter problemas ano que vem no Brasil." Presidente Jair Bolsonaro. Fonte: Poder360.

02 de julho de 2021
"Apresento [as provas] se eu quiser." Presidente Jair Bolsonaro, sobre as denúncias que o próprio presidente fez relativas a fraudes nas eleições brasileiras devido às urnas eletrônicas. Fonte: O Globo.

02 de julho de 2021
"Os partidos que são adjetivados de 'Centrão' são fundamentais sempre para o país." Senador Flávio Bolsonaro (Patriota-RJ). Fonte: O Globo, por Paulo Cappelli.

**03 de julho de 2021**
"A ciência é a nova ditadura dogmática." Marcos Falcão, médico. Fonte: o próprio Twitter.

**05 de julho de 2021**
"O fato é: Daniel Silveira não cometeu crime algum e estamos diante da prisão mais inconstitucional da história do Brasil, pois ela ocorre mediante uma constituição que não permite tal ato. O que o STF [Supremo Tribunal Federal] referendou é passível de prisão do Alexandre de Moraes [ministro do STF] e seu impeachment." Paola Daniel, advogada, mulher do Deputado Daniel Silveira, 'em busca do saber jurídico, mas nunca do notável saber jurídico, pois ele aleija a clareza moral'. Fonte: o próprio Twitter.

**05 de julho de 2021**
"Vamos supor uma autoridade filmada numa cena com menores (ou com pessoas do mesmo sexo ou com traficantes) e esse alguém ('Daniel') passe a fazer chantagem ameaçando divulgar esse vídeo. Parece que isso está sendo utilizado no Brasil (importado de Cuba pela esquerda) onde certas autoridades tomam decisões simplesmente absurdas, para atender ao chantageador ('Daniel'). Quando nada têm contra seu alvo principal, vão para cima de filhos, parentes, e amigos dos mesmos. Inquéritos e acusações absurdas... Daí quebram sigilos, determinam buscas e apreensões, decretam prisões arbitrárias, etc." Presidente Jair Bolsonaro. Fonte: O Antagonista e o próprio Twitter do presidente Jair Bolsonaro.

05 de julho de 2021
"O André deu muito problema porque ele nunca devolveu o dinheiro certo que tinha que ser devolvido, entendeu? Tinha que devolver R$ 6.000, ele devolvia R$ 2.000, R$ 3.000. Foi um tempão assim até que o Jair [Bolsonaro] pegou e falou: 'Chega. Pode tirar ele porque ele nunca me devolve o dinheiro certo' (...). Não é pouca coisa que eu sei, não. É muita coisa que eu posso ferrar a vida do Flávio, ferrar a vida do Jair, posso ferrar a vida da Cristina. Entendeu? É por isso que eles têm medo aí e manda eu ficar quietinha. Não sei o que, tal. Entendeu? É esse negócio aí. (...) O tio Hudson também já tirou o corpo fora, porque quem pegava a bolada era ele. Quem me levava e buscava no banco era ele." Andrea Siqueira Valle, ex-cunhada do presidente Jair Bolsonaro e assessora de Flávio Bolsonaro entre 2008 e 2018. Fonte: UOL, por Juliana Dal Piva.

**05 de julho de 2021**
"No Brasil, na verdade, é a antecipação da campanha presidencial de 2022 e estão sendo usados todos os artifícios e artimanhas para atingir a honra, imagem e reputação do presidente da República e da família Bolsonaro." Frederick Wassef, advogado do presidente Jair Bolsonaro e seus familiares. Fonte: UOL, por Juliana Dal Piva.

**BOLSONARO E SEUS SEGUIDORES: O HORROR EM 3.560 FRASES**

**06 de julho de 2021**
"No que depender de mim não haverá 'passaporte municipal' para vacinados poderem ir para qualquer evento. Estou dando entrada em um novo projeto de lei proibindo isso. Mesmo que fique sozinho lutarei para que não haja ainda mais controle do estado sobre as pessoas." Vereador Alexandre Aleluia (DEM-Salvador). Fonte: o próprio Twitter.

**06 de julho de 2021**
"Só que eu também não estou aguentando. Tá entendendo? Eu estou muito preocupada com ele. A minha saúde também está abalada, tá entendendo? A gente não pode mais viver sendo marionete do 'Anjo' [Frederick Wassef, advogado do presidente Jair Bolsonaro e familiares]. Ah, você tem que ficar aqui, traz a família. Esquece, cara, deixa a gente viver a nossa vida! Qual o problema? Vão matar? Ninguém vai matar ninguém, se tivesse que matar já tinha pego um filho meu aqui, você tá entendendo? Então deixa a gente viver a nossa vida aqui com a nossa família." Márcia Aguiar, mulher de Fabrício Queiroz, em áudio provavelmente datado de novembro de 2019. Fonte: UOL, por Juliana Dal Piva.

**06 de julho de 2021**
"Neste momento, não há nenhum fato novo que justifique [um *impeachment*] e que tenha alguma ligação direta com o presidente da República." Deputado Arthur Lira (PP-AL), presidente da Câmara dos Deputados. Fonte: Estadão, por Sofia Aguiar.

**07 de julho de 2021**
"O Ministro de Estado da Defesa e os Comandantes da Marinha do Brasil, do Exército Brasileiro e da Força Aérea Brasileira repudiam veementemente as declarações do Presidente da Comissão Parlamentar de Inquérito, Senador Omar Aziz [PSD-AM], no dia 07 de julho de 2021, desrespeitando as Forças Armadas e generalizando esquemas de corrupção. Essa narrativa, afastada dos fatos, atinge as Forças Armadas de forma vil e leviana, tratando-se de uma acusação grave, infundada e, sobretudo, irresponsável. A Marinha do Brasil, o Exército Brasileiro e a Força Aérea Brasileira são instituições pertencentes ao povo brasileiro e que gozam de elevada credibilidade junto à nossa sociedade conquistada ao longo dos séculos. Por fim, as Forças Armadas do Brasil, ciosas de se constituírem fator essencial da estabilidade do país, pautam-se pela fiel observância da Lei e, acima de tudo, pelo equilíbrio, ponderação e comprometidas, desde o início da pandemia Covid-19, em preservar e salvar vidas. As Forças Armadas não aceitarão qualquer ataque leviano às Instituições que defendem a democracia e a liberdade do povo brasileiro." Walter Souza Braga Netto, Ministro de Estado da Defesa; Alte Esq Almir Garnier Santos, Comandante da Marinha; Gen Ex Paulo Sérgio Nogueira de Oliveira, Comandante do Exército; Ten Brig Ar Carlos de Almeida Baptista Junior, Comandante da Aeronáutica. Fonte: Ministério da Defesa.

**07 de julho de 2021**
"Se este método continuar aí, sem, inclusive, a contagem pública, eles vão ter problemas. Porque algum lado pode não aceitar o resultado [da eleição]. Este algum lado, obviamente, é o nosso lado." Presidente Jair Bolsonaro, em entrevista à Rádio Guaíba. Fonte: Folha, por Daniel Carvalho e Ricardo Della Coletta.

**07 de julho de 2021**
"[Donald] TRUMP PROCESSA BIG TECHS POR CENSURA! A ação alega que os CEOs do Google, Facebook e Twitter instituíram, sob pressão de políticos do Partido Democrata, uma campanha inconstitucional de censura (remoção de posts, 'shadow banning' e tarjas), com base em regras vagas e alteráveis." Deputada Carla Zambelli (PSL-SP). Fonte: o próprio Twitter.

**08 de julho de 2021**
"Olha o criador de baratas aqui. Você não pode tomar ivermectina, vai matar todos os seus piolhos." Presidente Jair Bolsonaro, citando um apoiador com o cabelo crespo. Fonte: UOL.

**08 de julho de 2021**
"Ou faremos eleições limpas no Brasil ou não teremos eleições." Presidente Jair Bolsonaro. Fonte: Folha, por Ricardo Della Coletta.

**08 de julho de 2021**
"Sabe qual a minha resposta? Caguei. Caguei para a CPI [da Pandemia do Senado Federal], não vou responder nada!" Presidente Jair Bolsonaro. Fonte: Folha (31/12/2021).

**09 de julho de 2021**
"A fraude está no TSE, para não ter dúvidas. Isso foi feito em 2014. (...) Então isso é fraude, é fraude, é roubalheira." Presidente Jair Bolsonaro. Fonte: Metrópoles e SamPancher.

**09 de julho de 2021**
"Daí vem o [Luís Roberto] Barroso [ministro do STF e presidente do TSE] com a história esfarrapada dele, entre outras né, dizer que o voto em papel (...) fere o sigilo do voto. É uma resposta de um imbecil, lamento falar isso de uma autoridade do Supremo Tribunal Federal, só um idiota para fazer isso." Presidente Jair Bolsonaro. Fonte: UOL e Folha (11/09/2021).

**BOLSONARO E SEUS SEGUIDORES: O HORROR EM 3.560 FRASES**

**09 de julho de 2021**
"Vocês não precisam doar cestas básicas. É só pagar os impostos. (...)." Paulo Guedes, ministro da Economia. Fonte: Poder360.

**09 de julho de 2021**
"Bolsonaro vai provavelmente tentar um golpe militar." Bruno Aiub, conhecido como Monark. Fonte: o próprio Twitter.

**09 de julho de 2021**
"(...) Faça lá o que você faz aqui no seu trabalho, para ver o que o maravilhoso sistema político que você tanto ama faria com você. Lá na China você desapareceria e não iriam nem encontrar o seu corpo. (...)." Frederick Wassef, advogado do presidente Jair Bolsonaro e seus familiares, em mensagem enviada para a colunista do UOL Juliana Dal Piva. Fonte: UOL, por Juliana Dal Piva.

**10 de julho de 2021**
"Não vejo nas falas do presidente Bolsonaro qualquer ameaça, seja à democracia ou à ordem democrática, ou ao estado de direito." Senador Marcos Rogério (DEM-RO). Fonte: CNN Brasil e O Antagonista.

**10 de julho de 2021**
"Não tenho medo de eleições, entrego a faixa para quem ganhar, no voto auditável e confiável. Dessa forma [atual], corremos o risco de não termos eleição no ano que vem." Presidente Jair Bolsonaro. Fonte: Folha, por Daniel Carvalho e Ricardo Della Coletta.

**10 de julho de 2021**
"Aqui é terra de cabra macho." Presidente Jair Bolsonaro, no Rio Grande do Sul, depois que o governador Eduardo Leite assumiu publicamente ser gay. Fonte: O Antagonista.

**10 de julho de 2021**
"Eu não me reuni... Ele [deputado Luis Miranda, DEM-DF] pediu uma audiência para conversar comigo sobre vários assuntos. Eu não respondo sobre... Eu tenho reunião com mais de 100 pessoas por mês, dos mais variados assuntos possíveis. Eu não posso simplesmente, ao chegar qualquer coisa pra mim, ter que tomar providência imediatamente. Tomei providência nesse caso." Presidente Jair Bolsonaro. Fonte: Metro1, por Kamille Martinho.

**10 de julho de 2021**
"Quem tem c* tem medo, né (...)." Deputado Carlos Jordy (PSL-RJ). Fonte: no próprio Twitter.

**11 de julho de 2021**
"A democracia de um país não pode estar nas mãos de uns poucos técnicos, que tenham acesso exclusivo ao 'código fonte', e também às 'chaves criptográficas. (...) A pergunta que fica: por que três ministros do Supremo rejeitam, com veemência, a possibilidade de termos eleições com auditoria nos votos?" Presidente Jair Bolsonaro. Fonte: no próprio Facebook e em O Antagonista.

**12 de julho de 2021**
"Deixou alguns papéis lá, não entrei com profundidade se era 'invox' [*invoice*, nota fiscal internacional], se não era. Os papéis que ele deixou lá eu passei pra frente isso daí." Presidente Jair Bolsonaro. Fonte: UOL, por Chico Alves.

**12 de julho de 2021**
"Primeiro, eu entendo que a prevaricação se aplica a servidor público, não se aplicaria a mim. Mas qualquer denúncia de corrupção eu tomo providência." Presidente Jair Bolsonaro. Fonte: Folha, por Marcelo Rocha, Ricardo Della Coletta e Thiago Resende.

**12 de julho de 2021**
"Para de falar em 'se arrepende'! O que está feito está feito, eu não vim aqui para brigar com ninguém. Acabei de falar. Vai acabar a entrevista! Vamos rezar o pai-nosso aqui? Pai Nosso, que estais no céu. Santificado seja o vosso nome. Venha a nós o vosso reino. Seja feita a vossa vontade assim na Terra como no céu." Presidente Jair Bolsonaro. Fonte: UOL.

**13 de julho de 2021**
"(...) Me senti prestigiado com a citação por 5 vezes de meu nome durante o discurso do presidente (...)." Deputado Ricardo Barros (PP-PR), líder do governo na Câmara dos Deputados. Fonte: o próprio Twitter e Poder360.

**BOLSONARO E SEUS SEGUIDORES: O HORROR EM 3.560 FRASES**

**13 de julho de 2021**
"[Os servidores não tinham] conhecimento suficiente de tal língua estrangeira [inglês] a ponto de emitir manifestação conclusiva." Consultoria jurídica do Ministério da Saúde, em documento enviado à CPI da Covid-19 do Senado Federal, sobre o consórcio Covax Facility para compra de vacinas. Fonte: Folha, Painel, por Camila Mattoso, Fabio Serapião, Guilherme Seto e Matheus Teixeira.

**13 de julho de 2021**
"Com a submissão de meu nome ao Senado Federal, agradeço a Deus pela vida e por essa possibilidade de servir meu país; à minha família, pelo amor recíproco; ao presidente Jair Bolsonaro, pela confiança; aos líderes evangélicos, parlamentares, amigos e todos que têm me apoiado." André Mendonça, indicado para ministro do Supremo Tribunal Federal (STF) pelo presidente Jair Bolsonaro. Fonte: o próprio Twitter.

**13 de julho de 2021**
"O objetivo e finalidade maior de toda música não deveria ser nenhum outro além da glória de Deus e a renovação da alma." Fundação Nacional das Artes (Funarte), no parecer desfavorável ao Festival de Jazz do Capão, na Chapada Diamantina. Fonte: Folha, por Eduardo Moura.

**14 de julho de 2021**
"No minuto a minuto [da apuração no TSE], o Aécio começou na frente e, com o tempo, as curvas foram se cruzando até que se estabilizaram na horizontal, com a Dilma na frente. (...) No minuto a minuto, por 271 vezes consecutivas [Aécio e Dilma teriam se alternado], dá pra imaginar?" Presidente Jair Bolsonaro, repetindo a tese de Naomi Yamaguchi (irmã da médica Nise Yamaguchi), que defende que houve fraude na eleição presidencial de 2014. Fonte: Metrópoles, por Raphael Veleda.

**15 de julho de 2021**
"Excelência [senador Renan Calheiros (MDB-AL), relator da CPI], a informação que veio a mim — vale ressaltar isso — não foi o nome propina, tá? Ele usou comissionamento. Ele se referiu a esse comissionamento sendo do grupo do tenente-coronel Blanco e da pessoa que o tinha apresentado ao Blanco, que é de nome Odilon." Cristiano Alberto Hossri Carvalho, em depoimento na CPI da Covid-19. Fonte: Relatório da CPI da Covid-19 do Senado Federal.

**15 de julho de 2021**
"Recebi e repasso, sobre os riscos das vacinas: Atualizando: Janssen: Síndrome de Guillain-Barre; Pfizer: miocardite; AZ [AstraZeneca]: trombose; CoronaVac: Covid mesmo. Boa semana a todos!" Rodrigo Constantino, jornalista. Fonte: o próprio Twitter e Sleeping Giants Pt, no Instagram.

15 de julho de 2021
"Não sei. Mas se soubesse diria que ele precisa de um bom banho." Mario Frias, secretário especial de Cultura, em uma rede social, se referindo a Jones Manoel, historiador negro. Fonte: Correio Braziliense, por Amanda Oliveira.

15 de julho de 2021
"Três otários." Presidente Jair Bolsonaro, se referindo aos senadores da CPI da Covid-19 no Senado Federal: Omar Aziz (PSD-AM), presidente da comissão; Renan Calheiros (MDB-AL), o relator; e Randolfe Rodrigues (Rede-AP), vice-presidente. Fonte: Metrópoles.

16 de julho de 2021
"Essa questão da Igreja Universal aqui afeta o governo e a sociedade brasileira pela penetração que essa igreja tem e pela participação política que ela possui [no Brasil], com um partido que é o Partido Republicano, que representa o pessoal da igreja." Vice-presidente general Hamilton Mourão, em entrevista à Agência Lusa. Fonte: Metrópoles, por Flávia Said.

17 de julho de 2021
"Queremos lutar contra a desigualdade ou contra a pobreza? Esse imposto consegue reduzir desigualdade, mas pela via não inteligente: expulsando ou empobrecendo os ricos." Flavio Rocha, dono da Riachuelo. Fonte: Folha, por Joana Cunha.

18 de julho de 2021
"A gente vê o mundo aí, alguns países investindo em remédios para curar a Covid, e aqui se você fala em cura de Covid passa a ser criminoso, Valdemiro [Santiago, líder da Igreja Mundial do Poder de Deus]. Passa a ser criminoso. Você não pode falar em cloroquina, ivermectina. (...) Tem uma coisa que eu acompanho há algum tempo, e nós temos que estudar aqui no Brasil. Chama-se proxalutamida. Já tem uns três meses que isso aí... Não tá no mercado, é uma droga ainda em estudo, sendo estudada." Presidente Jair Bolsonaro. Fonte: Folha, por Anna Virginia Balloussier e Patrícia Pasquini.

19 de julho de 2021
"A tecnologia que está aí é dos anos 1990. Por que essa vontade doida do ministro [do TSE Luís Roberto] Barroso de buscar uma maneira de manter o sistema como está? (...). Nós temos que tentar, como já sempre disse. Na guerra do Pacífico, não tinha sangue para os soldados, e resolveram botar água de coco e deu certo." Presidente Jair Bolsonaro. Fonte: UOL, por Reinaldo Azevedo.

**BOLSONARO E SEUS SEGUIDORES: O HORROR EM 3.560 FRASES**

**19 de julho de 2021**
"As mesmas pessoas que tiraram o [ex-presidente] Lula da cadeia e [o] tornaram elegível vão contar os votos dentro do TSE de forma secreta. As mesmas pessoas. (...) O pessoal diz que eu estou ofendendo o ministro [e presidente do TSE, Luís Roberto] Barroso. Não estou ofendendo, estou mostrando a realidade." Presidente Jair Bolsonaro. Fonte: Folha, por Ricardo Della Coletta, Daniel Carvalho e Danielle Brant.

**19 de julho de 2021**
"A entrevista que fiz com o hacker, que está preso em Minas Gerais, ele afirma categoricamente a facilidade com que ele teve de invadir os sistemas do Tribunal Superior Eleitoral. E não é só isso. Ele afirma também, que se tivesse mais tempo ele certamente conseguiria desviar votos, quebrar o sigilo dos votos e fazer outros tipos de estrago." Deputado Filipe Barros (PSL-PR), relator da PEC do voto impresso, na comissão especial no Congresso Nacional. Fonte: Twitter do deputado Eduardo Bolsonaro (PSL-SP).

**19 de julho de 2021**
"Deixando claro para quem ainda não entendeu: eleição sem voto auditável é GOLPE. (...) DEPUTADOS: pensem bem se os senhores querem mesmo incendiar o país." Guilherme Fiuza, jornalista, colunista da Revista Oeste. Fonte: O próprio Twitter.

**20 de julho de 2021**
**"Vou entregar provas na semana que vem que o Aécio Neves ganhou as eleições." Presidente Jair Bolsonaro. Fonte: O Antagonista.**

**20 de julho de 2021**
"A [vacina da] Pfizer vem chegando, já tem comprovação científica, juntamente com a AstraZeneca, diferentemente da CoronaVac, que as pessoas estão se infectando mesmo após tomar a segunda dose (...)." Presidente Jair Bolsonaro. Fonte: UOL.

**20 de julho de 2021**
"Eu entrego a faixa para qualquer um se eu disputar a eleição. Se eu disputar, eu entrego a faixa para qualquer um, mas uma eleição limpa. Agora, participar de uma eleição com essa urna eletrônica... Alguns falam: 'Ah, o Bolsonaro foi reeleito tantas vezes com o voto eletrônico...'. Vê o pessoal de banco aí, do sistema bancário. Se usassem a mesma tecnologia dos anos 2000, 1990, não teria segurança nenhuma (...). Mas quem for contar o voto não pode ser aqueles que tiraram o Lula da cadeia. Conto com vocês. Vocês são importantíssimos." Presidente Jair Bolsonaro. Fonte: UOL, por Reinaldo Azevedo.

**20 de julho de 2021**
**"Entre cinco países, o Brasil é o 5º que melhor se comportou ao longo da pandemia." Presidente Jair Bolsonaro. Fonte: Eixo Político, no Twitter.**

22 de julho de 2021
"Ah, 'porque tem que pagar [imposto] as *offshore*' e não sei quê. Começou a complicar? Ou tira ou simplifica. Tira. Estamos seguindo essa regra." Paulo Guedes, ministro da Economia. Fonte: Folha (04/10/2021), por Fábio Pupo.

**22 de julho de 2021**
"A CoronaVac não tem comprovação científica, ainda está em fase experimental." Presidente Jair Bolsonaro. Fonte: UOL, por Juliana Arreguy e Beatriz Montesanti.

22 de julho de 2021
"Eu sou do Centrão." Presidente Jair Bolsonaro. Fonte: UOL.

22 de julho de 2021
"Tem vídeo circulando que ele [Ciro Nogueira, ministro da casa Civil] me chamou de fascista lá atrás. Sim, me chamou. As coisas mudam. Eu tinha posições no passado que não assumo mais hoje, mudei. (...) Nenhuma [mudança] de forma radical." Presidente Jair Bolsonaro. Fonte: UOL.

**22 de julho de 2021**
"Que eleição é essa onde meia dúzia de pessoas têm as chaves criptográficas, e mandam em todo o sistema, e apresentam o resultado depois de saírem de uma sala fechada onde meia dúzia apura os votos?" Presidente Jair Bolsonaro. Fonte: UOL, por Juliana Arreguy e Beatriz Montesanti.

**22 de julho de 2021**
"[A Argentina] é um dos países que mais tem mortes por milhão de habitantes." Presidente Jair Bolsonaro. Fonte: UOL, por Juliana Arreguy e Beatriz Montesanti.

**BOLSONARO E SEUS SEGUIDORES: O HORROR EM 3.560 FRASES**

22 de julho de 2021
"É um sinal [mortes na Argentina] de que esse 'feche tudo, fique em casa' não tem comprovação científica, mas, na prática, nós estamos vendo que não deu certo na Argentina." Fonte: UOL, por Juliana Arreguy e Beatriz Montesanti.

22 de julho de 2021
"Hoje recebi a deputada Beatrix von Storch, do Partido Alternativa para Alemanha, o maior partido conservador daquele país. Conservadores do mundo se unindo para defender valores cristãos e a família (...)." Deputada Bia Kicis (PSL-DF). Fonte: o próprio Twitter e Congresso em Foco.

22 de julho de 2021
"Nós é que somos a última trincheira da liberdade e da democracia. Quando não sobreviver nenhuma resistência, que é edificada pelo Estado, nas Forças Armadas, nas polícias [som de tiro], nós nos nossos lares, somos nós os responsáveis [som de tiro] por eles. Eu entendo que esse [som de tiro] monopólio da força do Estado foi uma tentativa da esquerda de nos desarmar [som de tiro] para impedir que nós os repelíssemos, os comunistas, como esse chinês [som de tiro], malandro, que tá aí hoje na embaixada [som de tiro] da China, que tem que ir embora. O presidente tem que mandá-lo [som de tiro] embora. Ele está afrontando o presidente da república. Esse [som de tiro] 'xing ling' embaixador. Quando tudo tiver [som de tiro] exaurido, nós somos a retaguarda! [som de tiro] E só por cima do nosso cadáver é que vão implantar aqui o regime ateu marxista comunista, onde um palhaço, macaco, um realejo que repete dogmas de Marx, como esse embaixador da China dá ordem às pessoas. Ele é Deus! Ele substitui o Deus! E eu não me ajoelho a esse macaco chinês! Só por cima do meu cadáver!" Roberto Jefferson, presidente nacional do PTB, em vídeo, com duas armas nas mãos e uma bandeira nacional ao fundo. Fonte: jornal Estado de Minas.

22 de julho de 2021
"Acho que jumento de duas pernas, eleitor dele [do ex-presidente Lula], tem bastante (...)." Presidente Jair Bolsonaro. Fonte: O Antagonista.

23 de julho de 2021
"(...) Por que o ministro [do STF e presidente do TSE, Luís Roberto Barroso] foi para dentro do Congresso Nacional se reunir com lideranças partidárias, dizendo que as urnas são plenamente confiáveis? Se são, dá um tapa na minha cara." Presidente Jair Bolsonaro. Fonte: O Antagonista.

**23 de julho de 2021**
"Uma vacina como a CoronaVac, que não tem comprovação científica. Como é que eu posso obrigar alguém a tomar algo que não está comprovado cientificamente? Por outro lado, o tratamento precoce. É uma obrigação do médico buscar uma alternativa para alguém que está sofrendo." Presidente Jair Bolsonaro. Fonte: O Antagonista.

**24 de julho de 2021**
"Se eu estivesse coordenando a pandemia não teria morrido tanta gente. Você fala de tratamento inicial. A obrigação do médico, em algo que ele desconhece, é buscar amenizar o sofrimento da pessoa e o tratamento *off-label*." Presidente Jair Bolsonaro. Fonte: O Antagonista.

**24 de julho de 2021**
"Na quinta-feira vou demonstrar em três momentos a inconsistência das urnas, para ser educado. Não dá para termos eleições como está aí." Fonte: UOL, do Estadão, por Amanda Pupo.

**26 de julho de 2021**
"Minha metralhadora tá cheia de balas. kkkk." Fabrício Queiroz, subtenente da reserva da PM do Rio de Janeiro, em uma rede social. Fonte: Folha, por Catia Seabra.

**26 de julho de 2021**
"Somos unidos por ideais de defesa da família, proteção das fronteiras e cultura nacional." Deputado Eduardo Bolsonaro (PSL-SP), sobre Beatrix von Storch, vice-líder do partido de extrema direita Alternativa Alemã. Fonte: UOL, por Murilo Matias.

**26 de julho de 2021**
"As crianças brasileiras de 13 anos não podem trabalhar, mas a skatista Rayssa Leal ganhou a medalha de prata na Olimpíadas... Ué! É pra pensar... Parabéns a nossa medalhista olímpica! E revisão do Estatuto da Criança e do Adolescente já!" Deputado Sóstenes Cavalcante (DEM-RJ). Fonte: o próprio Twitter.

**26 de julho de 2021**
"O Mourão faz o seu trabalho, tem uma independência muito grande. Por vezes aí atrapalha um pouco a gente, mas o vice é igual cunhado, né. Você casa e tem que aturar o cunhado do teu lado. Você não pode mandar o cunhado embora. Então, estamos com Mourão, sem grandes problemas." Presidente Jair Bolsonaro. Fonte: Poder360, por Emilly Behnke.

**BOLSONARO E SEUS SEGUIDORES: O HORROR EM 3.560 FRASES**

28 de julho de 2021
"Na semana passada, pra vocês entenderem, eu recebi uma ligação da deputada Bia Kicis (PSL-DF) falando assim: 'Tem uma deputada alemã [Beatrix von Storch, uma das líderes do partido de extrema direita AfD (Alternativa para a Alemanha), investigado por propagar ideias extremistas e neonazistas] aqui no Brasil, que o irmão dela é astronauta e ela queria tirar uma foto contigo, para mandar pro irmão. Você consegue encaixar?'. Eu estava com a agenda cheia, mas falei, 'estou com a gente cheia, mas só pra tirar uma foto, eu encaixo o horário, não tem problema nenhum'." Astronauta Marcos Pontes, ministro da Ciência e Tecnologia e Inovações. Fonte: Poder360.

29 de julho de 2021
"Semana passada, tinha um deputado chileno e a alemã visitando a Presidência. Poxa, tratei, conversei, bati um papo. Saiu que a deputada alemã é neta do ex-ministro do Hitler. Me arrebentaram na imprensa. Eu acho que a gente não pode ligar um pai a um filho. Muitas vezes, um fez uma coisa errada e não se pode ligar a outro." Presidente Jair Bolsonaro, sobre ter recebido Beatrix von Storch, deputada do partido Alternativa para a Alemanha (AfD). Fonte: Correio Braziliense, por Ingrid Soares.

29 de julho de 2021
"Pessoas foram votar e candidatos não apareciam na tela. Iam votar no 17 e aparecia nulo ou automaticamente o 13. Quem ia votar no 13 não aparecia 17 ou nulo." Presidente Jair Bolsonaro. Fonte: UOL, por Bernardo Barbosa, Juliana Arreguy e Beatriz Montesanti.

29 de julho de 2021
"É justo quem tirou o Lula da cadeia, que o tornou elegível, ser o mesmo que vai contar o voto numa sala secreta no TSE? Cadê a contagem pública dos votos?" Presidente Jair Bolsonaro. Fonte: UOL, por Bernardo Barbosa, Juliana Arreguy e Beatriz Montesanti.

29 de julho de 2021
"Isso [votar em um candidato e contar voto para outro] aconteceu largamente por ocasião das eleições de 2018. Temos vários vídeos demonstrando isso aí. Exatamente o que está aí (...)." Presidente Jair Bolsonaro. Fonte: UOL, por Bernardo Barbosa, Juliana Arreguy e Beatriz Montesanti.

29 de julho de 2021
"Não tem como se comprovar que as eleições não foram ou foram fraudadas." Presidente Jair Bolsonaro. Fonte: BBC News Brasil, por Mariana Schreiber.

29 de julho de 2021
"Por que o presidente do TSE [Tribunal Superior Eleitoral] quer manter suspeição das eleições? Quem ele é? Por que ele fica interferindo por aí, com que poder? Não quero acusá-lo de nada, mas algo muito esquisito acontece." Presidente Jair Bolsonaro. Fonte: Folha (15/01/2022), por Dyepeson Martins, Fabiano Maisonnave e Marianna Holanda.

30 de julho de 2021
"O IBGE ainda está na idade da pedra lascada." Paulo Guedes, ministro da economia. Fonte: CNN Brasil, por Bruna Carvalho.

31 de julho de 2021
"Queremos eleições, votar, mas não aceitaremos uma farsa como querem nos impor. O soldado que vai à guerra e tem medo de morrer é um covarde. Jamais temerei alguns homens aqui no Brasil que querem impor sua vontade." Presidente Jair Bolsonaro. Fonte: Folha, por Ana Luiza Albuquerque e Emerson Voltare.

1º de agosto de 2021
"Sem eleições limpas e democráticas, não haverá eleição." Presidente Jair Bolsonaro. Fonte: UOL.

1º de agosto de 2021
"Não podemos admitir que o ministro valide apenas a vontade dele, ele tem que estar subordinado à vontade popular. Pode ter certeza que se o povo assim decidir [pelo voto impresso auditável], que tem que ser dessa maneira, assim será feito." Presidente Jair Bolsonaro. Fonte: UOL.

1º de agosto de 2021
"Eleições democráticas somente com contagem pública dos votos." Presidente Jair Bolsonaro. Fonte: o próprio Twitter.

02 de agosto de 2021
"O outro, que morreu, fecha São Paulo e vai ver Palmeiras x Santos no Maracanã." Presidente Jair Bolsonaro, se referindo a Bruno Covas, então prefeito da cidade de São Paulo, que faleceu em 16 de maio de 2021. Fonte: Metrópoles e SamPancher.

**BOLSONARO E SEUS SEGUIDORES: O HORROR EM 3.560 FRASES**

**03 de agosto de 2021**
"Se o ministro [do STF, Luís Roberto] Barroso, [e presidente do TSE], continuar sendo insensível, como parece que está sendo insensível, quer um processo contra mim, se o povo assim desejar — porque eu devo lealdade ao povo brasileiro — uma concentração na Paulista para darmos o último recado para aqueles que ousam açoitar a democracia. Repito: o último recado. (...) Se o povo estiver comigo, nós vamos fazer que a vontade popular seja cumprida." Presidente Jair Bolsonaro. Fonte: Metrópoles, por Flávia Said e Tácio Lorran.

**03 de agosto de 2021**
"Quanto mais pobre o estado, mais gordo é o governador. Por coincidência, é uma realidade lá [no Maranhão]." Presidente Jair Bolsonaro, durante entrevista à TV Piauí. Fonte: Metrópoles, por Mayara Oliveira.

**03 de agosto de 2021**
"Recebi hoje a visita do Presidente do PTB, Roberto Jefferson. Mais um soldado na luta pela liberdade do nosso povo e pela democracia do nosso Brasil." General Luiz Eduardo Ramos, ministro-chefe da Secretaria-Geral da Presidência da República. Fonte: o próprio Twitter.

**03 de agosto de 2021**
"Devo, não nego; pagarei assim que puder." Paulo Guedes, ministro da Economia, defendendo o pagamento parcelado dos precatórios. Fonte: Estadão, por Fabrício de Castro e Francisco Carlos de Assis.

**04 de agosto de 2021**
"Vou tomar a vacina que possa entrar no mundo todo. Não posso tomar essa vacina (...) lá de São Paulo, que não está aceita na Europa nem nos Estados Unidos. Eu viajo o mundo todo, tenho de tomar a específica aceita no mundo todo." Presidente Jair Bolsonaro, à Rádio 96 FM de Natal (RN). Fonte: Folha, por Mateus Vargas.

**04 de agosto de 2021**
"Conforme prometido em entrevista ao 'Pingos nos Is' [programa da Jovem Pan], segue (sic) os documentos que comprovam, segundo o próprio TSE [Tribunal Superior Eleitoral], que o sistema eleitoral brasileiro foi invadido e, portanto, é violável." Presidente Jair Bolsonaro, tornando público o inquérito sigiloso da Polícia Federal sobre supostas fraudes em urnas eletrônicas. Fonte: O Globo, por Malu Gaspar e Mariana Carneiro.

04 de agosto de 2021
"Eu já tirei do ar do servidor. Na hora que soube que não poderia estar lá." Daniel Cid, da rede social 'brasileiros.social' é irmão do tenente-coronel Mauro Cesar Barbosa Cid, ajudante de ordens do presidente Jair Bolsonaro, que tornou público o inquérito sigiloso da Polícia Federal sobre supostas fraudes em urnas eletrônicas. Fonte: O Globo, por Malu Gaspar e Mariana Carneiro.

04 de agosto de 2021
"A Funai [Fundação Nacional do Índio], quando assumiu a transmissão, tinha destinado R$ 50 milhões para o índio mexer com *bitcoin*. Com todo respeito, a grande parte não sabe nem o que é dinheiro. Nós estamos libertando os índios em 2021. (...) Por que o campo está feliz com a gente? Nós não marcamos mais terra indígena. Já temos 14% demarcados por terra indígena. Chega. Você fica pensando como é que pode 10 mil índios terem uma área equivalente a duas vezes o estado do Rio de Janeiro, como os ianomâmis. Chega, não dá mais porque a intenção disso é inviabilizar a agricultura, inviabilizar o agronegócio do Brasil e virar um conflito." Presidente Jair Bolsonaro, em entrevista à rádio 96 FM de Natal. Fonte: UOL (16/03/2022), por Anna Satie.

04 de agosto de 2021
"O meu jogo é dentro das 4 linhas [da Constituição]. Se começar a chegar algo fora das 4 linhas eu sou obrigado a sair das 4 linhas. É coisa que eu não quero (...)." Presidente Jair Bolsonaro. Fonte: Poder360, por Emilly Behnke.

04 de agosto de 2021
"Pelo raciocínio de Omar Aziz [(PSD-AM), senador e presidente da CPI da Covid-19], se a deputada alemã Beatrix von Storch é nazista por conta de seu avô, então os netos de Omar seriam pedófilos?" Deputado Eduardo Bolsonaro (PSL-SP). Fonte: o próprio Twitter.

04 de agosto de 2021
"Na Argentina já acabou a propriedade privada no campo. Amanhã será o Brasil? (...)." Deputada Bia Kicis (PSL-DF), no próprio Twitter. Fonte: programa 'O É da Coisa' na Rádio BandNews, com Reinaldo Azevedo, Alexandre Bentivoglio e Bob Furuya.

04 de agosto de 2021
"Vou entregar minha cartela de vacina? Daqui a pouco vou entregar coisas pessoais, se eu não negar. Tem nada de esquisito e anormal que foi feito. Caderneta é questão minha e ponto final." Presidente Jair Bolsonaro, sobre o Planalto estabelecer sigilo de 100 anos do cartão de vacinação do chefe do Executivo. Fonte: Poder360 (17/01/2022), por Gabriella Soares.

05 de agosto de 2021
"A hora dele [Alexandre de Moraes, ministro do STF] vai chegar. Porque está jogando fora das quatro linhas da Constituição há muito tempo. Não pretendo sair das quatro linhas para questionar essas autoridades, mas acredito que o momento está chegando (...). Não dá para continuarmos com ministro arbitrário, ditatorial." Presidente Jair Bolsonaro, em entrevista à Rádio 93 FM, do Rio de Janeiro. Fonte: Folha, por Mateus Vargas.

05 de agosto de 2021
"Hoje no Brasil, [a idade do] estupro de vulnerável é 14 anos. (...) O que o [Luís Roberto] Barroso, [ministro do STF e presidente do TSE], defende? Que o estupro de vulnerável passe de 14 para 12 anos. (...) O Barroso acha que uma menina de 12 anos de idade sabe o que está fazendo e pode manter relações sexuais com um adulto. Já o homem ou mulher de 16 anos, para responder por crimes, ele não é adulto (...)." Presidente Jair Bolsonaro. Fonte: UOL, por Bernardo Barbosa e Beatriz Montesanti.

05 de agosto de 2021
"Não é apenas porque o povo está dizendo [que as urnas não são confiáveis]. Uma pesquisa aqui da Jovem Pan, 97%, a resposta é que são favoráveis ao voto impresso (...)." Presidente Jair Bolsonaro. Fonte: UOL, por Bernardo Barbosa e Beatriz Montesanti.

05 de agosto de 2021
"[O presidente Jair] Bolsonaro é uma lenda viva!" Deputado Bruno Engler (PRTB-MG). Fonte: o próprio Twitter.

05 de agosto de 2021
"Olha, prezado ministro [Luiz] Fux, [presidente do STF], o senhor se basear na imprensa brasileira, o senhor está desinformado. Há velho ditado que vale para o Brasil: se não lê jornal, não tem informação. Se lê, está desinformado." Presidente Jair Bolsonaro. Fonte: Poder360, por Murilo Fagundes.

05 de agosto de 2021
"Hoje, tem..." Presidente Jair Bolsonaro, na entrega da 'Medalha Oswaldo Cruz' à senhora Michelle Bolsonaro, que também já recebeu a 'Medalha da Vitória' e a 'Medalha do Ordem do Mérito da Defesa'. Fonte: O Globo, por Lauro Jardim e Amanda Almeida; e Metrópoles, por Guilherme Amado.

**06 de agosto de 2021**
"É uma briga para se manter no poder, também para cumprir a missão, porque se eu errar um dia, não precisa de processo de *impeachment*, eu vou embora!" Presidente Jair Bolsonaro. Fonte: SamPancher, Metrópoles e Lilia Schwarcz.

**06 de agosto de 2021**
"Filho da puta." Presidente Jair Bolsonaro, se referindo a Luís Roberto Barroso, ministro do Supremo Tribunal Federal (STF) e presidente do Tribunal Superior Eleitoral (TSE). Fonte: Folha, por Katna Baran, do Twitter de Raphael Heide.

**06 de agosto de 2021**
"Não ofendi nenhum ministro do Supremo [Tribunal Federal]." Presidente Jair Bolsonaro. Fonte: UOL.

**06 de agosto de 2021**
"Desculpa, deputada, a perícia da polícia está demorando um pouco, pois eles ainda estão ocupados tentando descobrir quem bateu na senhora, enquanto dormia (...)." Mario Frias, secretário especial de Cultura. Fonte: o próprio Twitter.

**07 de agosto de 2021**
"(...) você não se vacina não coloca a vida do outro em risco." Flavia Ferronato. Fonte: o próprio Twitter.

**07 de agosto de 2021**
"Não pensem o ladrão de nove dedos e seus amigos é que vão contar os votos dentro de uma sala secreta." Presidente Jair Bolsonaro. Fonte: UOL, por Eduardo Militão.

**07 de agosto de 2021**
"Respeitem a nossa Constituição, respeitem a vontade popular. Nós queremos e exigimos nada mais além disso. Não continuem nos provocando, não queiram nos ameaçar, não queiram impor a sua vontade porque quem está com Deus e com o povo tem realmente o poder." Presidente Jair Bolsonaro. Fonte: O Antagonista.

**BOLSONARO E SEUS SEGUIDORES: O HORROR EM 3.560 FRASES**

07 de agosto de 2021
"As pessoas que moram e trabalham naquela região não aguentam mais. O Padre e os voluntários ajudariam se convencessem seus assistidos a se tratarem e irem para os abrigos. A distribuição de alimentos na Cracolândia só ajuda o crime. O tema precisa ser debatido com honestidade." Deputada estadual Janaina Paschoal (PSL-SP). Fonte: o próprio Twitter.

07 de agosto de 2021
"Obrigado presidente pela torcida! Infelizmente não conseguimos o resultado, vamos continuar sempre lutando pela nossa nação! Grande abraço capitão Jair Messias Bolsonaro." Maurício Souza, jogador da equipe olímpica de vôlei do Brasil. Fonte: o próprio Instagram.

07 de agosto de 2021
"Ele [Luís Roberto Barroso, ministro do STF e presidente o TSE] quer que nossas filhas e netas de 12 anos tenham relações sexuais sem problema nenhum. Este mesmo ministro votou pelo direito das amantes." Presidente Jair Bolsonaro. Fonte: Folha, por Katna Baran.

08 de agosto de 2021
"O prazo final para a resolução desse imbróglio, visando as eleições de 2022, será outubro. Esperamos que não seja um outubro vermelho, mas sim verde e amarelo, pelo bem do Brasil." Clube Naval, Militar e de Aeronáutica, em nota conjunta divulgada sobre o 'sistema de urnas eletrônicas com voto impresso auditável'. Fonte: UOL, por Rubens Valente.

09 de agosto de 2021
"Sr. Presidente do ... STF, Câmara Federal, Senado, TCU, TSE, STJ, TST, Deputados, Senadores...: Como ocorre desde 1988, a nossa Marinha realiza exercícios em Formosa/GO. Como a tropa vem do Rio, Brasília é passagem obrigatória. Muito me honraria sua presença amanhã na Presidência (08h30), onde receberei os cumprimentos da Força e lhes desejarei boa sorte na missão. Presidente Jair Bolsonaro. Chefe Supremo das Forças Armadas." Presidente Jair Bolsonaro. Fonte: o próprio Twitter.

09 de agosto de 2021
"Trágica coincidência." Deputado Arthur Lira (PP-AL), presidente da Câmara dos Deputados, sobre o desfile de blindados organizado pelo presidente Jair Bolsonaro acontecer horas antes da votação da PEC do voto impresso. Fonte: UOL.

**09 de agosto de 2021**
"Ouçam o rufar dos tambores! Garantidores da lei e da ordem! O começo da democracia, garantia, o braço forte! Tá dizendo o quê? Se não houver voto impresso e contagem pública de votos, não haverá eleição no ano que vem. [Luís Roberto] Barroso, [ministro do STF e presidente do TSE], pode até zangar, bater pezinho, não é Barroso, mas se não tiver voto impresso e contagem pública não terá eleição no ano que vem. Ouçam o rufar dos tambores: fraude chega! (...)." Roberto Jefferson, presidente nacional do PTB, em vídeo assinado pelo 'PTB Nacional'. Fonte: Twitter de Priscilla @prisclllando.

**09 de agosto de 2021**
"O que que é inclusivismo? A criança com deficiência era colocada dentro de uma sala de alunos sem deficiência. Ela não aprendia. Ela atrapalhava, entre aspas, essa palavra falo com muito cuidado, ela atrapalhava o aprendizado dos outros porque a professora não tinha equipe, não tinha conhecimento para dar a ela atenção especial." Milton Ribeiro, ministro da Educação. Fonte: O Globo (03/09/2021), por Paula Ferreira, Mariana Muniz e Bruno Alfano.

**09 de agosto de 2021**
"Universidade deveria, na verdade, ser para poucos, nesse sentido de ser útil à sociedade. Tem muito engenheiro ou advogada dirigindo Uber porque não consegue colocação devida. Se fosse um técnico de informática, conseguiria emprego, porque tem uma demanda muito grande." Milton Ribeiro, ministro da Educação. Fonte: O Globo (03/09/2021), por Paula Ferreira, Mariana Muniz e Bruno Alfano.

**10 de agosto de 2021**
"Enviamos a cloroquina, outros tipos de remédios, né, oseltamivir. Leitos de adultos, os senhores têm todos [os dados] no *slide* aí. São apoios que foram dados pelo governo para o estado do Rio de Janeiro." Walter Braga Netto, ministro da Defesa, então ministro da Casa Civil. Fonte: UOL, Rubens Valente.

**10 de agosto de 2021**
"(...) Não se preocupem, [o presidente Jair] Bolsonaro não é Fidel, Chaves ou Kim. Bolsonaro é democrata, defende menos intervenção do Estado, não apoia MST, não desarmou a população e respeita a CF/88." Senador Flávio Bolsonaro (Patriota-RJ). Fonte: O Antagonista.

**10 de agosto de 2021**
"Não há justificativa pela falta de transparência. O voto auditável é seu direito. Continue na cobrança." Deputado Luiz Philippe de Orleans Bragança (PSL-SP). Fonte: o próprio Twitter.

**BOLSONARO E SEUS SEGUIDORES: O HORROR EM 3.560 FRASES**

**11 de agosto de 2021**
"A questão que houve em 2018 foi um *hacker* que denunciou. A ministra Rosa Weber pediu para a PF abrir um inquérito. Esse cara ficou oito meses lá dentro. A história que se aproxima da verdade é que — repito, não tenho provas — teriam que desviar 12 milhões meus. Repito, não tenho provas. Os *hackers* fizeram seu trabalho. Só que, quando as eleições se acabaram, não foi suficiente para o outro lado ganhar, o lado que recebe dinheiro do narcotráfico, do Foro de São Paulo, de corrupção bilionária, de dinheiro de fora do Brasil. A partir do momento em que não conseguiram fazer com que o cara do Foro de São Paulo, os caras que têm ligações com o PCC, com as Farc, resolveram explodir." Presidente Jair Bolsonaro. Fonte: O Antagonista.

**11 de agosto de 2021**
"Hoje em dia sinalizamos para uma eleição, não que está dividida, mas que não vai se confiar nos resultados da apuração." Presidente Jair Bolsonaro, um dia após a Proposta de Emenda à Constituição (PEC) do voto impresso no plenário da Câmara dos Deputados ser derrotada. Fonte: Estadão, por Gustavo Côrtes, Sofia Aguiar e Matheus de Souza.

**11 de agosto de 2021**
"Quero agradecer à metade do Parlamento que votou favorável ao voto impresso. Parte da outra metade que votou contra que, entendo, votou chantageada, uma outra parte que se absteve. Dessa parte, alguns não votaram com medo de retaliação." Presidente Jair Bolsonaro. Fonte: Poder360, por Murilo Fagundes.

**12 de agosto de 2021**
"Por que que nós temos que concorrer nas eleições do ano que vem sob o manto da desconfiança? O que nós queremos? Eu quero eleições limpas, o voto democrático, a contagem pública dos votos. (...) Por que essa vontade enorme, esse trabalho enorme, do ministro [do Supremo Tribunal Federal (STF) Luís Roberto] Barroso, que é também o presidente do TSE [Tribunal Superior Eleitoral], contrário ao voto impresso? Ele se reuniu com lideranças partidárias e, logo depois da reunião, essas lideranças, a maioria delas que eram favorável ao voto impresso, mudaram de lado. O que foi oferecido pra eles? O que aconteceu?" Presidente Jair Bolsonaro. Fonte: Metrópoles (14/04/2022), por Flávia Said.

**12 de agosto de 2021**
"Informamos que o uso da máscara nesta cerimônia é opcional." Mestre de cerimônia, durante evento militar de cumprimento de oficiais-generais promovidos, no Salão Nobre do Palácio do Planalto, com a presença do presidente Jair Bolsonaro, do vice-presidente general Hamilton Mourão, dos comandantes das Forças Armadas e dos ministros Walter Braga Netto (Defesa), Ciro Nogueira (Casa Civil), Augusto Heleno (Gabinete de Segurança Institucional), Flávia Arruda (Secretaria de Governo), Luiz Eduardo Ramos (Secretaria Geral). Fonte: Poder360, por Emilly Behnke e Murilo Fagundes.

12 de agosto de 2021
"Nas mãos das Forças Armadas, a certeza da garantia da nossa liberdade, da nossa democracia e o apoio total às decisões do presidente para o bem da sua nação." Presidente Jair Bolsonaro. Fonte: Poder360, por Murilo Fagundes e Emilly Behnke.

12 de agosto de 2021
"Onde está o crime de fake news na nossa lei? Não tem. Mas eles usam isso para matar a nossa reputação." Deputado Eduardo Bolsonaro (PSL-SP), acompanhado do empresário Mike Lindell e Steve Bannon, discursando em evento em Dakota do Sul (EUA). Fonte: Estadão (24/08/2021), por Vinicius Valfré.

12 de agosto de 2021
"É difícil você realmente governar o Brasil." Presidente Jair Bolsonaro. Fonte: Instagram do UOL (15/10/2021), por Lucas Borges Teixeira.

13 de agosto de 2021
"Eu não acredito na intenção de ruptura, mas que a ruptura possa acontecer por força das circunstâncias. Um impasse formal, uma decisão do Supremo deixar de ser cumprida ostensivamente, por exemplo. Ou uma decisão do Legislativo ser violada pelo Judiciário. Acho que estamos caminhando para isso. É grave. Não creio que haja intenção de ninguém de fazer ruptura, mas creio que a ruptura é a tendência, por força dessas circunstâncias. Não estou falando em golpe. Mas de intervenção para retomar o equilíbrio institucional." General Maynard Santa Rosa, em entrevista à Crusoé. Fonte: O Antagonista, por Diogo Mainardi.

13 de agosto de 2021
"Eu espero que esta CPI [da Covid-19 do Senado Federal] produza um efeito positivo para o Brasil, porque o negativo já produziu: afastou muitas empresas interessadas em vender vacinas." Deputado Ricardo Barros (PP-PR), líder do governo na Câmara dos Deputados, em depoimento na CPI da Covid-19 do Senado Federal. Fonte: Folha, por Renato Machado e Julia Chaib.

13 de agosto de 2021
"Xandão [Alexandre de Moraes, ministro do STF], maridão de dona Vivi, Cachorro do STF, decretou minha prisão por crime de milícia digital. Ele está repetindo os mesmos atos do Supremo da Venezuela, prendendo os Conservadores para entronizar os comunistas. Deus. Pátria. Família. Vida. Liberdade." Roberto Jefferson, presidente nacional do PTB, no momento em que foi preso pela Polícia Federal. Fonte: Metrópoles, por Guilherme Amado.

**BOLSONARO E SEUS SEGUIDORES: O HORROR EM 3.560 FRASES**

13 de agosto de 2021
"Somos perseguidos políticos." Cristiane Brasil, ex-deputada e filha de Roberto Jefferson. Fonte: Metrópoles, por Guilherme Amado.

13 de agosto de 2021
"A única chance que eles têm de não ganhar é fazer isso que eles estão fazendo. E esses atos, como por exemplo a prisão do Roberto Jefferson, do Daniel Silveira, do Bronziele, do Alencar, do Oswaldo Eustáquio, Sara Winter, todo mundo isso aí. A prisão desse pessoal é um ato de desespero, o sistema está estrebuchando." Deputado Eduardo Bolsonaro (PSL-SP). Fonte: Twitter de Priscilla @priscilllando.

13 de agosto de 2021
"Cadê o 'ACABOU PORRA'? Estão prendendo os conservadores e o bonito [presidente Jair Bolsonaro] não faz nada??? O próximo será ele! E se não for preso, não vai poder sair nas ruas já já! ACOOOOOORDA!!!" Cristiane Brasil, ex-deputada. Fonte: o próprio Twitter.

13 de agosto de 2021
"Hoje vocês têm um presidente que acredita em Deus, um presidente que respeita os seus militares, um presidente que defende a família e um presidente que deve lealdade ao seu povo." Presidente Jair Bolsonaro. Fonte: O Antagonista.

14 de agosto de 2021
"Nós vamos parar 72 horas. Se não fizer nada, nas próximas 72 horas ninguém anda no país. Vai parar tudo. Não é só Brasília, é o país (...). Nada nunca foi igual ao que vai acontecer. Se eles [os ministros do STF] não atenderem ao nosso pedido, a cobra vai fumar." Sérgio Reis, ex-deputado e cantor. Fonte: Fórum, por Ivan Longo.

14 de agosto de 2021
"De há muito, os ministros Alexandre de Moraes e Luís Roberto Barroso, do Supremo Tribunal Federal, extrapolam com atos os limites constitucionais. Na próxima semana, levarei ao presidente do Senado, Rodrigo Pacheco [DEM-MG], um pedido para que instaure um processo sobre ambos, de acordo com o art. 52 da Constituição Federal." Presidente Jair Bolsonaro. Fonte: UOL.

14 de agosto de 2021
"Dou uma por semana quando Deus me ajuda." Roberto Jefferson, presidente nacional do PTB, em audiência de custódia. Fonte: Metrópoles, por Guilherme Amado e Edoardo Ghirotto.

**14 de agosto de 2021**
"(...) Passaram dos limites, acabaram de prender o Eustáquio. Daqui a pouco manda me prender e mandam prender o [Pastor Silas] Malafaia (...)." Magno Malta. Fonte: Twitter O Museu da Direita Histérica.

**14 de agosto de 2021**
"Supremo está jogando fora da regra e não pode reclamar de reações fora da regra." Deputado Ricardo Barros (PP-PR), líder do governo na Câmara dos Deputados. Fonte: Estadão, por Alberto Bombig e Matheus Lara.

**14 de agosto de 2021**
"Forças Armadas são protagonistas da história sob autoridade suprema do presidente." Walter Braga Netto, ministro da Defesa, em uma cerimônia militar, ao lado do presidente Jair Bolsonaro. Fonte: Estadão, por Anne Warth e Célia Froufe.

**14 de agosto de 2021**
"O povo brasileiro não aceitará passivamente que direitos e garantias fundamentais (art. 5º da CF), como o da liberdade de expressão, continuem a ser violados e punidos com prisões arbitrárias, justamente por quem deveria defendê-los." Presidente Jair Bolsonaro. Fonte: o próprio Twitter.

**14 de agosto de 2021**
"Todos sabem das consequências, internas e externas, de uma ruptura institucional, a qual não provocamos ou desejamos (...)." Presidente Jair Bolsonaro. Fonte: o próprio Twitter.

**16 de agosto de 2021**
"Se está na Constituição, é sinal de que pode ser usado." General Augusto Heleno, ministro-chefe do Gabinete de Segurança Institucional (GSI), sobre intervenção das Forças Armadas, no programa 'Direto ao Ponto' da Jovem Pan. Fonte: Jovem Pan.

**16 de agosto de 2021**
"O presidente Bolsonaro é o presidente Bolsonaro. Precisamos nos acostumar com isso. Já é presidente há dois anos e meio, e todo mundo sabe o jeito dele. Ele reage. Está tudo dentro do esperado que fosse. Não consigo ver como isso estaria fora do padrão de comportamento dele." Deputado Ricardo Barros (PP-PR), líder do governo na Câmara dos Deputados. Fonte: Estadão.

**BOLSONARO E SEUS SEGUIDORES: O HORROR EM 3.560 FRASES**

**17 de agosto de 2021**
"Se houvesse ditadura, talvez muitas pessoas não estariam aqui. Ditadura, como foi dito por outro deputado, é em outros países." General Walter Braga Netto, ministro da Defesa, na Câmara dos Deputados. Fonte: El País, por Felipe Betim.

**17 de agosto de 2021**
"Está com o Senado agora. Independência. Não vou agora tentar cooptar senadores, de uma forma ou de outra, oferecendo alguma coisa pra eles etc., para eles votarem o *impeachment* deles [ministros do STF]." Presidente Jair Bolsonaro. Fonte: Folha.

**17 de agosto de 2021**
"Sr. Senador Romário, é muito deselegante quando um representante do parlamento se dirije (sic) (...)." Milton Ribeiro, ministro da Educação, no próprio Twitter. Fonte: programa 'O É da Coisa' na Rádio BandNews, com Reinaldo Azevedo, Alexandre Bentivoglio e Bob Furuya.

**17 de agosto de 2021**
"Olha o que está acontecendo com a CoronaVac, ninguém tem coragem de falar. Gente que tomou as duas doses, foi infectada e está morrendo." Presidente Jair Bolsonaro. Fonte: O Antagonista.

**17 de agosto de 2021**
"(...) Não é possível realizar testes rigorosos, que comprovem a medida exata da eficácia da máscara de proteção como meio de prevenir a propagação do novo coronavírus." Lindôra Araújo, sub-procuradora-geral da República. Fonte: Reinaldo Azevedo, no Twitter.

**17 de agosto de 2021**
"Não vou me calar, vou apoiar [o presidente Jair] Bolsonaro até o fim." Andressa Urach, modelo. Fonte: UOL.

**17 de agosto de 2021**
"Em decisão monocrática, o Ministro Salomão do TSE determinou a suspensão da monetização de 11 canais conservadores. É censura proibida pela Constituição Federal. A cada dia uma nova medida. Todas contra conservadores. É o vale-tudo contra qualquer um que apoie as pautas da direita." Deputada Bia Kicis (PSL-DF). Fonte: jornal Estado de Minas, por Nathalia Galvani.

**18 de agosto de 2021**
"Prezado pastor Gilberto Marques, pastor José Wellington, Irmãos. Hoje nós podemos dizer que temos um presidente da República que acredita em Deus, que respeita seus militares, que defende a família e deve lealdade ao seu povo. Às vezes eu me pergunto: como eu cheguei até aqui? Da onde vêm as forças para resistir? (...) Temos um governo que respeita a Constituição Brasileira e em nenhum momento fechou o comércio, em nenhum momento decretou toque de recolher, um governo que não fechou igrejas, um governo que respeita as leis, respeita ao seu povo e reafirma que o norte do destino de nossa Pátria sempre tendo ele à frente, vamos no sentido onde esse povo assim o desejar. Cheguei à Presidência emprestando uma passagem bíblica, o João 8:32, aperfeiçoamos obviamente para nós, passageiros aqui na terra, 'E conhecereis a verdade e a verdade vos libertará'. Temos um presidente que pode por vezes tropeçar nas palavras, pode às vezes não ser muito feliz nos seus posicionamentos, mas os senhores têm um presidente que fala a verdade acima de tudo. (...) Mais do que um compromisso com vocês, um compromisso com a minha consciência em indicar uma das duas vagas para o Supremo Tribunal Federal, um irmão nosso, terrivelmente evangélico. Tenho conversado muito com o pastor André Mendonça porque a vida dele também vai mudar, as suas responsabilidades serão majoradas. Decisões difíceis ele tomará também, mas eu fiz um pedido para ele, ou melhor, uma missão eu dei para ele e ele se comprometeu que irá cumpri-la. Toda primeira sessão da semana no Supremo Tribunal Federal, ele pedirá a palavra e iniciarão os trabalhos após uma oração. Podem ter certeza, Deus se fará mais presente naquela Instituição. Onde entra a palavra de Deus entra a harmonia, entra a paz, entra a prosperidade. Em 2023, quem porventura for eleito presidente em 22, indicará no primeiro semestre mais dois integrantes para aquela corte. Tenho certeza, nós vamos mudando o Brasil. (...) Me perguntaram onde eu estaria no próximo dia 7 de setembro, eu respondo-lhes, estarei onde o povo estiver, assim eu fiz desde o meu primeiro mandato de vereador no Rio de Janeiro, também ao longo dos meus 7 mandatos de deputado federal e também agora como Presidente da República. (...) Brasil acima de tudo e Deus acima de todos." Presidente Jair Bolsonaro, em discurso na Cerimônia Alusiva ao Centenário da Convenção de Ministros e Igrejas Assembleia de Deus no Pará, transmitido pela TV Brasil. Fonte: site do Governo Federal.

**18 de agosto de 2021**
"Busquei uma maneira de atender o povo, junto com médicos. Então, não é que eu sou charlatão, curandeiro, nem inventei nada. Eu dei uma alternativa." Presidente Jair Bolsonaro. Fonte: Folha, por Pablo Rodrigo.

**BOLSONARO E SEUS SEGUIDORES: O HORROR EM 3.560 FRASES**

### 18 de agosto de 2021
"Na decisão [do Tribunal Superior Eleitoral (TSE) de suspender o repasse de dinheiro das empresas de redes sociais para os *youtubers* que disseminam notícias falsas sobre as eleições no Brasil], foi dito que as pessoas se colocam como analistas políticas, como se isso fosse um crime. (...) Não é o meu caso; nunca enganei ninguém, nunca me posicionei como uma grande filósofa contemporânea. Sempre falei: 'sou uma dona de casa que gosta de política'. Não sou uma analista política, sou uma cidadã curiosa. (...) A minha única fonte de renda é o canal, que em breve será bloqueado. Eles querem me sufocar financeiramente para que eu não consiga me dedicar ao canal. Para mim, isso está muito nítido. Querem que eu pare de falar. Não só eu, mas várias outras pessoas. (...) No momento em que você censura as pessoas, de forma política ou ideológica, está agindo contra a Constituição. Então, você está atentando contra o Estado Democrático de Direito." Bárbara Zambaldi Destefani, do canal 'Te Atualizei'. Outros canais que tiveram a receita bloqueada: No YouTube: Adilson Nelson Dini do 'Ravox'; Alberto Junio da Silva 1 e Alberto Junio da Silva 2; Bárbara Zambaldi Destefani do canal 'Te Atualizei'; Camila Abdo Leite do Amaral Calvo; Emerson Teixeira de Andrade; Fernando Lisboa da Conceição do 'Vlog do Lisboa1' e 'Vlog do Lisboa2'; Folha Política; Jornal da Cidade On-Line; Oswaldo Eustáquio; Roberto Boni do 'Canal Universo 1' e 'Canal Universo 2' e 'Terça Livre'. No Facebook: Adilson Nelson Dini do 'Ravox'; Alberto Junio da Silva; Allan dos Santos; Bárbara Zambaldi Destefani do canal 'Te Atualizei'; Camila Abdo Leite do Amaral Calvo 1 e Camila Abdo Leite do Amaral Calvo 2; Emerson Teixeira de Andrade; Fernando Lisboa da Conceição do 'Vlog do Lisboa'; Folha Política; Jornal da Cidade On-Line; Marcelo Frazão de Almeida; Nas Ruas; Oswaldo Eustáquio 1, Oswaldo Eustáquio 2 e Oswaldo Eustáquio 3; e 'Terça Livre'. No Instagram: Adilson Nelson Dini do 'Ravox'; Alberto Junio da Silva; Allan dos Santos; Bárbara Zambaldi Destefani do canal 'Te Atualizei'; Camila Abdo Leite do Amaral Calvo; Emerson Teixeira de Andrade; Fernando Lisboa da Conceição do 'Vlog do Lisboa'; Folha Política; Jornal da Cidade On-Line; Marcelo Frazão de Almeida; Nas Ruas; Oswaldo Eustáquio 1 e Oswaldo Eustáquio 2; e 'Terça Livre'. No Twitter: Adilson Nelson Dini da 'Ravox'; Allan dos Santos; Bárbara Zambaldi Destefani do canal 'Te Atualizei'; Camila Abdo Leite do Amaral Calvo; Emerson Teixeira de Andrade; Fernando Lisboa da Conceição do 'Vlog do Lisboa1' e 'Vlog do Lisboa2'; Folha Política; Jornal da Cidade On-Line; Marcelo Frazão de Almeida; Nas Ruas; Oswaldo Eustáquio; Roberto Boni do 'Canal Universo'; e 'Terça Livre'. No Twitter: Terça Livre e Vlog do Lisboa. Fonte: Revista Oeste, por Edilson Salgueiro.

### 19 de agosto de 2021
"Ninguém precisa se preocupar com o movimento de 7 de Setembro. O nosso povo é ordeiro, é pacífico, é patriota e, em sua maioria, acredita em Deus. Em sua maioria esmagadora, tem família. Ora, o que eles vão fazer nas ruas no dia 7? Querer liberdade. Quem está nos oprimindo? É uma minoria. De onde menos esperávamos o controle da liberdade, de lá está vindo a mão pesada, ou melhor uma caneta." Presidente Jair Bolsonaro. Fonte: O Antagonista.

**19 de agosto de 2021**
"Nós temos, hoje, 1,3 milhão de crianças com deficiência que estudam nas escolas públicas. Desse total, 12% têm um grau de deficiência que é impossível a convivência. O que o nosso governo fez: em vez de simplesmente jogá-los dentro de uma sala de aula, pelo 'inclusivismo', nós estamos criando salas especiais para que essas crianças possam receber o tratamento que merecem e precisam." Milton Ribeiro, ministro da Educação. Fonte: O Globo, por Pedro Alves.

**19 de agosto de 2021**
"A estatística mostra que parece que o vírus não se dá bem com jovem, com crianças principalmente." Alexandre Garcia, no programa 'CNN Novo Dia'. Fonte: UOL.

**19 de agosto de 2021**
"Não queiram a minha cadeira, não é fácil estar naquela cadeira de kriptonita." Presidente Jair Bolsonaro. Fonte: Instagram do UOL (15/10/2021), por Lucas Borges Teixeira.

**19 de agosto de 2021**
"Tem muita, mas muita gente melhor do que eu por aí (...)." Presidente Jair Bolsonaro. Fonte: UOL, por Leonardo Sakamoto.

**19 de agosto de 2021**
"Somos contra essa obrigatoriedade. O Brasil tem muitas leis e as pessoas, infelizmente, não observam. O uso de máscaras tem de ser um ato de conscientização." Marcelo Queiroga, ministro da Saúde, médico, no canal do YouTube 'Terça Livre'. Fonte: O Globo.

**20 de agosto de 2021**
"Prendem por *fake news*. Prendem por atos antidemocráticos. O que é um ato antidemocrático? Prendem por milícia virtual. Vai chegar uma hora em que essas ordens da mais alta Corte do judiciário nacional não vão ser cumpridas, infelizmente. Se continuar desse jeito (...)." Deputado Eduardo Bolsonaro (PSL-SP), em entrevista ao jornalista Luís Ernesto Lacombe, na RedeTV. Fonte: UOL.

**20 de agosto de 2021**
"Ele [presidente Jair Bolsonaro] tenta sempre agir dentro das quatro linhas da Constituição. Mas, ao que parece, não tem mais corda para você esticar. Qual seria o próximo passo? Prender o presidente? Prender um dos filhos? A gente não tem medo de prisão. Agora, fazer isso, sem ter motivo?!" Deputado Eduardo Bolsonaro (PSL-SP), em entrevista ao jornalista Luís Ernesto Lacombe, na RedeTV. Fonte: UOL.

20 de agosto de 2021
"Após incluído como investigado no inquérito inconstitucional das fake news, Presidente protocola no Senado impeachment de Alexandre de Moraes do STF." Deputado Eduardo Bolsonaro (PSL-SP). Fonte: o próprio Twitter.

**20 de agosto de 2021**
"Brasil, acorda! Estaremos juntos nas ruas em favor do Brasil, em favor da nossa liberdade, em favor do nosso capitão, presidente. Aliás, nós o elegemos para isso, para que ele pudesse dar um rumo novo a esse país, virasse um primeiro mundo, que é o que todos nós sonhamos (...)." Amado Batista, cantor. Fonte: O Antagonista.

**21 de agosto de 2021**
"Com relação as eleições, deputado, eu tenho tanta certeza que elas vão ocorrer, e eu estou dizendo, pode ser que eu seja cobrado ano que vem, que o vitorioso será [o presidente] Jair Messias Bolsonaro, diferente dos institutos de pesquisa que eu não acredito, porque quando eu estava em 2018 em São Paulo, ligado na campanha do presidente, pelas pesquisas ele não ganhava de ninguém, nem no primeiro nem no segundo turno, e no final ele foi eleito." General Luiz Eduardo Ramos, ministro-chefe da Secretaria-Geral da Presidência da República, na Câmara Federal. Fonte: o próprio Twitter.

21 de agosto de 2021
"Regime Militar 1964, generais prendiam e interrogavam vagabundos. Democracia 2021, vagabundos interrogam e querem depor presidente, acusar generais, prender deputados e jornalistas, destruir *youtubers* de direita." Jorge Seif Júnior, secretário da Pesca. Fonte: Folha, por Camila Mattoso.

**22 de agosto de 2021**
"Veteranos da Polícia Militar do Estado de São Paulo. Nós temos que dia 7 de setembro ajudar o nosso presidente Bolsonaro. A PM de SP participou dos principais movimentos do nosso país (...). Não podemos nesse momento em que o país passa por essa crise, com o comunismo querendo entrar (...). Eu vejo que nós da PM de SP, a força pública, nós devemos nos unir. E no dia 7 de setembro, todos os veteranos de SP, estar presente na Avenida Paulista." Ricardo Nascimento de Mello Araújo, coronel da reserva e diretor-presidente da Ceagesp. Fonte: Folha, por Camila Mattoso, Fabio Serapião de Guilherme Seto.

23 de agosto de 2021
"Nós não queremos o inclusivismo, criticam essa minha terminologia, mas é essa mesmo que eu continuo a usar." Milton Ribeiro, ministro da Educação, em entrevista à Jovem Pan. Fonte: O Globo, por Gabriel Shinohara.

23 de agosto de 2021
"O que que é a alma da democracia? É o voto. O povo quer que você, ao votar, tenha a certeza de que o teu voto vai para o João ou para a Maria. Não quer que, num quartinho secreto, meia dúzia de pessoas conte os seus votos (...) A gente espera que tenhamos eleições limpas, democráticas e com contagem pública de votos no ano que vem." Presidente Jair Bolsonaro, em entrevista à Rádio Regional. Fonte: Folha, por Marianna Holanda, Renato Machado e Thiago Resende.

23 de agosto de 2021
"Nem durante o AI-5, que podia tudo, o regime militar colocou no papel, em letra de fôrma, uma agressão ao direito de livre expressão tão nua e crua quanto essa que o TSE faz agora." J. R. Guzzo, colunista da Revista Oeste, do jornal O Estado de S.Paulo e da Gazeta do Povo. Fonte: o próprio Twitter.

24 de agosto de 2021
"Não está arrebentando, arrebentou a corda." Presidente Jair Bolsonaro, em entrevista ao Canal Rural. Fonte: UOL.

24 de agosto de 2021
"Vamos entregá-los [STF e Congresso Nacional] às Forças Armadas, para que adotem as providências cabíveis (...) Ninguém pode ir a Brasília simplesmente para passear, balançar bandeirinhas, tampouco ficar somente acampado (...) Vamos juntos adentrarmos no STF e no Congresso." Coronel Azim, sobre a manifestação de 7 de setembro. Fonte: Estadão.

24 de agosto de 2021
"A gasolina tá barata, o gás de cozinha tá barato. O pessoal tem que entender a composição do preço. Acabam me culpando por tudo o que acontece no Brasil." Presidente Jair Bolsonaro. Fonte: CNN Brasil, por Ana Carolina Nunes.

24 de agosto de 2021
"Irmão." Presidente Jair Bolsonaro, no Palácio do Planalto, se referindo ao convidado e presidente da Guiné-Bissau, Umaro Sissoco Embaló, conhecido com 'Bolsonaro da África'. Fonte: Folha, por Marianna Holanda.

**BOLSONARO E SEUS SEGUIDORES: O HORROR EM 3.560 FRASES**

25 de agosto de 2021
"Quando veio aqui o presidente [de Portugal], Marcelo Rebelo de Sousa, [o presidente Jair Bolsonaro] não usou máscara. Foi o mesmo com o presidente de Cabo Verde [Jorge Carlos Fonseca]. Por que usar [máscara] comigo? Por que usar comigo? Se ele usasse comigo, eu poderia ficar ofendido." Umaro Sissoco Embaló, presidente da Guiné-Bissau. Fonte: Folha, por Vinicius Sassine.

25 de agosto de 2021
"(...) Sei onde está o câncer do Brasil, nós temos como ganhar essa guerra se esse câncer for curado. Estamos entendidos? Se alguém acha que eu preciso ser mais explícito, lamento." Presidente Jair Bolsonaro. Fonte: o próprio Twitter e UOL.

25 de agosto de 2021
"Você sai de R$ 60 para R$ 600. Uma família sai de R$ 180 para R$ 1.800. Isso não é mais uma transferência de renda, isso é uma transferência de riqueza." Paulo Guedes, ministro da Economia. Fonte: O Globo, por Fernanda Trisotto.

25 de agosto de 2021
"(...) Qual o problema agora que a energia vai ficar um pouco mais cara porque choveu menos? (...)." Paulo Guedes, ministro da Economia. Fonte: Estadão, por Sandra Manfrini e Eduardo Rodrigues.

26 de agosto de 2021
"Presidente Jair Bolsonaro é popular, não é populista." Paulo Guedes, ministro da Economia. Fonte: BDM Online.

26 de agosto de 2021
"Morte por vacina confirmada. Lisa Shaw, apresentadora da BBC, morreu aos 44 anos em maio, e só agora a legista de Newcastle, Karen Dilks, confirmou que Shaw sofreu coágulos sanguíneos no cérebro causado pela vacina AstraZeneca. Lisa deixou um filho. Isto tem de ser discutido!" Bernardo P. Küster, diretor de opinião do jornal Brasil Sem Medo. Fonte: o próprio Twitter.

27 de agosto de 2021
"É difícil governar um país dessa maneira, né? Você pode ver, o único dos poderes que é vigiado o tempo todo e cobrado, sou eu." Presidente Jair Bolsonaro. Fonte: Instagram do UOL (15/10/2021), por Lucas Borges Teixeira.

27 de agosto de 2021
"Tem que todo mundo comprar fuzil, pô. Povo armado jamais será escravizado. Eu sei que custa caro. Daí tem um idiota que diz: 'Ah, tem que comprar feijão'. Cara, se não quer comprar fuzil, não enche o saco de quem quer comprar." Presidente Jair Bolsonaro. Fonte: Metrópoles, por Flávia Said.

27 de agosto de 2021
"Você acha que eu estou errado em não tomar a 'picadinha' da indústria farmacêutica?" Dado Dolabella, ator e cantor. Fonte: Brasil Fede Covid, no Instagram.

27 de agosto de 2021
"Tem gente que bate no nosso presidente porque ele defende Deus, a família e o Brasil. Discorde das punições políticas dele, mas por isso, não, não é justo. Assim como concorde ou discorde das opiniões de Roberto Jefferson, presidente do PTB, mas não é razoável, pessoal, que o presidente de um partido num país democrático, que tem o mínimo de segurança jurídica, esteja agora lá em Bangu por manifestar opinião contrária a quem quer que seja. Então a ele eu dedico sim a solidariedade." João Roma, ministro da Cidadania. Fonte: Bahia Notícias, por Matheus Caldas.

27 de agosto de 2021
"Não sou machão, não sou o único certo. Agora, do outro lado não pode um ou dois caras estragarem a democracia do Brasil. Começar a prender na base do canetaço, bloquear redes sociais. E agora o câncer já foi lá para [o] TSE, lá tem um cara também que manda desmonetizar as coisas. Tem que botar um ponto final nisso. E isso é dentro das quatro linhas." Presidente Jair Bolsonaro. Fonte: UOL.

27 de agosto de 2021
"(...) Agora ele [Eduardo Paes, prefeito do Rio de Janeiro] tornará obrigatória uma vacina sem estudos conclusivos para riscos graves como miocardite, trombose e neuropatias (e que não impede o contágio). Vocês vão ficar assistindo a nova experiência dele?" Guilherme Fiuza, jornalista, colunista da Revista Oeste. Fonte: O próprio Twitter.

28 de agosto de 2021
"Não somos três poderes, somos dois. Executivo, Legislativo trabalham em harmonia. (...) Tem um presidente que não deseja, nem aceita rupturas, mas tudo tem um limite em nossa vida. Não podemos continuar convivendo com isso. (...) Digo uma coisa aos senhores. Tenho três alternativas para o meu futuro: estar preso, ser morto ou a vitória. Pode ter certeza: a primeira alternativa, preso, não existe. Nenhum homem aqui na Terra vai me amedrontar." Presidente Jair Bolsonaro, em discurso no Encontro Fraternal de Líderes Evangélicos de Goiás. Fonte: GGN.

28 de agosto de 2021
"(...) A imunidade de quem já foi infectado é igual ou maior do que a vacina mais eficaz." Deputado Osmar Terra (MDB-RS), médico. Fonte: o próprio Twitter.

**BOLSONARO E SEUS SEGUIDORES: O HORROR EM 3.560 FRASES**

28 de agosto de 2021
"A dívida histórica pela escravidão do negro, se existisse, seria, acima de tudo, da ÁFRICA." Sérgio Camargo, presidente da Fundação Palmares. Fonte: o próprio Twitter.

30 de agosto de 2021
"Não pode uma pessoa do STF e uma do TSE se arvorarem como donas do mundo." Presidente Jair Bolsonaro, à Rádio Rede Fonte de Comunicação. Fonte: Estadão, por Sofia Aguiar, Gustavo Côrtes e Daniel Weterman.

30 de agosto de 2021
"Pessoal (...) está comprando fuzil hem? Homem armado jamais será escravizado. Ihu!" Presidente Jair Bolsonaro. Fonte: Reinaldo Azevedo, no Twitter.

30 de agosto de 2021
"Falam que deveríamos ter comprado vacina no ano passado. Por que não compramos no ano passado? Porque não tinha para vender. Qual país do mundo vacinou no ano passado? Começou em dezembro, no Reino Unido. Assim mesmo, eram vacinas experimentais. Como a CoronaVac foi experimental e continua sendo experimental ainda." Presidente Jair Bolsonaro, em entrevista à Rede Fonte. Fonte: O Antagonista.

30 de agosto de 2021
"Mas se [Júlia Lotufo, viúva de Adriano Magalhães da Nóbrega] souber [de algo sobre o presidente Jair Bolsonaro], eu também não vou deixar ela falar." Eduardo Giraldes, marido de Júlia Lotufo, que tenta delação premiada com o Ministério Público do Rio de Janeiro. Fonte: Folha, por Mônica Bergamo.

30 de agosto de 2021
"Nunca vi uma mobilização de evangélicos como dessa vez. É grande o movimento, de norte a sul, de leste a oeste, de tudo o que é Igreja. (...) Se fosse questão de partido ou algum interesse político, estávamos fora. Mas o que está em jogo é a liberdade de expressão e, numa outra etapa, se nos calarmos agora, a liberdade religiosa." Pastor Silas Malafaia, sobre a manifestação de 7 de setembro. Fonte: CartaCapital e Estadão.

**30 de agosto de 2021**
"A matéria do Fantástico é 100% mentirosa e canalha mas, ironicamente, me fortalece muito. Obrigado, imbecis! — Não sou um preto de coleira. Não sou como a Maju [jornalista Maria Júlia Coutinho]." Sérgio Camargo, presidente da Fundação Palmares, no próprio Twitter. Fonte: programa 'O É da Coisa' na Rádio BandNews, com Reinaldo Azevedo, Alexandre Bentivoglio e Bob Furuya.

**31 de agosto de 2021**
"A vida se faz de desafios. Sem desafios a vida não tem graça. As oportunidades aparecem. Nunca outra oportunidade para o povo brasileiro foi tão importante ou será importante quanto esse nosso próximo 7 de setembro." Presidente Jair Bolsonaro. Fonte: Folha, por João Pedro Pitombo e Luís Cláudio Cicci.

**31 de agosto de 2021**
"Todos estão em busca do mesmo ideal: *impeachment* dos 11 ministros [do STF]." Marcos Antônio Pereira Gomes, caminhoneiro, conhecido como Zé Trovão. Fonte: Fonte: UOL, por Eduardo Militão.

**31 de agosto de 2021**
"O Supremo togado, cabeça de ovo, está mandando bloquear os PIXs que arrecadam para o dia 7 de setembro!" Leonardo Rodrigues de Jesus (Léo Índio). Fonte: UOL, por Eduardo Militão.

**31 de agosto de 2021**
"Eu sou esse cara aqui, ó. Leia aqui. Mulher não pode ver isso, não. Essa medalha aqui não é qualquer um que tem, não." Presidente Jair Bolsonaro, mostrando uma medalha com os dizeres: 'imorrível, imbrochável e incomível'. Fonte: O Antagonista.

**31 de agosto de 2021**
"Desde a nossa chegada ao comando da Casa Civil, na missão dada pelo presidente Bolsonaro, a prioridade número 1, dentre todas as prioridades que tivemos e nas missões que o presidente nos passou, diz respeito à questão do meio ambiente." Ciro Nogueira, ministro-chefe da Casa Civil. Fonte: O Antagonista.

**31 de agosto de 2021**
"Não aceitamos uma ou outra pessoa em Brasília que queira impor a sua vontade. (...) Lá [na manifestação do 7 de setembro] mandaremos um retrato para o Brasil e para o mundo, dizendo para onde esse país irá. Esse país irá para onde vocês apontarem. Todos nós do Executivo, Legislativo e Judiciário têm a obrigação de estar ao lado do povo Brasileiro." Presidente Jair Bolsonaro, em Uberlândia, em motociata, em uma tarde de terça-feira. Fonte: O Globo, por Dimitrius Dantas.

**BOLSONARO E SEUS SEGUIDORES: O HORROR EM 3.560 FRASES**

31 de agosto de 2021
"Muito antes de o [presidente] Jair [Bolsonaro] ser eleito, eu fiz um compromisso com Deus para que tivéssemos essa oportunidade de estar no poder. Nós usaríamos o poder para ajudar aqueles que precisavam." Senhora Michelle Bolsonaro, primeira-dama. Fonte: Metrópoles, por Rebeca Borges.

1º de setembro de 2021
"Inclusive a esquerda fala que a gente não come arma, come feijão. Quando alguém invadir a tua casa, tu dá tiro de feijão nele." Presidente Jair Bolsonaro. Fonte: Folha, por Mateus Vargas.

1º de setembro de 2021
"Os direitos individuais, como a liberdade de expressão, pilares fundamentais de um Estado Democrático de Direito, estão sob ameaça no Brasil e precisam ser defendidos com veemência. (...) Assistimos a uma sequência de posicionamentos do Poder Judiciário, que acabam de tangenciar, de forma perigosa, o cerceamento à liberdade de expressão no país. Falamos de investigações e da possibilidade de desmonetização de sites e portais de notícias que estão sendo acusados em inquéritos de *fake news* (...)." Federação das Indústrias do Estado de Minas Gerais (FIEMG). Fonte: Folha, por Mônica Bergamo.

1º de setembro de 2021
"Há pouca compreensão com o desprendimento do presidente, de querer ajudar a avançar com as coisas. Mas, também, estilo pessoal é estilo pessoal. Às vezes, recebe críticas de um lado, aí reage à crítica também. Às vezes, não tão bem. Mas acho que o presidente é um fruto dessa democracia." Paulo Guedes, ministro da Economia. Fonte: Poder360, por Douglas Rodrigues.

1º de setembro de 2021
"Conhecem este senhor? Seu nome é Marco Antônio, o marido da Maria da Penha. Visitou o meu gabinete e contou a sua versão sobre o caso que virou lei no Brasil. Sua história é, no mínimo, intrigante. (...) Como o maior inimigo do cara são as feministas, me deu curiosidade de ouvi-lo. Não confio em feministas." Deputado estadual Jessé Lopes (PSL-SC), em foto com Marco Antônio Heredia Viveros, condenado por tentar matar sua ex-mulher Maria da Penha, que inspirou a lei que leva seu nome. Fonte: Poder360.

1º de setembro de 2021
"Com flores não se ganha guerra, não, pessoal. Quando se fala em armamento, quem quer a paz, se prepare para a guerra." Presidente Jair Bolsonaro. Fonte: Poder360.

**1º de setembro de 2021**
"Desde o primeiro dia da pandemia, nunca deixei de estar no meio do povo (...). Sempre criticado pela mídia, né. 'Sem máscara'. Mas quem obrigou?" Presidente Jair Bolsonaro. Fonte: O Antagonista.

**1º de setembro de 2021**
"Como nós não podemos deixar de falar, aqueles que não acreditavam [nas vacinas] tiveram que rever os seus conceitos, ou então podem recorrer à rede de saúde mental. Nós vamos assisti-los para mostrar que eles estavam errados (...)." Marcelo Queiroga, ministro da Saúde, médico, em uma coletiva da imprensa com o deputado Osmar Terra (MDB-RS). Fonte: O Antagonista.

**02 de setembro de 2021**
"Hoje saiu um dado que é praticamente de lado, foi 0,05% a queda do PIB. Quando dá 0,05%, é arredondado para 0,1%. Se fosse 0,04%, seria [arredondado para] zero. É um negócio mínimo, não faz mal." Paulo Guedes, ministro da Economia. Fonte: Folha, por Douglas Gavras.

**02 de setembro de 2021**
"Hoje eu vi rapidamente o ministro [Luiz] Fux, no início da sessão [do Supremo Tribunal Federal], dizendo que não pode haver democracia sem respeitar a Constituição. Palmas para o ministro Fux. Realmente não pode ter democracia se não respeitarmos a Constituição em todos os seus artigos — poderia ser principalmente o artigo 5º. O direito de ir e vir, o direito ao trabalho, o direito a ter uma religião. Como em outro artigo também, a liberdade de expressão. (...) O que eles [manifestantes] estão clamando a não ser o que o ministro Fux disse hoje em sessão, [que] não pode haver democracia se não tiver Constituição? Parabéns mais uma vez ministro Fux. (...) É isso que eu quero, que Vossa Excelência quer, que o Arthur Lira [(PP-AL), presidente da Câmara dos Deputados] quer, que [Rodrigo] Pacheco [(DEM-MG), presidente do Senado Federal] quer. Todos nós queremos. Mas muitas vezes falta a gente olhar para dentro de nós mesmos para ver se não somos aquela pessoa que está turvando aquela água." Presidente Jair Bolsonaro. Fonte: Folha.

**02 de setembro de 2021**
"Ninguém precisa temer o 7 de Setembro. (...) Eu espero que uma ou duas pessoas mudem o seu comportamento depois desse movimento. Se não mudar, daí fica difícil a convivência, segundo disse o próprio ministro [Luiz] Fux [presidente do STF]." Presidente Jair Bolsonaro. Fonte: Folha.

**BOLSONARO E SEUS SEGUIDORES: O HORROR EM 3.560 FRASES**

02 de setembro de 2021
"Quererem criar um passaporte da Covid, isso é crime. Querer instituir regras por decretos estaduais passando por cima da Constituição, isso é crime. Liberdade acima de tudo." Presidente Jair Bolsonaro, ainda não vacinado contra a Covid-19, em evento com a presença do ministro da Saúde Marcelo Queiroga. Fonte: O Antagonista.

02 de setembro de 2021
"[Ana Cristina Valle, ex-mulher do presidente Jair Bolsonaro] ficava [com 80% do salário], bem mais do que eu. E eu trabalhava, hein? Das pessoas que trabalhavam, que eram só laranjas, ela ficava com praticamente tudo. Só dava uma mixaria para usar o nome e a conta da pessoa. Eu ainda ganhava mais ou menos, porque eu trabalhava. (...) Não era igual para todo mundo. Cada caso era diferente. Mas vamos colocar nessa faixa, de uns 80%. (...) Por exemplo: para o pessoal de Resende [cidade do estado do Rio de Janeiro], ela só dava um 'cala-boca' para usar o nome e a conta, porque eles não trabalhavam, né? Ela é quem comia o dinheiro todo. Aí, o que acontece: quando o Carlos foi eleito, o Carlos era uma criança, vivia no gabinete dele jogando videogame, com 17 para 18 anos, tanto que foi ela quem assumiu a chefia de gabinete do Carlos. Foi onde ela começou com isso. Mas o Carlos ainda morava com a mãe, não passava necessidade nenhuma, ainda estava começando a vida ainda, o pai sempre deu tudo." Marcelo Luiz Nogueira dos Santos, ex-funcionário da família Bolsonaro. Fonte: Metrópoles, por Guilherme Amado.

02 de setembro de 2021
"Querer criar passaporte da Covid é um crime." Presidente Jair Bolsonaro. Fonte: Terra.

02 de setembro de 2021
"Um absurdo aqui: 'Policial militar não pode participar de atos'. Gente, 7 de Setembro é um ato da Independência, todo mundo sai na rua." Presidente Jair Bolsonaro. Fonte: UOL, por Bernardo Barbosa, Juliana Arreguy e Beatriz Montesanti.

02 de setembro de 2021
"O Brasil está em paz no meu entender." Presidente Jair Bolsonaro. Fonte: Daniela Lima, no Twitter.

02 de setembro de 2021
"Quem já me viu brigando com algum poder, alguma instituição?" Presidente Jair Bolsonaro. Fonte: UOL (07/09/2021).

**03 de setembro de 2021**
"Nós não criticamos instituições ou Poderes. Somos pontuais. Não podemos admitir que uma ou duas pessoas que usando da força do poder queiram dar novo rumo ao nosso país. (...) Essas uma ou duas pessoas têm que entender o seu lugar. E o recado de vocês, povo brasileiro, nas ruas, na próxima terça-feira, dia 7, será um ultimato para essas duas pessoas. (...) Curvem-se à Constituição, respeitem a nossa liberdade, entendam que vocês dois estão no caminho errado porque sempre dá tempo para se redimir." Presidente Jair Bolsonaro. Fonte: Folha, por João Pedro Pitombo e Caique Santos.

**03 de setembro de 2021**
"Conversei com ele há cerca de cinco minutos. E pela vontade dele, já me adiantou que, se realmente tem esse mandado de prisão, ele não irá se entregar até o dia 7 de setembro." Levi de Andrade, advogado de Marcos Antônio Pereira Gomes, caminhoneiro, conhecido como Zé Trovão. Fonte: UOL, por Gilvan Marques.

**03 de setembro de 2021**
"Eu não sei se fui contaminado [de novo] ou não no passado [pela Covid-19]. Falei que meu IgG está 991. Eu estou muito bem, melhor que o pessoal que tomou [a vacina] CoronaVac. Melhor não. Muito melhor. O que aconteceu comigo? Não sei." Presidente Jair Bolsonaro. Fonte: Tribuna da Justiça.

**03 de setembro de 2021**
"[Ana Cristina Valle, ex-mulher do presidente Jair Bolsonaro, mãe de Flávio Bolsonaro] ficava [com 80% do salário], bem mais do que eu. E eu trabalhava, hein? Das pessoas que trabalhavam, que eram só laranjas, ela ficava com praticamente tudo. Só dava uma mixaria para usar o nome e a conta da pessoa. Eu ainda ganhava mais ou menos, porque eu trabalhava. (...) Ela determinou o valor e ponto final. 'Marcelo, vou te dar tanto.' Eu tinha que aceitar ou não. Se eu não aceitasse, não teria emprego. Eu estava desempregado, na merda, morava mal na época, sozinho. Vou falar que não? Aquilo para mim já estava muito além do mercado na época. Então, abracei. (...) Eu sabia que ela [Ana Cristina Valle] estava furtando dinheiro público. Eu não estava, não, porque eu trabalhava, entendeu? Eu estava sendo lesado. Mas eu não podia reclamar que eu estava sendo lesado porque eu tinha concordado lá no começo. Eu sabia que quem estava cometendo na verdade crime era ela, porque eu trabalhava, eu cumpria meu expediente. (...) [Ana Cristina Valle] tinha uma vida [em] que ela comprava tudo o que ela queria. (...) É o que eu te digo: ela que tem que dar conta disso aí agora. Não sei se ela dava [o dinheiro] para o Bolsonaro, dava para o Flávio [Bolsonaro], dava para o Carlos [Bolsonaro], eu não sei. Ela que tem que prestar contas com isso aí agora. Eu só sei que eu entregava na mão dela. Agora, o resto quem tem que prestar contas é ela." Marcelo Luiz Nogueira, assessor do deputado estadual Flávio Bolsonaro entre 2003 e 2007, em entrevista ao Metrópoles e ao G1. Fonte: G1, por Marcela Mattos.

## BOLSONARO E SEUS SEGUIDORES: O HORROR EM 3.560 FRASES

**03 de setembro de 2021**
"Sou o terror dos afromimizentos, da negrada vitimista, dos pretos com coleira. Não tenho medo deles. (...) A [Fundação] Palmares era uma senzala marxista ou, se preferirem, uma senzala vitimista." Sérgio Camargo, presidente da Fundação Palmares. Fonte: Correio Braziliense, por Augusto Fernandes.

**03 de setembro de 2021**
"Dia 7 [de setembro] a maioria dos evangélicos vai estar com o presidente nas ruas. (...) O presidente não quer briga, quer transparência e harmonia. (...) Se vê que o presidente está muito preocupado em manter a estabilidade. (...) Nunca dá para saber o que o presidente vai falar. (...) É óbvio que todo ser humano quando tem um ataque responde com outro ataque, é o jeito dele. Nós não conseguimos dizer a ele o que dizer." Deputado Cezinha de Madureira (PSD-SP), coordenador da Bancada Evangélica na Câmara dos Deputados. Fonte: Poder360, por Caio Spechoto.

**03 de setembro de 2021**
"*Si vis pacis, para bellum* (Se quer paz, prepare a guerra)." Comandante da Marinha, almirante de esquadra Almir Garnier Santos, porém o certo seria: '*Si vis PACEM, para bellum*'; e a tradução: 'Se queres a paz, prepara a guerra'. Fonte: Reinaldo Azevedo, no Twitter.

**03 de setembro de 2021**
"Temos 10 ministros no STF hoje. Nove devem ser afastados, pelo bem do país; foram indicados por governos corruptos e traidores. Que o Senado Federal cumpra seu papel definido por lei." Paulo A. Briguet, editor-chefe do jornal Brasil Sem Medo. Fonte: o próprio Twitter.

**03 de setembro de 2021**
"O Supremo [Tribunal Federal] me envergonha. (...) Estou afirmando ao ministro [do STF] Alexandre de Moraes que eu não confio no julgamento dele, que eu não confio no Supremo. (...) Isso é conspirar contra a democracia, é encher o Supremo de incompetentes que não respeitam a lei e a democracia." Augusto Nunes, diretor de Redação do Portal R7, comentarista da Record, apresentador do 'Direto ao Ponto' e integrante de 'Os Pingos nos Is' na Jovem Pan e articulista da Revista Oeste. Fonte: Jovem Pan.

**03 de setembro de 2021**
"Eu acho que seria de BOM TOM que o ministro Alexandre de Moraes depois do dia 7 [de setembro] PERCEBA que a população tá falando em liberdade e ele tá indo na contramão de tudo isso e liberte os presos políticos." Deputada Carla Zambelli (PSL-SP). Fonte: repórter Fernanda Salles no Twitter.

**04 de setembro de 2021**
"O povo está vindo a Brasília para tomar o poder. E tomar o poder significa invadir a estrutura física, sim, tanto do Supremo quanto do Congresso. Ouvi isso de vários líderes, não só os caminhoneiros, do agronegócio." Wellington Macedo, blogueiro, preso por ordem do Supremo Tribunal Federal. Fonte: Metrópoles, por Ricardo Noblat.

**04 de setembro de 2021**
"É certo que, para mim, o mar ficará agitado após essa oitiva, mas nada impedirá que eu mantenha minhas convicções e acredite naquilo que sempre defendi." Deputada Carla Zambelli (PSL-SP), após ser intimada pela Polícia Federal a depor no âmbito do inquérito sobre a organização de manifestações violentas no feriado de 7 de setembro. Fonte: Estadão, por Pepita Ortega e Fausto Macedo.

**04 de setembro de 2021**
"(...) Ruptura essa que eu não quero e nem desejo. E, tenho certeza, nem o povo brasileiro assim o quer. Mas a responsabilidade cabe a cada poder. Apelo a esse poder que reveja a ação dessa pessoa que está prejudicando o destino do Brasil. (...) O STF não pode ser diferente do Poder Executivo ou Legislativo. Se tem alguém que ousa continuar agindo fora das quatro linhas da Constituição, o poder tem que chamar aquela pessoa e enquadrá-la. Se assim não ocorrer, qualquer um dos três Poderes... A tendência é acontecer uma ruptura." Presidente Jair Bolsonaro. Fonte: UOL, por Hanrrikson de Andrade

**04 de setembro de 2021**
"Hoje você vê alguns governadores ameaçando expulsar policiais militares que porventura estejam de folga no dia 7 e compareçam para festejar o 7 de Setembro, Se nós falarmos 'eu não sou policial militar, não tenho nada a ver com isso', aguarde que a sua hora vai chegar. (...) Ou falo o que os caras querem ou abrem inquérito contra mim. Estão achando que vão me brochar, estão achando que vou recuar. Sei que estar do lado deles é muito fácil, mas não vou fugir da verdade nem do compromisso que fiz com vocês. (...) Ninguém vai no 7 de Setembro para idolatrar nenhum político. Vamos todos juntos falar: com a nossa liberdade não. (...) Se alguém estiver fora e tem um ou dois ou três fora, não mais do que isso, esse elemento tem que receber uma reprimenda de seu respectivo chefe de poder. É assim que vive uma nação civilizada, é assim que nós nos comportaremos, não jogaremos fora das quatro linhas, mas também não podemos admitir que nenhuma pessoa com o poder da força jogue fora das quatro linhas também." Presidente Jair Bolsonaro. Fonte: Estadão, por Vinícius Valfré e Breno Pires.

**04 de setembro de 2021**
"Dentro desse cenário de desesperança aparece uma aliança de liberais e conservadores que elegeu Jair Bolsonaro. Sem dúvida nenhuma um escolhido. Se não fosse, não teria sobrevivido ao atentado. E se ele escapou por um milagre, ele tinha uma obra a fazer. Deus tocou aquele homem. Ninguém suportaria a pressão que ele suporta se ele não fosse um escolhido. Não conheci na minha vida alguém tão corajoso." Tarcísio de Freitas, ministro da Infraestrutura. Fonte: Poder360, por Lucas Mendes.

**BOLSONARO E SEUS SEGUIDORES: O HORROR EM 3.560 FRASES**

**04 de setembro de 2021**
"Tá aqui a prova. A comprovação não se faz por experimentação? A prova está aqui. Porque ficarmos apenas focados na vacina?" Presidente Jair Bolsonaro, se referindo ao tratamento precoce. Fonte: Poder360, por Beatriz Roscoe e Lucas Mendes.

**04 de setembro de 2021**
"Fazer uma pergunta para vocês, que eu tenho feito em todos os lugares: quem aqui pegou Covid levanta a mão. Baixa o braço. Quem tomou 'hidroxivermectina' levanta a mão. Tá aqui a prova. A comprovação não se faz por experimentação? A prova aqui. Porque ficarmos apenas focados na vacina? E eu pergunto: fala-se em comprovação científica, a CoronaVac tem alguma comprovação científica? (...)." Presidente Jair Bolsonaro, durante o evento CPAC Brasil (Conferência de Ação Política Conservadora), no Centro de Convenções Ulysses Guimarães, em Brasília, com a plateia gritando 'uhu!' e no palco as seguintes autoridades: ministro João Roma (Cidadania); ministro Gilson Machado Neto (Turismo); ministro Onyx Lorenzoni (Trabalho e Previdência); ministra Damares Alves (Mulher, Família e Direitos Humanos); secretário Jorge Seif (Agricultura e Pesca); secretário Mario Frias (Cultura); presidente da Fundação Palmares, Sérgio Camargo; deputado Eduardo Bolsonaro (PSL-SP); deputado Carlos Jordy (PSL-RJ); e também o ex-senador Magno Malta, o ex-ministro Ernesto Araújo e o ex-ministro Ricardo Salles. Fonte: Poder360, por Beatriz Roscoe e Lucas Mendes.

**05 de setembro de 2021**
"O Rodrigo Maia me acusou de ser gay. Se bem que eu não considero nenhum crime ser gay. (...) Vocês repararam que depois que ele foi trabalhar com o [governador João] Doria, ele começou a se interessar pela pauta LGBT. Esse gordinho nunca me enganou." Presidente Jair Bolsonaro, durante o evento CPAC Brasil (Conferência de Ação Política Conservadora). Fonte: Twitter de Rodrigo Maia, secretário de Projetos e Ações Estratégicas do Governo de São Paulo.

**05 de setembro de 2021**
"Sou uma dessas poucas pessoas no Brasil que não se alteraram com essa polarização. Continuo vendo as coisas sem radicalismos. Sigo fazendo meu trabalho com duas premissas: seja correto e não minta." Paulo Guedes, ministro da Economia. Fonte: O Globo, por Lauro Jardim.

**05 de setembro de 2021**
"As atitudes do Ministro [do STF] Alexandre de Moraes têm levado o país à insegurança jurídica internacional que gera desgaste público e redução de investimentos em infraestrutura. Afinal 'onde vamos parar'? (...) Que sejam libertados os presos políticos (...)." Deputada Carla Zambelli (PSL-SP). Fonte: o próprio Twitter.

**05 de setembro de 2021**
"Senhores policiais, ordens ilegais não devem ser cumpridas. Ordens ilegais não se podem cumprir. Até mesmo porque os senhores podem muito bem cruzar os braços e não cumprir as ações criminosas cometidas pelo senhor Alexandre de Moraes." Marcos Antônio Pereira Gomes, caminhoneiro, conhecido como Zé Trovão. Fonte: O Antagonista.

**06 de setembro de 2021**
"Pela cabeça do Alexandre de Moraes [ministro do STF]. (...) Vivo ou morto, querem trazer ele (...). Agora no Brasil vai ser assim, vai ter prêmio pela cabeça deles." Marcio Giovani Niquelatti, professor. Fonte: UOL, por Antonio Temóteo, Anna Satie, Hanrrikson de Andrade e Lola Ferreira.

**06 de setembro de 2021**
"Até o sol raiar do dia 7 de setembro, muita merda vai ser jogada no ventilador! E depois, marcharemos por sobre o Mar Vermelho (de sangue dos comunistas), para assim como o povo judeu, celebrarmos a nossa libertação da escravidão pela ditadura da toga!" Cristiane Brasil, ex-deputada e filha de Roberto Jefferson, no Twitter. Fonte: Metrópoles, por Guilherme Amado.

**06 de setembro de 2021**
"Terça-feira [7 de setembro], vamos te matar [Alexandre de Moraes, ministro do STF] e matar toda a sua família, seu vagabundo." Cássio Rodrigues Costa Souza, ex-policial militar, no Twitter. Fonte: Metrópoles.

**06 de setembro de 2021**
"Vamos levar nossa alma e nosso coração pelas ruas do Brasil para que fique muito claro que supremo é o povo brasileiro." Onyx Lorenzoni, ministro do Trabalho e Previdência. Fonte: Estadão, por Felipe Frazão.

**06 de setembro de 2021**
"Em supermercados, todos os dias, há descarte de material por essa razão." General da reserva Ridauto Fernandes, diretor do Departamento de Logística do Ministério da Saúde, comentando a perda de validade de medicamentos, vacinas, testes de diagnóstico e outros itens que, ao todo, são avaliados em mais de R$ 240 milhões. Fonte: Folha, por Constança Rezende, Raquel Lopes e Mateus Vargas.

**06 de setembro de 2021**
"Embarcando para Brasília para participar do 7 de Setembro Verde e Amarelo. Uma grande mobilização nacional para avançarmos na luta pela liberdade e autorizar o presidente Bolsonaro a nos liderar nesta patriótica missão." Deputado Ricardo Barros (PP-PR), líder do governo na Câmara dos Deputados. Fonte: o próprio Twitter.

**BOLSONARO E SEUS SEGUIDORES: O HORROR EM 3.560 FRASES**

06 de setembro de 2021
"LIBERDADE DE EXPRESSÃO. O Presidente Jair Bolsonaro acaba de assinar medida provisória que altera o Marco Civil da Internet, reforçando direitos e garantias dos usuários da rede e combatendo 'a remoção arbitrária e imotivada de contas, perfis e conteúdos por provedores'." Secretaria Especial de Comunicação Social (SECOM), do Governo Federal. Fonte: o próprio Twitter.

07 de setembro de 2021
"Hoje é o dia de o povo brasileiro nos dar o norte, que vai nos dizer para aonde o Brasil deve ir. Nosso país não pode continuar refém de uma ou duas pessoas, não interessa onde elas estejam. Esta uma ou duas pessoas, ou entram nos eixos ou serão simplesmente ignoradas na vida pública." Presidente Jair Bolsonaro. Fonte: UOL.

07 de setembro de 2021
"Ou o chefe desse Poder enquadra os seus ou esse Poder pode sofrer aquilo que não queremos. Porque nós valorizamos e reconhecemos o Poder de cada República. Nós todos aqui na Praça dos Três Poderes juramos respeitar a nossa Constituição. Quem age fora dela se enquadra ou pede para sair." Presidente Jair Bolsonaro, na manifestação do 7 de Setembro, na Esplanada dos Ministérios. Fonte: UOL.

07 de setembro de 2021
"Não podemos continuar aceitando que uma pessoa específica da região dos Três Poderes continue barbarizando a nossa população. Não podemos aceitar mais prisões políticas no nosso Brasil." Presidente Jair Bolsonaro, na manifestação do 7 de Setembro, na Esplanada dos Ministérios. Fonte: Folha.

07 de setembro de 2021
"Esse retrato que estamos tendo neste dia não é de mim nem ninguém em cima desse carro de som, esse retrato é de vocês, é um comunicado, um ultimato para todos que estão na Praça dos Três Poderes, inclusive eu, presidente da República, para onde devemos ir. (...) Amanhã estarei no Conselho da República, juntamente com ministros, para nós, juntamente com o presidente da Câmara [dos Deputados, Arthur Lira, PP-AL], Senado [Federal, Rodrigo Pacheco, DEM-MG] e do Supremo Tribunal Federal, [Luiz Fux], com esta fotografia de vocês, mostrar para onde nós todos devemos ir." Presidente Jair Bolsonaro, na manifestação do 7 de Setembro, na Esplanada dos Ministérios. Fonte: Folha.

07 de setembro de 2021
"Qualquer decisão do senhor Alexandre de Moraes [ministro do Supremo Tribunal Federal], este presidente não mais cumprirá. A paciência do nosso povo já se esgotou. Ele tem tempo ainda de pedir o seu boné e ir cuidar da sua vida. Ele, para nós, não existe mais! Liberdade para os presos políticos! Fim da censura! Fim da perseguição àqueles conservadores, àqueles que pensam no Brasil." Presidente Jair Bolsonaro, na manifestação do 7 de Setembro, na Avenida Paulista. Fonte: UOL, por Amanda Rossi, Ana Paula Bimbati, Carolina Marins e Leonardo Martins.

07 de setembro de 2021
"Ou esse ministro se enquadra, ou ele pede para sair. Sai, Alexandre de Moraes! Deixa de ser canalha! (...). Dizer aos canalhas que nunca serei preso. A minha vida pertence a Deus, mas a vitória é de todos nós." Presidente Jair Bolsonaro, na manifestação do 7 de Setembro, na Avenida Paulista. Fonte: UOL, por Amanda Rossi, Ana Paula Bimbati, Carolina Marins e Leonardo Martins.

07 de setembro de 2021
"Não podemos admitir um sistema eleitoral que não oferece qualquer segurança por ocasião das eleições (...). Não é uma pessoa no TSE que vai nos dizer que esse processo é seguro e confiável, porque não é." Presidente Jair Bolsonaro. Fonte: Folha, Agência Lupa (08/09/2021).

07 de setembro de 2021
"Dizer a esse ministro que ele tem tempo ainda para se redimir. Tem tempo ainda de arquivar seus inquéritos. Sai Alexandre de Moraes [ministro do Supremo Tribunal Federal], deixa de oprimir o povo brasileiro." Presidente Jair Bolsonaro. Fonte: Folha (31/12/2021).

07 de setembro de 2021
"Povo abençoado do Brasil! Não vai ser a caneta de um ditador da toga que vai derrubar o presidente eleito pelo povo. (...) [O presidente Jair] Bolsonaro acabou com a mamata. (...) Ele [Alexandre de Moraes, ministro do STF] não pode mais andar nas ruas. (...) Ao Deus que é justo juiz, que está vendo tudo isso, Deus abençoe o Brasil, Deus abençoe o presidente Bolsonaro (...)." Pastor Silas Malafaia, discursando na manifestação do 7 de Setembro, na Avenida Paulista. Fonte: o próprio Twitter.

07 de setembro de 2021
"Lindo ver Brasília ser tomada por pessoas de bem. Pessoas ordeiras, que só querem viver num país mais justo, mais livre e mais democrático. Tá bonito de ver!!! Viva o 07 de setembro!!!" Wagner do Rosário, ministro da Controladoria-Geral da União (CGU). Fonte: o próprio Twitter.

**BOLSONARO E SEUS SEGUIDORES: O HORROR EM 3.560 FRASES**

**07 de setembro de 2021**
"Onde é que está escrito na lei o crime de *fake news*, porra? Que porra de democracia é essa em que estamos vivendo? (...) Se eles acharam que iam nos intimidar, o tiro saiu pela culatra. Quem tem que sair do país são esses ratos, não são nós não." Deputado Flávio Bolsonaro (Patriota-RJ), na manifestação do 7 de Setembro, na Avenida Paulista. Fonte: UOL, por Amanda Rossi, Ana Paula Bimbati, Carolina Marins e Leonardo Martins.

**07 de setembro de 2021**
"Está dentro da função de assessoramento. Não é um ato político acompanhar a comitiva. Seria se ele [Bruno Bianco, ministro da Advocacia Geral da União] subisse no carro de som." Assessoria da Advocacia Geral da União (AGU). Fonte: Vera Magalhães, no Twitter.

**07 de setembro de 2021**
"Brasil acima de tudo; Deus acima de todos. Dia da nossa independência e desejo--lhes que vocês peguem esse dia para se independizar também. Se independizar das opressões, das manipulações de opiniões e das influências egocêntricas. (...) Ser livre é poder sonhar, ser livre é poder realizar, ser livre é saber que tudo vai passar e somente os legados vão ficar. Viva a independência do Brasil e dos brasileiros. (...) Deus no comando." Daniel Alves, jogador de futebol, nas redes sociais. Fonte: Terra, por Silvio Barsetti.

**07 de setembro de 2021**
"Com todo respeito às divergências, os políticos que, depois dos atos de hoje, estão falando em impeachment do Presidente da República, estão desconectados da realidade! Antes, diziam que os atos seriam violentos... depois, que seriam um fiasco. Qual a justificativa agora?" Deputada estadual Janaina Paschoal (PSL-SP). Fonte: o próprio Twitter.

**08 de setembro de 2021**
"Muitas [vítimas] tinham alguma comorbidade, então a Covid apenas encurtou a vida delas por alguns dias ou algumas semanas." Presidente Jair Bolsonaro, em entrevista dada para Vicky Richter e Markus Haintz, do movimento de extrema direita Querdenken, da Alemanha. Fonte: Folha (23/09/2021).

**08 de setembro de 2021**
"Uma pessoa na UTI por Covid custa R$ 2.000 por dia. Uma pessoa numa UTI com outras doenças custa R$ 1.000. Então quando uma pessoa mais humilde vai no hospital ela é levada para a UTI porque os hospitais vão ganhar mais dinheiro, então tem uma supernotificação. Isso aconteceu. O número de mortes no Brasil foi superdimensionado." Presidente Jair Bolsonaro, em entrevista dada para Vicky Richter e Markus Haintz, do movimento de extrema direita Querdenken, da Alemanha. Fonte: Folha (23/09/2021).

08 de setembro de 2021
"Deixo registrado para a história que está se escrevendo: qualquer consequência da parada dos caminhoneiros é culpa do ministro [do STF] Alexandre de Moraes. Que isso fique bem claro." Deputada Carla Zambelli (PSL-SP). Fonte: o próprio Twitter.

08 de setembro de 2021
"A art. 1º da Constituição avisa que todo poder emana do povo, que o exerce por meio de representantes eleitos ou diretamente. Alexandre de Moraes, [ministro do STF], nunca teve um voto na vida. Mas acha que ele e o povo são a mesma coisa. Num país sério, já teria trocado a toga por uma camisa de força." Augusto Nunes, diretor de Redação do Portal R7, comentarista da Record, apresentador do 'Direto ao Ponto' e integrante de 'Os Pingos nos Is' na Jovem Pan e articulista da Revista Oeste. Fonte: o próprio Twitter.

08 de setembro de 2021
"O ano passado com a política do 'fecha tudo' até pensei, desconfiei — não vou afirmar que — era uma maneira de mexer na economia para tentar derrubar a gente." Presidente Jair Bolsonaro. Fonte: Poder360.

09 de setembro de 2021
"Queriam que eu respondesse o presidente do Supremo, [Luiz] Fux, que fez uma nota dura. Também usou da palavra o Arthur Lira [(PP-AL), presidente] da Câmara [dos Deputados], o Augusto Aras, nosso procurador-geral da República. Alguns do meu lado aqui vieram até com o discurso pronto: 'Tem que reagir, tem que bater'. Calma, amanhã a gente fala, deixa acalmar para amanhã." Presidente Jair Bolsonaro, em *live*. Fonte: UOL, por Anaís Motta.

09 de setembro de 2021
"Todos os motoqueiros do Brasil, eu preciso do apoio de vocês. Em alguns momentos, devo ser preso. A embaixada brasileira acaba de entrar em contato com o hotel em que estou." Marcos Antônio Pereira Gomes, caminhoneiro, conhecido como Zé Trovão. Fonte: O Antagonista.

09 de setembro de 2021
"Isso aí é uma análise que o Supremo teve da fala. Existem outras análises. Nós vamos esperar para ver os acontecimentos. A princípio, a assessoria jurídica está acompanhando a fala na íntegra. Já temos alguns posicionamentos. Fala que decisões inconstitucionais não seriam cumpridas. Ninguém é obrigado a cumprir decisão inconstitucional. Uma decisão correta da Justiça todos nós temos a obrigação de cumprir." Deputado Arthur Lira (PP-AL), presidente da Câmara dos Deputados. Fonte: O Antagonista.

09 de setembro de 2021
"DECLARAÇÃO À NAÇÃO. No instante em que o país se encontra dividido entre instituições é meu dever, como Presidente da República, vir a público para dizer: 1. Nunca tive nenhuma intenção de agredir quaisquer dos Poderes. A harmonia entre eles não é vontade minha, mas determinação constitucional que todos, sem exceção, devem respeitar; 2. Sei que boa parte dessas divergências decorrem de conflitos de entendimento acerca das decisões adotadas pelo Ministro Alexandre de Moraes no âmbito do inquérito das fake news; 3. Mas na vida pública as pessoas que exercem o poder não têm o direito de 'esticar a corda', a ponto de prejudicar a vida dos brasileiros e sua economia; 4. Por isso quero declarar que minhas palavras, por vezes contundentes, decorreram do calor do momento e dos embates que sempre visaram o bem comum; 5. Em que pesem suas qualidades como jurista e professor, existem naturais divergências em algumas decisões do Ministro Alexandre de Moraes; 6. Sendo assim, essas questões devem ser resolvidas por medidas judiciais que serão tomadas de forma a assegurar a observância dos direitos e garantias fundamentais previsto no Art. 5º da Constituição Federal; 7. Reitero meu respeito pelas instituições da República, forças motoras que ajudam a governar o país; 8. Democracia é isso: Executivo, Legislativo e Judiciário trabalhando juntos em favor do povo e todos respeitando a Constituição; 9. Sempre estive disposto a manter diálogo permanente com os demais Poderes pela manutenção da harmonia e independência entre eles; 10. Finalmente, quero registrar e agradecer o extraordinário apoio do povo brasileiro, com quem alinho meus princípios e valores, e conduzo os destinos do nosso Brasil. DEUS, PÁTRIA, FAMÍLIA." Presidente Jair Bolsonaro. Fonte: Presidência da República.

09 de setembro de 2021
"Nós temos que dar exemplo aqui em Brasília. Por mais que eu ache que você está fazendo a coisa errada, dá um tempo, deixa acalmar um pouquinho. Comecei a preparar uma nota... Telefonei ontem à noite para o [ex-presidente] Michel Temer, ele veio a Brasília, por dois momentos conversou comigo aqui, pouco mais de uma hora. Ele colaborou com algumas coisas na nota, eu concordei e publiquei. Não tem nada demais ali." Presidente Jair Bolsonaro. Fonte: UOL, por Anaís Motta.

09 de setembro de 2021
"O presidente Nacional do Partido Trabalhista Brasileiro está pagando um alto preço por lutar pela liberdade do povo brasileiro. O PTB reafirma a defesa da liberdade de Roberto Jefferson (...)." Partido Trabalhista Brasileiro, representado pela vice-presidente Graciela Nienov. Fonte: o próprio Twitter.

**09 de setembro de 2021**
"Estamos vivendo uma ditadura da toga. E o povo foi para a rua para gritar. Infelizmente, os conselheiros do presidente Bolsonaro o tornaram pequeno. Leão que não ruge vira gatinho. É nisso que estão tentando transformar o grande leão dessa República." Deputado Otoni de Paula (PSC-RJ). Fonte: Estadão, por Vinícius Valfré.

**09 de setembro de 2021**
"Jornalistas me perguntando sobre a carta do presidente Jair Bolsonaro — a minha percepção é, que meu presidente, um militar, é estrategista. E em uma guerra fazer algo inesperado, que surpreenda o inimigo, pode ser a chave para uma vitória repentina. Eu confio no presidente." Pastor e deputado Marco Feliciano (PL-SP). Fonte: o próprio Twitter.

**09 de setembro de 2021**
"O SBT é uma emissora isenta. Não temos partido. Somos sempre a favor do que o povo quer. E o povo elegeu o presidente. Assim como na outra eleição elegeu a Dilma. Quando o Michel Temer estava no poder, o SBT sempre esteve pró-governo." Patrícia Abravanel. Fonte: UOL, por Mauricio Stycer.

09 de setembro de 2021
"Game over." Allan dos Santos, *youtuber* e blogueiro do canal 'Terça Livre'. Fonte: o próprio Twitter.

**09 de setembro de 2021**
"O sistema declarou guerra ao povo. O presidente sucumbiu ao sistema." Rodrigo Constantino, jornalista. Fonte: o próprio Twitter.

09 de setembro de 2021
"Dia 7: multidão nas ruas com pauta patriótica condenando o arbítrio. Dia 9: Bolsonaro elogia China como essencial e pede desculpas ao STF. Game over." Rodrigo Constantino, jornalista. Fonte: o próprio Twitter.

**09 de setembro de 2021**
"Só escreveram embaixo, lá no rodapé, que esse movimento do dia 7, que eu estou liderando atos antidemocráticos. Que antidemocráticos?" Presidente Jair Bolsonaro. Fonte: UOL, por Bernardo Barbosa, Juliana Arreguy e Beatriz Montesanti.

**09 de setembro de 2021**
"Muitos estão batendo em mim por causa da nota, não vejo nada demais na nota." Presidente Jair Bolsonaro. Fonte: Estadão, por Felipe Frazão.

**BOLSONARO E SEUS SEGUIDORES: O HORROR EM 3.560 FRASES**

**09 de setembro de 2021**
"Aumentou a inflação no Brasil. Não vou negar que não aumentou. Por que aumentou no Brasil? Não foi só no Brasil, foi no mundo todo. O mundo todo passou a consumir mais. Além do mundo crescer em média mais de 60 milhões de habitantes por ano, ele passou a consumir mais. O pessoal ficou mais em casa. (...) Aí o povo fala: não, o pessoal passou fome. Olha, muitos brasileiros passam mal. Sei disso. Alguns passam fome? Sim, passam fome. Mas a média dos que passou (sic) a comer mais foi bem maior. Se você perguntar em casa, ou olhar para você e lembrar quanto você pesava no passado e pesa agora, na média, todo mundo engordou um pouco mais. É uma realidade. Vão querer debochar de mim, descer o cacete em mim, mas é uma realidade." Presidente Jair Bolsonaro. Fonte: Correio Braziliense, por Ingrid Soares.

**09 de setembro de 2021**
"Eu tive muito mais voto do que os 57 milhões que estavam ali." Presidente Jair Bolsonaro. Fonte: UOL, por Bernardo Barbosa, Juliana Arreguy e Beatriz Montesanti.

**09 de setembro de 2021**
"A princípio eu fiquei até um pouco frustrada [com a nota], da mesma forma que fiquei no dia em que o Moro pediu demissão. Agora, eu tenho certeza que a história vai mostrar, o tempo vai mostrar que o presidente Bolsonaro estava certo." Deputada Carla Zambelli (PSL-SP), no plenário da Câmara. Fonte: Poder360, por Caio Spechoto e Mariana Haubert.

**09 de setembro de 2021**
"Refletindo com mais calma sob vários ângulos (...). [o presidente Jair] Bolsonaro pode ter feito uma jogada inteligente." Rodrigo Constantino, jornalista. Fonte: o próprio Twitter.

**09 de setembro de 2021**
"Alguns poucos do meu lado aqui vieram até com discurso pronto 'tem que reagir, tem que bater'. Calma. Amanhã a gente fala. Deixa acalmar para amanhã. Nós temos que dar exemplo aqui em Brasília por mais que eu ache que você está fazendo a coisa errada ou eu esteja fazendo a coisa errada. Dá um tempo. Deixa acalmar um pouquinho. E comecei a preparar uma nota." Presidente Jair Bolsonaro. Fonte: Poder360

**10 de setembro de 2021**
"Palavras bonitas, que sei que o ministro [do STF, Luís Roberto] Barroso tem, dada a sua formação de jurista, diferente da minha, que tem palavrão de vez em quando, mas não convence ninguém." Presidente Jair Bolsonaro, sobre o voto impresso, mudança já rejeitada pela Câmara dos Deputados. Fonte: Folha, por Mateus Vargas e Washington Luiz.

**10 de setembro de 2021**
"CONFIEM NO CAPITÃO." Senador Flávio Bolsonaro (Patriota-RJ). Fonte: o próprio Twitter.

**10 de setembro de 2021**
"Eu sou fã dele por parar com essa roubalheira incrível que tem no país. Nunca me envolvi em política na vida, hoje sou Bolsonaro até a morte." Nelson Piquet, ex-piloto. Fonte: Twitter Blog do Noblat.

**10 de setembro de 2021**
"Onde já se viu mandar recuar? Eu fui processado várias vezes defendendo o Bolsonaro, mas agora eu te digo: eu não acredito mais. Bolsonaro, a partir de hoje eu quero que você vá à merda!." Jackson Vilar, organizador da motociata realizada em São Paulo. Fonte: UOL, por Chico Alves.

**10 de setembro de 2021**
"Quero falar com você, bolsonarista de todo o Brasil, começou. Tem gente aí falando que a nota do presidente é um recuo, que ela está fugindo do nosso propósito. Que propósito? Dar razão à esquerda? Dar razão aos puxadinhos do PT na mídia brasileira que falava em golpe e atos antidemocráticos?" Onyx Lorenzoni, ministro do Trabalho e Previdência. Fonte: jornal Estado de Minas, por Ana Mendonça.

**10 de setembro de 2021**
"O presidente Jair Bolsonaro disse que jogaria nas 4 linhas da Constituição. Mesmo assim, seus opositores o chamavam de antidemocrático. É a velha tática esquerdista: Acuse-os do que você é! Hoje, me surpreendo ao ver muitos caírem no novo discurso opositor de ofensa ao PR. Ora, reflitam. O PR é um estadista e patriota. Defende o Brasil acima de tudo. Pelo País está disposto a sacrificar a própria vida, que quase foi perdida, há 3 anos, por defender a pátria e a família. Sua bravura foi posta a prova e ele jamais desistiu, apesar dos ataques covardes." General Luiz Ramos, ministro chefe da Secretaria-Geral da Presidência da República. Fonte: o próprio Twitter.

**10 de setembro de 2021**
"As consequências de uma paralisação [dos caminhoneiros] são gravíssimas para todo mundo. Você quando quer matar um verme, às vezes mata a vaca. Até domingo, se ficar parado, a gente vai sentir, mas, se passar disso, complica a economia do Brasil. Ninguém tá recuando. Não pode ir pro tudo ou nada. Vai arrumar o Brasil devagar. Vai arrumando." Presidente Jair Bolsonaro. Fonte: Correio Braziliense, por Ingrid Soares.

**10 de setembro de 2021**
"A pergunta é se poderia todo esse barulho sobre instituições e democracia atrapalhar essa bem posicionada economia. Minha resposta é: isso poderia desacelerar o crescimento, mas não mudaremos a direção [na economia]. Interrompemos a rota errada. Estamos de volta aos negócios." Paulo Guedes, ministro da Economia. Fonte: G1, por Alexandro Martello.

**BOLSONARO E SEUS SEGUIDORES: O HORROR EM 3.560 FRASES**

**10 de setembro de 2021**
"Ele [presidente Jair Bolsonaro] está fazendo um trabalho que nunca poderia ter feito se não fosse os movimentos dos dias 7, 8, 9 e 10 de setembro. Hoje o Brasil alcança sua liberdade de expressão. Isso está garantido neste acordo (...). Ontem muitos acharam que tínhamos perdido, que o presidente tinha nos abandonado (...). De olho nas ações, caso as pessoas achem que nós nos afrouxamos ou que nós simplesmente vamos baixar guarda, estão enganadas, estamos respeitando um pedido que o presidente Bolsonaro nos fez." Marcos Antônio Pereira Gomes, caminhoneiro, conhecido como Zé Trovão. Fonte: Estadão, por Amanda Pupo.

**10 de setembro de 2021**
"A esquerda, apesar de sua passagem desastrosa pelo poder, segue unida e querendo voltar. Ela sofreu também um duro revés: descobriu que o presidente Bolsonaro não tinha qualquer intenção de dar o golpe. (...) Nosso presidente possui um formidável senso político. Ele quer país que preserve as liberdades individuais, instituições nacionais, a independência e harmonia dos poderes, a paz e a democracia." General Augusto Heleno, ministro-chefe do Gabinete de Segurança Institucional (GSI). Fonte: UOL, por Eduardo Gayer, do Estadão Conteúdo.

**10 de setembro de 2021**
"Ontem muitas pessoas me perguntavam o que falar para a base. Minhas sugestões: 1: se não sabe o que falar fique quieto. 2: a reação de seus oponentes mais vaidosos podem (sic) sinalizar se sua conduta foi boa ou ruim. 3: o sonho de quem te chama de gado era ter você de base (é inveja)." Deputado Eduardo Bolsonaro (PSL-SP). Fonte: Poder360.

**11 de setembro de 2021**
"Para quem viu e foi comemorar o Dia da Independência, podemos dizer que o gigante acordou." Fernando de Bairros, presidente da AFREBRAS (Associação de Fabricantes Regionais de Refrigerantes). Fonte: Folha, por Joana Cunha.

**11 de setembro de 2021**
"Temos um problema pela frente que tem que ser resolvido. O Supremo volta a discutir uma data diferente daquela fixada há pouco tempo, conhecida como marco temporal. Se a proposta do ministro [do STF Edson] Fachin vingar, teremos que... Ou melhor, será proposto a demarcação de novas áreas indígenas que equivale a uma região Sudeste toda. Ou seja, é o fim do agronegócio, simplesmente isso, nada mais do que isso." Presidente Jair Bolsonaro. Fonte: Folha, por Fernanda Canofre.

**11 de setembro de 2021**
"Esse salame é do governador aqui do Rio Grande do Sul." Presidente Jair Bolsonaro, ao lado de Tereza Cristina, ministra da Agricultura, na feira agropecuária Expointer, na cidade de Esteio/RS. Fonte: Poder360.

**11 de setembro de 2021**
"A vida do presidente não é fácil, se alguém quiser trocar comigo, troco agora. Mas entendo que é uma missão de Deus pra gente redirecionar esse país. Aos poucos, ele vai mudando." Presidente Jair Bolsonaro. Fonte: UOL.

**11 de setembro de 2021**
"Vivemos ainda momentos um pouco conturbados, mas tenho certeza que as coisas já começaram e se ajustar. Não é hora de dizer se esse ou aquele Poder saiu vitorioso. A vitória tem que ser do povo brasileiro." Presidente Jair Bolsonaro. Fonte: Poder360, por Emilly Behnke.

**11 de setembro de 2021**
"A carta de [do presidente Jair] Bolsonaro à nação é um convite à redução das tensões. E desmoraliza quem insiste em acusar o presidente da república de tramar um golpe." Augusto Nunes, diretor de Redação do Portal R7, comentarista da Record, apresentador do 'Direto ao Ponto' e integrante de 'Os Pingos nos Is' na Jovem Pan e articulista da Revista Oeste. Fonte: o próprio Twitter.

**11 de setembro de 2021**
"No calor da partida, todo mundo faz o seu melhor. Às vezes, até briga em campo. Dá pontapé e tal. Acabou o jogo, se abraça. É por aí." Luciano Hang, empresário, dono da Havan. Fonte: Folha, por Joana Cunha.

**12 de setembro de 2021**
"Eu tenho que lhe dizer: eu amo o presidente do Brasil [Jair Bolsonaro]. Ele e o filho dele [deputado Eduardo Bolsonaro, PSL-SP] são ótimas pessoas. Ele trabalha duro para ajudar o seu povo. Espero que ele esteja bem." Ex-presidente Donald Trump. Fonte: O Globo.

**13 de setembro de 2021**
"Eu não tomei vacina." Presidente Jair Bolsonaro, que poderia ter se vacinado desde 3 de abril de 2021 e, na sua faixa etária (65 a 69 anos), está entre os 4% de pessoas da população brasileira que optaram por não se vacinar contra a Covid-19. Fonte: Poder360, por Malu Mões e Emilly Behnke.

## BOLSONARO E SEUS SEGUIDORES: O HORROR EM 3.560 FRASES

**13 de setembro de 2021**
"O pior erro que você pode cometer no estudo da filosofia é deixar-se levar pela ideia de que os filósofos mais merecedores de atenção são os mais celebrados pela mídia, pela cultura popular e pela comunidade acadêmica. Só os maiores filósofos podem julgar os melhores." Olavo de Carvalho. Fonte: o próprio Twitter.

**13 de setembro de 2021**
"Até quando vai ser obrigatório o uso de máscaras? Muitos países europeus, menos vacinados, já aboliram o uso obrigatório." Bruno Aiub, conhecido como Monark. Fonte: o próprio Twitter.

**14 de setembro de 2021**
"*Fake news* faz parte da nossa vida, quem nunca contou uma mentirinha para a namorada? Se não contasse a noite não ia acabar bem. Eu nunca menti para dona Michelle. Hoje em dia o *fake news* morre por si só, não vai para frente." Presidente Jair Bolsonaro, em cerimônia de entrega do Prêmio Marechal Rondon de Comunicações para ele próprio, a primeira-dama, senhora Michelle Bolsonaro, o senador Flávio Bolsonaro (Republicanos-RJ) e outras 41 autoridades. Fonte: Metrópoles, SamPancher e UOL.

**15 de setembro de 2021**
"Sabe qual a possibilidade dele [Alexandre de Moraes, ministro do STF] tocar num líder religioso? De 0 a 100, um. Porque ele sabe que se mexer com liderança religiosa é uma casa de marimbondo com ferrão grande. Eu queria ver ele me prender." Pastor Silas Malafaia. Fonte: Twitter Blog do Noblat.

**15 de setembro de 2021**
"Ministério da Saúde. (...) A Secretaria Extraordinária de Enfrentamento à Covid-19, na Nota Técnica nº 40/2021-SECOVID/GAB/SECOVID/MS, revisou a recomendação para imunização contra Covid-19 em adolescentes de 12 a 17 anos, restringindo o seu emprego somente aos adolescentes de 12 a 17 anos que apresentem deficiência permanente, comorbidades ou que estejam privados de liberdade, apesar da autorização pela Anvisa do uso da Vacina Cominarty (Pfizer/BioNTech), com base nas seguintes premissas: A Organização Mundial de Saúde não recomenda a imunização de criança e adolescente, com ou sem comorbidades; A maioria dos adolescentes sem comorbidades acometidos pela COVID-19 apresentam evolução benigna, apresentando-se assintomáticos ou oligossintomáticos; Somente um imunizante foi avaliado em ECR; Os benefícios da vacinação em adolescentes sem comorbidades ainda não estão claramente definidos; Apesar dos eventos adversos graves decorrentes da vacinação serem raros, sobretudo a ocorrência de miocardite (16 casos a cada 1.000.000 de pessoas que recebem duas doses da vacina); Redução na média móvel de casos e óbitos (queda de 60% no número de casos e queda de mais de 58% no número de óbitos por covid-19 nos últimos 60 dias) com melhora do cenário epidemiológico (...)." Rosana Leite de Melo, secretária extraordinária de Enfrentamento à COVID-19. Fonte: Ministério da Saúde do Brasil.

16 de setembro de 2021
"É uma renúncia para estar aqui. A gente perde a nossa liberdade, nós temos filhos pequenos, mas Deus está no controle sempre. Estamos aqui por um propósito, uma missão, e Deus vai nos ajudar a vencer. (...) Ele [presidente Jair Bolsonaro] é um príncipe." Michelle Bolsonaro, primeira-dama, em entrevista à jornalista Liliane Ventura. Fonte: Tribuna do Norte.

16 de setembro de 2021
"O que o Ministério da Saúde fez? Na nota técnica 40 da SECOVID [Secretaria Extraordinária de Enfrentamento à Covid-19], retirou os adolescentes sem comorbidades [da vacinação]. O senhor [presidente Jair Bolsonaro] tem conversado comigo sobre esse tema, e nós fizemos uma revisão detalhada no banco de dados do DataSUS." Marcelo Queiroga, ministro da Saúde, médico. Fonte: O Antagonista.

16 de setembro de 2021
"Minha conversa com o Queiroga não é uma imposição. (...) Eu levo para ele o meu sentimento, o que leio, o que vejo, o que chega ao meu conhecimento." Presidente Jair Bolsonaro, sobre a retirada dos adolescentes do plano de vacinação contra a Covid-19 do ministério da Saúde. Fonte: O Antagonista.

16 de setembro de 2021
"O Ministério da Saúde pode rever a sua posição, desde que haja evidências científicas sólidas em relação à vacinação em adolescentes sem comorbidades. Por enquanto, por uma questão de cautela, nós temos eventos adversos a serem investigados. Nós temos essas crianças e adolescentes que tomaram essas vacinas que não estavam recomendadas para eles. Nós temos que acompanhar esses adolescentes." Marcelo Queiroga, ministro da Saúde, médico. Fonte: Ministério da Saúde do Brasil.

**16 de setembro de 2021**
"A crueldade dos africanos, com seus irmãos, em nada fica a dever a dos europeus. Nenhum europeu deve desculpas pela escravidão, antes que os africanos o façam." Sérgio Camargo, presidente da Fundação Palmares. Fonte: Metrópoles, por Guilherme Amado.

**16 de setembro de 2021**
"Quando você fala 'registro emergencial', [a vacina] não tem comprovação científica. A CoronaVac continua [com registro emergencial]." Presidente Jair Bolsonaro. Fonte: UOL, por Juliana Arreguy e Beatriz Montesanti.

**16 de setembro de 2021**
"O cara que não tomou vacina está prejudicando a si próprio. Se você já tomou, fique tranquilo, você está imunizado." Presidente Jair Bolsonaro. Fonte: UOL, por Juliana Arreguy e Beatriz Montesanti.

**16 de setembro de 2021**
"Você toma vacina para quê? Para ter anticorpos, não é isso? A minha taxa de anticorpos está lá em cima." Presidente Jair Bolsonaro. Fonte: UOL, por Juliana Arreguy e Beatriz Montesanti.

**16 de setembro de 2021**
"A realidade é a seguinte: nosso governo é criticado desde o começo porque é de direita. E isso ocorre no mundo todo, com governos de direita assumindo (...)." General Hamilton Mourão, vice-presidente da República. Fonte: Poder360, por Guilherme Waltenberg.

**16 de setembro de 2021**
"Em breve, nós teremos essa desobrigação de usar máscaras. Quem quer usar máscaras, usa. Mas essa mania de querer criar lei para tudo... Daqui a pouco tem uma lei para obrigar as crianças irem para a escola vacinadas. Não precisa de vacina para ir para a escola." Marcelo Queiroga, ministro da Saúde, médico. Fonte: Exame e Estadão.

16 de setembro de 2021
**"Mães, não levem suas crianças para as salas de imunização para tomar vacina que não tenha a autorização da Anvisa." Marcelo Queiroga, ministro da Saúde, médico. Fonte: Gazeta do Povo.**

**17 de setembro de 2021**
"Esse resultado [da pesquisa Datafolha] não se coaduna com o que vemos nas ruas. Nas manifestações de 7 de Setembro nós vimos milhões de pessoas. Rio de Janeiro, São Paulo, Goiânia, Anápolis, e várias outras capitais e cidades grandes." Deputado Major Vítor Hugo (PSL-GO). Fonte: Folha, por Fábio Zanini, Fabio Serapião e Guilherme Seto.

**17 de setembro de 2021**
"A Dilma fez um concurso para 100 mil na educação. Eu não vou entrar em detalhes aqui, mas o Estado foi muito inchado. Não estou dizendo que não precisa de professor, mas o excesso atrapalha." Presidente Jair Bolsonaro. Fonte: Sul 21.

**17 de setembro de 2021**
"Fiz um levantamento, o Mario Frias [secretário especial de Cultura] e eu estamos respondendo 77 processos. O custo de tentar moralizar os mecanismos de fomento de Cultura." André Porciúncula, secretário Nacional de Incentivo e Fomento à Cultura – Lei Rouanet. Fonte: o próprio Twitter.

**17 de setembro de 2021**
"Eu somo mais de 30 ações judiciais ou administrativas, além de uma suspensão de quase três meses do cargo, duas representações na ONU, inúmeras notas de repúdio e abaixo-assinados pela minha saída e uma invasão. Somar os dois é covardia. Quero ver no mano a mano quem vence. kkkk." Sérgio Camargo, presidente da Fundação Palmares. Fonte: o próprio Twitter.

**18 de setembro de 2021**
"Educação do país de péssima qualidade e não se pode nem criticar o patrono desta bagunça? Isso não é justiça, é militância doentia." Deputado Eduardo Bolsonaro (PSL-SP). Fonte: UOL, por Lucas Valença.

**18 de setembro de 2021**
"Eles estão em Brasília neste momento e estão conversando com o alto escalão do governo brasileiro. Eles estão acompanhando isso, o Pedro sabe, muito mais perto do que vocês imaginam (...). Existe um entendimento muito interessante entre a Prevent Senior e o governo federal brasileiro (...). Não fui eu que descobri, eu só ajudei a redação e a fazer um sumário (...). O ovo de Colombo está saindo da Prevent." Paolo Zanotto, virologista e cientista da USP, em vídeo, conversando em uma reunião com Pedro Batista Jr., diretor-executivo da Prevent Senior. Fonte: Metrópoles, por Samuel Pancher.

**18 de setembro de 2021**
"A gente [Prevent Senior] compartilha o tempo inteiro o trabalho que está sendo feito. Eles vieram aqui e coletaram nossas informações. O doutor Luciano [Azevedo], a doutora Nise [Yamaguchi] e o doutor [Paolo] Zanotto." Pedro Batista Jr., diretor-executivo da Prevent Senior, em vídeo, em uma reunião conversando com Paolo Zanotto, virologista e cientista da USP. Fonte: Metrópoles, por Samuel Pancher.

**20 de setembro de 2021**
"Sabe o que o cara vende? Arma, brinquedo. Aloooo CPI [Comissão Parlamentar de Inquérito da Covid-19, do Senado Federal]." Jair Renan Bolsonaro. Fonte: Veja.

**20 de setembro de 2021**
"Vi escrito em algum lugar: 'Paulo Freire está para a educação tal como João de Deus está para a medicina'. Bom dia a todos." Deputada Alê Silva (PSL-MG). Fonte: o próprio Twitter.

**20 de setembro de 2021**
"O presidente [Jair Bolsonaro] comeu pizza em pé na calçada, [em Nova Iorque], porque ele é assim mesmo, simples. O resto é *fake news* intencional." Fábio Faria, ministro das Comunicações. Fonte: UOL.

**BOLSONARO E SEUS SEGUIDORES: O HORROR EM 3.560 FRASES**

**20 de setembro de 2021**
"CONGREGAÇÃO CRISTÃ NO BRASIL. A DEFESA DO EVANGELHO DE JESUS CRISTO. O PECADO DA OMISSÃO. (...) Não obstante aos males que deterioram a fé daqueles que querem se salvar, devemos vigiar para que não haja a infiltração maligna de alguns partidos políticos que encobertamente trazem consigo fundamentos anticristãos e comunistas, que a pessoa em sua simplicidade pode apoiar, tornando-se um opositor dos fundamentos da graça do Senhor Jesus. Já se ouve abertamente propósitos que ferem os princípios cristãos, o que de modo nenhum podemos apoiar. Há alguns que dizendo-se crentes, apoiam a liberalidade das práticas nocivas à vida espiritual preconizadas por certos partidos políticos que ferem aos princípios de nossa crença, fé e esperança de salvação. Dizemos isso, porque há fortes tendências das pessoas em manifestarem suas preferências políticas e partidárias. Sempre fomos ensinados a cumprir nosso dever cívico como cidadãos que somos quanto ao nosso dever de votar, porém em candidatos que pertençam a partido que não sejam contrários à nossa fé e doutrina. O que devemos observar é a qual partido pertence determinado candidato que temos interesse em votar, pois é sabido, que há alguns partidos que tem seus princípios contrários à existência de Deus e de nossa fé Cristã. Quem possui conhecimento do perigo que há em relação aos dias em que vivemos e não ensina o seu próximo comete o pecado da omissão, pois em Tiago 4:17 está escrito: 'Aquele pois que sabe fazer o bem e o não faz, comete pecado'. Vossos irmãos em Cristo. Conselho dos Anciães Mais Antigos do Brasil." Congregação Cristã no Brasil. Fonte: o próprio site: https://congregacaocristanobrasil.org.br/.

**20 de setembro de 2021**
"É a cueca. Perdi peso, a calça arreia." Gilson Machado Neto, ministro do Turismo, em Nova Iorque. Fonte: Metrópoles, por Guilherme Amado e Eduardo Barretto.

**20 de setembro de 2021**
"Tem aproximadamente 10 pessoas aqui fazendo um escarcéu. As pessoas estão fora de si. (...) Esse bando que tá aqui podia... esse bando nem sabe o que tá falando, podia estar em um país socialista, não aqui nos Estados Unidos (...). Pessoa que não tem nada, só tem porcaria na cabeça (...)." Presidente Jair Bolsonaro, na porta do hotel em Nova Iorque. Fonte: Poder360.

**20 de setembro de 2021**
"Ainda não [tomei a vacina contra a Covid-19]." Presidente Jair Bolsonaro, em uma reunião bilateral com o primeiro-ministro do Reino Unido, Boris Johnson, na Assembleia Geral da ONU, em Nova Iorque. Fonte: Reuters, agência de notícias AP e Folha.

## WALTER BARRETTO JR.

21 de setembro de 2021

"(...) Venho aqui mostrar o Brasil diferente daquilo publicado em jornais ou visto em televisões. (...) Estamos há 2 anos e 8 meses sem qualquer caso concreto de corrupção. O Brasil tem um presidente que acredita em Deus, respeita a Constituição, valoriza a família e deve lealdade a seu povo. Isso é muito, é uma sólida base, se levarmos em conta que estávamos à beira do socialismo. (...) Apresento agora um novo Brasil com sua credibilidade já recuperada. (...) Os recursos humanos e financeiros, destinados ao fortalecimento dos órgãos ambientais, foram dobrados, com vistas a zerar o desmatamento ilegal. E os resultados desta importante ação já começaram a aparecer! Na Amazônia, tivemos uma redução de 32% do desmatamento no mês de agosto, quando comparado a agosto do ano anterior. Qual país do mundo tem uma política de preservação ambiental como a nossa? Os senhores estão convidados a visitar a nossa Amazônia! (...) Ratificamos a Convenção Interamericana contra o Racismo e Formas Correlatas de Intolerância. Temos a família tradicional como fundamento da civilização. (...) 14% do território nacional, ou seja, mais de 110 milhões de hectares, uma área equivalente a Alemanha e França juntas, é destinada às reservas indígenas. Nessas regiões, 600 mil índios vivem em liberdade e cada vez mais desejam utilizar suas terras para a agricultura e outras atividades. (...) A pandemia pegou a todos de surpresa em 2020. Lamentamos todas as mortes ocorridas no Brasil e no mundo. Sempre defendi combater o vírus e o desemprego de forma simultânea e com a mesma responsabilidade. As medidas de isolamento e *lockdown* deixaram um legado de inflação, em especial, nos gêneros alimentícios no mundo todo. No Brasil, para atender aqueles mais humildes, obrigados a ficar em casa por decisão de governadores e prefeitos e que perderam sua renda, concedemos um auxílio emergencial de US$ 800 para 68 milhões de pessoas em 2020. (...) Apoiamos a vacinação, contudo o nosso governo tem se posicionado contrário ao passaporte sanitário ou a qualquer obrigação relacionada a vacina. Desde o início da pandemia, apoiamos a autonomia do médico na busca do tratamento precoce, seguindo recomendação do nosso Conselho Federal de Medicina. Eu mesmo fui um desses que fez tratamento inicial. Respeitamos a relação médico-paciente na decisão da medicação a ser utilizada e no seu uso *off-label*. Não entendemos por que muitos países, juntamente com grande parte da mídia, se colocaram contra o tratamento inicial. A história e a ciência saberão responsabilizar a todos. No último 7 de setembro, data de nossa Independência, milhões de brasileiros, de forma pacífica e patriótica, foram às ruas, na maior manifestação de nossa história, mostrar que não abrem mão da democracia, das liberdades individuais e de apoio ao nosso governo. Como demonstrado, o Brasil vive novos tempos. Na economia, temos um dos melhores desempenhos entre os emergentes. Meu governo recuperou a credibilidade externa e, hoje, se apresenta como um dos melhores destinos para investimentos. É aqui, nesta Assembleia Geral, que vislumbramos um mundo de mais liberdade, democracia, prosperidade e paz. Deus abençoe a todos." Presidente Jair Bolsonaro, discursando na 76ª Assembleia Geral da Organização das Nações Unidas (ONU). Fonte: O Globo, por Ana Rosa Alves.

**BOLSONARO E SEUS SEGUIDORES: O HORROR EM 3.560 FRASES**

21 de setembro de 2021
"Ô." Marcelo Queiroga, ministro da Saúde, médico, mostrando o dedo do meio para manifestantes em Nova Iorque. Fonte: YouTube.

### 21 de setembro de 2021
"Comunico a todos que hoje testei positivo para Covid-19. Ficarei em quarentena nos EUA, seguindo todos os protocolos de segurança sanitária (...)." Marcelo Queiroga, ministro da Saúde, médico. Fonte: o próprio Twitter.

### 21 de setembro de 2021
"Numa era insana, qualquer líder mundial que fale sobre liberdade, família, patriotismo e Deus será imediatamente rotulado como radical. Obrigado, Presidente Bolsonaro, por ser radicalmente são!" André Porciúncula, secretário nacional de Incentivo e Fomento à Cultura — Lei Rouanet. Fonte: o próprio Twitter.

### 21 de setembro de 2021
"A senhora está totalmente descontrolada." Wagner do Rosário, ministro da CGU (Controladoria-Geral da União), em depoimentos à CPI da Covid-19 no Senado Federal, se referindo à senadora Simone Tebet (MDB-MS). Fonte: UOL, por Luciana Amaral.

### 22 de setembro de 2021
"É aquela história: o cara lá não estava submetido a um interrogatório. Tem uns que têm mais paciência para aguentar, vamos dizer, os desaforos que são ditos ali, e tem outros que não têm. Então, o Wagner [do Rosário, ministro da Controladoria-Geral da União (CGU)] aguentou até um determinado ponto e, em outros pontos, acabou dando uma aloprada [chamando a senadora Simone Tebet (MDB-MS) de 'totalmente descontrolada']. Eu acho perfeitamente normal uma pessoa reagir. A pessoa tem que ter muito sangue frio para poder aguentar o deboche que muitas vezes é colocado ali [na CPI da Covid-19, no Senado Federal], né? Ainda mais que eu conheço bem o Wagner. O Wagner é uma pessoa séria." General Hamilton Mourão, vice-presidente da República. Fonte: Correio Braziliense, por Ingrid Soares.

### 22 de setembro de 2021
"Gentil, educado e respeitoso." Letícia Dornelles, presidente da Fundação Casa de Rui Barbosa, se referindo a Wagner do Rosário, ministro da CGU (Controladoria-Geral da União). Fonte: Folha (23/09/2021), por Mônica Bergamo.

### 22 de setembro de 2021
"O ministro [da Saúde Marcelo Queiroga] já deve ter saído daqui [com o vírus da Covid-19]. Pelo que a gente conhece em termos de contaminação, leva de cinco a sete dias. Ele estava há dois dias nos Estados Unidos. Acho que o PCR não foi exigido para os vacinados. Então, acredito que ele já saiu daqui carregando o vírus." General Hamilton Mourão, vice-presidente da República. Fonte: Yahoo! Notícias.

**22 de setembro de 2021**
"Que ironia! Ministro Marcelo Queiroga seguiu todos os protocolos, vacinou com a CoronaVac, usa máscara o tempo inteiro e foi contaminado. O presidente não se vacinou, não usa máscara, estava ao lado dele e não pegou." Marcelo Queiroga, ministro da Saúde, médico, divulgando no seu próprio Instagram mensagem de terceiro. Fonte: Terra.

**22 de setembro de 2021**
"Aconteceu em 2019 e mostra como pessoas de esquerda são. Elas querem controlar tudo. Mas eu sei que [Bill] de Blasio, [prefeito de Nova Iorque], é um marxista que segue muito o que [o filósofo italiano] Antônio Gramsci diz." Deputado Eduardo Bolsonaro (PSL-SP), durante entrevista ao programa 'Tucker Carlson Tonight', da emissora americana Fox News, após Bill de Blasio criticar a ida do presidente Jair Bolsonaro à cidade sem ter se vacinado contra a Covid-19, para participar da 76ª Assembleia Geral da ONU. Fonte: O Globo.

**22 de setembro de 2021**
"Eu tenho um conselho para o povo americano. Não achem que a Venezuela é algo muito distante de vocês. Na década de 90, se você falasse aos venezuelanos que um dia a Venezuela se transformaria numa ditadura, eles nunca levariam a sério. Essa é uma forte mensagem com a qual você precisa se importar." Deputado Eduardo Bolsonaro (PSL-SP), durante entrevista ao programa 'Tucker Carlson Tonight', da emissora americana Fox News. Fonte: O Globo.

**22 de setembro de 2021**
"Aos 16 anos, Isabelli morreu depois de tomar a vacina da Pfizer." Deputada estadual Janaina Paschoal (PSL-SP), retuitando reportagem da revista Oeste. Fonte: o próprio Twitter.

**23 de setembro de 2021**
"Eu espero poder... eu tenho que honrar a minha palavra. As pessoas conversam comigo na confiança, e essas duas pessoas e outras conversaram comigo, de ontem para hoje foram vacinadas também e estão com Covid. Eu amanhã vou ligar para elas, para elas divulgarem, mostrar que vacinas tomaram para a gente realmente ter um protocolo que funcione." Presidente Jair Bolsonaro. Fonte: Metrópoles e SamPancher.

**23 de setembro de 2021**
"Eu levei a notícia para ele, estava no quarto. 'Queiroga, foi vacinado?', 'Fui', 'Nunca vi você sem máscara, lamento informar, você está infectado [de Covid-19]'." Presidente Jair Bolsonaro. Fonte: Poder360, por Emilly Behnke.

## BOLSONARO E SEUS SEGUIDORES: O HORROR EM 3.560 FRASES

23 de setembro de 2021
"'Você vai adotar o protocolo [de Luiz Henrique] Mandetta, [ex-ministro da Saúde], ficar aguardando sentir falta de ar para procurar um socorro ou vai tomar uma providência?' Ele respondeu para mim: não vou responder para vocês aqui. Eu fui infectado no passado e tomei um negócio, vocês sabem o que foi, se falar aqui cai a *live*, se eu me sentir mal vou tomar isso de novo, é um direito meu." Presidente Jair Bolsonaro. Fonte: Poder360, por Emilly Behnke.

23 de setembro de 2021
"Eu dizia lá atrás temos que enfrentar o vírus. É uma chuva, vai pegar em todo mundo, estão vendo agora o ministro [da Saúde, Marcelo] Queiroga, tomou as duas doses da CoronaVac e está infectado, vivia de máscara e está infectado. Você pode atrasar, agora, dificilmente você vai evitar isso aí." Presidente Jair Bolsonaro. Fonte: Poder360, por Emilly Behnke.

23 de setembro de 2021
"Infelizmente, a Anvisa recomendou que eu ficasse de quarentena. Eu até questionei o pessoal da Anvisa, da Saúde também: 'Até quem está vacinado tem que ficar de quarenta? Ué, vocês não acreditam na ciência, não acreditam na vacina?'" Presidente Jair Bolsonaro. Fonte: UOL, por Reinaldo Azevedo.

23 de setembro de 2021
"Eu tenho conversado com o Queiroga. 'Queiroga, para liberar, tem que ter um estudo comprovado nesse sentido'. Porque, se começa a morrer a garotada, tem um problema qualquer, vai estourar no teu colo. E, na última análise, vai estourar no meu colo." Presidente Jair Bolsonaro. Fonte: UOL, por Reinaldo Azevedo.

23 de setembro de 2021
"Senhores senadores, eu irei exercer o direito de permanecer em silêncio." Danilo Trento, na CPI da Covid-19 do Senado Federal. Fonte: GloboNews.

23 de setembro de 2021
"Depois de chícaras (sic) de café (...)." Sérgio Camargo, presidente da Fundação Palmares, órgão ligado ao Ministério de Cultura, em publicação nas redes sociais. Fonte: Folha, por Mônica Bergamo.

23 de setembro de 2021
"A imprensa que quiser conversar comigo, não tem problema. Agora, a gente espera que não haja distorções, é só isso. No tocante ao Sistema Globo, se quiser uma entrevista ao vivo, estou à disposição. Gravar para vocês, aí fica difícil. Mas se quiserem ao vivo, sem problema nenhum." Presidente Jair Bolsonaro. Fonte: UOL, por Mauricio Stycer.

**23 de setembro de 2021**
"A mensagem é clara: todos os pacientes com suspeita ou confirmados de Covid, na necessidade de isolamento, quando entravam no hospital, precisavam receber o B34.2, que é o CID de Covid, e, após 14 dias, ou 21 dias, para quem estava na UTI. Se esses pacientes já tinham passado dessa data, o CID poderia já ser modificado, porque eles não representavam mais risco para a população do hospital." Pedro Benedito Batista Jr., diretor da Prevent Senior, na CPI da Covid-19. Fonte: Folha, por Renato Machado e Julia Chaib.

**23 de setembro de 2021**
"Pensem comigo: se o passaporte sanitário não garante que a pessoa não esteja doente ou transmitindo o vírus, ele é ineficaz como medida sanitária. Se não impede a transmissão, a única explicação para sua obrigatoriedade é o controle sobre a vida das pessoas." Deputada Carla Zambelli (PSL-SP). Fonte: o próprio Twitter.

**23 de setembro de 2021**
"A Secretaria Especial de Comunicação Social (SECOM) informa que a Primeira-Dama, senhora Michelle Bolsonaro, integrante da Comitiva Presidencial à (sic) Nova Iorque (EUA), deslocou-se àquele país para acompanhar o senhor Presidente da República nas agendas oficiais, bem como para cumprir uma agenda, sobre doenças raras, na Missão do Brasil na Organização das Nações Unidas. Antes de retornar ao país, submeteu-se ao teste de PCR, obrigatório para autorização de embarque e, durante a realização da testagem, a Primeira-Dama foi indagada pelo médico [nos EUA] se ela gostaria de aproveitar a oportunidade para ser vacinada. Como já pensava em receber o imunizante, resolveu aceitar. A Primeira-Dama reitera a sua admiração e respeito ao sistema de saúde brasileiro, em especial, aos profissionais da área que se dedicam, incansavelmente, ao cuidado da saúde do povo." Secretaria Especial de Comunicação Social (SECOM), do Governo Federal. Fonte: o próprio Twitter.

**23 de setembro de 2021**
"Olha o que aconteceu com minha esposa [senhora Michelle Bolsonaro] agora nos Estados Unidos. Veio conversar comigo: 'Tomo ou não tomo a vacina?'. Dei minha opinião, não vou falar aqui qual foi. Ela tomou a vacina. É maior de idade, tem 39 anos, e sabe o que faz." Presidente Jair Bolsonaro. Fonte: UOL.

**23 de setembro de 2021**
"Uma pessoa na UTI por Covid custa R$ 2.000 por dia. Uma pessoa numa UTI com outras doenças custa R$ 1.000. Então quando uma pessoa mais humilde vai no hospital ela é levada para a UTI porque os hospitais vão ganhar mais dinheiro, então tem uma supernotificação. Isso aconteceu. O número de mortes no Brasil foi superdimensionado." Presidente Jair Bolsonaro. Fonte: Folha.

**BOLSONARO E SEUS SEGUIDORES: O HORROR EM 3.560 FRASES**

24 de setembro de 2021
"Sabemos que as vacinas foram feitas mais rápidas do que o padrão. Tomei a 1ª dose de Pfizer e contraí COVID. Isso significa que a vacina é inútil? Não creio. Mas é mais um argumento conta o passaporte sanitário. Estudos sobre efeitos colaterais e eficácia estão ocorrendo agora." Deputado Eduardo Bolsonaro (PSL-SP). Fonte: o próprio Twitter.

24 de setembro de 2021
"(...) Os tais remédios sem eficácia comprovada salvaram milhares de vidas sendo aplicados imediatamente, mesmo antes do resultado do teste, é na fase 1. Na fase 2 às vezes evitam hospitalizações. (...) Na fase 3 são ineficazes (...). Eu conheço alguns casos em que, por exemplo, um motorista de Uber (...)." Alexandre Garcia, comentarista da CNN Brasil. Fonte: CNN Brasil.

24 de setembro de 2021
"'Kit Covid' é um termo inventado. Nós não dávamos apenas hidroxicloroquina associada a azitromicina. Oferecíamos suplemento de zinco, potássio, vitamina D, era um conjunto de substâncias. Mas o nosso artigo não prova que essas drogas funcionam porque, para isso, precisaria de pesquisa científica. (...) Não existem pesquisas definitivas que apontem que esses medicamentos não funcionam. Na nossa observação empírica, notamos progresso. Na medicina, muitas coisas foram descobertas de forma observacional." Fernando Parrillo, presidente-executivo da Prevent Senior. Fonte: Folha, por Patrícia Pasquini e Suzana Singer.

24 de setembro de 2021
"O mundo inteiro observa os investimentos justamente pelo quesito da credibilidade. E nós [o Brasil], hoje, estamos experimentando um momento de credibilidade além de suas potencialidades." João Roma, ministro da Cidadania. Fonte: Bahia Notícias, por Mauricio Leiro e Matheus Caldas.

24 de setembro de 2021
"Aqui [no Palácio da Alvorada] são três andares. Quando tem que descer, mesmo que o elevador esteja aberto na minha frente, eu desço pela escada. Se puder fazer a mesma coisa no seu prédio... Ajude a gente. Quanto menos mexer no elevador, mais economia de energia nós temos." Presidente Jair Bolsonaro. Fonte: O Globo.

**24 de setembro de 2021**
"Uma pessoa com Covid na UTI de um hospital público, ela custa em média R$ 2 mil por dia. Para outras doenças, o custo é de R$ 1 mil. Então, muita gente humilde, quando ia para o hospital e precisava ser internada, ia por meio de UTI porque o hospital pegava mais dinheiro do que sem ser de Covid. (...) Então houve uma supernotificação. Mas as supernotificações vai (sic) se ver dois ou três anos depois. Isso aconteceu, e o número de mortos foi superdimensionado no Brasil. Muito frequentemente, para liberar o corpo mais rapidamente, colocavam Covid. Não havia autópsia. Era mais barato para o hospital não fazer autopsia. Então muita coisa aconteceu para potencializar o número de óbitos. (...) Muita gente já tinha alguma comorbidade. Então a Covid abreviou a vida delas em alguns dias ou algumas semanas. (...) Eu não vou obrigar ninguém a se vacinar. Como posso mandar as pessoas tomarem a CoronaVac se não há evidência científica de sua eficácia? É experimental. (...) Estudos confiáveis indicam que os contaminados pelo vírus têm mais anticorpos do que quem tomou a vacina. Seis vezes mais. Eu sempre disse que temos de encarar o vírus, não se esconder embaixo da cama." Presidente Jair Bolsonaro, em conversa com Markus Haintz e Vicky Richter, fundadores, na Alemanha, do partido antivacina 'Die Basis' (A Base). Fonte: UOL, por Reinaldo Azevedo.

**24 de setembro de 2021**
"Estou me tratando [da Covid-19]. Vocês devem imaginar com o quê. O médico receitou. E, de ontem para hoje, eu já estou me sentindo muito melhor. Obviamente estou com coriza, um pouco cansado, mas sem febre. Mas, de agora em diante, depois de iniciar o tratamento, a tendência é só melhorar. (...) Hoje em dia, muita gente já teve Covid. Não é nada de excepcional. (...) E tem determinadas coisas que são incríveis, mas a gente não pode falar. É quase um regime talibanês em que se você falar algumas coisas como, por exemplo, o que está tomando, é capaz desse canal cair. (...) Não existe o porquê você exigir que as pessoas se vacinem. Isso é um total contrassenso. Assim como é contrassenso você exigir um passaporte sanitário. O Marcelo Queiroga [ministro da Saúde] poderia entrar em qualquer restaurante [em Nova Iorque], por exemplo, e acabou infectado. Sabe-se lá quanto tempo ele esteve infectado. Enquanto que [o presidente] Jair Bolsonaro, que, ao menos em tese, mesmo tendo os anticorpos lá na lua, não podia entrar. Então que sentido tem uma norma dessa? Em Nova Iorque deu negativo, aqui no Brasil 2 dias depois positivou. O meu caso e do Queiroga são exemplos que descredibilizam o passaporte sanitário. Sinto-me melhor do que ontem e nem te conto o que tomei." Deputado Eduardo Bolsonaro (PSL-SP), em entrevista à Rádio Brado. Fonte: Poder360.

**24 de setembro de 2021**
"Chamamos as esposas dos ministros para compor o voluntariado, porque elas ficam em casa ociosas e a gente sabe o poder que elas têm." Senhora Michelle Bolsonaro, primeira-dama. Fonte: Veja.

**BOLSONARO E SEUS SEGUIDORES: O HORROR EM 3.560 FRASES**

**27 de setembro de 2021**
"Espalham boatos de que eu estaria trabalhando contra o André, não tem cabimento (...). André Mendonça tem resistência por parte de alguns [senadores para a aprovação para ministro do STF], mas acredito que passe. (...) André sabe a Bíblia toda e conhece a legislação muito bem." Presidente Jair Bolsonaro. Fonte: Estadão, por Eduardo Gayer.

**27 de setembro de 2021**
"As Forças Armadas estão aqui. Ela (sic) está a meu comando? Sim, é meu comando. Se eu der uma ordem absurda? Elas vão cumprir? Não! Nem a mim nem a governo nenhum! E as Forças Armadas têm de ser tratadas com respeito. Quando criaram a [Ministério da] Defesa, em 1999, não foi por uma necessidade militar. Foi por uma imposição política. Para tirar os militares desse prédio. Alguns criticam que eu botei militar demais [no governo], mais até do que nos governos de Castelo Branco a Figueiredo. Sim, é verdade! É meu círculo de amizades (...)." Presidente Jair Bolsonaro. Fonte: UOL, por Reinaldo Azevedo.

**27 de setembro de 2021**
"Nos EUA, na iminência de retornarmos para cá, chegou pra mim, em primeiro lugar, o nome do [Marcelo] Queiroga, [ministro da Saúde] que estava ali infectado. E eu fui no quarto do Queiroga. Estava arrumadinho, cheiroso, bonitinho, feliz. [Falei:] — E daí, Queiroga, tudo bem contigo? Tomou a vacina? — Tomei. Costumo brincar com ele, né? — Dormiu de máscara? Ele sorriu. Todo mundo sabe que raramente ele tira a máscara. Falei: — Você está infectado. Infelizmente, não vai poder viajar conosco! Não vou falar tudo o que conversei com ele. Mas me dirigi a ele e falei o seguinte: — Você vai seguir o protocolo do [Luiz Henrique] Mandetta [ex-ministro da Saúde], esperar sentir falta de ar para procurar um médico, ou vai partir para um medicamento qualquer outro agora? Não vou responder a vocês o que ele me disse." Presidente Jair Bolsonaro. Fonte: UOL, por Reinaldo Azevedo.

**27 de setembro de 2021**
"Pessoal está insatisfeito? Está. Inclusive estamos há três meses sem reajustar o diesel. Vai ter um reajuste daqui a pouco. Não vai demorar. Agora, não posso fazer milagre." Presidente Jair Bolsonaro. Fonte: UOL.

**27 de setembro de 2021**
**"Está insatisfeito comigo? Tem eleição ano que vem, é só mudar." Presidente Jair Bolsonaro. Fonte: Metrópoles, por Mayara Oliveira.**

**27 de setembro de 2021**
"Todos eles [adolescentes que morreram] com relatos de que tinham se vacinado no máximo uma ou duas semanas antes (...) morreram por causa da vacina? Não se sabe, precisa investigar." Cristina Graeml, comentarista do programa 'Os Pingos nos Is', da Jovem Pan. Fonte: Estadão, por Pedro Prata e Alessandra Monnerat.

**27 de setembro de 2021**
"Não sou contra a vacina. Se tivesse (sic) contra, Paulo Guedes, não teria assinado a Medida Provisória de dezembro do ano passado, destinando R$ 20 bilhões para comprar a vacina. Mas nós respeitamos a liberdade. Por mais que me acusam (sic) de atos antidemocráticos, são apenas acusações. Ninguém mais do que eu respeita o direito de todos. A vacina não pode ser obrigatória. Tereza Cristina tomou as vacinas e está em casa [com Covid-19]. O Bruno Bianco, a mesma coisa. O meu filho Eduardo Bolsonaro, a mesma coisa. Ainda há uma grande incógnita nisso daí. Prato feito para a imprensa dizer que eu sou negacionista. É a liberdade. Tem certas coisas que você tem ou não tem." Presidente Jair Bolsonaro. Fonte: UOL, por Reinaldo Azevedo.

**27 de setembro de 2021**
"[A veiculação dos vídeos do governo está] prevista no projeto básico da implantação de pontos de acesso gratuito à internet em localidades públicas, pelo programa Wi-Fi Brasil." Ministério das Comunicações. Fonte: Folha.

**27 de setembro de 2021**
"Qual o plano para os próximos dez anos? Continuar com as privatizações. Petrobras, Banco do Brasil, todo mundo entrando na fila, sendo vendido e isso sendo transformado em dividendos sociais. (...) Mudar o regime previdenciário para capitalização. O Brasil vai crescer 5% ao ano, em vez de crescer 2%, 3%." Paulo Guedes, ministro da Economia. Fonte: Folha, por Marcela Ayres.

**27 de setembro de 2021**
"E se sair o André [Mendonça]? No meu compromisso que eu fiz junto aos evangélicos, será [indicado para o STF] outro evangélico. Eu acho que o André vai dar certo." Presidente Jair Bolsonaro. Fonte: Jovem Pan.

**27 de setembro de 2021**
"Trabalho 24 horas por dia, então vou ter todo o tempo do mundo e, se por acaso não aceitarem o que vou falar [na CPI da Covid-19], já comprei uma algema para não gastarem dinheiro. Vou entregar uma chave para cada senador, e que me prendam." Luciano Hang, empresário, dono da Havan, em vídeo. Fonte: a própria rede social.

**27 de setembro de 2021**
"Temos muitos obstáculos. São intransponíveis? Não, mas depende do entendimento de cada um. Alguém acha que eu não queria a gasolina a R$ 4 ou menos? O dólar a R$ 4,50 ou menos? Não é maldade da nossa parte, é uma realidade. E tem um ditado que diz 'nada não (sic) está tão ruim que não possa piorar'. Nós não queremos isso porque temos um coração aberto." Presidente Jair Bolsonaro. Fonte: Folha, por Ricardo Della Coletta.

**BOLSONARO E SEUS SEGUIDORES: O HORROR EM 3.560 FRASES**

**27 de setembro de 2021**
"Assisti na semana passada algo estarrecedor. Em uma grande rede de televisão, num quadro conhecido como Liberdade de Opinião, um famoso jornalista [Alexandre Garcia] foi demitido por sua opinião. Não tem coisa mais absurda do que isso, para onde estamos caminhando?" Presidente Jair Bolsonaro. Fonte: UOL, por Mauricio Stycer.

**28 de setembro de 2021**
"O Brasil de hoje pode, sim, ensinar a muitos países um bom caminho para recuperar a saúde de sua população e também a sua economia. A grande novidade é que um novo Brasil nasceu." Secretaria Especial de Comunicação Social (SECOM), do Governo Federal. Fonte: o próprio Twitter.

**28 de setembro de 2021**
"O que nós precisamos nesse momento, minha gente, é de estarmos unidos ao nosso presidente [Jair Bolsonaro] (...)." Fernando Collor de Mello, senador (PROS-AL), ex-presidente da República. Fonte: Rede Brasil.

**28 de setembro de 2021**
"Meu modo de agir é muito certo. Quando eles roubam o dinheiro do povo, eles não têm dó. Político bandido tem que ser amarrado em praça pública, deixar pelado e dar uma camaçada de pau. Não me arrependo de nada, faria tudo de novo ao quadrado. Se eu sou o errado, tudo de ruim que você está falando, como que o povo votou em mim?" Deputado cassado Emerson Petriv (PROS-PR). Fonte: Folha, por Ana Luiza Albuquerque.

**28 de setembro de 2021**
"NOTA À IMPRENSA. (...) I — Não fui a médica responsável pelo tratamento do Dr. Anthony Wong e não faço parte do corpo clínico fechado do hospital [Prevent Senior] (...). Não tenho também absolutamente nenhum envolvimento na elaboração de qualquer atestado de óbito. II — No caso de Enio Mainardi, que também tive a honra de ser amiga, fui visitá-lo uma única vez no hospital da Prevent Senior de Higienópolis e igualmente NÃO participei da elaboração do atestado de óbito. III — Também NÃO participei do tratamento da mãe do Luciano Hang na Prevent Senior. Inclusive, nunca a conheci em momento algum. Aliás, ressalto que NUNCA fui pessoalmente à Prevent Senior participar de reuniões científicas ou buscar dados dos tratamentos ali realizados." Nise Yamaguchi, médica. Fonte: a própria rede social.

**28 de setembro de 2021**
"As eleições vêm aí, e as pessoas ficam alucinadas em véspera de eleição. Todo mundo fica nervoso, todo mundo quer ganhar voto, todo mundo quer gastar dinheiro, e isso pode ser caminho para uma derrota eleitoral." Paulo Guedes, ministro da Economia. Fonte: Estadão, por Idiana Tomazelli e Eduardo Gayer.

## WALTER BARRETTO JR.

**28 de setembro de 2021**
"Eu acho que a economia está voando. Ela está vindo com força, os juros vão subir um pouco, para tentar frear a inflação, mas as duas coisas são indissociáveis, o crescimento está contratado." Paulo Guedes, ministro da Economia. Fonte: Estadão, por Idiana Tomazelli e Eduardo Gayer.

**28 de setembro de 2021**
"Eu sou leigo. Eu não sei o que tem que botar no atestado de óbito. (...) Achei estranho não estar na certidão, no óbito, mas eu, sinceramente, sou leigo, se vai o quê? Cheio de doenças, são cinco doenças lá colocadas, e não estava o pós-Covid (...)." Luciano Hang, sobre o atestado de óbito de sua mãe não citar a Covid-19 como causa da morte. Fonte: UOL, por Hanrrikson de Andrade, Luciana Amaral, Thais Augusto e Isabella Cavalcante.

**28 de setembro de 2021**
"Está havendo, assim, uma obsessão e quando alguém fica obcecado fica cego. Nós comentamos como exemplo, eu sei que isso acontece tanto com homens quanto com mulheres, mas um percentual mais elevado com mulheres, é a mulher que separa e passa a ser a obsessão da vida dela destruir, atacar o ex-cônjuge, e parece que no caso do partido Novo a derrota até hoje não foi digerida." Romeu Zema, governador de Minas Gerais, se referindo a João Amoedo. Fonte: Bahia Notícias, por Stella Borges.

**29 de setembro de 2021**
"Daqui pra lá, a chance de um golpe é zero (...). Não tenho nada. Desligo o aquecimento da piscina, não uso cartão corporativo, não pedi aposentadoria na Câmara [dos Deputados], não dou motivo. Estamos há dois anos e meio sem um caso de corrupção (...). Um cabo da PM negociando 400 milhões de doses a 1 dólar, se encontrando fortuitamente num restaurante? É coisa de maluco (...). Não errei em nada [na pandemia da Covid-19]. Hoje há estudos que mostram que quem mais caminha para o óbito por coronavírus é o obeso e quem está apavorado. Todo mundo aumentou o peso ficando em casa. Continuo defendendo a cloroquina. Eu mesmo tomei quando fui infectado e fiquei bom. A hidroxicloroquina nunca matou ninguém. Essa CPI [da Covid-19 do Senado Federal] não tem credibilidade nenhuma. Pergunto: a CoronaVac tem comprovação científica? Não tem. Tomar vacina é uma decisão pessoal. Minha mulher, por exemplo, decidiu tomar nos Estados Unidos. Eu não tomei. (...) Eu, poxa, por Deus que está no céu, é uma desgraça essa minha cadeira, você não tem paz, cara. A única satisfação que eu tenho, uma das poucas, é saber que não tem um comunista sentado naquela cadeira, só essa. (...) Olha só: vai ter eleição, não vou melar, fique tranquilo, vai ter eleição (...). Com as Forças Armadas participando, você não tem por que duvidar do voto eletrônico. (...) Queriam que eu fizesse algo fora das quatro linhas. E nós temos instrumentos dentro das quatro linhas para conduzir o Brasil. Agora todo mundo tem que estar dentro das quatro linhas. O jogo é de futebol, não é de basquetebol. Não vou mais entrar em detalhes porque quanto mais pacificar, melhor." Presidente Jair Bolsonaro. Fonte: Veja, por Mauricio Lima e Policarpo Junior.

**BOLSONARO E SEUS SEGUIDORES: O HORROR EM 3.560 FRASES**

29 de setembro de 2021
"Já imaginou se ele tivesse 10 dedos?" Presidente Jair Bolsonaro. Fonte: Correio Braziliense, por Ingrid Soares.

29 de setembro de 2021
"Agora há pouco, assisti um vídeo do ex-presidente Lula dizendo que o modelo econômico da China é o que deve ser imposto no Brasil. Obviamente, o primeiro passo que deveria ser feito aqui no Brasil, se esse cara viesse a ocupar a presidência, para seguir o modelo chinês, seria acabar a CLT, seria acabar com 13º, acabar com as férias, acabar com o fundo de garantia, acabar com as horas extras." Presidente Jair Bolsonaro. Fonte: IG

29 de setembro de 2021
"A ozonioterapia foi autorizada por mim (...). Me ofereceram tratamento de ozonioterapia e eu aceitei e tenho todo direito para isso. Eu coloquei na mão dos médicos a autorização para fazer. Autorizei a Prevent Senior a fazer tudo o que estivesse disponível para salvar a minha mãe." Luciano Hang, empresário, dono da Havan, durante depoimento na CPI da Covid-19, no Senado Federal. Fonte: TV Senado e BBC News, por Leandro Prazeres.

29 de setembro de 2021
"Nunca financiei nenhum esquema de *fake news* e não sou negacionista. Sou apenas um brasileiro que sonha em viver num país melhor, que deu a cara a tapa e que está apanhando por isso." Luciano Hang, empresário, dono da Havan, durante depoimento na CPI da Covid-19, no Senado Federal. Fonte: Folha (30/09/2021), Agência Lupa.

29 de setembro de 2021
"Como é que pode vir um cara [Philip M. Fearnside, vencedor o Prêmio Nobel da Paz e pesquisador do Instituto Nacional de Pesquisa da Amazônia (INPA)] lá dos Estados Unidos aqui? Como é que pode o cara vir de lá dizer o que eu vou fazer na minha casa. Essa casa é nossa. Se a gente quiser derrubar todas as árvores [da Amazônia], a gente derruba. É nossa." Sérgio Kruke, líder do Movimento Conservador Amazonas. Fonte: Folha, por Fabiano Maisonnave.

29 de setembro de 2021
"'Do limão: limonada'. O Brasil te ama, Luciano." Regina Duarte. Fonte: o próprio Instagram.

29 de setembro de 2021
"Jamais eu iria forçar o meu funcionário a votar em alguém." Luciano Hang, empresário, dono da Havan, durante depoimento na CPI da Covid-19, no Senado Federal. Fonte: Folha, por Carol Macário, Gustavo Queiroz e Maurício Moraes.

**29 de setembro de 2021**
"O Brasil romantizou muito as práticas culturais. Mas quando vamos às aldeias, não tem nada disso. Tem dor e tortura. (...) A imprensa fala que eu sou louca, fanática, fascista, nazista, negacionista, maluca. (...) Nossa proposta mexe com muitas estruturas. É uma proposta de fortalecimento de família e proposta conservadora." Damares Alves, ministra da Mulher, Família e Direitos Humanos, em entrevista à jornalista alemã Vicky Richter, ligada ao Querdenken e cofundadora do dieBasis. Fonte: UOL, por Jamil Chade.

**29 de setembro de 2021**
"Fiquei sabendo através da CPI que tanto o atestado de óbito quanto o prontuário da minha mãe foi pego (sic) e lá no atestado de óbito não constava Covid." Luciano Hang, empresário, dono da Havan, durante depoimento na CPI da Covid-19, no Senado Federal. Fonte: Folha, por Carol Macário, Gustavo Queiroz e Maurício Moraes.

**29 de setembro de 2021**
"Jamais pedi um empréstimo do BNDES." Luciano Hang, empresário, dono da Havan, durante depoimento na CPI da Covid-19 no Senado Federal. Fonte: Folha, por Carol Macário, Gustavo Queiroz e Maurício Moraes.

**29 de setembro de 2021**
"Nascemos para trilhar. Um caminho a desbravar. Nascemos para viver. De lutas até morrer. E juntos nós estaremos. E juntos nós venceremos. Com espadas e com canhões. Nós somos os guardiões. Nós somos os guardiões. Nós somos os guardiões. O meu lema é teu escudo. Tanto faz na luz ou no escuro. E (inaudível) você e como eu. De nunca dizer adeus. E juntos nós estaremos. E juntos nós venceremos. Com espadas e com canhões. Nós somos os guardiões. Nós somos os guardiões. Nós somos os guardiões. Nós somos os guardiões." Prevent Senior, Hino dos Guardiões. Fonte: G1 e GloboNews, por Guilherme Balza.

**29 de setembro de 2021**
"Não disfarça vai pra beira do tanque lavar as cuecas do seu marido para de enrolar... Essas petistas não mudam fazem de tudo para enrolar no trabalho... o raça chata." Renzo Gracie, lutador de MMA. Fonte: o próprio Twitter.

**30 de setembro de 2021**
"O delegado [senador Fabiano Contarato], homossexual assumido, talvez estivesse pensando no perfume de alguma pessoa ali daquele plenário... Quem seria o 'perfumado' que lhe cativou?" Otávio Fakhoury, empresário. Fonte: Twitter do Senado Federal.

**BOLSONARO E SEUS SEGUIDORES: O HORROR EM 3.560 FRASES**

**30 de setembro de 2021**
"O diesel tá caro, se for pegar a média mundial, está bem abaixo, mas nós somos produtores de petróleo. Acordos lá atrás, se não me engano, 2016, final do governo Dilma, teve a tal da lei da paridade. Ou seja, aumenta o petróleo Brent lá fora, cotado em dólar, o preço do dólar aqui no Brasil é outro." Presidente Jair Bolsonaro. Fonte: UOL, por Beatriz Montesanti.

**30 de setembro de 2021**
"Pessoal, não é suficiente uma ou duas doses [da vacina contra a Covid-19]? As empresas [farmacêuticas] não diziam que era assim? Se tem a 3ª dose tem que ser de graça. É ou não é? Não é direito do consumidor? Mas é uma discussão que a grande mídia brasileira leva como 'o presidente é nagacionista'." Presidente Jair Bolsonaro, em *live* com Tarcísio de Freitas, ministro da Infraestrutura. Fonte: Poder360, por Emilly Behnke e Rafael Barbosa.

**30 de setembro de 2021**
"Tem outra matéria aqui dizendo que a vacina [contra a Covid-19] para quem já foi infectado não é recomendável. Por que que não é recomendável? Quem já contraiu o vírus tem mais anticorpos do que qualquer pessoal que tenha tomado qualquer vacina. Por que essa pressão por vacina? Será interesse comercial?" Presidente Jair Bolsonaro, em *live* com Tarcísio de Freitas, ministro da Infraestrutura. Fonte: Poder360, por Emilly Behnke e Rafael Barbosa.

30 de setembro de 2021
"Eu estou com quase 70 anos. Quando era moleque, eu brincava com isso, com arma, com flecha, com estilingue. Assim foi criada a minha geração. E crescemos homens, fortes, sadios e respeitadores. Então meu cumprimento aos pais desse garoto." Presidente Jair Bolsonaro, com uma criança e uma arma de brinquedo, em evento transmitido pela TV Brasil para celebrar os mil dias de governo. Fonte: O Antagonista.

**30 de setembro de 2021**
"(...) [As vacinas contra a Covid-19 se] encontram em estágio experimental, segundo as informações do FDA americano [agência de alimentos e medicamentos dos Estados Unidos], e também da Anvisa, apesar de a Anvisa ter dispensado a fase 3 [última etapa de testes] para que ela fosse aplicada. Ela ainda está em fase 3 de testes." Otávio Fakhoury, empresário, presidente do PTB de São Paulo e vice-presidente do Instituto Força Brasil, na CPI da Covid-19. Fonte: UOL, por Hanrrikson de Andrade e Luciana Amaral.

**30 de setembro de 2021**
"[As máscaras] não têm a eficiência que se fala." Otávio Fakhoury, empresário, presidente do PTB de São Paulo e vice-presidente do Instituto Força Brasil, na CPI da Covid-19. Fonte: UOL, por Hanrrikson de Andrade e Luciana Amaral.

**30 de setembro de 2021**
"(...) De modo que se permita a venda direta do botijão de gás (...). Você, no teu condomínio, pode lá juntar no teu condomínio 50, 100, 150 pessoas, e todo mês alugar, vocês alugarem um caminhão e buscar lá na Petrobras, no local em que a Petrobras entrega o botijão de gás, vai pagar R$50 do botijão e vai levar para o condomínio. Vai custar em média, no máximo R$60. Ou seja, tem como diminuir à metade o preço do gás de cozinha." Presidente Jair Bolsonaro, ao lado de Tarcísio de Freitas, ministro da Infraestrutura. Fonte: Metrópoles e SamPancher.

**30 de setembro de 2021**
"A tese da imunidade de rebanho, que é tese científica por sinal, funcionou pra mim. E pra minha família toda, o tratamento precoce funcionou muito bem. Todos se curaram, sem vacina. Portanto vá procurar a fronteira do Brasil com o México e pare de espalhar mentiras!" Otávio Fakhoury, empresário. Fonte: TV Senado.

**30 de setembro de 2021**
"Ah, mas o povo quer vacina. Claro que quer! Na Alemanha dos anos trinta uma parte do povo também queria se ver livre dos judeus." Paulo Eneas, editor da Crítica Nacional. Fonte: TV Senado.

**1º de outubro de 2021**
"(...) Todas as manifestações e atitudes do Presidente da República [Jair Bolsonaro] se pautaram em estudos científicos, no Parecer nº 04/2020 do Conselho Federal de Medicina e no princípio da autonomia do médico, para no caso concreto, prescrever o medicamento que entender mais eficaz, desde que com a anuência do paciente." Ives Gandra Martins, Adilson Abreu Dallari, Samantha Meyer Marques e Dirceo Torrecillas Ramos, juristas, defendendo em parecer o presidente Jair Bolsonaro da acusação de que ele teria cometido o crime de 'exercício ilegal da medicina' ao defender, por exemplo, o tratamento precoce contra a Covid-19. Fonte: Revista Oeste.

**1º de outubro de 2021**
"Sobre a patética ação da DPU [Defensoria Pública da União] contra o CFM [Conselho Federal de Medicina], sugiro que os 'defensores públicos' substituam os médicos nos hospitais e passem a tratar/prescrever os doentes de COVID conforme o que acreditam ser o melhor da 'ciência' que pregam. O plantão será pago pela multa cobrada do CFM. Topam?" Francisco Cardoso, médico. Fonte: o próprio Twitter.

**1º de outubro de 2021**
"Vamos fazer uma enquete aqui. (...) Quem é Flamengo levanta a mão. Quem é Palmeiras agora levanta a mão aí." Presidente Jair Bolsonaro, em cerimônia no Palácio do Planalto, transmitida pela TV Brasil, para comemorar os mil dias de governo. Fonte: O Antagonista.

**1º de outubro de 2021**
"Estive na Bahia com [o ministro] João Roma entregando títulos ao assentamento Rosinha do Prado. Entregamos nessa semana 800 títulos de reforma agrária para aquele pessoal, ganharam a carta de alforria." Presidente Jair Bolsonaro. Fonte: UOL.

**1º de outubro de 2021**
"O Brasil está decolando mais uma vez, apesar da crise hídrica, de tudo isso, apesar da inflação subindo. O Brasil levantou e começou a caminhar. Tem as reformas institucionais disparando as ondas de investimentos. Nós temos R$ 544 bilhões de investimentos já contratados. São contratos." Paulo Guedes, ministro da Economia. Fonte: O Antagonista.

**1º de outubro de 2021**
"Essa história de *fake news* é uma invenção para carimbar nas pessoas que contrariam aquilo que eles acham que tem que ser o pensamento dogmático, pensamento único. Em 50 anos de jornalismo, em 80 anos de vida, eu nunca vi uma situação como essas, em que se estabelece o que é falso e o que não é. Mas quem estabelece?" Alexandre Garcia, jornalista. Fonte: IG, O canal, por Jefferson Anjos.

**1º de outubro de 2021**
"Prezados. A pedido da Sra. Michelle Bolsonaro e conforme conversa telefônica entre ela e o presidente [da Caixa], Pedro [Guimarães], encaminhamos os documentos dos microempresários de Brasília que têm buscado crédito a juros baixos. Essa mensagem será dividida em duas partes devido ao tamanho dos arquivos. Atenciosamente. Assessoria, Primeira-Dama, Presidência da República." Assessoria da senhora Michelle Bolsonaro, primeira-dama. Fonte: Crusoé.

**04 de outubro de 2021**
"Molhou a mão na água, botou na boca, é salgada? Tem tubarão. Cuidado que o tubarão vai te pegar." Jorge Seif Júnior, secretário especial da Aquicultura e Pesca, em vídeo, integrante da comitiva, com 69 pessoas, da Expo Dubai 2020, liderada pelo vice-presidente general Hamilton Mourão. Fonte: O Antagonista.

**05 de outubro de 2021**
"Eu tenho um pequeno vídeo que eu peguei na internet. Está em condições de passar? Dois minutos, não sei quem é essa pessoa, a pessoa para mim é do povo. O meu pessoal perto de mim: 'alguém conhece esse cabra aqui?'. Não, ninguém conhece. Para mostrar um pouco o que era antes, o que era agora, nós estamos mudando as cores do Brasil." Presidente Jair Bolsonaro, em evento evangélico. Fonte: Metrópoles.

05 de outubro de 2021
"Não." Alexandre Garcia, respondendo se tinha se vacinado contra a Covid-19. Fonte: Programa 'Direto ao Ponto', da Jovem Pan.

05 de outubro de 2021
"Nós sabemos, infelizmente, que muitas pessoas ao receberem esse dinheiro [auxílio emergencial] não fazem uso adequado do mesmo, vão para o bar, para o boteco, e ali já deixam uma boa parte ou quase a totalidade do que receberam. Então, se ele fosse pago de forma parcelada, muito provavelmente a sua efetividade social teria sido maior." Romeu Zema, governador de Minas Gerais. Fonte: O Globo, por Laura Marques (Rádio CBN).

05 de outubro de 2021
"Nós estamos falando de algo humano. Nós estamos falando de algo que vem da vontade de quem nós cremos. O que é impossível para os homens não é impossível para Deus. Por isso é que chegamos a esse resultado." Onyx Lorenzoni, ministro do Trabalho, em um culto na Igreja Batista Central de Brasília, apontando para uma foto do presidente Jair Bolsonaro. Fonte: O Antagonista.

06 de outubro de 2021
"Quem se eleger presidente no ano que vem indica mais dois ministros do STF, já no primeiro semestre de 2023. Se for alinhado conosco, excelente. Ficam quatro garantidos lá dentro. Além de outros que já votam com a gente. Não é que votam com a gente, votam com as pautas que têm que ser votadas do nosso lado, então vamos ter tranquilidade por parte do Judiciário. Então, isso é primordial." Presidente Jair Bolsonaro. Fonte: Metrópoles, por Mariana Costa.

07 de outubro de 2021
"Quando qualquer projeto cria despesa, o congressista sabe que tem que apresentar a fonte de custeio. Quando não apresenta, se eu sanciono, eu estou incluso no artigo 8 da Constituição, crime de responsabilidade. Os cálculos lá do autor do projeto, que é um deputado do PT, é que se gastaria R$ 80 milhões por ano com absorvente. Fazendo as contas rapidamente, R$ 80 milhões divididos por 12, dá R$ 7 milhões por mês. Cada mulher teria 8 absorventes por mês. Ele diz lá no projeto que custaria para nós 1 centavo cada absorvente. Eu perguntei: 'E a logística para distribuir no Brasil todo?'" Presidente Jair Bolsonaro. Fonte: Poder360, por Gabriela Oliva.

**BOLSONARO E SEUS SEGUIDORES: O HORROR EM 3.560 FRASES**

**07 de outubro de 2021**
"Eu vou avisar um ano antes, fertilizantes! Por questão de crise energética, a China começa a produzir menos fertilizantes. Já aumentou de preço. Vai aumentar mais e vai faltar [alimentos]. A cada cinco pratos de comida no mundo, um sai do Brasil. Vamos ter problemas de abastecimento ano que vem. (...) Como deve faltar fertilizante, por falta de oferta no mercado, ele [o produtor rural] vai plantar menos. Se vai plantar menos, vai colher menos. Menos oferta, a procura igual ou um pouquinho maior, [tem] aumento de preço. Isso é para o mundo todo. (...) Pedi agora a uma pessoa nossa que trabalha nos Estados Unidos, no Itamaraty, [para] ir nos mercados — bem como alguns embaixadores da Europa também — [para] mostrar o que está acontecendo. Lá [no exterior], não é apenas inflação, está havendo desabastecimento." Presidente Jair Bolsonaro. Fonte: UOL, por Reinaldo Azevedo.

**08 de outubro de 2021**
"Em parte dá certo o nosso governo — não vou falar que é tudo 100% —, apesar da tal da pandemia, que houve uma potencialização, em que pesem as mortes. Lamentamos todas as mortes, mas houve uma politização enorme." Presidente Jair Bolsonaro. Fonte: UOL.

**08 de outubro de 2021**
"O Brasil é um dos países que menos sofreu na economia por ocasião da pandemia. Tomamos as medidas que tomamos naquele momento. Eu fui aleijado (sic) naquele momento por ter um plano para combater a pandemia. O Poder foi dado a governadores e prefeitos. É fácil falar depois que acontece, mas eu sempre disse: 'não podemos dissociar o combate ao desemprego do combate ao vírus'. Se era para achatar a curva, que curva era essa que durou mais de um ano? As consequências estão aí. 'Fica em casa; depois a economia a gente vê depois'." Presidente Jair Bolsonaro. Fonte: UOL.

08 de outubro de 2021
"Hoje a gente tem que decidir: a prioridade é a vacina ou é o absorvente? As mulheres pobres sempre menstruaram nesse Brasil e a gente não viu nenhum governo se preocupar com isso. E agora o Bolsonaro é o carrasco?" Damares Alves, ministra da Mulher, Família e Direitos Humanos, sobre o veto do presidente Jair Bolsonaro ao projeto do Congresso Nacional que previa distribuição gratuita de absorventes para as mulheres necessitadas. Fonte: Poder360.

**08 de outubro de 2021**
"Temos um problema sério pela frente, que indiquei um excepcional jurista, que é evangélico também, para o Supremo [Tribunal Federal], e tem corrente que não quer lá, quer impor, e chega recado: 'A gente resolve CPI, a gente resolve tudo, me dê a vaga'." Presidente Jair Bolsonaro. Fonte: Poder360, por Emilly Behnke.

## 08 de outubro de 2021

"Em reunião realizada na última semana, a Vice-Presidente Nacional do PTB [Partido Trabalhista Brasileiro], Graciela Nienov, falando em nome do Presidente Roberto Jefferson [que está preso], e os 26 presidentes de diretórios estaduais, decidiram formalizar o convite ao presidente da República, Jair Bolsonaro, para que se filie ao partido, o que possibilitará sua candidatura à reeleição (...)." Roberto Jefferson, presidente nacional do PTB; Graciela Nienov, vice-presidente nacional do PTB; Charlene Maria de Lima, presidente do PTB do Acre; Ricardo Luiz Monteiro Francisco, presidente do PTB do Amazonas; Kassyo Santos Amos, presidente do PTB do Amapá; Gean Paulo Oliveira Prates, presidente do PTB da Bahia; Francisco de Assis Cavalcante Nogueira, presidente do PTB do Ceará; José Gomes Ferreira Filho, presidente do PTB do Distrito Federal; Bruno Lourenço de Souza, presidente do PTB do Espírito Santo; Eduardo Ângelo de Macedo de Lucena, presidente do PTB de Goiás; Mical Silva Damasceno, presidente do PTB do Maranhão; Bráulio Braz, presidente do PTB de Minas Gerais; Delcídio do Amaral, presidente do PTB do Mato Grosso do Sul; Emanuel Pinheiro Neto, presidente do PTB do Mato Grosso; Josué Bengtson, presidente do PTB do Pará; Nilvan Ferreira do Nascimento, presidente do PTB da Paraíba; Luiz de França e Silva Meira, presidente do PTB de Pernambuco; Antônio Venício de Ó de Lima, presidente do PTB do Piauí; Marisa Lobo Franco Ferreira Alves, presidente do PTB do Paraná; Marcus Vinicius de Vasconcelos Ferreira, presidente do PTB do Rio de Janeiro; Getúlio Batista da Silva Neto, presidente do PTB do Rio Grande do Norte; Nilton Capixaba, presidente do PTB de Rondônia; Jeferson Alves, presidente do PTB de Roraima; Edir Pedro de Oliveira, presidente do PTB do Rio Grande do Sul; Kennedy Nunes, presidente do PTB de Santa Catarina; Rodrigo Valadares, presidente do PTB de Sergipe; Otávio Fakhoury, presidente do PTB de São Paulo; Alex Seiki Kawano, presidente do PTB de Tocantins. Fonte: o próprio PTB.

## 08 de outubro de 2021

"Em relação a máscaras, minha posição é clara: o cuidado é individual, o benefício é de todos. Ocorre que existem leis que querem obrigar as pessoas a usar máscaras. Essas leis são absolutamente ineficazes, o que nós temos que fazer é com que as pessoas se conscientizem para usar as medidas não farmacológicas. (...) Preservativo, por exemplo, diminui doenças sexualmente transmissíveis, vou fazer uma lei para obrigar as pessoas a usar preservativo?" Marcelo Queiroga, ministro da Saúde, médico. Fonte: Poder360.

**BOLSONARO E SEUS SEGUIDORES: O HORROR EM 3.560 FRASES**

08 de outubro de 2021
"Ontem foi um dia bastante tenso. Eu estava tentando entender o que estava acontecendo. Vamos enviar mensagens oficiais para a Economia e para a Junta de Orçamento para que exista reposição imediata desse recurso (...). Temos dias bons e dias ruins, ontem eu estava muito, muito chateado. Se você me perguntasse ontem, eu diria que sim [que pensou sobre a possibilidade de deixar o governo]. Mas hoje, vendo tudo isso aqui, vendo aqueles jovens recebendo aquelas medalhas, eu penso 'tenho que continuar para ajudar a levar isso para frente'. Eu me sentiria muito mal em sair e deixar todo esse pessoal na mão. Quando você lidera uma esquadrilha, tem de ir até o final. Vai ter dia bom, vai ter dia ruim, vai ter dia que você vai voar em céu de brigadeiro com a esquadrilha e dia com antiaéreo. Tem que aguentar pelo bem da ciência." Marcos Pontes, ministro da Ciência, Tecnologia e Inovação. Fonte: Folha, por Dante Ferrasoli.

08 de outubro de 2021
"Três cientistas da Pfizer CONFESSAM em vídeo gravado pelo Project Veritas que a imunidade adquirida naturalmente é melhor e mais duradoura que qualquer vacina, e TODA a mídia fingiu demência (pra variar). O Jornal BDM foi o único a dar atenção a este fato assustador." Bernardo P. Küster, diretor de opinião do jornal Brasil Sem Medo. Fonte: o próprio Twitter.

08 de outubro de 2021
"(...) Por isso, delegamos essa decisão ao médico. Metade da população brasileira, ou até mais, quer fazer o tratamento precoce [contra a Covid-19]. De 25% a 30% dos médicos, segundo levantamento nosso, já propõem o tratamento precoce. Metade da classe médica acredita no tratamento, seja pelos trabalhos que lê, seja pela prática diária. Uma coisa é estarmos aqui no ar-condicionado, sem estresse, discutindo sobre o tratamento. Outra coisa é estar na UPA, com um paciente inseguro, chorando na nossa frente, com medo da doença, com a família estressada. Essa questão é muito mais complexa do que é posta pela imprensa ou por determinados segmentos da sociedade. E tem que levar em conta o médico na ponta (...)." Mauro Luiz de Britto Ribeiro, presidente do Conselho Federal de Medicina (CFM). Fonte: Estadão, por Roberta Jansen.

08 de outubro de 2021
"Nesse momento em que uma parte da mídia [se] sente contaminada por projetos políticos, ter um órgão independente com é a Revista Oeste é para o Brasil muito importante. (...) Sou um admirador da Revista Oeste, revista independente, imparcial, não contaminada por posições desta ou daquela corrente política, procurando apresentar a boa informação, com formação, não tomando portanto partido (...)." Ives Gandra Martins, jurista. Fonte: Twitter da Revista Oeste.

**08 de outubro de 2021**
"(...) Cultura meu amigo é algo maior do que simplesmente festivais de 'macaquinhos', crianças expostas a nudez adulta e outras condições, e não reconhecer isso é ser Negacionista (o negacionismo do bem o ódio do bem e por aí vai) (...)." Helio Ferraz, secretário especial adjunto do Ministério de Cultura. Fonte: o próprio Instagram.

**09 de outubro de 2021**
"Sou do tempo em que usávamos paninhos, que a cada mês eram lavados e passados para serem novamente usados. Não tinha mi, mi, mi aínn o governo tem que me dar." Deputada Alê Silva (PSL-MG). Fonte: o próprio Twitter.

**09 de outubro de 2021**
"Estão saindo daqui para não responder quanto é 7 x 8, raiz quadrada de 4. Saiam agora daqui." Presidente Jair Bolsonaro, respondendo a um grupo de manifestantes que protestavam contra as 600 mil mortes por Covid-19. Fonte: O Globo.

10 de outubro de 2021
"O número de pessoas que morrem por Covid abaixo de 20 anos está... hein, [Marcelo] Queiroga [ministro da Saúde]? 99,99, alguma coisa mais. Não é isso, Queiroga? Então por que vacina? Meu deus do céu, será que é um negócio que estamos vendo em jogo, é um negócio que ninguém tem coragem de falar porque politicamente não é bom falar, se perde voto, perde simpatia, vão te chamar de negacionista, de terraplanista, vivemos a hipocrisia e quase o mundo todo vive na hipocrisia." Presidente Jair Bolsonaro. Fonte: Metrópoles e SamPancher.

10 de outubro de 2021
"Por que cartão, passaporte da vacina? Eu queria ver o jogo do Santos. Agora me falaram que tem que estar vacinando. Por que isso? Eu tenho mais anticorpos de que quem tomou a vacina." Presidente Jair Bolsonaro. Fonte: UOL, por Thaís Augusto e Yago Rudá.

**10 de outubro de 2021**
"Cientistas da Pfizer admitem superioridade da imunidade natural. Para os cientistas, o contato com o vírus promove mais anticorpos e garante imunidade ao longo do tempo." Deputada Bia Kicis (PSL-DF). Fonte: Brasil Fede Covid, no Twitter.

**11 de outubro de 2021**
"Qual país não morreu gente [de Covid-19]? Qual país não morreu, gente? Qual país não morreu, gente? Responda, deixa de... Olha, não vim me aborrecer, por favor." Presidente Jair Bolsonaro. Fonte: Poder360.

**BOLSONARO E SEUS SEGUIDORES: O HORROR EM 3.560 FRASES**

**11 de outubro de 2021**
"Estamos ressuscitando o modal ferroviário. Qual é o transporte mais caro? Não é caminhão, não, é o aéreo, porra. Foda né? Foda discutir com os caras. Qual transporte mais caro? Ele não sabe responder, pô, imprensa. Vocês têm um papel enorme, mas não aprenderam a trabalhar ainda." Presidente Jair Bolsonaro. Fonte: Poder360.

**11 de outubro de 2021**
"A diretora do CDC [Centro de Controle de Doenças dos Estados Unidos], Rochelle Walensky, agora admite que a v4c1n4... não pode prevenir a transmissão. Isso mostra a total inutilidade do passaporte sanitário, além da grave violência à liberdade." Deputada Bia Kicis (PSL-DF). Fonte: o próprio Twitter.

**11 de outubro de 2021**
"Boa tarde, solicitamos nota sobre possível episódio em que o presidente Jair Bolsonaro é estampado como 'palhaço' e chamado de 'genocida' em *slide* durante aula. Recebemos a denúncia de alunos." Jovem Pan, em mensagem para o Colégio e Curso Start. Fonte: Instagram do Colégio e Curso Start.

**12 de outubro de 2021**
"Eu faço um apelo à imprensa brasileira e mundial, antes de qualquer coisa, vá conhecer o Brasil. Enquanto os senhores falam mal, as pessoas perdem o emprego no turismo. (...) Você que quer conhecer o Brasil, vá ao Brasil antes de falar qualquer coisa sobre o país da gente." Gilson Machado Neto, ministro do Turismo. Fonte: Metrópoles, por Guilherme Amado e Bruna Lima.

**12 de outubro de 2021**
"Ah é só um desenho, não é nada demais. Vai nessa que vai ver onde vamos parar..." Maurício Souza, jogador de vôlei da Seleção Brasileira, criticando a história em quadrinhos do novo Super-Homem, na qual há um beijo entre o personagem e outro homem, e a decisão da TV Globo de usar pronomes neutros nas novelas. Fonte: O Globo (26/10/2021), por Marcello Neves.

**12 de outubro de 2021**
"A intenção não é democratizar os super-heróis ou tornar o mundo mais tolerante, é o contrário: destruir a masculinidade dos mais tolerantes para dominar estes cordeiros e instigar o ódio nos resistentes para poder acusa-los de homofóbico e depois a esquerda se dizer protetora dos gays." Deputado Eduardo Bolsonaro (PSL-SP). Fonte: o próprio Twitter.

### 12 de outubro de 2021
"A heteronormatividade, padrão cristão, bíblico e biológico, vem sendo combatida com muita força, sobretudo na cultura pop e nos produtos de mídia voltados para crianças e adolescentes. As forças das trevas têm se levantado com muita força contra o padrão divino para impor como normal aquilo que a Bíblia diz que é abominável. Ore! Compartilhe! Manifeste-se!" Deputado estadual Samuel Júnior (PDT-BA) e pastor da Igreja Assembleia de Deus. Fonte: Bahia Notícias.

### 12 de outubro de 2021
"Os caras tentam desqualificar você por qualquer coisa. Agora, por que não divulgam o número de mortes de pessoas vacinadas? Não divulgam. Muita gente que tomou a segunda dose está morrendo." Presidente Jair Bolsonaro. Fonte: Folha, por Klaus Richmond.

### 12 de outubro de 2021
"Eu não tenho motivo para mudar [a indicação do] André Mendonça [para o STF]. É uma pessoa evangélica, é um compromisso meu, e tem uma bagagem jurídica enorme. Há um interesse por parte de alguns senadores de botar um nome que seja mais simpático a eles. Eu espero que não aconteça. (...) O que ele, [senador Davi Alcolumbre (DEM-AP), presidente da Comissão de Constituição e Justiça (CCJ) do Senado], faz é uma verdadeira tortura contra um chefe de família." Presidente Jair Bolsonaro, em entrevista ao programa 'Os Pingos nos Is', da Jovem Pan. Fonte: UOL.

### 12 de outubro de 2021
"Se você apoia Xuxa, peço que nos siga. Seria uma satisfação apontar fatos omitidos para que possamos sempre melhorar e unir nosso país!" Presidente Jair Bolsonaro. Fonte: o próprio Twitter.

### 13 de outubro de 2021
"Se eu pudesse, mataria vocês." Gustavo Milsoni, professor da Escola Estadual Cid Boucault, em Mogi das Cruzes (SP), ao dar uma cabeçada no nariz do cinegrafista da GloboNews Leandro Matozo, fazendo-o sangrar. Ele e o repórter Victor Ferreira foram ofendidos e ameaçados. Fonte: O Antagonista.

### 13 de outubro de 2021
"Respeito a opinião de qualquer um aqui que seja a favor e contra a arma de fogo, mas o que acontecia no Brasil é que somente os marginais e bandidos tinham armas de fogo. Não pude alterar lei como queria, mas alteramos decretos e portarias de modo que arma de fogo passou a ser realidade entre nós." Presidente Jair Bolsonaro. Fonte: UOL.

**BOLSONARO E SEUS SEGUIDORES: O HORROR EM 3.560 FRASES**

**13 de outubro de 2021**
"Eu decidi não tomar mais a vacina. Eu estou vendo novos estudos, a minha imunização está lá em cima, para que vou tomar a vacina? Seria a mesma coisa que você jogar R$ 10 na loteria para ganhar R$ 2. Não tem cabimento isso." Presidente Jair Bolsonaro. Fonte: Metrópoles, por Mariana Costa.

**13 de outubro de 2021**
"A maioria esmagadora do povo brasileiro são pessoas do bem. Respeitemos as minorias, mas as leis são para que eles se mantenham na linha, e não nós — que já estamos na linha." Presidente Jair Bolsonaro, em simpósio com líderes evangélicos. Fonte: Folha, por Marianna Holanda e Ricardo Della Coletta.

**13 de outubro de 2021**
"O trambolho autoritário, que chamam de passaporte de vacinação, não irá prosperar na Lei Rouanet. Não permitiremos que projetos que são financiados com dinheiro público imponham um apartheid sanitário." André Porciúncula, secretário nacional de Incentivo e Fomento à Cultura — Lei Rouanet. Fonte: o próprio Twitter.

**13 de outubro de 2021**
"Hoje eu ia entrar em uma loja no shopping, quando vi um adesivo na porta escrito 'Equipe 100% Vacinada'. Em solidariedade aos que não querem se vacinar e, por entender que vacina não impede que me contaminem, dei meia volta e segui o meu caminho." Vereador Leonardo Dias (PSD-Maceió/AL). Fonte: Brasil Fede Covid, no Instagram.

**14 de outubro de 2021**
"Estou com uma gripe aí. Está complicado para mim." Presidente Jair Bolsonaro. Fonte: O Antagonista.

**14 de outubro de 2021**
"Eu falo aqui, olha, se eu for novamente hoje reinfectado, eu vou tomar hidroxicloroquina e ivermectina, ponto final. É a minha vida que está em jogo." Presidente Jair Bolsonaro. Fonte: Folha, por Marianna Holanda.

**14 de outubro de 2021**
"Eu estou vendo aqui que a AstraZeneca e a Pfizer estão lançando um comprimidinho para você, uma vez contraído o vírus, para você tomar esse comprimidinho. O outro, aquele outro, da ivermectina, para piolho, não vale não, tá? Esse aqui vale. Ou melhor, vai valer. (...) Agora, o da AstraZeneca, esse novo remédio da AstraZeneca (...). Esse remédio combate também? Não vai estar na bula, tá? Mas já sabemos que combate também piolho, ascaridíase, escabiose, elefantíase? Ou seja, combate a mesma coisa que esse nosso, brasileiro, aqui, que é usado para combater piolho." Presidente Jair Bolsonaro. Fonte: UOL, por Lucas Borges Teixeira.

14 de outubro de 2021
"Falar pro arcebispo Dom Orlando Brandes, seu vagabundo! Safado! Safado da CNBB, dando recadinho pro presidente [Jair Bolsonaro], pra população brasileira, de que 'Pátria Amada não é Pátria Armada'. Pátria armada é a pátria que não se submete a essa gentalha, seu safado! E a sua CNBB, propaladora da teologia da libertação, você se esconde atrás da sua batina pra fazer proselitismo político, pra converter as pessoas de bem para a sua ideologia, a última coisa que vocês tomam conta é da alma e da espiritualidade das pessoas, seu vagabundo! Safado! Que se submete a esse papa vagabundo também! A última coisa que vocês tomam conta é do espírito e do bem-estar e do conforto da alma das pessoas. Você acha que é quem para ficar usando a batina e o altar para ficar fazendo proselitismo político, seus pedófilos! Safados! A CNBB é um câncer! Um câncer! Que precisa ser extirpado do Brasil, e quero abraçar aqui a Opus Dei, ao Arautos do Evangelho, que esses sim cuidam das pessoas, e são perseguidos por gente nojenta como você, Dom Orlando Brandes e sua CNBB imunda, canalhas! Canalhas!" Deputado estadual Frederico D'Avila (PSL-SP). Fonte: Rede Alesp (Assembleia Legislativa do Estado de São Paulo).

14 de outubro de 2021
"Olha a família que eu tenho. Quando [o presidente eleito Jair] Bolsonaro anunciou que eu seria ministra da família, alguns da nossa base mais conservadora criticaram: 'não, é ela a ministra da família?' Eu sou divorciada, meu marido foi embora, tomara que volte. Foi embora, resolveu, sabe, assim, eu sonhei com o príncipe a vida inteira, aí eu casei com o príncipe, aí passou a bruxa lá em casa e levou meu príncipe embora. É bem assim, eu sou uma mulher, uma mãe sozinha e a minha filha, ela é uma indígena da comunidade Kamaiurá, do povo Kamaiurá. E a adoção da minha filha nunca saiu, eu sou mãe socioafetiva de Lulu, mas eu e Lulu somos uma família." Damares Alves, ministra da Mulher, Família e Direitos Humanos. Fonte: Metrópoles e SamPancher.

14 de outubro de 2021
"Enquanto cada vez mais casos de pessoas jovens morrendo de infarto e AVC aparecem, a implementação da vacinação obrigatória avança." Fernanda Salles. Fonte: o próprio Twitter.

14 de outubro de 2021
"Por que quem já contraiu o vírus é obrigado a tomar a vacina? Será — eu não estou afirmando — será que é o *lobby* das vacinas? Os interesses das indústrias farmacêuticas que estão faturando bilhões com a vacina? Será? Porque não tem cabimento." Presidente Jair Bolsonaro. Fonte: Brasil Fede Covid, no Instagram.

**15 de outubro de 2021**
"Feliz dia dos professores, Olavo de Carvalho!! Te amamos!" Fernanda Salles. Fonte: o próprio Twitter.

**15 de outubro de 2021**
"Feliz Dia do Professor!" Claudia Wild, homenageando Olavo de Carvalho. Fonte: o próprio Twitter.

**15 de outubro de 2021**
"A cidade de Waterford tem 99,7% da população vacinada e agora tem a maior taxa de infecção da COVID-19 da Irlanda. Da série 'Passaporte Sanitário — A Salvação." Claudia Wild. Fonte: o próprio Twitter.

**15 de outubro de 2021**
"O Renan [Calheiros (MDB-AL), senador e relator da CPI] está achando que eu não vou dormir porque ele está me chamando de homicida. Tá de sacanagem, né? O que se passa na cabeça de Renan Calheiros naquela CPI, que... O que passa na cabeça dele com esse indiciamento? Esse indiciamento, pro mundo todo vai que eu sou homicida. Eu não vi nenhum chefe de estado ser acusado de homicídio, no Brasil, por causa da pandemia. E olha que eu dei dinheiro para todos eles. Agora, o Renan Calheiros, ele não se interessou em apurar o Consórcio do Nordeste do Carlos Gabas, né?" Presidente Jair Bolsonaro. Fonte: Metrópoles e SamPancher.

**15 de outubro de 2021**
"Uma coisa é certa, qualquer decisão que eu tomar eu caminharei com o presidente Jair Bolsonaro. Não sei como será uma arrumação [do PP] aqui na Bahia. Eu quero, é meu desejo caminhar com Jair Bolsonaro, seja em partido caso seja possível ou na defesa dos valores, do nome e do símbolo Jair Bolsonaro no Brasil." Alexandre Aleluia (DEM), vereador de Salvador/BA. Fonte: Bahia Notícias, por Anderson Ramos e Gabriel Lopes.

**15 de outubro de 2021**
"Mil dias de um Governo constitucional, eficiente e fraterno. MIL DIAS DE UM GOVERNO SÉRIO, HONESTO E TRABALHADOR. Lorem ipsum dolor sit amet. A earum dolor et aliquam repellat sit culpa nulla ea optio saepe! Sed dolorem obcaecati (...)." Secretaria Especial de Comunicação Social (SECOM), do Governo Federal, usando texto automático em latim em *post* que deveria descrever os feitos do governo. Fonte: *site* do Governo Federal e Folha, por Camila Mattoso, Fabio Serapião e José Marques.

## WALTER BARRETTO JR.

**15 de outubro de 2021**
"Quantas vezes eu choro sozinho no banheiro em casa, minha esposa [Michelle Bolsonaro] nunca viu, ela acha que eu sou o machão dos machões. O que me faz agir dessa maneira, eu não sou mais deputado, com todo respeito ao deputado, se ele errar um voto, pode não influenciar em nada, um voto em 513, mas uma decisão minha mal tomada muita gente sofre." Presidente Jair Bolsonaro. Fonte: Instagram do UOL.

**16 de outubro de 2021**
"Busca-se que personalidades da história do país possam ser homenageadas em âmbito nacional desde que a homenagem não seja inspirada por práticas dissonantes das ambições de um Estado democrático." Diário Oficial do Governo Federal, vetando o projeto de lei que batizava com o nome de João Goulart uma rodovia federal. Fonte: Folha, por Hélio Schwartsman.

**17 de outubro de 2021**
"Durante a audiência, o senhor Osmar [Santos, diretor de relações governamentais da Fundação Cacique Cobra Coral] relatou aos técnicos do Ministério de Minas e Energia que o instituto faz serviços de previsões dos mais variados tipos (...)." Ministério de Minas e Energia, na intenção de tratar da crise hídrica. Fonte: O Antagonista.

**17 de outubro de 2021**
"E aqui a hora do parabéns tava ótimo." Caroline Gutknecht, que cursa história na UFPel, exibindo na sua rede social um bolo customizado com a imagem de Adolf Hitler, na celebração de seu aniversário de 24 anos. Fonte: Folha, por Mônica Bergamo, Lígia Mesquita, Victoria Azevedo, Bianka Vieira e Manoella Smith.

**17 de outubro de 2021**
"Em 2020, sem vacinas, o Brasil não chegou a 200 mil mortes com Covid; em 2021, com mais de 100 milhões de pessoas vacinadas com duas doses, até agora mais de 400 mil pessoas morreram, ou seja, o dobro. Fatos. Apenas fatos." Rodrigo Constantino, jornalista. Fonte: o próprio Twitter.

**18 de outubro de 2021**
"Quem lembra o que era o Ministério dos Direitos Humanos? Quem eram as pessoas que já ocuparam aquele Ministério? Como uma, por exemplo, que tinha lá um site chamado 'Humaniza Redes', que era... que incentivava a pedofilia. Dizia que o pedófilo era um doente, [que] devia ser entregue para um hospital, e não ser levado a uma delegacia." Presidente Jair Bolsonaro, em um evento chamado 'Simpósio da Cidadania Cristã', na Igreja Batista Central de Brasília. Fonte: Folha, por Mônica Bergamo.

**BOLSONARO E SEUS SEGUIDORES: O HORROR EM 3.560 FRASES**

**18 de outubro de 2021**
"Penso que a maioria do partido [PP] aceita de bom grado a filiação do presidente Bolsonaro." Deputado Arthur Lira (PP-AL), presidente da Câmara dos Deputados, em entrevista à Veja. Fonte: Poder360.

**18 de outubro de 2021**
"O nosso ministro [Marcelo] Queiroga [da Saúde] estava vacinado e contraiu o vírus. A Tereza Cristina [ministra da Agricultura], assim como meu filho Eduardo. Tanta e tanta gente. Assim como o ex-chefe de Estado norte-americano Colin Powell, vacinado com a Janssen ou com a Moderna, acabou de falecer por Covid. Essa questão da Covid é uma grande interrogação." Presidente Jair Bolsonaro. Fonte: Revista Oeste.

**18 de outubro de 2021**
"O que estamos testemunhando é algo macabro, triste e lamentável. Pessoas foram escolhidas a dedo pra virem à CPI [da Covid-19, do Senado Federal] e falarem mal do presidente Bolsonaro, pessoas com histórico de militância contra Bolsonaro vieram para a CPI hoje com o compromisso de responsabilizar Bolsonaro pelas mortes dos familiares por causa da Covid, não por causa do Bolsonaro. Isso é um desrespeito com as quase 600 mil vítimas desse vírus aqui no Brasil. A CPI está entrando para a história como algo que mancha a imagem do Senado Federal e algo que certamente grande parte da população olha para cá agora com nojo porque ter a audácia, ter a falta de sensibilidade de explorar a dor dessas pessoas que estão aí hoje depondo com compromisso de que elas falassem mal do governo Bolsonaro. Isso é muito feio e precisa ser denunciado como eu tô fazendo aqui agora, então, mais uma vez, o meu sentimento a todos os familiares vítimas da Covid. E, se Deus quiser, essa CPI vai encerrar logo porque tá fazendo muito mal ao Brasil. A CPI não colaborou pra colocar uma dose de vacina no braço dos brasileiros, a CPI não salvou ninguém, a CPI não deu R$1 pra você que tá passando fome, porque quem te ajudou foi o presidente Bolsonaro, não foi a CPI. Então aqui o meu repúdio ao que está acontecendo no dia de hoje, aqui na CPI, no Senado Federal." Senador Flávio Bolsonaro (Patriota-RJ). Fonte: Metrópoles e SamPancher.

**19 de outubro de 2021**
"Você pode criticar a atitude dele [presidente Jair Bolsonaro], mas você não pode dizer que isso levou a crime. Você pode fazer a crítica, mas você não pode criminalizar o presidente da República." Deputado Ricardo Barros (PP-PR), líder do governo na Câmara dos Deputados. Fonte: UOL.

**19 de outubro de 2021**
"O tempo todo eu sou o responsável por tudo, se é assim, ache um cara melhor, sem problema nenhum. Tem muita gente boa candidata por aí. (...) Vou cumprir meu mandato, sem problema nenhum, fazer o que é possível." Presidente Jair Bolsonaro. Fonte: UOL e Estadão, por Eduardo Gayer.

**19 de outubro de 2021**
"O periódico [IstoÉ], estranhamente, omisso sobre os programas e avanços públicos desenvolvidos pelo Estado brasileiro na seara da saúde desde o início da crise sanitária [pandemia da Covid-19], no que repercute em difusão de informações dotadas de parcialidade, com prejuízos não só ao agente alvo de infundada criminalização, mas ao público leitor, o que corrobora a pertinência deste pedido de resposta." Advocacia-Geral da União (AGU), em trecho da notificação extrajudicial à revista IstoÉ, assinada pelo advogado-geral da União, Bruno Bianco, pelo procurador-geral da União, Vinicius Torquetti Rocha, e por Bruno Luiz Dantas de Araújo Rosa, adjunto do AGU, enviando também uma sugestão de desenho gráfico de capa para ser publicada pela referida revista na sua próxima edição, com imagem do presidente Jair Bolsonaro abraçado por populares em um desfile de 7 de Setembro. Fonte: Portal Jota e Conjur.

**20 de outubro de 2021**
"Eu acho que ele [presidente Jair Bolsonaro] recebeu [o Relatório da CPI da Covid-19 no Senado Federal] da seguinte forma: rarararara." Senador Flávio Bolsonaro (Patriota-RJ). Fonte: Brasil Fede Covid, no Twitter.

**20 de outubro de 2021**
"Como seria bom se aquela CPI [da Covid-19 do Senado Federal] estivesse fazendo algo de produtivo para o nosso Brasil. Tomaram tempo do nosso ministro da Saúde [Marcelo Queiroga], de servidores, de pessoas humildes e de empresários. Nada produziram, a não ser o ódio e o rancor entre alguns de nós. Mas nós sabemos que não temos culpa de absolutamente nada, sabemos que fizemos a coisa certa desde o primeiro momento." Presidente Jair Bolsonaro. Fonte: Metrópoles e SamPancher.

**20 de outubro de 2021**
"Como nós queremos aumentar um pouco essa camada de proteção para os mais frágeis, nós pediríamos que isso viesse como um *waiver*, para atenuar o impacto socioeconômico da pandemia. Estamos ainda finalizando, vendo se conseguimos compatibilizar isso." Paulo Guedes, ministro da Economia. Fonte: Poder360, por Marina Barbosa.

**20 de outubro de 2021**
"Troquei uma ideia com o presidente hoje." Bruno Aiub, conhecido como Monark. Fonte: o próprio Twitter.

**BOLSONARO E SEUS SEGUIDORES: O HORROR EM 3.560 FRASES**

**20 de outubro de 2021**
"Médicos acabam de demonstrar, em audiência na Assembleia Legislativa do Rio Grande do Sul, que a vacinação de Covid NÃO FUNCIONA como bloqueio sanitário nem como controle da doença. REFUTEM ISSO, higienistas do lobby. Ou respondam por induzir a população a um EXPERIMENTO." Guilherme Fiuza, jornalista, colunista da Revista Oeste. Fonte: O próprio Twitter.

**20 de outubro de 2021**
"[O relatório final da CPI revela] abusos movidos pelo mero capricho ou satisfação pessoal. (...) A pretensão de caracterizar o crime de charlatanismo [contra o presidente Jair Bolsonaro] em reação às falas do presidente [indicando o uso da cloroquina e da ivermectina no combate à Covid-19] não se sustentam, pois não houve nenhuma promessa de cura ou de uma solução infalível. Tais manifestações se inserem integralmente na liberdade de expressão do pensamento. O direito não pode ser utilizado como instrumento de política. Ou se faz um relatório final técnico ou se elabora uma opinião comprometida politicamente. Não há como mesclar as duas coisas. Ou seja, aparência de tecnicidade em um relatório ideológico. (...) [A CPI da Pandemia] se transformou numa empreitada para perseguir, sem legitimidade e sem fundamentos fáticos e jurídicos, o presidente da República e seus principais colaboradores." Senador Fernando Bezerra (MDB-PE), líder do Governo no Senado, na CPI da Covid-19, sobre o 'Relatório Final da CPI da Pandemia'. Fonte: Agência Brasil, por Karine Melo.

**21 de outubro de 2021**
"Que país é esse?!!! Jornalistas sendo presos por emitir suas opiniões!! Tenho vergonha desse Alexandre [de Moraes, ministro do STF] Imoral. 'URGENTE: Moraes determina a prisão de Allan dos Santos' (...)." Pastor Silas Filho, filho do pastor Silas Malafaia. Fonte: o próprio Twitter.

**21 de outubro de 2021**
"O doutor [Anthony] Fauci dizendo, em um artigo de 2008, que a maioria das vítimas da gripe espanhola não morreu de gripe espanhola. Sabe do que eles morreram, na verdade? De pneumonia bacteriana causada pelo uso de máscaras." Presidente Jair Bolsonaro. Fonte: UOL, por Lucas Borges Teixeira.

**21 de outubro de 2021**
"Eu também fui acometido [pela Covid-19], tomei hidroxicloroquina, no dia seguinte estava bom. Será que é porque é barato? Ainda continua em interrogação o tratamento." Presidente Jair Bolsonaro. Fonte: Folha, por José Matheus Santos e Roberto Crispim.

**21 de outubro de 2021**
"Temos governadores e prefeitos exigindo passaporte vacinal. O nosso ministro da Saúde, Marcelo Queiroga, mesmo vacinado com a segunda dose, contraiu a Covid. Outras pessoas da minha comitiva que estavam vacinadas com a segunda dose contraíram o vírus. É uma grande interrogação a Covid-19." Presidente Jair Bolsonaro. Fonte: Folha, por José Matheus Santos e Roberto Crispim.

**21 de outubro de 2021**
"Ofertamos a todos do Brasil a oportunidade de todos se vacinarem. Isso não quer dizer que a vacina seja obrigatória. Jamais defenderemos isso. Eu não tomei a vacina, quem quiser seguir meu exemplo que siga, quem não quiser que não siga, isso é liberdade. (...) Dizem que quem se contaminou tem mais anticorpos do que quem se contaminou. Por que tomar vacina? Se eu quiser tomar lá na frente, eu tomo. Mas meu governo ofereceu vacina para toda a população, espero que ela seja eficiente." Fonte: Folha, por José Matheus Santos e Roberto Crispim.

**21 de outubro de 2021**
"No passado, um consórcio de governadores disse que iam trazer vacinas. Quantas vacinas eles trouxeram? Nenhuma. Todas as vacinas foram trazidas pelo governo do presidente Bolsonaro. (...) O governo conservador tem compromisso com a inocência das crianças nas escolas, e nós sabemos disso. Tem compromisso com a dignidade da pessoa humana. E tem compromisso com a liberdade. (...) Água é saúde. Água é vida. Água que batizou Jesus Cristo no rio Jordão, hoje, através das mãos do presidente Jair Messias Bolsonaro vai matar a sede do povo do sertão da Paraíba e do Nordeste. Brasil acima de tudo, Deus acima de todos." Marcelo Queiroga, ministro da Saúde, médico, em discurso durante inauguração de trecho da transposição do Rio São Francisco. Fonte: O Globo, por Daniel Gullino.

**21 de outubro de 2021**
"Vão ter novos reajustes dos combustíveis? Certamente teremos. Por que vou negar isso daí? Estamos buscando solução. O auxílio de R$ 400 para caminhoneiros, que vai estar abaixo de R$ 4 bilhões por ano, dentro do Orçamento. Daí fica o mercado nervosinho. Se vocês explodirem a economia do Brasil, pessoal do mercado, vocês vão ser prejudicados também." Presidente Jair Bolsonaro. Fonte: Folha, por Ricardo Della Coletta.

**21 de outubro de 2021**
"Imaginem se estivesse o Haddad no meu lugar. Teria *lockdown* nacional e todos seriam obrigados a ser vacinados por canetada do Haddad." Presidente Jair Bolsonaro. Fonte: CartaCapital.

**BOLSONARO E SEUS SEGUIDORES: O HORROR EM 3.560 FRASES**

21 de outubro de 2021
"Está caro a gasolina! Está caro o diesel? Mas tá bem mais barato do que lá fora. Deve ter outro aumento de combustível? Deve ter outro aumento de combustível! Não precisa ser mágico pra descobrir isso aí, é só ver o preço do petróleo lá fora, e quanto é o dólar aqui dentro, então começa a aumentar, nós ainda dependemos de importação de diesel, em especial, em torno de 25%, parte de gasolina também, e se não reajustar, falta. A inflação é horrível? É péssimo, mas pior ainda é o desabastecimento, então o que nós aqui, como está na iminência de um novo reajuste de combustível... O que nós buscamos fazer? Acertado com a equipe econômica, alguns não querem, na equipe econômica, não queriam. Outros achavam que era possível dar auxílio aos caminhoneiros havendo um novo reajuste, dar um auxílio aos caminhoneiros, que está decidido, até o momento, R$ 400." Presidente Jair Bolsonaro. Fonte: Metrópoles e SamPancher.

21 de outubro de 2021
"Ofertamos a todos no Brasil a possibilidade de se vacinarem, e deixo bem claro, esse ofertamento não quer dizer que a vacina seja obrigatória, nós jamais defenderemos a obrigatoriedade da vacina. Eu não tomei a vacina, quem quiser seguir meu exemplo, que siga. Quem não quiser, que não siga, isso é liberdade." Presidente Jair Bolsonaro. Fonte: Metrópoles e SamPancher.

21 de outubro de 2021
"O pedido [de extradição com mandato de prisão na lista da Difusão Vermelha da Interpol], de [Alexandre de] Moraes [ministro do Supremo Tribunal Federal], precisa ser acatado pela Interpol. Quando isso for acatado, eu mesmo faço questão de me apresentar, mas, sobretudo, vou usar de todos os requisitos dos quais eu tenho direito nos EUA, mesmo como imigrante." Allan dos Santos, *youtuber* e blogueiro do canal 'Terça Livre'. Fonte: Metrópoles, por Thayná Schuguel.

21 de outubro de 2021
"Indignação diante da perseguição a Allan dos Santos. Dupla indignação porque ela se faz diante da indiferença ou aplauso de todo um establishment político que diz defender o 'Estado democrático de direito'. Momento triste para a liberdade e aqueles que nela ainda acreditam." Ernesto Araújo. Fonte: o próprio Twitter.

21 de outubro de 2021
"Vou torturar sim, já que não posso nomear. Black Ustra." Sérgio Camargo, presidente da Fundação Palmares, após o Tribunal Regional do Trabalho (TRT) da 10ª Região manter decisão que o proíbe de nomear e exonerar funcionários do órgão. Fonte: Metrópoles, por Manoela Alcântara.

21 de outubro de 2021
"Em respeito à memória do coronel Carlos Alberto Brilhante Ustra, retirei a postagem jocosa." Sérgio Camargo, presidente da Fundação Palmares. Fonte: o próprio Twitter.

21 de outubro de 2021
"Temos um estudo aqui do Reino Unido onde 70% dos mortos com Covid estavam vacinados. Não vou tecer comentários (...). Então, 70% dos mortos por Covid no Reino Unido estavam vacinados. (...) Relatórios oficiais do governo do Reino Unido sugerem que os totalmente vacinados (...) estão desenvolvendo a Síndrome de Imunodeficiência Adquirida [AIDS] muito mais rápido do que o previsto." Presidente Jair Bolsonaro. Fonte: UOL, por Lucas Borges Teixeira.

**22 de outubro de 2021**
"As sessões de tortura na Fundação Palmares terão início em 20 de Novembro, Dia da Consciência Negra, e serão transmitidas online, como uma live. A aquisição do pelourinho, que será instalado na nova sede da instituição, já está empenhada. Estão todos convidados! Muuuuwhahahaha..." Sérgio Camargo, presidente da Fundação Palmares. Fonte: o próprio Twitter.

22 de outubro de 2021
"Hoje, 22/10/2021, o Terça Livre encerrou suas atividades. Muito obrigado a todos." Italo Lorenzon, analista político e fundador do canais 'Terça Livre' e 'Estudos Políticos'. Fonte: o próprio Twitter.

**22 de outubro de 2021**
"A constituição vai a favor do jornalista Allan dos Santos. A art. 5º, LII, prevê que 'não será concedida extradição de estrangeiro por crime político ou de opinião'. Além disso, a conduta tem que ser crime no Brasil e nos EUA. Porém, para o povo não adianta explicar o juridiquês. O que fica na cabeça são essas imagens de que Allan dos Santos teria uma vida mais suave se estivesse com um fuzil traficando drogas para organizações criminosas." Deputado Eduardo Bolsonaro (PSL-SP). Fonte: o próprio Twitter.

**BOLSONARO E SEUS SEGUIDORES: O HORROR EM 3.560 FRASES**

**22 de outubro de 2021**
"Eu não sei o motivo ainda [para a determinação de prisão]. Eu vou ver com os meus advogados a decisão do Alexandre de Moraes, que só saiu após as notícias. O Globo, G1 agindo como assessoria de imprensa do Alexandre de Moraes, uma empresa privada servindo de assessoria de imprensa para um ministro da Suprema Corte. (...) Quero ter as informações oficiais, eu quero ler a decisão, discutir com meus advogados. Até então é tudo que está naquela narrativa de gabinete do ódio, monetização, coisa que já foi longamente respondida em todas as nossas redes sociais e em todos os nossos veículos de comunicação. (...) Não tem pé nem cabeça colocar o meio de financiamento de uma empresa privada de jornalismo como se fosse uma coisa criminosa. (...) A decisão é essa, ele falou uma coisa que eu não gostei, por isso eu quero prendê-lo." Allan dos Santos, *youtuber* e blogueiro do canal 'Terça Livre'. Fonte: Folha, por Matheus Teixeira, Camila Mattoso e Fábio Serapião.

**22 de outubro de 2021**
"Se o fiscal piorou um pouco, eu voltei [de viagem aos EUA] e o fiscal piorou um pouco, então tem que correr um pouquinho mais com o juro também." Paulo Guedes, ministro da Economia. Fonte: UOL, por Fabrício de Castro.

**22 de outubro de 2021**
**"Lá fora nós estamos muito bem avaliados." Paulo Guedes, ministro da Economia. Fonte: Bernardo Mello Franco, no Twitter.**

**22 de outubro de 2021**
"Uma ala política foi no André Esteves perguntar se o BTG poderia emprestar o Mansueto [Almeida] se eu saísse. Sei que o presidente Bolsonaro não pediu isso, porque ele confia em mim e eu confio nele, mas muita gente da ala política andou fazendo pescaria, inclusive lá [no BTG]." Paulo Guedes, ministro da Economia. Fonte: Estadão, por Eduardo Rodrigues, Lorenna Rodrigues e Eduardo Gayer.

**22 de outubro de 2021**
"Eu não pedi demissão em nenhum momento. Em nenhum momento o presidente [Jair Bolsonaro] insinuou qualquer coisa semelhante." Paulo Guedes, ministro da Economia. Fonte: Poder360, por Douglas Rodrigues.

**22 de outubro de 2021**
"Trabalho para um presidente democraticamente eleito, bem-intencionado. Estou errado em não pedir demissão porque vão gastar R$ 30 bilhões a mais? Estou fazendo o que de errado? Peço compreensão. Vamos trabalhar até o fim do governo." Paulo Guedes, ministro da Economia. Fonte: Poder360, por Douglas Rodrigues.

**22 de outubro de 2021**
"A verdade vos libertará. A ideia de mexer no teto veio de outro lugar. A preferência da Economia era manter o teto e pedir uma autorização para gastar um pouco mais, ali ao lado. Mas, tecnicamente, [a mudança no teto] é defensável." Paulo Guedes, ministro da Economia. Fonte: Estadão, por Thaís Barcellos, Lorenna Rodrigues, Eduardo Gayer e Eduardo Rodrigues.

**22 de outubro de 2021**
"Sabemos que aumentando o petróleo lá fora, o reajuste em poucos dias precisa ser feito pela Petrobras. Nós indicamos o presidente da Petrobras, mas não temos ascendência sobre ela. Ela é auditada e fiscalizada por quase uma dezena de órgãos, não há de nossa parte congelamento de preços." Presidente Jair Bolsonaro. Fonte: UOL.

22 de outubro de 2021
**A economia está ajustada, não existe solavanco ou descompromisso." Presidente Jair Bolsonaro. Fonte: Estadão, por Thaís Barcellos, Lorenna Rodrigues, Eduardo Gayer e Eduardo Rodrigues.**

**22 de outubro de 2021**
"Não me vacinei [contra a Covid-19], mas também posso me vacinar lá na frente. Não descarto isso. Mas exijo respeito em relação à minha decisão de, nesse momento, não me vacinar. Soube que será aceito um teste negativo e que não é algo tão categórico assim." Deputado Cabo Junio Amaral (PSL-MG), contra a exigência de comprovação de vacinação para ingressar na Câmara dos Deputados. Fonte: O Globo, por Evandro Éboli e Bruno Góes.

22 de outubro de 2021
**"Mentir é um direito humano, ser ignorante é um direito humano, ofender é um direito humano." Bruno Aiub, conhecido como Monark. Fonte: o próprio Twitter.**

22 de outubro de 2021
**"NEUROCIENCIASDRNASSER.COM. Nova pesquisa diz que HCQ [hidroxicloroquina] Plus Zinc reduz mortes por COVID-19." Projeto Veritas, Dr. Nasser MD PHD, compromisso com a Verdade Científica. Fonte: o próprio Instagram.**

**24 de outubro de 2021**
"Nós somos aliança de liberais e conservadores contra a esquerda que estava levando o país para a miséria. Queremos o caminho da prosperidade." Paulo Guedes, ministro da Economia. Fonte: Reinaldo Azevedo, no Twitter.

**BOLSONARO E SEUS SEGUIDORES: O HORROR EM 3.560 FRASES**

**25 de outubro de 2021**
"É sempre assim, estou morrendo afogado e ele [presidente Jair Bolsonaro] aparece e renova a confiança. E nós continuaremos nessa aliança de conservadores e liberais por um futuro melhor para o nosso país." Paulo Guedes, ministro da Economia. Fonte: Poder360, por Douglas Rodrigues.

**26 de outubro de 2021**
"Ter uma opinião racista é crime? É a ação que faz o crime e não a opinião." Bruno Aiub, conhecido como Monark. Fonte: o próprio Twitter.

**26 de outubro de 2021**
"Hoje começa o julgamento [no Tribunal Superior Eleitoral (TSE)] em Brasília da cassação da chapa Bolsonaro-Mourão. Sabem qual é a acusação? As minhas contas foram aprovadas pelo TSE, não tem nenhum acusação de corrupção, enriquecimento ilícito, nada. A acusação é *fake news*. Eu menti durante a campanha." Presidente Jair Bolsonaro. Fonte: UOL, Reuters, por Pedro Fonseca.

**26 de outubro de 2021**
"Há uma repercussão negativa forte fora do Brasil. Me rotulam como genocida, curandeiro, falsificador de documentos, exterminador de índios. É um absurdo o que esses caras [senadores] fizeram, tem repercussão fora do Brasil." Presidente Jair Bolsonaro. Fonte: Folha.

**26 de outubro de 2021**
"O presidente Jair Bolsonaro e eu nos tornamos grandes amigos nos últimos anos. Ele luta muito e ama o povo do Brasil — assim como eu faço pelo povo dos Estados Unidos. O Brasil tem sorte de ter um homem como Jair Bolsonaro trabalhando para eles. Ele é um grande presidente e nunca decepcionará o povo de seu grande país!" Donald Trump, ex-presidente dos Estados Unidos, no Twitter. Fonte: Estadão.

**27 de outubro de 2021**
"O presidente Bolsonaro replicou uma notícia publicada numa revista de grande circulação nacional e, se as pessoas tiverem atenção de verificar o vídeo, ele diz 'não vou fazer juízo de valor acerca do que está nessa matéria'." Marcelo Queiroga, ministro da Saúde, médico, sobre a declaração do presidente Jair Bolsonaro a respeito da vacina contra a Covid-19 e a AIDS. Fonte: Metrópoles, por Rebeca Borges.

**27 de outubro de 2021**
"Puta que o pariu, impressionante né? Tudo é homofobia, tudo é feminismo." Presidente Jair Bolsonaro. Fonte: Folha, por Ricardo Della Coletta.

**27 de outubro de 2021**
"Se pagávamos R$ 30 bilhões de precatórios, passou para R$ 90 [bilhões]. Não tem como pagar essa dívida, que existe há mais de dez anos e o pessoal [a Justiça] faz estourar em cima da gente. O objetivo é sufocar pela economia, o pessoal quer me tirar daqui. Vou sair no dia certo." Presidente Jair Bolsonaro. Fonte: UOL.

**27 de outubro de 2021**
"Acho que o ministro Paulo Guedes talvez esteja chateado com alguma coisa e esteja falando com o fígado, e não com o cérebro. (...) O ministro Paulo Guedes sabe como é que ele resolve as coisas comigo: é falando diretamente. Eu lamento que ele esteja, talvez, um pouco perturbado nesse momento, mas tenho certeza que logo logo ele retorna para o eixo. O trem volta para o trilho, e o Brasil vai para a frente." Onyx Lorenzoni, ministro do Trabalho. Fonte: GZH, por Fábio Schaffner.

**27 de outubro de 2021**
"O presidente tentou uma convivência impossível entre o bem e o mal. Acreditou nas facilidades do dinheiro público. Esse vício é pior que o vício em êxtase. Quem faz sexo com êxtase tem o maior orgasmo ou ejaculação que o corpo humano de Deus pode proporcionar. Gozou com êxtase, para sempre dependente dele. Desfrutou do prazer decorrente do dinheiro público, ganho com facilidade, nunca mais se abdica desse gozo paroxístico que ele proporciona. Bolsonaro cercou-se com viciados em êxtase com dinheiro público; [Fábio] Faria [ministro das Comunicações], Valdemar [Costa Neto, presidente do PL], Ciro Nogueira [ministro da Casa Civil], não voltará aos trilhos da austeridade de comportamento. Quem anda com lobo, lobo vira, lobo é. Vide Flávio [Bolsonaro, Patriota-RJ]. (...) Vamos convidar o [vice-presidente, general Hamilton] Mourão. O PTB terá candidatura própria, quem sabe apoiamos o Bolsonaro no segundo turno. (...) Todo o povo saiu às ruas para dizer 'eu autorizo', não havia volta, não havia transigência com as velhas práticas. Mas por algum motivo, Bolsonaro fraquejou. Não teve como seguir. Escrevo isso insone. Não preguei meus olhos. Esse pensamento queimou minhas pestanas, não consegui fechar meus olhos e dormir. Vamos por nós mesmos." Roberto Jefferson, presidente nacional do PTB, em carta escrita da prisão endereçada ao presidente Jair Bolsonaro. Fonte: O Globo, por Rayanderson Guerra e Evandro Éboli.

**BOLSONARO E SEUS SEGUIDORES: O HORROR EM 3.560 FRASES**

**27 de outubro de 2021**
"Presta atenção, pessoal. Quanto você acha que vale a vaga para o Supremo Tribu...? Tá gravando aí? Tá aqui na? Então, isso daí é o Brasil, a gente apanha pra cacete, pô, o tempo todo. E tem gente que não dá valor. 'Ah, tem que resolver tudo'. Não dá pra resolver tudo, vamos devagar. Imagina se tivesse sentado no meu lugar o [Fernando] Haddad, como estaria o Brasil? Dá pra imaginar como estaria o Brasil? Estaria em *lockdown*." Presidente Jair Bolsonaro, em videoconferência, no Facebook, com a TV Jovem Pan News. Fonte: UOL.

**27 de outubro de 2021**
"Alguns acham que a culpa é minha. Eu posso interferir na Petrobras? Eu vou responder processo. O presidente da Petrobras vai acabar sendo preso. É uma estatal que, com todo respeito, só me dá dor de cabeça. Nós vamos partir para uma maneira de nós quebrarmos mais monopólios. Quem sabe até botar no radar da privatização. É isso que nós queremos." Presidente Jair Bolsonaro, em entrevista à TV Jovem Pan News. Fonte: O Tempo.

**28 de outubro de 2021**
"O pedágio de moto no Paraná é R$ 9. Agora, o que eu apanho por causa disso... Pra mim é fácil... 'Manda um sapato número 43 pra mim, meu número aqui, tá? Um beijo! Pronto, resolveu! Chega o sapato número 43 cheio de notinha de R$ 100 verdinha dentro." Presidente Jair Bolsonaro. Fonte: Mídia Ninja.

**28 de outubro de 2021**
"(...) Apesar de não haver resultados conclusivos sobre a eficácia de determinadas drogas [contra a Covid-19], como a hidroxicloroquina e azitromicina (...)." Senador Marcos Rogério (DEM-RO), na última sessão da CPI da Covid-19 do Senado Federal. Fonte: Folha, Agência Lupa, por Bruno Nomura, Carol Macário e Nathália Afonso.

**28 de outubro de 2021**
"(...) A decisão do STF quanto às responsabilidades na definição das ações no combate à pandemia, deixando aos estados e municípios tais responsabilidades (...)." Senador Eduardo Girão (Podemos-CE), na última sessão da CPI da Covid-19 do Senado Federal. Fonte: Folha, Agência Lupa, por Bruno Nomura, Carol Macário e Nathália Afonso.

**28 de outubro de 2021**
"(...) Apresento no meu relatório 137 estudos, com média de 63% de melhoras obtidas com tratamento de ivermectina (...)." Senador Luís Carlos Heinze (PP-RS), na última sessão da CPI da Covid-19 do Senado Federal. Fonte: Folha, Agência Lupa, por Bruno Nomura, Carol Macário e Nathália Afonso.

28 de outubro de 2021
"(...) Essa foi uma matéria publicada na revista *Exame* com o seguinte título: 'Algumas vacinas contra a Covid-19 podem aumentar o risco de HIV', no dia 20 de outubro de 2020. (...) E ele [presidente Jair Bolsonaro] numa *live* faz menção a essa matéria. E no entanto o ódio se volta contra Bolsonaro e não contra a revista, que fez a *fake news*, que inventou a mentira, que publicou a mentira." Senador Flávio Bolsonaro (Patriota-RJ), na última sessão da CPI da Covid-19 do Senado Federal. Fonte: Folha, Agência Lupa, por Bruno Nomura, Carol Macário e Nathália Afonso.

28 de outubro de 2021
"Sobre as falas do PG [Paulo Guedes, ministro da Economia], não tem muito o que comentar. A parte engraçada é que já fui chamado de muita coisa, mas de burro é a primeira vez. (...) Ele está em um momento difícil e deve estar meio confuso para expressar suas ideias. Não seria a primeira vez que ele foi mal interpretado em suas falas." Astronauta Marcos Pontes, ministro da Ciência e Tecnologia e Inovações. Fonte: Folha, por Camila Mattoso, Guilherme Seto e Julia Chaib.

28 de outubro de 2021
"Não tem como tirar o Bolsa Família do pessoal, como alguns querem. São 17 milhões de pessoas que não têm como ir mais para o mercado de trabalho. Com todo o respeito, não sabem fazer quase nada. O que a juventude aprendeu com quase 14 anos de PT? Tendo o ministro [Fernando] Haddad lá na educação." Presidente Jair Bolsonaro. Fonte: UOL.

28 de outubro de 2021
"A Petrobras é obrigada a aumentar o preço, porque ela tem que seguir a legislação, e nós estamos tentando aqui buscar a maneira de mudar a lei, nesse sentido, porque não é justo você viver num país que paga tudo em real, é um país praticamente autossuficiente em petróleo, e tem o preço do seu combustível que é atrelado ao dólar. Realmente ninguém entende isso, mas é coisa que vem de anos, que você tem que buscar a maneira de mudar. Ninguém vai quebrar contrato, ninguém vai inventar nada, falei para o Paulo Guedes botar a Petrobras no radar de uma possível privatização porque, se é uma empresa que exerce o monopólio, ela tem que ter o seu viés social, no bom sentido." Presidente Jair Bolsonaro. Fonte: Metrópoles e SamPancher.

28 de outubro de 2021
"Alinhando com o secretário [especial de Cultura] Mario Frias, baixei uma portaria proibindo o uso de linguagem neutra nos projetos financiados pela Lei Rouanet." André Porciúncula, secretário nacional de Incentivo e Fomento à Cultura — Lei Rouanet. Fonte: o próprio Twitter.

**BOLSONARO E SEUS SEGUIDORES: O HORROR EM 3.560 FRASES**

29 de outubro de 2021
"É aquela história, você sabe que o presidente Bolsonaro sofre uma série de críticas, então ele vai chegar num lugar que todo mundo vai jogar pedra nele, né. (...) A maioria das pessoas que têm realmente consciência ambiental maior são de esquerda. Então há crítica política embutida nisso aí." General Hamilton Mourão, presidente da República em exercício. Fonte: Folha, por Marianna Holanda.

29 de outubro de 2021
"Arthur Lira [(PP-AL), presidente da Câmara dos Deputados] nega que a Câmara dos Deputados irá barrar o chefe de outro Poder [presidente Jair Bolsonaro]. Mesmo na restrição mais rígida da Câmara, jamais foi impedida a visita do presidente de outro Poder." Presidência da Câmara dos Deputados, que exige para o acesso dos demais cidadãos o comprovante de vacinação ou um laudo laboratorial que comprove a imunização ou um atestado médico que justifique a não vacinação. Fonte: Metrópoles, Guilherme Amado e Eduardo Barretto.

29 de outubro de 2021
"A cassação do Deputado Estadual Fernando Francischini (PSL-PR) abre perigoso precedente: parlamentar pode perder mandato por 'fake news', algo vago, sem definição em lei. Logo, fere não só o princípio penal da clareza, como a própria constituição que prevê que não existe crime sem prévia definição em lei." Deputado Eduardo Bolsonaro (PSL-SP). Fonte: o próprio Twitter.

29 de outubro de 2021
"Ô, [André] Marinho [humorista], você sabe que eu sou presidente da República. Eu respondo sobre meus atos, tá ok? Então não vou aceitar provocação tua. (...) O teu pai [Paulo Marinho, suplente do senador Flávio Bolsonaro] é o maior interessado na cadeira do Flávio Bolsonaro! Não vou discutir contigo!" Presidente Jair Bolsonaro, respondendo à pergunta do humorista André Marinho: 'Rachador tem que ir pra cadeia ou não?'. Fonte: Revista Oeste.

29 de outubro de 2021
"Vou continuar sendo da mesma forma, não vou mudar. Sempre coloquei [nas redes sociais] meus valores, o que eu acreditava. Desde que eu era ninguém, eu sempre fiz isso. (...) Eu não vou mudar para agradar ninguém. Vou postar o que acho importante, o que acredito, o que acontece no país." Maurício Souza, jogador de vôlei. Fonte: UOL.

29 de outubro de 2021
"Minha indignação com a Fiat, Gerdau e Itaú fazendo jogo do ativismo gay. Uma vergonha! Censurando um jogador de vôlei [Maurício Souza] por livre expressão de suas opiniões." Pastor Silas Malafaia. Fonte: o próprio Twitter.

30 de outubro de 2021
"Bom saber, que nunca mais comprarei carro da Fiat." Deputada Carla Zambelli (PSL-SP), por conta da Fiat Automóveis, uma das patrocinadoras do time de vôlei 'Fiat Minas Gerdau', ter 'cobrado as medidas cabíveis, de acordo com o posicionamento inegociável diante do respeito à diversidade e à inclusão', referente ao jogador Maurício Souza. Fonte: o Twitter da própria deputada.

30 de outubro de 2021
"Onde está escrito que não pode criticar um desenho? Todos têm que pensar da mesma forma sobre tudo? Desproporcional o que fizeram com o jogador [de vôlei Maurício Souza]! Deveríamos boicotar os patrocinadores, por serem defensores da censura!" Deputada estadual Janaina Paschoal (PSL-SP), sobre a demissão do jogador de vôlei Maurício Souza. Fonte: o próprio Twitter.

**30 de outubro de 2021**
"Tudo bem. A economia voltando bem forte. A mídia como sempre atacando, estamos resistindo bem. Não é fácil ser chefe de Estado em qualquer lugar do mundo. (...) Petrobras é um problema. Mas estamos quebrando monopólios, com uma reação muito grande. Há pouco tempo era uma empresa de partido político. Mudamos isso. (...) Tenho um apoio popular muito grande. Temos uma boa equipe de ministros. Não aceitei indicação de ninguém. Foi eu que botei todo mundo. Prestigiei as Forças Armadas. Um terço dos ministros [é de] militares profissionais. Não é fácil. Fazer as coisas certas é mais difícil." Presidente Jair Bolsonaro, em conversa com Recep Tayyip Erdogan, presidente da Turquia, no encontro do G20, em Roma, ao lado de Paulo Guedes, ministro da Economia, e do embaixador Carlos França, ministro das Relações Exteriores. Fonte: UOL, por Jamil Chade.

**30 de outubro de 2021**
"O mercado tem que entender que se o Brasil for mal, eles vão se dar mal também. Parece até que nós somos um time jogando contra o outro, estamos no mesmo time. O mercado toda vez nervosinho atrapalha em tudo o Brasil." Presidente Jair Bolsonaro, em Roma, participando do G20, grupo que reúne as maiores economias do mundo. Fonte: UOL, Reuters, por Eduardo Simões.

**BOLSONARO E SEUS SEGUIDORES: O HORROR EM 3.560 FRASES**

31 de outubro de 2021
"[Eu sou o] único chefe de Estado do mundo investigado e acusado de genocida." Presidente Jair Bolsonaro, em conversa com Tedros Adhanom, diretor-geral da OMS, e o ministro da Saúde Marcelo Queiroga. Fonte: Eixo Político.

31 de outubro de 2021
"[Eu] vou com ele [presidente Jair Bolsonaro] pra Haia, passear lá em Haia." Marcelo Queiroga, ministro da Saúde, médico, em conversa com Tedros Adhanom, diretor-geral da OMS, e o presidente Jair Bolsonaro. Fonte: Eixo Político.

31 de outubro de 2021
"Um milagre salvou o Brasil com a queda de Dilma Rousseff e com a minha ascensão em 2018." Presidente Jair Bolsonaro, em entrevista à emissora Sky TG 24, na Itália. Fonte: Folha, por Ana Estela de Souza Pinto.

31 de outubro de 2021
"[O ex-presidente Lula] deixou uma marca muito forte na corrupção do Brasil [e, nos anos 1990, começou] um grande esquema junto com o narcotráfico para chegar ao poder." Presidente Jair Bolsonaro, em entrevista à emissora Sky TG 24, na Itália. Fonte: Folha, por Ana Estela de Souza Pinto.

31 de outubro de 2021
"É a Globo? Você não tem vergonha na cara. (...) Vocês não têm vergonha na cara, rapaz." Presidente Jair Bolsonaro. Fonte: G1, por Leonardo Monteiro, que recebeu um soco no estômago e foi empurrado pelos seguranças.

1º de novembro de 2021
"Fui-me embora para a Pan. Lá sou amigo do rei. Lá terei o programa que eu quero. Falando o que escolherei. Em cerimônia solene (com o Tutinha vestindo traje de gala) assinei contrato de exclusividade para a Rádio & TV com a JOVEM PAN NEWS." Caio Coppolla. Fonte: o próprio Twitter.

1º de novembro de 2021
"Agora, uma notícia que dou para vocês, eu tenho pressa. A Petrobras já anuncia, eu sei extraoficialmente, novo reajuste daqui uns 20 dias. Isso não pode acontecer (...)." Presidente Jair Bolsonaro. Fonte: Metrópoles e SamPancher.

## 1º de novembro de 2021
"Exigência de certificado de vacinação não pode ser motivo de demissão. Ameaçar de demissão, demitir, ou não contratar por exigência de certificado de vacinação é absurdo. Publicamos portaria contra essa prática discriminatória. Em 1º lugar existe o livre arbítrio." Onyx Lorenzoni, ministro do Trabalho e Previdência. Fonte: o próprio Twitter.

## 1º de novembro de 2021
"Ao empregador é proibido, na contratação ou na manutenção do emprego do trabalhador, exigir quaisquer documentos discriminatórios ou obstativos para a contratação, especialmente comprovante de vacinação." Ministério do Trabalho, em portaria. Fonte: UOL.

## 1º de novembro de 2021
"Olha, tem 3 partidos que me querem. Eu fico muito feliz, são 3 namoradas, duas vão ficar chateadas. É o PRB [antigo nome do Republicanos], o PL e o PP. Cada dia 1 está na frente na bolsa de apostas. (...) Por exemplo, agora eu iria para o PL. Ontem, eu iria para o PP." Presidente Jair Bolsonaro, a jornalistas em Anguillara Veneta, Itália. Fonte: Poder360, por Murilo Fagundes.

## 1º de novembro de 2021
"Arrisco dizer que até o Papa está se remoendo de inveja da popularidade do Bolsonaro..." Becca Neire. Fonte: o próprio Twitter.

## 1º de novembro de 2021
"Sem palavras para agradecer àquele que fez desse sonho uma realidade (A história é linda! Posso contar um dia p vcs (sic)!). Gratidão eterna Sr. Jair Messias Bolsonaro." Silmara Miranda, chefe na Comunicação Social da Polícia Rodoviária Federal. Fonte: Folha.

## 02 de novembro de 2021
"Funciona assim: se o comentário vem da direita é homofóbico, racista, preconceituoso, facista (sic) e por aí vai. Se vem da esquerda é liberdade de expressão, arte, direito à livre manifestação. A HIPOCRISIA reina no mundo da lacração!" Tenente Santini. Fonte: o próprio Twitter.

## 03 de novembro de 2021
"DIÁRIO OFICIAL DA UNIÃO. (...) O PRESIDENTE DA REPÚBLICA, no uso da atribuição que lhe confere o art. 84, caput, inciso XXI, da Constituição, e na qualidade de Grão-Mestre da Ordem Nacional do Mérito Científico, resolve: ADMITIR, na Ordem Nacional do Mérito Científico: I — na classe de Grã-Cruz: a) Grão-Mestre: JAIR MESSIAS BOLSONARO, Presidente da República; (...) Brasília, 3 de novembro de 2021; 200º da Independência e 133º da República. JAIR MESSIAS BOLSONARO." Presidente Jair Bolsonaro. Fonte: Diário Oficial da União.

## BOLSONARO E SEUS SEGUIDORES: O HORROR EM 3.560 FRASES

**03 de novembro de 2021**
"Mais uma: Sofia, 17 anos, estudante saudável, teve que se vacinar contra covid para não ser marginalizada e morreu 7 dias depois de ataque cardíaco. Fica tranquilo que isso é normal. Ela nem era sua filha. Nem sua irmã. Enquanto não chegar em você tá tudo bem." Guilherme Fiuza, jornalista, colunista da Revista Oeste. Fonte: O próprio Twitter.

**03 de novembro de 2021**
"Também teve lá, pessoal, o Salvati [Salvini], acho que foi primeiro-ministro [vice-primeiro-ministro] da Itália, é senador agora, ele estava lá." Presidente Jair Bolsonaro. Fonte: UOL, AFP e Reuters.

**04 de novembro de 2021**
"No sábado, eu estava em um salão lá só para autoridades. Só podia levar... o chefe de Estado só podia levar o intérprete, mais ninguém. Em dado momento, eu pisei no pé da Angela Merkel [chanceler da Alemanha]. Já imaginou? Ela olhou pra minha cara e falou: 'só podia ser você...'. Fiquei feliz porque ela me conhecia. Podia não me conhecer, né? 'Quem é você?'" Presidente Jair Bolsonaro. Fonte Metrópoles e SamPancher.

**04 de novembro de 2021**
"Todo o percurso fiz de carro, total de 2 horas, tinha internet. Mas me marcou quando fui visitar a 'torre de pizza'." Presidente Jair Bolsonaro, na Itália, sobre a visita à Torre de Pisa. Fonte: Metrópoles, SamPancher e Reinaldo Azevedo no Twitter.

**04 de novembro de 2021**
"Tá de sacanagem, falando sério? E aí, a pessoa que não tem [o comprovante de vacinação] já era, acabou, não pode entrar. (...) E todo mundo aceita isso?" Nikolas Ferreira (PRTB), vereador de Belo Horizonte, barrado no Cristo Redentor por não ter se vacinado contra a Covid-19. Fonte: Eixo Político.

**04 de novembro de 2021**
"Quando virmos nossos irmãos indígenas com internet, eles vão começar a fazer matéria da Amazônia e mandar para fora. Não vai ser só aquela fábrica de *fake news* que temos no Brasil difamando nossa pátria. Vai ter a realidade pura." Presidente Jair Bolsonaro. Fonte: G1 e TV Globo, por Jéssica Sant'Ana e Jamile Racanicci.

**04 de novembro de 2021**
"QUE não observou nenhum empenho do ex-ministro SÉRGIO MORO em solucionar o assunto; QUE houve uma apresentação do Delegado responsável peia investigação do atentado com a presença do ex-ministro SÉRGIO MORO. (...) QUE não fez nenhum tipo de pedido na direção da investigação ou qualquer outra interferência no andamento dos trabalhos. (...) QUE também cobrou do ex-ministro SÉRGIO MORO um maior empenho na investigação sobre as declarações do porteiro do condomínio da sua residência no Rio de Janeiro; QUE também não observou nenhum empenho ou preocupação do ex--ministro SÉRGIO MORO em solucionar rapidamente o caso. (...) QUE, portanto, não havia uma proatividade do ex-ministro SÉRGIO MORO." Presidente Jair Bolsonaro, em depoimento. Fonte: UOL, por Eduardo Militão, Carla Araújo e Nathan Lopes.

**04 de novembro de 2021**
"Você vai ver na minha página lá, tem que prestar atenção, está um pouquinho baixo o som, mas dá para você ouvir o que ele [Tedros Adhanom, presidente da OMS] falou sobre *lockdown*. [Se] ele apoiou ou não o *lockdown*, a OMS, tá ok? (...). Passaporte sanitário, vocês vão ver lá se ele [Tedros Adhanom] é contra ou não o passaporte sanitário, tá ok, pessoal? (...) Vacinação em crianças. Está aqui, ó: (...) '[Estado de] São Paulo vai enviar à Anvisa pedido para vacinar contra Covid crianças de 5 a 11 anos'. Então, vamos ver o que o Tedros [Adhanom] falou lá. Você tem filho? Então vai lá e ouça. Você tem filho, quer o bem dele? Então vai lá e vê o que ele fala." Presidente Jair Bolsonaro. Fonte: UOL, por Bernardo Barbosa.

**04 de novembro de 2021**
"Pessoal, muito obrigado aí. Estaremos no Paraná amanhã e a semana que vem marcharemos para Dubai, ok? Um abraço para todo mundo e obrigado pela audiência aí. (...) Meio morno hoje, estou sem saco." Presidente Jair Bolsonaro. Fonte: Fonte, por Ricardo Della Coletta.

**05 de novembro de 2021**
"Há três anos não converso com o deputado Francischini. A cassação dele foi um estupro. (...) Aquela cassação foi uma violência contra a democracia." Presidente Jair Bolsonaro, ao comentar a decisão do TSE de cassar o deputado estadual Fernando Francischini (PSL-PR) por divulgar notícias falsas. Fonte: Folha, por Matheus Teixeira.

**05 de novembro de 2021**
"SECRETARIA ESPECIAL DE CULTURA. PORTARIA SECULT/MTUR Nº 44. (...) Art. 2º Fica vedado pelo proponente a exigência de passaporte sanitário para a execução ou participação de evento cultural a ser realizado, sob pena de reprovação do projeto cultural e multa. Art. 3º Havendo decreto, lei municipal ou estadual, que exija o passaporte [de vacinação], o proponente terá que adequar seu projeto ao modelo virtual, não podendo impor discriminação entre vacinados e não vacinados nos projetos financiados pelo Programa Nacional de Apoio à Cultura — PRONAC. MARIO LUIS FRIAS." Mario Frias, secretário especial de Cultura. Fonte: o próprio Twitter.

**BOLSONARO E SEUS SEGUIDORES: O HORROR EM 3.560 FRASES**

05 de novembro de 2021
"Sem politizar nada, mas é algo que não cansamos de avisar e com razão... Se essa queda do avião da Marília Mendonça não tiver sido por problema no avião, pode muito bem ter sido por MAL SÚBITO no piloto por efeito da v@c1na. #RipMariliaMendonca." Biel Conn. Fonte: Sleeping Giants Pt.

05 de novembro de 2021
"A patota canhota, abjeta e extremista, está perseguindo o patriota Biel Conn. Liberdade de expressão, manifestação e opinião é garantida pela Constituição Federal. Esses CANALHAS não respeitam ninguém! Malditos." Awake Giants Brasil. Fonte: Fonte Sleeping Giants Pt.

06 de novembro de 2021
"Estamos buscando maneira de ficar livre da Petrobras." Presidente Jair Bolsonaro. Fonte: Gazeta Brasil.

06 de novembro de 2021
"A única acusação bombástica da CPI [da Covid-19 do Senado Federal] do Omar Aziz [presidente da CPI] foi a de que temos um presidente que é motoqueiro. Aquele cara de capivara me chamando de motoqueiro, me acusou como se eu fosse ficar indignado. Pode falar motoqueiro ou motociclista. Eu sei o que é liberdade sobre duas rodas." Presidente Jair Bolsonaro. Fonte: Folha, por Matheus Rocha e Sebastião Natalio.

07 de novembro de 2021
"Conheço uma pessoa que certo Fulano o pegou pelas mãos no momento em que metralhavam o método de certos operadores jurídicos. Então o gentil Fulano o tirou da fossa crendo na índole daquele senhor. (...) Certa vez conversei com o senhor e falamos aberta e francamente sobre fake news. Gentilmente sorriu e me tratou bem dizendo que estava tudo ótimo, e que inclusive alguém muito próximo a ele tinha o temperamento como o meu, e que não deveria ligar para aquilo. (...) Após a avalanche, aquele senhor abatido, mas vivo, graças ao gentil Fulano, pediu um tempo de folga para se recuperar. (...) Então as coisas vão surgindo mais e mais e vemos a verdade aparecer! Que ele seja o que quiser, sem problema algum. Por fim, acho justo compartilhar mais um pouquinho do caráter de determinadas pessoas. (...) Há muito não revelado e creio que seu time de longa data não está se mobilizando unido politicamente pensando em eleição, mas em outra coisa. Tem muito método!" Vereador Carlos Bolsonaro (PSC-RJ). Fonte: o próprio Twitter.

07 de novembro de 2021
"Aqui o banheiro, fechar aqui [a tampa do vaso sanitário]. O nosso banheiro. Acabei de despachar aqui o desodorante, deixa eu ver se está aqui no lixo ainda, está aqui no lixo. Acabou meu desodorante [Avanço] kkkkkk. E dizer a vocês que, apesar dos problemas, eu sinto que estou cumprindo uma missão de Deus." Presidente Jair Bolsonaro. Fonte: Renzo Mora, no Twitter.

08 de novembro de 2021
"Porque eles começaram a me agredir, mesmo lá de trás, falando coisas absurdas. E quando um tentou se aproximar de mim foi barrado pelos carabinieros, pela polícia italiana. Nada mais além disso. Não vi acontecer nada a não ser uma gritaria lá. Agora querer me responsabilizar por causa disso é uma falta de responsabilidade por parte desses três órgãos de imprensa." Presidente Jair Bolsonaro, em entrevista à Jovem Pan. Fonte: Folha.

08 de novembro de 2021
"Eu, por exemplo, não me vacinei. Por que eu não me vacinei? Porque eu tenho dois *stents* hoje, eu tive um enfarte em dezembro do ano passado, e eu tomo seis medicamentos para afinarem o meu sangue. (...) E eu sou uma pessoa curiosa. Hoje, a informação está à disposição, apesar de a gente enxergar algum tipo de censura para outro tipo de informação. Como curioso e principalmente pela minha saúde, eu tenho receio da vacina." Mario Frias, secretário especial de Cultura, em entrevista ao programa 'Opinião no Ar', da RedeTV. Fonte: O Globo.

08 de novembro de 2021
"Desde o dia 3/11 as máscaras deixaram de ser obrigatórias em locais abertos no Distrito Federal. Ontem, domingo, vi várias pessoas caminhando, correndo, de bike, enfim, se exercitando sozinhas de máscara. Essas pessoas gostaram do apetrecho? O que justifica?" Deputada Bia Kicis (PSL-DF). Fonte: o próprio Twitter.

08 de novembro de 2021
"Aviso: quem já teve seu projeto aprovado pela Lei Rouanet também será proibido de exigir passaporte de vacinação. Todos que estão exigindo devem parar imediatamente e, caso queiram, devem se adequar ao modelo virtual. O descumprimento resultará em multa e/ou bloqueio da conta." André Porciúncula, secretário nacional de Incentivo e Fomento à Cultura — Lei Rouanet. Fonte: o próprio Twitter.

08 de novembro de 2021
"Daniel Silveira [deputado, PSL-RJ] deixou a prisão. Agora ele só está proibido de viver." Paulo Briguet, editor-chefe do jornal Brasil Sem Medo. Fonte: o próprio Twitter.

**BOLSONARO E SEUS SEGUIDORES: O HORROR EM 3.560 FRASES**

**08 de novembro de 2021**
"Nota: Alguns blogs estão aventando que estaria cotada para sair vice do Presidente Bolsonaro. Afirmo que nunca fui procurada sobre esse assunto." Deputada Carla Zambelli (PSL-SP). Fonte: o próprio Twitter.

**08 de novembro de 2021**
"Acabo de protocolar o PL 3911/2021, Lei Maurício de Souza, para prever o crime de cerceamento ilegítimo. Não podemos permitir a punição de pessoas por seus pensamentos e opiniões. Continuarei defendendo a liberdade de expressão em nosso país!" Deputada Bia Kicis (PSL-DF). Fonte: o próprio Twitter.

**08 de novembro de 2021**
"Nota de esclarecimento — Exame Nacional de Ensino Médio (Enem). O Ministério da Educação informa que o cronograma de execução do exame Nacional do Ensino Médio (Enem) 2021 está mantido e não será afetado pelos pedidos de exoneração de servidores do Inep (...)." Milton Ribeiro, ministro da Educação. Fonte: o próprio Twitter.

09 de novembro de 2021
"Eu indiquei um [ministro] para o Supremo [Tribunal Federal — Kassio Nunes Marques]. Vamos desconsiderar o presidente [do STF], que só em caso extremo que tem uma participação mais ativa lá. São 10 que decidem lá. Hoje eu tenho 10% de mim dentro do Supremo." Presidente Jair Bolsonaro. Fonte: Poder360.

**09 de novembro de 2021**
"Após quase três anos de investigação ilegal e que, mesmo ante as inúmeras arbitrariedades, vazamentos e covardias, nada foi encontrado contra mim, justiça finalmente foi feita." Senador Flávio Bolsonaro (Patriota-RJ). Fonte: o próprio Twitter.

**09 de novembro de 2021**
"Reconhecida a perseguição e virada a página deste tortuoso capítulo é hora de seguir adiante e, sob orientação e proteção de Deus, trabalhar pelo Brasil. Nem preciso falar mais nada, meu irmão falou tudo." Deputado Eduardo Bolsonaro (PSL-SP). Fonte: o próprio Twitter.

**09 de novembro de 2021**
"É pancada o tempo todo, imprensa e qualquer lugar. O que eu tenho que fazer? Tocar o barco. Se eu ceder, já era. O pessoal critica que o cara está conversando com o Centrão. Quer que eu converse com o PSOL, PC do B que não é Centrão? (...). São 513 deputados e 81 senadores. Essa é minha lagoa, esses são os peixes na minha lagoa que tenho que convencer a votar nas minhas propostas. Quando se fala em Centrão, fui do PP por 20 anos. Essa é a política brasileira, são as condições do campo que você vai ter que entrar para jogar." Presidente Jair Bolsonaro. Fonte: Poder360, por Murilo Fagundes.

11 de novembro de 2021
"Bom dia a todos! Menos para a primeira-dama [Michelle Bolsonaro], que eu já dei um bom dia muito especial para ela hoje. Acredite se quiser!" Presidente Jair Bolsonaro. Fonte: TV Brasil.

12 de novembro de 2021
"Além de tudo, todo mundo sabe que a vacina está numa fase de início. A gente não sabe ainda os resultados quanto à eficácia e quanto à segurança." Alexandre Garcia, jornalista, na estreia como comentarista do time do 'Jornal Jovem Pan'. Fonte: UOL, por Mauricio Stycer.

12 de novembro de 2021
"Venho pedir a compreensão e a gentileza para que sejam acolhidas como suficientes as informações prestadas por intermédio dos documentos apresentados, no dia 9 de novembro de 2021, a essa Comissão de Trabalho, Administração e Serviço Público." Paulo Guedes, ministro da Economia, a respeito de sua convocação para prestar esclarecimentos sobre sua *offshore* em paraíso fiscal. Fonte: CNN Brasil, por Larissa Rodrigues e Anna Russi.

12 de novembro de 2021
"Ano que vem continuam errando, subestimando o Brasil. Não vou falar quanto vamos crescer, mas, da mesma forma que subestimaram quando a gente caiu, isso acontece de novo agora. (...) Temos 550 bilhões [de reais] já contratados e mais 150 bilhões [de reais] do leilão 5G que estão chegando, e isso é só começo, até o fim do governo vai ter muita coisa. (...) Acho que vão errar de novo. (...) Erraram na queda [do PIB em 2020] e vão errar de novo na alta. (...) Nós vamos crescer este ano 5,5% e eles, nada. Como dizer que o Brasil está mal? A revista *The Economist* devia olhar para o próprio umbigo. O Brasil está melhor que as grandes economias, mas particularmente do que o Reino Unido. (...) Os fundamentos fiscais estão muito fortes, e o BC [Banco Central] está caçando a inflação." Paulo Guedes, ministro da Economia, à Reuters. Fonte: Folha, por Rodrigo Viga Gaier.

12 de novembro de 2021
"Eu queria até esclarecer: muitas pessoas disseram 'ah, o presidente abandonou o Daniel'. Não, o presidente não me abandonou hora alguma. Sempre é muito solícito à minha equipe. Mantenho contato; ele sempre manteve contato. Evidentemente, uma vez que eu fui encarcerado, eu não pode ter mais contato. Mas o presidente sempre fez tudo o que estava ao alcance dele. E faria mais, se mais coisas tivessem que ser feitas. (...) O presidente [Jair Bolsonaro] é um excelente amigo e tem feito muito." Deputado Daniel Silveira (PSL-RJ), em entrevista à Jovem Pan. Fonte: O Antagonista.

**BOLSONARO E SEUS SEGUIDORES: O HORROR EM 3.560 FRASES**

12 de novembro de 2021
"É só assaltar todos os judeus que a gente consegue chegar lá. Se a gente matar um monte de judeu e se apropriar do poder econômico dos judeus, o Brasil enriquece. Foi o que aconteceu com a Alemanha pós-guerra." José Carlos Bernardi, jornalista da TV Jovem Pan News, no Jornal da Manhã. Fonte: Poder360, por Julia Possa.

12 de novembro de 2021
"As pessoas se esqueceram — ou talvez nunca tenham sido ensinadas — como o pensamento anticapitalista era central para o fascismo italiano e o nazismo. Leia mais em: 'gazetadopovo.com.br. O anticapitalismo do início do século XX está de volta. Vai terminar mal (...)." Rodrigo Constantino, jornalista. Fonte: o próprio Twitter.

13 de novembro de 2021
"Os interesses existem de ambas as partes (...). A agricultura é muito importante para eles. Inteligência artificial, estamos tratando desse assunto, defesa, educacional, alguns acordos assinados também. (...) Na defesa também troca de possíveis presos políticos (...)." Presidente Jair Bolsonaro, sobre acordos com os Emirados Árabes Unidos. Fonte: Twitter do jornalista André Fran, Metrópoles e SamPancher.

13 de novembro de 2021
"Informações sobre nosso trabalho que os vagabundos sempre omitem e com muito método: familiabolsonaro.blogspot.com.br." Vereador Carlos Bolsonaro (PSC-RJ). Fonte: o próprio Twitter.

14 de novembro de 2021
"O casamento tem que ser perfeito. Se não for 100%, que seja 99%. Se até lá nos afinarmos pode ser, mas eu acho difícil essa data, 22. Tenho conversado com ele [Valdemar Costa Neto, presidente do PL], estamos de comum acordo que podemos atrasar um pouco esse casamento, para que ele não comece sendo muito igual aos outros." Presidente Jair Bolsonaro. Fonte: Folha (30/11/2021), por Marianna Holanda, Julia Chaib e Mateus Vargas.

**14 de novembro de 2021**
"Após intensa troca de mensagens na madrugada deste domingo, 14, com o presidente Jair Bolsonaro, decidimos, de comum acordo, pelo adiamento da anunciada cerimônia de filiação. Portanto, a data de 22 de novembro foi cancelada, não havendo, ainda, uma nova data para o compromisso de filiação. Saudações Liberais. Valdemar Costa Neto. Presidente Nacional do Partido Liberal." Partido Liberal. Fonte: o próprio Twitter.

**15 de novembro de 2021**
A Amazônia é um patrimônio, a Amazônia é brasileira. E vocês lá comprovarão isso e trarão realmente uma imagem que condiz com a realidade. Os ataques que o Brasil sofre quando se fala em Amazônia não são justos. Lá, mais de 90% daquela área está preservada, está exatamente igual quando foi descoberto no ano de 1500." Presidente Jair Bolsonaro, durante evento 'Invest in Brasil Forum', em Dubai, nos Emirados Árabes Unidos. Fonte: Poder360.

**15 de novembro de 2021**
"O Brasil foi uma das economias que menos caíram, voltaram mais rápido, criaram mais empregos, e estamos crescendo, também, acima da média mundial." Paulo Guedes, ministro da Economia, durante evento 'Invest in Brasil Forum', em Dubai, nos Emirados Árabes Unidos. Fonte: UOL.

**15 de novembro de 2021**
"Eles [a revista *The Economist*] estão errando todas sobre o Brasil." Paulo Guedes, ministro da Economia, durante evento 'Invest in Brasil Forum', em Dubai, nos Emirados Árabes Unidos. Fonte: UOL e Estadão, por Felipe Frazão.

**15 de novembro de 2021**
"Hoje é dia de ficar em casa para comemorar um golpe militar ocorrido há 132 anos." Paulo Briguet, editor-chefe do jornal Brasil Sem Medo. Fonte: o próprio Twitter.

**15 de novembro de 2021**
"Estamos derrubando o regime de [Joe] Biden [presidente dos Estados Unidos], eu quero que vocês fiquem focados, isso é só ruído." Steve Bannon, no momento em que se entregou ao FBI, atendendo à decisão da Justiça americana sobre a invasão do Congresso dos EUA. Fonte: RBA.

**BOLSONARO E SEUS SEGUIDORES: O HORROR EM 3.560 FRASES**

**15 de novembro de 2021**
"Muita gente me ligando, falando da importância em convidar o presidente Bolsonaro. Importante esclarecer que a nossa proposta já foi entregue nas mãos dele. Nós do PTB [Partido Trabalhista Brasileiro] respeitamos o espaço do nosso presidente. Ele sabe que aqui é a casa dos conservadores, então, é a casa dele." Graciela Nienov. Presidente do PTB. Fonte: O Antagonista.

**15 de novembro de 2021**
"O que eu considero muito também: começam agora a ter a cara do governo as questões da prova do Enem. (...) Ninguém precisa ficar preocupado. Aquelas questões absurdas do passado, que caíam tema de redação que não tinha nada a ver com nada. Realmente, algo voltado para o aprendizado." Presidente Jair Bolsonaro. Fonte: TV Globo e G1, por Guilherme Mazui e Nilson Klava.

**15 de novembro de 2021**
"Hoje é 15 de novembro. #diadogolpe." Deputado Luiz Philippe de Orleans Bragança (PSL-SP). Fonte: o próprio Twitter.

**15 de novembro de 2021**
"Alguém explica porque o deputado federal Daniel Silveira [PSL-RJ] deve ser calado? Seria porque ele pensa e fala fora da caixinha?! (...) Perseguição é o que chama?" Liliane Ventura, jornalista, apresentadora e conservadora. Fonte: o próprio Twitter.

**15 de novembro de 2021**
"Eu tenho um limite. Espero, em pouquíssimas semanas, duas, ou três no máximo, casar ou desfazer o noivado. Mas acho que tem tudo para a gente se casar e ser feliz." Presidente Jair Bolsonaro, sobre a sua filiação ao Partido Liberal (PL). Fonte: Estadão, por Felipe Frazão e Lauriberto Pompeu.

**16 de novembro de 2021**
"Não há relação discernível entre porcentagem da população totalmente vacinada e novos casos de Covid nos últimos 7 dias. Na verdade, a linha da tendência sugere que países com porcentagens mais altas de gente totalmente vacinada tem mais casos de Covid por milhão de habitantes." Paula Schmitt, jornalista. Fonte: o próprio Twitter.

**17 de novembro de 2021**
"O desmatamento é muito claro (...) Os dados que são divulgados pelo Inpe [Instituto Nacional de Pesquisas Espaciais] mensalmente por meio do sistema Deter, eles não deixam dúvida. Assim como teve um aumento em outubro, em agosto foi 33% menor. Você tem que analisar o ciclo, né. Então muitas vezes a imprensa dá o foco, nesse mês foi o pior, mas ninguém falou que agosto foi o melhor (...) Comparando 1º de janeiro do ano passado com 31 de outubro do ano passado e 1º de janeiro desse ano com 31 de outubro desse ano, nós estamos ligeiramente abaixo em relação ao ano passado. E agora é um período que há uma redução normal do desmatamento porque entramos em pleno período de chuva, né. Nós vamos terminar esse ano em uma faixa de talvez 10% abaixo do que foi o desmatamento no ano passado. Nada a comemorar. Porque estamos com uma faixa aí de 8.000 a 8.500 quilômetros quadrados por ano sendo desmatados. (...) O combate ao desmatamento passa por várias ações. (...) A ação que aparece mais é a fiscalização, pela ação de comando e controle, vamos fazer a repressão. Mas só isso não basta. Você precisa acertar a questão da regularização fundiária. Temos ainda problemas herdados de tempos atrás, onde terras indígenas e unidades de conservação foram demarcadas com gente no local já. E ninguém retirou essas pessoas de lá. É uma questão social, essas pessoas estão lá. E continuam a desmatar. Obviamente, porque têm que ganhar sua vida." General Hamilton Mourão, vice-presidente da República. Fonte: UOL, por Carla Araújo e Fabíola Cidral.

**17 de novembro de 2021**
"O mensalão era dinheiro na mão. É diferente isso aí [em referência às emendas de relator-geral da Câmara dos Deputados]. Isso aí é o uso do orçamento, de manobras orçamentárias, em benefício daqueles que apoiam o governo." General Hamilton Mourão, vice-presidente da República. Fonte: UOL, por Carla Araújo e Fabíola Cidral.

**17 de novembro de 2021**
"(...) É nítido que o nosso governo, nós passamos mais de 2 anos para conseguir ter uma base dentro do Congresso. O presidente, no começo, optou por aquela questão das bancadas temáticas e aquilo se revelou totalmente improducente... Porque a bancada temática tem gente dos mais variados partidos. A dificuldade em conseguir compor e colocar dentro do governo o partido A, B ou C, de modo que tivesse apoio mais explícito, e terminou, na minha visão, que fomos negociar com o Congresso em uma situação de desvantagem." General Hamilton Mourão, vice-presidente da República. Fonte: UOL, por Carla Araújo e Fabíola Cidral.

**BOLSONARO E SEUS SEGUIDORES: O HORROR EM 3.560 FRASES**

17 de novembro de 2021
"Temos uma relação muito clara e muito tranquila. Tivemos aí alguns atritos em alguns momentos. Isso é normal, não vejo problema nisso. Agora, o presidente [Jair Bolsonaro] compreende perfeitamente que ele tem a minha lealdade. Então ele não precisa temer nada de mim." General Hamilton Mourão, vice-presidente da República. Fonte: UOL, por Carla Araújo e Fabíola Cidral.

17 de novembro de 2021
"Quem diria hein, veio da Malhação!" Senador Flávio Bolsonaro (Patriota-RJ), se referindo ao secretário especial de Cultura Mario Frias, em solenidade no Bahrein, nos Emirados Árabes. Fonte: o Twitter de Mario Frias e o UOL, por Josias de Souza.

17 de novembro de 2021
"É, e ainda tinha a revista Capricho." Primeira-dama Michelle Bolsonaro. Fonte: o Twitter de Mario Frias e o UOL, por Josias de Souza.

17 de novembro de 2021
"Mas ele é hétero, hein." Presidente Jair Bolsonaro, para uma autoridade local. Fonte: o Twitter de Mario Frias e o UOL, por Josias de Souza.

17 de novembro de 2021
"Um governo, que foi eleito por uma grande tomada de pílula vermelha, resolveu tomar a pílula azul (…) Em muitos casos, infelizmente, as pessoas já vieram com a pílula azul desde o começo. (…) Eram poucos aqueles que continuavam dentro desse projeto de transformação do sistema. Muitos estavam ali fingindo, para cá e para lá. Estão até hoje, mas gostam mesmo é da pílula azul. (…) A maioria do governo nunca quis enfrentar o sistema. Seja por falta de coragem, por falta de convicção, ou por interesse pessoal de manter o sistema. (…) O pior é que colocaram uma pílula azul no café do presidente da República. Azularam completamente o governo e a atuação do presidente. (…) Surgiu aquela coisa: 'Precisamos fazer do Centrão a base do governo'. Na verdade, o que a gente viu é que o governo virou a base do Centrão." Ernesto Araújo, ex-ministro das Relações Exteriores. Fonte: Poder360.

**17 de novembro de 2021**
"Entendo que um chefe de Estado [Emmanuel Macron, presidente da França] se encontrar com um oposicionista [ex-presidente Lula] de outra Nação demonstra falta de apreço pela diplomacia, afim de criar um ambiente de desconforto." Carla Zambelli (PSL-SP). Fonte: o próprio Twitter.

**17 de novembro de 2021**
"Karen Kingston: Os vacinados tornam os não vacinados doentes. Como podemos nos proteger!!! Importante!!!" Raissa Soares, médica, pregadora do evangelho. Fonte: o próprio Twitter e Instagram.

**18 de novembro de 2021**
"Olha o padrão do Enem no Brasil. Pelo amor de Deus. Aquilo mede algum conhecimento? Ou é ativismo político e na questão comportamental?" Presidente Jair Bolsonaro. Fonte: Folha, por Fábio Zanini.

**18 de novembro de 2021**
"Eu estava no hospital e me ofereceram um voo repentino para dali a 15 minutos. Eu não ia perder essa oportunidade. (...) A coisa foi tão rápida [que não foi possível se despedir dos médicos e enfermeiros do hospital]. (...) O pessoal chama de saída à francesa. (...) Não foi escondida de ninguém." Olavo de Carvalho, sobre a viagem do Brasil para os Estados Unidos. Fonte: Bahia Notícias, por Camila Mattoso e Folhapress.

**19 de novembro de 2021**
"Na live de hoje com o presidente Jair Bolsonaro falamos sobre a portaria da Secult que proíbe a cobrança do passaporte vacinal em projetos financiados pela lei Rounet (sic)! Segregação não!" Mario Frias, secretário especial de Cultura. Fonte: o próprio Twitter.

**BOLSONARO E SEUS SEGUIDORES: O HORROR EM 3.560 FRASES**

19 de novembro de 2021
"Se todo ano fosse desmatado o que a imprensa mostra, a Amazônia toda já era um deserto. (...) Passa dois, três anos, o cara desmata de novo. É a mesma área verde e entra como novo desmatamento. Se for pegar a área desmatada ano a ano, dá uma área maior que a Amazônia, levando-se em conta os últimos 20 anos aí. (...) Olha a matéria de agora: 'Amazônia está perto de ponto irreversível e pode virar deserto'. A mesma xaropada de sempre. Matéria na maioria das vezes patrocinada por brasileiros, que estão trabalhando contra seu país. (...) Enquanto a gente rala feito um desgraçado para levar o bom nome do Brasil pra fora, vão péssimos brasileiros para fora para criticar o Brasil. Falar mentiras sobre a Amazônia, por exemplo. Tem uns caras aí que parece que têm prazer de chegar lá fora e dizer 'estão tacando fogo na Amazônia'." Presidente Jair Bolsonaro. Fonte: Folha, por Renato Machado.

19 de novembro de 2021
"Eu vi na GloboNews: 'Bolsonaro decepciona, Lula é um sucesso'. Ah, pelo amor de Deus." Presidente Jair Bolsonaro. Fonte: Folha, por Fábio Zanini.

19 de novembro de 2021
"A floresta amazônica não pega fogo." Presidente Jair Bolsonaro. Fonte: UOL, por Juliana Arreguy.

20 de novembro de 2021
"Ela [deputada Bia Kicis, PSL-DF] cedeu o assessor Evandro Araújo e colocou um advogado de seu gabinete para acompanhar reuniões [do 'Acampamento dos 300'] com a Secretaria de Segurança do Distrito Federal. (...) A Damares [Alves, ministra da Mulher, Família e Direitos Humanos] já sabia que eu ia ser presa e o governo orientou a não falar mais comigo. (...) Não tem mais como defender Bolsonaro. Mas se ele pedir para os bolsonaristas comerem merda, as pessoas vão comer. (...) Tenho medo da esquerda, medo de um fanático e medo do governo. Em janeiro eu anunciei que eu ia contar tudo que eu sabia sobre o bolsonarismo. O Planalto surtou e fez uma reunião ministerial. A [ministra] Damares [Alves] foi chamada. Eu não sabia que eles tinham tanto medo do que eu possa tornar público." Sara Fernanda Giromini, conhecida como Sara Winter, líder do 'Acampamento dos 300'. Fonte: IstoÉ, por Eudes Lima.

20 de novembro de 2021
"Ele [general Augusto Heleno, ministro-chefe do Gabinete de Segurança Institucional (GSI)] pediu para deixar de bater na imprensa e no Maia [Rodrigo Maia, então presidente da Câmara] e redirecionar todos os esforços contra o STF [Supremo Tribunal Federal]." Sara Fernanda Giromini, conhecida como Sara Winter, líder do 'Acampamento dos 300'. Fonte: IstoÉ, por Eudes Lima.

21 de novembro de 2021
"Calúnias e acusações falsas da Sra. Sara Winter, sobre mim, foram divulgadas pela ISTO É, Fórum, Brasil 247 e vários sites 'isentos'. Bancaram também essas mentiras, sem me consultar: a jornalista Mônica Bergamo, os Deputados Ivan Valente [PSOL-SP], Paulo Teixeira [PT-SP] e outros 'democratas de peso'. Triste papel." General Augusto Heleno, ministro-chefe do Gabinete de Segurança Institucional (GSI). Fonte: o próprio Twitter.

21 de novembro de 2021
"Ontem, foi comemorado o Dia da Consciência Negra. Quando teremos o Dia da Consciência Branca, Amarela, Parda? Quanto tempo vamos ainda nos vitimizar ao peso de anos, de séculos de dor por culpas antepassadas? (...) Quando vamos parar de olhar para trás e enfrentar o hoje e nos olharmos com a coragem da cara limpa? Maduros, evoluídos, conscientes de nossa luta, irmanados em nossa capacidade, de sermos? HUMANOS? Simplesmente IRMÃOS?" Regina Duarte. Fonte: Splash para UOL.

**22 de novembro de 2021**
"Tudo que a Sara Winter falou sobre mim é mentira. Nunca dei qualquer orientação de ataque a ninguém e jamais disponibilizei assessor para ajudar no acampamento e muito menos advogado. Não sei se sua mentira é estratégia, desespero ou pura maldade. Não sei se há alguém por trás. Sara mente." Deputada Bia Kicis (PSL-DF). Fonte: o próprio Twitter.

**22 de novembro de 2021**
"O que eu vejo nas eleições é que é um *self-service*. Tem uns dez produtos na mesa. Tem uns oito tóxicos, né? Tem uns oito estragados." Presidente Jair Bolsonaro. Fonte: Correio Braziliense, por Ingrid Soares.

**BOLSONARO E SEUS SEGUIDORES: O HORROR EM 3.560 FRASES**

22 de novembro de 2021
"Você não consegue... é um transatlântico. Tem ministério que é um transatlântico, não dá pra dar um cavalo de pau. Eu gostaria de imediatamente botar educação moral e cívica, um montão de coisas lá, coisas boas. Eu ouvi um outro dia, uns 10 minutos, tive o saco de ver, 2 mulheres — podia ser 2 homens também, né? Ela não sabe nada, não sabe o que é Poder Executivo. Daí ela fala: 'não existe deputado municipal?'. Essas coisas absurdas. Isso daí não é só essa pessoa também. É comum." Presidente Jair Bolsonaro, respondendo à seguinte pergunta de um apoiador: 'Presidente, quando a história de Hitler (sic), a gente via muito a questão, que ele começou com as crianças. No caso aí, o senhor acha que o nosso Ministério da Educação já poderia estar também fazendo um trabalho com as crianças pra gente voltar a retomar a consciência, a conscientização, né?'." Fonte: Metrópoles e SamPancher.

22 de novembro de 2021
"A Globo tem encontro comigo ano que vem. Encontro com a verdade. (...) Não vou perseguir ninguém. Tem que estar com as certidões negativas em dia, um montão de coisas aí. (...) Igual à parada matinal: tem que estar arrumadinho. Ela e qualquer outra empresa." Presidente Jair Bolsonaro. Fonte: UOL, por Mauricio Stycer.

22 de novembro de 2021
"Não existe empresário socialista. (...) [Mas existe uma exceção] tem uma mulher [empresária] que é socialista, mas não falem o nome [Luiza Trajano, presidente do Conselho de Administração Magazine Luiza], que perdeu R$ 30 milhões quando anunciou amor pelo nove dedos [ex-presidente Lula]." Presidente Jair Bolsonaro. Fonte: Estadão, por Rebeca Soares.

23 de novembro de 2021
"Já virou crime ser homem e heterossexual no Brasil? Porque olha, acho que estamos chegando lá!" Fernanda Salles, jornalista profissional, repórter, articulista e assessora de imprensa. Fonte: o próprio Twitter.

23 de novembro de 2021
"Se você quer um culpado [sobre o combate ao desmatamento no Brasil], sou eu. Não vou dizer que foi ministro A, ministro B ou ministro C. Eu não consegui fazer a coordenação e a integração da forma que ela funcionasse." General Hamilton Mourão, vice-presidente da República e coordenador do Conselho Nacional da Amazônia Legal (CNAL). Fonte: Folha, por Marianna Holanda.

**23 de novembro de 2021**
"É um absurdo o que acontece por aí nessas questões. Você pode criticar tudo, o papa, quem você bem entender. Agora, não pode criticar um sistema eleitoral? (...) Esse tipo de censura não existia no período militar. O que não era permitido, muitas vezes, era uma matéria ser publicada, daí o pessoal botava uma receita de bolo ou espaço vazio." Presidente Jair Bolsonaro, à Rede Correio Sat. Fonte: Folha, por Mateus Vargas.

**23 de novembro de 2021**
"O pessoal queria me matar. Tem que ser bem enfatizado isso. Eu ia ser queima de arquivo para cair na conta do presidente [Jair Bolsonaro], como aconteceu com o capitão Adriano [Magalhães da Nóbrega]." Fabrício Queiroz, policial militar da reserva, em entrevista ao SBT. Fonte: O Cafezinho.

**24 de novembro de 2021**
"O Instagram avisa que removeu a informação OFICIAL de que a vacina de Covid matou Bruno Graf. Esta informação foi CONFIRMADA pela Superintendência de Vigilância em Saúde do Estado de Santa Catarina. O Instagram não quer que a população saiba dos RISCOS da vacina. É muita crueldade." Guilherme Fiuza, jornalista, colunista da Revista Oeste. Fonte: O próprio Twitter.

**25 de novembro de 2021**
"Não precisa [da exigência do certificado de vacinação]. Ela [vacina] não impede a transmissão da doença." Anderson Torres, ministro da Justiça e Segurança Pública, que tem a responsabilidade de decidir sobre as regras de controle de fronteiras no Brasil durante a pandemia. Fonte: Folha, por Matheus Vargas.

**25 de novembro de 2021**
"Já fui do PP, já fui do PTB. [Centrão] é um nome pejorativo que deram. Prefiro estar no Centrão do que no esquerdão, lá você não consegue nada de bom para o país." Presidente Jair Bolsonaro, em entrevista à Rede TV! Fonte: Folha (30/11/2021), por Marianna Holanda, Julia Chaib e Mateus Vargas.

**25 de novembro de 2021**
"Não sou nem negro, nem homossexual, nem índio, nem assaltante, nem guerrilheiro, nem invasor de terras. Como faço para viver no Brasil nos dias atuais?" Ives Gandra Martins, jurista. Fonte: Estadão.

**BOLSONARO E SEUS SEGUIDORES: O HORROR EM 3.560 FRASES**

**26 de novembro de 2021**
"O ministro da Justiça e Segurança Pública, Anderson Torres, afirmou que é contra aa exigência do passaporte sanitário para entrada de viajantes no Brasil. Torres explicou o óbvio 'as vacinas não impedem a transmissão da doença'." Fernanda Salles, jornalista profissional, repórter, articulista e assessora de imprensa. Fonte: o próprio Twitter.

**26 de novembro de 2021**
"É para falar do meu mandato. Até a minha vida particular, fique à vontade. Mas que não entrem em coisas de família, de amigos, porque vai ser algo que não vai levar a lugar nenhum. (...) Eu pretendo participar de debates. Não pude da última [vez, na eleição de 2018] porque estava convalescendo ainda [por conta da facada]. Da minha parte não vai ter guerra, eu tenho 4 anos de mandato para mostrar o que fiz, agora, eu não posso aceitar provocação, coisas pessoais, porque daí você foge da finalidade de um bom debate." Presidente Jair Bolsonaro, em entrevista ao programa 'Agora com Lacombe', da RedeTV! Fonte: O Globo, por Natália Bosco.

**26 de novembro de 2021**
"Não tenho o comando ao combate à pandemia. A decisão do STF delegou aos governadores e prefeitos. Fiz minha parte, com recursos e materiais." Presidente Jair Bolsonaro. Fonte: Folha.

**26 de novembro de 2021**
"O que nós estamos pagando agora, um preço muito alto do pós-pandemia — se Deus quiser, acho que acabou essa pandemia — é consequência do 'Fique em casa', 'A economia a gente vê depois'. A economia tá batendo na porta, tá cobrando alto. E o Brasil é um dos países que menos está sofrendo na questão da economia." Presidente Jair Bolsonaro, em entrevista na RedeTV! Fonte: UOL, por Lucas Borges Teixeira.

26 de novembro de 2021
"Eu falei uma coisa que foi ironizada. A floresta úmida não pega fogo, pega o entorno." Presidente Jair Bolsonaro, em entrevista na RedeTV! Fonte: UOL, por Lucas Borges Teixeira.

**26 de novembro de 2021**
"O Sérgio Moro não consegue conversar com as pessoas. E outra, [ele] está juntando ex--ministros meu, parece um recalque. (...) Não vou desejar boa sorte porque sei que o Brasil não estará bem com ele, mas o que acontecer, o que o povo decidir, as consequências o próprio povo vai sentir." Presidente Jair Bolsonaro, em entrevista na RedeTV! Fonte: UOL.

**26 de novembro de 2021**
"A execução orçamentária é por parte do Poder Executivo, em comum acordo com a lei aprovada pelo Legislativo. Legislar sobre orçamento é função imprescindível, única e específica do Poder Legislativo, não competindo a nenhum outro Poder tratar suas regras." Deputado Arthur Lira (PP-AL), presidente da Câmara, sobre a decisão de Rosa Weber, ministra do Supremo Tribunal Federal (STF), para o Congresso Nacional dar 'ampla publicidade, em plataforma centralizada de acesso público' a todos os documentos relacionados à distribuição das verbas do orçamento. Fonte: Folha (03/01/2022).

**26 de novembro de 2021**
"A tirania higienista entrou em campanha, com a ajuda dos seus capangas da extrema mídia, para tentar impedir que pessoas não vacinadas entrem no país. A sanha autoritária e persecutória dessa gente é implacável." André Porciúncula, secretário nacional de Incentivo e Fomento à Cultura — Lei Rouanet. Fonte: o próprio Twitter.

27 de novembro de 2021
"A África, historicamente, só ferrou com os pretos. É assim ainda hoje. Mãe coisa nenhuma!" Sérgio Camargo, presidente da Fundação Palmares. Fonte: o próprio Twitter.

28 de novembro de 2021
"O assim chamado 'movimento negro' é inútil e ridículo. Boa noite!" Sérgio Camargo, presidente da Fundação Palmares. Fonte: o próprio Twitter.

29 de novembro de 2021
"Fiz, ontem, dois anos de [Fundação] Palmares. Dois anos sem receber NENHUMA liderança do assim chamado movimento negro. Sou um negro livre! Não tenho que dialogar com escravos." Sérgio Camargo, presidente da Fundação Palmares. Fonte: o próprio Twitter.

29 de novembro de 2021
"Ele está de volta! Caio Coppolla estreia amanhã, 30/11, às 17h50 na Jovem Pan News. Seu boletim será entre os programas 3 em 1 e o Pingos nos Is. Não percam!" Carla Zambelli (PSL-SP). Fonte: o próprio Twitter.

**BOLSONARO E SEUS SEGUIDORES: O HORROR EM 3.560 FRASES**

### 29 de novembro de 2021
"O que destrói o meio ambiente, ao contrário dessa militância completamente antipatriota, não é o agronegócio brasileiro, o agronegócio ele, tudo bem, ele pode até trabalhar com monocultura, esse tipo de coisa, mas ele está interessado na preservação do solo e no aumento de produtividade com menos área, o que destrói é justamente a economia de subsistência, então são os pequenos negócios rurais, as queimadas, esse tipo de coisa." Caio Copolla, no programa 'Pânico' da Jovem Pan. Fonte: Twitter do jornalista Mário Adolfo Filho.

30 de novembro de 2021
"(...) Aqui [Congresso Nacional] não é uma casa de santos. (...) Eu espero que o [Arthur] Lira, o Rodrigo [Pacheco] divulguem [o orçamento], eu espero mas não acredito, porque senão quebra a reeleição deles [para a presidência da Câmara e do Senado], Rodrigo e Lira, são donos do orçamento, é dono da governança. (...) Só os líderes [dos partidos] que dialogam [com o governo] definem o valor individualmente, cada líder. O líder fala qual é o valor. O valor é dialogado entre o governo e o [Arthur] Lira [presidente da Câmara dos Deputados], dependendo da pauta. O [Arthur] Lira dialoga com cada líder [de partido], o líder já leva para o parlamentar: 'você vai ter 10 milhões, ok?'. O parlamentar não tem como escolher, ele é manipulado. Os parlamentares são usados como moeda de barganha. (...) O governo, dependendo do interesse: 'olha eu tenho tanto valor'. O governo que define isso, para aprovar determina matéria. (...) A divisão é feita dependendo de quanto a bancada vai dar de voto. São 330 parlamentares na base, aí divide proporcionalmente. O governo tem R$ 350 milhões, tem 330 parlamentares. É uma questão matemática muito simples. Pela quantidade de votos que entrega de cada partido, o tamanho da bancada e a quantidade de votos para entregar. O governo é refém do Congresso. (...) O presidente [Jair Bolsonaro] é um fantoche, eu falei isso outro dia, é figurativo. Quem manda no governo [de Jair Bolsonaro] hoje é a Câmara e o Senado." Deputado Delegado Waldir (PSL-GO), ex-líder do PSL na Câmara dos Deputados. Fonte: Congresso em Foco, por Rudolfo Lago e Edson Sardinha.

### 30 de novembro de 2021
"Confesso, prezado Valdemar [Costa Neto, presidente do PL], a decisão não foi fácil. Até mesmo o Marcos Pereira [presidente nacional do Republicanos], conversei muito com ele, bem como outros parlamentares também. E uma filiação é como um casamento. Agora, não seremos marido e mulher, seremos uma família. Mas vocês todos fazem parte dessa nossa família." Presidente Jair Bolsonaro, durante seu evento de filiação ao PL. Fonte: UOL.

**30 de novembro de 2021**
"Há 3 anos venho dizendo em inúmeras entrevistas: Flávio Bolsonaro é a maior vítima de crime encomendado com uso indevido da máquina pública de agentes públicos com fim específico de perseguição. (...) Acusam o presidente de atos antidemocráticos quando, na verdade, ato antidemocrático é a perseguição de um presidente da República eleito, seu filho, a família Bolsonaro com uso indevido de alguns membros do MP e desta máquina chamada Coaf." Frederick Wassef, advogado que representa o senador Flávio Bolsonaro (PL-RJ). Fonte: Poder360, por Paulo Roberto Netto.

**30 de novembro de 2021**
"(...) E ainda querem nos fazer crer que um ex-presidiário, preso por roubar o povo brasileiro (...)." Senador Flávio Bolsonaro (PL-RJ), discursando no ato de filiação ao PL, ao lado de Valdemar Costa Neto, presidente do PL. Fonte: Twitter do deputado Kim Kataguiri e MBL.

**30 de novembro de 2021**
"(...) Em estudo publicado pelo Pew Research Center, realizado entre 2013 e 2014, os protestantes já representavam 26% da população brasileira. A pesquisa, que não diferencia as denominações não católicas, indica um crescimento dos fiéis evangélicos no país." Secretaria Especial de Comunicação Social (SECOM), do Governo Federal. Fonte: o próprio Twitter.

**30 de novembro de 2021**
"Câmara Municipal de Ribeirão Preto. RELATÓRIO DE VOTAÇÃO. Proponente: Vereador André Rodini [NOVO-SP]. Ementa: REQUER MOÇÃO DE REPÚDIO AO CORREIOS DA NORUEGA POR CRIAR E AO PORTAL G1 JUNTAMENTE COM A REPORTER LUIZA TENENTE PELA FORMA QUE CIRCULOU PROPAGANDA DE NATAL COM PAPAI NOEL GAY. (...) APROVADO." Câmara Municipal de Ribeirão Preto. Fonte: Lilia Schwarcz, no Instagram.

**30 de novembro de 2021**
"(...) Maria do Rosário não sabe lavar panela/ Jandira Feghali nunca morou na favela/ Luciana Genro apoia os sem-terra/ Mas não dá o endereço pra invadirem a casa dela (...)." Música tocada no evento de filiação do presidente Jair Bolsonaro ao PL. Fonte: Metrópoles, por Guilherme Amado e Lucas Marchesini.

**BOLSONARO E SEUS SEGUIDORES: O HORROR EM 3.560 FRASES**

**1º de dezembro de 2021**
"Nós precisamos tirar essa cultura de que armas matam as pessoas. Quem mata as pessoas é quem está por trás do agente, seja mulher ou homem. Quando falamos que a mulher não vai tirar uma arma para matar o marido, o cônjuge ou quem for, é muito difícil irmos por essa tangente, porque quando se tem a vida em risco, uma peixeira pode servir muito mais do que uma arma de fogo, e temos acesso a isso em casa. Não precisamos pedir permissão para ter uma faca, e a faca é muito mais letal." Cristiane Lemos Batista de Freitas, atiradora esportiva, em audiência na Comissão dos Direitos da Mulher. Fonte: UOL, Agência Cenarium (13/03/2022).

**1º de dezembro de 2021**
"Aviso à humanidade: 'Guru do Bolsonaro' é a pqp." Olavo de Carvalho. Fonte: o próprio Twitter.

**1º de dezembro de 2021**
"A Sara Winter está certa pela metade quando diz que hoje os bolsonaristas não sentem admiração pelo Bolsonaro e sim piedade. Na verdade, têm piedade DELES MESMOS. Fogem da humilhação de confessar a derrota completa que seus ideais sofreram." Olavo de Carvalho. Fonte: o próprio Twitter.

**1º de dezembro de 2021**
"O capitalismo é padrinho e protetor do comunismo. A guerra não é entre capitalismo e comunismo, é entre CRISTIANISMO e comunismo." Olavo de Carvalho. Fonte: o próprio Twitter.

**1º de dezembro de 2021**
"Com grande satisfação que sou comandante, né? Saltaremos em fevereiro deste avião no Lago Paranoá, em Brasília. Tendo o General [Augusto] Heleno como mestre de salto. Não vou dar ordem para ele saltar porque acho que ele ficaria muito honrado mas, talvez, não ficasse muito satisfeito com o banho na lagoa." Presidente Jair Bolsonaro. Fonte: Metrópoles e SamPancher

**1º de dezembro de 2021**
"Eu defenderei o direito constitucional do casamento civil de pessoas do mesmo sexo." André Mendonça, na sabatina na Comissão de Constituição e Justiça do Senado Federal para ocupar vaga no Supremo Tribunal Federal (STF). Fonte: Folha, por Camila Mattoso, Fabio Serapião e Italo Nogueira.

### 1º de dezembro de 2021
"O que ele [André Mendonça] falou é que defende garantias e direitos constitucionais. Na Constituição não consta garantia nenhuma de direitos civis de pessoas do mesmo sexo. O que a Constituição garante é de homem e mulher. (...) Existe uma decisão do STF [sobre casamento de pessoas do mesmo sexo]. Na Constituição só existe um apelo, casamento homem e mulher. Não existe casamento do mesmo sexo no texto constitucional (...). Foi a pergunta que mais treinou. E parte da imprensa não sabe interpretar (...). Algumas pessoas, por conta de manchetes, são mais leigas e não estão entendendo. A partir de amanhã vamos esclarecer para a comunidade evangélica através de vídeos e tudo." Deputado Sóstenes Cavalcante (DEM-RJ), aliado de André Mendonça. Fonte: Folha, por Camila Mattoso, Fabio Serapião e Italo Nogueira.

### 1º de dezembro de 2021
"É um passo para o homem, e um salto para os evangélicos." André Mendonça, aprovado pelo Senado para ocupar o cargo de ministro do Supremo Tribunal Federal (STF). Fonte: Poder360, por Lucas Mendes e Rafael Barbosa.

### 1º de dezembro de 2021
"O meu compromisso de levar ao Supremo [Tribunal Federal] um [ministro] 'terrivelmente evangélico' foi concretizado no dia de hoje. — Foi uma longa espera onde 47 senadores, aos quais agradeço, entenderam ser André Mendonça uma pessoa capacitada para a missão." Presidente Jair Bolsonaro. Fonte: o próprio Twitter.

### 1º de dezembro de 2021
"A imprensa brasileira desconhece a Constituição Federal! Não há nela um artigo sequer que abone/autorize o casamento entre pessoas do mesmo sexo! Eu avisei lá atrás que rasgaram a Constituição Federal mas fui chamado de homofóbico e coisa e tal. André Mendonça [ministro do Supremo Tribunal Federal] foi cirúrgico! Não falhou com seus princípios!" Pastor e deputado Marco Feliciano (PL-SP). Fonte: o próprio Twitter.

### 02 de dezembro de 2021
"Foram aprovados dois nomes, duas pessoas que marcam renovação do Supremo [Tribunal Federal]. Todas as instituições devem ser renovadas. (...) Não mando nos votos do Supremo (STF), mas são dois ministros que representam, em tese, 20% daquilo que nós gostaríamos que fosse decidido e votado." Presidente Jair Bolsonaro. Fonte: Estadão, por Eduardo Gayer.

**BOLSONARO E SEUS SEGUIDORES: O HORROR EM 3.560 FRASES**

**02 de dezembro de 2021**
"Não vou entrar em detalhes se Anvisa vai aprovar ou não [a vacinação de crianças], até porque não tenho qualquer ação diante da Anvisa. A Anvisa é independente, mas eu perguntaria para a Anvisa se isso continua na bula da Pfizer: 'Não nos responsabilizamos por qualquer efeito colateral.'" Presidente Jair Bolsonaro. Fonte: Poder360, por Emilly Behnke e Rafael Barbosa.

**02 de dezembro de 2021**
"Na Vaza Jato — eu tenho comigo, nós conseguimos oficialmente muita coisa — os procuradores, por ocasião do segundo turno [de 2018], a maioria votou em mim ou no Haddad? Votou no Haddad. Esse é o Sérgio Moro." Presidente Jair Bolsonaro. Fonte: UOL, por Bernardo Barbosa.

**02 de dezembro de 2021**
"Eu tenho dito sempre: os partidos de centro é que dão a estabilidade que o governo precisa, que qualquer governo que se elege. E a gente não pode ficar sempre na narrativa do 'toma lá dá cá'. (...) Os partidos de centro sempre votaram as reformas estruturantes desse país, seja em momentos ruins ou bons. E, às vezes, são mal compreendidos. O que seria do governo Lula se não tivéssemos os partidos de centro? O que seria do governo FHC se não tivessem os partidos de centro? O que seria do governo Dilma, do governo Temer, o que seria do governo Bolsonaro? (...) Então, na minha opinião, os partidos de centro dão toda a estabilidade, governabilidade e previsibilidade." Deputado Arthur Lira (PP-AL), presidente da Câmara dos Deputados. Fonte: UOL.

**02 de dezembro de 2021**
"Eu vejo — acompanho mídias sociais e o pessoal mostra para mim — muita gente de esquerda, em especial, querendo a minha morte. Se quer a minha morte, por que fica querendo exigir que eu tome a vacina? Deixa eu morrer, problema é meu, tá?" Presidente Jair Bolsonaro, que poderia ter se vacinado em 3 de abril no Distrito Federal. Fonte: Poder360, por Emilly Behnke e Rafael Barbosa.

**02 de dezembro de 2021**
"Até mesmo como diz a OMS, não sou eu que estou dizendo, que os totalmente vacinados, aqueles que tomaram a 2ª dose de algumas vacinas ou a 1ª de outras marcas podem se contaminar, transmitem o vírus e também podem morrer, é uma realidade." Presidente Jair Bolsonaro. Fonte: Metrópoles e SamPancher.

**02 de dezembro de 2021**
"A última notícia dele [Sérgio Moro, então no Podemos-PR] é que 'Bolsonaro comemorou quando Lula foi solto, diz Moro'. É um vídeo, e ele fala 'ouvi dizer'. É um papel de palhaço, um cara sem caráter. (...) Agora ele vai me acusar disso, que comemorei. 'Ouvia no Palácio do Planalto que ele comemorou porque era bom politicamente para ele'. Tá de brincadeira. Mentiroso deslavado! (...). Esse cara [Sérgio Moro] está mentindo descaradamente. O cara quer ser candidato, é um direito dele, mas em vez de ele mostrar o que fez, fica só apontando o dedo para os outros e mentindo.(...) Não estou preocupado com ele, não. Se ele se candidatar, o povo vai saber se ele merece ou não o voto. Agora, ficar fazendo campanha na base da mentira... Aprendeu rápido, Sérgio Moro. Aprendeu a velha política. (...) Ele [Sérgio Moro] sai atirando, falando que não apoiei para aprovar a [prisão após condenação em] segunda instância. É ele que tem que trabalhar, não eu. Ele apresenta um projeto de lei para regulamentar um inciso do artigo 5º da Constituição e diz que eu tinha que me empenhar? Quem tinha que se empenhar era ele. (...) [Sérgio Moro] saiu do governo pelas portas dos fundos, traindo a gente, querendo trocar o chefe da Polícia Federal (PF) com sua indicação ao Supremo. 'Você me indica para o Supremo, daí troca o diretor-geral'. Está em lei, o diretor-geral é atribuição minha trocar, não é nem o ministro. Mas mesmo assim deixei nomear o senhor [Maurício] Valeixo." Presidente Jair Bolsonaro. Fonte: UOL.

**02 de dezembro de 2021**
"Não tenho lido muito para não desanimar porque nos jornais há dois Brasis, um dos críticos e outro dos que veem as coisas de forma mais construtiva." Paulo Guedes, ministro da Economia. Fonte: UOL, por Lorenna Rodrigues e Francisco Carlos de Assis.

**02 de dezembro de 2021**
"O chamam de fascista/autoritário mas a todo tempo defendeu a liberdade e a constituição." Deputado José Medeiros (Podemos-MT), vice-líder do governo Bolsonaro na Câmara dos Deputados. Fonte: o próprio Twitter.

**02 de dezembro de 2021**
"O chamam de 'Racista' com ministros, secretários e amigos com descendência oriental, africana, judeus, enfim..." Deputado José Medeiros (Podemos-MT), vice-líder do governo Bolsonaro na Câmara dos Deputados. Fonte: o próprio Twitter.

**BOLSONARO E SEUS SEGUIDORES: O HORROR EM 3.560 FRASES**

**02 de dezembro de 2021**
"No dia 17 de Novembro, a Jovem Pan News demitiu o [José Carlos] Bernardi. É uma grande injustiça! Ele não é antissemita. Peço à Jovem Pan a grandeza, assim como fez com Rodrigo Constantino, de rever a demissão. Não podemos deixar a tigrada do cancelamento dominar as mídias." Abraham Weintraub, ex-ministro da Educação. Fonte: o próprio Twitter.

**02 de dezembro de 2021**
"O curioso é que, anos atrás, os políticos alemães que hoje impõem Lockdown para não vacinados e a vacinação compulsória são os mesmos que permitiram a entrada de milhões de imigrantes indocumentados. Eles jamais pediram também um teste para saber se alguém tinha alguma doença." Claudia Wild. Fonte: o próprio Twitter.

**03 de dezembro de 2021**
"A Austrália foi transformada em uma ditadura sanitária 'exemplar'. Provavelmente, 100% dos tiranetes ocidentais devem estar morrendo de inveja dos 'campos de confinamento da COVID-19' de lá. Uma distopia para ninguém botar defeito." Claudia Wild. Fonte: o próprio Twitter.

03 de dezembro de 2021
"Passaporte Sanitário — eventos adversos das vacinas contra Covid-19 e os riscos para a segurança nacional." Clube Militar do Rio de Janeiro, convidando os sócios para a palestra a ser ministrada pela médica Maria Emília Gadelha Serra. Fonte: CNN Brasil, por Lucas Janone e Elis Barreto.

**03 de dezembro de 2021**
"Alemanha anuncia lockdown para não-vacinados. A Alemanha se esqueceu do seu passado. E você que está calado diante dessa monstruosidade também. Só não venha depois implorar por um herói para te devolver a dignidade. Você a perdeu para sempre ao trocá-la por uma FALSA proteção sanitária." Guilherme Fiuza, jornalista, colunista da Revista Oeste. Fonte: o próprio Twitter.

**03 de dezembro de 2021**
"Estamos fazendo um partido [Aliança pelo Brasil] para os conservadores. Muitos parlamentares que vão ser candidatos não vão ter espaço no PL. É até uma forma de ter uma alternativa." Luis Felipe Belmonte. Fonte: O Globo, por Daniel Gullino.

03 de dezembro de 2021
"Às vezes é melhor perder a vida do que perder a liberdade." Marcelo Queiroga, ministro da Saúde, médico. Fonte: G1, por Bruna de Alencar e Carolina Dantas.

**04 de dezembro de 2021**
"Acabo de ser barrada no cinema do Boulevard Campos por não ter passaporte sanitário. Eu e minha família esperamos um tempão para abrir e quando questionei a hora (pois estava quase na hora do filme), o segurança falou que estava aberto, mas tinha que apresentar o passaporte [de vacinação]." Nanda Ananias, médica, 'fechada com Bolsonaro'. Fonte: o próprio Twitter.

**05 de dezembro de 2021**
"A última realização de Alexandre de Moraes foi uma obscura construção através da qual se chega à conclusão de que 'a direita' deveria ser proibida de participar das eleições brasileiras." J. R. Guzzo, colunista da Revista Oeste, do jornal O Estado de S.Paulo e da Gazeta do Povo. Fonte: o próprio Twitter.

**05 de dezembro de 2021**
"Não tem [comprovação científica]. Tem muita incógnita sobre a vacina ainda, há muita coisa que ninguém sabe." Presidente Jair Bolsonaro, em entrevista ao Poder360. Fonte: Folha, Lupa.

**05 de dezembro de 2021**
"Sobre 2022? Bolsonaro: 94%; 9 dedos nem a pau: 3%; No pato quack traíra não: 2%; Acelera de ré tô fora: 1%. 40.259 votos. Resultados finais." Ricardo Salles, ex-ministro do Meio Ambiente, em enquete no próprio Twitter. Fonte: o próprio Twitter.

**06 de dezembro de 2021**
"Não vou dizer que, no meu governo, não tem corrupção, que a gente não sabe o que acontece muitas das vezes. Mas, se tiver qualquer problema, a gente vai investigar aí. Eu não posso dar conta de mais de 20 mil servidores comissionados, ministérios com 300 mil funcionários. A grande maioria são pessoas honestas." Presidente Jair Bolsonaro. Fonte: O Antagonista.

**06 de dezembro de 2021**
"A vagabundagem tem [arma], pô. Por que essa... O [ex-presidente] Lula falou que vai recolher as armas. O [Sérgio] Moro também falou que ele podia ser mais rígido, né... Me peitar mais durante a questão das portarias de armamento dele. Como é que o cara aceita trabalhar comigo sabendo que eu sou armamentista? Tinha que ter caráter, né? Era só falar: 'Não me interessa trabalhar porque sou de esquerda'." Presidente Jair Bolsonaro. Fonte: Metrópoles, por Mayara Oliveira.

**06 de dezembro de 2021**
"Usarei 1 Coríntios 2:10-14 para responder à intolerância religiosa e o desamor de muitos a meu respeito, por celebrar a vitória do meu irmão em Cristo André Mendonça. 'Ora, o homem natural não compreende as coisas do espírito de Deus, porque lhe parecem loucura; e não pode entendê-las, porque elas se discernem espiritualmente'." Senhora Michelle Bolsonaro, primeira-dama. Fonte: O Antagonista.

**BOLSONARO E SEUS SEGUIDORES: O HORROR EM 3.560 FRASES**

**06 de dezembro de 2021**
"A Petrobras começa nesta semana a anunciar redução no preço do combustível." Presidente Jair Bolsonaro. Fonte: Poder360, por Mariana Haubert.

**06 de dezembro de 2021**
"Se não há dúvidas de que as vacinas atuais não imunizam de fato quem as toma, servindo apenas para supostamente amenizar o quadro desenvolvido ao se contrair a doença [Covid-19], por que diversas matérias da velha mídia se referem a elas como 'imunizantes'? Além de 'fake news', é ridículo." Fabrício Rebelo, jurista, pesquisador em Segurança Pública, jornalista e escritor. Fonte: o próprio Twitter.

**06 de dezembro de 2021**
"Essa foto é de março de 2020. Ele me pediu que acompanhasse sua agenda por alguns dias. E foram dias inesquecíveis. Lealdade e confiança não se compram, se conquistam. Muito obrigado presidente Jair Bolsonaro por ser esse homem de palavra, coragem e caráter." Mario Frias, secretário especial de Cultura. Fonte: o próprio Twitter.

**07 de dezembro de 2021**
"Eu comentei, em um grupo reservado, sobre um possível pedido de asilo do jornalista brasileiro, Allan dos Santos, aqui nos EUA. Foi apenas uma suposição minha. Não tenho nenhuma informação concreta sobre qualquer coisa nesse sentido." Abraham Weintraub, ex-ministro da Educação. Fonte: o próprio Twitter.

07 de dezembro de 2021
"Lembra dois anos atrás a questão da linguagem neutra dos gays? Não tenho nada contra, nem a favor. Cada um faz o que bem entender com seu corpo. Mas por que a linguagem neutra dos gays? O que soma para a gente numa redação? Agora, estimula a molecada a se interessar por essa coisa, por... (...) a linguagem é o de menos, vai estragando a garotada." Presidente Jair Bolsonaro. Fonte: Correio Braziliense, por Ingrid Soares.

**07 de dezembro de 2021**
"Agora, vice eu considero um casamento. Tem que ser uma pessoa que não te dê trabalho, e que some. E, às vezes, mesmo a gente pensando isso, o tiro sai pela culatra." Presidente Jair Bolsonaro. Fonte: UOL, no Instagram.

**07 de dezembro de 2021**
"Parece que eu sou o único chefe de Estado no mundo que teve uma posição diferente. O que fiz? Estudei, corri atrás." Presidente Jair Bolsonaro. Fonte: Folha e Daniel Adjuto, no Twitter.

07 de dezembro de 2021
"Bolsonaro é eleito a Personalidade do Ano de 2021 da revista '*Time*'." Jovem Pan. Fonte: Jovem Pan.

**07 de dezembro de 2021**
"Mas, para ser considerada uma 'personalidade' [pela revista *Time*], a figura pública precisa ser única. Nessa perspectiva, a escolha me pareceu justa. Com seu estilo particular, o Presidente [Jair Bolsonaro] findou incorporando a luta pela autonomia individual, no Brasil e no mundo." Deputada estadual Janaina Paschoal (PSL-SP). Fonte: o próprio Twitter.

**07 de dezembro de 2021**
"Suas políticas econômicas, reformas estruturantes em plena pandemia e conservação das liberdades sem se dobrar ao politicamente correto conferiram ao Presidente Bolsonaro o título de personalidade do ano da revista Time, quando obteve 24% dos votos dos internautas de todo o mundo." Deputado Eduardo Bolsonaro (PSL-SP). Fonte: o próprio Twitter.

**08 de dezembro de 2021**
"Perguntar não ofende, então, como o presidente Jair Bolsonaro vence votação popular como Personalidade do Ano promovida pela Revista Time, com milhões de votos, mas perde pra o Lula em todas as pesquisas brasileiras." Pastor e deputado Marco Feliciano (PL-SP). Fonte: o próprio Twitter.

**08 de dezembro de 2021**
"PERSONALIDADE DO ANO. — Agradeço aos 2.160.000 eleitores que votaram em mim. Esperamos que Revista TIME nos conceda, de fato, o título respeitando o resultado das eleições. Nossos cumprimentos a Donald Trump pelo segundo lugar. — Presidente Jair Bolsonaro. — Deus, Pátria, Família!" Presidente Jair Bolsonaro. Fonte: o próprio Instagram.

08 de dezembro de 2021
Precisa ter bola de cristal para dizer que tem que cair o preço da gasolina caindo o Brent? Se eu não me engano, quase US$ 10 de redução. Tem que cair. Eu falei isso aí, pronto, informação privilegiada [da Petrobras]." Presidente Jair Bolsonaro. Fonte: UOL e Estadão, por Eduardo Gayer.

08 de dezembro de 2021
"Vim aqui fazer o que eu gosto de fazer: pregar o Evangelho. E pregar o Evangelho significa trazer as boas novas." Tarcísio de Freitas, ministro da Infraestrutura, em evento com a presença do presidente Jair Bolsonaro, da deputada federal Carla Zambelli (PSL-SP), com a plateia, formada por líderes empresariais da cidade de São Paulo, respondendo com um coro: 'governador'. Fonte: UOL e Folha, por Fábio Zanini.

08 de dezembro de 2021
"A CNA, em minha gestão, nestes últimos anos, foi apolítica e continuará a ser apolítica (...). Nós entendemos que houve algumas manifestações [de apoio a Jair Bolsonaro na eleição de 2018], mas eu acho que foi questão de momento." João Martins da Silva Júnior, presidente da Confederação Nacional da Agricultura (CNA). Fonte: Estadão.

08 de dezembro de 2021
"O André [Mendonça] é uma pessoa que vai fazer o seu trabalho. Por exemplo, pautas conservadoras, eu nem preciso conversar com ele sobre o que é família, religião, porque tem muita coisa nesse sentido que vai para dentro do Supremo Tribunal Federal. (...) As pautas econômicas, eu tenho certeza qual a posição do André sobre o marco temporal. Como advogado-geral da União e no Ministério da Justiça ele trabalhou comigo contra essa questão. Nós sabemos que o André vai ser um voto para o nosso lado. Isso não é tráfico de influência, é que nós sabemos dado o comportamento dele. Alguns dizem que eu coloquei ele lá dentro para defender os meus interesses pessoais. Que interesses pessoais eu tenho?" Presidente Jair Bolsonaro. Fonte: Metrópoles, por Mayara Oliveira.

08 de dezembro de 2021
"PROJETO DE LEI Nº 5.544/20, de Nilson F. Stainsack, que dispõe sobre a autorização para caça esportiva de animais no território nacional. Parecer CMADS. Data de apresentação: 08/12/2021 — Parecer do Relator, Dep. Nelson Barbudo (PSL-MT), pela aprovação, com substitutivo. PARECER: pela aprovação, com substitutivo. Relator: Deputado Nelson Barbudo." Deputado Nilson F. Stainsack (Progressistas-SC). Fonte: André Trigueiro, no Twitter.

08 de dezembro de 2021
"A senhora [deputada Tabata Amaral, PSB-SP], eu não falei o teu nome, fica quietinha, fica pianinha." Deputado Nelson Barbudo (PSL-MT), relator do projeto sobre a autorização para caça esportiva de animais no território nacional. Fonte: Deputada Tabata Amaral, no Instagram.

**08 de dezembro de 2021**
"A gente pergunta: por que o passaporte vacinal? Por que essa coleira que querem botar no povo brasileiro? Cadê a nossa liberdade? Eu prefiro morrer do que perder a minha liberdade." Presidente Jair Bolsonaro. Fonte: Fabiana Barroso, no Twitter.

**08 de dezembro de 2021**
"Hoje na Alerj [Assembleia Legislativa do Estado do Rio de Janeiro] será votado o passaporte sanitário. Passaporte sanitário NÃO! Obrigatoriedade e segregação JAMAIS. Vamos pressionar nossos deputados." Fabiana Barroso, analista e comentarista política e Conselheira Administrativa do MAB. Fonte: o próprio Twitter.

**08 de dezembro de 2021**
"Hoje recebi a insígnia do comendador da Ordem do Rio Branco, no Itamaraty." Alexandre Garcia. Fonte: o próprio Twitter.

**08 de dezembro de 2021**
"(...) O Supremo [Tribunal Federal] deu poderes para governadores e prefeitos. Eu falo da minha linha, eu não fechei nenhum botequim. Jamais vou exigir o passaporte de vacina de vocês. Imaginem se tivesse o Haddad no meu lugar (...)." Presidente Jair Bolsonaro. Fonte: UOL, no Twitter.

**08 de dezembro de 2021**
"Se não fosse a indicação do PR [o presidente Jair Bolsonaro] ninguém nem saberia quem é [Antonio Barra Torres, diretor-presidente da ANVISA]. Se não fosse a 'prestação de serviço' a quem ataca o PR o dia inteiro, também não. Não sei o que é pior: o isentão 'técnico' que pensa ser professor de Deus, o ingrato, ou o traidor. Cientificamente comprovado: humildade faz bem." Onyx Lorenzoni, ministro do Trabalho e Previdência. Fonte: o próprio Twitter.

**08 de dezembro de 2021**
"Da minha parte, eu não tomei vacina e não vou tomar vacina [contra a Covid-19]. É um direito meu e de quem não quer tomar. Até porque os efeitos colaterais e adversos são enormes." Presidente Jair Bolsonaro. Fonte: Poder360, por Murilo Fagundes.

**BOLSONARO E SEUS SEGUIDORES: O HORROR EM 3.560 FRASES**

**08 de dezembro de 2021**
"João Doria [governador de São Paulo] destina R$ 40 MILHÕES do povo paulista para bancar museu gay. Dinheiro irá para ampliação do Museu da Diversidade Sexual, criado em 2012 pelo também tucano [Geraldo] Alckmin [ex-governador de São Paulo]. Além disso, a verba também será utilizada na criação dos museus da Cultura Indígena e das Favelas." Deputado Eduardo Bolsonaro (PSL-SP). Fonte: o próprio Twitter.

**08 de dezembro de 2021**
"Hoje, oito de dezembro, comemoramos o Dia Nacional da Família. Sou muito grato a Deus pela minha família e tento retribuir esta benção lutando pelos valores tradicionais das famílias brasileiras. Contem comigo sempre!" Deputado Eduardo Bolsonaro (PSL-SP), no Twitter, com post de foto com esposa e filha no colo, com uma arma aparecendo na cintura. Fonte: Twitter Blog do Noblat.

**09 de dezembro de 2021**
"Ou todos nós impomos limites para nós mesmos ou pode-se ter crise no Brasil. Apesar de a grande mídia me acusar de provocar, agredir, não tem agressão minha. Estou tomando sete tiros de 62 [calibre], quando dou um [tiro] de 62, estou provocando." Presidente Jair Bolsonaro. Fonte: Folha (03/01/2022).

**09 de dezembro de 2021**
"Será votada HOJE às 16h na ALESP [Assembleia Legislativa do Estado de São Paulo] a LEI BRUNO GRAF proibindo o passaporte da vergonha. O jovem Bruno Graf foi morto pela vacina de Covid (causa confirmada pela Superintendência de Vigilância em Saúde de SC). Quem não repudiar agora esse EXPERIMENTO OBRIGATÓRIO vai pagar depois." Guilherme Fiuza, jornalista, colunista da Revista Oeste. Fonte: O próprio Twitter.

**09 de dezembro de 2021**
"A corrupção no Brasil era institucionalizada. As notícias de escândalos faziam parte da rotina do nosso país. Os brasileiros disseram BASTA!, foram às ruas e mudaram sua própria história." Secretaria Especial de Comunicação Social (SECOM), do Governo Federal. Fonte: o próprio Twitter.

**09 de dezembro de 2021**
"Os nazistoides estão excitadíssimos com a coleira sanitária. Eles entraram em êxtase ouvindo ídolos como Eduardo Paes [prefeito do Rio de Janeiro] dizerem que vão 'dificultar a vida' dos não vacinados. É emocionante mesmo. O 'passaporte' não bloqueia o vírus, mas bloqueia gente — o que é muito mais gostoso." Guilherme Fiuza, jornalista, colunista da Revista Oeste. Fonte: O próprio Twitter.

**09 de dezembro de 2021**
"Muito honrado em ser comparado com o ministro Paulo Guedes. O Posto Ipiranga e o Posto de Saúde!" Marcelo Queiroga, ministro da Saúde, médico. Fonte: o próprio Twitter.

**09 de dezembro de 2021**
"Ontem recebi mais uma visita do oficial de Justiça, né. É o tempo todo assim. E mais, eu estava vendo hoje uma TV de orelhada aí: 'olha, ele tá recebendo o 140º processo de *impeachment*'. Tudo balela, tudo palhaçada. Não tem *impeachment* sem povo na rua. Cadê a denúncia de corrupção? Está lá o [jurista] Miguel Reale Júnior, né. Todo cara lá de, embalsamado já. Está embalsamado já. Parece um Tutancâmon. 'Ah, mais um denúncia aqui'. Ele me chama de 'cúmplice do vírus', 'charlatanismo'. Pô, cara. Nada contra a tua idade, porque eu vou chegar lá também. Já estou meio coroa aqui com 66 anos, né. Vou chegar lá, ele deve estar com uns 80, mas termina a sua vida com dignidade. Deixa de fazer o papel de marionete da esquerda, pelo amor de Deus. Dá até vergonha ver, uma pessoa com essa idade aí. Agora, o que é o cara? É a tal da esquerda, né. Entra com pedido de *impeachment* por corrupção, porra! Eu estou aguardando por corrupção!" Presidente Jair Bolsonaro. Fonte: Metrópoles e SamPancher.

**09 de dezembro de 2021**
"É um abuso. É o que eu disse: ele [Alexandre de Moraes, ministro do STF] está no quintal de casa. Será que ele vai entrar? Será que ele vai ter coragem de entrar? Não é um desafio para ele. Quem está avançando é ele; não sou eu." Presidente Jair Bolsonaro, em entrevista ao jornal Gazeta do Povo. Fonte: Estadão, por Eduardo Gayer.

**09 de dezembro de 2021**
"Nós somos Bolsonaro, para com esse negócio, tire a máscara." Adson Batista, presidente do Atlético-GO, que puxou a máscara do repórter Juliano Moreira, da Rádio BandNews, durante uma entrevista. Fonte: UOL (10/12/2021).

**09 de dezembro de 2021**
"Todos os dias podem aparecer variantes [da Covid-19] que causam preocupação, mas não causam desespero, pelo menos para mim, o ministro da Saúde, porque eu tenho, nas minhas mãos, o controle do Sistema Único de Saúde [SUS] e a confiança do presidente da República [Jair Bolsonaro]." Marcelo Queiroga, ministro da Saúde, médico. Fonte: Jornal de Brasília, por Willian Matos.

**BOLSONARO E SEUS SEGUIDORES: O HORROR EM 3.560 FRASES**

**09 de dezembro de 2021**
"Não foi por causa de mim, nem de você que eu cheguei ao STF. Foi por Deus. Estava predestinado, tinha de chegar ao STF. (...) Deus tem um propósito para cada um de nós. (...) Eu nunca tive dúvidas das promessas de Deus, do que Deus tinha me dito anos atrás. (...) Não via como se realizaria, mas sabia que ele tinha prometido." André Mendonça, recém-eleito ministro do Supremo Tribunal Federal (STF), em um culto na Igreja Vitória em Cristo, da Assembleia de Deus, no Rio de Janeiro, acompanhado do governador Claudio Castro (PL) e do senador Romário (PL-RJ). Fonte: Estadão, por Roberta Jansen e Metrópoles, por Guilherme Amado e Bruna Lima.

09 de dezembro de 2021
"Temos aqui um parlamentar [deputado Daniel Silveira, PSL-RJ] que ficou sete meses preso. Se coloquem no lugar dele. (...) Eu não posso entender um parlamentar ficar preso durante sete meses. E se errou, como todos nós podemos errar, a pena jamais seria essa. Qual o limite de certas pessoas no Brasil? Qual o limite dessas pessoas? Doeu no meu coração ver um colega preso? Doeu. Mas o que fazer? Será que queriam que eu tomasse medidas extremadas? Como é que ficaria o Brasil perante o mundo? Possíveis barreiras comerciais, problemas internos." Presidente Jair Bolsonaro. Fonte: Correio Braziliense, por Ingrid Soares.

**09 de dezembro de 2021**
"Agora, com a regularização fundiária vai saber quem tá tocando fogo lá embaixo. E nesse satélite, já tem satélite nosso agora, você vai saber o que é fogueira de São João também. Chega junho, julho e, apesar de ser inverno no Brasil, tem também foco de calor. Fogueira de São João. E se souber ano a ano, no mesmo local, aquele foco de incêndio, vai poder descartar (dos dados). (...) Seria bom que não tocasse fogo? Seria bom. Se você puder ensinar para eles como se faz uma roça sem tocar fogo, vai lá na Amazônia e ensine." Presidente Jair Bolsonaro. Fonte: O Globo, por Dimitrius Dantas.

**09 de dezembro de 2021**
"Não pega fogo na Amazônia. Você pode jogar um galão de gasolina lá na mata que não pega fogo. A floresta é úmida. O que pega fogo é o entorno. (...) Existe desmatamento ilegal? Sabemos que existe. Existe queimada? Sabemos que existe. Fazemos a nossa parte. O Exército do Brasil trabalhou muito no ano passado e no começo deste ano. Por isso, com toda certeza, juntamente com o Ibama, diminuiu essa quantidade de queimadas aí." Presidente Jair Bolsonaro. Fonte: Metrópoles, por Mayara Oliveira.

### 09 de dezembro de 2021
"Enquanto outro governador [João Doria, de São Paulo] aqui da região Sudeste quer fazer o contrário. E ele ameaça: ninguém vai entrar no meu estado [se não estiver vacinado]. Teu estado é o cacete, porra. (...) E nós todos temos que reagir. E reagir como? Protestando contra isso. Ah, o povo é soberano... Todo poder emana do povo. Não é bem assim que a banda toca, pessoal. (...) Queriam que a gente impusesse aqui a obrigação do cartão vacinal. Como eu posso aceitar o cartão vacinal se eu não tomei vacina e é um direito meu de não tomar? Como é o direito de qualquer um aqui. (...) Um soldado dentro da trincheira não vai ganhar a guerra, vai morrer como um rato. (...) Talvez eu tenha sido um dos raros chefes de Estado no mundo que foi contra essas políticas de *lockdown* e toque de recolher. Falaram muita coisa de mim, do ensinamento que eu tive, da minha profissão, militar... Um soldado dentro da trincheira não vai ganhar guerra, vai morrer como um rato. Vírus mata? Mata. Duvido quem não tenha parente ou amigo que morreu por causa do vírus. Mas tem que lutar, poxa. (...) Agora, hoje, uma nova ameaça aparece. Não pode sair de casa e não pode fazer isso ou aquilo quem não tiver sido vacinado. Oras bolas, essas pessoas querer passar a mensagem de que estão preocupadas com as nossas vidas, se não fosse trágico né, isso é hilariante. (...) Nós somos donos do Brasil, todos nós. Todos nós temos que remar na direção da liberdade, pô. Não podemos perder isso que nós temos. Não podemos perder isso que nós temos. Uma pessoa que perde a sua liberdade perde a sua vida." Presidente Jair Bolsonaro. Fonte: UOL, por Hanrrikson de Andrade e Weudson Ribeiro.

### 10 de dezembro de 2021
"APRESENTEI PROJETO HOJE PROIBINDO O PASSAPORTE DE VACINA. Meu PL impede que estabelecimentos exijam comprovante de vacinas ou teste de COVID de cidadãos. Garantindo a liberdade, a exigência de passaporte sanitário será punido com multa." Deputado Eduardo Bolsonaro (PSL-SP). Fonte: o próprio Twitter.

### 10 de dezembro de 2021
"A luta contra a corrupção também constitui prioridade permanente. Tanto é que estamos completando três anos sem uma denúncia sequer contra o nosso governo, ao contrário do que ocorria em anos anteriores." Presidente Jair Bolsonaro, em discurso na Cúpula da Democracia. Fonte: Bahia Notícias, por Marianna Holanda e Folhapress.

### 10 de dezembro de 2021
"Alguém da 'via retal' já defendeu sua liberdade hoje?" Vereador Carlos Bolsonaro (PSC-RJ). Fonte: o próprio Twitter.

**BOLSONARO E SEUS SEGUIDORES: O HORROR EM 3.560 FRASES**

**11 de dezembro de 2021**
"Um caso que está sendo estudado agora. O deputado Hélio Lopes [PSL-RJ], meu irmão, está baixado no hospital, com embolia. Parece ser efeito colateral da vacina. Vamos aguardar a conclusão. (...) Tem acontecido efeito colateral. Vocês já leram a bula dessas vacinas? Na Pfizer está escrito: não nós responsabilizamos por efeitos colaterais." Presidente Jair Bolsonaro. Fonte: UOL, por Lucas Valença.

**11 de dezembro de 2021**
"O Anta publica: 'Olavo orquestrou ataques ao STF'. Vamos ver como esses bostinhas se explicam num tribunal." Olavo de Carvalho. Fonte: o próprio Twitter.

**11 de dezembro de 2021**
"Eu quando viajei, me exigiram PCR. Sem problema nenhum, por que criar problemas? No que depender de mim, teria apenas o PCR. É mais efetivo que a vacina, porque a vacina não impede que se contamine e transmita o vírus. Se os voos todos, pelo mundo todo, só quem estiver vacinado puder andar pelo mundo, por que o mundo tá se contaminando? (...) Ômicron já está aqui no Brasil. Isso é uma realidade. Não tem como você falar 'Ah, vamos bloquear os voos de tal país pra cá para quem não está vacinado'. Vamos nos preocupar sim, mas com racionalidade. Não podemos quebrar a economia, esses voos não são apenas de turistas. São voos de negócios, de serviços." Presidente Jair Bolsonaro. Fonte: Metrópoles, por Mariana Costa.

**11 de dezembro de 2021**
"Pessoal vacinado contrai o vírus? Responda para mim. Sim, né? Transmite o vírus? Sim, né? (...) É sempre essa historinha, então o cara contaminado, ele não procura o médico exatamente porque você está repetindo isso, com todo o respeito, repetindo isso. O que eu recomendo, conversando com autoridades sanitárias, qualquer cidadão contaminado vacinado ou não, procure o seu médico, e o médico tem que ter o direito, a liberdade, de medicar o seu paciente mesmo sabendo que tem muita coisa ainda que não existe qualquer comprovação científica. Devemos respeitar a autonomia do médico, isso que eu sempre falei e fui duramente atacado, e agora publicamente. Tomei hidroxicloroquina e, se me contaminar de novo, tomo outra vez. Por que tanta preocupação apenas com a vacina? Apenas com a vacina. Por que não o remédio? Porque é barato? Ou estamos aguardando chegar um remédio caríssimo para dizer que esse é bom? Respeito a autonomia do médico, isso prega o presidente do Conselho Federal de Medicina [CFM] que eu recomendo a vocês da imprensa, vão conversar com ele (...) E você é um jornalista que tinha que ter compromisso com a verdade. Não quero conversar mais contigo." Presidente Jair Bolsonaro, em entrevista com jornalistas. Fonte: Metrópoles e SamPancher.

**11 de dezembro de 2021**
"Eu não acho nada. Quem decidiu foi o Ministério da Saúde. Eles que decidiram cinco dias. Foi a palavra final, chegaram para mim... Entrou lá a vacinação. Por mim nem entraria a vacinação, teria apenas o PCR. A vacinação não impede o contágio. (...) Vamos nos preocupar, mas com racionalidade. Não podemos quebrar a economia. Esses voos não são turistas apenas. É voo de negócios e serviços. Quando viajei agora me exigiram o quê? PCR. Emirados Árabes, Bahrein, Catar e também Itália. Por que criar problemas aqui? Se dependesse de mim, teria só o PCR. (...) Tomei hidroxicloroquina e, se me contaminar de novo, tomo outra vez. Temos de ter respeito à autonomia do médico. (...) Não estou aqui para tumultuar a vida de ninguém. Estamos mexendo com vidas. A informação não pode circular. Quem fala qualquer coisa sobre vacina é tachado de *fake news*, negacionista, terraplanista." Presidente Jair Bolsonaro. Fonte: UOL e Folha, por Italo Nogueira.

**11 de dezembro de 2021**
"Sentado em um trator, Luís Roberto Barroso mais uma vez saiu atropelando os poderes e impôs que o governo exija passaporte sanitário para entrar no Brasil. E, breve, essa imposição pode se estender para a exigência do passaporte em todo o território nacional. É surreal e absurdo!" Fernanda Salles, jornalista. Fonte: o próprio Twitter.

**11 de dezembro de 2021**
"Tenho nojo da hipocrisia que invadiu nossos meios de comunicação! Se confiam tanto nas vacinas, vacinem-se e não temam os não vacinados!" Deputada estadual Janaina Paschoal (PSL-SP). Fonte: o próprio Twitter.

**11 de dezembro de 2021**
"É decepcionante quando quem deveria informar, desinforma. Ao contrário do publicado no 'Metrópoles', os gritos vindos da plateia, durante o discurso do presidente Jair Bolsonaro na Escola Naval, foram em busca de socorro para um dos nossos militares, que havia desmaiado em razão do sol." Comandante da Marinha Almirante de Esquadra Almir Garnier Santos. Fonte: o próprio Twitter.

**11 de dezembro de 2021**
"Estava atrás do Presidente e confirmo o que disse o Comandante da Marinha. Os gritos foram de alerta, pois um jovem havia desmaiado e precisava ser socorrido. Os enfermeiros e médicos deram suporte imediato ao jovem militar. Jair Bolsonaro foi muito aplaudido e cumprimentado." Deputado Estadual Márcio Gualberto (PSL-RJ). Fonte: o próprio Twitter.

## BOLSONARO E SEUS SEGUIDORES: O HORROR EM 3.560 FRASES

**11 de dezembro de 2021**
"Quantas doses mais as farmacêuticas vão inventar para VENDER [a vacina contra a Covid-19]?" Deputada estadual Janaina Paschoal (PSL-SP). Fonte: o próprio Twitter.

**12 de dezembro de 2021**
"Vale lembrar. O vencedor das eleições de 2022 escolhe mais dois ministros para o Supremo Tribunal Federal. Bom Dia a todos!" Presidente Jair Bolsonaro. Fonte: o próprio Instagram.

**12 de dezembro de 2021**
"Estamos trabalhando agora com a Anvisa, que quer fechar o espaço aéreo. De novo, porra?" Presidente Jair Bolsonaro. Fonte: Folha, por Elio Gaspari.

**12 de dezembro de 2021**
"Também tivemos uma catástrofe no ano passado, quando muitos governadores, pessoal da Bahia fechou todo o comércio e obrigou o povo a ficar em casa. O povo, em grande parte, informais condenados a morrer de fome dentro de casa. (...) O governo federal atendeu a todos com o Auxílio Emergencial, que, na verdade, chegou a 68 milhões de pessoas em um primeiro momento, gastando quase R$ 50 bilhões por mês. O governo é sensível a esse problema, a gente pede a colaboração de todos para que se supere esse... problemas e também não destruamos a economia em nome de seja lá o que for, apesar de respeitarmos e entendermos a gravidade que esse vírus aí tem proporcionado ao Brasil." Presidente Jair Bolsonaro, visitando municípios no sul da Bahia e norte de Minas Gerais que foram afetados por fortes chuvas e enchentes. Fonte: Metrópoles, por Mariana Costa.

**12 de dezembro de 2021**
"Eu vou ter dois períodos de folga esse ano. Cinco dias agora no Natal e cinco dias depois e não estou reclamando, não. A missão, eu fui atrás dela porque quis. Vim candidato porque quis. Dei azar, ganhei." Presidente Jair Bolsonaro. Fonte: Metrópoles e SamPancher.

**12 de dezembro de 2021**
"Que honra falar para médicos do mundo inteiro! Participei do Congresso Mundial dos Médicos pela Vida. Falei sobre a missão do jornalismo de denunciar o engodo que sacrifica vidas e quer controlar o povo pelo medo." Alexandre Garcia, jornalista. Fonte: o próprio Twitter.

**12 de dezembro de 2021**
"Se bater de novo vou enfiar a mão na sua cara." Coronel Gustavo Suarez da Silva, diretor do Departamento de Segurança Presidencial, para a jornalista Camila Marinho, da Rede Bahia, TV Globo. Fonte: UOL, Folha e Chico Alves, no Twitter.

**13 de dezembro de 2021**
"A imprensa agora está acusando que o meu pessoal ofendeu os jornalistas lá na Bahia. Quem ofendeu? Mostra as imagens. A mulher da Globo deu uma pancada num colega meu da segurança lá, mas isso não é nada. Agora, cadê, fez corpo de delito? Não fez nada, pô, só cascata." Presidente Jair Bolsonaro. Fonte: Poder360.

**13 de dezembro de 2021**
"Aqui é proibido [usar] máscara." Presidente Jair Bolsonaro, durante cerimônia realizada no Palácio do Planalto. Fonte: UOL.

**13 de dezembro de 2021**
"Estava em 2019, faltavam poucas semanas para eu indicar o PGR [procurador-geral da República] para o Senado, e um ajudante de ordens trouxe o telefone e falou: 'Deltan Dallagnol quer falar contigo'. Ele queria uma audiência comigo porque ele era, no momento, o cotado nas mídias sociais (...)." Presidente Jair Bolsonaro, que em 15 de agosto de 2019 tinha dito: 'nunca me procurou, o Deltan (...)'. Fonte: Metrópoles e SamPancher.

**13 de dezembro de 2021**
"Pessoal, amanhã na CCJ [Comissão de Constituição e Justiça e de Cidadania] teremos uma Audiência Pública para debater o PL 3.723/2019, sobre a flexibilização do porte de armas de fogo. Podem contar com o meu apoio ao projeto." Senador Jorginho Mello (PL-SC), vice-líder do governo Bolsonaro no Senado e no Congresso. Fonte: o próprio Twitter.

**14 de dezembro de 2021**
"O Grupo dos 300, na época, estava tomando atitudes hostis contra jornalistas que acompanhavam o dia a dia do presidente; que tal situação não era do interesse do governo federal, o que levou o declarante a buscar contato com o Grupo dos 300 para mitigar ações hostis; que houve uma reunião, no gabinete do GSI, em que participaram alguns integrantes do Grupo dos 300, inclusive SARA WINTER. (...) Que integrantes do Grupo dos 300 chegaram a mencionar tema sobre posturas contra o STF, porém o declarante desaconselhou qualquer tipo de ação contra tal instituição, pois não traria efeitos positivos." General Augusto Heleno, ministro-chefe do Gabinete de Segurança Institucional (GSI), em depoimento à delegada Denisse Ribeiro, no inquérito que tramita no STF (Supremo Tribunal Federal) sob a responsabilidade do ministro Alexandre de Moraes. Fonte: UOL (11/02/2022), por Reinaldo Azevedo.

**14 de dezembro de 2021**
"Pesquisa do Instituto Brasmarket tem liderança de Bolsonaro com folga e muda cenário político para 2022. (...) Ele lidera as intenções de votos para o primeiro turno com 34,8%, seguido pelo ex-presidente Lula (PT), com 19%. Brancos/nulos (12,5%) e aqueles que não sabem/indecisos (17,7%) representam 30,2% do eleitorado. As informações são do Diário do Poder." Agora Notícias Brasil. Fonte: Agora Notícias Brasil.

**14 de dezembro de 2021**
"Brasmarket: pesquisa aponta Presidente Jair Bolsonaro na liderança." Fabiana Barroso, analista e comentarista política e conselheira administrativa do Movimento Avança Brasil (MAB). Fonte: o próprio Twitter.

**14 de dezembro de 2021**
"Paguei impostos durante SESSENTA ANOS, mas, segundo os atuais professores de moral, ter usado os serviços médicos do Estado por TRÊS MESES foi um crime imperdoável." Olavo de Carvalho. Fonte: o próprio Twitter.

**14 de dezembro de 2021**
"Desculpa, eu não tenho tempo de ler livro. Já tem 3 anos que eu não leio um livro. Desde que eu assumi a Presidência não li mais nada. (...) Eu vi aí um vídeo agora daquele ministro [ex-ministro Sérgio Moro] falando que estava lendo biografias. O cara [jornalista] perguntou: 'Qual o último?' Ele ficou: 'Hum'... Alguém viu esse vídeo aí?" Presidente Jair Bolsonaro. Fonte: Poder360.

**14 de dezembro de 2021**
"Temos um dos Poderes que resolveu assumir uma hegemonia que não lhe pertence, não é, não pode fazer isso, está tentando esticar a corda até arrebentar. Nós estamos assistindo a isso diariamente, principalmente da parte de dois ou três ministros do STF. (...) Eu, particularmente, que sou o responsável, entre aspas, por manter o presidente informado, eu tenho que tomar dois Lexotan na veia por dia para não levar o presidente a tomar uma atitude mais drástica em relação às atitudes que são tomadas por esse STF [Supremo Tribunal Federal] que está aí." General Augusto Heleno, ministro-chefe do Gabinete de Segurança Institucional (GSI). Fonte: Metrópoles, por Guilherme Amado.

15 de dezembro de 2021
"A guerra pela venda de vacinas é uma guerra suja, é uma guerra movida a muito dinheiro, como nunca houve no mundo tanto dinheiro disponível. Isso está sendo disputado palmo a palmo. Isso significa uma hegemonia mundial. E o Brasil está correndo atrás. Já comentou várias vezes que está produzindo a vacina, não sei o quê, mas está passando o tempo da pandemia e a vacina brasileira ainda não está disponível. (...) Então nós estamos gastando dinheiro que nem temos para poder manter esse nível de vacinação que nós temos hoje, invejável, porque nós não somos produtores da vacina. Um nível invejável de vacinação. Então nós estamos caminhando para um ano extremamente difícil no Brasil. Poucos países têm uma perspectiva tão cruel de 2022 quanto o Brasil." General Augusto Heleno, ministro-chefe do Gabinete de Segurança Institucional (GSI). Fonte: Metrópoles, por Guilherme Amado.

15 de dezembro de 2021
"[Edson] Fachin [ministro do STF] votou pelo novo marco temporal. Não é novidade. Trotskista, leninista (...). Mas sabemos, se perdermos, eu vou ter que tomar uma decisão, porque eu entendo que esse novo marco temporal simplesmente enterra o Brasil." Presidente Jair Bolsonaro, em discurso a empresários no evento Moderniza Brasil, promovido na Fiesp (Federação das Indústrias do Estado de São Paulo). Fonte: Poder360, por Murilo Fagundes.

15 de dezembro de 2021
"Mais uma comprovação que lockdown não serve pra nada além de ampliar riscos e tirar a liberdade das pessoas. Tiranetes empoderados pela soberba, 'especialistas', parte da imprensa engajada na vale-tudo eleitoral não farão o mea culpa. É tudo pela narrativa. Nunca foi pela saúde. 'GAZETA DO POVO: Lockdowns causaram 47 mil mortes adicionais desta doença em 2020, diz OMS'." Onyx Lorenzoni, ministro do Trabalho e Previdência. Fonte: o próprio Twitter.

15 de dezembro de 2021
"Posição, abaixo, acima, abaixo, acima, seis, sete, oito, nove, nação Caixa!" Funcionário não identificado da Caixa, ao lado de Pedro Guimarães, presidente da Caixa, colocando os funcionários da Caixa para fazerem flexões, gesto feito pelo presidente Jair Bolsonaro em alguns eventos públicos. Fonte: Lilia Schwarcz, no Instagram e Congresso em Foco, por Caio Matos.

**BOLSONARO E SEUS SEGUIDORES: O HORROR EM 3.560 FRASES**

15 de dezembro de 2021
"Natália [Bonavides, deputada federal PT-RN], você não tem o que fazer, não? Você não tem o que fazer, minha filha? Vá lavar roupa, a caixa (sic) do teu marido, a cueca dele, porque isso é uma imbecilidade querer mudar esse tipo de coisa. Tinha que eliminar esses loucos... Não dá para pegar uma metralhadora, não?" Carlos Roberto Massa, conhecido como Ratinho, no programa 'Turma do Ratinho'. Fonte: Metrópoles, por Caio Barbieri.

15 de dezembro de 2021
"Também há pouco tempo, tomei conhecimento que uma obra... Uma pessoa conhecida, Luciano Hang, estava fazendo mais uma loja [da Havan] e apareceu um pedaço de azulejo durante as escavações. Chegou o Iphan [Instituto do Patrimônio Histórico e Artístico Nacional] e interditou a obra. Liguei para o ministro da pasta, né? 'Que trem é esse?', porque eu não sou tão inteligente quanto meus ministros. 'O que é Iphan?', com 'ph'. Explicaram para mim, tomei conhecimento e ripei todo mundo do Iphan. (...) Botei outro cara lá. O Iphan não dá mais dor de cabeça para a gente." Presidente Jair Bolsonaro, sendo aplaudido em discurso a empresários durante evento na Fiesp (Federação das Indústrias do Estado de São Paulo). Fonte: UOL e Metrópoles com SamPancher.

16 de dezembro de 2021
"Submeter crianças a uma vacina sem estudos conclusivos sobre RISCOS (sendo os riscos da doença para elas reconhecidamente baixos) não é um erro. É uma monstruosidade. A classe médica vai compactuar com isso? Os ratos e sua montanha de cúmplices foram longe demais. Vão pagar." Guilherme Fiuza, jornalista, colunista da Revista Oeste. Fonte: o próprio Twitter.

16 de dezembro de 2021
"Todo mundo foi induzido a tomar essa porcaria [vacina contra a Covid-19], porque achou que estaria imune. Resultado: os que se vacinaram estão passando a doença e não estão imunes, tem muita gente morrendo e por outras causas adversas." Vídeo de uma pessoas não identificada, publicado pelo presidente Jair Bolsonaro. Fonte: o próprio Twitter.

16 de dezembro de 2021
"Eu pedi extraoficialmente o nome das pessoas [funcionários da Anvisa] que aprovaram a vacina para crianças a partir de cinco anos. (...) Queremos divulgar o nome dessas pessoas para que todos tomem conhecimento de quem elas são e obviamente formem seu juízo." Presidente Jair Bolsonaro. Fonte: Correio Braziliense (18/12/2021), por Israel Medeiros.

17 de dezembro de 2021
"Queremos discutir esse assunto de uma maneira aprofundada [a vacinação de crianças e adolescentes contra a Covid-19], porque não é um assunto consensual. Há aqueles que defendem, há os que defendem de maneira entusiasta, há os que são contra." Marcelo Queiroga, ministro da Saúde, médico. Fonte: Metrópoles, por Rebeca Borges.

17 de dezembro de 2021
"Bom dia a todos. Inicialmente, gostaria de permitir que aqueles que se sintam confortáveis possam retirar a máscara." Paulo Gustavo Maiurino, Diretor-Geral da Polícia Federal, paraninfo das turmas, discursando, na presença do presidente Jair Bolsonaro, na cerimônia de encerramento dos cursos de formação profissional de agentes da corporação, transmitido pela TV Brasil e sendo efusivamente aplaudido após essa frase. Fonte: UOL e Estadão, por Pepita Ortega e Fausto Macedo e Metrópoles com SamPancher.

17 de dezembro de 2021
"Alguns vão dizer que o Brasil está mais pobre. Sim, guerras empobrecem. O mundo todo ficou mais pobre. Inflação também está alta na Alemanha, Estados Unidos e China. É culpa do governo Bolsonaro? Falam que governo A ou B perderam menos empregos, mas algum outro governo enfrentou a Covid? Então não podemos comparar. (...) Isso tudo deu frutos neste ano, quando a economia se reergueu. A síntese de 2021 é que as previsões de que o Brasil iria dar errado falharam, a economia realmente voltou em 'V' e cresceu 5% neste ano." Paulo Guedes, ministro da Economia. Fonte: UOL.

17 de dezembro de 2021
"Você não quer ser vice de ninguém, não? Está cheio de candidato aí. Vice do Lula. (...) O Datafolha deu quanto para ele no segundo turno? 60 a 30? Tem que ver o Datapovo aí." Presidente Jair Bolsonaro. Fonte: UOL.

17 de dezembro de 2021
"É sério isso? Intimida? Se está salvado vidas deveria ficar orgulhoso do seu trabalho, não é? 'O GLOBO: Bolsonaro intimida técnicos da Anvisa e diz que vai divulgar nome de quem aprovou vacinas [contra a Covid-19] para crianças'." Pastor e deputado Marco Feliciano (PL-SP). Fonte: o próprio Twitter.

**BOLSONARO E SEUS SEGUIDORES: O HORROR EM 3.560 FRASES**

**17 de dezembro de 2021**
"Já tem gente querendo desonrar o compromisso com os contemporâneos, falando 'já tomei minha vacina, me dá meu aumento'. Por enquanto, é uma desonra com os contemporâneos. Se todos tiverem esses aumentos, é uma desonra com as futuras gerações. Aí a inflação vai voltar, vamos mergulhar no passado, vamos nos endividar em bola de neve. Nosso papel é assegurar que isso não aconteça. (...) Nós nos endividamos um pouco mais e transferimos recurso para estados e municípios, além de fazermos o que parecem não querer fazer. Mal nos levantamos, e está cheio de estados e municípios e categorias pedindo aumento de salário de novo." Paulo Guedes, ministro da Economia. Fonte: UOL e Congresso em Foco.

**17 de dezembro de 2021**
"O 7 de Setembro. Bolsonaro já estava saturado com uma sequência de decisões do Judiciário que a gente entendia que eram absurdas, tomadas para provocar, desgastar. Há ministros ponderados no STF, que têm de fazer os outros entenderem que não dá para alguém se intitular o salvador da Pátria, como se estivesse defendendo o Brasil de um ditador chamado Bolsonaro. (...) Todo mundo estava acreditando que o presidente iria causar uma ruptura institucional. Aliás, era o que muita gente queria, e ele, em sua sabedoria, não o fez pelo bem do Brasil. (...) O presidente estava se sentindo acuado e constrangido. Mas não chegou a pensar em fazer alguma coisa. Ele estava vendo que havia uma fritura, uma tentativa de encurralá-lo por parte de algumas pessoas. Aquele discurso em frente ao Congresso foi reativo. Havia uma conspiração em andamento para derrubar o governo. (...) Não há nenhuma possibilidade de meu pai fazer algo fora da Constituição." Senador Flávio Bolsonaro (PL-RJ). Fonte: Veja, por Letícia Casado e Daniel Pereira.

**17 de dezembro de 2021**
"Essas pesquisas são totalmente furadas. São feitas pelos mesmos institutos que em 2018 diziam que Bolsonaro perdia para todo mundo, e ele se elegeu presidente. (...) A reeleição só depende da gente. A única preocupação que temos é com um novo atentado. Em 2018, Bolsonaro não se elegeu por causa da facada, ele tomou a facada porque já estava eleito." Senador Flávio Bolsonaro (PL-RJ). Fonte: Veja, por Letícia Casado e Daniel Pereira.

**17 de dezembro de 2021**
"[Sérgio] Moro cria narrativas mentirosas. Se ele mostrasse quem era desde o início, se tivesse caráter, sequer aceitaria entrar para o governo. As pessoas que não têm caráter têm esse perfil dissimulado. Hoje tenho grande desprezo por ele. Ele faz qualquer coisa para atingir seu objetivo de poder. (...) Passei três anos sendo investigado e não acharam nada contra mim, ninguém dizendo que me deu dinheiro, não tem depoimento, escuta telefônica ou depósito na minha conta. Meu patrimônio é compatível com o que eu construí com trabalho desde muito cedo (...)." Senador Flávio Bolsonaro (PL-RJ). Fonte: Veja, por Letícia Casado e Daniel Pereira.

18 de dezembro de 2021
"Hoje nós vivemos num ambiente epidemiológico bem mais controlado em relação à covid-19. Nos últimos sete dias, a média móvel de mortes tem sido em torno de 130 casos, portanto temos muito mais tranquilidade para tomar decisões de políticas públicas que serão adotadas no enfrentamento à pandemia da covid-19. (...) Como é de conhecimento de todos, a Agência Nacional de Vigilância Sanitária (Anvisa), através de uma decisão de uma gerência própria incluiu a vacina da Pfizer para aplicação em crianças na faixa etária entre cinco e 11 anos. (...) Esse tipo de avaliação da Anvisa tem o foco de verificar a segurança e eficácia do produto dentro do contexto que foi estudado e apresentado pela indústria farmacêutica. A introdução desse produto no âmbito de uma política pública requer uma análise mais aprofundada." Marcelo Queiroga, ministro da Saúde, médico. Fonte: Correio Braziliense, por Israel Medeiros.

18 de dezembro de 2021
"A impren$a cospe na sua cara e desinforma 24h/dia. Não há limites para propagar a discórdia e acabam mostrando que as fake news / equívocos do bem têm que compen$ar! Entendeu por que querem tanto te calar? Nunca foi por informação, mas por método, biografia, socialismo e liberdade!" Vereador Carlos Bolsonaro (PSC-RJ). Fonte: o próprio Twitter.

18 de dezembro de 2021
"Jair [Renan Bolsonaro, filho do presidente Jair Bolsonaro] está de cama, sob forte medicação, acometido dessa virose que se espalhou pelo Rio de Janeiro e São Paulo. Juntei petição com atestado médico e os remédios que ele está tomando." Frederick Wassef, advogado, justificando a ausência de Jair Renan [Bolsonaro] para depor na Polícia Federal no inquérito que investiga os negócios de sua empresa. Fonte: Folha, por Camila Mattoso.

18 de dezembro de 2021
"Precisamos verificar a decisão da Anvisa [Agência Nacional de Vigilância Sanitária] nas suas minúcias. A vacinação em crianças, no âmbito de uma política pública, requer uma análise mais aprofundada. Não vamos nos precipitar. Este tema precisa ser melhor discutido com a comunidade científica e com toda a sociedade." Marcelo Queiroga, ministro da Saúde, médico. Fonte: o próprio Twitter.

18 de dezembro de 2021
"Precisamos de um PowerPoint dos burocratas não eleitos da Anvisa [Agência Nacional de Vigilância Sanitária]. Com foto e nome de todos envolvidos, sendo divulgado em rede nacional. Nada mais justo que o povo saiba quem são os envolvidos com as autorizações nada ortodoxas." André Porciúncula, secretário nacional de Incentivo e Fomento à Cultura — Lei Rouanet. Fonte: o próprio Twitter.

**BOLSONARO E SEUS SEGUIDORES: O HORROR EM 3.560 FRASES**

**19 de dezembro de 2021**
"Estamos trabalhando. Nem a tua [vacina contra a Covid-19] é obrigatória, é liberdade. Criança é coisa muito séria. Não se sabe os possíveis efeitos adversos futuros [da vacina contra a Covid-19 em crianças]. É inacreditável, desculpa aqui, o que a Anvisa fez. Inacreditável." Presidente Jair Bolsonaro, na praia, conversando com apoiadores. Fonte: Correio Braziliense, por Ingrid Soares.

**19 de dezembro de 2021**
"Algum estudo, além dos feitos pelas próprias fabricantes, confirmando segurança e eficácia das vacinas contra Covid em crianças? Algum estudo tratando dos efeitos no médio e longo prazo? Algum estudo mostrando que os riscos das vacinas são menores que os da doença para crianças? Não vou me calar!" Deputada estadual Janaina Paschoal (PSL-SP). Fonte: o próprio Twitter.

**19 de dezembro de 2021**
"Vacina em crianças, só com autorização dos pais. Se algum prefeito ou governador ditador quiser impor é outra história." Presidente Jair Bolsonaro. Fonte: Estadão, por Lucas Melo.

**19 de dezembro de 2021**
"Lockdown decretado na Holanda por autoridades sanitárias. Ciência? Medo de uma nova cepa levíssima. Medo tão científico quanto uma pessoa usando máscara sozinha num carro. Há uma atmosfera de psicose coletiva e oportunismo tirânico que espalha terror em nome de falsa ciência." Adrilles Jorge, jornalista. Fonte: o próprio Twitter.

**19 de dezembro de 2021**
"A imprensa atacou [o presidente Jair] Bolsonaro em 100% dos dias de 2021. Por que $erá?" Vereador Carlos Bolsonaro (Republicanos-RJ). Fonte: o próprio Twitter.

**19 de dezembro de 2021**
"Argentina, Peru, Bolívia e Chile. É o plano de dominação sendo posto em prática pela esquerda globalista. Querem também tomar o Brasil. Não podemos permitir essa desgraça. Por isso em 2022 ou é JAIR ou JÁ ERA!" Deputado Ubiratan Sanderson (PSL-RS), vice-líder do governo Bolsonaro na Câmara. Fonte: o próprio Twitter.

**20 de dezembro de 2021**
"Dou pra CUT pão com mortadela e para as feministas, ração na tigela. As minas de direita são as top mais bela, enquanto as de esquerda têm mais pelo que cadela." Presidente Jair Bolsonaro e outros, em uma lancha no litoral paulista, dançando o funk 'Proibidão do Bolsonaro', paródia feita pelo MC Reaça da música 'Baile de Favela', de MC João. Fonte: UOL e Folha, por Klaus Richmond e o Twitter do tenente Mosart Aragão.

20 de dezembro de 2021
"A pressa é inimiga da perfeição." Marcelo Queiroga, ministro da Saúde, médico, em relação à vacinação de crianças de 5 a 11 anos. Fonte: G1.

20 de dezembro de 2021
"Não há problema em se ter publicidade dos atos da administração. Acredito que isso é até um requisito da Constituição." Marcelo Queiroga, ministro da Saúde, médico, ao ser questionado sobre a iniciativa do presidente Jair Bolsonaro de divulgar o nome dos diretores da Anvisa que aprovaram o uso da vacina da Pfizer contra Covid-19 em crianças de 5 a 11 anos. Fonte: UOL e Folha, por Marianna Holanda, Renato Machado e Marcelo Rocha.

21 de dezembro de 2021
"Por identificar uma ameaça contra a saúde e integridade do meu filho nestas vacinas experimentais, sejam o que forem, estou tomando a difícil atitude de retirá-lo do ambiente escolar. (...) Deixando bem claro para os responsáveis de cima para baixo: quem ameaçar, quem atentar contra a segurança física do meu filho, será morto." Douglas Bozza, em e-mail para cinco diretores da Anvisa (Agência Nacional de Vigilância Sanitária). Fonte: UOL e Folha, por Camila Mattoso, Fabio Serapião e Italo Nogueira.

**21 de dezembro de 2021**
"Relatório do FDA [Federal Drug Administration] para vacinação de crianças entre 5-11 anos com Pfizer: para cada 1 morte por Covid19 evitada são previstos 106 casos de miocardite (chegando a 179 casos entre meninos)." Alessandro Loiola, médico. Fonte: o próprio Twitter.

**21 de dezembro de 2021**
"O Bolsonaro não é obedecido em praticamente nada, nada. Quem manda no Brasil é a turma do STF [Supremo Tribunal Federal], da mídia, do *show business*. Acabou. E o pessoal das Forças Armadas? Assiste a tudo isso. Só acredita em neutralidade ideológica. Ou seja, no Brasil só existem duas possibilidades: ou você é comunista ou você é neutro. Não existe direita. Existe bolsonarismo. (...) O Brasil vai se dar muito mal, gente. Não venham com esperanças tolas, porque é o seguinte: a briga já está perdida. Existem chances de fazer voltar... Existe uma chance remota, mas só se o Bolsonaro acordar, mas eu não sei como fazê-lo acordar." Olavo de Carvalho, em *live* realizada no YouTube, ao lado dos ex-ministros Ricardo Salles (Meio Ambiente) e Abraham Weintraub (Educação). Fonte: UOL.

**21 de dezembro de 2021**
"Dizem que eu sou o 'guru do Bolsonaro'. Isso é absolutamente falso. Conversei com ele somente quatro vezes na minha vida. E duvido que ele tenha lido um só livro inteiro. Se ele tivesse lido com atenção, teve muita coisa que ele fez e não faria. (...) Então, a minha influência sobre o Bolsonaro é zero. Ele me usou como *poster boy*. Me usou para se promover, para se eleger. E, depois disso, não só esqueceu tudo o que dizia, como até os meus amigos que estavam no governo ele tirou." Olavo de Carvalho, em *live* realizada no YouTube, ao lado dos ex-ministros Ricardo Salles (Meio Ambiente) e Abraham Weintraub (Educação). Fonte: UOL.

**22 de dezembro de 2021**
"Desinformação o que parte da direita faz, só porque esteve fora das decisões presidenciais." Deputada Carla Zambelli (PSL-SP). Fonte: Estadão, por Alberto Bombig, Camila Turtelli e Matheus Lara.

**22 de dezembro de 2021**
"Perdoem-me, mas quando decidi apoiar Bolsonaro eu nem sabia da existência de Olavo [de Carvalho]." Deputada Alê Silva (PSL-MG). Fonte: o próprio Twitter.

**22 de dezembro de 2021**
"Objetivo da 3ª via (chapatênis) não é se eleger, mas de tirar votos de Bolsonaro para derrotá-lo. E se por acaso a esquerda voltar daí culparão Bolsonaro — como sempre." Deputado Eduardo Bolsonaro (PSL-SP). Fonte: o próprio Twitter.

**22 de dezembro de 2021**
"Os petralhas que ocuparam aqui no passado nunca assistiram o hasteamento à Bandeira porque acordavam tarde. Que a bandeira deles era vermelha, não era dessa não. Aeeeeee rsrsrs." Presidente Jair Bolsonaro, conversando com apoiadores após o hasteamento da Bandeira Nacional. Fonte: o próprio Instagram.

**22 de dezembro de 2021**
"[Presidente] Jair Bolsonaro seria um autêntico conservador ainda que absolutamente nenhum intelectual jamais tivesse escrito um único parágrafo sobre conservadorismo. Nunca precisou e jamais precisará de um 'professor'. Sigamos! Temos um país para salvar." Sérgio Camargo, presidente da Fundação Palmares. Fonte: o próprio Twitter.

**23 de dezembro de 2021**
"Óbitos de crianças estão dentro de patamar que não implica em decisões emergenciais. Isso favorece que o Ministério possa tomar decisão baseada na evidência científica de qualidade, na questão da segurança e da eficácia." Marcelo Queiroga, ministro da Saúde, médico. Fonte: UOL, por Leonardo Sakamoto.

**23 de dezembro de 2021**
"O lugar de discutir esses temas é o Ministério da Saúde. A consulta pública visa ouvir a sociedade. Isso não é uma eleição, não é para opinião de 'grupo de zap', como estão falando por aí. Queremos ouvir a sociedade, incluindo os especialistas." Marcelo Queiroga, ministro da Saúde, médico. Fonte: UOL.

**23 de dezembro de 2021**
"As crianças com comorbidades são prioritárias, a aplicação não é obrigatória, depende da autorização dos pais e naturalmente quem aponta comorbidade é o médico. As sem comorbidades há necessidades de prescrição médica. (...) Estamos exercendo nossa soberania, as prerrogativas, para que eles possam livremente optar por vacinar ou não seus filhos após orientação do médico e assinatura do termo de consentimento." Marcelo Queiroga, ministro da Saúde, médico. Fonte: O Globo, por Dimitrius Dantas.

**24 de dezembro de 2021**
"Foi publicada hoje a portaria também que permite a importação de barcos a vela. Não só novos como usados, sem IPI, sem 20%. Cada barco a vela no Brasil, que alguém pode achar uma tremenda futilidade, né? Mas tem suas utilidades, para lazer, competições, etc. Cada barco a vela emprega, em média, 2 pessoas, então, a Europa, se eu não me engano tem na ordem de 7 milhões de barcos a vela. São 14 milhões de empregos aproximadamente. Aqui, com toda a certeza, isso vai acontecer. Também publicada a portaria que sem IPI para importação de jet ski. Bem, qual é a intenção nossa nessa questão do jet ski? É o turismo no Brasil porque a gente tá tentando aqui uma maneira de desregulamentar mais ainda, facilitar mais ainda a carteira de habilitação de jet ski, para que seja acessível a todos. Não tem dificuldade de dirigir jet ski, em 10 minutos é mais do que suficiente, ou até menos. Pra você aprender a mexer com jet ski. Vamos ter um turismo de jet ski no Brasil impulsionado." Presidente Jair Bolsonaro. Fonte: Metrópoles e SamPancher

**24 de dezembro de 2021**
"Não tá havendo morte de criança [de Covid-19] que justifique algo emergencial [iniciar a vacinação]." Presidente Jair Bolsonaro. Fonte: UOL e Folha, por Marianna Holanda.

**24 de dezembro de 2021**
"Colocamos no ar a consulta pública sobre a vacinação de crianças de 5 a 11 anos. A consulta visa proporcionar transparência sobre as ações do Governo para toda a população, em especial aos pais, para que tenham segurança sobre as medidas que o Governo venha a implementar." Marcelo Queiroga, ministro da Saúde, médico. Fonte: o próprio Twitter.

24 de dezembro de 2021
"Consulta Pública SECOVID/MS nº 01/2021. Consulta Pública com o objetivo de informar e conhecer as dúvidas e contribuições da sociedade científica e da população acerca da vacinação de crianças de 5 a 11 anos contra a covid-19, com o imunizante Pfizer/Comirnaty, único que teve o registro indicado pela Anvisa [Agência Nacional de Vigilância Sanitária] para a referida faixa etária, até o momento (...)." Ministério da Saúde. Fonte: Brasil Fede Covid, no Instagram.

24 de dezembro de 2021
"Eu não sou médico, mas tenho uma filha de 11 anos. Mas já tinha respondido, tenho um médico do meu lado aqui [governador de Goiás, Ronaldo Caiado]. Eu acho que qualquer procedimento tem que passar pelas mãos do médico, tá ok? (...) É uma coisa legal, já se faz naturalmente. Eu, inclusive, acabei de participar [da consulta pública do Ministério da Saúde sobre vacinar ou não crianças de 5 a 11 anos]. Preenchi, como cidadão, dei minha opinião." Presidente Jair Bolsonaro. Fonte: Bahia Notícias, por Marianna Holanda e Folhapress.

24 de dezembro de 2021
"Fui opinar na consulta pública do Ministério da Saúde contra a obrigatoriedade da vacinação de crianças de 5 a 11 anos (forms.office.com/pages/response...), porém fui informado que o número máximo de pessoas já havia preenchido o formulário. Vou tentar de novo." Deputado Eduardo Bolsonaro (PSL-SP). Fonte: o próprio Twitter.

24 de dezembro de 2021
"Devido ao grande interesse da população na consulta pública sobre a vacinação de crianças de 5 a 11 anos, foi necessária a migração para a plataforma http://Gov.br, que já possui a base do cadastro dos brasileiros." Ministério da Saúde. Fonte: UOL, por Ana Paula Bimbati e Amanda Rossi.

24 de dezembro de 2021
"Quem se eleger Presidente em 2022 indicará mais 2 ministros para o Supremo [Tribunal Federal] já em 2023. — Feliz Natal, ho, ho, ho, ..." Presidente Jair Bolsonaro. Fonte: o próprio Twitter.

25 de dezembro de 2021
"Cópia do cartão de vacinação atualizado com as seguintes vacinas: antitetânica (válida por dez anos após última dose), febre amarela (1 dose) e hepatite B (3 doses)." Força Aérea Brasileira, listando as exigências de vacinação para a inspeção de saúde dos militares. Fonte: Folha, por Vinicius Sassine.

27 de dezembro de 2021
"O Brasil pariu uma horda de analfabetos que se não estivessem na política, não seriam capazes de ensinar uma única e mísera coisa sequer. Vivem do salário que recebem do Estado e assim que dele sair não serão capazes de organizar um grêmio estudantil. Esse Sérgio Camargo [presidente da Fundação Palmares] é um deles. A idiotice que falou sobre o prof. Olavo de Carvalho é a prova de que se não fosse o carguinho dele, ninguém nunca saberia quem é esse infeliz." Allan dos Santos, *youtuber* e blogueiro do canal 'Terça Livre'. Fonte: O Globo, por Daniel Gullino.

27 de dezembro de 2021
"Se estivesse no Brasil, o oportunista fracassado [Allan dos Santos] levaria processo por difamação, juntando-se a Marco Antonio Villa [historiador e escritor] e Martilho da Vila [cantor e compositor], além de uma 'influencer feminista' que está na fila da notificação judicial. (...) Um sujeito [Allan dos Santos] que diz que eu levo putas a churrasco de família só pode ter a estatura moral de um rato, com meu perdão aos ratos. (...) Há dois anos a esquerda vasculha toda a minha vida, sem achar nada, inclusive oferecendo dinheiro para que me acusem de qualquer coisa. Não será um gengivudo [Allan dos Santos] que me intimidará. Não mesmo! (...) Não tenho e nuca tive NENHUM vínculo com NENHUM militante da 'direita', sobretudo olavistas. Tenho compromisso com o governo Bolsonaro, com o trabalho honesto e sério que desenvolvo na [Fundação] Palmares e com minha consciência e valores." Sérgio Camargo, presidente da Fundação Palmares. Fonte: o próprio Twitter.

27 de dezembro de 2021
"Sofri tudo quanto é perseguição por ter apoiado o Bolsonaro. E o que Bolsonaro fez, para proteger essas pessoas como eu? Nada. Simplesmente nada. No dia 7 de setembro de 2021 a gente teve uma chance histórica de mudar isso, e o presidente não fez nada. Não fez nada para proteger as pessoas. Mesmo com milhões de brasileiros indo para as ruas e pedindo para ele agir, ele não agiu. Então, por que eu deveria continuar apoiando o Bolsonaro? Não vou apoiar mais." Emerson Teixeira, professor e *youtuber*, alvo de inquérito do STF que investiga atos antidemocráticos. Fonte: O Globo, por Daniel Gullino.

27 de dezembro de 2021
"Espero que não haja interferência do Judiciário. Espero. Porque minha filha não vai se vacinar [contra a Covid-19]. Deixar bem claro. Tem 11 anos de idade. (...) A questão da vacina para criança é muito incipiente ainda. Temos muito... Nós, não. O mundo ainda tem muita dúvida." Presidente Jair Bolsonaro. Fonte: Revista Oeste, por Afonso Marangoni.

27 de dezembro de 2021
"Gravei hoje para o fim de ano uma mensagem. Então já convoco o pessoal da esquerda para fazer um superpanelaço para comemorar 3 anos sem corrupção. Deve ser isso que está incomodando muito a esquerda no Brasil. Então dia 31, um panelaço da esquerda para comemorar 3 anos de Jair Bolsonaro sem corrupção." Presidente Jair Bolsonaro. Fonte: Poder360, por Mateus Maia.

**BOLSONARO E SEUS SEGUIDORES: O HORROR EM 3.560 FRASES**

28 de dezembro de 2021
"As cenas da pousada fechada em Fernando de Noronha porque o proprietário não havia tomado a vacina contra a Covid-19 lembram o autoritarismo de nazistas contra judeus." Augusto Nunes, diretor de Redação do Portal R7, comentarista da Record, apresentador do 'Direto ao Ponto' e integrante de 'Os Pingos nos Is' na Jovem Pan e articulista da Revista Oeste. Fonte: o próprio Twitter.

28 de dezembro de 2021
"Eu vou dar uma chegada aí nós próximos meses, em Fernando de Noronha (...). Vamos tomar um café. Nós vimos o teu problema, o teu drama, o governador fechando o comércio, obrigando as pessoas a se vacinar (...)." Presidente Jair Bolsonaro, conversando com os donos da pousada que foi fechada porque os donos não tinham se vacinado contra a Covid-19. Fonte: Metrópoles, no Instagram.

**28 de dezembro de 2021**
"Submeter crianças a um experimento científico em massa pode ser o ápice do declínio moral da humanidade." Felipe C. Pedri, secretário nacional do Audiovisual-Secult. Fonte: o próprio Twitter.

28 de dezembro de 2021
"Espero não ter que retornar antes [das férias em Santa Catarina]." Presidente Jair Bolsonaro, em referência à tragédia na Bahia, onde os temporais já haviam causado 21 mortes, mais de 350 feridos e mais de 60 mil pessoas desabrigadas e desalojadas. Fonte: UOL, por Ana Paula Bimbati.

**28 de dezembro de 2021**
"Se aumentarmos os salários [do funcionalismo público federal] e a doença voltar, QUEBRAMOS! (...) Brumadinho: pequenos vazamentos sucessivos até explodir barragem e morrerem todos na lama. (...) SEM ISTO [reforma administrativa], reajuste geral para funcionalismo é INFLAÇÃO SUBINDO, BRUMADINHO E MACRI [ex-presidente da Argentina] nas eleições! Temos que ficar FIRMES!" Paulo Guedes, ministro da Economia, comparando um possível reajuste dos salários do funcionalismo público federal com o acidente em Brumadinho (MG) que matou 272 pessoas. Fonte: Bahia Notícias, por Thiago Resende e Folhapress.

28 de dezembro de 2021
"[Vou] votar no próprio Bolsonaro, por falta de alternativas. O problema é que, na situação calamitosa a que chegamos, isso não basta." Olavo de Carvalho. Fonte: O Tempo, Folhapress.

28 de dezembro de 2021
"De luta anticomunista, o Bolsonaro não entende PORRA NENHUMA. Atacar a Globo em vez do Foro de São Paulo é, para usar a expressão bíblica, coar o mosquito e engolir o camelo." Olavo de Carvalho. Fonte: O Povo, por Rose Serafim.

28 de dezembro de 2021
"Nunca um presidente teve tanto apoio popular quanto o Bolsonaro no 7 de setembro. E como ele usou essa força? Transformando-a em fraqueza logo no dia seguinte. Chamar isso de 'estratégia' é LOUCURA PURA E SIMPLES." Olavo de Carvalho. Fonte: o próprio Twitter.

28 de dezembro de 2021
"2022 é o ÚLTIMO ano em que o Brasil terá uma chance de amarrar as mãos dos comunistas. Em 2023 será muito tarde." Olavo de Carvalho. Fonte: o próprio Twitter.

28 de dezembro de 2021
"Em 2022 vamos reeleger o Bolsonaro e continuar a ser, como ele, enrabados pelos comunistas. Será que nem aí a turma vai entender que política não é eleição?" Olavo de Carvalho. Fonte: o próprio Twitter.

28 de dezembro de 2021
"Em cem por cento dos casos, o analfabetismo funcional vem junto com falta de caráter." Olavo de Carvalho. Fonte: o próprio Twitter.

28 de dezembro de 2021
"Por que você, bostinha conservador se considera superior à grande mídia mas sai logo correndo para acreditar nela tão logo ela monta uma intriga contra mim? Você é PIOR que ela. É escravo dela. Olavo de Carvalho." Fonte: o próprio Twitter.

29 de dezembro de 2021
"Se o Bolsonaro não acordar, vão acabar tirando dele até a autoridade de pai da sua filha." Olavo de Carvalho. Fonte: o próprio Twitter.

29 de dezembro de 2021
"Para quê isso, Olavo? Para tirar a piroca que está no seu c*." Olavo de Carvalho. Fonte: o próprio Twitter.

**BOLSONARO E SEUS SEGUIDORES: O HORROR EM 3.560 FRASES**

**29 de dezembro de 2021**
"Eu acho que se o presidente [Jair Bolsonaro] descobrir a cura do câncer, ele vai ser criticado porque descobriu a cura do câncer." Rogério Marinho, ministro do Desenvolvimento Regional. Fonte: UOL, por Iander Porcella e Estadão Conteúdo.

**29 de dezembro de 2021**
"Diziam eles que quando 70% da população estivesse vacinada [contra a Covid-19], estaria decretado o fim das restrições, já que a pandemia estaria controlada. Hoje, mais de 80% da população acima de 12 anos tomou as duas doses e a única coisa que ficou provado é que sempre foi pelo controle social." Alan Lopes, empresário e 'defensor implacável da família tradicional'. Fonte: o próprio Twitter.

**29 de dezembro de 2021**
"Abraham Weintraub [ex-ministro da Educação], li na [Revista] OESTE que você disse ser meu adversário e de Tarcísio [de Freitas, ministro da Infraestrutura]! O que é isso, companheiro? Bora reunir todos na mesma sigla! Tarcísio — Governador; Angela Gandra — Vice; Janaina — Senadora, Abraham líder de uma super bancada de federais e Arthur [Weintraub] de estaduais." Deputada estadual Janaina Paschoal (PSL-SP). Fonte: o próprio Twitter.

**29 de dezembro de 2021**
"Primeiro, não sou seu companheiro. Aliás, isso é termo de esquerda! Quando era do seu interesse, você descobriu meu telefone e me ligou (não fui eu que te procurei). Agora twitta sobre sua decisão, querendo se impor. Achei sua postura muito falsa e interesseira." Abraham Weintraub, ex-ministro da Educação. Fonte: o próprio Twitter.

**29 de dezembro de 2021**
"Bem, eu tentei! Fique bem! O coração cheio de mágoas só faz mal a quem quer se manter assim." Deputada estadual Janaina Paschoal (PSL-SP). Fonte: o próprio Twitter.

**29 de dezembro de 2021**
"Quem se arrisca? 'Gazeta Brasil: governo da Bahia disponibiliza conta bancária para doações'." Deputada Bia Kicis (PSL-DF), se referindo às doações em decorrência das fortes chuvas na Bahia que mataram 27 pessoas, outras 523 ficaram feridas, 30.306 desabrigadas, 60.156 desalojadas, com inundações que atingiram 965.643 pessoas, em 190 municípios em situação de emergência. Fonte: o próprio Twitter da deputada e Poder360 (16/01/2022).

**30 de dezembro de 2021**
"Calma ainda nem botei o pau na sua boca." Theo Becker de Oliveira, ator, cantor e modelo brasileiro. Fonte: o próprio Twitter.

**30 de dezembro de 2021**
"Em pessoas vacinadas, aumento espantoso de casos de infarto, AVC, miocardite, embolia pulmonar, trombose... Velha mídia muda. Vacinados com medo de tocar no assunto. 4ª picada para manter o Passaporte Sanitário. Não é isso que é genocídio?" Netinho, cantor. Fonte: Brasil Fede Covid, no Instagram.

**30 de dezembro de 2021**
"Não quero falar mais da Anvisa [Agência Nacional de Vigilância Sanitária] aqui, porque ela fechou o diálogo, é impossível falar com o [diretor-presidente] presidente da Anvisa [Antonio Barra Torres] agora. Vamos debater isso, está mexendo com a vida das pessoas [liberando a vacinação contra a Covid-19 para as crianças de 5 a 11 anos]. Minha esposa [Michelle Bolsonaro] se vacinou. Nossa filha, e nós entendemos que ela não tem nada a ganhar com a vacina [contra a Covid-19]." Presidente Jair Bolsonaro. Fonte: UOL, Reuters.

**30 de dezembro de 2021**
"Desejo boa sorte a todos os multivacinados. Prefiro continuar sem nenhuma dose." Sérgio Camargo, presidente da Fundação Palmares. Fonte: o próprio Twitter.

**30 de dezembro de 2021**
"Os heróis da Seringa Press são velozes e furiosos. Após toda morte de jovem por tromboses, AVC, infarto eles surgem gritando quo o exkema (sic) vacinal é inocente. Nem é preciso investigar — até porque investigação pode acabar com a inocência, como no caso Bruno Graf, e aí eles sofrem muito." Guilherme Fiuza, jornalista, colunista da Revista Oeste. Fonte: o próprio Twitter.

**30 de dezembro de 2021**
"Toda ajuda é bem-vinda, jamais abriremos mão de ajuda, mas que ajuda é essa? A ajuda foi o oferecimento de dez homens conhecidos como Capacetes Brancos. Quais ações eles fariam? Almoxarife, separar material, donativos, ajudar a distribuir água e alimentos. Basicamente isso daí. Ter um local específico para colocar 10 pessoas fica caro para a gente. E temos gente suficiente. (...) [Essa forma de colaboração] não ia ajudar muito, talvez até atrapalhar um pouco. (...) Ninguém falou não por questão de ideologia. Se a Argentina tiver algo a mais para oferecer, tudo bem." Presidente Jair Bolsonaro, que recusou a ajuda para os desabrigados na Bahia devido às fortes chuvas. Fonte: O Globo, por Mariana Rosário.

**30 de dezembro de 2021**
"Na HAVAN de São Francisco do Sul/SC." Presidente Jair Bolsonaro. Fonte: o próprio Twitter.

**30 de dezembro de 2021**
"Beto Carrero World." Presidente Jair Bolsonaro. Fonte: o próprio Twitter.

**BOLSONARO E SEUS SEGUIDORES: O HORROR EM 3.560 FRASES**

**30 de dezembro de 2021**
"Agora a esquerda pira... 'Bolsonaro faz manobras ousadas em carro no Parque Beto Carrero'." Luciano Hang, empresário, dono da Havan. Fonte: o próprio Twitter.

**31 de dezembro de 2021**
"Hoje, dia 31 às 20h30, panelaço da esquerda para protestar contra o Governo Bolsonaro por estarmos, há três anos, sem corrupção." Presidente Jair Bolsonaro. Fonte: o próprio Twitter.

**31 de dezembro de 2021**
"A rainha Ivete [Sangalo, cantora] passou todos os anos de roubo generalizado petista, como meio de impor uma ideologia abominável, no mais absoluto silêncio. Hoje, presta-se ao ridículo papel de ser animadora de militante esquerdista, pois é escrava dos caprichos da elite artística arrogante." Mario Frias, secretário especial de Cultura. Fonte: o próprio Twitter.

**31 de dezembro de 2021**
"Como é que eu vou conviver sabendo que algumas crianças foram prejudicadas por uma omissão minha? Prefiro perder a eleição do que carregar essa cruz comigo." Presidente Jair Bolsonaro, contra a vacinação de Covid-19 em crianças de 5 a 11 anos. Fonte: Metrópoles, por Ricardo Noblat.

31 de dezembro de 2021
"Boa noite. Hoje nos preparamos para o início de um novo ano. O Bicentenário de nossa Independência. (...) Não existia vacina disponível no mercado [em 2020]. (...) Não apoiamos o passaporte vacinal nem qualquer restrição àqueles que não desejam se vacinar. (...) Também, como anunciado pelo ministro da Saúde [Marcelo Queiroga, médico], defendemos que as vacinas para as crianças entre 5 e 11 anos sejam aplicadas somente com o consentimento dos pais e prescrição médica. A liberdade tem que ser respeitada. (...) Com a política de muitos governadores e prefeitos de fechar comércios, decretar *lockdown* e toques de recolher a quebradeira econômica só não se tornou uma realidade porque nós criamos o Pronampe e o BEM, programa para socorrer as pequenas e médias empresas, bem como fomentar acordos entre empregadores e trabalhadores para se evitar demissões. (...) Hoje temos um governo que acredita em Deus, respeita seus militares, defende a família e deve lealdade ao seu povo. Um excelente 2022 a todos, que Deus nos abençoe." Presidente Jair Bolsonaro, em pronunciamento oficial de final de ano. Fonte: Folha, por Washington Luiz e Thiago Resende.

1º de janeiro de 2022
"Que em 2022 ressaltemos e defendamos os melhores Valores e Tradições da humanidade, base de qualquer Família e, portanto, de uma grande Nação: a Soberania em nossas Propriedades privadas e nosso Território nacional, a Liberdade de cada brasileiro e a Independência de todos nós." Secretaria Especial de Comunicação Social (SECOM), do Governo Federal. Fonte: o próprio Twitter.

1º de janeiro de 2022
"O nazismo do bem só deveria ter deixado entrar em 2022 quem tem o exkema vassinau compreto (sic). O mundo será um lugar mais seguro e limpo quando não tiver mais ninguém sem o passaporte do contágio legalizado." Guilherme Fiuza, jornalista, colunista da Revista Oeste. Fonte: O próprio Twitter.

1º de janeiro de 2022
"Praia de Itapoá. Santa Catarina." Presidente Jair Bolsonaro. Fonte: o próprio Twitter.

02 de janeiro de 2022
"Praias de Itaguaçu e Ubatuba. São Francisco do Sul/SC." Presidente Jair Bolsonaro. Fonte: o próprio Twitter.

02 de janeiro de 2022
"Subir é difícil, mas cair é muito fácil! Prova viva é a queda, sem fim, de Ivete Sangalo [cantora], depois de incentivar o público a mandar o Presidente [Jair Bolsonaro] tomar no caju. Agora é Ivete Sem Galhos, para se segurar." Deputado Bibo Nunes (PSL-RS). Fonte: o próprio Twitter.

02 de janeiro de 2022
"Vivemos um momento tão intrigante, que pessoas vacinadas, COM TODAS AS DOSES, pegam COVID e recomendam a Vacinação! Parece piada! Ninguém acha, no mínimo, curioso?" Deputada estadual Janaina Paschoal (PSL-SP). Fonte: o próprio Twitter.

02 de janeiro de 2022
"O que há nestas vacinas [contra a Covid-19] e por que há um esforço global para injetá-las dentro do corpo de todo ser humano do planeta por quaisquer vias necessárias? Esta é a questão que toda pessoa sã está fazendo. Coerção, chantagem, propaganda e censura não são armas usadas por pessoas de bem." Walter Luís, Pensador TK, #AglomeraBrasil, escritor do livro: 'Bolsonaro vs Imprensa — distorções, mentiras e fake news'. Fonte: o próprio Twitter.

**BOLSONARO E SEUS SEGUIDORES: O HORROR EM 3.560 FRASES**

**03 de janeiro de 2022**
"Nota Pública: injeções [vacinas contra a Covid-19] experimentais em crianças. (...) Acentuam importantes riscos de efeitos adversos graves e até mesmo de morte de crianças, que venha a ser expostas a produto (impropriamente chamado de vacina) cujos resultados de pesquisas de segurança estão previstos pela fabricante para 2026. Em que pese a suposta boa intenção, é grave desconsiderar a questão das injeções experimentais genéticas Covid, especialmente quanto à sua aplicação em crianças (...)." MP Pró-Sociedade — Associação Nacional de Membros do Ministério Público Pró-Sociedade. Fonte: o próprio Twitter.

**03 de janeiro de 2022**
"Primeira dose [da vacina contra a Covid-19]? Não, obrigado!" Sérgio Camargo, presidente da Fundação Palmares. Fonte: o próprio Twitter.

**03 de janeiro de 2022**
"E mais dois casos isolados de jovens atletas. Vacina sim. Experimento não. Obrigatoriedade nunca. Liberdade sempre. 'Notícias: Jogador de 23 anos morre após ter colapso durante treinamento na Croácia'." Carla Zambelli (PSL-SP), se referindo à vacina contra a Covid-19. Fonte: o próprio Twitter.

**04 de janeiro de 2022**
"Disseram que as nossas crianças são depósitos de vírus. As nossas crianças são o futuro do nosso Brasil. E é por isso que nós discutimos amplamente, com a sociedade brasileira, através da consulta pública, seguida da audiência pública. Os especialistas das diversas correntes vão poder discutir para a sociedade tomar conhecimento." Marcelo Queiroga, ministro da Saúde, médico. Fonte: O Antagonista.

**04 de janeiro de 2022**
"Países que estão entre os que mais vacinaram no mundo sofrem aumento rápido de casos, inclusive entre vacinados, com o aumento rápido da Ômicron no mundo!" Deputado Osmar Terra (MDB-RS), médico. Fonte: o próprio Twitter.

**04 de janeiro de 2022**
"Feliz 2022, negrada vitimista. Que neste ano tome vergonha na cara, recupere a honra perdida e se liberte da senzala da esquerda. É o que desejo, embora não esteja otimista. Forte abraço!" Sérgio Camargo, presidente da Fundação Palmares. Fonte: Brasil Fede Covid, no Instagram.

**04 de janeiro de 2022**
"É um sistema político formado por líderes políticos no Congresso, a Suprema Corte, a elite econômica, a imprensa e também penetrado profundamente no Executivo, no governo Bolsonaro. (...) Eles estão controlando o fluxo de dinheiro no país e a China alimenta esse fluxo de dinheiro. (...) A China avança onde há corrupção e, infelizmente, o Brasil é campeão mundial de corrupção. Tudo funciona em volta disso." Ernesto Araújo, ex-ministro das Relações Exteriores, em conversa com o estrategista americano Steve Bannon, que foi conselheiro de Donald Trump, ex-presidente dos Estados Unidos. Fonte: UOL, por Jamil Chade.

**04 de janeiro de 2022**
"Mesmo alguns partidos [políticos brasileiros] considerados de direita estão totalmente sob a influência de Pequim [China]. Narcossocialismo." Ernesto Araújo, ex-ministro das Relações Exteriores, em conversa com o estrategista americano Steve Bannon, que foi conselheiro de Donald Trump, ex-presidente dos Estados Unidos. Fonte: Folha, por Diogo Bercito.

**04 de janeiro de 2022**
"Nem sabemos o que está nessas vacinas [contra a Covid-19]." Steve Kirsch, em conversa com o estrategista americano Steve Bannon, que foi conselheiro de Donald Trump, ex-presidente dos Estados Unidos Fonte: UOL, por Jamil Chade.

**04 de janeiro de 2022**
"O mundo esperava um conquistador de nações, mas o Rei do Universo se fez carne num simples carpinteiro, pois são nas coisas simples que o verdadeiro poder reside. Os que almejam que o presidente [Jair Bolsonaro] seja um Imperador Romano, ignoram que sua força está na simplicidade do homem comum. É por ser um homem voltado para as coisas belas do nosso cotidiano, essas dádivas corriqueiras da vida, que ele dobra-se perante Deus e ama sua nação. Fosse um sujeito fixado em grandes poderes palacianos, jamais seria capaz de ter a força moral para cuidar do seu povo." André Porciúncula, secretário nacional de Incentivo e Fomento à Cultura — Lei Rouanet. Fonte: o próprio Twitter.

**04 de janeiro de 2022**
"Todo vagabundo ODEIA o Bolsonaro! Já perceberam?" Maicon Sulivan, palestrante político. Fonte: o próprio Twitter.

**BOLSONARO E SEUS SEGUIDORES: O HORROR EM 3.560 FRASES**

### 04 de janeiro de 2022
"Não entendi sua crítica [do vereador Carlos Bolsonaro, Republicanos-RJ]. Então agora, desde 2016 ao lado do seu pai [presidente Jair Bolsonaro], sou traidor? Era só o que me faltava, xará" Deputado Carlos Jordy (PSL-RJ). Fonte: Folha, por Fábio Zanini, Guilherme Seto e Juliana Braga.

### 04 de janeiro de 2022
"É cristalino que há uma tentativa de se criar um grupo usando a imagem de um e se fazendo de idiota para tirar crédito e obter êxito! Sugiro cheirarem menos, serem mais gratos e não sujos." Vereador Carlos Bolsonaro (Republicanos-RJ). Fonte: Folha, por Fábio Zanini, Guilherme Seto e Juliana Braga.

### 04 de janeiro de 2022
"Tenho convicção que sou um dos deputados mais leais ao presidente [Jair Bolsonaro] e que mais atua em sua defesa. Acredito que haja ideias sendo plantadas na cabeça do [vereador] Carlos [Bolsonaro] que não correspondem a nada da realidade. Tenho minha consciência tranquila e continuarei sendo soldado da única pessoa que pode promover a mudança que o Brasil precisa: Jair Messias Bolsonaro." Deputado Carlos Jordy (PSL-RJ). Fonte: Folha, por Fábio Zanini, Guilherme Seto e Juliana Braga.

### 05 de janeiro de 2022
"O maior fofoqueiro do Brasil foi encontrar o seu chifrudo na Paraíba com dinheiro do fundo eleitoral? Par perfeito que explica a falta de testosterona e vergonha na cara do grupinho!" Vereador Carlos Bolsonaro (Republicanos-RJ). Fonte: o próprio Twitter.

### 05 de janeiro de 2022
"Ela [cantora Ivete Sangalo] tá chateada, o Zé de Abreu [ator] tá chateado, tão, porque acabou aquela teta deles gorda, né, de se pegar até R$ 10 milhões por ano da Lei Rouanet, e defender o presidente de plantão." Presidente Jair Bolsonaro. Fonte: Bahia Notícias.

### 05 de janeiro de 2022
"O Centrão não quer a saída da Flávia [Arruda, ministra da Secretaria de Governo], porque não vi nenhuma manifestação do Arthur Lira (presidente da Câmara), do Ciro Nogueira (ministro da Casa Civil), nossa. Pelo contrário, nós queremos que a Flávia continue, porque a Flávia fez o que pode fazer. Dinheiro vai faltar sempre. (...) Não seria o momento de nós partirmos para uma discussão pública. Isso ficou de maneira deselegante colocado. (...) Eu espero agora, com a volta do Bolsonaro, que o pessoal perca um pouco a valentia." Valdemar Costa Neto, presidente do PL. Fonte: Estadão, por Iander Porcella.

### 05 de janeiro de 2022
"Ela está firme e eventual problema de execução de recursos será atendido este ano. (...) As coisas se ajustam com o tempo." Deputado Ricardo Barros (Progressistas-PR), líder do governo na Câmara. Fonte: Estadão, por Iander Porcella.

05 de janeiro de 2022
"Estamos aguardando a resposta do TSE [Tribunal Superior Eleitoral] e do senhor ministro [Luís Roberto] Barroso [presidente do TSE]. Pode ser que nos convença que estamos errados. Agora, se nós não estivermos errados, pode ter certeza que algo tem que ser mudado dentro do TSE. (...) E não vai ser com bravata, de quem quer que seja no Brasil, que nós vamos aqui aceitar o que querem impor à nossa população. O brasileiro merece eleições limpas e transparentes e ninguém é dono da verdade no nosso país. Então a lei será cumprida e teremos eleições limpas e transparentes, pode ter certeza disso." Presidente Jair Bolsonaro. Fonte: UOL.

05 de janeiro de 2022
"A direita brasileira odeia pessoas corajosas. Só admira cagões e puxa-sacos." Olavo de Carvalho. Fonte: o próprio Twitter.

05 de janeiro de 2022
"Hoje em dia todo mundo posa de superior a ideologias, mas um político sem ideologia é uma galinha sem c*." Olavo de Carvalho. Fonte: o próprio Twitter.

06 de janeiro de 2022
"Em quem você vai votar nesse ano? Jair Bolsonaro: 97%; Lula: 2%, Moro: 1%. 6.552 votos. Resultados finais." Vereador Paulo Chuchu (PRTB-SP). Fonte: o próprio Twitter.

06 de janeiro de 2022
"Fizemos coisas fantásticas ao longo desses dias que dificilmente outro governo estaria fazendo. O presidente não tem férias. É maldoso quem fala que estou de férias. Eu dou minhas fugidas de jet ski. Dou lá uns cavalos de pau [de carro] no Beto Carrero [parque temático]. (...) Acompanhei o caso na Bahia. Dia 12 estive sobrevoando a Bahia. Acompanhei o caso agora. O que fizemos, além de mandar quatro ministros para lá? (...) Destinamos R$ 200 milhões para obras emergenciais. Destinamos R$ 700 milhões para o Ministério da Cidadania." Presidente Jair Bolsonaro. Fonte: Folha.

06 de janeiro de 2022
"Um dos momentos mais difíceis foi quando perdemos uma gestante em função de um efeito adverso de vacinas [contra a Covid-19]. Embora as vacinas sejam extraordinárias, eventos adversos podem acontecer. E era na véspera do 'Dia das Mães'. E eu comuniquei, a primeira pessoa, a nossa primeira-dama dona Michelle Bolsonaro, que como a primeira-dama é também mãe. É, simbolicamente, a mãe de todos os brasileiros, e ela me pediu: 'ministro, cuide de nossas mães e de nossas crianças'. E é isso que nós estamos fazendo aqui hoje." Marcelo Queiroga, ministro da Saúde, médico. Fonte: Metrópoles e SamPancher.

**BOLSONARO E SEUS SEGUIDORES: O HORROR EM 3.560 FRASES**

06 de janeiro de 2022
"Anvisa agora virou... Não vou comparar com um Poder aqui no Brasil, mas virou outro Poder. É a dona da verdade em tudo. (...) Já se fala agora na dose de reforço para crianças de 5 a 11 anos. A própria Anvisa [Agência Nacional de Vigilância Sanitária], para tirar o dela da reta, orienta aos pais cujos filhos apresentem dores no peito, falta de ar ou palpitações após aplicação da vacina a procurarem um médico." Presidente Jair Bolsonaro. Fonte: UOL.

06 de janeiro de 2022
"E você vai vacinar teu filho contra algo que o jovem por si só uma vez pegando o vírus, a possibilidade de ele morrer é quase zero? O que que está por trás disso? Qual o interesse da Anvisa por trás disso aí? Qual interesse daquelas pessoas taradas por vacina? É pela sua vida? É pela saúde? Se fosse, estariam preocupados com outras doenças no Brasil e não estão. (...) Então peço, como se tratam de crianças, não se deixe levar pela propaganda. Converse com seus vizinhos. Quanto garoto contraiu Covid e nada aconteceu com ele." Presidente Jair Bolsonaro. Fonte: Folha, por Marianna Holanda.

06 de janeiro de 2022
"Você pai e você mãe, vejam os possíveis efeitos colaterais [da vacina contra a Covid-19]. A própria [farmacêutica] Pfizer diz que outros possíveis efeitos colaterais podem acontecer a partir de 22, 23 ou 24 anos. E você vai vacinar teu filho contra algo que o jovem, por si só, uma vez pegando o vírus, a possibilidade dele morrer é quase zero?" Presidente Jair Bolsonaro. Fonte: Metrópoles, por Flávia Said e Mariana Costa.

06 de janeiro de 2022
"Então a vacina — pai e mãe, você que tem filhos de 5 a 11 anos de idade — é não obrigatória. Eu adianto a minha posição: a minha filha de 11 anos não será vacinada. (...) Então se seu filho depois da vacina tiver qualquer problema, não responsabilize a [farmacêutica] Pfizer. A Pfizer fez a vacina e está aí sendo testada, como ela mesmo diz, que tem certos efeitos colaterais que vamos tomar conhecimento ao longo de 2022, 2023 e 2024." Presidente Jair Bolsonaro. Fonte: Folha, por Marianna Holanda.

**06 de janeiro de 2022**
"Só mais um caso isolado. Normal criança de 12 anos ter parada cardíaca. Em Piracicaba, criança de 12 anos falece enquanto brincava na rua." Carla Zambelli (PSL-SP). Fonte: o próprio Twitter.

**07 de janeiro de 2022**
"Ontem, um grupo de secretários [municipais de Saúde do Estado de São Paulo] me denunciou [no Conselho Federal de Medicina]. Podem denunciar, não temos nada a temer. (...) A preocupação com essa representação é zero. Se os colegas quisessem ajudar, estariam trabalhando na ponta, como eu. Se eles tomaram vacina foi com as doses que eu distribuí." Marcelo Queiroga, ministro da Saúde, médico. Fonte: UOL.

**07 de janeiro de 2022**
"Eu sou ministro da Saúde, não sou fiscal de dados do Ministério." Marcelo Queiroga, ministro da Saúde, médico, sobre a responsabilidade da sua pasta no vazamento de dados pessoais e sigilosos de médicos pró-vacina. Fonte: CartaCapital

**07 de janeiro de 2022**
"Tanto interesse em saber quem vai se responsabilizar por um suposto vazamento de dados de um documento de médicos e nenhum interesse em saber quem vai se responsabilizar por eventuais danos por efeitos colaterais das vacs [vacinas] em nossas crianças." Deputada Bia Kicis (PSL-DF). Fonte: o próprio Twitter.

**07 de janeiro de 2022**
"Ele é irmão do presidente [Renato Bolsonaro], circulou [nas outras pastas] e, talvez até pelo jeito dele, suave, todo mundo tem vontade de ajudar o cara. Dá vontade de ajudar. Mas [ele] não é aquela pessoa que fica vendendo prestígio. Não é dessas criaturas que a gente vê em Brasília a vida toda. (...) Eu estive com ele em novembro [de 2021], e ele comentou comigo que tinha uma ação lá no município [Miracatu-SP]. Encontrei com ele duas vezes, já. Em uma delas, lá no Planalto. Ele comentou: 'Ministro, tem uma obra de uma quadra lá no município'. Tinha algum imbróglio burocrático, que obstruía. (...) Ele [Renato Bolsonaro] comentou comigo: 'Ô, ministro, tem um negócio para resolver no município'. Parece que ele estava há um ano e meio batendo cabeça com essa quadra. Aí, eu anotei e resolvi. Na semana seguinte, já tinha resolvido o assunto e eu tinha dotação orçamentária. Resolvi rápido. (...) Sinceramente, não vejo, não [conflitos de interesse]. Ele é irmão do presidente, mas ele tem legitimidade, trabalha lá no município. A função dele é essa mesmo. Se ele tivesse um escritório de *lobby*, aí havia um grande conflito de interesse. O ruim são as coisas nebulosas, as coisas escondidas. O cara não é uma eminência parda." João Roma, ministro da Cidadania. Fonte: Bahia Notícias.

**07 de janeiro de 2022**
"Força [tenista Novak] Djokovic. 'TEMPOS SOMBRIOS! Depois de ter visto cancelado, Djokovic fica preso em hotel e aguarda audiência! Tenista se recusou a apresentar passaporte de vacinação e pode ser deportado [da Austrália]'." Carla Zambelli (PSL-SP). Fonte: o próprio Twitter.

**07 de janeiro de 2022**
"Essa para mim é a imagem de um grande homem, defensor da liberdade. Parabéns Novak Djokovic [tenista]." Deputada Bia Kicis (PSL-DF). Fonte: o próprio Twitter.

**BOLSONARO E SEUS SEGUIDORES: O HORROR EM 3.560 FRASES**

**08 de janeiro de 2022**
"Obrigado às pessoas de todo o mundo pelo apoio contínuo. Posso senti-lo, e ele é muito apreciado." Novak Djokovic, tenista sérvio, em primeira manifestação pública após ser barrado de entrar na Austrália por conta de não estar vacinado contra a Covid-19, o que inviabilizou a sua participação no Australian Open. Fonte: Folha.

08 de janeiro de 2022
"O ministro Luís Roberto Barroso [STF] é um palhaço, é um mentiroso, você faz debates com *youtuber* infantojuvenil para fingir que está combatendo a ditadura, censura plataformas de alcance internacional como o Twitter e Facebook, isso é ditadura, Barroso (...)." Guilherme Fiuza, jornalista, colunista da Revista Oeste. Fonte: Jornal da Cidade.

**08 de janeiro de 2022**
"Não estou sabendo [do desastre em Capitólio/MG]. Aconteceu agora há pouco? Vou me inteirar para ver se a gente pode fazer alguma coisa. Se bem que, se puder fazer alguma coisa, pode ter certeza que o ministro correspondente, se tomou conhecimento, já está buscando como atenuar o problema, como na questão de Brumadinho, lamentavelmente no início de nosso governo. Quando chegou ao meu conhecimento, Canuto e Bento já estavam no aeroporto. Tem mortes ou não? Foi um prédio? Ah, um cânion. Deslocou uma parede, tem um nome específico." Presidente Jair Bolsonaro. Fonte: Poder360, por Murilo Fagundes.

08 de janeiro de 2022
"Me surpreendi com a carta dele [Antonio Barra Torres, Diretor-presidente da Anvisa]. Carta agressiva, não tinha motivo para aquilo. Eu falei: 'O que está por trás do que a Anvisa vem fazendo?' Ninguém acusou ninguém de corrupção. Por enquanto, não tenho o que fazer no tocante a isso aí." Presidente Jair Bolsonaro, em entrevista à rádio Jovem Pan. Fonte: Estadão, por Iander Porcella.

**08 de janeiro de 2022**
"Não tem mudança [sugerida pelo presidente]. [O Exército] Pode esclarecer. Hoje tomei café com o comandante do Exército [general Paulo Sérgio Nogueira de Oliveira]. Se ele quiser esclarecer, tudo bem, se ele não quiser, está resolvido, não tenho que dar satisfação para ninguém de um ato como isso daí. É uma questão de interpretação." Presidente Jair Bolsonaro, sobre a nota do Exército que exigiu a vacinação da tropa contra Covid-19. Fonte: Poder360, por Murilo Fagundes.

**09 de janeiro de 2022**
"Conversei com o Ministro da Defesa e trago a vocês que é FALSA a notícia de que o Exército 'não renovará contrato de militares que recusarem vacina [contra a Covid-19]. O que houve foi somente um chamado para que os vacinados que estavam em home office retornassem ao trabalho presencial." Carla Zambelli (PSL-SP). Fonte: o próprio Twitter.

**10 de janeiro de 2022**
"É a mesma coisa que o cara falar que quer ter um filho: 'eu quero ser papai', 'quero ser mamãe'. Tem que arranjar uma mulher o primeiro e a segunda [pessoa] tem que arranjar um homem. Eu para conseguir disputar eleição, é a mesma coisa falar: 'ah, o Centrão'. Vocês votaram num cara que foi do Centrão. Eu fui do PP por muito tempo, fui do PTB, fui do então PFL. Não quer dizer que todo mundo que está lá sejam pessoas que merecem ser rejeitadas pela sociedade. Tira o pessoal do centro, porque 'Centrão' é um nome pejorativo, e procura outro lado aqui. O PSOL? O PCdoB? A Rede?" Presidente Jair Bolsonaro, em entrevista ao programa 'Morning Show'. Fonte: UOL, no Instagram.

**10 de janeiro de 2022**
"O jornalista Oswaldo Eustáquio se tornou um perigo para o sistema. Depois de quatro mandados de prisão, exílio e tortura, ele surge com um estúdio de televisão para dar uma resposta com jornalismo profissional. Faça parte deste projeto! Contribua pela chave PIX: 03389572945 (CPF)." Sandra Terena, jornalista e cineasta indígena. Fonte: o próprio Twitter.

**10 de janeiro de 2022**
"Vergonha! A Rede Globo, só para ser contra [o presidente Jair] Bolsonaro, está apoiando a vacinação para crianças. Não temos nenhum índice alarmante para serem vacinadas." Pastor Silas Malafaia. Fonte: o próprio Twitter.

10 de janeiro de 2022
"Vacinar crianças é um verdadeiro infanticídio. Os números provam que não há necessidade de fazer isso." Pastor Silas Malafaia. Fonte: o próprio Twitter.

**10 de janeiro de 2022**
"Vera Fischer [atriz] disse que tomou 3 doses da vacina e por isso está imunizada, mas testou positivo para Covid. Alguém me explica?" Izabelle Flores, 'terrivelmente cristã, conservadora, de direita, armamentista e sou do sexo feminino de nascença. Hetero'. Fonte: o próprio Twitter.

**10 de janeiro de 2022**
"Vou votar no Bolsonaro, o resto é tudo lixo do mesmo que já tinha antes." Pastor Felippe Valadão, líder da Igreja Batista Lagoinha. Fonte: Brasil 247 (20/06/2022).

**BOLSONARO E SEUS SEGUIDORES: O HORROR EM 3.560 FRASES**

**10 de janeiro de 2022**
"Pronto. Já não dá mais pra dizer que as mortes súbitas são coincidência. Nexo causal comprovado. Só falta fazer necropsia de todos pra aumentar a estatística de 'raro'. Façamos obrigatório as autópsias (sic). @minsaude @mqueiroga2 link.springer.com/article/10.100..." Roberta Lacerda, médica infectologista, formada pela UFRN, título de especialista pela Sociedade Brasileira de Infectologia. Hospital Giselda Trigueiro e no Hospital Universitário Onofre Lopes. Fonte: o próprio Twitter.

**10 de janeiro de 2022**
"Fui para um evento na igreja Lagoinha em Orlando do Pastor André Valadão que apoia o presidente Jair Bolsonaro e é muito meu amigo e da família. De última hora chegou de surpresa o Allan dos Santos [blogueiro, que está nos Estados Unidos e tem um mandado de prisão em aberto determinado por Alexandre de Moraes, ministro do STF]. Enfim, quiseram ontem fazer uma grande matéria de que o governo brasileiro tinha ajudado ele a fugir e que a minha presença significaria um apoio do governo ao Allan. Fiz uma nota de que não sabia que ele estaria no evento e se eu soubesse eu não teria comparecido. A nota cessou as especulações." Fábio Faria, ministro das Comunicações. Fonte: Metrópoles, por Igor Gadelha.

**11 de janeiro de 2022**
"Elogio o que precisa de elogios e critico o que considero erro. Há pessoas que não compreendem a diferença entre ser um jornalista e um assessor de imprensa. O Fábio Faria [ministro das Comunicações] é uma delas. Se ele precisa e deseja um poodle para chamar de seu, ao menos reconhece que não sou um pet. (...) [O empreiteiro Marcelo Odebrecht nunca me] apelidou de nada. (...) Nem Bolsonaro confia no [general Hamilton] Mourão [vice-presidente] e vocês querem que eu confie em Fábio Faria porque ele 'está no governo'? Isso é piada, né?" Allan dos Santos, youtuber e blogueiro, foragido da Polícia Federal há mais de dois meses. Fonte: UOL.

**11 de janeiro de 2022**
"O Twitter é o julgamento mais injusto, ele pune para depois você se defender. É o que todas as redes sociais fazem. (...) São covardes, de democratas não têm nada, não suportam o contraditório. Dizem que nós somos fundamentalistas, mas eles que não suportam posição contrária." Pastor Silas Malafaia, sobre o Twitter ter derrubado onze posts seus sobre a vacinação infantil. Fonte: Metrópoles, por Guilherme Amado e Lucas Marchesini.

**11 de janeiro de 2022**
"O parlamentar, além das emendas impositivas, tem uma outra forma de conseguir recurso, que é a RP 9, que teria que ser outro programa de televisão seu, para explicar. Parlamentar está bem atendido. Só em RP 9, os parlamentares têm quase o triplo de recursos do Ministério da Infraestrutura do Tarcísio [de Freitas, ministro da Infraestrutura]. Então o Parlamento está muito bem atendido conosco." Presidente Jair Bolsonaro. Fonte: O Antagonista.

**11 de janeiro de 2022**
"Muitos de vocês, a maioria de vocês que trabalham comigo poderiam estar muito bem fora na iniciativa privada, mas estão aqui dando a sua cota de sacrifício, ajudando esse Brasil aqui a, realmente, vencer essa crise aqui, que se encontra no momento, e fazer também com que não volte para as mãos de bandidos, canalhas, que ocupavam esse espaço aqui para assaltar o país para um projeto de poder." Presidente Jair Bolsonaro. Fonte: UOL e Estadão Conteúdo, por Iander Porcella e Thaís Barcellos.

**11 de janeiro de 2022**
A senhora [uma apoiadora, que estava no local] é do estado do Partido Comunista do Brasil. Você já reparou que os países comunistas, geralmente o chefe é gordo? (Risos) Coreia do Norte? Venezuela? São gordinhos, né? Maranhão? (Risos)." Presidente Jair Bolsonaro. Fonte: UOL.

**11 de janeiro de 2022**
"Eu desconheço uma autoridade que tenha adotado a minha linha. Será que eu sou o único certo? Será que eu sou a pessoa que andou falando absurdos? A realidade vai caindo." Presidente Jair Bolsonaro. Fonte: Valor Econômico, por Fabio Murakawa e Vandson Lima, jornalista, no Twitter.

**11 de janeiro de 2022**
"Parece que o jogo vai virar, né?! Na Rússia pilotos vacinados estão sendo substituídos por pilotos não vacinados. O motivo? Mal súbito a bordo! Neh? (sic) E tem gente dormindo ainda com o que tá acontecendo." Ercio Santos. Fonte: o próprio Twitter.

**11 de janeiro de 2022**
"Segundo nossa Constituição, todo brasileiro tem direito à liberdade de expressão, e é inacreditável que em pleno século 21 tenhamos este tipo de comportamento. As pessoas precisam do contraditório para basear suas decisões em mais informações e com sua consciência escolher um caminho certo. Ninguém é o dono da verdade." Luciano Hang, empresário, dono da Havan, por ter sido bloqueado pelo Twitter. Fonte: UOL, Glamurama, por Anderson Antunes.

**11 de janeiro de 2022**
"O Brasil não resiste a um novo *lockdown*. Será o caos. Será uma rebelião, uma explosão de ações onde grupos vão defender o seu direito à sobrevivência. Não teremos Forças Armadas suficientes para a garantia da lei e da ordem." Presidente Jair Bolsonaro, em entrevista à Jovem Pan. Fonte: Estadão (12/01/2022), por Iander Porcella.

**BOLSONARO E SEUS SEGUIDORES: O HORROR EM 3.560 FRASES**

12 de janeiro de 2022
"Quem esses dois pensam que são [Luís Roberto Barroso e Alexandre de Moraes, ministros do Supremo Tribunal Federal]? Que vão tomar medidas drásticas dessa forma, ameaçando, cassando liberdades democráticas nossas, liberdade de expressão. Porque eles não querem assim, porque eles têm um candidato. Os dois, nós sabemos, são defensores do Lula [ex-presidente], pô, querem o Lula presidente [em 2023]. Então nós sabemos o que acontece no Brasil. Agora, na mão grande isso não pode prosperar no Brasil." Presidente Jair Bolsonaro. Fonte: Veja, Radar, por Robson Bonin, Gustavo Maia, Laísa Dall'Agnol e Lucas Vettorazzo.

12 de janeiro de 2022
"Alguém acha que eu sou o malvadão, que foi aumentado o preço da gasolina e do diesel ontem porque sou o malvadão? Primeiro que não tenho controle sobre isso. Se pudesse, ficaria livre da Petrobras." Presidente Jair Bolsonaro, em entrevista ao *site* Gazeta Brasil. Fonte: UOL.

12 de janeiro de 2022
"A Ômicron [uma variante da Covid-19], que já espalhou pelo mundo todo, como as próprias pessoas que entendem de verdade dizem, ela tem uma capacidade de se difundir muito grande, mas de letalidade muito pequena. (...) Dizem até que seria um vírus vacinal. Algumas pessoas estudiosas e sérias e não vinculadas a farmacêuticas dizem que a Ômicron é bem-vinda e pode sim sinalizar o fim da pandemia. (...) A saúde no Brasil sempre foi um caos. Por que agora essa preocupação enorme com a Covid? Você tem de ter com qualquer doença. Ficou uma doença politizada." Presidente Jair Bolsonaro, em entrevista ao site Gazeta Brasil. Fonte: Estadão, por Iander Porcella.

12 de janeiro de 2022
"Ver o consórcio nacional da impren$a vacinista lobbysta da [farmacêutica] Pfizer tentando explicar e justificar na ineficácia das vacinas [contra a Covid-19], que nem impedem o contágio e muito menos a transmissão do vírus chinês... Não tem preço!" Frank César, CEO e editor-chefe do Portal Patriota, jornalista, âncora, diretor de jornalismo, Rádio e TV, escritor de romances, ativista humanitário, cristão e patriota. Fonte: o próprio Twitter.

12 de janeiro de 2022
"No nosso entendimento, o que está mais salvando no Brasil é a imunidade de rebanho. Eu, por exemplo, não estou vacinado. E estou muito bem." Presidente Jair Bolsonaro, em entrevista ao site Gazeta Brasil. Fonte: UOL, por Bernardo Barbosa.

**13 de janeiro de 2022**
"A Polícia Federal registrou 155 mil novas armas nas mãos dos cidadãos em 2021. Isso é resultado de um governo que defende a liberdade. Estamos longe do ideal, mas rompendo barreiras que seriam intransponíveis em outros governos." Deputado Cabo Junio Amaral (PSL-MG). Fonte: o próprio Twitter.

**13 de janeiro de 2022**
"Assembleia Legislativa do Estado de Rondônia. LEI Nº 5.308, DE 13 DE JANEIRO DE 2022. Dispõe sobre as medidas para enfrentamento da emergência de saúde pública decorrente da Covid-19 para autorizar o uso de hidroxicloroquina, cloroquina, azitromicina e ivermectina no tratamento da doença. (...) Art. 3º Esta Lei entra em vigor na data da sua publicação. ASSEMBLEIA LEGISLATIVA, 13 de janeiro de 2022. Deputado ALEX REDANO, Presidente — ALE/RO." Assembleia Legislativa do Estado de Rondônia, tendo o projeto sido de autoria do deputado Chiquinho da Emater (PSB-RO). Fonte: Metrópoles e SamPancher (18/01/2022).

**13 de janeiro de 2022**
"Primeira dose: já tive Covid e adquiri imunidade natural. Segunda dose: academia todos os dias, vida saudável. Terceira dose: vez ou outra, o remédio para verme que não pode dizer o nome. Dispensável PARA MIM: álcool em gel, máscara, 'siênssia', histeria do JN [Jornal Nacional da Rede Globo]." Sérgio Camargo, presidente da Fundação Palmares. Fonte: o próprio Twitter.

**13 de janeiro de 2022**
"Não vou entrar em detalhes, porque eu não sou de criar problemas nas relações internacionais (...). Você vê quem vai à posse do novo presidente do Chile [Gabriel Boric]. Eu não irei, vê quem vai." Presidente Jair Bolsonaro, em entrevista ao *site* Gazeta Brasil. Fonte: Folha, por Ricardo Della Coletta.

**14 de janeiro de 2022**
"Hoje o nosso amigo Abraham Weintraub e seu irmão Arthur Weintraub voltam ao Brasil. Eles, sem dúvida, representam a pauta de princípios e valores que transformam uma nação. Assim como o meu marido, o jornalista Oswaldo Eustáquio, pagaram um preço alto por isso. Bem-vindos!" Sandra Terena, jornalista e cineasta indígena. Fonte: o próprio Twitter.

**14 de janeiro de 2022**
"Se houve sabotagem, deve ter sido... não foi por parte do Ministério, tá? É de parte de criminosos. Tudo isso tá sendo apurado pela Polícia Federal. Onde falta transparência não é no nosso governo." Marcelo Queiroga, ministro da Saúde, médico, sobre o apagão de dados que atingiu a pasta em 10 de dezembro de 2021 e que até essa data não tinha sido regularizado. Fonte: Poder360.

## BOLSONARO E SEUS SEGUIDORES: O HORROR EM 3.560 FRASES

**14 de janeiro de 2022**
"Vamos deixar clara, de uma vez por todas, a definição de ciência. Ciência é pegar bilhões de dólares, criar fundações lindas e sair comprando o mundo inteiro para legalizar os propósitos torpes da sua megalomania. Onde está a comprovação científica disso? Olha em volta, distraído." Guilherme Fiuza, jornalista, colunista da Revista Oeste. Fonte: O próprio Twitter.

**14 de janeiro de 2022**
"Era para [eu] ter ganho no primeiro turno [as eleições presidenciais de 2018], se fossem umas eleições limpas no primeiro turno." Presidente Jair Bolsonaro. Fonte: Folha, por Dyepeson Martins, Fabiano Maisonnave e Marianna Holanda.

**14 de janeiro de 2022**
"Qual o resultado de um jantar entre um chamuscador calça encravada, um fofoqueiro sem testosterona, um jogador de sinuca e um faminto dono de um rolo de papel higiênico em forma de revista?" Vereador Carlos Bolsonaro (Republicanos-RJ). Fonte: o próprio Twitter.

**14 de janeiro de 2022**
"Quis Deus que, sobrevivendo a uma facada de um integrante do PSOL, também conseguisse, sem partido, partido muito pequeno, sem marqueteiro, sem televisão, ganhar umas eleições. Que era para ter ganho no primeiro turno, se fossem eleições limpas no primeiro." Presidente Jair Bolsonaro. Fonte: O Globo, por Daniel Gullino.

**14 de janeiro de 2022**
"Vejo agora, meus policiais militares aqui presentes, o MST [Movimentos dos Trabalhadores Rurais Sem Terra] ameaçando realizar dezenas de invasões no corrente ano. Se um dia eu tiver no Congresso Nacional uma [lei aprovada de] exclusão de ilicitude, pode ter certeza, aproveite para invadir agora porque no futuro não invadirão. (...) O que é o excludente de ilicitude: é o militar que, ao cumprir sua missão, vai para casa descansar tendo a certeza de que não vai ter a visita de um oficial de Justiça para processá-lo. Ou nós temos lei ou não temos. Estamos mudando muitas coisas no Brasil, devagar, mas estamos mudando. Temos uma meta a atingir, temos uma caminho a percorrer." Presidente Jair Bolsonaro. Fonte: Correio Braziliense, por Ingrid Soares.

**14 de janeiro de 2022**
"Nos EUA, segundo o CDC [Centro de Controle e Prevenção de Doenças] aplicaram (sic) mais de 8 milhões dessas vacinas pediátricas. Até o momento, a vacina tem perfil de segurança. (...) Não é uma questão coletiva, os pais precisam tomar essa decisão." Marcelo Queiroga, ministro da Saúde, médico. Fonte: UOL.

**15 de janeiro de 2022**
"Estou de volta no Twitter!" Luciano Hang, empresário, dono da Havan, que tinha sido bloqueado pelo próprio Twitter, acusado de postar *fake news*. Fonte: o próprio Twitter.

**15 de janeiro de 2022**
"A história vai me julgar. Eu trabalho todo dia para que eu tenha um bom julgamento." Marcelo Queiroga, ministro da Saúde, médico. Fonte: O Globo, por Melissa Duarte.

**16 de janeiro de 2022**
"Se vencesse o Grand Slam de Melbourne [Austrália], o [tenista] sérvio Novak Djokovic bateria [venceria o tenista] Roger Federer e se tornaria o maior campeão de Grand Slam de todos os tempos. Optou pela liberdade [de não tomar a vacina contra a Covid-19] e hoje torna-se um líder mundial nessa área." Deputado Eduardo Bolsonaro (PSL-SP). Fonte: O Globo.

**16 de janeiro de 2022**
"[Novak] Djokovic [tenista sérvio] comprova que os NÃO VACINADOS e aqueles que alertaram há quase um ano do caráter segregador do passaporte vacinal, sempre estiveram certos. Djokovic representa postura firme contra a tirania, liberdade, e qualquer pessoa em gozo saudável de plena capacidade cognitiva." Luiz Carvalho, especialista em 'marketing político e estratégia eleitoral. Conservador raiz. Opinião que contraria a lacração'. Fonte: o próprio Twitter.

**16 de janeiro de 2022**
"Estou extremamente desapontado com a decisão do Tribunal [Corte Federal] de rejeitar meu recurso contra a decisão do ministro da Imigração de cancelar o meu visto, o que significa que não posso ficar na Austrália e não poderei participar do Australian Open." Novak Djokovicm, tenista sérvio, que foi deportado da Austrália. Fonte: Folha.

**16 de janeiro de 2022**
"Mostrei, como um general em combate, [como] eu deveria me comportar no momento difícil da pandemia. Lamentamos as 600 mil mortes, mas nós temos que viver, nós temos que sobreviver e temos que vencer." Presidente Jair Bolsonaro, durante o evento. Fonte: Estadão, por Iander Porcella.

**16 de janeiro de 2022**
"O professor [Olavo de Carvalho] foi diagnosticado com Covid e já se recupera. Esperamos que tudo se normalize, em breve." Equipe do escritor. Fonte: Estadão.

**BOLSONARO E SEUS SEGUIDORES: O HORROR EM 3.560 FRASES**

**16 de janeiro de 2022**
"O político João Doria [governador de São Paulo] subestima a população. Está com as vacinas do governo do Brasil e do povo brasileiro em mãos fazendo palanque. Acha que isso vai tirá-lo dos 3% [de intenção de voto para a eleição presidencial]. Desista! Seu marketing não vai mudar a face da sua gestão. Os paulistas merecem alguém melhor." Marcelo Queiroga, ministro da Saúde, médico, no Twitter. Fonte: Folha (17/01/2022), por Mateus Vargas.

**16 de janeiro de 2022**
"Eu vou contar então uma coisa aqui que eu acho que eu nunca contei em público. Eu estava no governo de transição, estamos falando em novembro [de 2018], e eu fui chamado em uma sala com pouca gente. [Futuros] Ministros, pessoas assim (...). Aí juntou assim numa mesa comprida e [Jair Bolsonaro, presidente eleito] falou: 'Seguinte, eu chamei pelo seguinte, tá para aparecer uma acusação, tá pegando esse cara aqui', apontou para o Flávio [Bolsonaro, senador eleito], 'e o governo não tem nada a ver com ele. Se ele cometeu alguma coisa errada, ele é que vai pagar por isso'." Abraham Weintraub, em entrevista ao *podcast* Inteligência Ltda. Fonte: O Globo (17/01/2022), por Bernardo Yoneshigue.

**17 de janeiro de 2022**
"Temos na Secretaria de Vigilância em Saúde registrado 1,7 óbito por cada 100 mil doses aplicadas. Isso perfaz cerca 4.000 óbitos onde há comprovação de relação causal com a aplicação da vacina [contra a Covid-19]. (...) Sempre que se adota estratégia dessa, de vacinação em massa, tem de se pesar riscos e benefícios." Marcelo Queiroga, ministro da Saúde, médico, à Jovem Pan. Fonte: Folha, por Mateus Vargas.

**17 de janeiro de 2022**
"Eu, muitas vezes, me colocava no lugar dos senhores, quando era deputado federal. E via o suplício e a grande preocupação, e aquele balde de água gelada logo cedo, quando se tinha notícia que a nossa terra, a terra de vocês, iria ser demarcada como terra indígena. (...) Nós mudamos completamente isso daí. Não tivemos uma só demarcação de terra indígena no Brasil." Presidente Jair Bolsonaro. Fonte: UOL, por Rafael Neves.

**17 de janeiro de 2022**
"Há muitas dificuldades para os pobres no Brasil, isso é inegável. No entanto, a cor da pele não é uma delas." Sérgio Camargo, presidente da Fundação Palmares. Fonte: o próprio Twitter.

**17 de janeiro de 2022**
"A esquerda quer o poder. E a melhor maneira dela chegar ao poder é destruindo os valores familiares. Tivemos lá atrás um projeto de lei chamado 122, que passou na Câmara numa sessão à noite. Não tinha ninguém presente. Nela, por exemplo, um padre ou pastor que, porventura, se negasse a realizar um casamento entre pessoa do mesmo sexo, pegava três anos de cadeia. Foi uma briga enorme lá no Senado, e acabou sendo arquivado depois. Mas foi uma grande medida para tentar destruir os valores familiares e atacar diretamente no coração dos cristãos do Brasil." Presidente Jair Bolsonaro, em entrevista à Rádio Viva FM de Vitória (ES). Fonte: Correio Braziliense, por Ingrid Soares.

**17 de janeiro de 2022**
"Como Deus escreve certo as coisas, às vezes por linhas tortas. As pautas que têm a ver com ideologia de gênero, sabe quem vai decidir por sorteio? André Mendonça. O nosso ministro terrivelmente evangélico. Então, isso é muito bom. Traz uma paz aqui para nós todos, cristãos e brasileiros, que defendemos a família acima de tudo aqui na terra." Presidente Jair Bolsonaro, em entrevista à Rádio Viva FM de Vitória (ES). Fonte: Correio Braziliense, por Ingrid Soares.

**18 de janeiro de 2022**
**"A deputada federal Carla Zambelli oficiou o Ministério da Saúde e a Anvisa, na última segunda-feira (17) cobrando providências após o caso de crianças que tiveram reações adversas por receberem doses para adultos na Paraíba. Ela solicitou a suspensão da aplicação da vacinação infantil até a reavaliação da segurança, uma vez que adolescentes recebem doses para adultos e a diferença de idade entre as crianças que receberam a dose adulta e os adolescentes é pouca (...)." Site da deputada Carla Zambelli (PSL-SP). Fonte: o próprio site.**

**18 de janeiro de 2022**
"Esse decreto chama-se decreto das cavidades. Se tem buraco de tatu aqui, se tem distância de 10, 20 metros, não pode fazer nada. Então não pode fazer nada no Brasil todo. Nós amenizamos essa questão aqui. Para o Brasil poder crescer, pô. (...) Esse decreto vai ajudar muito em Minas Gerais." Presidente Jair Bolsonaro. Fonte: O Tempo, por Folhapress.

**18 de janeiro de 2022**
"Nós tentamos, na minha proposta, eliminar o exame toxicológico [para caminhoneiros]. Por que que não faz para outras profissões, inclusive para político também? Por que só caminhoneiro? Para estudante, para universitário." Presidente Jair Bolsonaro. Fonte: Poder360.

**BOLSONARO E SEUS SEGUIDORES: O HORROR EM 3.560 FRASES**

18 de janeiro de 2022
"Tenho a pretensão, sim, de ser [candidato] a deputado federal, mas não defini o partido ainda. (...) Se eu tiver o apoio deles [Bolsonaros], com certeza serei o deputado mais votado do Rio." Fabrício Queiroz, policial militar da reserva. Fonte: Estadão, por Roberta Jansen.

19 de janeiro de 2022
"Visitando a Canik Arms, a Canikusa e a Century Arms [empresas que comercializam armas]. Os turcos tem feitos (sic) boas armas e a um preço bem acessível, o que é muito bom para o momento que o mercado brasileiro vive de popularização das armas." Deputado Eduardo Bolsonaro (PSL-SP). Fonte: o próprio Twitter.

19 de janeiro de 2022
"A gente não é alinhado ao Centrão, a gente não gosta do Centrão e isso ficou muito claro. Só que eu acho que o presidente tomou a decisão estratégica que ele acreditava ser a mais eficiente. Naquele momento, a ameaça era muito clara: eles [Centrão] iriam iniciar o processo de *impeachment* [do presidente Jair Bolsonaro]. Então, nesse sentido, foi eficiente [a aliança] porque o processo de *impeachment* não aconteceu, mas o ponto principal, a minha dúvida é se essa estratégia vai resultar na garantia da pouca liberdade que resta no Brasil para as nossas famílias." Abraham Weintraub, ex-ministro da Educação. Fonte: UOL (20/01/2022).

20 de janeiro de 2022
"Com a habilidade que [o presidente Jair] Bolsonaro tem para re(unir) a direita, em [20]23, teremos um Senado vermelho, para dar sustentação a Lula." Deputada estadual Janaina Paschoal (PSL-SP). Fonte: o próprio Twitter.

20 de janeiro de 2022
"Não há motivo para prisão do W [Abraham Weintraub]!! O inquérito em que ele estava foi arquivado, pois a lei de segurança nacional (que era base de acusações contra meu irmão) foi revogada. Abolitio criminis (não há qualquer possibilidade de atribuir crime a ele). Esse post é mais torcida ou desejo deles?" Arthur Weintraub, ex-assessor-chefe da Presidência da República, no próprio Twitter. Fonte: UOL.

20 de janeiro de 2022
"Esta thread explica muito do que estava ocorrendo nos bastidores. Não se trata de dividir/unir a direita, mas separar o joio do trigo. Todo este tempo que nós engolíamos sapos na verdade era a chance para eles se corrigirem, mas nada foi feito. Então agora está aí tudo às claras." Deputado Eduardo Bolsonaro (PSL-SP), no próprio Twitter. Fonte: UOL.

20 de janeiro de 2022
"As duas vezes que eu curti algo errado foi por engano. Retirei a curtida, imediatamente, assim que soube. Você [Mario Frias], secretário [especial de Cultura] indicado pelo governo, intencionalmente, manifesta apoio à minha prisão. Sempre te recebi bem e te amparei, quando eu era ministro e você estava por baixo." Abraham Weintraub, ex--ministro da Educação, no próprio Twitter. Fonte: UOL.

20 de janeiro de 2022
"Recebi 4 diárias para vir aos Estados Unidos participar da Marcha Mundial pela vida, missão oficial. E sim, pedi para suspender a vacina infantil. 24h depois do pedido não atendido uma criança foi entregue morta no hospital e reanimada, encontra-se na UTI, logo depois de ter tomado a vacina." Carla Zambelli (PSL-SP). Fonte: o próprio Twitter.

20 de janeiro de 2022
"Alguém deve se lembrar que no início do ano passado, nós mandamos uma delegação nossa para Israel. (...) Entre outras coisas, fomos ver lá a questão do *spray* nasal para Covid, um medicamento. E aí o que a imprensa fala na época? 'Com *spray*, Bolsonaro insiste em medicamento sem eficácia contra a Covid-19'. Isso foi em março de 21. O que aconteceu em janeiro de 22? Adivinha, adivinha? A imprensa: '*Spray* nasal anticovid pode proteger todas as variantes por até 8 horas', ok? Bolsonaro tem razão." Presidente Jair Bolsonaro. Fonte: UOL, por Bernardo Barbosa.

20 de janeiro de 2022
"Enquanto a gente trabalha pelo Brasil, uns só atrapalham. A partir de agora, mentiras e teorias esdrúxulas, fruto de criações mentais, serão tratadas na Justiça." Fábio Faria, ministro das Comunicações, se referindo a Ernesto Araújo, ex-ministro das Relações Exteriores. Fonte: UOL

20 de janeiro de 2022
"Só não vê de que lado você [Fábio Faria, ministro das Comunicações] está quem não quer. Você está do lado da velha política, contra o projeto transformador que o povo brasileiro escolheu em 2018 na figura do presidente Jair Bolsonaro. Em um ano e meio no Ministério, você foi decisivo para diluir e enfraquecer aquele projeto e agora vem tentar calar — com medidas judiciais improcedentes — aqueles que, como eu, ainda sonham com um Brasil diferente do seu. Mas não se preocupe, jamais me deixarei intimidar e continuarei dizendo a verdade." Ernesto Araújo, ex-ministro das Relações Exteriores. Fonte: UOL.

**BOLSONARO E SEUS SEGUIDORES: O HORROR EM 3.560 FRASES**

**20 de janeiro de 2022**
"Declarações feitas pelo ex-ministro das Relações Exteriores [Ernesto Araújo] durante o programa Conserva Talk [no YouTube]. Na ocasião, o ex-ministro proferiu imputações ofensivas contra o ministro de Estado das Comunicações, Fábio Faria, insinuando que o mesmo tenha prevaricado em relação à condução do leilão do 5G, além de acusá--lo de estar atuando em benefício de país estrangeiro. O caso será tratado na Justiça." Assessoria do Ministério das Comunicações. Fonte: UOL.

**20 de janeiro de 2022**
"Imunidade natural foi mais potente que vacina durante onda da variante delta nos Estados Unidos, diz estudo." Terra Brasil Notícias, '[que] trabalha com responsabilidade para trazer todos os fatos do Brasil e do mundo para nosso leitor. Deus acima de tudo e de todos'. Fonte: o próprio Twitter.

**20 de janeiro de 2022**
"Acabo de desembarcar na Base Aérea. Estive hoje à tarde em Botucatu/SP com o Ministro da Saúde, Marcelo Queiroga, em visita à família e à menina de Lençóis Paulista, hospitalizada após suspeita de parada cardíaca no mesmo dia em que recebeu a vacina contra Covid. (...) Antes de nosso embarque, ainda no final da manhã, o Presidente Jair Bolsonaro também falou com a família por telefone. Desejamos que a menina saia logo do hospital, volte para casa e que fique bem. (...) Parabenizo o ministro Marcelo Queiroga pela iniciativa da visita e das reuniões presenciais em Botucatu/SP. Obrigado a todos na cidade pelo acolhimento. (...) Tivemos uma reunião com o corpo todo médico do hospital que está atendendo a menina. O quadro dela é estável e continuará internada para acompanhamento e passará por uma série de exames, avaliações para análise e diagnóstico final [sobre a parada cardíaca ter sido motivada pela vacina contra a Covid-19]." Damares Alves, ministra da Mulher, da Família e dos Direitos Humanos. Fonte: o próprio Twitter.

**21 de janeiro de 2022**
"O evento adverso pós-vacinação [contra a Covid-19] foi descartado. (...) A síndrome de Wolff-Parkinson-White, até então não diagnosticada e desconhecida pela família, levou a criança a ter uma crise de taquicardia, que resultou em instabilidade hemodinâmica." Ministério da Saúde, sobre a suspeita, não confirmada, de a parada cardíaca da menina ter sido motivada pela vacina contra a Covid-19. Fonte: Acontece Botucatu.

## 21 de janeiro de 2022

"Ela [Ana Cristina Valle, ex-mulher do presidente Jair Bolsonaro] fez [crime de peculato] nos três gabinetes. Em Brasília [na Câmara dos Deputados, no gabinete do então deputado Jair Bolsonaro], aqui no Flávio [Bolsonaro, na Assembleia Legislativa do Rio de Janeiro] e no Carlos [Bolsonaro, na Câmara Municipal do Rio de Janeiro]. O Bolsonaro deixou tudo na mão dela para ela resolver. Ela fez a festa. Infelizmente é isso. Ela que fazia, mas quem é que assinava? Quem assinava era ele [Jair Bolsonaro, então deputado federal]. Ele vai dizer que não sabe? É batom na cueca. Como é que você vai explicar? Ele está administrando. Não tem muito o que fazer. (...) A jogada dela [Ana Cristina Valle, na época mulher do presidente Jair Bolsonaro] era a seguinte: 'Quer ganhar um dinheiro? Te dou 1.000 reais por mês. Me empresta seu documento aí'. Pegava a carteira do cara que estava entrando na Câmara, recebia 8.000, 10.000, e dava 1.000 [reais] pro cara. (...) Ele [presidente Jair Bolsonaro], quando soube, ficou desesperado, era uma fria. O cara foi traído. Ela que começou tudo. Bolsonaro nunca esteve ligado em nada dessas coisas. O cara não tinha visão do que estava acontecendo por trás no gabinete. (...) Às vezes o chefe de gabinete faz merda, e o próprio deputado não sabe. Mesmo o deputado vagabundo não sabe, só vem a saber depois. (...) Não tem como reagir. Vai fazer o que para desmanchar isso aí? É como um beco sem saída. Ela fez uma merda, eles assinaram sem saber, e agora vão pagar caro por isso. (...) Acho que ele vai ter problema se não for reeleito. Vai tudo cair, vai perder o foro privilegiado e tal. (...) Ela é muito perigosa. É uma mulher que quer dinheiro a todo custo. Às vezes, ela vai ao cercadinho, frequenta o cercadinho. É uma forma de chantagem, lógico que é chantagem. A gente nem toca nesse assunto pra não deixar o cara de cabeça quente. (...) Ela também usa o menino [Jair Renan Bolsonaro, o 'Zero Quatro', filho de Ana Cristina Valle e Jair Bolsonaro] para fazer dinheiro. (...) O tempo todo ele [Jair Bolsonaro] me chama de 71 [corruptela do artigo que define o crime de estelionato], e eu respondo: 'Eu não sou político, você é que é.'" Waldir Ferraz, aposentado da Marinha Mercante, autointitulado o amigo 'Zero Zero' do presidente Jair Bolsonaro. Fonte: Veja, por Laryssa Borges.

## 21 de janeiro de 2022

"Se eu tiver que falar com o presidente, acha que eu vou para o cercadinho para todo mundo ficar vendo, para jornalista ficar vendo? Sou discreta. (...) Não sou mentora da rachadinha [crime de peculato]. Ele [Jair Bolsonaro] me chamava de sargentona, mas quem mandava no gabinete era ele. Quem assina as nomeações e exonerações é o parlamentar. Não faz sentido assinar sem ler porque todos eles são bem instruídos." Ana Cristina Valle, ex-mulher do presidente Jair Bolsonaro. Fonte: Veja, por Laryssa Borges.

## 21 de janeiro de 2022

"Antigamente, quem defendia minha prisão arbitrária por falar uma frase, era a comunistada. Agora é o Secretário da Cultura, Mario Frias! Cargo de confiança do Governo Federal. Em 2017, eu estava na Paulista ou fazendo o plano de Governo, enquanto ele estava na Globo..." Abraham Weintraub, ex-ministro da Educação. Fonte: o próprio Twitter.

**BOLSONARO E SEUS SEGUIDORES: O HORROR EM 3.560 FRASES**

21 de janeiro de 2022
"Caro Bill [Gates], primeiro você tem que explicar por que essa pandemia que você 'previu' pode ter saído de um laboratório na China onde SEUS parceiros financiavam manipulação de coronavírus. Se a investigação em curso no Senado americano confirmar isso, seu problema passa a ser com a polícia." Guilherme Fiuza, jornalista, colunista da Revista Oeste. Fonte: O próprio Twitter.

22 de janeiro de 2022
"Nota Técnica (...). Tabela 1 — Tecnologias em saúde propostas para COVID-19 e respectivas informações usualmente relevantes para suas eventuais recomendações. (...) Hidroxicloroquina: há demonstração em Efetividade em estudos controlados e randomizados? Sim. Há demonstração de segurança em estudos experimentais e observacionais adequados para tal propósito? Sim. (...) Vacinas: há demonstração em Efetividade em estudos controlados e randomizados? Sim. Há demonstração de segurança em estudos experimentais e observacionais adequados para tal propósito? Não." Ministério da Saúde, Nota Técnica elaborada na Secretaria de Ciência, Tecnologia, Inovação e Insumos Estratégicos (SCTIE), e assinada pelo secretário Helio Angotti Neto. Fonte: Luana Araújo, médica, no Instagram e G1.

22 de janeiro de 2022
"Dória e Rodrigo Maia. Lula e Alckmin. Moro e Álvaro Dias. Ciro e David Miranda. BOLSONARO E O POVO." Deputado Major Vítor Hugo (PSL-GO). Fonte: o próprio Twitter.

22 de janeiro de 2022
"Não queremos obrigar as pessoas a tomar vacina. Queremos convencer. Esse é o melhor caminho para vencer nosso único inimigo que é o vírus. Não precisamos de tanto tensionamento, de discutir tantas questiúnculas pequenas e laterais. [...] Não adianta passaporte [de vacinação] disso ou daquilo." Marcelo Queiroga, ministro da Saúde, médico. Fonte: UOL, por Rosiene Carvalho.

22 de janeiro de 2022
"Se você analisar, 2020, 2021, mesmo na crise da coronavírus, ninguém ouviu dizer que estava precisando de UTI infantil. Não teve. Não tivemos. Eu desconheço criança baixar no hospital. Algumas morreram? Sim, morreram. Lamento, profundamente, tá. Mas é um número insignificante e tem que se levar em conta se ela tinha outras comorbidades também." Presidente Jair Bolsonaro. Fonte: Folha, por Artur Rodrigues e Géssica Brandino.

**22 de janeiro de 2022**
"Levantamos em São Paulo, tem milhares de obras inacabadas em São Paulo. Por que eu falo em São Paulo? Porque o Tarcísio [Freitas, ministro da Infraestrutura] talvez venha candidato por lá. E a especialidade dele é concluir obras." Fonte: Folha, por Artur Rodrigues e Géssica Brandino.

**22 de janeiro de 2022**
"A consequência do fique em casa [isolamento social por causa da Covid-19], a economia a gente vê depois: inflação. Tem países que estão com desabastecimento. Na economia, o Brasil foi um dos países que melhor se saiu. (...) Acusações de genocida, negacionista? Pelo amor de Deus. Olha o que foi feito, somos um dos países que mais vacina no mundo." Fonte: Folha, por Artur Rodrigues e Géssica Brandino.

**22 de janeiro de 2022**
"Quando [o ex-presidente Lula] se fala 'no meu governo se comia melhor'... O Lula governou sem teto [de gastos]. Podia gastar à vontade. (...) Agora querem que o ladrão [ex-presidente Lula] volte à cena do crime, pelo amor de Deus? (...) Vocês querem a volta da ideologia de gênero? Querem o loteamento de ministérios? Olha o padrão dos meus ministros e os anteriores." Presidente Jair Bolsonaro. Fonte: Folha, por Artur Rodrigues e Géssica Brandino.

**22 de janeiro de 2022**
"Se eu pudesse interferir na PF [Polícia Federal], o Lula também poderia. Ele poderia ter abortado um montão de operações da PF. (...) Aquele ex-ministro Sérgio Moro [ex-ministro da Justiça e Segurança Pública e então presidenciável pelo Podemos-PR] falou que interferi e a prova estava naquela reunião secreta minha. Foi mostrado. Vocês ouviram infelizmente 29 palavrões. (...) Interferi, que interferência?" Presidente Jair Bolsonaro. Fonte: Folha, por Artur Rodrigues e Géssica Brandino.

**22 de janeiro de 2022**
"Como pai, o que ele falou para a gente é preocupante. Agora, foi em função da vacina ou não foi? De imediato já vi nego que nem tinha ido lá falando que ela tinha outros problemas. Eu conversei com o pai. Conversem com o pai da menina. Vocês têm filhos também. Nós queremos o bem de todos." Presidente Jair Bolsonaro, depois de ter conversado com o pai de uma criança de 10 anos que sofreu uma parada cardíaca depois de ter sido vacinada. Fonte: O Antagonista.

**BOLSONARO E SEUS SEGUIDORES: O HORROR EM 3.560 FRASES**

**22 de janeiro de 2022**
"É verdade, eu nunca engano as pessoas. Já você... Cadê o Aliança [pelo Brasil, o partido que o grupo do presidente Jair Bolsonaro tentou montar]? Foi sabotagem ou incompetência? Vai devolver o dinheiro?" Abraham Weintraub, ex-ministro da Educação, se referindo à advogada Karina Kufa, que representa o presidente Jair Bolsonaro. Fonte: O Antagonista.

**22 de janeiro de 2022**
"Hoje em dia se gasta, de forma subsidiada, um milhão de litros de óleo diesel para ter energia em Roraima. Podia abandonar Roraima, né? Um estado que quase não tem densidade eleitoral nenhuma. Mas, não, estamos lá colaborando com Roraima." Presidente Jair Bolsonaro. Fonte: Folha, por Artur Rodrigues e Géssica Brandino.

23 de janeiro de 2022
"Não vivemos um momento de doenças de crianças, que estariam sendo aí intubadas, ou até perdendo a vida, que justificasse essa forma de vacinar." Presidente Jair Bolsonaro. Fonte: Folha.

23 de janeiro de 2022
"ARGENTINA E CHILE: ALERTA VERMELHO. (...) Se o Brasil não tomar cuidado, passará logo a ver os mesmos desmoronamentos por aqui, mesmo já sabendo o que o PT causou ao país (e agora atribui ao governo atual, que teve que lidar com os estragos, sendo que o povo tem que lidar com eles todos os dias). O 'alerta vermelho' está aceso e a realidade fala por si. Não vê quem não quer ou finge que não vê porque lucra com isso." Editorial (sic) da Folha Universal, o jornal impresso da Igreja Universal que tem tiragem de 1,7 milhão de exemplares. Fonte: Folha (19/03/2022), por Fábio Zanini, Guilherme Seto e Juliana Braga.

23 de janeiro de 2022
"Envie este vídeo a sua liderança religiosa e pergunte o que ela pensa disso. A guerra é também espiritual: '(Marque seu Pastor/Padre/Rabino nos comentários). Lula: Eu estou falando com o demônio e o demônio está tomando conta de mim'." Senador Flávio Bolsonaro (PL-RJ), que postou esse vídeo falso no seu Facebook e Instagram. Fonte: UOL (25/01/2022), por Rayanne Albuquerque.

23 de janeiro de 2022
"Estou me sentindo imposto [a tomar a vacina contra Covid-19] porque estou indo para uma viagem importante. Eu não ia deixar de viajar. Mas foi algo contra a minha vontade." Nikolas Ferreira (PRTB), vereador de Belo Horizonte (MG). Fonte: Estadão (25/01/2022), por Pedro Grigori.

## WALTER BARRETTO JR.

**24 de janeiro de 2022**
"Please, don't jab kids." Nikolas Ferreira (PRTB), vereador de Belo Horizonte (MG). Fonte: Estadão (25/01/2022), por Pedro Grigori.

**24 de janeiro de 2022**
"Filhos ameaçando os pais a mando do Estado. Em breve..." Mauro Fagundes. Fonte: o próprio Twitter.

**25 de janeiro de 2022**
"O Brasil quer saber se eu vou ser candidata, por qual estado e por qual partido. Elas estão me convidando. Bora, gente, vamos mudar o Brasil." Damares Alves, ministra da Mulher, da Família e dos Direitos Humanos. Fonte: UOL.

**25 de janeiro de 2022**
"Cadê o mandado de prisão da [cantora] Anitta, STF? O Artigo 26 da Lei de Segurança nacional prevê a calúnia ou difamação, imputando-lhes como crime ou fato ofensivo à reputação do presidente da República, pena de reclusão de 1 a 4 anos. (...) Ora, a liberdade de expressão não possui limitação jurídica? A prática dessa difamação pública ao presidente da República, incitando o ódio a milhares de pessoas, influenciada por 'artista conhecida nacionalmente' está previsto na Lei de Segurança Nacional, as provas são evidentes." Deputado estadual Filippe Poubel (PSL-RJ). Fonte: Poder360.

**25 de janeiro de 2022**
"O que a gente pode perder ou ganhar no futuro. (...) Eu não vou dizer. Vocês vão pagar ou não por aquilo que vocês escolherem. Quem escolhe um mau parceiro para casar vai ter problema lá na frente. (...) Imagine como estaria o Brasil com outro cara no meu lugar. Temos a experiência de como esses caras governaram o Brasil há pouco tempo. Todo mundo viu." Presidente Jair Bolsonaro. Fonte: CartaCapital.

**25 de janeiro de 2022**
"Nota de falecimento. Olavo Luiz Pimentel de Carvalho (1947-2022). Com grande pesar, a família do professor Olavo de Carvalho comunica a notícia de sua morte na noite de 24 de janeiro, na região de Richmond, na Virgínia, onde se encontrava hospitalizado. O professor deixa a esposa, Roxane, oito filhos e 18 netos. A família agradece a todos os amigos as mensagens de solidariedade e pede orações pela alma do professor." Família de Olavo de Carvalho. Fonte: as redes sociais do próprio Olavo de Carvalho.

25 de janeiro de 2022
"Art. 1º É declarado luto oficial em todo o país, por um dia, contado da data de publicação deste decreto, em sinal de pesar pelo falecimento do professor Olavo Luiz Pimentel de Carvalho. Art. 2º Este decreto entra em vigor na data de sua publicação." Diário Oficial da União, edição extra. Fonte: UOL, por Luciana Amaral e Carla Araújo.

25 de janeiro de 2022
"O Governo do Brasil lamenta a perda do filósofo e professor Olavo de Carvalho e manifesta seu pesar e suas condolências a familiares, amigos e alunos. De contribuição inestimável ao pensamento filosófico e ao conhecimento universal, Olavo deixa como legado um verdadeiro apostolado a respeito da vida intelectual, com uma vasta obra composta de mais de 40 livros e milhares de horas de aulas. Entre suas inúmeras contribuições, defendeu a primazia da consciência individual; apresentou uma inédita e inigualável teoria sobre os quatro discursos aristotélicos; teceu valiosas considerações sobre o conhecimento por presença e originais análises sobre as etapas do desenvolvimento da personalidade humana; além de inúmeras outras contribuições que inspiraram e influenciaram dezenas de milhares de alunos e leitores — inclusive, levando muitos à conversão à fé, segundo incontáveis relatos. Intransigente defensor da liberdade e escritor prolífico, o professor Olavo sempre defendeu que a liberdade deve ser vivida no íntimo da consciência individual e na inegociável honestidade do ser para consigo mesmo: 'Não fingir saber o que não sabe nem fingir não saber o que sabe', resumia assim o conceito da honestidade intelectual. Olavo de Carvalho oxigenou o debate público brasileiro e inseriu no mercado editorial do país e popularizou centenas de autores, dentre os quais se destacam Mário Ferreira dos Santos, Louis Lavalle e Viktor Frankl. Admirado por proeminentes intelectuais, foi classificado por Roberto Campos como 'filósofo de grande erudição'; segundo Jorge Amado, possuía 'reconhecida competência na área da filosofia'. Para Paulo Francis, 'Olavo de Carvalho vai aos filósofos que fizeram a tradição ocidental de pensamento, dando ao leitor jovem a oportunidade de atravessar esses clássicos'. E para Ives Gandra Martins, 'Olavo é o mestre de todos nós'. O filósofo também foi reconhecido por grandes escritores nacionais, como Herberto Salles, Josué Montello, Ariano Suassuna, Antônio Olinto, Hilda Hilst, Miguel Reale, Bruno Tolentino e muitos outros. 'O amor não é um sentimento: é uma decisão, um ato de vontade e um comprometimento existencial profundo. Os sentimentos variam, mas o amor permanece. Quem não compreendeu isso não chegou nem perto da maturidade. É um juramento interior de defender o ser amado até à morte, mesmo quando ele peca gravemente contra você. O amor é mesmo, como dizia Jesus, morrer pelo ser amado. Quando a gente espera que o amor torne a nossa vida mais agradável, em vez de sacrificar a vida por ele, a gente fica sem o amor e sem a vida. O amor é o mais temível dos desafios, porém, quando você o conhece, não quer outra coisa nunca mais.' Olavo de Carvalho." Governo Federal, em nota de homenagem pelo falecimento de Olavo de Carvalho. Fonte: Estadão, por Eduardo Gayer.

> 25 de janeiro de 2022
> "Nos deixa hoje um dos maiores pensadores da história do nosso país, o Filósofo e Professor Olavo Luiz Pimentel de Carvalho. — Olavo foi um gigante na luta pela liberdade e um farol para milhões de brasileiros. Seu exemplo e seus ensinamentos nos marcarão para sempre. — Que Deus o receba na sua infinita bondade e misericórdia, bem como conforte sua família." Presidente Jair Bolsonaro. Fonte: o próprio Twitter.

**25 de janeiro de 2022**
"Independentemente da diferença de opinião, o desaparecimento do Professor Olavo de Carvalho deixa uma lacuna no pensamento brasileiro. Defensor intransigente da liberdade e livre iniciativa, fundamentos da democracia, ele sustentou valores conservadores caros à nossa sociedade." General Hamilton Mourão, vice-presidente da República. Fonte: o próprio Twitter.

**25 de janeiro de 2022**
"The death of philosopher Olavo de Carvalho, who lived his last years in the U.S., a country he much admired, is an immeasurable loss for Brazil and all who knew him. Through his vast work he leaves an everlasting legacy. My thoughts and prayers go out to Olavo's family. RIP." Nestor Forster Jr., embaixador do Brasil nos Estados Unidos da América. Fonte: o Twitter da embaixada do Brasil nos Estados Unidos.

**25 de janeiro de 2022**
"Que Deus acolha o Professor [Olavo de Carvalho] e conforte sua esposa Roxane e família. Aqui na Terra seus livros, vídeos e ensinamentos permanecerão por muito tempo ainda." Deputado Eduardo Bolsonaro (PSL-SP). Fonte: o próprio Twitter.

**25 de janeiro de 2022**
"Soube agora que o perfil [do Twitter] da Câmara dos Deputados curtiu um post debochando da morte do Professor Olavo [de Carvalho]. Neste momento estou tomando as providências administrativas para se averiguar o caso. 'Câmara dos Deputados curtiu. MORTE @RealMORTE. Olavo de Carvalho. Check!'." Deputado Eduardo Bolsonaro (PSL-SP). Fonte: o próprio Twitter.

**25 de janeiro de 2022**
"Conheci o Professor Olavo de Carvalho de forma espontânea em 2012, em seu programa de rádio, e imediatamente passei a admirá-lo por seu vasto conhecimento, bom humor e, principalmente, por sua coragem. (...) Ao professor Olavo [de Carvalho] a minha eterna gratidão por sua vida dedicada ao conhecimento, que semeou um uma terra arrasada chamada Brasil e fez florescer em muitos de nós um sentimento de esperança, de amor pela verdade e pela liberdade. Que sua obra ilumine para sempre a nossa história!" Vereador Carlos Bolsonaro (Republicanos-RJ). Fonte: o próprio Twitter.

**BOLSONARO E SEUS SEGUIDORES: O HORROR EM 3.560 FRASES**

**25 de janeiro de 2022**
"'As portas do espírito só se abrem à sinceridade de propósitos' Olavo de Carvalho. Que Deus, em sua infinita bondade, o acolha e conforte sua família, amigos e alunos. Descanse em paz!" Tarcísio de Freitas, ministro da Infraestrutura. Fonte: o próprio Twitter.

**25 de janeiro de 2022**
"Os ensinamentos do professor Olavo de Carvalho só crescerão com o tempo, enquanto seus difamadores serão esquecidos. 'Artistas e intelectuais' de hoje serão notas de rodapé de um período obscuro de nossa História. Olavo marcou o início de uma nova era em nossa Nação." Abraham Weintraub, ex-ministro da Educação. Fonte: o próprio Twitter.

**25 de janeiro de 2022**
"Faleceu Olavo de Carvalho. Uma pessoa especial. Opiniões fortes. Personalidade forte. Trouxe luz sobre diversos temas considerados tabu. Soube travar o bom combate. Jamais fugiu da polêmica. Perdemos um grande brasileiro. Descanse em paz. Fique com Deus. Meu eterno abraço." Ricardo Salles, ex-ministro do Meio Ambiente. Fonte: o próprio Twitter.

**25 de janeiro de 2022**
"Com muita tristeza recebi a notícia da morte do professor Olavo de Carvalho. Que Deus conforte a família, amigos e alunos. Obrigado por tudo, Olavo. Vá em paz." Deputado Paulo Eduardo Martins (PSC-SP). Fonte: o próprio Twitter.

**25 de janeiro de 2022**
"Partiu o filósofo Olavo de Carvalho. Seus ensinamentos e sua luta na defesa de liberdade permanecerão para sempre. Que Deus o receba em toda a sua bondade e conforte o coração de sua família. Obrigado, Professor." Onyx Lorenzoni, ministro do Trabalho e Previdência. Fonte: o próprio Twitter.

25 de janeiro de 2022
"Estudioso voraz, multiplicava conhecimento. Cunhou para o Brasil uma Direita consciente. Propagador da Cristandade. Alertava sobre blocos mundiais de dominação, a perversidade do socialismo e a necessidade de conservação dos valores ocidentais. Seu legado fica. Descanse em paz. Olavo de Carvalho (1947--2022). Para nós serás eterno, Mestre!" Alexandre Ramagem, diretor da Agência Brasileira de Inteligência (Abin). Fonte: o próprio Twitter.

**25 de janeiro de 2022**
"Jamais serei capaz de descrever o impacto que a obra, a vida e a imensa generosidade do Professor tiveram em mim. Ele foi e sempre será meu grande farol intelectual. Muito obrigado, grande mestre! Que Deus lhe dê o merecido descanso e que minha geração possa honrar seu legado!" Filipe Martins, assessor internacional da presidência da República. Fonte: o próprio Twitter.

**25 de janeiro de 2022**
"Perda irreparável a morte do valente e virtuoso professor OLAVO DE CARVALHO. Ficam os ensinamentos de um dos maiores pensadores do Brasil!" Deputado Ubiratan Sanderson (PSL-RS), vice-líder do governo Bolsonaro na Câmara. Fonte: o próprio Twitter.

**25 de janeiro de 2022**
"Hoje o conservadorismo teve uma grande perda. Olavo [de Carvalho] entrará para a história por seu legado à nossa nação. Meus sentimentos à Roxane e toda família. Esteja em paz, com Deus, Olavo." Deputado Diego Garcia (PHS-PR). Fonte: o próprio Twitter.

**25 de janeiro de 2022**
"Poucas pessoas me influenciaram tanto politicamente como o Olavo de Carvalho — sua sabedoria, coragem e visão permanecerão vivas entre nós através dos seus livros. Que Deus conforte a família. Meus sinceros sentimentos." Pastor e deputado Marco Feliciano (PL-SP). Fonte: o próprio Twitter.

**25 de janeiro de 2022**
"Faleceu o mestre Olavo de Carvalho. Saudades imensas." Josias Teófilo, cineasta. Fonte: o próprio Twitter.

**25 de janeiro de 2022**
"Lutou o bom combate, formou a nova geração de intelectuais e despertou milhares de almas para Cristo. Caluniado, difamado e escarnecido, avançou enquanto o mundo tentava pará-lo. Com ele, aprendemos o que é a verdadeira força da personalidade. Descanse em paz, prof. Olavo." Ludmila Lins Grilo. Fonte: o próprio Twitter.

**25 de janeiro de 2022**
"É com pesar que recebi a notícia do falecimento do professor Olavo de Carvalho, a quem sou muito grato. Rezemos por sua alma e por sua família. Que Nosso Senhor Jesus Cristo e Nossa Senhora de Fátima o recebam no céu." Carlos Nadalim, secretário de Alfabetização do Ministério da Educação. Fonte: o próprio Twitter.

**25 de janeiro de 2022**
"O Brasil perde o professor Olavo [de Carvalho], o homem que despertou e sacudiu milhões de brasileiros. Filosofia, religião, política, literatura, e muito mais em seus livros e suas aulas. Dono de um temperamento forte e de grande coração. Deixa um legado e uma saudade imensos." Deputada Bia Kicis (PSL-DF). Fonte: o próprio Twitter.

**25 de janeiro de 2022**
"O Professor [Olavo de Carvalho] nos deixou. Difícil de acreditar. Perda irreparável." Leandro Ruschel, empresário e influenciador digital. Fonte: o próprio Twitter.

**BOLSONARO E SEUS SEGUIDORES: O HORROR EM 3.560 FRASES**

25 de janeiro de 2022
"A contribuição de Olavo de Carvalho à reconstrução do Brasil é incalculável. Pode demorar, mas todo o povo brasileiro reconhecerá seu legado. #Olavolmortal." Carla Zambelli (PSL-SP). Fonte: o próprio Twitter.

25 de janeiro de 2022
"Olavo [de Carvalho] tem razão virou pleonasmo." Felipe C. Pedri, secretário Nacional do Audiovisual-Secult. Fonte: o próprio Twitter.

25 de janeiro de 2022
"Erram os que pensam que Olavo [de Carvalho] publicou só livros e artigos. Ele pariu almas de personalidade e coração valente. Este é seu maior legado. Ensinou-nos a ser. Como diz Pedro Augusto: se quiserem matar o legado do Olavo, terão que matar milhões. Agora é que o trabalho se inicia!" Bernardo Küster, diretor de opinião do jornal Brasil Sem Medo, escritor e empreendedor cultural. Fonte: o próprio Twitter.

25 de janeiro de 2022
"Acabo de ler a notícia da morte de Olavo de Carvalho. Meus sentimentos a Roxane e demais familiares, meus sentimentos também a todos os seus alunos e seguidores. Tive a honra de conhecê-lo e constatar sua inteligência diferenciada. Grande perda!" Deputada estadual Janaina Paschoal (PSL-SP). Fonte: o próprio Twitter.

25 de janeiro de 2022
"O Mundo Conservador perdeu um baluarte. Suas opiniões estarão sempre nos balizando em prol de nossos princípios e valores. Obrigado Deus por nos ter permitido conviver com a coragem desse grande brasileiro. Descanse em paz 'Professor e Filósofo de verdade' Olavo de Carvalho." Deputado Girão Monteiro (PSL-RN), general da reserva do Exército Brasileiro. Fonte: o próprio Twitter.

25 de janeiro de 2022
"O Guerreiro [Olavo de Carvalho] Se Foi." Stephen Kanitz, administrador, empreendedor social. Fonte: o próprio Twitter.

25 de janeiro de 2022
"Semelhante à dor de Platão ao perder Sócrates, cá estamos nós." Yasmin Alencar, jornalista do Brasil Sem Medo. Fonte: o próprio Twitter.

26 de janeiro de 2022
"Amigos, o enterro do professor Olavo [de Carvalho] está ocorrendo agora na cidade de Petersburg, Virgínia — US. Iniciou às 16hs, horário de Brasília. A família e amigos contam com as orações de todos." Flavia Ferronato, 'jornalista, coordenadora do Movimentos Advogados do Brasil e Associação Mães do Brasil'. Fonte: o próprio Twitter.

26 de janeiro de 2022
"O Espírito Santo, sem dúvida, utilizou a vida do professor Olavo [de Carvalho] para tocar as nossas. Uma multidão de almas voltou para a Fé e para a Igreja através dele. Almas grandes e menores, famosos e anônimos, sacerdotes e leigos... (...) Chegou a hora. Tenho certeza de que AGORA começou o trabalho do Prof. Olavo. Ore por nós, Olavo. (...) Chegou a hora do meu pedido mais importante ao longo de todos esses anos: se você tem uma história de conversão ou de retorno da esperança que envolva o Olavo [de Carvalho], por favor escreva para 'causaolavo@gmail.com'." Italo Marsili e outros 'olavetes' querendo canonizar Olavo de Carvalho. Fonte: o próprio Instagram. Fonte: Aventuras na Histórias (AH), UOL.

26 de janeiro de 2022
"'Lula recebia propina na casa dos bilhões'. Quem disse isso? Bolsonaro? Sérgio Moro? Não! Foi Barack Obama!" Coronel Homero Cerqueira, 'ex-presidente do ICMBio, policial militar de SP por 35 anos, doutor em educação pró Armas, Família, Deus e Pátria'. Fonte: o próprio Twitter.

26 de janeiro de 2022
"Será que 2 anos de pandemia [de Covid-19] não foram suficientes para que os negacionistas entendessem que restrições nada ajudam no combate da doença?" Deputada Alê Silva (PSL-MG). Fonte: o próprio Twitter.

26 de janeiro de 2022
"Se você se diz cristão e ainda vota na esquerda, há apenas duas possibilidades: ou você não segue realmente os ensinamentos do cristianismo ou os segue e ainda não entendeu o que a esquerda é verdadeiramente." Bispo Renato Cardoso, genro do bispo Edir Macedo, fundador da Igreja Universal do Reino de Deus. Fonte: UOL, por Mauricio Stycer.

26 de janeiro de 2022
"(...) O Brasil hoje viu em muitos lugares um cidadão, um empresário [Hélio Hugendobler], aqui de Novo Hamburgo, que simplesmente resolveu pagar do seu próprio bolso caminhões de som para esclarecer a população com relação a vacinação infantil (...): 'carro de som: nós todos temos o dever de saber que não é obrigatória a vacina experimental em nossos filhos (...)'." Deputado Bibo Nunes (PL-RS). Fonte: o próprio Twitter.

**BOLSONARO E SEUS SEGUIDORES: O HORROR EM 3.560 FRASES**

27 de janeiro de 2022
"Pessoal, faz silêncio aí para ouvir aqui [áudio no próprio celular]: 'Estou cansado, Carlos Alberto. Acabei de vir da academia e olha que só fui fazer a matrícula. Cheguei lá, esperando para fazer a matrícula, tinha um senhorzinho de 90 anos fazendo exercício. Do outro lado, uma gostosa com aquelas calças de *lycra*, bem agarradinha. E o coroa olhando para a gostosa, ela fazendo exercício, e o coroa chegou para mim e perguntou: 'E aí, Gó Gó, qual máquina eu uso para impressionar aquela gostosa ali?' Falei: 'Qual máquina você usa para impressionar aquela gostosa?' 'É'. Falei: 'O caixa eletrônico no corredor ali'." Presidente Jair Bolsonaro. Fonte: Correio Braziliense, por Ingrid Soares.

27 de janeiro de 2022
"Como é possível? Na mesma data uma pesquisa da 20% de diferença e a outra 2,3%!! Ministro Luís Roberto Barroso, divulgar pesquisa falsa é fake News!!! 'Lula tem 33,7% e Bolsonaro 31,4% das intenções de voto, mostra pesquisa ModalMais/Futura. Lula tem 44% dos votos para 24% de Bolsonaro, pesquisa IPESPE'." Marcelo de Carvalho, sócio da rede TV! Fonte: o próprio Twitter.

28 de janeiro de 2022
"Medidas imperativas de vacinação como condição para acesso a direitos humanos e fundamentais podem ferir dispositivos constitucionais e diretrizes internacionais. (...) [podendo] produzir discriminação e segregação social, inclusive em âmbito familiar. (...) Para todo cidadão que por ventura se encontrar em situação de violação de direitos, por qualquer motivo, bem como por conta de atos normativos ou outras medidas de autoridades e gestores públicos, ou, ainda, por discriminação em estabelecimentos particulares, está disponível o canal de denúncias, que pode ser acessado por meio do Disque 100." Nota Técnica do Ministério da Mulher, da Família e dos Direitos Humanos, que colocou o Disque 100 à disposição de pessoas antivacinas que passem por 'discriminação'. Fonte: Bahia Notícias, por Vinicius Sassine, Folhapress.

28 de janeiro de 2022
"A nossa cronologia vai começar lá em 1776. Vocês sabem o que aconteceu em 1776? Pô, ninguém [sabe]? Vai, a Revolução Francesa, alguém soprou aí certo (...). Ih, minto. Até eu me confundi. Tá vendo como a gente erra também?" Deputado Eduardo Bolsonaro (PSL-SP), começando a falar da Revolução Americana. Fonte: Guilherme Amado e Bruna Lima.

28 de janeiro de 2022
"Sabem o que eu acho? Que o Bolsonaro deveria ignorar o Cabeça de Ovo [ministro do STF Alexandre de Moraes] e mandar o cara peidar na água pra ver se sai bolhinha. Sabe o que vai acontecer se ele fizer isso? Nada." Paulo Briguet, editor-chefe do jornal Brasil Sem Medo. Fonte: o próprio Twitter.

28 de janeiro de 2022
"Boa noite, Prezados! 'Carta Expressa: [Sérgio] Moro embolsou R$ 3,5 milhões em consultoria que recebeu 42 milhões de alvos da Lava Jato." Deputada Carla Zambelli (PSL-SP). Fonte: o próprio Twitter.

28 de janeiro de 2022
"Torno pública a minha decisão de me desligar da coordenação da graduação do curso de medicina. Tal decisão foi motivada pela recente implantação do passaporte sanitário na Faculdade de Medicina. Assim, e considerando que componho o grupo de servidores não vacinados, a minha posição como coordenadora ficou em desacordo com a gestão da faculdade. (...) As vacinas disponíveis não impedem a infecção e tampouco o contágio, como demonstrado pelos inúmeros casos de infecção de indivíduos vacinados." Selma Kuckelhaus, professora, formada em Ciências Biológicas, que pediu o desligamento do cargo de coordenadora do curso de graduação em Medicina da UnB. Fonte: Correio Braziliense, por Renata Nagashima.

29 de janeiro de 2022
"Apreensão de drogas no meio do caminho entre Ponta Porã e Dourados. Esse é o Posto da PRF [Polícia Rodoviária Federal] que mais apreende drogas no país, segundo o motorista que está nos levando aqui na van." Damares Alves, ministra da Mulher, da Família e dos Direitos Humanos. Fonte: o próprio Twitter.

29 de janeiro de 2022
"Em Israel, tem McDonald's que exige o passaporte segregacionista [comprovante de vacinação contra a Covid-19] pra você comprar um sanduíche. Segregação! Vergonha!" Deputada Bia Kicis (PSL-DF). Fonte: o próprio Twitter.

29 de janeiro de 2022
"Eu quero que [a história] me defina como o homem que acabou com a pandemia da Covid-19. Tanto que eu coloquei aqui o Carlos Chagas. Quem veio descerrar esse quadro, que é um quadro histórico, do acervo da Fundação Oswaldo Cruz, foi o presidente Bolsonaro. Ele ajudou o Brasil a vencer a pandemia lá do século atrás, né? Admiro muito o Carlos Chagas. Não que eu seja nem um décimo do que ele foi. Deveria ter recebido o Prêmio Nobel de Medicina pelas pesquisas em relação à doença de Chagas. Então eu quero ser lembrado dessa forma." Marcelo Queiroga, ministro da Saúde, médico. Fonte: O Globo, por Renata Mariz, Melissa Duarte e Thiago Bronzatto.

**BOLSONARO E SEUS SEGUIDORES: O HORROR EM 3.560 FRASES**

29 de janeiro de 2022
"Não quero expor a subprocuradora [Lindôra Araújo], mas não posso deixar de falar a verdade. Quando lá estive, já havia três meses que minhas redes sociais estavam fora do ar. Fui lá para saber por que não liberavam minhas redes, que são minha ferramenta de trabalho. Foi quando ela, para me despreocupar, disse que o inquérito não ia dar em nada e que eu entrei nesse processo de bucha. (...) O que me deixou estarrecido foi ouvir que a PF esteve na minha casa porque eu sou bucha. A minha família toda exposta, com roupa íntima no sofá da minha casa, porque eu sou bucha? É porque sou bucha ou porque sou bolsonarista?" Otoni de Paula (PSC-RJ), que é investigado em dois inquéritos: o dos atos antidemocráticos e o das *fake news*, em entrevista à revista Crusoé. Fonte: O Globo, por Renata Mariz.

29 de janeiro de 2022
"Caminhoneiros do Canadá estão demonstrando a força de um povo. Assim o foi em 1964 quando à população foi às ruas na hora da decisão por um Brasil livre do comunismo. A hora chegou novamente." Deputado Girão Monteiro (PSL-RN), general da reserva do Exército Brasileiro. Fonte: o próprio Twitter.

29 de janeiro de 2022
"Eu tinha uma vida normal, Aí conheci Bolsonaro e PAHH!!!, me tornei Advogada dele dia e noite, sem descanso. Mas estou do lado certo, e ganho amigos como nunca vi, é viciante, é caminho sem volta. Concorda? (...)." Miranda Valente, 'brasileira, hétero, católica, bolsonarista de coração, Brasil acima de tudo, Deus acima de todos, defendendo a democracia e a LIBERDADE'. Fonte: o próprio Twitter.

29 de janeiro de 2022
"O TSE [Tribunal Superior Eleitoral] convidou, via portaria, as FFAA [Forças Armadas] para participarem das eleições deste ano. Aceito o convite a equipe técnica das FFAA detectou dezenas de possíveis vulnerabilidades. As FFAA reiteraram (janeiro/22) junto ao TSE seus questionamentos feitos em dezembro/2021. 'noticias.r7.com. Militares pedem esclarecimentos ao TSE pela segunda vez.'" Deputada Bia Kicis (PSL-DF). Fonte: o próprio Twitter.

29 de janeiro de 2022
"Os jornalistas Guilherme Amado e Ricardo Noblat continuam desinformados, mal intencionados e mentirosos. Possuem fontes podres. Jamais disse que o Presidente [Jair Bolsonaro] deveria ter explodido com o STF [Supremo Tribunal Federal]; Valdemar Costa Neto [presidente do PL] não fez referências sobre mim; não tive qualquer derrota. Tomem jeito." General Augusto Heleno, ministro-chefe do Gabinete de Segurança Institucional (GSI). Fonte: o próprio Twitter.

**30 de janeiro de 2022**
"Os militantes esquerdistas fantasiados de jornalistas que amam dar o furo..." Pastor Liomar de Oliveira, 'cristão de direita, conservador, articulista e escritor, suplente de vereador pelo Republicanos (RJ) e apoiador do Presidente Jair Bolsonaro'. Fonte: o próprio Twitter.

**30 de janeiro de 2022**
"Os militares estão expostos [no governo de Jair Bolsonaro] como no governo de Fernando Henrique Cardoso [PSDB, 1995-2002] estavam expostos os acadêmicos e no governo de Luiz Inácio Lula da Silva [PT, 2003-10], os sindicalistas. O presidente trouxe para o governo dele pessoas de sua confiança. (...) Lógico. Nós prestaremos continência a qualquer comandante supremo das Forças Armadas, sempre." Carlos de Almeida Baptista Junior, comandante da Força Aérea Brasileira (FAB). Fonte: Folha, por Igor Gielow.

**30 de janeiro de 2022**
"Em 11 de março de 2021, completamos 1 ano que a OMS declarou a Covid19 uma pandemia. Estávamos então com uma média de 8.970 mortes/semana, e as vacinas estavam apenas começando no mundo todo. Em 29 de janeiro de 2022, com mais da metade do planeta 'totalmente vacinado', estávamos com uma média de 9.261 mortes/semana — ou seja, praticamente a mesma coisa de quando quase não havia vacina." Alessandro Loiola, médico. Fonte: o próprio Twitter.

**30 de janeiro de 2022**
"[O presidente Jair] Bolsonaro abriu os olhos do povo. Com seu jeito simples e verdadeiro mostrou a verdade para os brasileiros." Luciano Hang, empresário, dono da Havan. Fonte: o próprio Twitter.

**31 de janeiro de 2022**
"Prédio da [farmacêutica] Pfizer cercado em Paris, o povo grita assassinos, devido às milhares de mortes e efeitos adversos das vacinas. O povo está se levantando." Deputada Bia Kicis (PSL-DF). Fonte: o próprio Twitter.

**31 de janeiro de 2022**
"Não foi jogada política, não fui eu que fiz o vídeo, até porque eu estava em Natal [RN]. E também não deletei porque teve repercussão negativa, apenas porque não passou por mim e porque foge dos *posts* de entregas e realizações que são postados sem minha autorização prévia." Fábio Faria, ministro das Comunicações, sobre o vídeo do presidente Jair Bolsonaro comendo carne e derrubando farofa na roupa e no chão. Fonte: UOL, por Carla Araújo e Hanrrikson de Andrade.

**BOLSONARO E SEUS SEGUIDORES: O HORROR EM 3.560 FRASES**

**31 de janeiro de 2022**
"Não vou entrar nesse cipó, nós temos que acreditar na Justiça. Quando a Justiça começa a agir como partido político, entreguei na mão do advogado-geral da União [Bruno Bianco] para discutir esse assunto." Presidente Jair Bolsonaro, em entrevista coletiva, transmitida pelo canal 'Foco do Brasil', sobre o inquérito que apura o suposto vazamento de documentos sigilosos relacionados a uma investigação da Polícia Federal. Fonte: UOL.

**31 de janeiro de 2022**
"Alguém acha que se o cara voltar José Dirceu não vai para a Casa Civil? Ou que Dilma não vai para a Defesa? Seria a Defesa mesmo, já que ela é mandona. E é uma arma poderosa. (...) O mesmo cara que quase quebrou o Brasil de vez e deixou um prejuízo de quase R$ 1 trilhão à Petrobras quer voltar à cena do crime. Se aquele bando, aquela quadrilha voltar, não vai ser só a Petrobras que eles vão roubar, vai ser a nossa liberdade. É inadmissível achar que aquele bandido vai resolver os problemas do país (...)." Presidente Jair Bolsonaro. Fonte: O Antagonista.

**1º de fevereiro de 2022**
"Só não converso com o PT, PCdoB e PSOL." Senador Flávio Bolsonaro (PL-RJ), questionado se teria retomado os contatos com Fabrício Queiroz. Fonte: UOL, por Juliana Dal Piva.

**1º de fevereiro de 2022**
"Em respeito ao MP-RJ, nunca mais falei com o senador [Flávio Bolsonaro, PL-RJ] e nem com ninguém da família dele. Apesar de não ter nenhum impedimento em falar com a eles." Fabrício Queiroz, subtenente da reserva da PM do Rio de Janeiro. Fonte: UOL, por Juliana Dal Piva.

**1º de fevereiro de 2022**
"Tomei block [bloqueio] de 7 dias no YouTube por postar Dr. Cory [Pierre Kory, médico] no Senado dos EUA falando sobre isso. Quantas pessoas podem ter morrido sem acesso a esta informação? YouTube genocida? CPI? 'Revista OESTE: Ivermectina apresenta reação antiviral contra Ômicron, informa empresa japonesa. Resultado de uma pesquisa não clínica feita em parceria com uma universidade de Tóquio'." Deputado Eduardo Bolsonaro (PSL-SP). Fonte: o próprio Twitter.

**1º de fevereiro de 2022**
"Não vem papai e mamãe jogar no colo do Ministério da Saúde: 'Resolva, minha filha engravidou', depois que deixou sua filha ir pro TikTok vender seu corpo. Uma coisa está muito atrelada com a outra." Damares Alves, ministra da Mulher, da Família e dos Direitos Humanos. Fonte: Tecmundo (02/02/2022).

1º de fevereiro de 2022
"Eu acho que tem que dar, mas não todo dia, entendeu? Todo dia é chato. Entendeu? Porque... 'De novo?' (...) Acho [que tem] que, uma vez por semana, fazer um destaque do que está acontecendo. Todo dia ficar falando de vacinação... Sabe, não é um negócio emocionante." Glen Lopes Valente, diretor-presidente da EBC (Empresa Brasil de Comunicação), sobre os veículos da estatal, como a TV Brasil, reduzirem a cobertura jornalística sobre a pandemia da Covid-19. Fonte: Folha, por Mônica Bergamo.

1º de fevereiro de 2022
"A visão [aérea, do rastro de destruição] é algo que nos marca. Muitas áreas onde foram construídas residências, faltou obviamente alguma visão de futuro por parte de quem construiu. Bem como por necessidade também, as pessoas fazem nessas áreas de risco." Presidente Jair Bolsonaro, sobre as cidades atingidas pelas chuvas em São Paulo. Fonte: UOL, por Hanrrikson de Andrade.

02 de fevereiro de 2022
"Quero zerar o imposto do diesel para enfrentar esses desafios. Em parte, o preço dos combustíveis é alto pela roubalheira do passado. Quando se fala em desvios de trilhões de reais, tem gente que acha que quem desviou tem que voltar. Se voltar, vai desviar o dobro disso. Tem pessoas mal informadas que não conseguem entender o que aconteceu com o com o país. Nossos preços estão de acordo com os praticados no mundo todo (...)." Presidente Jair Bolsonaro. Fonte: O Antagonista.

02 de fevereiro de 2022
"Sei que não sou exemplo para um montão de coisa, comendo farofa e galinha outro dia dei um arroto lá que lamento, sou um ser humano aí. Isso não é buscar ser povão. Sempre fui assim. Não existe satisfação melhor do que aquela de servir à pátria, de ser bem recebido pela população. A gasolina a R$ 7, diesel a R$ 5, inflação nos gêneros alimentícios e o povo nos trata bem. Ninguém consegue imaginar o que é que está acontecendo." Presidente Jair Bolsonaro. Fonte: Terra, por Luiz Carlos Pavão e Metrópoles.

02 de fevereiro de 2022
"Vamos fazer a nossa parte, vamos nos empenhar. Vamos cada vez mais fazer valer a força da nossa Constituição. Nós jogamos dentro das quatro linhas [da Constituição]. Vamos cada vez mais exigir que o outro lado, alguns poucos do outro lado — pouquíssimos —, joguem dentro das quatro linhas." Presidente Jair Bolsonaro. Fonte: O Antagonista.

**BOLSONARO E SEUS SEGUIDORES: O HORROR EM 3.560 FRASES**

**02 de fevereiro de 2022**
"O STF [Supremo Tribunal Federal] é um partido político sem voto, sem representação popular, com mais poder que o legislativo e a presidência, que critica em inocentes o autoritarismo que ele exerce." Adrilles Jorge, jornalista. Fonte: o próprio Twitter.

**02 de fevereiro de 2022**
"Busco dar exemplo. Pretendo botar na *live* amanhã o caboclo que administra o cartão corporativo. O sistema Globo falar que eu e meus filhos gastamos mais com cartão corporativo do que Lula e Dilma? Canalhice. Se bem que falar canalhice para a Globo é pleonasmo abusivo." Presidente Jair Bolsonaro. Fonte: O Antagonista.

02 de fevereiro de 2022
"Para a grande mídia o presidente Jair Bolsonaro é um 'covarde' por não ter comparecido para depor à Polícia Federal. Nós, por outro lado, acreditamos que o povo pensa diferente! Afinal, o presidente Jair Bolsonaro é um covarde? SIM: 98%; NÃO: 2%. 3.288 votos. Resultados finais." Instituto Patriota. Fonte: o próprio Twitter.

**02 de fevereiro de 2022**
"Não sei o que Joe Rogan [podcaster norte-americano] pensa de mim ou do meu governo, mas não importa. Se a liberdade de expressão significa alguma coisa, significa que as pessoas devem ser livres para dizer o que pensam, não importa se concordam ou discordam de nós. Mantenha-se firme! Abraços do Brasil." Presidente Jair Bolsonaro, em uma publicação em inglês. Fonte: o próprio Twitter e Poder360.

02 de fevereiro de 2022
"Em homenagem ao Professor e Filósofo Olavo de Carvalho, protocolamos nesta terça (02), o Projeto de Lei nº 90/2022, o qual inscreve no Livro dos Heróis e Heroínas da Pátria o nome de Olavo Luiz Pimentel de Carvalho, que faleceu em 24 de janeiro de 2022. Assinam como autores os deputados: Major Fabiana (PSL-RJ), Ubiratan Sanderson (PSL-RS), Daniel Silveira (PSL-RJ), Coronel Tadeu (PSL-SP), Carlos Jordy (PSL-RJ), Filipe Barros (PSL-PR), Bia Kicis (PSL-DF), Cabo Junio Amaral (PSL-MG) e Luiz Philippe de Orleans Bragança (PSL-SP)." Carla Zambelli (PSL-SP). Fonte: o próprio Twitter.

**03 de fevereiro de 2022**
"Falaram que eu revoguei o luto de Padre Cícero. Lá do Pernambuco, é isso mesmo? Que cidade que fica lá? (silêncio) Cheio de pau de arara aqui e não sabem em que cidade fica Padre Cícero, pô? (mais silêncio). Juazeiro do Norte. Parabéns aí. Ceará, desculpa aí, Ceará." Presidente Jair Bolsonaro. Fonte: G1, por Pedro Henrique Gomes.

**03 de fevereiro de 2022**
"Não viajarei mais para os EUA, pois [Joe] Biden exige passaporte vacinal. Perco o que for, mas não tomo [vacina contra a Covid-19]. (...) Estávamos combinando essa viagem para os EUA desde 2019. Minha esposa tomou duas doses e eu não. Resultado: instabilidade no casamento e boa viagem para ela. Isso deve estar acontecendo muito por aí." Theo Becker de Oliveira, ator, cantor e modelo brasileiro. Fonte: POPline (07/02/2022), por Bárbara Correa.

**03 de fevereiro de 2022**
"O meu gasto, como eu estou aqui hoje, tem despesa com cartão corporativo. Quando eu estive no Suriname, tem despesa. Eu viajo, diferentemente dos outros, que não tinham o que viajar porque não tinham o que fazer. O meu cartão pessoal corporativo o gasto é zero." Presidente Jair Bolsonaro. Fonte: O Antagonista.

**03 de fevereiro de 2022**
"1. Uma meta-análise publicada pela prestigiada John Hopkins University concluiu o que qualquer pessoa munida de bom senso já sabia há dois anos: o lockdown não teve NENHUM efeito positivo na preservação de vidas e causou grandes danos econômicos e sociais onde foram adotados (sic) (...)." Filipe Martins, assessor internacional da presidência da República. Fonte: o próprio Twitter.

**03 de fevereiro de 2022**
"Vale lembrar: Jair Bolsonaro é o Presidente do Brasil e NUNCA liderou pesquisa de intenção de votos." Deputado Eduardo Bolsonaro (PSL-SP). Fonte: o próprio Twitter.

**03 de fevereiro de 2022**
"(...) Enorme diferença de um Presidente comunista para Presidente conservador. (...). No governo passado gastava-se dinheiro para desprincesar meninas. Eles queriam acabar com as princesas no Brasil. Pais não poderiam chamar mais as filhas de princesas. (...) Agora veja o que acontece no atual governo. Estamos princesando as meninas. Uau!!! Bolsonaro, lobo mau dos comunistas. Michelle [Bolsonaro, primeira-dama], o terror das bruxas." Damares Alves, ministra da Mulher, da Família e dos Direitos Humanos. Fonte: Lilia Schwarcz, no Instagram e Correio Braziliense.

**04 de fevereiro de 2022**
"Continuo sem entender as pesquisas e as informações da extrema imprensa, que insistem em afirmar que temos 22 milhões de brasileiros passando fome. Mas como é possível se o Auxílio Brasil chega para os mais necessitados todo mês?" Pastor e deputado Marco Feliciano (PL-SP). Fonte: o próprio Twitter.

**BOLSONARO E SEUS SEGUIDORES: O HORROR EM 3.560 FRASES**

04 de fevereiro de 2022
"Se você aceita entrar e frequentar local que exige esse absurdo [comprovante de vacinação], você tá dizendo amém pra algo errado. O que é certo é certo. Mesmo que ninguém esteja fazendo. No *apartheid* foi assim. Se você é branco e entra em um local onde negro não pode entrar, você está sendo conivente. (...) Essas injeções [vacinas contra a Covid-19]. Que é um experimento, queiram ou não, é um experimento. Todos nós estamos sendo experimentados. (...) Liberdade é ter poder de escolha. Se você não tem poder de escolha, você é escravo. Plantaram em você o medo [de morrer de Covid-19]. A semente do medo. Sabe que medo? Que você precisa se expor a isso para proteger outras pessoas. Como você vai proteger alguém se você continua transmitindo e pegando?" Soraya Santos, médica oftalmologista, em postagens no próprio Instagram. Fonte: Bahia Notícias.

04 de fevereiro de 2022
"Mais importante que eleição de presidente são duas vagas para o Supremo [Tribunal Federal] ano que vem." Presidente Jair Bolsonaro. Fonte: Poder360, por Emilly Behnke.

04 de fevereiro de 2022
"Segundo pesquisa, as mulheres não votam em mim, a maioria vota na esquerda. Agora, não sei, pesquisa a gente não acredita, se há reação por parte das mulheres, faz uma visitinha em Pacaraima, Boa Vista, nos abrigos, e vê como é que estão as mulheres fugindo do paraíso socialista defendido pelo PT." Presidente Jair Bolsonaro. Fonte: Poder360, por Emilly Behnke.

05 de fevereiro de 2022
"O Diego [Torres, irmão da primeira-dama D. Michelle Bolsonaro] é pré-candidato a deputado federal no DF. É o meu candidato, do [deputado] Helio [Negão, PSL-RJ] e do presidente [Jair Bolsonaro]. Vai ombrear com a gente em 2023 na Câmara e levar nossos valores: Deus, pátria, família e liberdade." Carla Zambelli (PSL-SP). Fonte: O Antagonista.

05 de fevereiro de 2022
"Com esse apoio de peso [da deputada Carla Zambelli, PSL-SP], não posso decepcionar." Diego Torres, irmão da primeira-dama D. Michelle Bolsonaro, que tem um cargo na Primeira Secretaria do Senado Federal. Fonte: O Antagonista.

05 de fevereiro de 2022
"[Olavo de Carvalho] dedicou-se, ainda, ao estudo das artes liberais, metodologia de ensino, organizada na Idade Média, composta do Trivium (lógica, gramática, retórica) e do Quadrivium (aritmética, música, geometria, astronomia). Nesta seara, passou a elaborar apostilas — que se tornaram livros — e a atuar como professor, em aulas particulares. (...) Era — e continuará sendo — saudado pela crítica como um dos mais originais e audaciosos pensadores brasileiros." Deputada Bia Kicis (PSL-DF), em projeto encaminhado ao Congresso Nacional para transformar Olavo de Carvalho em um dos 'heróis da Pátria'. Fonte: UOL, por Eduardo Militão.

05 de fevereiro de 2022
"Com imensurável honra, fui agraciada com a medalha Dom Ives Gandra da Silva Martins, outorgada pela Academia William Shakespeare. Dr. Ives Gandra, meu mentor, que tenho como um pai de coração. Palavras são pouco para enumerar tudo o que este grande jurista já fez pelo Brasil." Deputada Carla Zambelli (PSL-SP). Fonte: o próprio Twitter.

05 de fevereiro de 2022
"O excesso de judicialização tem sido um tipo de censura. Vivemos tempos sombrios, onde falar a verdade se tornou crime." Oswaldo Eustáquio Filho, condenado por dizer no Twitter que o influenciador digital Felipe Neto incentiva a erotização de crianças e a pedofilia. Fonte: Folha, por Fábio Zanini, Guilherme Seto e Juliana Braga.

05 de fevereiro de 2022
"Isso tudo que estamos vivendo é a ditadura do politicamente correto. Em que pouco importa a meritocracia, mas sim a cor da pele, o sexo, dentre outras características da pessoa que nada se relacionam com o trabalho que ela vai fazer. É contra isso daí que eu não consigo ficar quieto. (...) [o feminismo cresce] por causa de homem frouxo. (...) Para que o mal prevaleça, basta que os bons silenciem. Minha dica para você hoje é: 'Não fique quieto'. Não se permita ser censurado." Deputado Eduardo Bolsonaro (PSL-SP), se referindo à obra do metrô na cidade de São Paulo onde ocorreu um acidente, e na qual trabalham mulheres engenheiras em cargos de chefia. Fonte: Poder360.

05 de fevereiro de 2022
"Vamos lá, já identificaram uma outra variante [da Covid-19]: Ômicron BA2. Já, já, vão inventar uma nova dose de vacina para combater essa nova variante... e assim vai. Percebem que não terá fim? Nem vou questionar o gasto de dinheiro público nessas infinitas doses... mas, diante do absurdo (...)." Deputada estadual Janaina Paschoal (PSL-SP). Fonte: o próprio Twitter.

06 de fevereiro de 2022
"Lendo alguns comentários aqui, percebo que a burrice não tem limites. Certas ideias, o ser humano haveria de esconder, nem que fosse por inteligência! Lixos!" Deputada estadual Janaina Paschoal (PSL-SP). Fonte: o próprio Twitter.

06 de fevereiro de 2022
"SEM MÁSCARA E COM AS GARRAS DE FORA. O plano de poder do Partido dos Trabalhadores (PT) foi tramado em Brasília há duas décadas. Para felicidade geral da nação, esse projeto foi interrompido pelo *impeachment* do governo de Dilma Rousseff e pela prisão de Lula. (...) Lula se tornou o símbolo da corrupção e da degradação da família cristã e a sociedade não aceita mais a sua volta ao poder (...)." Editorial (sic) da Folha Universal, o jornal impresso da Igreja Universal que tem tiragem de 1,7 milhão de exemplares. Fonte: Folha (19/03/2022), por Fábio Zanini, Guilherme Seto e Juliana Braga.

06 de fevereiro de 2022
"É muita vontade de dar liberdade para esse povo e acabar com o comunismo." Presidente Jair Bolsonaro, no clube de tiro Matsumoto, em Brasília, treinando disparos de pistola contra um alvo vermelho. Fonte: no Instagram do tenente Mosart Aragão e Poder360, por Pedro Pligher.

07 de fevereiro de 2022
"Apenas o [Edson] Fachin [ministro do STF e futuro presidente do TSE] falou naquele momento. Eu dirigi a palavra duas vezes ao ministro [do STF] Alexandre [de Moraes]. Ele não respondeu. Quando saíram [os ministros do STF] dali foram ao Senado encontrar o presidente Rodrigo Pacheco (PSD-MG), e ali decidiram, inclusive, que a CPI das Fake News deveria voltar a funcionar." Presidente Jair Bolsonaro, em entrevista à Jovem Pan, sobre a reunião para a entrega do convite para a cerimônia de troca no comando do Tribunal Superior Eleitoras (TSE), com a presença, 'por coincidência', segundo o presidente Jair Bolsonaro, do ministro da Defesa, General Walter Braga Netto, e dos três comandantes das Forças Armadas. Fonte: O Antagonista.

07 de fevereiro de 2022
"Eu tenho uma [arma]. Uso para caçar PTista no ninho." Alfrânio Alves Martins, presidente do PSL de Piraju (SP). Fonte: Brasil 247

**07 de fevereiro de 2022**
"Anderson [Torres, ministro da Justiça e Segurança Pública], (...) está no viva voz, ok? Eu conversei com um caminhoneiro aqui e ele reclamou que tem local do Brasil que pra ele dormir só se ele abastecer o carro ou pagar em torno de 25 reais para dormir (...). Como você pode, via defesa do consumidor, alguma coisa, autuar esses postos de combustível, tá ok? (...) Não vai gravar porque fica a cara deles, alguém pode perseguir etc. (...) Rudimig, Marajó [redes de postos de combustíveis]." Presidente Jair Bolsonaro. Fonte: as redes sociais do próprio presidente Jair Bolsonaro.

**07 de fevereiro de 2022**
"Eu acho que o nazista tinha de ter o partido nazista reconhecido pela lei. (...) De que forma [o nazismo coloca em risco a vida da população judaica]? Se o cara quiser ser antijudeu, eu acho que ele deveria ter o direito de ser." Bruno Aiub, conhecido como Monark. Fonte: Estadão (08/02/2022), por Davi Medeiros e Weslley Galzo.

**08 de fevereiro de 2022**
"Fui o primeiro deputado federal do Brasil a sair do PSL e me filiar ao PL, logo após a homologação do partido União Brasil. A ficha foi abonada pelo presidente nacional do PL, Valdemar [Costa] Neto. Agora estou no mesmo partido do Presidente Bolsonaro, com muita honra." Deputado Bibo Nunes (PL-RS). Fonte: o próprio Twitter.

**08 de fevereiro de 2022**
"Vocês [jornalistas] que estão dizendo que eu estou atrasando a vacina, eu já distribuí 430 milhões de vezes mais vacinas do que você, que está falando que eu atraso. Você não distribuiu nenhuma dose." Marcelo Queiroga, ministro da Saúde, médico. Fonte: Bahia Notícias.

**08 de fevereiro de 2022**
"Está aqui um homem [presidente Jair Bolsonaro] sem sofisticação, sem liturgia do cargo. Simples como o painel de um jipe, como eu sempre digo. Mas é um homem que entrega as coisas, é um homem que faz o que ele prometeu." Gilson Machado Neto, ministro do Turismo. Fonte: Diário de Pernambuco e Correio Braziliense.

**08 de fevereiro de 2022**
"Terça e quarta vou gastar, vou chutar aqui, uns 300 mil reais com cartão corporativo, duas viagens ao Nordeste." Fonte: O Antagonista, por Diogo Mainardi.

## 08 de fevereiro de 2022
"Não tive o apoio que tinha de ter. Realmente, esperava mais apoio para essa agenda [liberal]. Agora, eu vou lhe perguntar o seguinte: nós entramos neste governo com apoio parlamentar? Vocês acham que tínhamos apoio parlamentar para tocar essa pauta? Depois, com as mudanças no PSL. (...) É surpreendente a inapetência da elite brasileira pelo avanço das reformas liberais. (...) Eu cometi um erro. Sabem qual foi? Dividi com vocês essas metas todas que eu tinha e a oposição a essas mudanças importantes, dentro e fora do governo, rapidamente descredenciava os projetos mais ambiciosos. Os oposicionistas, que sempre foram contra as reformas, ganhavam uma força adicional de gente de dentro. Sempre houve fogo amigo, sempre há e sempre haverá. Havia também uma enorme barreira às mudanças, decorrente de uma hegemonia social-democrata no *establishment*, na mídia, no meio empresarial." Paulo Guedes, ministro da Economia. Fonte: O Antagonista.

## 08 de fevereiro de 2022
"Eu sempre me referi com os amigos, né, cabra da peste, pau de arara. Eu me chamo de alemão também, sem problema nenhum. Arataca, cabeçudo, pô, é isso aí, valeu." Presidente Jair Bolsonaro, em entrevista ao Blog do Magno. Fonte: Poder360.

## 08 de fevereiro de 2022
"Ouço muito que Valdemar Costa Neto [presidente do PL] é uma pessoa que cumpre a palavra. Até por isso, costuma ser reverenciado na Política. Mas eu tenho minhas dúvidas... pessoas que já tinham legenda garantida, caso migrasse para o PL, estão sendo convidadas a NÃO se filiarem! Prestem atenção!" Deputada estadual Janaina Paschoal (PSL-SP). Fonte: o próprio Twitter.

## 09 de fevereiro de 2022
"Satisfação muito grande estar aqui no meu Nordeste. A minha esposa é filha de um 'cabra da peste', de um 'cabeça chata', de um cearense. Em consequência, a minha filha tem também em suas veias sangue de nordestino." Presidente Jair Bolsonaro. Fonte: Poder360.

## 09 de fevereiro de 2022
"Durante a transição após as eleições [de 2018] em Brasília, estávamos conversando sobre o que estava acontecendo com o governo anterior e como estava o governo. Descobrimos que a Funai tinha um contato de R$ 50 milhões para ensinar o índio a mexer com Bitcoin. Ah, vá para a puta que pariu, porra. Desculpe o palavrão aqui." Presidente Jair Bolsonaro. Fonte: Folha, por José Matheus Santos.

**09 de fevereiro de 2022**
"A política do fica em casa, *lockdown* e toque de recolher foi desumana. Levou a mortes, desemprego, muita gente foi para a depressão e para o desespero. (...) Não errei nenhuma [vez] durante a pandemia, fui atacado covardemente o tempo todo, mas a decisão de conduzir a questão da pandemia, segundo decisão do STF, foi para governadores e prefeitos. (...) Muitos [prefeitos e governadores] erraram na tentativa de fazer a coisa certa, agora está na hora de reconhecer o que não deu certo, que o vírus ainda é uma questão desconhecida por nós." Presidente Jair Bolsonaro. Fonte: Folha, por José Matheus Santos.

**09 de fevereiro de 2022**
"Ele [Antonio Augusto Amaral de Carvalho Filho, conhecido como Tutinha, dono da Jovem Pan] disse: 'É surreal o que você fez, uma saudação nazista. Você fez uma merda, uma imbecilidade'. Me chamou de imbecil, me assediou moralmente. (...) Acho que ele [Tutinha] não tinha tomado o Rivotril [remédio usado para tratar distúrbios de ansiedade] dele direito. (...) Eu disse a ele que dei apenas um tchau. Ele falou que a Jovem Pan ia perder patrocínio, anunciantes. Comunicou que eu estava suspenso. (...) Fui demitido por quê? Porque dei um tchau? Ou porque ele [Tutinha] não aguentou a pressão da turba, dos canceladores? Ele cedeu à grana, aos influenciadores, à turba sedenta de sangue (...)." Adrilles Jorge, comentarista político demitido da Jovem Pan depois de fazer gesto interpretado como saudação nazista. Fonte: Folha, por Mônica Bergamo.

**09 de fevereiro de 2022**
"Tem que rir. Tem que agradecer a Deus mesmo, Max [Guilherme Machado de Moura, assessor especial do presidente Jair Bolsonaro]. Por ter me conhecido, por eu ter te ajudado a ser policial e ter te pegado pelo braço e te dado esse emprego junto ao presidente. Mas é mérito seu que você é leal. Agradeça a Deus e ao Queiroz. Mentiroso." Fabrício Queiroz, subtenente da reserva da PM do Rio de Janeiro. Fonte: UOL, por Juliana Dal Piva.

**09 de fevereiro de 2022**
"A ideologia nazista deve ser repudiada de forma irrestrita e permanente, sem ressalvas que permitam seu florescimento, assim como toda e qualquer ideologia totalitária que coloque em risco os direitos fundamentais dos povos e dos indivíduos, como o direito à vida e à liberdade. É de nosso desejo, inclusive, que outras organizações que promovem ideologias que pregam o antissemitismo, a divisão de pessoas em raças ou classes, e que também dizimaram milhões de inocentes ao redor do mundo, como o comunismo, sejam alcançadas e combatidas por nossas leis.(...)" Presidente Jair Bolsonaro. Fonte: Poder360.

## BOLSONARO E SEUS SEGUIDORES: O HORROR EM 3.560 FRASES

**09 de fevereiro de 2022**
"Enquanto tem parlamentar defendendo que o nazismo não seja crime, eu apresentei projeto pedindo cadeia para quem defender abominações nazistas e comunistas. Ambas ideologias assassinas são igualmente nefastas e merecem ser totalmente repudiadas pela lei." Deputado Eduardo Bolsonaro (PL-SP). Fonte: Poder360.

**10 de fevereiro de 2022**
"Nas pesquisas que fazemos, observamos que muita gente não tem conhecimento das coisas boas que o presidente Bolsonaro fez, muito em função da nossa deficiência na hora de comunicar. (...) As pesquisas mostram que a questão da vacina gerou um desgaste. Mas Bolsonaro garantiu a vacina para todo o Brasil. Quem quis tomar a vacina teve acesso a ela. Como é que a gente comunica isso para que o povo entenda que o Bolsonaro não é contra a vacina? (...) De fato, a vacina [contra a Covid-19] não foi testada como as outras sempre foram. (...) Não é erro político [o presidente Jair Bolsonaro não se vacinar contra a Covid-19]. É uma virtude do Bolsonaro, como chefe de uma nação, alertar a população sobre os riscos [de se vacinar] para que cada um tome a sua posição (...)." Senador Flávio Bolsonaro (PL-RJ). Fonte: O Globo, por Jussara Soares.

10 de fevereiro de 2022
"Qual a diferença de uma ditadura feita pelas armas, como a gente vê, por exemplo, em Cuba, Venezuela, em outros países, de uma ditadura que vem pelas canetas. Qual é a diferença? Nenhuma. Vocês sabem o que está acontecendo no Brasil. Eu acredito em Deus, mas nos próximos dias vai acontecer algo que vai nos salvar no Brasil. Tenho certeza disso." Presidente Jair Bolsonaro. Fonte: Correio Braziliense, por Ingrid Soares.

**10 de fevereiro de 2022**
"As nossas mídias sociais aqui, Facebook, YouTube, Instagram e TikTok: 50 mil. Pingos nos Is e Jovem Pan News: 140 mil. Estou arredondando. Cento e noventa mil pessoas estão nos assistindo aqui. No momento, o PT está fazendo uma *live*, aniversário do mesmo: 1.200 pessoas assistindo, contra 190 mil pro lado de cá. Isso dá 150 vezes. (...) Então, o líder das pesquisas com 50% tem 50 vezes menos assistindo a *live* dele do que a *live* nossa. É uma prova concreta de que isso é uma farsa. As pesquisas realmente não batem com a realidade." Presidente Jair Bolsonaro. Fonte: UOL, por Bernardo Barbosa.

**10 de fevereiro de 2022**
"Estamos aqui, mesmo com dois anos de pandemia, tendo bons resultados na economia. Logicamente todo mundo briga com Paulo Guedes [ministro da Economia], todo mundo quer dinheiro. É natural. Qual político não quer dinheiro? Se deputado aqui não quiser dinheiro, está errado. Mas, apesar de todos os problemas, o Brasil, na economia, vai indo muito bem. (...) Falar de economia, Paulo [Guedes], você fala melhor do que eu, obviamente. Eu costumo dizer que eu entendo tanto de economia quanto o Paulo Guedes entende de política. Então nós somos um casal perfeito." Presidente Jair Bolsonaro, durante cerimônia no Palácio do Planalto. Fonte: O Globo.

**10 de fevereiro de 2022**
"Esse ano aí é Jair [Bolsonaro] ou já era, ou então pode fazer suas malas. (...) Algumas pessoas falam para mim: 'Eu queria ver só uma semana sem Bolsonaro, com [Fernando] Haddad presidente, [ex-presidente] Lula presidente'. Eu falo que eu não quero nem ver. Eu sei o tanto de perseguição que a gente vai sofrer, de regulação de mídia e tudo. Então, esse ano aí [2022] é Jair [Bolsonaro] ou já era. Ou então pode fazer as suas malas." Deputado Eduardo Bolsonaro (PSL-SP), em conversa gravada pelo jornalista Eduardo Matysiak. Fonte: Metrópoles e Guilherme Amado, no Instagram.

**11 de fevereiro de 2022**
"Não é próprio de [bispo Edir] Macedo [Igreja Universal do Reino de Deus] tomar esse tipo de decisão pública [o candidato que apoia em uma eleição]. Tem vários emissários que fazem a ponte com os candidatos e podem negociar paralelamente. Mas, no final, é ele quem decide. (...) E ao conversar com os dois lados, não fecha a porta com nenhum deles." Ronaldo Didini, membro e pastor da Universal entre 1985 e 1997. Fonte: UOL, por Gilberto Nascimento.

**11 de fevereiro de 2022**
"Falei para ele [Fabrício Queiroz]: 'Vai à luta, você é ficha-limpa'. É uma pessoa que tem bons contatos no Rio de Janeiro, tem uma história bacana na Polícia Militar. E agora ainda tem uma exposição gigante. O Queiroz ficou famoso, né?" Senador Flávio Bolsonaro (PL-RJ). Fonte: O Globo, por Jussara Soares.

**11 de fevereiro de 2022**
"Ele [Paulo Guedes, ministro da Economia] tem o senso de responsabilidade de buscar o meio-termo para que a política econômica não degringole o Brasil de vez, a médio e longo prazo, mas sabe da importância, em ano eleitoral, de ter um remédio mais amargo para segurar a inflação, reduzir o preço do dólar e gerar mais emprego. Eu não sei se ele seguiria no cargo em um segundo governo. Depende da disposição dele, que é cansativo. Você vê que o presidente Bolsonaro envelheceu muito, o Paulo Guedes também. É muito desgastante. Se ele quiser continuar dando sua contribuição, o presidente Bolsonaro vai indiscutivelmente topar na hora, mas não sabemos os planos pessoais dele." Senador Flávio Bolsonaro (PL-RJ). Fonte: O Globo, por Jussara Soares.

**11 de fevereiro de 2022**
"Moïse andava e negociava com pessoas que não prestam. Em tese, foi um vagabundo morto por vagabundos mais fortes. A cor da pele nada teve a ver com o brutal assassinato. Foram determinantes o modo de vida indigno e o contexto de selvageria no qual vivia e transitava." Sérgio Camargo, presidente da Fundação Palmares. Fonte: UOL, por Leonardo Sakamoto.

**BOLSONARO E SEUS SEGUIDORES: O HORROR EM 3.560 FRASES**

11 de fevereiro de 2022
"Todos os heróis que a esquerda elege para os negros tem (sic) um componente de marginalidade." Sérgio Camargo, presidente da Fundação Palmares. Fonte: o próprio Twitter.

11 de fevereiro de 2022
"Qual o perigo de uma ideologia de gênero? O perigo é que o próximo pode ser um filho seu." Deputado Eduardo Bolsonaro (PL-SP). Fonte: o próprio Twitter.

11 de fevereiro de 2022
"Em 2021, logicamente, esses programas [PRONAMPE e o BEM] continuaram, não perdemos empregos e cada vez mais fomos conscientizando o Brasil de que não podíamos ficar em casa, como impuseram muitos governadores com a política de *lockdown* [por causa da Covid-19]." Presidente Jair Bolsonaro, em entrevista à TV Brasil. Fonte: Poder360.

11 de fevereiro de 2022
"O governo não tomou nenhuma iniciativa para mandar nenhuma proposta [para desonerar combustíveis]. É o presidente Jair Bolsonaro que diz querer zerar os tributos dos combustíveis. O presidente Jair Bolsonaro é contra a vacina, e o governo dá vacina para todo mundo, está entendendo como funciona?" Deputado Ricardo Barros (PP-PR), líder do governo na Câmara. Fonte: Estadão, no Editorial.

11 de fevereiro de 2022
"Bolsonaro deveria aproveitar a exigência de 5 testes de COVID para, educadamente, cancelar a viagem [para a Rússia]." Deputada estadual Janaina Paschoal (PSL-SP). Fonte: o próprio Twitter.

11 de fevereiro de 2022
"Pesquisa do BANCO XP. Lula: 43%. Bolsonaro: 25%. kkkkkkkkkkkkkkkkkkk..." Deputado Bibo Nunes (PL-RS). Fonte: o próprio Twitter.

11 de fevereiro de 2022
"Então as pessoas que encontraram o Renzo Gracie [lutador de MMA] são nazistas? Nosso presidente [Jair Bolsonaro] é nazista? Não sei como alguém ainda te dá moral. Lixo!" Mario Frias, secretário especial de Cultura. Fonte: o próprio Twitter.

12 de fevereiro de 2022
"Todas as manchetes expostas nas imagens são mentirosas, pois não paguei essa quantia por essa viagem, não viajei de executiva e a finalidade da viagem não foi da forma como colocaram nas inverídicas manchetes." Mario Frias, secretário especial de Cultura, sobre a viagem que fez para Nova York, entre 14 e 19 de dezembro de 2021, onde se reuniu com o lutador de jiu-jítsu Renzo Gracie, que postou no Twitter uma frase nazista em 14 de novembro de 2012: "My honor is my loyalty. Heinrich Himmler". Himmler foi um dos maiores líderes do nazismo. Fonte: UOL, colaboração para Splash.

12 de fevereiro de 2022
"Não dá pra negar que é estranho uma vacina [contra a Covid-19] ser tomada três vezes e a pessoa morrer [de Covid-19], do que deveria estar imune. É uma 'serial vacine' (sic)? E depois de vacinada [a pessoa] continua transmitindo e recebendo o vírus. Isto não é opinião. É constatação." Deputado Bibo Nunes (PL-RS). Fonte: o próprio Twitter.

12 de fevereiro de 2022
"Se três doses [da vacina contra a Covid-19] não funcionam, vão insistir com a quarta dose? É correto gastar dinheiro público em algo que não mostra a eficácia prometida? Quais estudos indicam essa quarta dose afinal? Os discursos mudam, sem maiores explicações!" Deputada estadual Janaina Paschoal (PSL-SP). Fonte: o próprio Twitter.

12 de fevereiro de 2022
"Todas as vidas importam? Não! As vidas de bandidos não importam. Importam as vidas honestas. De qualquer cor." Sérgio Camargo, presidente da Fundação Palmares. Fonte: o próprio Twitter.

12 de fevereiro de 2022
"Temos um sistema eleitoral que não é da confiança de todos nós ainda. (...) A máquina [urna eletrônica], tudo bem, a máquina não mente. Mas quem opera a máquina é um ser humano. Então existem muitas dúvidas. (...) As Forças Armadas identificaram algumas dezenas de dúvidas, vamos assim dizer, sobre o sistema. Oficiaram o TSE, com um prazo de 30 dias, o TSE nada respondeu. (...) A gente espera que esteja tudo certo e que tenham eleições tranquilas." Presidente Jair Bolsonaro, em entrevista ao ex-governador do Rio de Janeiro Anthony Garotinho na Rádio Tupi de Campos dos Goytacazes. Fonte: Poder360, por Beatriz Roscoe.

**BOLSONARO E SEUS SEGUIDORES: O HORROR EM 3.560 FRASES**

**13 de fevereiro de 2022**
"A renovação da concessão da Globo é logo após o primeiro turno das eleições deste ano. E, da minha parte, para todo mundo, você tem que estar em dia. Não vamos perseguir ninguém, nós apenas faremos cumprir a legislação para essas renovações de concessões. Temos informações de que eles vão ter dificuldades." Presidente Jair Bolsonaro, em entrevista ao político e radialista Anthony Garotinho (PROS-RJ), na Rádio Tupi. Fonte: Metrópoles, por Raphael Veleda.

**13 de fevereiro de 2022**
"Qualquer um vê a imprensa em geral estimulando o assassinato do Presidente, fomentando o ódio diariamente há anos, fato culminado na tentativa de assassinato do Presidente Jair Bolsonaro, cometido por antigo aliado do PT em 2018, e obviamente querem o fato consumado." Vereador Carlos Bolsonaro (Republicanos-RJ). Fonte: o próprio Twitter.

**13 de fevereiro de 2022**
"LIVE. Porque é bom pegar Covid-19 agora? Se fosse para escolher, o momento seria esse porquê (sic)?" Deputado estadual Albert Dickson (PROS-RN), medico oftalmologista. Fonte: Saiba Mais e Brasil Fede Covid.

**14 de fevereiro de 2022**
"Em entrevista, Abraham [Weintraub, ex-ministro da Educação] diz que o presidente [Jair Bolsonaro] migrou para o Centrão e que eles irão parar nas páginas policiais. Deve ter sido sem querer, novamente." André Porciúncula, secretário nacional de Incentivo e Fomento à Cultura — Lei Rouanet. Fonte: o próprio Twitter.

**15 de fevereiro de 2022**
"O ministro [do STF, Ricardo] Levandovisk está censurando as pessoas que tiveram seus direitos de ir e vir ou de estudar ou de trabalhar violados. Falam em imunização de algo que não imuniza, de ser humano sem direito, de aluno sem escola! Meu gabinete já está estudando uma resposta! #CensuraDisk100." Deputada Carla Zambelli (PSL-SP). Fonte: o próprio Twitter.

**15 de fevereiro de 2022**
"O Canadá não é mais um país livre, tornou-se uma ditadura sob o comando do 'progressista' [Justin] Trudeau [primeiro-ministro]. Para conter manifestantes pacíficos contrários ao passaporte sanitário, o tirano retira direitos civis, podendo ordenar congelamento de contas bancárias, multas e até prisões. #FilhodeFidel." Deputada Bia Kicis (PSL-DF). Fonte: o próprio Twitter.

**15 de fevereiro de 2022**
"[Presidente Jair] Bolsonaro já está em solo russo. [Vladimir] Putin começa retirada de tropas da fronteira com a Ucrânia. Pra mim não é coincidência!" Partido Liberal (PL). Fonte: o próprio Twitter.

**15 de fevereiro de 2022**
"CNN. PUTIN SINALIZA RECUO NA UCRÂNIA, PRESIDENTE BOLSONARO EVITA A 3ª GUERRA MUNDIAL." Ricardo Salles, ex-ministro do Meio Ambiente. Fonte: o próprio Twitter.

**15 de fevereiro de 2022**
"O ex-ministro Ricardo Salles publicou hoje uma montagem que atribui à CNN a informação de que o presidente Jair Bolsonaro evitou 'a 3ª Guerra Mundial'. Na postagem *fake*, a frase mentirosa entra como suposta causa do recuo do presidente da Rússia, Vladimir Putin, para invasão da Ucrânia. A sinalização de Putin tem sido veiculada pela CNN desde ontem. A imagem publicada por Salles foi compartilhada por grupos bolsonaristas. Mais cedo, o presidente Bolsonaro publicou uma imagem em que a CNN Brasil informa o recuo de Putin. Na mesma postagem, o presidente informou que já estava no espaço aéreo russo, mas não fez qualquer menção à frase mentirosa publicada por Salles." CNN Brasil. Fonte: a própria CNN Brasil.

**15 de fevereiro de 2022**
"Sim. Acho que é coerente [fazer campanha para o presidente Jair Bolsonaro]. Meu partido dá apoio, o presidente nacional da minha legenda é ministro da Casa Civil. Na democracia, você tem que ter posicionamentos. Não pode ser frágil das situações momentâneas. Onde o governo está errando, a nossa obrigação é fazer com que acerte." Deputado Arthur Lira (PP-AL), presidente da Câmara dos Deputados, em entrevista ao Valor. Fonte: UOL.

**15 de fevereiro de 2022**
"Esse homem é mesmo abençoado por DEUS. Foi só ele chegar na Rússia e já evitou uma guerra! Jovempan.com.br/noticias/mundo... Esse 'BOZO GENOCIDA', como pode? #BolsonaroAte2026." Paulo Faria, jornalista e advogado. 'Casado, pai, defensor e ideólogo da Direita. Defensor dos valores da Família, fé cristã e apaixonado pelo Brasil. ProArmas'. Fonte: o próprio Twitter.

## BOLSONARO E SEUS SEGUIDORES: O HORROR EM 3.560 FRASES

15 de fevereiro de 2022
"Na manhã em que o Presidente Jair Bolsonaro pousou na Rússia, o governo russo anunciou a retirada de tropas da Ucrânia. Tentaram achar pelo em ovo. Não deu certo. 'O choro é livre', com Bolsonaro, o Brasil tem o respeito das maiores nações do mundo. #bolsonaroparouaguerra." Deputada Carla Zambelli (PSL-SP). Fonte: o próprio Twitter.

15 de fevereiro de 2022
"Com a chegada do Presidente Jair Bolsonaro na Rússia, [Vladimir] Putin começa a retirar as tropas da fronteira com a Ucrânia. Urubus de plantão queriam que Bolsonaro não tivesse ido. Bons negócios para o Brasil, nobre Presidente!" Deputado Bibo Nunes (PL-RS). Fonte: o próprio Twitter.

15 de fevereiro de 2022
"O mundo está salvo! Depois de encontro animado com [presidente Jair] Bolsonaro, [Vladimir] Putin retira as tropas da fronteira com a Ucrânia." Patriotas. Fonte: Patriotas, no Instagram.

15 de fevereiro de 2022
"Biden e o mundo ocidental agradecendo [ao presidente Jair] Bolsonaro por ter convencido [Vladimir] Putin a desistir da invasão, talkey?!?" Ricardo Salles, ex-ministro do Meio Ambiente. Fonte: o próprio Twitter.

15 de fevereiro de 2022
"Ele [presidente Jair Bolsonaro] sempre disse que seria o último da fila. Acho que a fila já rodou e minha opinião é que ele já deveria ter optado por se vacinar [contra a Covid-19]." Deputado Arthur Lira (PP-AL), presidente da Câmara dos Deputados. Fonte: O Antagonista, por Diogo Mainardi.

15 de fevereiro de 2022
"Filho da puta. (...) Safado. (...) Amiguinho do PCC. (...) Vagabundo. (...) Criminoso que não vale nada. (...) Pede para o Mickey Mouse me calar, pede para o Pato Donald." Allan dos Santos, se referindo ao ministro Alexandre de Moraes, do Supremo Tribunal Federal (STF). Fonte: O Antagonista, por Diogo Mainardi.

**15 de fevereiro de 2022**
"Foi então que sugeri que ela [Antônia Fontenelle, atriz] o procurasse [Mario Frias, secretário especial de Cultura], por meio dos mecanismos institucionais da pasta, e apresentasse um projeto, qualificável, em vez de criticá-lo em público. (...) Pressupunha que Antônia [Fontenelle] tivesse algum projeto negado e que sua insatisfação com o secretário se dava por isso." Otávio Fakhoury, empresário. Fonte: Metrópoles, por Guilherme Amado e Lucas Marchesini.

**15 de fevereiro de 2022**
"Falei com essa amiga [não identificada] mais de uma hora no telefone, foi um telefonema bem emocionado, a gente estava ali consternado com a situação do [falecimento do ator] Paulo [Gustavo] e tal. E lá pelas tantas do telefonema, ela já chorando, falou: 'olha, o problema do Paulo [Gustavo] já não é Covid há muito tempo. Veja bem o que eu estou falando: o problema do Paulo [Gustavo] já não é Covid há muito tempo'. Então, nesse telefonema que eu nunca abri para a imprensa, nunca abri para ninguém, ela disse com todas as letras que o caso, pouco antes do falecimento dele, que já não era Covid." Mario Frias, secretário especial de Cultura, em uma *live* no canal de YouTube do deputado Eduardo Bolsonaro (PL-SP). Fonte: O Antagonista.

**15 de fevereiro de 2022**
"Acho que, infelizmente, com a visita do presidente Bolsonaro, [ele] não está mostrando neutralidade, está mostrando uma preferência pela Rússia [em relação à Ucrânia]. Neutralidade é você visitar ou os dois que estão em conflito ou nenhum." Ernesto Araújo, ex-ministro das Relações Exteriores, em entrevista à RedeTV! Fonte: UOL

**15 de fevereiro de 2022**
"16 óbitos por Covid notificados em 14/02/2022 no Distrito Federal, todos vacinados. Nenhuma notificação de morte para não vacinados. 'Placar parcial 01 a 14 de fevereiro: 81 vacinados X 02 não vacinados' (97,5% do total de óbitos é de vacinados) saúde.df.gov.br/wp-conteudo/up..." Deputada Bia Kicis (PSL-DF). Fonte: o próprio Twitter.

**15 de fevereiro de 2022**
"100% DE ÓBITOS DE VACINADOS. 12 com 2 doses, e 4 com 3 doses. NENHUM ÓBITO DE NÃO VACINADOS. Boletim 682, de 14/02/2022, do Governo do Distrito Federal. Confira: saúde.df.gov.br/wp-conteudo/up... Pessoal: 16 ÓBITOS. 100% VACINADOS. 100%!" Paulo Faria, jornalista e advogado. 'Casado, pai, defensor e ideólogo da Direita. Defensor dos valores da Família, fé cristã e apaixonado pelo Brasil. ProArmas.' Fonte: o próprio Twitter.

**BOLSONARO E SEUS SEGUIDORES: O HORROR EM 3.560 FRASES**

16 de fevereiro de 2022
"Difícil mascarar a realidade chamando o Presidente Jair Bolsonaro de párea ou isolado na comunidade internacional... A verdade é que Bolsonaro é um líder respeitado no mundo, um dos poucos." Deputado Eduardo Bolsonaro (PL-SP). Fonte: o próprio Twitter.

16 de fevereiro de 2022
"Vou lutar com todas as minhas forças pra vocês nunca se elegerem a nada. Não pelo Bolsonaro, mas pelo país que não merece ter embustes machistas e ignorantes como vocês no poder: Mario Frias [secretário especial de Cultura] e André Porciúncula [secretário nacional de Incentivo e Fomento à Cultura — Lei Rouanet]." Antonia Fontenelle, atriz. Fonte: o próprio Twitter.

16 de fevereiro de 2022
"Crie uma mentira criminosa, acuse falsamente a esposa de outra pessoa de estar envolvida em corrupção, e use a carta mágica do machismo para se fazer de vítima e pobre coitada. Você [Antonia Fontenelle, atriz] é um ser humano patético e baixo, que está acostumada a lidar com gente covarde." André Porciúncula, secretário Nacional de Incentivo e Fomento à Cultura — Lei Rouanet. Fonte: o próprio Twitter.

16 de fevereiro de 2022
"Grande encontro! Presidente Bolsonaro e Vladimir Putin [presidente da Rússia]." Deputado Hélio Lopes (PSL-RJ). Fonte: o próprio Twitter.

16 de fevereiro de 2022
"O mais pessimista urubu de plantão não consegue acreditar no sucesso e repercussão internacional da viagem do Bolsonaro à Rússia. Consagração internacional! Chorem, urubus!" Deputado Bibo Nunes (PL-RS). Fonte: o próprio Twitter.

16 de fevereiro de 2022
"(...) Se esta justiça eleitoral exigirá a comprovação da vacinação dos eleitores para ingresso nos ambientes de votação durante os dias das eleições (...) [porque a resolução publicada sobre o dia da eleição] não menciona qualquer procedimento a ser adotado especificamente em relação ao acesso dos eleitores aos locais de votação. (...) [E assim] o TSE [Tribunal Superior Eleitoral] poderá expedir instruções adicionais com protocolos sanitários de contingência, a fim de resguardar a saúde coletiva das pessoas que atuam no dia da eleição." Deputado Eduardo Bolsonaro (PL-SP), questionando o Tribunal Superior Eleitoral (TSE). Fonte: O Globo, por Bela Megale.

**16 de fevereiro de 2022**
"Realmente, é mais que um casamento perfeito o sentimento que eu levo para o Brasil. E senti também, pela fisionomia, pelo que foi tratado até fora da agenda oficial, com autoridades russas, em especial com o presidente [da Rússia Vladimir] Putin, que é esse o sentimento que ele também tem. (...) Entendo a leitura do presidente Putin, que ele é uma pessoa que busca a paz. E qualquer conflito não interessa a ninguém no mundo. (...) O encontro com Putin durou aproximadamente duas horas. Tivemos até momentos de muita informalidade, certas particularidades." Presidente Jair Bolsonaro. Fonte: BBC News Brasil, por Leandro Prazeres.

**16 de fevereiro de 2022**
"Ele [Carlos Bolsonaro] se comporta, com todo respeito aos meus ajudantes de ordem, melhor que meus ajudantes de ordem. Ele dorme no meu quarto, não tem qualquer despesa e que trabalhou ontem comigo até de noite com nossas redes sociais prestando informações a todos do Brasil. O conteúdo que nós postamos no Facebook, Telegram, Twitter, em grande parte passa pelo crivo dele. É uma pessoa que não ganha nada do governo federal, é um vereador do Rio de Janeiro e essa noite, inclusive, ele votou em praticamente tudo o que acontecia na Câmara Municipal." Presidente Jair Bolsonaro, em entrevista à TV Jovem Pan News, defendendo a presença do filho e vereador Carlos Bolsonaro (Republicanos-RJ), durante a viagem oficial internacional feita pela comitiva brasileira à Rússia, Hungria e Polônia. Fonte: UOL.

**16 de fevereiro de 2022**
"Nós vemos que exatamente alguns [ministros] do Supremo [Tribunal Federal], a minoria [dos ministros] do Supremo, é que age na contramão da nossa Constituição. E ali a mensagem clara que fica é que eles têm partido político. Não querem Bolsonaro lá e querem o outro, que esteve há pouco tempo no xadrez, no xilindró." Presidente Jair Bolsonaro, em entrevista à Jovem Pan. Fonte: Folha, por Marianna Holanda.

**16 de fevereiro de 2022**
"Se o sistema eleitoral é inviolável, por que essa preocupação? Acabaram de comprovar que pode ser violável. (...) Eu estou em Moscou, ainda em solo russo. Uma crítica de, na verdade, 3 autoridades do TSE que integram o STF (...) É triste e constrangedor para mim receber essa acusação como se a Rússia se comportasse como país terrorista digital. Eles têm certeza, o [Edson] Fachin, o [Luís Roberto] Barroso e o senhor Alexandre de Moraes, que estou na Rússia. É lamentável esse tipo de declaração. Confesso que, se não visse as imagens e fosse matéria escrita, ia falar que é *fake News*." Presidente Jair Bolsonaro. Fonte: Poder360, por Murilo Fagundes.

**BOLSONARO E SEUS SEGUIDORES: O HORROR EM 3.560 FRASES**

16 de fevereiro de 2022
"Agora, o que fica da ação desses três ministros do STF [Supremo Tribunal Federal], me parece que eles têm um interesse, né? Primeiro, buscar uma maneira de me tornar inelegível, na base da canetada. A outra, é eleger o seu candidato. (...) Lamentavelmente, isso cada vez mais se torna bastante transparente para todo o Brasil (...) e a ação desses três ministros contra o [aplicativo de mensagem] Telegram? Baseado em quê? *Fake news*? Mentiras? Isso daí é muito esquisito. A gente espera que tenha um fim. Mas, lamentavelmente, nós temos três ministros do STF agindo dessa maneira, com uma perseguição clara contra a minha pessoa, claríssima." Presidente Jair Bolsonaro, durante entrevista ao programa 'Pingo nos Is', da TV Jovem Pan News, se referindo aos ministros Edson Fachin, Alexandre de Moraes e Luís Roberto Barroso, que também compõem o TSE (Tribunal Superior Eleitoral). Fonte: UOL.

16 de fevereiro de 2022
"Essa nossa passagem por aqui é rápida. Mas deixará um grande legado para os nossos povos. Acredito na Hungria e no prezado [primeiro-ministro Viktor] Orbán, que eu trato praticamente como um irmão, dadas as afinidades que nós temos na defesa dos nossos povos e na integração dos mesmos. (...) Comungamos também na defesa da família, com muita ênfase. A família bem estruturada faz com que sua respectiva sociedade seja sadia. Não podemos perder esse foco." Presidente Jair Bolsonaro. Fonte: UOL, por Hanrrikson de Andrade.

16 de fevereiro de 2022
"'[Vladimir] Putin [presidente da Rússia] deu as boas-vindas ao [presidente Jair] Bolsonaro no Kremlin. Bem diferente da conversa em longa mesa mantida por Putin com [Emmanuel] Macron [presidente da França] e [Olaf] Scholz [chanceler da Alemanha]. Mais uma demonstração da crescente valorização e importância do Brasil no cenário internacional." Alexandre Ramagem, diretor da Agência Brasileira de Inteligência (Abin). Fonte: o próprio Twitter.

17 de fevereiro de 2022
"Em cerimônia oficial, o Presidente Jair Bolsonaro é recepcionado pelo Presidente da Hungria, János Áder, no Palácio Sándor, na capital Budapeste." Deputado Bibo Nunes (PL-RS). Fonte: o próprio Twitter.

17 de fevereiro de 2022
"Como o presidente Bolsonaro só faz o bem o universo conspira a seu favor. Basta ver o sucesso da sua viagem à Rússia, que coincidiu com o momento da volta da paz mundial." Deputado Bibo Nunes (PL-RS). Fonte: o próprio Twitter.

17 de fevereiro de 2022
"Estou muito feliz e honrado por esse convite. Somos solidários à Rússia. Queremos muito colaborar em várias áreas, defesa, petróleo e gás, agricultura, e as reuniões estão acontecendo. Tenho certeza que essa passagem por aqui é um retrato para o mundo de que nós podemos crescer muito as nossas relações bilaterais. (...) Compartilhamos de valores comuns, como a crença em Deus e a defesa da família. (...) Quando alguns países questionaram a Amazônia como patrimônio da Humanidade, quero agradecer sua intervenção, ao nosso lado em defesa da soberania." Presidente Jair Bolsonaro. Fonte: Folha, por Igor Gielow.

17 de fevereiro de 2022
"Alguns países acharam que não deveríamos vir. Mantivemos nossa agenda e, por coincidência ou não, parte das tropas deixou a fronteira." Presidente Jair Bolsonaro. Fonte: Folha, por Igor Gielow.

**17 de fevereiro de 2022**
"O que é esse jogo de Ciro, Lula e Moro? Eles perceberam que Bolsonaro foi eleito graças ao voto dos evangélicos. Nós representamos 32% do eleitorado. Só que os sistemas e os meios que estão usando não são meios para conquistar. Estão enganados e vão quebrar a cara com os evangélicos." Pastor Silas Malafaia. Fonte: O Antagonista.

**17 de fevereiro de 2022**
"A defesa de Frederick Wassef está perplexa com a denúncia oferecida pelo Ministério Público, pois havia diligências pendentes no inquérito, que eram, como de fato são, absolutamente relevantes para o esclarecimento da verdade, as quais (sic) mostrariam sua a (sic) inocência. Isso viola a garantia constitucional de defesa, pois o inquérito não pode ser apenas um instrumento que busque incriminar alguém. Iremos aos tribunais para resgatar a Constituição." Nota da defesa de Frederick Wassef, advogado da família Bolsonaro, sobre a decisão do juiz Omar Dantas Lima, da 3ª Vara Criminal de Brasília, que acatou a denúncia feita pelo Ministério Público do Distrito Federal (MPDF) e tornou Frederick Wassef réu pelo crime de injúria racial contra Danielle da Cruz de Oliveira, atendente de uma pizzaria no DF. Fonte: Metrópoles, por Maria Regina Mouta.

**18 de fevereiro de 2022**
"Apenas o [ministro Edson] Fachin falou naquele momento. Eu dirigi a palavra duas vezes ao ministro Alexandre [de Moraes]. Ele não respondeu. Quando saíram dali foram ao Senado encontrar o presidente Rodrigo Pacheco [PSD-MG], e ali decidiram, inclusive, que a CPI das Fake News deveria voltar a funcionar." Presidente Jair Bolsonaro, em entrevista à Jovem Pan. Fonte: O Antagonista.

## BOLSONARO E SEUS SEGUIDORES: O HORROR EM 3.560 FRASES

18 de fevereiro de 2022
"Os dados escoceses recentes, 'infelizmente', mostram que as pessoas com dose de reforço são frequentemente mais infectadas do que as pessoas não vacinadas. E, claro, isso não se encaixa na estratégia de vacinação e sua narrativa." Claudia Wild. Fonte: o próprio Twitter.

18 de fevereiro de 2022
"'No tempo do Lula você comprava carne mais barata'. Comprava sim, só que ele não enfrentou uma pandemia, não enfrentou endividamento de R$ 700 bilhões. Não enfrentou uma situação de emprego terrível no Brasil, pelo menos 40 milhões de pessoas viviam na informalidade." Presidente Jair Bolsonaro. Fonte: Poder360.

18 de fevereiro de 2022
"Eu queria pegar você [Guga Noblat, jornalista] há 30 anos atrás (sic), o que você ia falar da roubalheira de quem você defende. Isso você não lembra, né? Os gastos todos são aprovados pelo Ministério do Turismo. Não tem nenhum gasto excessivo. E não vou ficar aqui discutindo com você, garoto. (...) Devolver o que, garoto? Eu estou trabalhando. Eu fui numa comitiva oficial. Custos têm que ser cobridos (sic)." Mario Frias, secretário especial de Cultura, no programa 'Morning Show', da TV Jovem Pan News. Fonte: UOL.

18 de fevereiro de 2022
"Estamos vendo que realmente há um excesso de rigor, o pessoal está se prendendo em coisas que, embora estejam na norma, às vezes não fazem o menor sentido, não ocorrem contra a segurança. No final só aborrecem e geram multas desnecessárias, perda de tempo e fiscalizações que aborrecem." Tarcísio de Freitas, ministro da Infraestrutura, prometendo intervir contra o endurecimento da fiscalização de caminhões por parte da Polícia Rodoviária Federal (PRF), em especial em relação a veículos com a traseira arqueada. Fonte: UOL, por Paula Gama.

18 de fevereiro de 2022
"Não me preocupa e muito menos me amedronta em absolutamente nada. Somente alimenta de forma monstruosa meu compromisso com o trabalho que escolhi, sempre jogando limpo, notoriamente incomodando muito mais do que eu pensava! A JUSTIÇA SERÁ FEITA? Tentaremos mais uma vez!" Vereador Carlos Bolsonaro (Republicanos-RJ). Fonte: o próprio Twitter.

20 de fevereiro de 2022
"Chegamos ao número 100. REVISTA OESTE. Eles querem o tumulto. [Luís Roberto] Barroso, [Edson] Fachin e Alexandre [de Moraes] comandam o STF [Supremo Tribunal Federal], o mais feroz partido de oposição ao Bolsonaro. Por Augusto Nunes." Revista Oeste, capa da edição de número 100. Fonte: Revista Oeste.

**20 de fevereiro de 2022**
"Hahhahahahahhha Gente como mente na cara dura. A parada foi inaugurada em Janeiro de 2021. Pede pra sair rapaz [Mario Frias, secretário especial de Cultura]. Sai com dignidade. Centralizador, mentiroso, machista..." Antonia Fontenelle, atriz. Fonte: o próprio Twitter.

**20 de fevereiro de 2022**
"Vai trabalhar rapaz [André Porciúncula, secretário nacional de Incentivo e Fomento à Cultura — Lei Rouanet], quem é que está te acusando de alguma coisa. Vergonha isso que tu e teu parceiro ex-ator são [Mario Frias, secretário especial de Cultura]. Uma vergonha. A verdade virá à tona. Mostrem seus feitos, além de ficar de fuxico no Twitter. Te manca." Antonia Fontenelle, atriz. Fonte: o próprio Twitter.

21 de fevereiro de 2022
**"Os russos vão vender combustível para o Brasil, abaixo do preço da OPEP (vai baixar o preço interno da gasolina, óleo diesel, querosene de aviação, óleo combustível, etc... Nosso presidente BOLSONARO não dá ponto sem nó!"** Renzo Gracie, lutador de MMA. Fonte: Brasil Fede Covid, no Instagram.

**21 de fevereiro de 2022**
"Para os preocupados com pesquisas, eu garanto que elas são irreais e patrocinadas, na maioria, por bancos contra o presidente Jair Bolsonaro. Nossa vitória depende apenas da chegada da eleição. Chorem, urubus de plantão..." Deputado Bibo Nunes (PL-RS). Fonte: o próprio Twitter.

**21 de fevereiro de 2022**
"É o que eu digo do entusiasmo. Se você tem a crença dentro [bate no peito], se ver (sic) que essa aliança de conservadores e liberais está seguindo, você está entusiasmado. Agora, se for um governo só conservador e não tiver... Eu acredito no presidente Bolsonaro, acho que ele quer o caminho da prosperidade. Agora, há atrativos, há entornos, tem gente que quer desviá-lo, tem gente que acha que as estatais são boas, que Correios, Casa da Moeda, Petrobras têm que ficar com o governo mesmo. Aí se trocar de dirigismo de esquerda para dirigismo de direita, a gente conhece as experiências históricas e o que vai acontecer." Paulo Guedes, ministro da Economia. Fonte: Folha, por Fábio Pupo.

22 de fevereiro de 2022
"[Sérgio] Moro soltou Lula. Como ex-juiz não cumpriu a lei, STF reconheceu seus abusos de autoridade. (...) Com o ganho de notoriedade que lhe foi conferido como o 'xerife da Lava Jato' e o gosto pelas manchetes, Moro galgou o posto de ministro poderoso [da Justiça e Segurança Pública] no início do governo Jair Bolsonaro. (...) Ele [Sérgio Moro] não se contentava com a posição subalterna de ministro. Nunca foi por intromissão do presidente da República na Polícia Federal, nem por qualquer outra intervenção de Bolsonaro na ex-pasta de Moro. Era a busca pelo poder! O que passou a valer foi o ego ferido de quem olhava mais para seu umbigo do que para o governo que servia. No fundo, sempre quis mesmo ocupar uma cadeira no STF. Quando percebeu que perdera a confiança do Bolsonaro para ser o indicado à Suprema Corte, Moro [ex-juiz e ex-ministro da Justiça e Segurança Pública], de forma rasteira e traiçoeira, tentou atingir a imagem do presidente com acusações sem fundamento, em puro desabafo de pessoa frustrada em seus planos egocêntricos. Moro acabou com a Lava Jato, traiu os brasileiros e, não fosse sua vaidade, Lula estaria preso até hoje." Senador Flávio Bolsonaro (PL-RJ), em artigo na Folha. Fonte: Folha.

22 de fevereiro de 2022
"No coração? Amapá! [senador Davi] Alcolumbre, tô chegando." Damares Alves, ministra da Mulher, da Família e dos Direitos Humanos. Fonte: Folha, por Marianna Holanda.

22 de fevereiro de 2022
"Considerando compromissos preestabelecidos em sua extensa agenda, o senhor Presidente Jair Bolsonaro não poderá participar do referido evento. Assim, agradece a gentileza e envia cumprimentos." Governo Federal, em ofício enviado ao TSE (Tribunal Superior Eleitoral), sobre a posse dos ministros Edson Fachin e Alexandre de Moraes como presidente e vice-presidente da Corte. Trinta minutos antes, porém, o presidente estava na área externa do Palácio da Alvorada conversando com apoiadores. Fonte: Poder360.

22 de fevereiro de 2022
"Ministro [Edson] Fachin, do STF, assume a Presidência do TSE e, em breve tempo, passa o mandato para o polêmico Ministro Alexandre de Moraes, em pleno ano eleitoral. Qual o sentido e objetivo? Uma singela pergunta!" Deputado Bibo Nunes (PL-RS). Fonte: o próprio Twitter.

**22 de fevereiro de 2022**
"Itaipu, Emílio Garrastazu Médici juntamente com Alfredo Stroessner [presidente paraguaio de 1954 a 1989]. A história não pode ser mudada, é uma realidade. Homens de visão, homens de futuro, que nos geraram, no caso aqui, Itaipu Binacional. (...) Por vezes a gente fica pensando o que seria do Brasil sem as obras dos anos [19]70. Aqui, Itaipu Binacional. Volvendo meus olhos para a pequena grande mulher Tereza Cristina [ministra da Agricultura], Alysson Paulinelli [ministro da Agricultura no governo Geisel]. Também os anos [19]70 geraram grandes personalidades. O nosso agronegócio hoje em dia é algo fantástico graças a esse homem que foi descoberto por nada mais nada menos que nosso prezado Ernesto Geisel." Presidente Jair Bolsonaro. Fonte: G1, por Guilherme Mazui.

**23 de fevereiro de 2022**
"Querem botar freio na nossa liberdade de discutir a eleição por meio das mídias sociais. (...) Todos têm limites; mas tem uns dois ou três que acham que podem fazer tudo; podem ficar brincando de nos controlar e desrespeitar a nossa Constituição. (...) O que está em jogo no Brasil? A nossa liberdade. (...) Foi Deus que me colocou lá e só ele me tira de lá. (...) Mas onde vamos chegar? De termos um sistema eleitoral que você pode não comprovar, que não é fraudável, mas você não tem como comprovar também que não pode ser fraudado." Presidente Jair Bolsonaro, usando uma gravata com o desenho de vários fuzis. Fonte: Folha (25/02/2022), por Reinaldo Azevedo.

**23 de fevereiro de 2022**
"O presidente Bolsonaro é o homem mais cor-de-rosa da história, é o homem que mais investiu em mulheres. Nós fizemos uma somatória no mês passado de quanto foi investido em mulheres nos três anos do governo Bolsonaro. Passamos de R$ 240 bilhões [em investimentos] para mulheres. E aqui a gente vem hoje e apresenta uma ação que vai chegar a R$ 1,5 bilhão. O que é isso? Amor e respeito à mulher." Damares Alves, ministra da Mulher, da Família e dos Direitos Humanos. Fonte: Gazeta Brasil.

**23 de fevereiro de 2022**
"Lembramos que o próximo Presidente da República indicará mais dois ministros ao STF [Supremo Tribunal Federal]. 2022 não decidirá apenas o rumo do Brasil nos próximos 4 anos, decidirá o rumo do nosso país nas próximas três décadas. É nosso povo que vai decidir mais uma vez." Presidente Jair Bolsonaro. Fonte: o próprio Twitter.

**BOLSONARO E SEUS SEGUIDORES: O HORROR EM 3.560 FRASES**

### 23 de fevereiro de 2022
"Precisamos de paz para ter liberdade. E devemos lutar por isso. Não vai ser o chefe do Executivo que vai jogar fora das 4 linhas. Mas, por favor, 2 ou 3, não estiquem essa corda. Vocês vão ter que vir para essas 4 linhas. Afinal, todos nós temos limites. (...) Alguns poucos 2 ou 3 acham que não têm limite. Ficam brincando o tempo todo de nos controlar, de desrespeitar nossa constituição, de ferir nossa liberdade de expressão, de prender deputado. (...) Aonde vamos chegar? Com um sistema eleitoral que você pode comprovar que não é fraudável, mas você não tem como comprovar que também que pode ser fraudado (sic). A arma da democracia é o voto (...)." Presidente Jair Bolsonaro, ao lado de Paulo Guedes, ministro da Economia, e de Ciro Nogueira, ministro da Casa Civil, na CEO Conference, evento do BTG Pactual. Fonte: Poder360, por Murilo Fagundes.

### 23 de fevereiro de 2022
"Geralmente, quem busca tolher a liberdade e impor um regime de força num país é o chefe do Executivo. E, aqui, é exatamente ao contrário. É o chefe do Executivo que resiste. Agência de checagens, arbitrariedades estapafúrdias, visando que duas ou três pessoas no Brasil passam a valer mais que todos nós juntos, mais que a Câmara, mais que o Senado, mais que o Executivo, mais que os outros órgãos do Judiciário, mais que o TCU [Tribunal de Contas da União], mais que o STJ [Superior Tribunal de Justiça]. (...) Nós vamos ceder para dois ou três e relativizar a nossa liberdade? Não é que nós vamos resistir. Nós não vamos perder essa guerra. E a alma da democracia está no voto. O seu João e a Dona Maria têm o direito de saber se o voto foi contado. O que o [Luiz Eduardo] Ramos [ministro da Secretaria-Geral da Presidência] disse, não havia combinado comigo, mas é de passagem o que está acontecendo. Os Poderes são harmônicos e independentes. Quem não quer lisura no processo eleitoral? As Forças Armadas foram convidadas. As Forças Armadas não estão interferindo e todos nós, porque as Forças Armadas são nossas, não é minha nem foi do presidente [Fernando] Collor no passado. Elas são de todos nós. Estão nos ajudando nessa questão também. (...) Nós queremos paz e só com a paz poderemos ter ordem e progresso. E só com isso e com a participação de vocês, todos nós podemos garantir um bem maior que é a nossa própria vida, a nossa liberdade." Presidente Jair Bolsonaro. Fonte: Correio Braziliense, por Ingrid Soares.

### 23 de fevereiro de 2022
"Não acreditem nas previsões de que o Brasil não vai crescer. (...) Eles [os economistas] vão passar o ano inteiro revendo para cima, mas não faz mal. Como várias pesquisas eleitorais também vão oscilando na direção da verdade." Paulo Guedes, ministro da Economia. Fonte: Poder360, por Douglas Rodrigues.

### 23 de fevereiro de 2022
"Só converso daqui pra frente com a [artista] Anitta Burritta se ela conseguir fazer sozinha um vídeo soletrando 'Pa-ra-le-le-pi-pe-do' sem usar o teleprompter... #teletubbies." Ricardo Salles, ex-ministro do Meio Ambiente. Fonte: o próprio Twitter.

**23 de fevereiro de 2022**
"A maioria das mulheres que eu conheço gostaria de estar em casa se dedicando aos afazeres domésticos, à família, enquanto o homem sai para caçar." Heloísa Wolf Bolsonaro, psicóloga, esposa do deputado Eduardo Bolsonaro (PSL-SP). Fonte: Lilia Schwarcz, no Instagram.

**23 de fevereiro de 2022**
"É um movimento genial [do presidente da Rússia Vladimir Putin]. Ele vai entrar lá [na Ucrânia] como um pacificador. Esta é a força de paz mais poderosa que já vi. Poderíamos fazer algo parecido em nossa fronteira sul [México]. Isso é maravilhoso." Donald Trump, ex-presidente dos Estados Unidos. Fonte: G1, por Sandra Cohen.

**24 de fevereiro de 2022**
"Quem tentar interferir, ou ainda mais, criar ameaças para o nosso país e nosso povo, deve saber que a resposta da Rússia será imediata e levará a consequências como nunca antes experimentado na história." Vladimir Putin, presidente da Rússia, autorizando o início de uma operação militar na Ucrânia. Fonte: Poder360, por Vinicius Nunes.

**24 de fevereiro de 2022**
"Tomei a decisão de conduzir uma operação militar especial. Nossa análise concluiu que nosso confronto com essas forças [ucranianas] é inevitável." Vladimir Putin, presidente da Rússia. Fonte: UOL (14/04/2022), por Juliana Arreguy.

**24 de fevereiro de 2022**
"Não vi o jogo do Palmeiras, eu dormi, alguém sabe quanto foi?" Presidente Jair Bolsonaro, quando perguntado sobre os ataques da Rússia à Ucrânia. Fonte: O Antagonista.

**24 de fevereiro de 2022**
"Na minha visão, meras sanções econômicas, que é uma forma intermediária de intervenção, não funcionam. (...) Se o mundo ocidental simplesmente deixar que a Ucrânia caia por terra, o próximo será a Moldávia, depois os Estados bálticos e assim sucessivamente, igual à Alemanha hitlerista no fim dos anos [19]30." General Hamilton Mourão, vice-presidente da República. Fonte: Poder360, por Murilo Fagundes.

**BOLSONARO E SEUS SEGUIDORES: O HORROR EM 3.560 FRASES**

24 de fevereiro de 2022
"Tem que haver uso da força, realmente um apoio à Ucrânia, mais do que está sendo colocado." General Hamilton Mourão, vice-presidente da República. Fonte: UOL, por Eduardo Militão.

24 de fevereiro de 2022
"Deixar bem claro, o artigo 84 da Constituição diz que quem fala sobre esse assunto é o presidente e o presidente chama-se Jair Messias Bolsonaro. E ponto final. Então com todo respeito a essa pessoa [General Hamilton Mourão, vice-presidente da República] que falou isso, eu vi as imagens, falou mesmo, e está falando algo que não deve. Não é de competência dela, é de competência nossa. (...) Quem fala dessas questões chama-se Jair Messias Bolsonaro e quem tem dúvida disso basta procurar na nossa Constituição o artigo 84. Mais ninguém fala. Quem está falando está dando peruada naquilo que não lhe compete." Presidente Jair Bolsonaro. Fonte: Poder360, por Emilly Behnke.

24 de fevereiro de 2022
"O presidente da Rússia, Vladimir Putin acionou operação militar na Ucrânia. O anúncio foi feito pouco antes da meia-noite no horário de Brasília. Putin pede que os saldados Ucranianos deponham as armas e voltem para suas casas." Deputada Carla Zambelli (PSL-SP). Fonte: o próprio Twitter.

24 de fevereiro de 2022
"Para você que ainda não entendeu que 'não é sobre armas, é sobre liberdade'." Deputado Eduardo Bolsonaro (PL-SP). Fonte: o próprio Twitter.

24 de fevereiro de 2022
"Eu tenho o poder. Tinha e tenho poder de fechar todo o Brasil por decreto [isolamento social por causa da Covid-19]. Jamais cogitei isso, porque a liberdade está em primeiro lugar. Quase todos os governadores obrigaram o povo a ficar em casa. Mas não pensaram nas consequências. (...) Ser líder, não é estar ao lado do politicamente correto. Ser líder é decidir. Em todos os momentos que se fez necessário, por gestos ou exemplos, eu decidi. Eu decidi estar ao lado do povo." Presidente Jair Bolsonaro. Fonte: O Antagonista.

25 de fevereiro de 2022
"Alguém Viu Essa Garotinha ? [foto de Greta Thunberg]. Ela Queria salvar o Planeta, Avisem Ela a Hora é Agora!" Ricardo Salles, se referindo à guerra entre a Rússia e a Ucrânia. Fonte: o próprio Twitter.

**25 de fevereiro de 2022**
"O encontro entre índios e portugueses foi marcado pelo tom pacífico, amigável e de mútuo interesse por parte dos dois povos. A receptividade, a alegria e a boa acolhida ainda hoje são marcas presentes no comportamento dos brasileiros." Secretaria Especial da Cultura, em site dedicado aos 200 anos da Independência brasileira. Fonte: Gazeta de S.Paulo.

**25 de fevereiro de 2022**
"Nos blogs não se fala mais em vírus, catástrofes regionais ou sobre os assuntos dos últimos tempos massacrados 24h ao dia em sua mente. Psicologicamente o foco agora é outro mas o culpado é mirabolante e boçalmente o mesmo! Tem método, biografia e gigantesca dose de 9 dedos!" Vereador Carlos Bolsonaro (Republicanos-RJ). Fonte: o próprio Twitter.

**26 de fevereiro de 2022**
**"Peguem o poder com suas próprias mãos, será mais fácil negociar com vocês [soldados da Ucrânia] do que com o bando de viciados em drogas e neonazistas, que estão em Kiev e fazem o povo ucraniano de reféns." Vladimir Putin, presidente da Rússia, tentando convencer os soldados ucranianos a tomarem o poder e derrubarem o presidente da Ucrânia Volodymyr Zelensky. Fonte: Poder360.**

**26 de fevereiro de 2022**
"Vocês que estão no Brasil é que não podem acessar. As pessoas que estão aqui nos Estados Unidos podem acessar normalmente. Porque, aqui, eles estão em país livre. (...). Não é que o Telegram derrubou [meu canal]. Ele cedeu à pressão jurídica. O Telegram disse que eu teria violado leis brasileiras e quem falou isso foi um juiz [Alexandre de Moraes, ministro do STF]. Como é que o Telegram vai dizer a um juiz que eu não fiz isso? Mas não é que meu canal foi derrubado. Ele está funcionando. Está funcionando normalmente e cheio de visualizações." Allan dos Santos. Fonte: Poder360.

**26 de fevereiro de 2022**
"Uma hora ele [Alexandre de Moraes, ministro do STF] vai ter que se aposentar, vai ter que sair de lá, vai ter que desistir dessa palhaçada. Essa decisão monocrática só vem da cabeça dele. (...) Ele é psicopata. (...) Pau mandado do Partido Chinês." Allan dos Santos. Fonte: Congresso em Foco.

**26 de fevereiro de 2022**
"Homens deveriam ser corajosos, mas há os que preferem se agachar diante de uma ameaça a enfrentá-la e talvez vencê-la. É como um bandido entrar em sua casa e você de cara oferecer sua mulher agradecendo que não foi você próprio o estuprado. Hoje o ocidente colhe os frutos dessa covardia." Deputado Eduardo Bolsonaro (PL-SP). Fonte: o próprio Twitter.

**BOLSONARO E SEUS SEGUIDORES: O HORROR EM 3.560 FRASES**

26 de fevereiro de 2022
"Agora há pouco no encerramento do terceiro dia de CPAC [Conservative Political Action Conference], o palestrante mais aguardado do evento, Donald Trump [ex-presidente dos Estados Unidos], o 45º Presidente dos Estados Unidos da América, foi ovacionado por toda a plateia que ansiava por seu discurso. 'AGORA: TRUMP NO CPAC!'." Deputada Carla Zambelli (PSL-SP). Fonte: o próprio Twitter.

26 de fevereiro de 2022
"Presidente Bolsonaro [de férias na praia] decide entrar na água e deixa seguranças malucos." Deputado Bibo Nunes (PL-RS). Fonte: o próprio Twitter.

26 de fevereiro de 2022
"Alguém viu alguma feminista reclamando por direitos iguais nestes casos? Lembre-se disso quando te falarem em opressão do patriarcado. 'Governo da Ucrânia anuncia que homens entre 18 de 60 anos estão proibidos de deixar o país. População ucraniana tenta fugir às pressas dos conflitos'." Deputado Eduardo Bolsonaro (PL-SP). Fonte: o próprio Twitter.

27 de fevereiro de 2022
"NAZISMO E COMUNISMO: DUAS FACES DA MESMA MOEDA." Editorial (sic) da Folha Universal, assinado pelo advogado Denis Farias. A Folha Universal é o jornal impresso da Igreja Universal e tem tiragem de 1,7 milhão de exemplares. Fonte: Folha, por Fábio Zanini, Guilherme Seto e Juliana Braga.

27 de fevereiro de 2022
"Os países ocidentais não estão apenas aplicando sanções econômicas nada amigáveis. Seus líderes de Estado têm feito pronunciamentos agressivos sobre nosso país. Por isso, ordenei que coloquem as forças de dissuasão da Rússia em regime especial de alerta [armas nucleares]." Presidente Vladimir Putin. Fonte: Metrópoles, por Victor Fuzeira e Otávio Augusto.

27 de fevereiro de 2022
"Não há interesse por parte de um chefe de Estado em praticar massacre com quem quer que seja. Ele [presidente da Rússia, Vladimir Putin] está se empenhando em duas regiões da Ucrânia." Presidente Jair Bolsonaro. Fonte: Valor Econômico, por Andrea Jubé, Murillo Camarotto e Matheus Schuch.

27 de fevereiro de 2022
"Nós temos que ter muita responsabilidade e perdemos negócio em especial com a Rússia. O Brasil depende de fertilizantes. Estive há pouco conversando com o presidente [Vladimir] Putin, em mais de duas horas de conversa, tratamos de muita coisa, a questão de fertilizante foi a mais importante. Tratamos do nosso comércio e obviamente ele falou alguma coisa sobre a Ucrânia. Eu me reservo como segredo não entrar em detalhes." Presidente Jair Bolsonaro. Fonte: Valor Econômico, por Andrea Jubé, Murillo Camarotto e Matheus Schuch.

27 de fevereiro de 2022
"Em nenhum momento, o Presidente Jair Bolsonaro afirmou ter conversado ao telefone com o Presidente da Rússia, Vladimir Putin, neste domingo. A fala do Presidente do Brasil refere-se à conversa reservada que os dois líderes tiveram, no dia 16/02/22, em Moscou — Rússia, durante a visita oficial àquele país." Secretaria de Comunicação Social do Governo Federal. Fonte: Correio Braziliense, por Taísa Medeiros.

28 de fevereiro de 2022
"Não procede a informação que eu teria falado com o Presidente Putin no dia de ontem. Conversei com ele apenas por ocasião da minha visita à Rússia em 16 de fevereiro. A imprensa se supera nas fake news a cada dia passado!" Presidente Jair Bolsonaro. Fonte: o próprio Twitter.

28 de fevereiro de 2022
"Equipamento de guerra é para matar. A gente sabe disso aí. Quer que eu fale o quê? Presidente, faça isso ou faça aquilo? (...) O povo [ucraniano] confiou num comediante o destino de uma nação. Ele [Volodymyr Zelensky, presidente da Ucrânia] tem que ter equilíbrio para tratar dessa situação aí." Presidente Jair Bolsonaro. Fonte: Metrópoles, por Mariana Costa.

**28 de fevereiro de 2022**
"Meu marido agora tem conta no Twitter, pré-candidato a deputado federal no Ceará, Coronel Aginaldo." Deputada Carla Zambelli (PSL-SP). Fonte: o próprio Twitter.

**1º de março de 2022**
"Presidente Jair Bolsonaro sendo recebido pelo povo em Guarujá/SP [na praia]. PESQUISA DATAPRAIA!" Coronel Aginaldo, marido da Deputada Carla Zambelli (PSL-SP). Fonte: o próprio Twitter.

**BOLSONARO E SEUS SEGUIDORES: O HORROR EM 3.560 FRASES**

1º de março de 2022
"Se achar que não devo sair mais de folga, se eu virar candidato à reeleição, que não vote em mim, aí eu não vou estar mais aqui no hotel." Presidente Jair Bolsonaro. Fonte: Folha, por José Marques e Klaus Richmond.

1º de março de 2022
"Na prática, a posição do Brasil frente à guerra na Ucrânia não tem sido de neutralidade, e sim pró-Rússia. Os argumentos políticos e comerciais usados para justificar simpatia à Rússia e indiferença à Ucrânia não se sustentam. Novo vídeo no Logopolítica: m.youtube.com/watch?v=ANdoGW... Soberania e Fertilizantes." Ernesto Araújo, ex-ministro das Relações Exteriores. Fonte: o próprio Twitter.

02 de março de 2022
"Satisfação ter contato com parlamentares franceses no CPAC [Conservative Political Action Conference]. Apresentar o cenário político do Brasil e receber suas visões sobre a França foi produtivo, pois no Brasil não há muita informação primária sobre política francesa. Estes eurodeputados apoiam Marine Le Pen." Deputado Eduardo Bolsonaro (PL-SP). Fonte: o próprio Twitter.

**02 de março de 2022**
"A batalha que estamos travando é mundial e estou segura que meus eleitores aprovam minha vinda ao CPAC [Conservative Political Action Conference], viagem que ganhei de aniversário de casamento do meu marido. Conheci diversos expoentes do conservadorismo e voltarei com excelentes ideias para nossa atuação no Brasil." Deputada Carla Zambelli (PSL-SP). Fonte: o próprio Twitter.

**02 de março de 2022**
"Qualquer um sabe que esmagadora parte da mídia e seus blogueiros sempre estimularam o assassinato de Jair Bolsonaro. A produção de *fakenews* sob o manto 'jurídico' de liberdade de expressão só vale para um lado. O estímulo ao ódio já rendeu frutos e não desistirão até conseguir!" Vereador Carlos Bolsonaro (Republicanos-RJ). Fonte: o próprio Twitter.

**03 de março de 2022**
"Qualquer um sabe que lidei e lutei contra um sistema bilionário de poder, chega a ser ridículo achar que iria me corromper por causa de uma viagem." Mario Frias, secretário especial de Cultura. Fonte: o próprio Twitter.

03 de março de 2022
"Em virtude da melhora do cenário epidemiológico e de acordo com o inciso 2º do Artigo 1º da Lei 13.979/2020, o Ministério da Saúde, o ministro Marcelo Queiroga, estuda rebaixar para ENDEMIA a atual situação da COVID-19 no Brasil." Presidente Jair Bolsonaro. Fonte: o próprio Twitter.

03 de março de 2022
"Tem que ser muito imbecil ou mau caráter para no mínimo não desconfiar do que as facções estão tramando!" Vereador Carlos Bolsonaro (Republicanos-RJ). Fonte: o próprio Twitter.

03 de março de 2022
"Não vou recusar minha convicção de que russos e ucranianos são o mesmo povo. Mesmo quando os ucranianos estão amedrontando sua população com a propaganda nacionalista. Nós estamos em guerra com neonazistas e isso mostra como o combate se desenrola. As formações nazistas, que incluem estrangeiros, estão usando a população civil como escudos." Vladimir Putin, presidente da Rússia. Fonte: O Antagonista.

03 de março de 2022
"O Presidente Bolsonaro é aliado incondicional do Brasil e dos brasileiros. Nunca na história tivemos um presidente tão corajoso, patriota e leal aos nossos valores. Se quisermos sobreviver como nação, reeleger Bolsonaro é a única saída." Mario Frias, secretário especial de Cultura. Fonte: o próprio Twitter.

03 de março de 2022
"Alguns chefes de Estado, conhecidos por todos nós, quiseram discutir a soberania amazônica. Um chefe do Estado, no caso da Rússia [Vladimir Putin], vetou aquela discussão e não se tocou mais no assunto. Ou seja, nós temos parceiros um dia que nos ajudam nessas questões. A Amazônia é nossa." Presidente Jair Bolsonaro. Fonte: O Globo, por Daniel Gullino.

04 de março de 2022
"Enquanto a proteção da vacina de mRNA decai rapidamente em poucos meses — em crianças, cai 20 pontos percentuais em apenas um mês —, a proteção da imunidade natural parece mais duradoura. Leia mais em: 'gazetadopovo.com.br. Narrativa contra imunidade natural está ruindo com novos estudos'." Rodrigo Constantino, jornalista. Fonte: o próprio Twitter.

04 de março de 2022
"Por isso querem tanto te calar. Eles sabem que o dinheiro compra QUASE tudo!" Vereador Carlos Bolsonaro (Republicanos-RJ). Fonte: o próprio Twitter.

04 de março de 2022
"1ª vez que esta revista fala a verdade. Mas juro que não paguei a QuantoÉ. 'IstoÉ. Eduardo Bolsonaro mobiliza Legislativos nos Estados para facilitar porte de armas'." Deputado Eduardo Bolsonaro (PL-SP). Fonte: o próprio Twitter.

04 de março de 2022
"O pior da guerra ainda está por vir." Vladimir Putin, presidente da Rússia. Fonte: Metrópoles.

05 de março de 2022
"Quando o áudio da reunião a portas fechadas do Presidente Jair Bolsonaro com seus ministros vazou pelas mãos do então ministro do STF, Celso de Mello, pensaram que iriam prejudicar o Presidente mas o povo viu que ele é o mesmo, em público e no privado, luta por seu povo. Já seus detratores..." Deputada Bia Kicis (PSL-DF). Fonte: O próprio Twitter.

05 de março de 2022
"É impressão minha ou o pessoal do Bumbum Guloso só está 'lamentando' a fala do Mamãe Falei e esquecendo do 'tour de blonde' do especialista Renan dos Santos? E tem muita gente sumida da internet hoje. Vale conferir cada nome desses para depois não se dizer enganado." Deputado Eduardo Bolsonaro (PL-SP). Fonte: o próprio Twitter.

05 março de 2021
"A partir de amanhã, tudo será fechado no Rio de Janeiro [isolamento social devido à Covid-19]. Somente os buracos das ruas continuarão abertos. (...) Dudu Dudu ... [prefeito Eduardo Paes, PSD-RJ]. Não foi isso que você disse na época da eleição... Aiaiai menino levado!" Elizangela, atriz. Fonte: o próprio Instagram e o UOL, Splash (21/01/2022).

05 de março de 2022
"Não me diga!? De novo essa ladainha? 'Política: FHC diz que votaria em Lula contra Bolsonaro'." Vereador Carlos Bolsonaro (Republicanos-RJ). Fonte: o próprio Twitter.

**05 de março de 2022**
"Economia brasileira em crescimento no biênio 20-21. Ótimo trabalho! A equipe econômica do governo me representa." Gustavo Cerbasi, 'Inteligência Financeira é pensar sua riqueza de maneira diferente!'. Fonte: o próprio Twitter.

**05 de março de 2022**
"Vou fazer uma pergunta para você: o que é que você acha se um empresário dissesse que dá preferência a brancos na hora de contratar os seus empregados? E se esse empresário dissesse que dá preferência a negros? Mais ou menos lá o que aconteceu com Magalu [a empresa Magazine Luiza]. E se você ouvisse uma pessoa dizer que na hora de contratar para fazer uma obra dá preferência a mulheres? Isso tudo daí que a gente está vivendo é a ditadura do politicamente correto, onde pouco importa a meritocracia, mas a cor da pele, o sexo, dentre outras características da pessoa que nada se relaciona com o trabalho que ela vai fazer. É contra isso daí que eu não consigo ficar quieto, e é por isso que eu critiquei esse vídeo aqui da obra do metrô de São Paulo que veio aí a perfurar o Rio Tietê. Dá uma olhada nesse trechinho aqui: (...) [vídeo com funcionárias falando sobre a referida obra]. Gerar mais de 9.000 empregos, bacana, parabéns! Agora, contratar mais mulher porque mulher está na obra de infraestrutura, eu não entendi, né? Achei até que foi desmerecimento com os homens (...)." Deputado Eduardo Bolsonaro (PL-SP). Fonte: a própria rede social.

**06 de março de 2022**
"Tão asquerosa que nem merece comentário." Presidente Jair Bolsonaro, se referindo aos áudios do deputado estadual Arthur do Val (Podemos-SP), que destratou mulheres ucranianas em plena guerra. Fonte: Folha, por Constança Rezende e Nathalia Garcia.

**06 de março de 2022**
"O movimento da impren$a está posto e claro diante das diárias tentativas de se criar uma FALSA e 'possível' opção, com o intuito de satisfazer seus intere$$es, usando psicologicamente o povo e crendo que são idiotas!" Vereador Carlos Bolsonaro (Republicanos-RJ). Fonte: o próprio Twitter.

**BOLSONARO E SEUS SEGUIDORES: O HORROR EM 3.560 FRASES**

**07 de março de 2022**
"Quando o primeiro passaporte vacinal foi decretado no Rio [de Janeiro] em 2021, acionamos o MPRJ [Ministério Público Estadual do Rio de Janeiro] contra seus abusos sob o protocolo número 2021.23052216919 (16/09/21). Acionamos também o MP [Ministério Público] requerendo habeas corpus sobre o assunto e fomos, infelizmente, derrotados." Vereador Carlos Bolsonaro (Republicanos-RJ). Fonte: o próprio Twitter.

**07 de março de 2022**
"Na crise [guerra entre a Rússia e a Ucrânia], apareceu uma boa oportunidade pra gente. Nós temos um projeto desde 2020 que permite então nós explorarmos essas terras indígenas, de acordo com o interesse do índio. Se eles [os indígenas] concordarem, podemos explorar minérios, fazer hidrelétricas, o que o fazendeiro faz na tua terra (sic), o indígena pode fazer do lado. (...) Roraima é o estado mais rico proporcionalmente. Isso tudo foi perdido, dá pra ser recuperado, porque os políticos locais deixaram que o estado fosse tomado por reservas indígenas e outras áreas voltadas para a proteção ambiental que sufocaram o Estado brasileiro. Inadmissível, dois terços do estado estão inviabilizados. (...) Poderia fazer quatro ou cinco represas ali e explorar, tirar energia elétrica limpa daquela região, pelo potencial dá pra atender Roraima todo, parte da região Norte e parte do Nordeste. Não é feito porque está sendo feito dentro da reserva indígena. (...) Tudo certo pelo governo, conseguimos vencer todas as barreiras burocráticas e questões ambientais. Trabalhamos para derrubar o impedimento imposto por uma ONG que procurou a Justiça. Muitas das ONGs são bancadas por dinheiro fora do Brasil." Presidente Jair Bolsonaro. Fonte: O Tempo, por Renato Alves.

**08 de março de 2022**
"(...) Hoje em dia as mulheres estão praticamente integradas à sociedade." Presidente Jair Bolsonaro, em cerimônia de homenagem ao Dia Internacional da Mulher no Palácio do Planalto. Fonte: TV Brasil.

**08 de março de 2022**
"Dizem que a mulher é o sexo frágil. Através da Primeira-Dama do nosso querido Brasil, Michelle Bolsonaro, e da minha esposa, Marcia Queiroz, desejo a todas as mulheres um feliz DIA INTERNACIONAL DA MULHER." Fabrício Queiroz, subtenente da reserva da PM do Rio de Janeiro. Fonte: o próprio Instagram.

**08 de março de 2022**
"Hoje, ONGs nacionais e internacionais que dizem defender o meio ambiente, mas ignoram os problemas relacionados em seus países estão orquestradíssimas, não tendo nem a preocupação em mudar temas de matérias. Esses são os 'gabinetes do ódio do bem'! manipulação com muito método!" Vereador Carlos Bolsonaro (Republicanos-RJ). Fonte: o próprio Twitter.

**08 de março de 2022**
"Eu não vejo a hora de um dia entregar o bastão da Presidência para poder ir à praia, tomar um caldo de cana na rua, voltar a pescar na baía de Angra, ter paz. (...) Mas eu creio que uma coisa fala por tudo isso aí: quem estaria no meu lugar se a facada fosse fatal? Como estaria o Brasil com essa pandemia? Nem vou falar sobre desvios; se alguém entrar nessa casa e me roubar tudo, vou ficar chateado (...), mas isso você pode recuperar; mas se esse partido, essa ideologia, essa gangue, essa quadrilha roubar a nossa liberdade, aí complica a situação. (...) Existe gente melhor do que eu? Milhares, mas, na oportunidade do momento, o nome que sai é o meu." Presidente Jair Bolsonaro. Fonte: Tribuna de Jundiaí (09/03/2022).

**08 de março de 2022**
"Ciclo Brasil de Ideias MULHER. Na semana da Mulher, o Grupo Voto fomenta a participação feminina na política. Jair Bolsonaro 10/mar. Arthur Lira 10/mar. Paulo Guedes 10/mar. Tarcísio de Freitas 9/mar. Rodrigo Garcia 15/mar." Grupo Voto. Fonte: Eixo Político.

**09 de março de 2022**
"Não assisto o BBB22. Muito ruim. Boa noite a todos." Presidente Jair Bolsonaro, no Twitter, às 3h34 da madrugada. Fonte: Tribuna de Jundiaí.

**09 de março de 2022**
"O consumo familiar subiu 3,6%, assim como subiram a poupança e o investimento privado. Fonte de emprego para a mão de obra mais necessitada, a construção civil cresceu 9,7%. O investimento estrangeiro já procura o Brasil como Porto Seguro. 'Milagre Brasileiro — ALEXANDRE GARCIA (...)'." Martha Seillier, secretária do Programa de Parcerias e Investimentos (PPI) do Ministério da Economia. Fonte: o próprio Twitter.

**09 de março de 2022**
"Às vezes, me pergunto o que teria ocorrido se o presidente não fosse o Bolsonaro, mas o Fernando Haddad. Teria sido o caos. O país teria testemunhado convulsões e saques, e o Haddad certamente não teria terminado o governo dele. (...) O presidente [Jair Bolsonaro] tem uma maneira muito espontânea de dizer as coisas e é preciso respeitar isso. Eu pessoalmente confio nas urnas eletrônicas, mas não quer dizer que elas não possam ser fraudadas. (...) Não tenho dúvida [que o presidente Jair Bolsonaro aceitará o resultado da eleição independentemente de qual seja]. O presidente é um grande democrata. Se tem uma pessoa que respeita a democracia no país é o presidente, ao contrário do PT. (...) Eu também já falei lá atrás que o Bolsonaro era fascista. Hoje me arrependo, porque agora conheço o presidente Bolsonaro. São situações de outra época (...)." Ciro Nogueira, ministro-chefe da Casa Civil. Fonte: Veja, por Daniel Pereira.

**BOLSONARO E SEUS SEGUIDORES: O HORROR EM 3.560 FRASES**

09 de março de 2022
"Acho que o padeiro distraído ficou nervosinho!" Vereador Carlos Bolsonaro (Republicanos-RJ). Fonte: o próprio Twitter.

09 de março de 2022
"Estou há mais de um mês classificado como produtor de fake news no Instagram, indisponível nas buscas e perdendo seguidores por causa de uma piada classificada como informação falsa [reprodução da capa da revista TIME com a foto do presidente Jair Bolsonaro, usando a faixa presidencial, e com os dizeres: 'TIME Person of the Year. JAIR BOLSONARO. PRESIDENTE DO BRASIL E LÍDER DO MUNDO LIVRE'] Entendem a gravidade disto? O quão criminosas são as ditas agências de checagem?" André Porciúncula, secretário nacional de Incentivo e Fomento à Cultura — Lei Rouanet. Fonte: Folha Ilustrada, no Instagram.

09 de março de 2022
"Chega de focinheira em qualquer lugar! Aberto ou fechado, queremos respirar! Levaremos ao 'centro de contingência' do Governo de SP mais esse pedido: acabar com a obrigatoriedade de máscara em TODO LUGAR!" Deputado estadual Douglas Garcia (Republicanos-SP). Fonte: o próprio Twitter.

09 de março de 2022
"No início da pandemia quando eu dizia que o lockdown não diminuiria contágio e que o modelo de enfrentamento à Covid era a Suécia, parte da mídia gaúcha me taxava de negacionista e genocida. Passados 2 anos a Suécia tem 40% da mortalidade do RS, e o silêncio da mídia é ensurdecedor!" Deputado Osmar Terra (MDB-RS), médico. Fonte: o próprio Twitter.

09 de março de 2022
"Seria muito fácil estar do outro lado. Mas, como eu acredito em Deus, se fosse para estar do outro lado, nós não seríamos escolhidos. Eu falo 'nós' porque a responsabilidade é de todos nós. Eu dirijo a nação para o lado que os senhores assim o desejarem. (...) Hoje nós temos alguém [André Mendonça, ministro] dentro do STF [Supremo Tribunal Federal] que tem Deus no coração." Presidente Jair Bolsonaro, em um evento com lideranças evangélicas. Fonte: Correio.

10 de março de 2022
"Deixa de ser demagogo [se referindo ao ex-presidente Luiz Inácio Lula da Silva]. São os próprios indígenas que estão garimpando em suas terras, na maioria dos casos." Ricardo Salles, ex-ministro do Meio Ambiente. Fonte: o próprio Twitter.

**10 de março de 2022**
"Cássio Machado é mais um trabalhador que tomou a vacina de Covid e morreu. Saudável, 32 anos. Se vacinou e passou a sentir dores no peito. Em 12 dias estava morto (parada cardíaca). Ninguém investiga. E tiranetes como João Dória [governador de São Paulo] e Eduardo Paes [prefeito do Rio de Janeiro] seguem exigindo o passaporte [vacinal] da vergonha." Guilherme Fiuza, jornalista, colunista da Revista Oeste. Fonte: O próprio Twitter.

**10 de março de 2022**
"Petrobras poderia ter deixado o aumento pra semana que vem. Nós estamos votando no Congresso medidas para evitar a alta, devido a guerra da Ucrânia. Direção da Petrobras foi insensível. Nada que não suportasse uma semana, depois de tudo que o PT roubou." Deputado Bibo Nunes (PL-RS). Fonte: o próprio Twitter.

**10 de março de 2022**
"Apoiei o presidente Jair Bolsonaro, fiz campanha para ele, e de graça. Recebi a comenda do mérito de Mauá, o maior mérito do transporte que existe no Brasil, pelos serviços prestados ao transporte. E, com toda sinceridade, não trabalho mais para ele, não voto nele. Tudo o que prometeu para nós, ele não cumpriu." Wallace Landim, conhecido como Chorão, presidente da Associação Brasileira de Condutores de Veículos Automotores (Abrava) e um dos principais líderes da greve dos caminhoneiros de 2018. Fonte: Folha, por Luiz Antonio Cintra.

**10 de março de 2022**
"Me causou espanto a insensibilidade da Petrobras com os brasileiros — os verdadeiros donos da companhia. O aumento de hoje foi um tapa na cara de um país que luta para voltar a crescer." Deputado Arthur Lira (PP-AL), presidente da Câmara dos Deputados. Fonte: o próprio Twitter.

**10 de março de 2022**
"A Damares Alves da Hungria é a nova presidente do país. Aliada de Viktor Orban [primeiro-ministro da Hungria], Katalin Novák era Ministra da Família na Hungria. Parabéns." Deputado Eduardo Bolsonaro (PL-SP). Fonte: o próprio Twitter.

**10 de março de 2022**
"Até a [Rede] Globo já afirmou em matéria que a máscara só deve ser usada por quem apresenta sintomas da Covid, até fazer o exame. Está passando da hora de tornar facultativo o uso da focinheira. Usa quem sentir a necessidade. Liberdade sempre!" Deputada Carla Zambelli (PSL-SP). Fonte: o próprio Twitter.

**BOLSONARO E SEUS SEGUIDORES: O HORROR EM 3.560 FRASES**

**10 de março de 2022**
"Cada vez mais, nós estamos nos organizando para que possamos bem representar o nosso Estado e o Brasil por ocasião do futuro político que se apresenta para todos nós. Estamos somando forças com o nosso pré-candidato ao governo de Pernambuco, Anderson Ferreira [prefeito de Jaboatão dos Guararapes], e também Gilson Machado Neto [ministro do Turismo] para o Senado." Presidente Jair Bolsonaro. Fonte: Poder360, por Emilly Behnke.

**10 de março de 2022**
"Ele [presidente Jair Bolsonaro] está trilhando a curva de amadurecimento. Vejo que era muito pior lá atrás. Acho que ele está aprendendo a construir e vejo que está no caminho crescente de relacionamento institucional. Ele trocou muitas farpas com a mídia? Sim. Mas não teve nenhuma ação contra a mídia. Ele acaba sofrendo muito as consequências pelo excesso de sinceridade, de combatividade. Mas, efetivamente, é incapaz de tomar qualquer ação que não seja dentro das quatro linhas [da Constituição]." Tarcísio de Freitas, ministro da Infraestrutura. Fonte: O Antagonista.

**10 de março de 2022**
"Os brasileiros têm um, dois iPhones, às vezes. Então, nós já somos um país de profundidade digital. A pandemia [da Covid-19] nos jogou mais rápido ainda em direção a esse futuro." Paulo Guedes, ministro da Economia. Fonte: CartaCapital.

**10 de março de 2022**
"Na verdade deveríamos usar o imunizados em vez de vacinados, para se referir a quem está protegido, realmente, por anticorpos contra o vírus. Porque se a vacina [contra a Covid-19] não é eficaz pode não haver imunidade num percentual importante. E aí o vacinado pode contrair a infecção, como na Ômicron." Deputado Osmar Terra (MDB-RS), médico. Fonte: o próprio Twitter.

**10 de março de 2022**
"Pessoal do campo, o ladrão de nove dedos vai tirar sua arma, sua casa e sua liberdade!" Senador Flávio Bolsonaro (PL-RJ). Fonte: Folha, por Fábio Zanini.

**11 de março de 2022**
"Prefeitura de Balneário Camboriú solicita aos munícipes feios que continuem de máscara." Vereador Victor Forte (PL-Balneário Camboriú-SC). Fonte: Estadão, por Fausto Macedo e Jayanne Rodrigues.

**11 de março de 2022**
"Direita Paraná Oficial. Palestrantes. BRASIL PROFUNDO. Eduardo Bolsonaro, Ana Paula Henkel, Filipe Barros, Carla Zambelli, Nikolas Ferreira, Damares Alves, Mario Frias, Ana Campagnolo, Bernardo Küster, Cristina Graeml, Ogier Buchi, Adrilles Jorge, Paulo Briguet, André Porciúncula, Osni Ferreira, André Pirajá, Gabriel Giannattasio, Canal Hipócritas, Felipe Pedri, Fernando Conrado. Direita Paraná. Instituto Conservador Liberal. Paraná Conservador." Direita Paraná Oficial. Fonte: Instagram do Brasil Fede Covid.

**11 de março de 2022**
"Parabéns. 'VENCEMOS! Marido [Deputado Túlio Gadêlha, REDE-PE] de Fátima Bernardes [apresentadora da Rede Globo] perde na justiça, ação por projeto de Lei que permitia pai se casar com filha. Carla Zambelli'." Deputado Osmar Terra (MDB-RS), médico. Fonte: o próprio Twitter.

**12 de março de 2022**
"Lamento, porque poderia ter esperado mais um dia [para anunciar o aumento dos preços dos combustíveis]. A Petrobras demonstra que não tem qualquer sensibilidade com a população. É Petrobras Futebol Clube, o resto que se exploda. Se tivesse atrasado um dia." Presidente Jair Bolsonaro. Fonte: UOL.

**12 de março de 2022**
"Eles [ministros do STF] estão violando a nossa própria Constituição, o princípio de separação de Poderes e o princípio republicano. Parece que estão resgatando o absolutismo, a época em que o monarca era o Estado, eram as leis, e tudo podia. (...) Está havendo um atropelo de regras e de direitos. (...) Magistocracia." Alexandre Ramagem, diretor da Agência Brasileira de Inteligência (Abin). Fonte: Metrópoles, por Guilherme Amado.

**12 de março de 2022**
"O [Sérgio] Moro [ex-ministro da Justiça e Segurança Pública] no Ministério da Justiça primeiro parecia um grande acerto, uma grande esperança. Depois acabou sendo uma grande decepção. Depois o que se viu foi uma grande traição, uma deliberada traição. (...) [Paulo Guedes, ministro da Economia] está ali guerreando, sabendo da arena política. [Sérgio Moro, por outro lado] deu para trás quando foi contrariado no ambiente político. (...) O presidente [Jair Bolsonaro] precisava de dois leões grandes ali. Um [Paulo Guedes] se mostrou leão, o outro [Sérgio Moro] se mostrou o quê? Um gatinho mimadinho, que não pode ser contrariado." Alexandre Ramagem, diretor da Agência Brasileira de Inteligência (Abin). Fonte: Metrópoles, por Guilherme Amado.

**BOLSONARO E SEUS SEGUIDORES: O HORROR EM 3.560 FRASES**

12 de março de 2022
"Eu gostaria de perguntar a alguns seres humanos que me antecederam [na sessão da Câmara dos Vereadores] quem foi que comprou 400 milhões de doses de vacina para o Brasil? Foi o ex-presidiário Luiz Inácio Lula da Silva ou foi o presidente Jair Bolsonaro? (...) Quem foi que destinou os bilhões de reais para estados e municípios combaterem a Covid ao longo dessa pandemia? Como é que uma pessoa pega e tem a cara de pau de dizer que o presidente Bolsonaro é isso e aquilo o tempo inteiro, com provocação e sem nenhuma objetividade, presidente?" Vereador Carlos Bolsonaro (Republicanos-RJ). Fonte: Folha, por Marianna Holanda e Julia Chaib.

13 de março de 2022
"No momento, temos inflação sim, aumento dos combustíveis, mas isso acontece no mundo todo. Estamos dando o melhor de nós. Agora, tenha certeza, quem pesquisa e vê, sabe que uma das gasolinas mais baratas do mundo é a nossa. Nós também estamos sofrendo, mas não tanto quanto os povos aí fora." Presidente Jair Bolsonaro, por videoconferência durante o Congresso Brasil Profundo, organizado pelo deputado federal Filipe Barros (PL-PR). Fonte: O Antagonista.

13 de março de 2022
"É com muita honra e muita responsabilidade que encaro mais esse desafio: sou pré-candidato a deputado federal por São Paulo. Missão dada pelo presidente Bolsonaro, é missão cumprida. Sempre deixei claro que seguiria junto ao presidente por onde ele fosse. Estou pronto para toda e qualquer missão que me for designada." Mario Frias, secretário especial de Cultura. Fonte: O Antagonista.

13 de março de 2022
"Quem pensa que estou abrindo a porta dos quartéis para Lula e PT, desconhece a minha história e o papel das Forças Armadas, em especial do Exército Brasileiro. Continuo firme, afirmando que o governo do PT foi catastrófico para o Brasil e que o retorno ao poder trará retrocessos." General Hamilton Mourão, vice-presidente da República. Fonte: o próprio Twitter.

13 de março de 2022
"Mesmo que Bolsonaro tenha 99% dos votos, as classes intelectuais, os meios de comunicação e aquilo que se apresenta como o 'campo progressista' vão dizer que o resultado não vale." J. R. Guzzo, colunista da Revista Oeste, do jornal O Estado de S.Paulo e da Gazeta do Povo. Fonte: o próprio Twitter.

**13 de março de 2022**
"Assim que tomei conhecimento de detalhes asquerosos do filme 'Como se tornar o pior aluno da escola', atualmente em exibição na Netflix Brasil, determinei imediatamente que os vários setores do Ministério da Justiça e Segurança Pública adotem as providências cabíveis para o caso!!" Anderson Torres, ministro da Justiça e Segurança Pública. Fonte: o próprio Twitter.

**13 de março de 2022**
"Parabéns Ministro [Anderson Torres, da Justiça e Segurança Pública]. Estamos fazendo o mesmo aqui na Cultura. Isso não pode continuar!" Mario Frias, secretário especial de Cultura. Fonte: o próprio Twitter.

**13 de março de 2022**
"Hoje nós temos dois nomes que são decentes e vão ser imparciais [no Supremo Tribunal Federal], que é o [ministro] Kassio Nunes e o [ministro] André Mendonça. O restante, sim, tinha que se aposentar com 60, 50, talvez nem ter entrado. Porque precisamos de pessoas sérias [no STF]." Deputado Daniel Silveira (PSL-RJ). Fonte: UOL.

**14 de março de 2022**
"É no mínimo DESONESTIDADE, ter saudade da gasolina por 2 reais, do arroz 4 reais e da carne 11 reais, mas não tem saudade do SALÁRIO MÍNIMO DE 260 REAIS." Gilson Machado Neto, ministro do Turismo, no próprio Twitter. Fonte: Brasil Fede Covid.

**14 de março de 2022**
"Se ele [Paulo André, que participou dos Jogos Olímpicos de 2021] está no programa [Big Brother Brasil (BBB), da Globo] e recebendo o Bolsa Atleta [Federal, que é de R$ 1.850 por mês], eu acredito que possa ser cortado sim. Vou até verificar." João Roma, ministro da Cidadania. Fonte: Metrópoles.

**14 de março de 2022**
"Não vamos permitir que a educação brasileira vá por um caminho de tentar ensinar coisa errada às crianças. (...) Não tem esse negócio de ensinar 'você nasceu homem, pode ser mulher'." Milton Ribeiro, ministro da Educação. Fonte: Folha, no Editorial.

15 de março de 2022
"Não tinha pretensão [política], não. Mas estou vendo o pessoal me abraçando na rua. Todo mundo dizendo: 'tem que vir. Você é leal'. Eu, leal? Não tem nada de errado lá não. Se eu falasse alguma coisa eu ia ser canalha. Inventar eu não invento. (...) Amo aquela família. Tenho o maior respeito. Eles pagaram muito alto. O alvo era eles, não eu. Fui acusado de tudo, mas eu nunca acusei ninguém. Tenho certeza que isso vai zerar, eu confio na Justiça. E aí, sim, vou chegar no presidente e [dizer]: 'Vamos voltar a nossa relação'. (...) Nunca existiu transação no gabinete da família Bolsonaro. Eles são incorruptíveis. Isso eu falo e atesto. O problema é meu. Confio na Justiça. Eles vão ter que me aturar." Fabrício Queiroz. Fonte: Folha, Italo Nogueira e Catia Seabra.

15 de março de 2022
"O eleitor do Bolsonaro é fiel e, aconteça o acontecer, o resultado vai vir. Por isso nós temos que ser fiéis ao Bolsonaro, fazer tudo que ele pede, tudo que ele precisa." Valdemar Costa Neto, presidente do PL. Fonte: UOL, por Rafael Neves.

15 de março de 2022
"DIÁRIO OFICIAL DA UNIÃO. PORTARIA MJSP Nº 47. O MINISTRO DE ESTADO DA JUSTIÇA E SEGURANÇA PÚBLICA (...) [Concede] a Medalha do Mérito Indigenista, como reconhecimento pelos serviços relevantes em caráter altruísticos, relacionados com o bem-estar, a proteção e a defesa das comunidades indígenas, aos seguintes colaboradores: JAIR MESSIAS BOLSONARO [presidente da República]; ANDERSON GUSTAVO TORRES [ministro da Justiça e Segurança Pública]; [General] WALTER SOUZA BRAGA NETO [ministro da Defesa]; TEREZA CRISTINA CORREA DA COSTA DIAS [ministra da Agricultura]; DAMARES REGINA ALVES [Ministra da Mulher, da Família e dos Direitos Humanos]; [General] AUGUSTO HELENO RIBEIRO PEREIRA [ministro-chefe do Gabinete de Segurança Institucional]; (...)." Ministério da Justiça e Segurança Pública. Fonte: Diário Oficial da União.

15 de março de 2022
"O Ministério da Justiça e Segurança Pública, por meio da Secretaria Nacional do Consumidor, determinou cautelarmente que as plataformas que possuem o filme 'Como se tornar o pior aluno da escola' em seu portfólio suspendam sua exibição imediatamente. O não cumprimento resulta em multa diária de R$ 50 mil." Anderson Torres, ministro da Justiça e Segurança Pública. Fonte: o próprio Twitter.

**16 de março de 2022**
"É Impagável o preço do combustível no Brasil. E lamentavelmente a Petrobras não colabora com nada. Muita gente me critica, como se eu tivesse poderes sobre a Petrobras. Não tenho poderes sobre a Petrobras. Para mim, é uma empresa que poderia ser privatizada hoje, ficaria livre desse problema." Presidente Jair Bolsonaro, em entrevista à TV Ponta Negra. Fonte: O Antagonista.

**16 de março de 2022**
"Seria um absurdo dizer que eu não converso [com o ex-presidente Luiz Inácio Lula da Silva]. Sou um servo de Deus. Eu converso, mas tenho uma posição: vou apoiar Bolsonaro." Apóstolo Estevem Hernandes, líder da igreja Renascer. Fonte: Folha, por Fábio Zanini.

**16 de março de 2022**
"Devemos, se Deus quiser, a partir do início do mês que vem, com a decisão do ministro da Saúde [Marcelo Queiroga] de colocar um fim na pandemia [da Covid-19], via portaria, nós voltarmos à normalidade no Brasil. (...) Não se justifica (sic) mais todos esses cuidados no tocante ao vírus, praticamente acabou. Parece que acabamos a situação da pandemia." Presidente Jair Bolsonaro. Fonte: UOL, por Jamil Chade.

16 de março de 2022
**"Nós temos, graças a Deus, força para lutar contra o mal. Não é esquerda contra direita, é o bem contra o mal." Presidente Jair Bolsonaro. Fonte: CartaCapital.**

**16 de março de 2022**
"A tendência do [Marcelo] Queiroga [ministro da Saúde], que é autoridade nesta questão, tem conversado na Câmara de Deputados, parlamentares, também o Supremo, que é o órgão federal. A ideia é que até o dia 31 [de março], é a ideia dele, passar de pandemia [Covid-19] para endemia e vocês vão ficar livres da máscara em definitivo." Presidente Jair Bolsonaro. Fonte: G1, por Eric Luis Carvalho.

**17 de março de 2022**
"Senhores nordestinos, prezado Ciro Gomes... Ciro Nogueira, nordestino. Quase que eu falo um palavrão aqui." Presidente Jair Bolsonaro. Fonte: Diário de Pernambuco, por Ana Mendonça.

**17 de março de 2022**
"Estou muito honrada de vestir essa farda [da Polícia Rodoviária Federal]. Estou me sentindo, tá? Fiquei muito nervosa quando eu comecei a colocar, tive que ligar para a Fabrícia para saber como fechava o cinto. Meu marido [presidente Jair Bolsonaro] ainda falou assim: 'Olha, você tá...' Não posso falar o que ele falou, tá?" Michelle Bolsonaro, primeira-dama, rindo, no evento '1º Encontro de Mulheres PRFs', organizado pela Federação Nacional dos Policiais Rodoviários Federais (Fenaprf). Fonte: Metrópoles, por Guilherme Amado.

**BOLSONARO E SEUS SEGUIDORES: O HORROR EM 3.560 FRASES**

**17 de março de 2022**
"Eu tenho uma previsão. Muita gente acha que, daqui a dois meses, o presidente [Jair Bolsonaro] já vai estar em empate com o [ex-presidente Luiz Inácio Lula da Silva] Lula [nas eleições presidenciais de 2022]. Nas convenções [partidárias], já vai estar na frente. Mais perto da eleição, nós vamos fazer as contas [para ver] se ele ganha no primeiro turno. Minha previsão é essa, pelas pesquisas que nós temos em mãos." Ciro Nogueira (PP-PI), ministro-chefe da Casa Civil, no programa 'Conversa com Bial' da TV Globo. Fonte: UOL.

**17 de março de 2022**
"O Parlamento vem melhorando. Ulysses Guimarães dizia o seguinte, quando alguém reclamava do Parlamento: 'espere o próximo'. O de agora já é melhor do que o anterior. Eu tenho certeza que o de 23 será melhor. Assim como sei que o dia em que eu disputar as eleições para presidente, se alguém ganhar de mim, é porque é melhor do que eu." Presidente Jair Bolsonaro. Fonte: Poder360, por Vitória Queiroz.

**17 de março de 2022**
"Como pode me acusar de *fake news* contra o candidato derrotado [Fernando Haddad] se para fazer *fake news* contra o candidato derrotado eu teria dizer que eles eram contra o aborto, dizer que eles eram combatentes contra corrupção, que eles defendiam a família, que não eram corruptos. Isso seria *fake news*." Presidente Jair Bolsonaro. Fonte: Poder360, por Vitória Queiroz.

**17 de março de 2022**
"Renan Santos: investigado por dívidas de R$ 369 milhões e lavagem de dinheiro. Kim Kataguiri: defendendo partido nazista. Mamãe Falei: falando sobre aproveitar sexualmente de vítimas de guerra. 3ª via: um imenso fracasso. O futuro do MBL tem muito potencial, pode confiar [emoji com sorriso de ironia]." Deputado Eduardo Bolsonaro (PL-SP). Fonte: o próprio Twitter.

**17 de março de 2022**
"A Petrobras é praticamente independente. Então, cobrem da Petrobras. Isso daí é uma boa ação por parte de vocês [Justiça]. Então cobrem de quem de direito, não de mim. Se eu tivesse poderes, obviamente, poderia sugerir coisa à Petrobras e, em comum acordo, discutindo e etc., acertaríamos muita coisa lá, visando sempre a produtividade em consequência da diminuição do preço dos combustíveis. (...) Deixo claro para a Justiça brasileira, por favor, eu não tenho ascendência sobre a Petrobras. Se eu quiser hoje trocar o presidente da Petrobras, eu não posso trocar. Se eu quiser trocar hoje o diretor da Petrobras, eu não posso trocar." Presidente Jair Bolsonaro. Fonte: Poder360, por Vitória Queiroz.

17 de março de 2022
"A guerra [invasão da Ucrânia pela Rússia] que pode mesmo começar matará mais gente do que a Primeira e a Segunda Guerras Mundiais juntas. É a guerra que trata simplesmente dos nossos alimentos, segurança alimentar. (...) Se esse problema se avolumar lá entre a Ucrânia e a Rússia, vai faltar fertilizante. Se faltar potássio, teremos um baque na agricultura brasileira. O primeiro baque é o quê? Queda em produtividade. O segundo é não produção. Segurança alimentar em risco." Presidente Jair Bolsonaro, em discurso durante evento no Palácio do Planalto. Fonte: IstoÉ Dinheiro, por Lisandra Paraguassu.

**17 de março de 2022**
"Políticas restritivas, como se ficando dentro de casa, preferencialmente embaixo da cama, o vírus fosse embora. Talvez eu tenha sido o único chefe de Estado do mundo que disse que deveria ser diferente desde o início. Lamentavelmente, por decisão judicial, eu perdi a possibilidade de conduzir o destino da Nação durante a pandemia." Presidente Jair Bolsonaro. Fonte: CartaCapital.

18 de março de 2022
"É extremamente leviano quem diz que há neste governo desmonte das ações para assegurar os direitos dos povos indígenas. (...) [A medalha do Mérito Indigenista dada ao presidente Jair Bolsonaro é um reconhecimento pelos serviços relevantes em caráter altruísticos, relacionados com o bem-estar, a proteção e a defesa das comunicações indígenas." Anderson Torres, ministro da Justiça e Segurança Pública. Fonte: UOL e Estadão Conteúdo, por Lucas Valença.

18 de março de 2022
"O presidente Bolsonaro sabe que tem toda a minha lealdade e apoio irrestrito ao seu projeto de reeleição." General Hamilton Mourão, vice-presidente da República. Fonte: Metrópoles, por Ricardo Noblat.

**BOLSONARO E SEUS SEGUIDORES: O HORROR EM 3.560 FRASES**

**18 de março de 2022**
"[Decidi me candidatar porque] virei um leproso e quero mudar isso aí. (...) Não sei [se a família Bolsonaro vai me apoiar], não tem pressão de minha parte. Mas já pensou? Fico pensando neles com as bandeiras do Queiroz: lealdade, fidelidade, pátria, Brasil, democracia e porrada na esquerda. (...) Nenhuma [mágoas do clã]. Não fui abandonado. Mas, se eu sou presidente, pegaria o Queiroz e botaria do meu lado, entendeu? Teria me levado para Brasília, nem que fosse para cortar grama do Palácio. Quantos vagabundos há por aí, todos empregados? Por que tenho que passar por isso? (...) [Sobre o depósito de 89.000 reais na conta da primeira-dama Michelle Bolsonaro,] pedi três empréstimos para o Jair [Bolsonaro]. Uma vez estava com 20.000 reais negativos no cheque especial, na outra foram 30.000 [reais] para comprar um Honda e depois mais 40.000 [reais] para um carro blindado. O Rio é muito perigoso. (...) Que rachadinha? Qual é o problema de ter o dinheiro na minha conta? Não estava na cueca, não. Sou um cara que faz rolo. Quem depositou na minha conta teve lucro, pelo menos um lucrozinho. Quanto às despesas de Flávio [Bolsonaro], é coisa normal. Até as minhas eu já pedi para alguém pagar no banco. (...) [Eu me escondi em Atibaia porque] o capitão Adriano [Magalhães da Nóbrega], que Deus o tenha, chegou para mim e disse: 'Tem gente querendo te matar'. Aí eu fui para Atibaia, protegido pelo [Frederick] Wassef [advogado da família Bolsonaro]. (...) Estava todo mundo em cima e nos encontramos [Flávio Bolsonaro] em um estacionamento de um supermercado na Barra da Tijuca. Eu o tranquilizei: 'Esse negócio [do escândalo da rachadinha] é meu, não tem nada a ver com vocês'. (...) [As transações imobiliárias são] problema dele, imóveis não têm nada a ver comigo. (...) Não [falo com o presidente Jair Bolsonaro]. Sou militar e obedeço. Desde 1984, a gente tinha uma afinidade legal, pô. Peguei os filhos dele no colo. Tudo novinho, loirinho, bonitinho." Fabrício Queiroz. Fonte: Veja, por Caio Sartori e Sofia Cerqueira.

**18 de março de 2022**
"Nesses tempos difíceis, muitas pessoas mostraram o que são. Traidores. (...) Eles desaparecem sozinhos de nossas vidas. Algumas pessoas estão deixando seus postos, outros o trabalho, outros o país. É assim que a purificação acontece. (...) O povo russo sempre distinguirá os verdadeiros patriotas da escória o dos traidores, e apenas cuspi-los para fora como um mosquito que entrou acidentalmente na sua boca." Dmitri Peskov, porta-voz do Kremlin, do governo de Vladimir Putin, Rússia. Fonte: Folha, por Igor Gielow.

**18 de março de 2022**
"Se nós tivéssemos impostos baixos, os brasileiros não estavam indo pro Paraguai pra fazer soja, chicote elétrico. Tudo que está sendo feito lá, poderia estar sendo feito aqui e está sendo feito lá porque a gente tem imposto muito alto e o Paraguai inteligentemente baixou os impostos e virou o estado brasileiro mais rico, entre aspas, o que mais cresce." Paulo Guedes, ministro da Economia. Fonte: UOL e Congresso em Foco.

**18 de março de 2022**
"Sabemos o que precisamos fazer, como fazê-lo e a que custo. E cumpriremos absolutamente todos os nossos planos. Ombro a ombro, os soldados se ajudam, se apoiam e, quando necessário, se protegem das balas com seus corpos, como irmãos. Não existe amor maior do que dar a própria vida pelos verdadeiros amigos." Vladimir Putin, presidente da Rússia, parafraseando um versículo do Evangelho de João na Bíblia, no estádio lotado em Moscou, sobre a guerra contra a Ucrânia. Fonte: O Globo e agências internacionais.

**18 de março de 2022**
"Acho que alguns jornalistas perceberam que, para ser presidente da Petrobras, precisa ser conselheiro da empresa. Aí pensaram que por essa razão o [Rodolfo] Landim [presidente do Flamengo], no Conselho, seria então colocado como presidente. Mas isso não existe. Isso é ficção." Bento Albuquerque, Ministro das Minas e Energia. Fonte: Poder360.

**18 de março de 2022**
"Quando os livros de história contarem a respeito desse período, vão dizer o seguinte: 'Esse presidente [Jair Bolsonaro] passou por poucos problemas. Levou uma facada, passou por uma pandemia [da Covid-19], passou por uma guerra [da Rússia contra a Ucrânia], é talvez o líder do mundo ocidental que tenha passado pelo maior processo de ser desacreditado, o maior que eu já vi, e eu estou com 58 anos." Rogério Marinho, ministro do Desenvolvimento Regional, embargando a voz, no evento da Esfera Brasil, com a presença de Luiz Trabuco (Bradesco), Lucília Diniz (escritora e empresária), Rubens Ometto (Cosan), Flávio Rocha (Riachuelo) e Marcelo Alecrim (ALE). Fonte: O Globo, por Bela Megale.

**18 de março de 2022**
"Estava pensando como existem pessoas baixas, vis, desprezíveis, sujas, canalhas, sonsas, mentirosas, ególatras, sorrateiras, prepotentes, indignas de serem comparadas a lixo. Não sendo específico, apenas um desabafo e que o mundo seja melhor!" Vereador Carlos Bolsonaro (Republicanos-RJ). Fonte: o próprio Twitter.

18 de março de 2022
"Parece que tivemos um problema com e-mails entre nossos endereços corporativos do telegram.org e o Supremo Tribunal Federal do Brasil. Como resultado dessa falha de comunicação, o Tribunal [STF] decidiu banir [cancelar] o Telegram [no Brasil] por não responder. (...) Em nome de nossa equipe, peço desculpas ao Supremo Tribunal Federal por nossa negligência. Definitivamente, poderíamos ter feito um trabalho melhor." Pavel Durov, russo, fundador e presidente executivo da empresa. Fonte: UOL, Tilt, por Lucas Carvalho.

18 de março de 2022
"Olha as consequências da decisão monocrática de um ministro do Supremo Tribunal Federal. É inadmissível uma decisão dessa magnitude. Porque ele não conseguiu atingir duas ou três pessoas, que, na cabeça dele deveriam ser banidas do Telegram... Ele atinge 70 milhões de pessoas, podendo, inclusive, causar óbitos no Brasil, a partir do banimento, por falta de um contato." Presidente Jair Bolsonaro. Fonte: UOL.

18 de março de 2022
"Milhões de brasileiros sendo prejudicados repentinamente por uma decisão monocrática. Já determinei a diversos setores do Ministério da Justiça e Segurança Pública que estudem imediatamente uma solução para restabelecer ao povo o direito de usar o rede social que bem entenderem." Anderson Torres, ministro da Justiça e Segurança Pública. Fonte: o próprio Twitter.

19 de março de 2022
"STF [Supremo Tribunal Federal] bloquear o Telegram, no Brasil passa de todos os limites. Desrespeito e provocação constantes contra a Direita. Inadmissível!" Deputado Bibo Nunes (PL-RS). Fonte: o próprio Twitter.

19 de março de 2022
"Olá, sou um jornalista brasileiro que mora nos EUA, e só quero que o mundo saiba que o Brasil está sob uma ditadura agora, não pelo nosso presidente [Jair Bolsonaro], mas pelo Supremo Tribunal Federal. As redes sociais estão sob censura para atacar a campanha eleitoral do presidente. Não há estado de direito lá [no Brasil]." Rodrigo Constantino, jornalista, em texto escrito em inglês. Fonte: o próprio Twitter.

**19 de março de 2022**
"AS PORTAS DO INFERNO NÃO PREVALECERÃO. (...) Jesus Cristo encorajou o apóstolo Pedro e seus discípulos, garantindo que as portas do inferno não prevalecerão contra a Igreja que Ele iria edificar (Mateus 16:18). (...) Ideias satânicas de Karl Marx. (...) [No Brasil] temos a chance de deter o avanço do comunismo e do socialismo. (...) rechaçando nas urnas Lula e a sua legião de partidos de esquerda nas eleições para presidente e para o Congresso Nacional. Tal como para as demais casas legislativas e governos estaduais (...)." Editorial (sic) da Folha Universal, assinado pelo advogado Denis Farias. A Folha Universal é o jornal impresso da Igreja Universal e tem tiragem de 1,7 milhão de exemplares. Fonte: Folha, por Fábio Zanini, Guilherme Seto e Juliana Braga.

**19 de março de 2022**
"Ficha assinada [de filiação para se candidatar a deputado estadual]! Vamo pra cima, foguete não dá ré. (...). Tô me tremendo, não tem noção o quanto eu amo ele, não." Thiago Gagliasso, ator, em vídeo ao lado do presidente Jair Bolsonaro. Fonte: O Globo.

**19 de março de 2022**
"Estou muito feliz de vir para o PL. Vai dar estrutura para mim e toda turma que quer mudar o Brasil. (...) Constrangimento nenhum." Deputada Bia Kicis (PL-DF), no PL (Partido Liberal), cujo presidente é Valdemar Costa Neto. Fonte: O Antagonista.

**20 de março de 2022**
"Imperdível! Estamos vivendo no Brasil um tempo pior que o fascismo, nazismo e a ditadura militar. Entenda o que eu falo sobre isso. 'YouTube: Quem vai parar o ditador de toga Alexandre de Moraes que afronta a democracia brasileira'." Pastor Silas Malafaia. Fonte: o próprio Twitter.

**20 de março de 2022**
Quem não vota no Bolsonaro porque ele é bruto e 'sem postura' de presidente, não precisa estudar política, precisa de um namorado. Tanto homem quanto mulher." Marcos Falcão, médico. Fonte: o próprio Twitter.

**21 de março de 2022**
"Eu me coloco no centro. Eu já fui do PSB, que é um partido de esquerda, mas sempre tramitei bem no centro, mesmo estando em partido de esquerda. Eu não vejo o PL [Partido Liberal, do presidente Jair Bolsonaro] como partido de direita, vejo como de centro. Tenho voto nas três posições. Minha política é voltada diretamente para ajudar as pessoas que mais precisam e necessitam. Minhas bandeiras estão voltadas para o social, pessoas com deficiência e doenças raras, esporte e educação." Senador Romário (PL-RJ), ex-jogador da seleção brasileira de futebol. Fonte: UOL.

**BOLSONARO E SEUS SEGUIDORES: O HORROR EM 3.560 FRASES**

**21 de março de 2022**
"Sabemos o que eles querem, o que alguns querem no Brasil, não são todos nem uma instituição. Querem eu fora de combate e, obviamente, o Lula eleito. Podem ter certeza: nós, dentro das 4 linhas, podemos fazer com que o processo caminhe dentro da normalidade no Brasil. (...) O que eu tenho falado para meus ministros é que nós jogamos dentro das 4 linhas. Devemos fazer o possível e o impossível para que o outro lado venha para as 4 linhas. Se formos jogar futebol e o outro lado puder marcar gol de mão, você vai perder. (...) E mais: nem foi tocado no voto impresso. Dá para fazer eleições limpas desde que acolhidas essas sugestões por parte das Forças Armadas. Não podemos disputar eleições sob o manto da desconfiança." Presidente Jair Bolsonaro, em entrevista à Jovem Pan. Fonte: Poder360, por Murilo Fagundes.

**21 de março de 2022**
"Sabemos da posição do [ministro do STF] Alexandre de Moraes. É uma perseguição implacável para cima de mim. Tivemos momentos difíceis no ano passado, quando o TSE [Tribunal Superior Eleitoral] julgou a possibilidade de cassação da chapa Bolsonaro-Mourão por *fake news*. (...) Acredite, eu até respondi processo no TSE por abuso de poder econômico. São processos que, no meu entender, deveriam ser arquivados de ofício — em sido levados para frente. Sabemos o que eles querem, o que alguns querem aqui no Brasil. Não são todos, nem é uma instituição. Querem eu fora de combate e o [ex-presidente] Lula, eleito." Presidente Jair Bolsonaro, durante entrevista à TV Jovem Pan. Fonte: Folha, por Ricardo Della Coletta.

**21 de março de 2022**
"Foi um pedido especial que o presidente da República [Jair Bolsonaro] fez para mim sobre a questão do [pastor] Gilmar. (...) Porque a minha prioridade é atender primeiro os municípios que mais precisam e, em segundo, atender a todos os que são amigos do pastor Gilmar. (...) Então o apoio que a gente pede não é segredo, isso pode ser [inaudível] é apoio sobre construção das igrejas." Milton Ribeiro, ministro de Educação, se referindo ao pastor Gilmar Silva dos Santos, que comanda a Igreja Ministério Cristo para Todos, em Goiânia (GO), ligada à Assembleia de Deus. Fonte: Folha, por Paulo Saldaña.

**21 de março de 2022**
"Temos uma doutrina de segurança interna, e ela é pública, você pode ler nela todas as razões para o uso de armas nucleares. (...) Se for uma ameaça existencial ao nosso país, então podem ser usadas de acordo com nossa doutrina." Dmitry Peskov, porta-voz do Kremlin, à CNN International. Fonte: UOL.

**22 de março de 2022**
"Grande notícia! Adrilles Jorge é recontratado pela Jovem Pan Entretenimento." Deputada Bia Kicis (PL-DF), sobre o jornalista que tinha sido afastado da Jovem Pan por ter feito uma saudação supostamente nazista em programa ao vivo. Fonte: o próprio Twitter.

**22 de março de 2022**
"Tem uma passagem bíblica que fala que alguém pediu sabedoria. Eu sei que não sou tão inteligente assim. E eu pedi mais do que isso a Deus, eu pedi coragem para poder decidir. (...) [Posso ser] um pouco grosso de vez em quando. (...) [E falar] uns palavrões ali. (...) [Mas estou] com a verdade. (...) [E] todos nós estamos com Deus." Presidente Jair Bolsonaro. Fonte: Correio Braziliense, por Ingrid Soares.

**22 de março de 2022**
"O STJ [Superior Tribunal de Justiça] decidiu por 4 votos a 1 que o ex-procurador da lava-jato (sic) Deltan Dallagnol indenize o ex-presidiário Lula por danos morais. Mais uma vitória do establishment. Está definido: corrupção não é crime! Combater a corrupção sim! O Brasil, definitivamente, não é para amadores!" Salim Mattar, sócio da empresa Localiza e ex-secretário de Desestatização do Ministério da Economia. Fonte: o próprio Twitter.

**23 de março de 2022**
"VERGONHA — STF condena ex-procurador Deltan Dallagnol [Lava Jato] a indenizar [o ex-presidente] Lula por dano moral." Deputado Capitão Augusto (PL-SP). Fonte: o próprio Twitter.

**23 de março de 2022**
"Tenho divergências com o ex-Procurador Deltan Dellagnol. Mas entendo injusta sua condenação pelo STJ. Os bolsonaristas que estão aplaudindo a decisão fazem campanha para Lula, não para Bolsonaro! Pensem nisso!" Deputada estadual Janaina Paschoal (PRTB-SP), sobre a indenização, imposta pelo Superior Tribunal de Justiça (STJ) ao ex-procurador Deltan Dellagnol, por danos morais de R$ 75 mil ao ex-presidente Luiz Inácio Lula da Silva, em razão de entrevista coletiva concedida em 2016, no qual utilizou o programa de computador PowerPoint para explicar denúncia apresentada contra o líder do PT na Operação Lava Jato. Fonte: o próprio Twitter.

**23 de março de 2022**
"O mais prudente seria o Presidente afastar o Ministro da Educação, para que sejam feitas as devidas apurações. Há indícios fortes de tráfico de influência, mas pode ser algo pior. No Direito Penal, a dúvida favorece o réu; No administrativo, na dúvida, afasta!" Deputada estadual Janaina Paschoal (PRTB -SP). Fonte: o próprio Twitter.

**23 de março de 2022**
"O ministro [da Educação, Milton Ribeiro] é pastor, e tem que provar que é honesto. (...) Ele não pode ser genérico nas afirmações. Ele tem que mostrar com documentos, o que esses dois caras [pastor Gilmar Santos e pastor Arilton Moura] pediram, se era lícito, o que foi liberado o onde o dinheiro foi parar. (...) [A população brasileira já tem] preconceito quando se fala de dinheiro e de pastor. (...) Ele tem que agir com transparência total. Na política, não basta ser honesto, o que eu acredito que ele é. Tem que provar." Pastor Silas Malafaia. Fonte: Folha, por Mônica Bergamo.

**23 de março de 2022**
"O ministro da Educação, Milton Ribeiro, é das pessoas mais competentes, sérias e honestas que conheço. Os urubus e a imprensa marrom tentam macular a imagem dele, para prejudicar o presidente Jair Bolsonaro. Minha total solidariedade a Milton Ribeiro, que seguirá muito forte no MEC [Ministério da Educação]." Deputado Bibo Nunes (PL-RS). Fonte: o próprio Twitter.

**23 de março de 2022**
"A nota apresentada até o momento não é suficiente para que tudo fique devidamente esclarecido. Solicitamos ao ministro [da Educação, Milton Ribeiro] que, de outra forma, possa continuar seus esclarecimentos que ainda faltam. (...) Não sou contra e não vejo problema nenhum que ministros recebam pastores. Agora, entendo e acho que falta esclarecer em que circunstâncias esses pastores atuaram. Pastores podem até fazer interlocução, mas não nessa intensidade (...)." Deputado Sóstenes Cavalcante (PL-RJ), presidente da Frente Parlamentar Evangélica. Fonte: Poder360, por Mariana Haubert.

**23 de março de 2022**
"Eu recebi dois pastores a pedido do presidente [Jair Bolsonaro]. Isso está bem claro. E aí que eu os conheci. Ele pediu para receber uma vez, e eu o fiz, para apresentar a mim, eu recebi normalmente, como eu recebo outros. Mas não é só o presidente que indica pessoas para eu receber. Eu recebo pedidos de parlamentares, governadores, que pedem para eu receber determinadas pessoas que têm algum pleito com a educação." Milton Ribeiro, ministro da Educação, em entrevista à CNN Brasil. Fonte: O Globo, por Alice Cravo e Dimitrius Dantas.

**23 de março de 2022**
"Na verdade, o que uma mídia mais torta procura fazer é a conexão com o senhor presidente da República [Jair Bolsonaro]. O presidente nunca me pediu nada, absolutamente nada. Nunca pediu 'receba aí fornecedor tal', 'receba aí o empresário tal'. Isso eu falo publicamente, porque minha natureza não é de mentira." Milton Ribeiro, ministro da Educação, em entrevista à Jovem Pan. Fonte: O Globo, por Alice Cravo e Dimitrius Dantas.

**23 de março de 2022**
"Minha visão a respeito do trabalho do ministro [da Educação,] Milton [Ribeiro] é que ele é uma pessoa honesta, tem honestidade de propósito, uma pessoa extremamente educada e cautelosa nas coisas. (...) Então eu acho que tem que esclarecer melhor essa coisa aí. (...) É uma gravação, você não sabe se aquilo está editado ou não. Por isso que a gente não pode a priori chegar e emitir um juízo de valor." General Hamilton Mourão, vice-presidente. Fonte: Folha.

**23 de março de 2022**
"O presidente [Jair Bolsonaro] me ligou em uma das viagens e falou 'Milton, eu não vejo nada demais no que você falou no áudio', e que eu estava até o momento gozando da confiança dele [Milton Ribeiro, ministro da Educação]." Fonte: O Globo, por Alice Cravo e Dimitrius Dantas.

**23 de março de 2022**
"O cargo de ministro é da confiança do presidente, se ele quiser, e quando quiser, pode pedir o cargo para ele. (...) Eu não tenho nenhum apego ao cargo." Milton Ribeiro, ministro da Educação. Fonte: Poder360.

**23 de março de 2022**
"Admiro o presidente Jair Bolsonaro por manter o ministro da Educação Milton Ribeiro e por não se importar com o que a imprensa diz. Resumo: o governo não se abalou, os bolsonaristas sofreram apenas um pequeno arranhão, mas nós evangélicos sofremos um golpe quase mortal às vésperas de uma eleição que será muito difícil." Pastor e deputado Marco Feliciano (PL-SP). Fonte: o próprio Twitter.

**23 de março de 2022**
"Você quer saber como ocorre o processo de formalização de uma organização religiosa? Quer conhecer quais são as garantias do Estado para o exercício das religiões no Brasil? Este curso apresenta instruções e esclarece os principais aspectos do ordenamento jurídico sobre o assunto." Escola Nacional de Administração Pública (Enap), vinculada ao Ministério da Economia, ofertando curso gratuito. Fonte: Bahia Notícias e Metrópoles.

**BOLSONARO E SEUS SEGUIDORES: O HORROR EM 3.560 FRASES**

23 de março de 2022
"(...) Eu fazia contato [somente] com o deputado [Jair Bolsonaro]. (...) Não, não [mantinha contato com outros servidores do gabinete]. (...) Uma vez por mês [em média, eu mantinha contato com o deputado Jair Bolsonaro, ligando para ele]. (...) Na Vila Histórica [de Manbucaba]? Fixo? Fixo deve ter uns 300 e pouco [moradores]. (...) Olha, como eu disse a você, eu trabalho na Vila Histórica [de Manducaba]. Eu nunca fui a Brasília [tomar posse, nem trabalhar no gabinete do deputado Jair Bolsonaro]. (...) Não. Eu não tenho escritório [aqui em Manducaba]. Até porque, se ele [Jair Bolsonaro] fosse colocar escritório em todos lugares que ele tem, não teria como colocar escritório. O que eu faço é ir a reuniões de associação de moradores, ver o que o bairro tá precisando e passo pra ele, por telefone. (...) Não [coordenava nenhuma atividade administrativa]. Não [tinha nenhuma equipe de servidores]. (...) A ração [dos cachorros da casa do deputado Jair Bolsonaro], no caso, quando precisava, meu marido comprava. (...) Olha, o seu Jair [Bolsonaro pagava por essa ração]. (...) Meu marido comprava. Quando ele [então deputado Jair Bolsonaro] chegava lá [em Manducaba], fazia o acerto. (...) Sou Assessora parlamentar [desde 2003]. (...) Olha só, como o senhor deve saber, a maioria dos projetos do deputado [Jair Bolsonaro] nunca eram aceitos, né? Projeto ele teve muitos, mas que passaram (...). Olha, no momento [eu não saberia elencar alguns desses projetos, mesmo que não tenham sido aprovados]. Agora o senhor me pegou de... Não [me recordo de nenhum]. Não [redigi ofícios, correspondências para o então deputado Jair Bolsonaro, ou contatos] era só pelo [telefone]. (...) Não [tenho nenhum documento que mostre que auxiliei o deputado Jair Bolsonaro na atividade como parlamentar], até porque, o que eu estava falando pra vocês, o nosso lugar é um lugar muito pequeno, então, ficava assim, a cargo de eu ligar pra ele e passar as informações." Walderice Santos da Conceição, conhecida como Wal do Açaí, em depoimento ao Ministério Público Federal, tornado público nessa data. Fonte: Folhajus.

24 de março de 2022
"Por que [o Ministério Público Federal] não investiga todo mundo? Só para cima de mim? Se bem que isso aqui é um tiro n'água, dá até vergonha o MP investigar isso aí. (...) Segundo a ação, ela [Wal do Açaí] nunca esteve em Brasília. Ela nunca esteve mesmo, pelo que eu tenho conhecimento, ela nunca esteve em Brasília. (...) Por que essa perseguição? Escândalo, fica humilhando uma senhora casada, que tem o respeito do pessoal que está lá. Como se [ela, Wal do Açaí] fosse uma bandida." Presidente Jair Bolsonaro, sobre o Ministério Público Federal ter apresentado à Justiça uma ação de improbidade administrativa contra ele próprio e sua ex-secretária parlamentar da Câmara dos Deputados Walderice Santos da Conceição, Wal do Açaí. Fonte: Yahoo! Folhapress, por Ricardo Della Coletta.

24 de março de 2022
"Você é avalista do Tarcísio [de Freitas, ministro da Infraestrutura]? Põe sua mão no fogo por ele?" Abraham Weintraub, ex-ministro da Educação. Fonte: Folha, por Fábio Zanini, Guilherme Seto e Juliana Braga.

**24 de março de 2022**
"Entendo que a ideia de confiabilidade, de solidariedade, como o presidente [Jair Bolsonaro] falou, tem o sentido de solo, firme, confiável, [mostra] o Brasil como parceiro confiável da Rússia dentro dos princípios que respeitamos. (...) Essas medidas [sanções contra a Rússia], além de ilegais perante o direito internacional, preservam concretamente os interesses urgentes de alguns países, como o fornecimento de petróleo e gás a nações europeias. (...) A aplicação dessas sanções seletivas por parte de certos países praticamente inviabiliza, a curto prazo, a realização de pagamentos em operações de exportação e importação com a Rússia." Carlos França, ministro das Relações Exteriores do Brasil. Fonte: Folha, por Matheus Teixeira e Renato Machado.

**24 de março de 2022**
"Por que não tem corrupção em meu governo? Porque a gente age dessa maneira. A gente sempre está um passo à frente. Ninguém pode pegar alguém 'você está desviando', tem que ter prova. O Milton [Ribeiro, ministro da Educação] tomou as providências. (...) Se ele estivesse armando, meu Deus do céu, não teria botado na agenda oficial aberta ao público [as audiências com os pastores denunciados: Gilmar Santos e Arilton Moura]. É muito simples, quando o cara quer armar ele vai pelado para a piscina, vai a um fim de mundo aí, vai a uma praia, vai para o meio do mato, é assim que ele age, não bota na agenda ali o nome do corruptor, não bota." Presidente Jair Bolsonaro. Fonte: Poder360, por Emilly Behnke.

**24 de março de 2022**
"Ele pediu 1 kg de ouro. Esses dois que estavam negociando lá [no Ministério da Educação] tráfico de influência. Ele pediu 300 mil reais. Falar com alguma prova, pô? Só da boca para fora, daqui a pouco vai aparecer 200 prefeitos falando disso aí. (...) O Milton [Ribeiro, ministro da Educação], coisa rara de eu falar aqui: eu boto a minha cara toda no fogo pelo Milton. Estão fazendo uma covardia contra ele." Presidente Jair Bolsonaro. Fonte: Yahoo! Folhapress, por Ricardo Della Coletta e YouTube, na *live* do próprio presidente.

**24 de março de 2022**
"A CGU [Controladoria-Geral da União], que tem o ministro Wagner Rosário à frente, recebeu em 27 de agosto do ano passado documentos enviados pelo ministro [da Educação] Milton [Ribeiro] relativos a duas denúncias sobre possíveis irregularidades no Ministério, exatamente o caso que está na mídia. (...) A CGU por seis meses investigou o caso, chegou à conclusão que não tinha participação de servidor público, zero. E resolveu, então, no dia 3 de março, agora, 21 dias atrás, encaminhar essas peças para a PF [Polícia Federal]. E aqui tem a data: anteontem, quase no dia, acho que no dia da divulgação do caso, foi mandado para a PF." Presidente Jair Bolsonaro. Fonte: Terra, por Eduardo Gayer.

**BOLSONARO E SEUS SEGUIDORES: O HORROR EM 3.560 FRASES**

**24 de março de 2022**
"O pastor Milton [Ribeiro, ministro da Educação, é] uma das pessoas mais honradas do segmento evangélico. Uma das pessoas incríveis que eu conheço. (...) Ele acertou e ele fez [a denúncia] na hora certa." Damares Alves, ministra da Mulher, Família e Direitos Humanos. Fonte: Poder360, por Emilly Behnke.

**25 de março de 2022**
"O Brasil não é o cara que polui o mundo. É um pequeno transgressor, um pequeno poluidor. (...) De vez em quando tem uma floresta que queima aqui e ali. (...) Como a gente premia quem preservou? Estamos discutindo isso com eles [outros países]. O Brasil tem um futuro verde." Paulo Guedes, ministro da Economia, em entrevista sobre a sua participação na OCDE (Organização para a Cooperação e o Desenvolvimento Econômico), em Paris. Fonte: Plataforma.

**25 de março de 2022**
"Eu fica pensando, se realmente o ex-presidiário, está tão bem nas pesquisas, porque o desespero dos artistas globais, em fazer campanha implorando quase que de joelhos para que os jovens tirem o título de leitor?" Deputada estadual Leticia Aguiar (PP-SP). Fonte: o próprio Twitter.

**25 de março de 2022**
"(...) Não foi fácil o 2020, as mortes, realmente é lamentável sob todos os aspectos, mas a vida continua para nós aqui, como continua até os dias de hoje. É como o Onyx disse: sem a economia, a fome e a violência que vem através dela também, mata muito mais que o próprio vírus. (...) Lamentavelmente grande parte dos governadores não entenderam dessa maneira e foram para aquela máxima do 'fica em casa, a economia a gente vê depois'. (...) Vocês conheceram protótipos de ditadores no Brasil, não só muitos governadores, bem como muitos prefeitos. (...) Homem armado é homem que não será escravizado e agora lamentavelmente é uma parte, uma parte do Senado, ressuscita uma comissão para desarmar a população. (...) O que tá em jogo, pessoal, não é se nós vamos comer cães ou gatos, que isso é uma consequência natural, é saber se nós vamos viver em liberdade ou não. E relembro uma fase que marca a minha juventude bem como muitos da minha idade, onde a molecada fazia algazarra e jogava porcaria dentro do poço, da cacimba e além de uma surra o pai dizia para nós: 'só se dá valor a água do poço depois que ele seca', e a liberdade é a mesma coisa, só se dar valor a liberdade depois se perde, mas para recuperá-la, pessoal, desculpa o palavrão, vai ser foda, vão passar 50, 60, 70 anos para recuperá-la. Não percam a oportunidade de garantir a sua liberdade agora. Se você não quer lutar pela tua liberdade tudo bem, lute para que a do seu filho, a do seu neto, não esmoreça, a responsabilidade é de todos nós e só termina uma coisa: eu jurei dar a minha vida pela Pátria e tudo faremos pela nossa liberdade. Muito obrigado a todos vocês." Presidente Jair Bolsonaro, em discurso na cerimônia de lançamento de novas entregas do 'Programa Renda e Oportunidade', no Palácio do Planalto. Fonte: site do Governo Federal.

**25 de março de 2022**
"Muitos me acusaram de ser ditador, de querer dar golpe, e estamos fazendo exatamente o contrário do que me acusavam. Queremos eleições limpas. Tenho certeza que temos como colaborar com o nosso prezado TSE [Tribunal Superior Eleitoral], com o nosso querido Alexandre de Moraes, nosso querido [Luís Roberto] Barroso e [Edson] Fachin para que isso aconteça. Tenho a certeza que no fundo do coração deles eles querem isso." Presidente Jair Bolsonaro. Fonte: Correio do Povo, R7.

25 de março de 2022
"A paz se faz com mísseis." Volodymyr Zelensky, presidente da Ucrânia, no jornal italiano Il Foglio. Fonte: O Antagonista.

**25 de março de 2022**
"Não tem metrô em BH. Estamos trabalhando nesse sentido. Mas tem metrô em Caracas. E a última governadora era de Minas Gerais. Ou melhor, a última presidente, ou 'presidanta', era de Minas [ex-presidente Dilma Rousseff]. Não querem voltar um cara para a cena do crime. Alguns querem voltar a quadrilha toda para a cena do crime." Presidente Jair Bolsonaro. Fonte: O Antagonista.

**26 de março de 2022**
"Amigas e amigos de Porto Alegre, chegou o dia em que nossa cidade, a capital de todos os gaúchos, completa 250 anos de existência (...)." General Hamilton Mourão, vice-presidente, morador de longa data do Rio de Janeiro, pré-candidato ao Senado pelo Rio Grande do Sul, falando com sotaque gaúcho. Fonte: Metrópoles, por Guilherme Amado.

26 de março de 2022
"Amanhã está previsto às 10 da manhã [o lançamento da minha pré-candidatura]. Aí não sei, deve ter muita gente lá, muita gente está se inscrevendo. Não precisa se inscrever. Se tiver espaço, vai entrar mesmo quem [não] está inscrito. É o lançamento da [minha] pré-candidatura. Não começa a campanha ainda. A campanha é 45 dias antes, mas é para mostrar que eu sou candidato à reeleição." Presidente Jair Bolsonaro. Fonte: Folha, por Marianna Holanda e Marcelo Rocha e UOL por, Eduardo Militão e Juliana Arreguy.

26 de março de 2022
"Embora a liberdade de expressão encontre ampla salvaguarda no conjunto normativo brasileiro, sabe-se que essa garantia não é absoluta, devendo abster-se de atentar contra outros valores jurídicos também resguardados por lei, como a isonomia entre os candidatos, a legitimidade das eleições, a proteção contra o abuso econômico e dos meios de comunicação. (...) O art. 39, § 7º, LE, dispõe que é proibida a realização de showmício e de evento assemelhado para promoção de candidatos, bem como a apresentação, remunerada ou não, de artistas com a finalidade de animar comício e reunião eleitoral. Assim, pouco importa se a manifestação foi espontânea." Partido Liberal (PL), do presidente Jair Bolsonaro, em manifestação para o Tribunal Superior Eleitoral (TSE), com o objetivo de proibir manifestações políticas dos artistas no evento do Lollapalooza. A artista britânica Marina disse no show: 'Fuck Putin and fuck Bolsonaro' e a artista Pabllo Vittar mostrou uma bandeira com a imagem de Luiz Inácio Lula da Silva. Fonte: BCharts, no Twitter e R7, por Bruna Lima.

27 de março de 2022
"Tudo armado para ofender [o presidente Jair] Bolsonaro, no [festival de música] Lollapalooza. São sempre os mesmos. O mesmo desespero dos perdedores. Chorem, urubus..." Deputado Bibo Nunes (PL-RS). Fonte: o próprio Twitter.

27 de março de 2022
"Casa cheia prestigia o Encontro Nacional do Partido Liberal [PL], que está sendo realizado neste momento, no Centro Internacional de Convenções de Brasília (CICB). (...) Presidente Jair Bolsonaro acaba de chegar ao evento 'Movimento Filia Brasil [é com ele que eu vou!]'." Partido Liberal – PL 22, 'utilizando a Democracia como instrumento de ação, busca de realização do Bem Comum, em uma sociedade livre, pluralista e participativa'. Fonte: o próprio Twitter.

27 de março de 2022
"Quero cumprimentar nosso presidente e nosso futuro presidente pelo segundo mandato." Valdemar Costa Neto, presidente do Partido Liberal (PL), na abertura do evento denominado: 'Movimento Filia Brasil, é com ele que eu vou!'. Fonte: Paraíba Já.

**27 de março de 2022**
"O nosso inimigo não é externo, é interno. Não é luta da esquerda contra a direita. É luta do bem contra o mal. (...) O que nós queremos, juntamente com muitos que estão aqui, é deixar e entregar o comando deste país lá na frente, bem lá na frente, por um critério democrático, transparente. [Entregar] o país bem melhor do que recebi em 2019. (...) Uma pesquisa mentirosa publicada mil vezes, não fará um presidente da República. (...) Eu não podia deixar um velho amigo [o general Carlos Brilhante Ustra, que chefiou o DOI-Codi no governo militar iniciado em 1964], que lutou por democracia, que teve sua reputação quase destruída, sem deixar de ser citado naquele momento. (...) Geralmente as ditaduras começam dentro do Executivo. Eu nunca vi o legislativo dar golpe, o Judiciário dar o golpe. E primeiro se desarma a população de bem. O nosso governo age na contramão disso. Não tem nada para acusar o governo de que nós estaríamos buscando censurar o nosso povo ou censurar a mídia brasileira. (...) Para defender a nossa liberdade, para defender a nossa democracia, eu tomarei a decisão contra quem quer que seja. E a certeza do sucesso é que eu tenho um exército ao meu lado. E esse exército é composto de cada um de vocês. (...) O que me motivou a buscar aquele objetivo [concorrer nas eleições de 2018] foi uma reeleição de uma pessoa que não tinha qualquer carisma, que a gente não consegue entender como teve dentro do TSE [Tribunal Superior Eleitoral] tanto voto." Presidente Jair Bolsonaro, em discurso no evento denominado: 'Movimento Filia Brasil, é com ele que eu vou!', ao lado das seguintes autoridades: Valdemar Costa Neto (presidente do PL); ex-presidente e senador Fernando Collor; Claudio Castro (governador do Rio de Janeiro); general Augusto Heleno (Gabinete de Segurança Institucional); Almirante Bento Albuquerque (Minas e Energia); Ciro Nogueira (Casa Civil); Flávia Arruda (Secretaria de Governo); Tereza Cristina (Agricultura); Fábio Faria (Comunicações); Tarcísio de Freitas (Infraestrutura); João Roma (Cidadania); Marcos Pontes (Ciência e Tecnologia); senador Eduardo Gomes (PL-SE); senador Flávio Bolsonaro (PL-RJ), dentre outras autoridades. Fonte: G1, por Guilherme Mazui e Alexandro Martello.

**27 de março de 2022**
"Acabou a farra com dinheiro público." Presidente Jair Bolsonaro, em discurso no evento denominado: 'Movimento Filia Brasil, é com ele que eu vou!', ao lado de Valdemar Costa Neto (presidente do PL) e do ex-presidente e senador Fernando Collor. Fonte: UOL.

**27 de março de 2022**
"Sabem aquelas falsas narrativas que a oposição ao Presidente Jair Bolsonaro repete a (sic) exaustão para tentar destruir a imagem dele e do Governo? Centrão, 'blindagem', 'orçamento secreto'. Tivemos a oportunidade de destruir uma a uma, na TV Jovem Pan News, com a VERDADE. Confira!" Deputada Carla Zambelli (PL-SP). Fonte: o próprio Twitter.

**BOLSONARO E SEUS SEGUIDORES: O HORROR EM 3.560 FRASES**

### 27 de março de 2022
"'Poder Judiciário passou a interpretar a Constituição como quer'. Em entrevista à Jovem Pan, jurista [Ives Gandra Martins] afirma que a CPI da Covid-19 não gerou nenhum fato concreto, discorda da prisão do deputado Daniel Silveira [União Brasil-RJ] e vê o bloqueio do Telegram como restrição à liberdade de expressão." Advocacia Gandra Martins. Fonte: o próprio site.

### 27 de março de 2022
"O Alexandre de Moraes [ministro do STF] funciona assim: põe tornozeleira de volta em Daniel Silveira [deputado do PSL-RJ] que não cometeu crime algum e arrega com o deboche de Anitta [artista] com a multa que lhe fará comprar um 'acessório a menos'. Alexandre [de Moraes], eu sempre soube que você é totalitário, mas covarde... é uma surpresa." Deputada Carla Zambelli (PL-SP). Fonte: o próprio Twitter.

### 28 de março de 2022
"Ministro [da Educação] Milton Ribeiro, quando o senhor precisou, em sua indicação, eu o defendi, quando errou empregando esquerdistas eu o repreendi. Hoje peço por favor, se licencie até o término das investigações, pois nós evangélicos estamos sangrando. Sendo provada a inocência, retorne ao cargo." Pastor e deputado Marco Feliciano (PL-SP). Fonte: o próprio Twitter.

### 28 de março de 2022
"Deus vai provar que ele é uma pessoa honesta. Amo a vida dele. Eu confio muito nele." Michelle Bolsonaro, primeira-dama, no dia em que Milton Ribeiro foi exonerado do cargo de ministro da Educação. Fonte: EXTRA (22/06/2022).

### 28 de março de 2022
"[O presidente Jair Bolsonaro] é uma pessoa humilde, realmente pouco dotada de conhecimentos." Roberto Castello Branco, ex-presidente da Petrobras, no programa 'Roda Viva' da TV Cultura. Fonte: O Antagonista.

### 28 de março de 2022
"Um homem [presidente Jair Bolsonaro] que está focado na construção de um país diferente, na construção de um Brasil mais justo, onde vão vigorar os valores que a gente tanto preza: Deus, pátria, família, liberdade." Tarcísio de Freitas, ministro da Infraestrutura, na filiação ao partido Republicanos. Fonte: Poder360, por Vitória Queiroz.

**28 de março de 2022**
"A lei nos obriga a estarmos em siglas. Estou hoje no [partido] Republicanos, mas nos últimos dias a gente não sabe mais, nessa onda verde e amarela que tomou conta do Brasil, quem é Republicano, quem é PL, quem é PP. Está todo mundo vindo. O Brasil está se unindo. O Brasil quer ser conservador. (...) Não somos um partido e é por isso que estou no Republicanos. Somos um movimento que grita, sem vergonha: Deus, pátria, família, liberdade." Damares Alves, ministra da Mulher, da Família e dos Direitos Humanos, na filiação ao partido Republicanos. Fonte: Poder360, por Vitória Queiroz.

**28 de março de 2022**
"Deus sabe de todas as coisas e vai provar que ele [Milton Ribeiro, ex-ministro da Educação] é uma pessoa honesta e [é] justo, fiel e leal." Michelle Bolsonaro, primeira-dama. Fonte: Poder360, por Murilo Fagundes.

**28 de março de 2022**
"[Autorizei] a produção de bíblias com a [minha] imagem e a distribuição gratuita delas em um evento de cunho religioso. (...) Contudo, descobri no final de outubro de 2021 que bíblias com minha imagem foram distribuídas em outros eventos [do Ministério da Educação] sem a minha autorização." Milton Ribeiro, ministro da Educação. Fonte: G1 e Rede Liberal.

**29 de março de 2022**
"Falou besteira leva um tapa? Se essa moda pega? [com uma imagem falsa da ex- -presidente Dilma Rousseff com o rosto desfigurado por uma possível agressão]. Me chama no zap: (32) 99838-0003." Carlos Eduardo Amaral (Novo-MG), ex-secretário estadual de Saúde do governo Zema. Fonte: Moon BH, por Fhilipe Pelájjio.

**29 de março de 2022**
"O presidente [Jair Bolsonaro], ontem, não se sentiu bem, porque ele trabalha muito (...)." Tereza Cristina, ministra da Agricultura. Fonte: O Segredo.

**29 de março de 2022**
"Confesso que achei que o senhor [presidente Jair Bolsonaro] era meio maluco quando me convidou. (...) Encontramos o Brasil devastado. Agora está tudo limpinho. Não houve corrupção no seu governo. Não me arrependo um minuto das horas que podia estar no meu lazer para me dedicar a essa missão." Tereza Cristina, ministra da Agricultura, em discurso de despedida do Ministério. Fonte: Campo Grande News, por Gabriela Couto.

**BOLSONARO E SEUS SEGUIDORES: O HORROR EM 3.560 FRASES**

**29 de março de 2022**
"No dia 25 [de março de 2022], na calada da noite, mais uma vez o ministro Alexandre de Moraes, um sujeito medíocre, que desonra o STF [Supremo Tribunal Federal], adotou medidas protetivas contra este parlamentar. Acontece que monocraticamente e por força própria do Judiciário isso não cabe. Eu falo em tribuna [da Câmara dos Deputados]: não será acatada a ordem do Alexandre de Moraes enquanto não deliberar pela Casa. Quem decide isso são os deputados. Alexandre: cumpra a Constituição. (...) Eu quero só notificar a Casa aqui que a sessão plenária para mim é permanente. Eu só vou sair de dentro do Parlamento, de dentro do Congresso Nacional quando for pautada a sustação da Ação Penal nº 1.044. E já há dois pedidos sobre a Mesa da Presidência da Casa, nos moldes do art. 53, § 3º da Constituição, totalmente cabíveis, para que a ação seja analisada em 45 dias improrrogáveis e também para que sejam derrubadas as medidas cautelares, que estão ilegais." Deputado Daniel Silveira (União Brasil-RJ), protestando contra a decisão do ministro Alexandre de Moraes (STF), que determinou que a Polícia Federal recolocasse a tornozeleira eletrônica no congressista. Fonte: Metrópoles, por Victor Fuzeira e Marcelo Montanini.

**29 de março de 2022**
"O plenário [da Câmara dos Deputados] é inviolável. Vou [passar a noite no plenário], mas isso não é relevante. Não tem relevância nenhuma. Quero ver até onde vai a petulância de alguém pra romper com os outros dois poderes. O plenário é inviolável, quero saber se ele quer dobrar essa aposta e mostrar que ele manda nos outros poderes. (...) Vocês fazem ideia do que está acontecendo? É muito claro. O ministro já desbordou todas as legalidades constitucionais e tem a mídia aplaudindo isso ainda. Vocês não vão acordar, não? Vocês não estão vendo que é um ministro cometendo um bando de atrocidades jurídicas, que qualquer aluno do primeiro ano de direito sabe que tá errado e vocês estão aplaudindo ainda?" Deputado Daniel Silveira (União Brasil-RJ), protestando contra a decisão do ministro Alexandre de Moraes (STF), que determinou que a Polícia Federal recolocasse a tornozeleira eletrônica no congressista. Fonte: Metrópoles, por Victor Fuzeira e Marcelo Montanini.

**29 de março de 2022**
"Estamos em vigília no plenário da Câmara com Daniel Silveira [deputado, União Brasil-RJ]. Sim, nós somos a resistência." Deputada Alê Silva (PSL-MG). Fonte: o próprio Twitter.

**29 de março de 2022**
"Tornozeleira também é prisão! Alexandre de Moraes [ministro do STF] ultrapassa todos os limites da ilegalidade (sic) contra um Deputado Federal [Daniel Silveira, União Brasil-RJ] #DanielSilveira." Senador Lasier Martins (Podemos-RS). Fonte: o próprio Twitter.

**29 de março de 2022**
"Se o Supremo [Tribunal Federal] pode fazer política, os militares também não podem?" Brigadeiro José Roberto Gabriel, 'médico, professor universitário titulado, gestor de saúde, conservador, compositor e escritor'. Fonte: o próprio Twitter.

**30 de março de 2022**
"Minha fala aqui hoje é de apelo especial ao ministro Alexandre de Moraes [STF], que possa tocar no coração dele o bom senso, bom senso de justiça. (...) Não é possível que um parlamentar [deputado Daniel Silveira, União Brasil-RJ] expresse sua opinião e passe pelo que passa, sendo tratado como marginal, sequestrador, estuprador. Ele sempre foi uma pessoa do bem." Senador Flávio Bolsonaro (PL-RJ). Fonte: Bahia Notícias, por Nicole Angel.

**30 de março de 2022**
"Não tem estratégia. Nós viemos orar por ele [deputado Daniel Silveira]. Acabamos o culto da frente parlamentar evangélica e só vamos fazer oração." Deputado Sóstenes Cavalcante (PL-RJ), com os deputados Hélio Lopes (União-RJ), Aline Sleutjes (União Brasil-PR), entre outros, no gabinete do deputado Daniel Silveira (União Brasil-RJ). Fonte: O Globo, por Daniel Gullino e Paula Ferreira.

30 de março de 2022
"Eu vou para casa. (...) Eu pagaria R$ 15 mil diariamente? (...) Eu vou colocar [a tornozeleira] por imposição de sequestro de bens." Deputado Daniel Silveira (União Brasil-RJ), desistindo do protesto, deixando a Câmara dos Deputados e indo para casa, devido ao ministro Alexandre de Moraes (STF) ter determinado uma multa diária de R$ 15 mil pelo não cumprimento da instalação da tornozeleira. Fonte: Estadão, por Iander Porcella.

30 de março de 2022
"DEPUTADO DANIEL SILVEIRA [União Brasil-RJ] é um frouxo arregão! Fazendo o jogo combinado de Arthur Lira [presidente da Câmara dos Deputados] com Alexandre de Moraes [ministro do STF]. VERGONHA TOTAL!" Pastor Silas Malafaia. Fonte: o próprio Twitter.

**30 de março de 2022**
"Obrigado pelos 100 seguidores!!!!" Fabrício Queiroz, provável candidato a deputado. Fonte: o próprio Twitter.

**BOLSONARO E SEUS SEGUIDORES: O HORROR EM 3.560 FRASES**

30 de março de 2022
"Depois de dois anos a Polícia Federal concluiu que Bolsonaro não interferiu na instituição [Polícia Federal]. Mais uma vez comprovado que o presidente Jair Bolsonaro tem razão. Chorem, urubus..." Deputado Bibo Nunes (PL-RS). Fonte: o próprio Twitter.

30 de março de 2022
"Em atenção ao Ofício nº 12/2022/CE em que Vossa Excelência convida o Ministro Milton Ribeiro a comparecer à Comissão de Educação, Cultura e Esporte do Senado, para participar da Audiência Pública destinada a prestar informações sobre o aparente beneficiamento indevido na destinação de verbas públicas afetas ao Ministério da Educação, a realizar-se em 31 de março, às 9h, informo a impossibilidade de seu comparecimento." Marcelo Mendonça, chefe da Assessoria para Assuntos Parlamentares do gabinete do ministro da Educação. Fonte: O Globo, por Julia Lindner.

30 de março de 2022
"Vamos fazer uma oração especial pelo nosso presidente [Jair Bolsonaro]. Levantemos nossas mãos para o céu em clamor a Deus. (...) Pedimos uma bênção muito especial para o presidente da nossa República, pela sua saúde, seu governo e sua família." Pastor-presidente Martim Alves, da Assembleia de Deus, em cerimônia de inauguração de uma estação de trem em Parnamirim (RN), com transmissão ao vivo pela TV Brasil. Fonte: O Globo, por Bernardo Mello Franco.

30 de março de 2022
"Não é mais uma briga da esquerda contra a direita, é uma guerra espiritual. (...) Deus levantou a vida deste homem [presidente Jair Bolsonaro]." Bispo Lindomar Sousa, da Igreja Sara Nossa Terra, em cerimônia de inauguração de uma estação de trem em Parnamirim (RN), com transmissão ao vivo pela TV Brasil. Fonte: O Globo, por Bernardo Mello Franco.

30 de março de 2022
"Pode ter certeza de que, por ocasião das eleições, os votos serão contados no Brasil. Não serão dois ou três [ministros do Tribunal Superior Eleitoral] que decidirão como serão contados esses votos. (...) Creiam vocês que pouquíssimas pessoas podem muito em Brasília, mas nenhuma delas pode tudo, porque acima delas tá a vontade de vocês. Nós, militares, juramos dar a nossa vida pela pátria. Nós agora também daremos a nossa vida pela liberdade. (...) Temos um dos presidentes mais democratas da história do Brasil. Um presidente que, inclusive, deu o direito ao seu povo a ter a posse de uma arma de fogo. Chega de só bandido estar armado e defendido por governos. Quem tem que estar armado são os homens e mulheres de segurança pública e homens e mulheres do povo de bem do nosso Brasil. Povo armado jamais será escravizado." Presidente Jair Bolsonaro, em cerimônia de inauguração de uma estação de trem em Parnamirim (RN), com transmissão ao vivo pela TV Brasil. Fonte: Metrópoles, por Flávia Said.

31 de março de 2022

"ORDEM DO DIA ALUSIVA AO DIA 31 DE MARÇO — O Movimento de 31 de março de 1964 é um marco histórico da evolução política brasileira, pois refletiu os anseios e as aspirações da população da época. Analisar e compreender um fato ocorrido há mais de meio século, com isenção e honestidade de propósito, requer o aprofundamento sobre o que a sociedade vivenciava naquele momento. A história não pode ser reescrita, em mero ato de revisionismo, sem a devida contextualização. Neste ano, em que celebramos o Bicentenário da Independência, com o lema 'Soberania é liberdade!', somos convidados a recordar feitos e eventos importantes do processo de formação e de emancipação política do Brasil, que levou à afirmação da nossa soberania e à conformação das nossas fronteiras, assim como à posterior adoção do modelo republicano, que consolidou a nacionalidade brasileira. O século XX foi marcado pelo avanço de ideologias totalitárias que passaram a constituir ameaças à democracia e à liberdade. A população brasileira rechaçou os ideais antidemocráticos da intentona comunista, em 1935, e as forças nazifascistas foram vencidas na Segunda Guerra Mundial, em 1945, com a relevante participação e o sacrifício de vidas de marinheiros, de soldados e de aviadores brasileiros nos campos de batalha do Atlântico e na Europa. Ao final da guerra, a bipolarização global, que fez emergir a Guerra Fria, afetou todas as regiões do globo, o que trouxe ao Brasil um cenário de incertezas com grave instabilidade política, econômica e social, comprometendo a paz nacional. Em março de 1964, as famílias, as igrejas, os empresários, os políticos, a imprensa, a Ordem dos Advogados do Brasil (OAB), as Forças Armadas e a sociedade em geral aliaram-se, reagiram e mobilizaram-se nas ruas, para restabelecer a ordem e para impedir que um regime totalitário fosse implantado no Brasil, por grupos que propagavam promessas falaciosas, que, depois, fracassou em várias partes do mundo. Tudo isso pode ser comprovado pelos registros dos principais veículos de comunicação do período. Nos anos seguintes ao dia 31 de março de 1964, a sociedade brasileira conduziu um período de estabilização, de segurança, de crescimento econômico e de amadurecimento político, que resultou no restabelecimento da paz no País, no fortalecimento da democracia, na ascensão do Brasil no concerto das nações e na aprovação da anistia ampla, geral e irrestrita pelo Congresso Nacional. As instituições também se fortaleceram e as Forças Armadas acompanharam essa evolução, mantendo-se à altura da estatura geopolítica do País e observando, estritamente, o regramento constitucional, na defesa da Nação e no serviço ao seu verdadeiro soberano — o Povo brasileiro. Cinquenta e oito anos passados, cabe-nos reconhecer o papel desempenhado por civis e por militares, que nos deixaram um legado de paz, de liberdade e de democracia, valores estes inegociáveis, cuja preservação demanda de todos os brasileiros o eterno compromisso com a lei, com a estabilidade institucional e com a vontade popular." Walter Souza Braga Netto, ministro de Estado da Defesa; Almir Garnier Santos, almirante de esquadra comandante da Marinha; general de exército Paulo Sérgio Nogueira de Oliveira, comandante do Exército; tenente-brigadeiro do ar Carlos Almeida Baptista Junior, comandante da Aeronáutica. Fonte: *site* do **Ministério da Defesa.**

**BOLSONARO E SEUS SEGUIDORES: O HORROR EM 3.560 FRASES**

31 de março de 2022
"Hoje são 31 de março. O que aconteceu nesse dia? Nada? A história registra nenhum presidente perdendo seu mandato nesse dia. Por que a mentira? A quem ela se presta? O Congresso Nacional, em 2 de abril, votou pela vacância de João Goulart, com voto inclusive de Ulysses Guimarães. Quem assumiu o governo nesse dia não foi militar, foi o presidente da Câmara. Por que omitir isso?" Presidente Jair Bolsonaro. Fonte: Poder360, por Murilo Fagundes.

31 de março de 2022
"Cala a boca. Bota a tua toga e fica aí sem encher o saco dos outros. (...) Não podemos aceitar o que vem acontecendo passivamente. Ele [Daniel Silveira, deputado, PTB-RJ] pode ser preso? Deixa para lá. Pode ter os bens retidos? Deixa para lá. Vai chegar em você." Presidente Jair Bolsonaro. Fonte: Poder360, por Murilo Fagundes.

31 de março de 2022
"Nós, aqui, temos tudo para sermos uma grande nação, para sermos exemplo para o mundo. O que que falta? Que alguns poucos não nos atrapalhem. Se não tem ideias, cale a boca! Bota a tua toga e fica aí sem encher o saco dos outros! Como atrapalham o Brasil." Presidente Jair Bolsonaro. Fonte: O Antagonista.

31 de março de 2022
"Em 31 de março de 1964 a Nação salvou a si mesma!" General Hamilton Mourão, vice-presidente. Fonte: Folha.

31 de março de 2022
"As famílias, as igrejas, os empresários, os políticos, a imprensa, a OAB, as Forças Armadas e a sociedade em geral aliaram-se, reagiram e mobilizaram-se nas ruas, para restabelecer o ordem e para impedir que um regime totalitário fosse implantado no Brasil. 'ORDEM DO DIA ALUSIVA AO DIA 31 DE MARÇO DE 1964'." Ministério da Defesa. Fonte: o próprio Twitter.

**31 de março de 2022**
"O Supremo [Tribunal Federal], em muitas ocasiões não respeita a Constituição Federal. Quando o ativismo vem de baixo, recurso. Agora, e quando vem de cima? Artigo 49, inciso XI da Constituição Federal que diz que compete ao Congresso Nacional zelar pela sua competência privada legislativa frente à invasão por outros poderes. Meu pai [Ives Gandra Martins, jurista] foi colocado em xeque quando falava do artigo 142 da Constituição Federal. É interessante, se a gente pegar o [artigo] 142 ele está em que título? 'Da Defesa do Estado e das Instituições Democráticas'. O constituinte previu situações em que seria necessário alguma coisa que colocasse os três poderes de novo em harmonia. O que não se concebe é se dizer que o Judiciário seria o poder moderador. Um dos poderes não pode ser ao mesmo tempo poder..., ele ser o problema e ele ser a solução. Nunca foi aprovado pelo Congresso Brasileiro qualquer norma que autorizasse o aborto. Vem o Supremo [Tribunal Federal] e entra nessa esfera abrindo, não só do anencéfalo, aquela decisão de uma das turmas do Supremo [Tribunal Federal] dizendo que até o terceiro mês era possível [realizar o aborto]. Ativismo claríssimo! A questão da união homoafetiva, a Constituição é claríssima, casamento é de homem... O matrimônio é entre homem e mulher. Se quer mudar, então que mude o que foi feito na França (...)." Ives Gandra da Silva Martins Filho, ministro do Tribunal Superior do Trabalho (TST), durante o 2º seminário 'O Brasil em Transformação', evento organizado pela Escola Nacional de Formação e Aperfeiçoamento de Magistrados da Justiça Militar da União e transmitido pelo Superior Tribunal Militar (STM). Fonte: Migalhas (04/04/2022) e Twitter da deputada Bia Kicis (PL-DF), com o vídeo do Metrópoles e SamPancher (04/04/2022).

**31 de março de 2022**
"A sua [Ives Gandra da Silva Martins Filho] palestra foi uma música para os nossos ouvidos, as suas reflexões foram importantíssimas neste momento da política, da vida nacional." Péricles Lima de Queiroz, ministro do Superior Tribunal Militar (STM). Fonte: Migalhas (04/04/2022) e Twitter da deputada Bia Kicis (PL-DF), com o vídeo do Metrópoles e SamPancher (04/04/2022).

**1º de abril de 2022**
"Posso perder muita coisa na vida, mas não vou perder minha honra. Não posso perder o que na minha vida é fantástico pra mim, assim como é para o Neymar quando faz um gol, estar no meio do povo. (...) Mesmo com as críticas, eu tenho que estar no meio do povo. Inclusive, [Marcelo] Queiroga [ministro da Saúde], sem máscara. O problema é meu, a vida é minha! 'Ai, não tomou vacina', tem gente que quer que eu morra e fica me enchendo o saco para tomar vacina. Deixa eu morrer!" Presidente Jair Bolsonaro, em evento de troca de ministros que deixavam o governo para disputar cargos eletivos: Tereza Cristina, Damares Alves, Flávia Arruda, Rogério Marinho, João Roma Neto, Onyx Lorenzoni, astronauta Marcos Pontes, Gilson Machado Neto, Mario Frias, Tarcísio de Freitas e general Walter Braga Netto. Fonte: Yahoo Notícias.

## BOLSONARO E SEUS SEGUIDORES: O HORROR EM 3.560 FRASES

**1º de abril de 2022**
"Não dá, cara. É um inferno a minha vida. Se for tratar de política, eu não faço mais nada da vida. (...) Venho aqui pra conversar com a população, não venho pra tratar de política. Se não sou eu, esse Brasil estava uma desgraça." Presidente Jair Bolsonaro. Fonte: O Antagonista.

**1º de abril de 2022**
"Afirmo com toda a tranquilidade a vocês. Daqui a um ou cinco anos vou para Uganda, Ruanda, Tanzânia... Uma coisa que não tenho dúvida nenhuma: se não for o presidente Bolsonaro [no comando], *game over*. Por quê? A Caixa, durante anos, era o paraíso do Carnaval em Salvador [com patrocínio], montando aquela festa toda. Por isso, muitas coisas não andavam, isso eu vi (...)." Pedro Guimarães, presidente da Caixa. Fonte: O Antagonista.

**1º de abril de 2022**
"O meu colega de turma [general Walter Braga Netto, ministro da Defesa], um ano mais moderno, se afasta nesse momento [do Ministério da Defesa], não é surpresa com quais objetivos [provavelmente ser candidato a vice-presidente na chapa do presidente Jair Bolsonaro]. Alguns falam em nomes que podem facilitar a guerra de outubro [eleições de outubro], mas ficará longe da governabilidade e da garantia de um bem maior para todos nós. (...) O que a todos aqui interessa é o cumprimento da Constituição. Não é apenas jogar dentro das 4 linhas, se preciso for fazer com que quem esteja fora delas venha para dentro desse campo. É nesse campo que nós podemos garantir a nossa democracia e a nossa liberdade. (...) A escolha de técnicos passa especificamente por aqui. É o nosso exemplo, é o nosso sacrifício, é o exemplo de cada um de nós no dia a dia que fará com que um exército de 210 milhões de pessoas estejam ao nosso lado. (...) Quem já passou por aqui, pelo Planalto, sabe como funciona a máquina do poder, conhece cada um da cúpula de cada um dos três poderes e sabe que poucos que podem bastante e querem fazer valer a sua vontade acima das leis têm que saber que eles não podem tudo. O que está em jogo para todos nós aqui presentes é algo mais valioso que a nossa própria vida, que é a nossa liberdade." Presidente Jair Bolsonaro, em evento fechado à imprensa. Fonte: Poder360.

**02 de abril de 2022**
"Posso contar com o apoio de vocês?" Deputado Daniel Silveira (PTB-RJ). Fonte: o próprio Twitter.

**02 de abril de 2022**
"Disseram para minha mãe: 'O seu filho está andando com um deputado criminoso e perigoso'. Não, meu bem! Criminoso e perigoso é o juiz [ministro do STF Alexandre de Moraes] que persegue e sente tesão pelo [deputado] Daniel Silveira. Expor o sistema também tem suas consequências!" Maicon Sulivan, palestrante político. Fonte: o próprio Twitter.

**02 de abril de 2022**
"Chora, negrada vitimista!" Sérgio Camargo, deixando a presidência da Fundação Palmares para se candidatar. Fonte: o próprio Twitter.

**02 de abril de 2022**
"Paola [Daniel], noiva do Deputado Federal Daniel Silveira [PTB-RJ], comenta a mais nova medida totalitária de Alexandre de Moraes [ministro do Supremo Tribunal Federal], o bloqueio da conta salário de Daniel, que está impedido de sequer comprar comida pra sua família. Contribua com o PIX brasilcomdaniel@gmail.com." Deputado Carlos Jordy (PL-RJ). Fonte: o próprio Twitter.

**03 de abril de 2022**
"Amados, estou recebendo muitos e-mails de docentes e discentes das Universidades Públicas de São Paulo. Eles trazem relatos graves, no sentido de que seus atestados e laudos médicos, desaconselhando vacinar contra COVID-19 vêm sendo reiteradamente rejeitados!" Deputada estadual Janaina Paschoal (PRTB-SP). Fonte: o próprio Twitter.

**03 de abril de 2022**
"Pastor Cláudio Duarte deixa claro de que lado está. Não caia na conversa dos falsos cristãos que dizem apoiar [o ex-presidente Luiz Inácio] Lula [da Silva]. O Presidente Bolsonaro é aquele que defende as bandeiras, princípios e valores alinhados aos cristãos." Deputado Carlos Jordy (PL-RJ). Fonte: o próprio Twitter.

**03 de abril de 2022**
"Uma derrota nas urnas [do ex-presidente Lula], tira toda narrativa de GOLPISTA, afinal essa narrativa será o último capital que eles se apegarão. Preparem-se para anúncio de DOENÇA GRAVE ou cansaço [do ex-presidente Lula]. Na hora certa ele pula do barco." Gilson Machado Neto, ex-ministro do Turismo. Fonte: o próprio Twitter.

**03 de abril de 2022**
"Ainda com pena da [emoji de uma cobra]." Deputado Eduardo Bolsonaro (PL-SP), se referindo à jornalista Miriam Leitão, que foi torturada grávida com uma cobra na cela durante a ditadura militar. Fonte: o próprio Twitter.

## BOLSONARO E SEUS SEGUIDORES: O HORROR EM 3.560 FRASES

04 de abril de 2022
"Uma cobra e Miriam Leitão no mesmo ambiente... Quem envenenou quem?" Maicon Sulivan, palestrante político. Fonte: o próprio Twitter.

04 de abril de 2022
"Antes de tudo a nossa guerra é espiritual, é do bem contra o mal, é pela nossa liberdade, contra a prisão eterna. Brasil acima de tudo! Deus acima de todos!" Rogéria Bolsonaro, ex-vereadora, ex-mulher do presidente Jair Bolsonaro e mãe de Flávio, Carlos e Eduardo Bolsonaro. Fonte: o próprio Twitter.

04 de abril de 2022
"São Paulo tem uma coisa interessante que o paulista não percebe: a associação com o crime organizado. São Paulo fez um pacto com o crime organizado, de não combatê-lo. E por que se optou por não combater o crime organizado? Porque combater o crime organizado dá efeito colateral." Tarcísio de Freitas (Podemos-SP), ex-ministro da Infraestrutura e pré-candidato ao Governo de São Paulo. Fonte: O Antagonista.

05 de abril de 2022
"Tenho 23 ministros. Todos são importantes, mas um se destaca. É o da Defesa [General Paulo Sérgio Nogueira de Oliveira]. Porque tem a tropa em suas mãos. É o que, em última análise, poderá fazer o país rumar em direção à normalidade, ao progresso e à paz. (...) Deveres, garantias e responsabilidades, nós sempre estivemos ao lado da legalidade. E tenha certeza. Se a pátria um dia voltar a nos chamar, por ela tudo faremos, até mesmo em sacrifício da própria vida." Presidente Jair Bolsonaro, em cerimônia de cumprimento a oficiais-generais promovidos, no Palácio do Planalto. Fonte: O Globo, por Alice Cravo.

05 de abril de 2022
"Se a PGR [Procuradoria-Geral da República], ao final das investigações, entendeu pela inexistência de crime, em convergência com o entendimento da defesa, não há conflito e, nesta medida, não cabe ao magistrado substituir-se neste crivo, sob pena de grave cisão do devido processo legal substantivo." Presidente Jair Bolsonaro, pedindo ao Supremo Tribunal Federal (STF) que a ministra Rosa Weber reconsiderasse a decisão de manter o inquérito de investigação à suposta prevaricação no caso da vacina Covaxin. Fonte: O Globo, por Mariana Muniz.

05 de abril de 2022
"Vim ver o Zero Um [presidente Jair Bolsonaro]." Deputado Daniel Silveira (PTB-RJ), chegando no Palácio do Planalto, acompanhado do ex-senador Magno Malta. Fonte: O Globo, por Lauro Jardim e Naira Trindade.

05 de abril de 2022
"O nome e a data de entrada de visitantes na Presidência da República cumprem a finalidade específica de segurança. Fica clara a impossibilidade do fornecimento dos dados pessoais solicitados para outros fins que não a segurança na Presidência." Gabinete de Segurança Institucional (GSI), decretando sigilo nas visitas do presidente do PL, Valdemar Costa Neto, ao presidente Jair Bolsonaro no Palácio do Planalto. Fonte: Estadão, por Lauriberto Pompeu.

05 de abril de 2022
"E ela [Miriam Leitão, jornalista] só tem a palavra dela, dizendo que foi vítima de uma tortura psicológica quando foi jogada dentro de uma cela junto com uma cobra [na ditadura militar]. Eu fico com a pulga atrás da orelha, porque você não tem um vídeo, não tem outras testemunhas, não tem uma prova documental, não tem absolutamente nada. E esse pessoal que está acostumado a mentir e que nada faz quando artigos torcem pela morte do presidente [Jair Bolsonaro]. Fica difícil acreditar que esse pessoal é tão pró-direitos humanos, é tão assim de paz e amor." Deputado Eduardo Bolsonaro (PL-SP). Fonte: Bahia Notícias.

06 de abril de 2022
"O governo Bolsonaro é melhor que o do Lula." Deputada Celina Leão (PP-DF). Fonte: Correio Braziliense, por Eduardo Fernandes.

06 de abril de 2022
"Aqui é o Cononel Lee, ex-comandante do Bope do Paraná. Nosso *modus operandi* é o mesmo. A última vez que esse bando do MST [Movimento dos Trabalhadores Rurais Sem Terra] e da esquerda vieram nos visitar e querer conversar com a gente no meio do mato foram parar no inferno. Então, [ex-presidente] Lula, mande a sua turma falar com a gente de novo, e vocês vão visitar os seus amigos que estão lá. É esse o nosso recado." Deputado estadual Coronel Lee (DC-PR), em discurso na Assembleia Legislativa do Paraná. Fonte: CartaCapital e Bem Paraná, por Josianne Ritz do blog Política em Debate.

**BOLSONARO E SEUS SEGUIDORES: O HORROR EM 3.560 FRASES**

**06 de abril de 2022**
"Gazela? Vc (sic) está falando do [senador] Randolfe [Rodrigues, REDE-AP]? Só pode ser pq (sic) é ele que usa máquina pública. Eu pago advogados com recursos próprios e pago custas judiciais também. Ah e outra coisa. Meu hormônio chama-se testosterona e sua produção natural nunca foi problema." Otávio Fakhoury, empresário. Fonte: O Globo, por Ancelmo e Nelson Lima Neto.

**06 de abril de 2022**
"Eu conheço o Caio [Paes de Andrade, cotado para a presidência da Petrobras]. Ele tem feito um excelente trabalho nessa parte de desburocratização. Mas vamos ver o que pode progredir disso aí porque, na realidade, ele não tem experiência nessa área de óleo e gás. Ele tem uma experiência como gestor, mas não especificamente nessa área." General Hamilton Mourão, vice-presidente. Fonte: Poder360, por Emilly Behnke.

06 de abril de 2022
"Eu me sinto revoltado com tudo isso que tá acontecendo. Nunca recebi nenhum cargo, nenhum dinheiro, nunca fiz lavagem de dinheiro, e estão tentando me incriminar numa coisa que não fiz. (...) Não marquei nenhuma reunião com o governo. Nunca pedi nada ao governo, não faço parte do governo federal. (...) Nunca pedi para ir na reunião, nem nada, eu fui convidado. Só me convidaram, eu fui porque conhecia o pessoal lá. Entrei mudo e saí calado!" Jair Renan Bolsonaro, em entrevista ao SBT, sobre o depoimento que prestou na Polícia Federal. Fonte: UOL

**06 de abril de 2022**
"Ele [ex-presidente Luiz Inácio Lula da Silva] falou tanta besteira inclusive defendeu abertamente o aborto. Aborto para ele... Abortar uma criança e extrair um dente é a mesma coisa, tá certo?" Presidente Jair Bolsonaro. Fonte: Poder360.

**06 de abril de 2022**
"Tem um candidato aí [ex-presidente Luiz Inácio Lula da Silva] que criticou a classe média, que ela tem que se vigiar, não consumir tanto (...). Cada vez mais a gente vê esse candidato falando abobrinhas por aí querendo interferir inclusive no que você tem em casa, até no tocante à televisão. É o mesmo cara que fala que a pauta de família e de valores é uma coisa muito atrasada." Presidente Jair Bolsonaro. Fonte: Poder360.

06 de abril de 2022
"Tenho que dizer que o presidente Bolsonaro, ao se aliar ao Centrão, transformou um sonho que a gente tinha, de mudança no país, em um pesadelo. Porque hoje ou é com o Lula ou a gente continua piorando, porque, com ele [Bolsonaro], vai continuar piorando. (...) o presidente Bolsonaro reeleito, vai ter historicamente, o segundo mandato de um presidente costuma ser pior do que o primeiro mandato, não é no Brasil, é no mundo inteiro. Um segundo mandato do presidente Bolsonaro, mais fraco do que o atual, vai ser um horror, vai ser um horror. Então hoje, eu vejo isso, o melhor cenário é ruim, e a gente tem que se preparar para a resistência." Abraham Weintraub, ex-ministro da Educação. Fonte: Metrópoles, por Raphael Veleda e Terra.

**06 de abril de 2022**
"O Centrão tá desesperado. Tá aparecendo um escândalo atrás do outro no MEC, onde eles colocaram as patas imundas deles, e aí ficam inventando história pra tentar criar cortina de fumaça. (...) Enquanto eu estava no MEC, não tinha uma linha fora do lugar, não teve uma única acusação nem suspeita. (...) Nesse MEC que o Centrão colocou as patas imundas, já apareceu um monte de suspeita, conversa errada. Aí eles criam cortina de fumaça que vou apoiar o Lula, a coisa mais maluca que vi na vida. Eu não vou apoiar o Lula." Abraham Weintraub, ex-ministro da Educação. Fonte: Metrópoles, por Raphael Veleda.

06 de abril de 2022
"Ele [Adriano Magalhães da Nóbrega] já sabia da ordem que saiu para que ele fosse um arquivo morto. Ele já era um arquivo morto. Já tinham dado cargos comissionados no Planalto pela vida dele, já. Fizeram uma reunião com o nome do Adriano no Planalto. Entendeu, tia? Ele já sabia disso, já. Foi um complô mesmo. (...) Ele falou para mim que não ia se entregar porque iam matar ele lá dentro. Iam matar ele lá dentro. Ele já estava pensando em se entregar. Quando pegaram ele, tia, ele desistiu da vida. (...) Ele [presidente Jair Bolsonaro] foi nos jornais e colocou a cara. Ele falou: 'Eu estou tomando as devidas providências para que seja feita uma nova perícia no corpo do Adriano'. Porque ele só se dirige a ele como Adriano, capitão Adriano. (...) Foi esse safado do [Wilson] Witzel [ex-governador do Rio de Janeiro], que disse que se pegasse era para matar. Foi ele. (...) Pessoal cisma que ele era miliciano. Ele não era miliciano, não. Era bicheiro. (...) Querem pintar o cara numa coisa que ele não era por causa de coisa política. Porque querem ligar ele ao Bolsonaro. Querem ligar ele a todo custo ao Bolsonaro. (...) Aí querem botar ele como uma pessoa muito ruim para poderem ligar ao Bolsonaro. Aí já disseram que foi o Bolsonaro quem assassinou. Quando a gente queria cremar diziam que a família queria cremar rápido porque não era o Adriano. Uma confusão." Daniela Magalhães da Nóbrega, irmã de Adriano Magalhães da Nóbrega, morto em 9 de fevereiro de 2020, em gravação autorizada pela Justiça, somente tornada pública nessa data. Folha, por Italo Nogueira.

06 de abril de 2022
"Obviamente isso nunca aconteceu." Senador Flávio Bolsonaro (PL-RJ). Fonte: Folha, por Italo Nogueira.

07 de abril de 2022
"Eu quero relatar para todo o Brasil que eu recebi uma ligação do capitão Adriano, capitão Adriano [Magalhães da Nóbrega]! No dia 24 de dezembro de 2019, onde ele me relatou que houve uma reunião dentro do Palácio Guanabara, Palácio Guanabara [sede do Governo do Rio de Janeiro]. Que ficou acertado que não era para ele ser preso e sim executado, o que aconteceu em fevereiro [de 2020]. O que a irmã dele [Daniela Magalhães da Nóbrega], chorando, angustiada, relata para a sua tia, ela confunde 'palácio' com 'planalto'." Fabrício Queiroz. Fonte: Metrópoles, no Twitter.

07 de abril de 2022
"João Paulo Lemann, o homem mais rico do Brasil, deu a entender que [o presidente Jair] Bolsonaro perderá a eleição. Para quem será que os bilionários estão torcendo??" Pastor e deputado Marco Feliciano (PL-SP). Fonte: o próprio Twitter.

07 de abril de 2022
"Alguém me aponte um motivo que eu poderia ter para matar Marielle Franco. Motivo nenhum. Zero. É um negócio que não dá nem para discutir mais. Os áudios dela [Daniela Magalhães da Nóbrega, irmã de Adriano Magalhães da Nóbrega], pelo que eu tomei conhecimento, ela se equivocou. Em vez de falar Palácio das Laranjeiras, falou Palácio do Planalto. Ela se equivocou. No tocante a isso. É só ouvi-la. Pelo que lembro, nunca conversei com ela. Mas só tem uma explicação para isso. Estão espalhando *fake news*." Presidente Jair Bolsonaro, se confundindo e citando o assassinato de Marielle Franco no caso de Adriano Magalhães da Nóbrega. Fonte: Metrópoles, por Matara Oliveira.

## 08 de abril de 2022

"Ela [Danielle Mendonça da Nóbrega, ex-mulher de Adriano Magalhães da Nóbrega] foi nomeada por 11 anos. Onze anos levando dinheiro, R$ 10 mil por mês para o bolso dela. E agora ela não quer que ninguém fale no nome dela? (...) Bateram na casa dela porque a funcionária fantasma era ela, não era eu. (...) Aí vem a Danielle e dá ataque que bateram na porta da casa dela e ela não está mais casada com ele. Ahn, mas e aí? Não estava levando dinheiro lá? Não quer que bata na porta dela? Errado seria se ela tivesse fodida, sem ganhar R$ 1. Ela sabia muito bem qual era o esquema. Ela não aceitou? Agora é as consequências do que ela aceitou. (...) Ela [fala]: 'Ai, eu faço tudo na minha vida para viver direito e o Adriano tem essa vida errada que eu não escolhi'. Se eu fosse ela, a minha vida direita: 'Olha só, Adriano. Não é direito eu estar num gabinete sem trabalhar. Não quero mais participar disso, não'. Mas estava entrando R$ 10 mil na conta dela. Ela não [fala] isso, né?" Júlia Lotufo, viúva de Adriano Magalhães da Nóbrega, em conversa com uma amiga em julho de 2019, quando Adriano estava foragido, que só vieram a público nessa data. Fonte: Folha, por Italo Nogueira.

## 08 de abril de 2022

"Até onde o parlamentar [senador Flávio Bolsonaro] tem conhecimento, todos que faziam parte da equipe trabalhavam de acordo com as regras e determinações da Assembleia. Importante lembrar que esse caso já foi debatido e superado na Justiça, sendo totalmente arquivado." Assessoria do senador Flávio Bolsonaro (PL-RJ). Fonte: Folha, por Italo Nogueira.

## 08 de abril de 2022

"Nós facilitamos a compra de arma de fogo por parte do povo brasileiro. Nos últimos anos, temos dobrado a venda de armas de fogo no Brasil. Eu sempre digo a vocês: povo armado jamais será escravizado. Reagirá a qualquer ditador de plantão que queira roubar a liberdade do seu povo. Temos também ampliado e muito a quantidade de CACs [registro ativo de colecionadores, atiradores e caçadores] pelo Brasil, o colecionador e o atirador. Hoje ultrapassam 600 mil e eles podem comprar praticamente todo tipo de armamento. É um estoque, é uma reserva. É o nosso maior exército que nós temos, que é o povo brasileiro." Presidente Jair Bolsonaro. Fonte: Correio Braziliense, por Ingrid Soares.

## 09 de abril de 2022

"Amanhã tem [primeiro turno da] eleição na França. Os globalistas estão em pânico com a ascensão da candidata de direita Marine Le Pen. A mulher tem mais testosterona que o frágil [Emmanuel] Macron [presidente da França]." Deputado Éder Mauro [PL-PA], ex-delegado, líder da 'Bancada da Bala' na região Norte. Fonte: o próprio Twitter.

**BOLSONARO E SEUS SEGUIDORES: O HORROR EM 3.560 FRASES**

**09 de abril de 2022**
"Onde nós entramos, certamente a esquerda não se cria. Mais uma para a conta e a satisfação de ajudar as causas que acredito: Deus, pátria e família. Obrigado, Blumenau--SC. 'Senador Jorginho Mello (PL-SC). Jorge Seif Júnior, ex-secretário de Aquicultura e Pesca. Júlia Zanatta, antifeminista do fuzil'." Deputado Eduardo Bolsonaro (PL-SP), em vídeo com arma e atirando. Fonte: o próprio Twitter.

**10 de abril de 2022**
"Investiguem TUDO! Superfaturamento no Enem [Exame Nacional do Ensino Médio], financiamento de faculdades privadas, as Federais, autorizações irregulares, venda de diplomas, gráficas (plural), quilo de ouro, utilização de aviões da FAB [Força Aérea Brasileira], TUDO! Vamos ver quem é limpo! Eu não tenho medo da VERDADE! (...) Chamem TODOS os ministros! Quando eu mandei embora o presidente do FNDE [Fundo Nacional de Desenvolvimento da Educação], o Nhonho [Rodrigo Maia, secretário de Projetos e Ações Estratégicas do estado de São Paulo] me ameaçou com uma CPI do MEC. Respondi que eu adoraria ver uma CPI do MEC. Tenho muita coisa para contar (mandei tudo para PF e MP). Enfrento a tigrada safada e 'Aliança Centrão/Generais'." Abraham Weintraub, ex-ministro da Educação. Fonte: o próprio Twitter.

**11 de abril de 2022**
"[A verba das emendas de relator] ajuda a acalmar o Parlamento. O que eles querem, no final das contas, é mandar recursos para a sua cidade." Presidente Jair Bolsonaro, em entrevista ao *podcast* 'Irmãos Dias'. Fonte: Folha, por Mateus Vargas.

**11 de abril de 2022**
"Quero deixar uma palavra de ânimo aos senhores. Vamos atravessar essas crises [econômica] da mesma forma que atravessamos a crise sanitária [da Covid-19]." Paulo Guedes, ministro da Economia. Fonte: IstoÉ Dinheiro, Estadão Conteúdo.

**11 de abril de 2022**
"Então o [Edson] Fachin [ministro do Supremo Tribunal Federal (STF) e presidente do Tribunal Superior Eleitoral (TSE)] o tirou da cadeia, o tornou elegível e está presidindo o TSE. Ao meu entender, se depender do Fachin, ou do voto do Fachin, para ser educado aqui, ele [ex-presidente Lula] será presidente da República." Presidente Jair Bolsonaro, em entrevista ao *podcast* 'Irmãos Dias'. Fonte: Estadão, por Davi Medeiros.

### 11 de abril de 2022
"Eu não quero entrar nesse detalhe. Eu indico ao conselho [da Petrobras], sua [do presidente da Petrobras] admissão e demissão. Um dos motivos principais [da demissão do general Joaquim Silva e Luna, ex-presidente da Petrobras] era que precisávamos de alguém mais profissional lá dentro, para poder dar transparência, porque ela [Petrobras] não usa seu marketing. Ela não fala." Presidente Jair Bolsonaro. Fonte: Metrópoles, por Mariana Costa e Flávia Said.

### 11 de abril de 2022
"Os processos licitatórios realizados pela Marinha do Brasil para aquisição de sildenafila de 25 e 50mg [conhecido comercialmente como Viagra] visam o tratamento de pacientes com Hipertensão Arterial Pulmonar (HAP), uma síndrome clínica e hemodinâmica que resulta no aumento da resistência vascular na pequena circulação, elevando os níveis de pressão na circulação pulmonar. Pode ocorrer associada a uma variedade de condições clínicas subjacentes ou a uma doença que afete exclusivamente a circulação pulmonar. Trata-se de doença grave e progressiva que pode levar à morte. A associação de fármacos para a HAP vem sendo pesquisada desde a década de [19]90, estando ratificado, conforme as últimas diretrizes mundiais (2019), o uso da sildenafila, bem como da tadalafila, com resultados de melhora clínica e funcional do paciente." Marinha do Brasil. Fonte: UOL.

### 11 de abril de 2022
O Centro de Comunicação Social do Exército informa que os processos de licitação e compra de medicamentos seguem os preceitos legais previstos e as demandas do Sistema de Saúde do Exército, responsável por prover assistência médico-hospitalar a militares e seus dependentes, totalizando mais de 700 mil pessoas. A respeito especificamente da Sildenafila [conhecido comercialmente como Viagra], cabe esclarecer que o medicamento é utilizado no Exército para o tratamento de hipertensão pulmonar (elevação da pressão arterial nas artérias dos pulmões) em ambiente hospitalar. Assim, é previsto que os hospitais, principalmente aqueles que possuam Unidades de Terapia Intensiva / Unidade Coronariana, tenham atas de Sistema de Registro de Preços (SRP) com o referido medicamento, cujas quantidades são previstas para um ano (data de vigência de uma ata de medicamentos)." Exército do Brasil. Fonte: UOL.

**BOLSONARO E SEUS SEGUIDORES: O HORROR EM 3.560 FRASES**

**12 de abril de 2022**
"AQUISIÇÃO DE PRÓTESES PELO EXÉRCITO. O Centro de Comunicação Social do Exército esclarece que foram adquiridas apenas 3 (três) próteses penianas pelo Exército Brasileiro, em 2021, para cirurgias de usuários do Fundo de Saúde do Exército (FUSEx) e não 60 (sessenta), conforme foi divulgado por alguns veículos de imprensa. A quantidade de 60 (sessenta) representa a estimativa constante na ata de registro de preços e não efetivamente o que foi empenhado, liquidado e pago pelas Organizações Militares de Saúde. Cabe destacar que os processos de licitação atenderam a todas as exigências legais vigentes, bem como às recomendações médicas. Informamos que o Sistema de Saúde do Exército, que atende cerca de 700 mil pessoas, tem como receita recursos do Fundo de Saúde do Exército, composto por contribuição mensal de todos os beneficiários do Sistema e da coparticipação para o pagamento dos procedimentos realizados. Por fim, é atribuição do Sistema de Saúde do Exército atender a pacientes do sexo masculino vítimas de diversos tipos de enfermidades que possam requerer a cirurgia para implantação da prótese citada." Exército Brasileiro. Fonte: o próprio site.

**12 de abril de 2022**
"ERRATA: No site daniellivre.carlazambelli.com.br listamos os deputados que votaram pela prisão do [deputado] Daniel [Silveira, PTB-RJ] no ano passado. Por um erro, o João Roma [então deputado e atualmente ministro da Cidadania] estava no site, mas ele não votou pela prisão e apoia nosso colega Daniel. Converse com seu deputado para votar pela liberdade dessa vez!" Deputada Carla Zambelli (PSL-SP). Fonte: o próprio Twitter.

**12 de abril de 2022**
"Rapaz, que entrevista vergonhosa [a de Jair Renan Bolsonaro para o SBT no dia 06/04/2022]. (...) Ele não tem nenhuma inteligência emocional para responder a perguntas simples. A única coisa que contradigo ali é o fato dele dizer que somos amigos. (...) Isso [amigos] não somos desde dezembro de 2020. Amigo não vira as costas para outro amigo. Eu jamais deixaria uma amigo passar por tribulações sozinho. (...) Eu poderia enumerar aqui [as tribulações], mas são de ordem pessoal e emocional. Ou você acha que ser julgado, ridicularizado em rede nacional é agradável? (...) O que ele [Jair Renan Bolsonaro] falou [na entrevista] está correto, em parte. O carro foi doado para uma instituição sem fins lucrativos, e não para mim. E sim, o carro esteve sempre comigo, pois eu sou o responsável pela instituição. O veículo foi usado especificamente para essa instituição. Foi devolvido ao doador a pedido dele, contra a minha vontade. (...) Como eu disse, em parte, porque doar um carro para o meu CPF e para um CNPJ sem fins lucrativos tem muita diferença. Mas o Renan não sabia desses detalhes, porque de fato, ele não tinha relação com isso. (...) Eu não tenho responsabilidade sobre isso! Não posso comentar porque não sei o motivo dessa reunião. (...) Então seria crime se o Joel [Novaes da Fonseca, assessor da Presidência], que marcou a reunião, tivesse ganhado o carro. Certo?" Allan Lucena, *personal trainer*, ex-amigo de Jair Renan Bolsonaro. Fonte: Congresso em Foco, por Vanessa Lippelt.

**12 de abril de 2022**
"Quem vai me dar uma ordem dessas? O meu chefe [presidente Jair Bolsonaro]. Ele falou: 'você vai ter que entregar o FNDE [Fundo Nacional para o Desenvolvimento da Educação] pro Centrão'. E eu falei: 'presidente, não faça isso'." Abraham Weintraub, ex--ministro da Educação. Fonte: CNN Brasil, por Iuri Pitta.

12 de abril de 2022
**"Por um lado, estamos ajudando e salvando pessoas e, por outro, estamos simplesmente tomando medidas para garantir a segurança da própria Rússia."** Vladimir Putin, presidente da Rússia. Fonte: Poder360, por Natalia Veloso.

**12 de abril de 2022**
"Onyx [Lorenzoni, ex-ministro do Trabalho e Previdência] era um cara com experiência política e foi substituído pelo [Luiz Eduardo] Ramos [ministro da Secretaria-Geral da Presidência]. Uma pessoa ruim não é tão nefasta quanto uma pessoa como ele [Luiz Eduardo Ramos]. (...) Se você pegar o sorriso, a cara dele? Eu não compraria um mate ali em Ipanema-Leblon. Ele parece um vendedor de mate. Aquele que passa com um garrafão de alumínio, aquela sunga vermelha. 'Mate, mate com limão, tem chorinho'. Ele tem um aspecto, na minha opinião, de uma pessoa em quem eu não confio absolutamente nada." Abraham Weintraub, ex-ministro da Educação. Fonte: UOL.

**12 de abril de 2022**
"Mitomania: mentira patológica ou desejo compulsivo de mentir sobre assuntos importantes e triviais, independente da situação." Vereador Carlos Bolsonaro (Republicanos-RJ). Fonte: o próprio Twitter.

13 de abril de 2022
**"Eu vou me dedicar à minha possível reeleição." Presidente Jair Bolsonaro, em entrevista à TV Aratu, da Bahia. Fonte: Estadão, por Eduardo Gayer.**

**13 de abril de 2022**
"O moleque [Jair Renan Bolsonaro] tem 24 anos agora, acho que ninguém conhece ele, vive com a mãe [Ana Cristina Siqueira Valle], há muito tempo longe de mim, mas recebo de vez em quando. Tem a vida dele, não sei se está certo ou se está errado, mas peço a Deus que o proteja." Presidente Jair Bolsonaro. Fonte: Eixo Político, no Twitter.

**BOLSONARO E SEUS SEGUIDORES: O HORROR EM 3.560 FRASES**

13 de abril de 2022
"Saibam que o inferno está com muita raiva de todos nós e o inferno está se levantando. O inferno mandou uns capetas que vocês não têm ideia, tem um até careca [se referindo a Alexandre de Moraes, ministro do STF]. Não tem sido fácil, tudo se levanta contra esse governo. Tudo conspirou contra este governo. Brumadinho, óleo na praia, queimada no Pantanal, quando a gente achava que não tinha mais nada, Congresso começa a brigar entre si. Um Judiciário se levanta contra nós, a imprensa contra nós. Quando a gente achava que não tinha mais nada contra nós, veio uma pandemia [da Covid-19]. Quando a gente tá no final da pandemia vem uma guerra [da Rússia com a Ucrânia]." Damares Alves, ex-ministra da Mulher, Família e Direitos Humanos e filiada ao Republicanos. Fonte: UOL.

13 de abril de 2022
"(...) Vou anunciar logo mais, não sei se o Paulo Guedes sabe ainda, que não se tem notícia de a Casa da Moeda ser lucrativa. E passou a ser lucrativa agora em nosso governo." Presidente Jair Bolsonaro, em discurso com a presença de Paulo Guedes, ministro da Economia. Fonte: Metrópoles, no Twitter.

13 de abril de 2022
"As Forças Armadas compram [o remédio] Viagra para combater a hipertensão arterial e doenças reumatológicas, foram trinta e poucos mil comprimidos para o Exército, 10 mil para a Marinha e eu não peguei da Aeronáutica, mas deve perfazer o valor de 50 mil comprimidos. Com todo respeito, não é nada. A quantidade para o efetivo das três Forças, obviamente, muito mais usado pelos inativos e pensionistas. (...) A gente apanha todo dia. [A imprensa] não procura saber porque comprou os seus 50 mil comprimidos de Viagra, mas faz parte. Como no ano passado apanhamos muito também, eu apanhei, por ter gasto alguns milhões com leite condensado." Presidente Jair Bolsonaro, em entrevista ao lado de Damares Alves, ex-ministra da Mulher, Família e Direitos Humanos. Fonte: SBT News.

**13 de abril de 2022**
"PRESIDÊNCIA DA REPÚBLICA GABINETE DE SEGURANÇA INSTITUCIONAL [GSI]. Nota de Esclarecimento Em relação à matéria assinada pelo repórter Patrik Camporez, d'O Globo, com o título 'Planalto decreta sigilo em encontros de Bolsonaro com pastores lobistas do MEC', informamos o seguinte: 1. Inicialmente, o título é inverídico, pois não houve 'decreto', mas, sim, em data anterior, uma resposta negativa ao mesmo repórter, por meio do Serviço de Informação ao Cidadão (LAI) deste Gabinete; 2. Inconformado, além de, intencionalmente, omitir o amparo legal apresentado pelo GSI, o articulista vinculou a resposta institucional a eventos que, recentemente, ocorreram no MEC; 3. Registramos que o controle de acesso ao Palácio do Planalto é aplicado aos visitantes, de forma isenta, indistinta e criteriosa, estejam ou não 'ocupando' espaço na mídia; 4. Trata-se, portanto, de ferramenta que garante o cumprimento de atribuição legal deste Gabinete, no sentido de proporcionar a segurança das instalações do Palácio do Planalto e de todos os seus servidores; 5. Por oportuno, também omitido na matéria por razões óbvias, com o advento da Lei Nº 13.709, em 14 de agosto de 2018, Lei Geral de Proteção de Dados Pessoais — LGPD, foi vedado o fornecimento de dados pessoais, em legislação que foi apresentada ao repórter, com a seguinte síntese: 'Esclarecemos que — considerando o inciso II, § 1º, do artigo 31 da Lei nº 12.527/2011 (LAI); complementado pelo inciso I, do artigo 6º e incisos I, II e VII do artigo 7º, da Lei nº 13.709/2018 (LGPD) — a solicitação não poderá ser atendida.' 6. Por fim, em atenção à legislação vigente, o GSI ratifica o seu posicionamento de não difundir dados pessoais — de qualquer visitante — registrados em sua plataforma exclusiva e restrita à segurança para o controle de acesso." Gabinete de Segurança Institucional (GSI), negando a informação sobre o acesso dos pastores Gilmar dos Santos e Arilton Moura ao Palácio do Planalto. Fonte: o próprio GSI.

**13 de abril de 2022**
"Em 100 anos saberá." Presidente Jair Bolsonaro, respondendo pelo Twitter ao cidadão Lucas Elias Bernardino, que perguntou ao presidente se 'existe algo para esconder?' sobre as denúncias no Ministério da Educação (MEC), que envolvem os pastores Gilmar dos Santos e Arilton Moura. Fonte: o próprio Twitter.

**13 de abril de 2022**
"PRESIDÊNCIA DA REPÚBLICA. GABINETE DE SEGURANÇA INSTITUCIONAL [GSI]. Nota à Imprensa. Em complemento à Nota de Esclarecimento divulgada ontem pelo GSI, fruto de recente manifestação da Controladoria-Geral da União quanto à necessidade de atender o interesse público, informamos o conteúdo existente no banco de dados deste Gabinete, referentes (sic) aos Senhores [pastores] Arilton Moura Correia e Gilmar Silva dos Santos (...)." GABINETE DE SEGURANÇA INSTITUCIONAL (GSI), informando que 'em 2019, [o pastor] Arilton [Moura Correia] esteve reunido com membros do [Palácio do] Planalto, 27 vezes. Em 2020, uma vez; em 2021, cinco; em 2022, duas. Já [o pastor] Gilmar [Silva dos Santos], compareceu ao local em 2019, seis vezes; em 2020, uma vez; em 2021, duas vezes e em 2022, uma vez. Quase sempre, os dois estavam no Palácio do Planalto no mesmo horário'. Fonte: Metrópoles, por Manoela Alcântara.

**BOLSONARO E SEUS SEGUIDORES: O HORROR EM 3.560 FRASES**

**14 de abril de 2022**
"Nós [Forças Armadas] temos farmácias. A farmácia vende medicamentos. E o medicamento é comprado com recursos do fundo. Então, tem o velhinho aqui [aponta para si próprio]. Eu não posso usar o meu Viagra, pô? O que são 35 mil comprimidos de Viagra para 110 mil velhinhos que tem? Não é nada." General Hamilton Mourão, vice-presidente da República. Fonte: UOL.

**14 de abril de 2022**
"Melhor Viagra do que KY." Ricardo Salles, ex-ministro do Meio Ambiente. Fonte: o próprio Twitter.

**14 de abril de 2022**
"Viagra e implante peniano pro exército é ruim? Pois deviam dobrar a quantidade e também distribuir ao povo. Sexo é a principal saúde pública. Quem não transa, fica ruim da cabeça e vira militante ideológico que cria problema sócio-político pra suprir suas frustrações." Adrilles Jorge, jornalista. Fonte: o próprio Twitter.

**14 de abril de 2022**
"Ei fiquei chateado, não como capitão do Exército mas como cidadão brasileiro. Parte da mídia atacar as Forças Armadas. 'Compraram Viagra'. 'Compraram 30 mil comprimidos de Viagra'. O Viagra aqui, cujo princípio ativo é sildenafila, é usado para hipertensão arterial entre tantas e tantas outras coisas. Agora, aí vêm os memes, vêm as brincadeiras, né? Uma eu até gostei, né? 'A nossa pílula jamais será vermelha'. Está lá a pílula azul do Viagra mas quem leva para a maldade, isso é um crime contra as Forças Armadas." Presidente Jair Bolsonaro. Fonte: Metrópoles e SamPancher, no Twitter.

**14 de abril de 2022**
"Cristão que votar no [ex-presidente] Lula não poderá reclamar quando seu pastor ou seu padre for preso por homofobia!" Pastor e deputado Marco Feliciano (PL-SP). Fonte: o próprio Twitter.

**14 de abril de 2022**
"O que será que o professor Olavo de Carvalho [estaria] agora falando da circunstância atual política?" Rafael Moreno, 'ativista conservador e monarquista, líder do Movimento Brasil Monarquista — minha maior ambição não é ser milionário, mas ter meu nome escrito nos livros de história!'. Fonte: o próprio Twitter.

## WALTER BARRETTO JR.

**15 de abril de 2022**
"Adianto para vocês, o que eu tomei conhecimento nessa manhã. É simplesmente algo inaceitável, inadmissível e inconcebível. O WhatsApp passa a ter uma nova política para o mundo, mas uma especial respectiva para o Brasil. Isso após um acordo com três ministros do Tribunal Superior Eleitoral. (...) Isso que o WhatsApp está fazendo no mundo todo... Sem problema. Agora, abrir uma excepcionalidade para o Brasil? Isso é inadmissível, inaceitável e não vai ser cumprido esse acordo que por ventura eles tenham feito com o Brasil, com informações que eu tenho até o presente momento." Presidente Jair Bolsonaro. Fonte: Fonte: UOL, por Hanrrikson de Andrade.

**15 de abril de 2022**
"Só as imagens podem mostrar. Vale mais do que 1 milhão de palavras. A atenção por um Brasil realmente livre, próspero e com liberdade total. Não é apenas de ir e vir. É liberdade de opinião, de expressão, de credo... É esse o Brasil que nós queremos. E, por isso, eu dou a minha vida." Presidente Jair Bolsonaro. Fonte: Fonte: UOL, por Hanrrikson de Andrade.

**15 de abril de 2022**
"Tiraram o [ex-presidente] Lula da cadeia, tornaram ele elegível mas não o farão presidente da República. A vontade popular vai prevalecer. Nós queremos eleições limpas, transparentes, auditáveis e que reflitam a vontade da maioria do povo brasileiro." Presidente Jair Bolsonaro, em discurso na motociata 'Acelera para Cristo 2'. Fonte: Metrópoles e SamPancher, no Twitter.

**15 de abril de 2022**
"Imaginem, só imaginem se, no meu lugar, estivesse ocupando aquela cadeira o ladrão petista. Como estaria nosso Brasil?" Presidente Jair Bolsonaro. Fonte: Poder360, por Murilo Fagundes.

**15 de abril de 2022**
"Hoje, o presidente Jair Bolsonaro na motociata em São Paulo! A pesquisa DataPovo não falha! (...) Corre aqui, DATAFOLHA! 'DA SÉRIE: PERDE PARA TODOS NO SEGUNDO TURNO!'." Deputada Carla Zambelli (PL-SP). Fonte: o próprio Twitter.

**15 de abril de 2022**
"Johnny Bravo, o que perde pra todos [nas pesquisas eleitorais], em mais uma pesquisa espontânea. @jairbolsonaro. Chegada na motociata Acelera pra Cristo. 'Datafolha: Bolsonaro é avaliado como ruim ou péssimo por quase metade em SP e RJ'." Senador Flávio Bolsonaro (PL-RJ). Fonte: o próprio Twitter.

**15 de abril de 2022**
"O que vão inventar agora para diminuir a maior motociata de um político da história mundial provavelmente?" Deputado Eduardo Bolsonaro (PL-SP). Fonte: o próprio Twitter.

## BOLSONARO E SEUS SEGUIDORES: O HORROR EM 3.560 FRASES

**15 de abril de 2022**
"Qualquer membro de qualquer polícia (seja ela Militar, Guarda Municipal, Civil, Federal, Científica ou outra) brasileira que possua funcional válida, inclusive bombeiros e combatentes das forças armadas (FEB, FAB e MB) [recebem um desconto de 20%]." Grow Dietary Supplement (GDS), que vende produtos para o Exército e patrocinou a motociata 'Acelera para Cristo 2', em apoio ao presidente Jair Bolsonaro e ao ex-ministro Tarcísio de Freitas. Fonte: Metrópoles, por Guilherme Amado e Lucas Marchesini.

**15 de abril de 2022**
"ESTÃO QUERENDO VIRAR A MESA. A impressão que se tem, pelos fatos ocorridos em público até agora, é que o STF [Supremo Tribunal Federal] dará, sim, um golpe de Estado para impedir um segundo mandato do Bolsonaro. (...) Esse golpe está sendo montado pelos inimigos do presidente da República [Jair Bolsonaro] e tem o objetivo de impedir que ele seja reeleito para um novo mandato de quatro anos. A ideia geral é dar a vitória para o seu único adversário real na eleição, o ex-presidente Lula — ou, se isso não for possível, pelo desenrolar dos acontecimentos, então que o governo vá para qualquer outra pessoa, ou para qualquer outra coisa, desde que não seja 'Ele' [presidente Jair Bolsonaro]. Não utilizam essas palavras, é claro, mas também está claro que é exatamente isso o que estão fazendo. A operação é tocada em público. Seus principais agentes são os ministros do Supremo Tribunal Federal e do alto aparelho judiciário de Brasília. Logo em seguida vêm os políticos do Brasil velho, bichado e inimigo do progresso — dos túmulos do PSDB a José Sarney, dos que querem roubar e estão em síndrome de abstinência, dos parasitas da máquina estatal, dos fracassados que precisam voltar ao governo e afastar o risco de perderem o resto de suas carreiras. O golpe é apoiado abertamente pela maior parte da mídia — tanto os jornalistas como seus patrões. Traz consigo, ainda, o consórcio nacional formado pelos empreiteiros de obras públicas, os empresários-pirata, os ladrões em geral, as classes intelectuais, as empresas aflitas com as questões de 'gênero', raça e sustentabilidade, os artistas de novela e os banqueiros de esquerda. Para eles, de duas uma: ou é Lula, ou então é qualquer solução que não seja Jair Bolsonaro. E se, no fim de todas as contas e apesar de todos os esforços, não der certo? Aí vai ser feito tudo para impedir que ele governe o Brasil e execute os projetos que a maioria do eleitorado aprova (...)." J. R. Guzzo, jornalista, em artigo publicado na Revista Oeste. Guzzo também escreve no jornal O Estado de S.Paulo e na Gazeta do Povo. Fonte: Revista Oeste.

**15 de abril de 2022**
"Pesquisadores americanos fizeram um estudo sobre os efeitos do bloqueio [isolamento social na Pandemia da Covid-19]. Calculando as cifras de todos os estados norte-americanos os efeitos do fechamento de comércios tiveram efeito próximo ao ZERO na redução de mortes [por Covid-19], sendo ao mesmo tempo devastador na economia. 'DA SÉRIE: BOLSONARO TEM RAZÃO!'." Deputada Carla Zambelli (PL-SP). Fonte: o próprio Twitter.

**15 de abril de 2022**
"Quero cumprimentar aqui o nosso general [Eduardo] Pazuello, antigo ministro da Saúde. Quero prestigiá-lo aqui pelo papel absolutamente importante que ele teve durante a pandemia [da Covid-19]. Todos vocês são gestores e sabem a enxurrada de recursos que houve em 2020 e 2021 com o Orçamento de Guerra, mais de R$ 100 bilhões. Muitos municípios nem sequer conseguiram gastar, tiveram que devolver. Isso muito se deveu ao trabalho do ministro Pazuello. E também a questão das vacinas, com parte dos contratos feitos na gestão do ministro Pazuello." Raphael Câmara, secretário de Atenção Primária do Ministério da Saúde. Fonte: Rádio CBN, por Thaísa Oliveira.

**15 de abril de 2022**
"Agradeço a oportunidade, de verdade, de estar aqui olhando nos olhos de todas as gestoras e gestores que estão nesse projeto. Me sinto parte disso. Sempre que eu estiver em qualquer função da minha vida e tiver alguém da saúde por perto, tenham certeza de que eu sou parte do time. Podem contar comigo." General Eduardo Pazuello, ex-ministro da Saúde e pré-candidato a deputado federal pelo Rio de Janeiro. Fonte: Rádio CBN, por Thaísa Oliveira.

**16 de abril de 2022**
"Se eles [do WhatsApp] podem fazer um acordo desses com o TSE [Tribunal Superior Eleitoral], podem fazer comigo também, por que não? Pode fazer com você, pode fazer com qualquer um. No Brasil, ou um produto está aberto a todo mundo ou tem restrição para todo mundo. (...) Agora, o grande problema que a gente tem, e não consigo entender, é com o Tribunal Superior Eleitoral. Virou lá um grupo fechado, o TSE Futebol Clube. O que se fala é lei. (...) Há poucas semanas o Alexandre de Moraes [ministro do STF e do TSE] falou que quem desconfiar do processo eleitoral vai ter o registro eleitoral cassado e preso. Ô, Alexandre, eu estou desconfiado. Vai me prender? Vai caçar o meu registro? Que democracia é essa?" Presidente Jair Bolsonaro. Fonte: Folha, por Klaus Richmond.

**16 de abril de 2022**
"É o que está acertado, em nada acontecendo com o ex-ministro Milton [Ribeiro], ele volta. O Milton pediu para sair. Conversei com ele, estava triste. A gente lamenta que duas pessoas [pastores Arilton Moura Correia e Gilmar Silva dos Santos] usaram da boa-fé dele, sem o conhecimento dele, buscar tirar proveito. Nada tem ainda [provado] contra o ministro em si, não acredito que tenha, até pelo comportamento e pela formação dele." Presidente Jair Bolsonaro. Fonte: Folha, por Klaus Richmond.

**16 de abril de 2022**
"Morreu o General Newton Cruz, um GRANDE HERÓI da resistência brasileira contra o comunismo em favor da liberdade. Graças à ação dele e de inúmeros outros corajosos militares, nosso país seguiu livre em 1964. Obrigado pelos seus serviços, meus sentimentos à família. Brasil!" Deputado Eduardo Bolsonaro (PL-SP). Fonte: o próprio Twitter.

**BOLSONARO E SEUS SEGUIDORES: O HORROR EM 3.560 FRASES**

17 de abril de 2022
"Não podemos permitir a volta do PT, para o bem das futuras gerações." Eduardo Cunha, ex-presidente da Câmara dos Deputados. Fonte: o próprio Twitter.

17 de abril de 2022
"Nos últimos dois anos enfrentamos a maior emergência sanitária do mundo [Pandemia da Covid-19]. Nesse período, seguindo a orientação do presidente Jair Bolsonaro. Não deixe ninguém pra trás." Ministro Marcelo Queiroga. Fonte: o próprio Twitter.

17 de abril de 2022
"Tributo à democracia." Presidente Jair Bolsonaro, nos dizeres da coroa de flores para o velório do general da reserva Newton Cruz, que chefiou a Agência Central do Serviço Nacional de Informações (SNI) durante a ditadura militar. Fonte: R7, por Plínio Aguiar.

17 de abril de 2022
"Graças à melhora do cenário epidemiológico [da Covid-19], à ampla cobertura vacinal da população, e à capacidade de assistência do SUS, temos hoje condições de anunciar o fim da Emergência de Saúde Pública de Importância Nacional, a Espin." Marcelo Queiroga, ministro da Saúde, em pronunciamento em rede nacional. Fonte: Poder360.

17 de abril de 2022
"Todo meu apoio à decisão do Presidente da República." Deputada estadual Janaina Paschoal (PRTB -SP). Fonte: o próprio Twitter.

18 de abril de 2022
"O Datafolha [instituto de pesquisa] não salvará [o ex-presidente] Lula em 02 de outubro..." Pastor e deputado Marco Feliciano (PL-SP). Fonte: o próprio Twitter.

18 de abril de 2022
"Isso aí é história, né? Já passou. É a mesma coisa que voltar para a ditadura do Getúlio. São assuntos já escritos em livros, debatidos intensamente. Passado. Faz parte da história do país. (...) Apurar o quê? Os caras já morreram tudo, pô [risos]. Vai trazer os caras de volta do túmulo? (...)." General Hamilton Mourão, vice-presidente da República. Fonte: Veja, por Duda Monteiro de Barros e UOL.

18 de abril de 2022
"Tem gestor que se sente constrangido por reportagem de jornal etc. Eu não, eu sou um psicopata, não estou nem aí, particularmente não estou nem aí. A Polícia Federal pediu meu afastamento, beleza, licença-prêmio, 90 dias afastado, eu não estou nem aí (...)." Eduardo Bim, presidente do Ibama (Instituto Brasileiro do Meio Ambiente e dos Recursos Naturais Renováveis). Fonte: Poder360 (08/05/2022).

**19 de abril de 2022**
"O presidente [Jair Bolsonaro] estava visitando [Vladimir] Putin [presidente da Rússia], e o momento não foi apropriado." Paulo Guedes, ministro da Economia. Fonte: Folha, por Idiana Tomazelli.

**19 de abril de 2022**
"O Exército, com uma história de vitórias, desde Guararapes, quando índios, brancos e negros combateram os holandeses, passando pela Guerra do Paraguai, 2ª GM e pela Revolução Democrática de 1964 até os dias atuais, preserva a soberania e contribui com o Brasil. Parabéns ao Exército Brasileiro!" General Hamilton Mourão, vice-presidente da República. Fonte: Veja, por Duda Monteiro de Barros.

**19 de abril de 2022**
"TADALAFILA 20MG. COMPRIMIDO. FERNAMED LTDA." Exército Brasileiro, em especificação para licitação do remédio de nome genérico Cialis, que age aumentando o fluxo sanguíneo para o pênis, sendo indicado para o tratamento da disfunção erétil. Fonte: Fórum, por Henrique Rodrigues.

**19 de abril de 2022**
"Não estragou a Páscoa de ninguém." General Luiz Carlos Gomes Mattos, presidente do Superior Tribunal Militar (STM), se referindo aos áudios que comprovam a prática de tortura no período da ditadura militar, publicados pela jornalista Miriam Leitão, fruto de trabalho acadêmico do pesquisador Fernando Fernandes e do historiador Carlos Fico (UFRJ), que são aproximadamente 10 mil horas de gravações de sessões do STM entre 1975 e 1985. Fonte: Estadão, por Weslley Galzo.

**19 de abril de 2022**
"As Forças Armadas não dão recados. Elas estão presentes. Elas sabem como proceder. Sabem o que é melhor para o seu povo, o que é melhor para seu país. (...) Todos sabem, prezado deputado Arthur Lira [presidente da Câmara dos Deputados], prezado senador Rodrigo Pacheco [presidente do Senado], que a alma da democracia repousa na tranquilidade e na transparência do sistema eleitoral, sistema esse que deve ser cada vez mais zelado por todos nós. E quem dá o norte para nós são as urnas, que ali fazem surgir não só presidente da República bem como a composição do nosso Parlamento. (...) Não podemos jamais ter eleições no Brasil que sob ela (sic) paire o manto da suspeição. E esse compromisso é de todos nós, presidentes dos Poderes, comandantes de Força, aqui obviamente direcionado ao trabalho do senhor ministro da Defesa." Presidente Jair Bolsonaro. Fonte: O Globo, por Daniel Gullino.

**BOLSONARO E SEUS SEGUIDORES: O HORROR EM 3.560 FRASES**

20 de abril de 2022
"O Deus a quem ele honra com certeza o honrará no próximo mês de outubro, no dia da eleição geral. (...) O senhor [presidente Jair Bolsonaro] é o nosso pré-candidato, mas esperamos que no mês de outubro, para envergonhar o Diabo, para dizer àquela gente que não gosta dos crentes, que Jesus Cristo, o Senhor, dará a este homem a vitória no primeiro turno, se Deus assim permitir." Pastor José Wellington Bezerra da Costa, líder do grupo, na Assembleia Geral Ordinária, realizada pela Convenção Geral das Assembleias de Deus no Brasil (CGADB), um dos eventos mais tradicionais da Igreja Assembleia de Deus. Fonte: UOL.

20 de abril de 2022
"O discurso [pró-armas] precisa estar dentro de um viés imaginário, aí falo de algumas ações que fizemos na Secretaria de Cultura que foram muito importantes. [São] R$ 1,2 bilhão, estamos lançando agora, de linha audiovisual. Vocês podem usar para fazer documentários, filmes, webséries, *podcasts*. Para fazer a pauta do armamento ir para o imaginário. (...) Estamos lançando na Secretaria de Cultura dois megaeventos em que a princesa do evento é a arma de fogo. O presidente da República [Jair Bolsonaro] vai estar. Então pela primeira vez vou colocar dinheiro da Rouanet em um evento de arma de fogo, vai ser superbacana isso. (...) Trazer um evento em que a arma de fogo seja nossa *miss* na passarela e a gente mostre para a população outro olhar sobre a arma de fogo. E aí eu chamo os senhores a usar a Lei Rouanet, que é uma lei de incentivo tributário também, para que vocês que possuem contatos com empresários ou sejam empresários financiem eventos pró-arma com as leis de incentivo." André Porciúncula, ex-secretário nacional de Incentivo e Fomento à Cultura — Lei Rouanet. Fonte: UOL, por Igor Mello.

20 de abril de 2022
"Essa arma [RS-28 Sarmat, míssil intercontinental para emprego de ogivas nucleares] verdadeiramente única vai aumentar o potencial de combate das nossas Forças Armadas, garantindo de forma confiável a segurança da Rússia contra ameaças externas, e fará com que aqueles que, no calor da retórica agressiva, tentem ameaçar nosso país pensem duas vezes." Vladimir Putin, presidente da Rússia, país que encontra-se invadindo território ucraniano. Fonte: Folha, por Igor Gielow.

20 de abril de 2022
"Alexandre de Moraes [ministro do STF] em seu voto pede 8 anos de prisão em regime fechado a Daniel Silveira [deputado, PTB-RJ] e 35 dias multa no valor de 5 salários mínimos o dia multa. É uma perseguição política venezuelana. Estamos fora do Estado de Direito." Paola Daniel, advogada, mulher do deputado Daniel Silveira. Fonte: o próprio Twitter.

20 de abril de 2022
"Dia de luto. Morreu a justiça." Deputada Carla Zambelli (PL-SP). Fonte: o próprio Twitter.

**20 de abril de 2022**
"Quem diria que Kassio Nunes acertaria e André Mendonça erraria tanto." Deputada Carla Zambelli (PL-SP), sobre os votos dos ministros do STF no caso do deputado Daniel Silveira (PTB-RJ). Fonte: o próprio Twitter.

20 de abril de 2022
"Se Bolsonaro perder para as URNAS, será preso pelo arbítrio supremo [STF]. Não resta a menor dúvida disso." Rodrigo Constantino, jornalista. Fonte: o próprio Twitter.

20 de abril de 2022
"Terrivelmente filho da put4!" Rafael Moreno, 'ativista conservador e monarquista, líder do Movimento Brasil Monarquista — minha maior ambição não é ser milionário, mas ter meu nome escrito nos livros de história!', se referindo ao Ministro do STF André Mendonça. Fonte: o próprio Twitter.

**20 de abril de 2022**
"Que Aula!! Ministro [do STF] Nunes Marques, revisor da Ação Penal do Deputado Daniel Silveira, votou pela absolvição e argumentou que os ataques aos membros do STF foram somente 'Bravatas' e de Ilações sem 'Eficiência e Credibilidade'." Elisa Brom. Fonte: o próprio Twitter.

**20 de abril de 2022**
"Judas era um seguidor de Jesus e pregador do evangelho, mas tinha um quê de ânimo duplo. No fim, abandonou a fé que havia professado." Deputado Éder Mauro (PL-PA), ex-delegado. Fonte: o próprio Twitter.

**20 de abril de 2022**
"Terrivelmente decepcionante." Deputado Carlos Jordy (PL-RJ). Fonte: no próprio Twitter.

**20 de abril de 2022**
"O detentor da ação penal solicitou o arquivamento deste inquérito por duas vezes e foi ignorado pelo Alexandre de Moraes [Ministro do STF], um ministro que é o reizinho do Brasil, um menininho frustrado que age da maneira dele, fora da Constituição Federal. Tem muita coragem atrás da mesa, com uma caneta e o poder de mando. (...) Fiquei 11 meses no presídio. Onze meses, sem crime. Mas acho que eu estava mais livre. Porque o menor presídio do mundo é a toga do ministro Alexandre de Moraes, só cabe um marginal. É muito complicado que se tenha pessoas dessa estirpe dentro do Supremo Tribunal Federal, atropelando a Constituição, não respeitando o que essa Casa aqui promulgou, em 1988." Deputado Daniel Silveira (PTB-RJ). Fonte: Estadão, por Iander Porcella.

**BOLSONARO E SEUS SEGUIDORES: O HORROR EM 3.560 FRASES**

**20 de abril de 2022**
"Só para deixar claro às Vossas Excelências que não houve recalcitrância na recusa inicial de submeter ao RT-PCR [teste de Covid-19, que substitui o atestado de vacinação contra a Covid-19 para o acesso ao STF]. Até porque fiz em janeiro e feriu minha narina. Por isso, tive resistência. Depois que afirmaram que a equipe médica do Supremo [Tribunal Federal] é excelente, realmente é, fiz o exame e deu negativo." Paulo César de Faria, advogado do deputado Daniel Silveira (PTB-RJ). Fonte: UOL, por Paulo Roberto Netto e Pedro Vilas Boas.

**20 de abril de 2022**
"STF condena [o deputado] Daniel Silveira [PTB-RJ] à perda do mandato e dos direitos políticos e a 8 anos e 9 meses de prisão, mais uma prova que a democracia brasileira que já estava morta, agora está enterrada. Estamos em luto!" Deputada Carla Zambelli (PL-SP). Fonte: o próprio Twitter.

**20 de abril de 2022**
"[Dias] Toffoli [ministro do STF] falando de [Alexandre de] Moraes [ministro do STF]: 'entre as grandes virtudes de um homem para compor a corte [STF], é a coragem'. E parabeniza [o ministro do STF] André Mendonça pela autonomia. Ninguém pressionou o André, eu mesma achei que a justiça se faria sem qualquer pressão. Quem diria?" Deputada Carla Zambelli (PL-SP). Fonte: o próprio Twitter.

**20 de abril de 2022**
"Edson Fachin [presidente do STF] anulou as condenações impostas ao [ex-presidente Luiz Inácio] Lula [da Silva] e avalizou as punições aplicadas ao [deputado] Daniel Silveira [PTB-RJ]. Merece ser promovido a Padroeiro dos Advogados Chicaneiros." Augusto Nunes, diretor de Redação do Portal R7, comentarista da Record, apresentador do 'Direto ao Ponto' e integrante de 'Os Pingos nos Is' na Jovem Pan e articulista da Revista Oeste. Fonte: Jovem Pan.

**20 de abril de 2022**
"Esse sorriso da foto [deputado Daniel Silveira, PTB-RJ] voltará, pois não há mal que dure para sempre. Se ele ainda não voltou é porque ainda não chegamos no final. Minha solidariedade a sua família. Segura firme!" Deputado Eduardo Bolsonaro (PL-SP). Fonte: o próprio Twitter.

**21 de abril de 2022**
"Nossa maior referência foi o mais perseguido e mesmo assassinado com requintes de tortura. Se essa injustiça aconteceu com Jesus, não seremos nós a vir para a Terra para receber apenas aplausos." Deputado Eduardo Bolsonaro (PL-SP), sobre a condenação do deputado Daniel Silveira (PTB-RJ). Fonte: o próprio Twitter.

21 de abril de 2022
"'A felicidade mantém você doce, mantém você humano, quedas te mantém humilde, provocações te mantém forte, mas somente sua força de vontade te mantém prosseguindo.' Aguenta firme [deputado Daniel Silveira, PTB-RJ], o bem sempre vence o mal!" Senador Flávio Bolsonaro (PL-RJ). Fonte: o próprio Twitter.

21 de abril de 2022
"André Mendonça [ministro do STF] é um bosta, a Câmara dos Deputados está acovardada e o Senado tem o rabo preso." Paula Marisa, especialista em educação, palestrante e comentarista política. Fonte: o próprio Twitter.

21 de abril de 2022
"Povo abençoado do Brasil. Um dia triste na nossa história. Estamos presenciando a falência da democracia brasileira. Com a conivência da imprensa, OAB [Ordem dos Advogados do Brasil], ABI [Associação Brasileira de Imprensa], toda a esquerda, grande parte de deputados e senadores. E em destaque o covarde e frouxo presidente do Senado Rodrigo Pacheco e o covarde e frouxo presidente da Câmara Arthur Lira. Nós não temos um Supremo Tribunal Federal. Nós temos um tribunal de exceção comandado pelo [ministro] Alexandre de Moraes, que coloca nove ministros de joelho rasgando sistematicamente a Constituição brasileira. (...) Ditador, cretino, desgraçado [ministro do STF Alexandre de Moraes], julgamento e condenação inescrupulosa que mancha o judiciário brasileiro. [Estou] terrivelmente decepcionado com o ministro [do STF] André Mendonça que se rende ao ditador da toga e envergonha o povo evangélico. E quero dizer, parabéns ministro [do STF] Kassio Nunes, terrivelmente você me representa (...)." Pastor Silas Malafaia. Fonte: o próprio Twitter.

21 de abril de 2022
"DECRETO DE 21 DE ABRIL DE 2022. O PRESIDENTE DA REPÚBLICA, no uso da atribuição que lhe confere o art. 84, caput, inciso XII, da Constituição, tendo em vista o disposto no art. 734 do Decreto-Lei nº 3.689, de 3 de outubro de 1941 — Código de Processo Penal, e: Considerando que a prerrogativa presidencial para a concessão de indulto individual é medida fundamental à manutenção do Estado Democrático de Direito, inspirado em valores compartilhados por uma sociedade fraterna, justa e responsável; Considerando que a liberdade de expressão é pilar essencial da sociedade em todas as suas manifestações; Considerando que a concessão de indulto individual é medida constitucional discricionária excepcional destinada à manutenção do mecanismo tradicional de freios e contrapesos na tripartição de poderes; Considerando que a concessão de indulto individual decorre de juízo íntegro baseado necessariamente nas hipóteses legais, políticas e moralmente cabíveis; Considerando que ao Presidente da República foi confiada democraticamente a missão de zelar pelo interesse público; e Considerando que a sociedade encontra-se em legítima comoção, em vista da condenação de parlamentar resguardado pela inviolabilidade de opinião deferida pela Constituição, que somente fez uso de sua liberdade de expressão; D E C R E T A: Art. 1º Fica concedida graça constitucional a Daniel Lucio da Silveira, Deputado Federal, condenado pelo Supremo Tribunal Federal, em 20 de abril de 2022, no âmbito da Ação Penal nº 1.044, à pena de oito anos e nove meses de reclusão, em regime inicial fechado, pela prática dos crimes previstos: I — no inciso IV do caput do art. 23, combinado com o art. 18 da Lei nº 7.170, de 14 de dezembro de 1983; e II — no art. 344 do Decreto-Lei nº 2.848, de 7 de dezembro de 1940 — Código Penal. Art. 2º A graça de que trata este Decreto é incondicionada e será concedida independentemente do trânsito em julgado da sentença penal condenatória. Art. 3º A graça inclui as penas privativas de liberdade, a multa, ainda que haja inadimplência ou inscrição de débitos na Dívida Ativa da União, e as penas restritivas de direitos. Brasília, 21 de abril de 2022; 201º da Independência e 134º da República." Presidência da República. Fonte: Estadão, por Weslley Galzo, Célia Froufe, Julia Affonso, Marcelo Godoy e Gustavo Queiroz.

21 de abril de 2022
"Diante das várias manifestações sobre o meu voto ontem [sobre o processo do deputado Daniel Silveira, PDT-RJ], sinto-me no dever de esclarecer que: [a] como cristão, não creio tenha sido chamado para endossar comportamentos que incitam atos de violência contra pessoas determinadas; e [b] como jurista, a avaliar graves ameaças físicas contra quem quer que seja. Há formas e formas de se fazerem as coisas. E é preciso se separar o joio do trigo, sob pena de o trigo pagar pelo joio. Mesmo podendo não ser compreendido, tenho convicção de que fiz o correto." André Mendonça, ministro do Supremo Tribunal Federal (STF), pelo Twitter. Fonte: Fonte: programa 'O É da Coisa' na Rádio BandNews, com Reinaldo Azevedo, André Coutinho e Bob Furuya.

**21 de abril de 2022**
"A guerra é árdua. Não é o fim, mas lava a alma dos brasileiros. Seguimos adiante, a democracia e as liberdades respiram graças a um Presidente macho! Ihul!!!!" Deputado Eduardo Bolsonaro (PL-SP). Fonte: o próprio Twitter.

**21 de abril de 2022**
"Jesus seja louvado! Agradeço a vida de Nosso Presidente Jair Bolsonaro! Viva sua coragem!!!! Glória ao Pai!!!" Deputada Carla Zambelli (PL-SP). Fonte: o próprio Twitter.

**22 de abril de 2022**
"CLUBE MILITAR. A CASA DA REPÚBLICA. Gen. Div. Eduardo José Barbosa. ESPERANÇA DEMOCRÁTICA. (...) A Nação assistiu atordoada um julgamento político, inconstitucional e imoral, com o intuito de cercear o sagrado direito universal da Liberdade de Expressão, fundamento pétreo de uma Democracia. Felizmente, no dia seguinte, respaldado em vontade popular, referendada na eleição de 2018, um decreto presidencial, legítimo e fundamentado em preceito constitucional restabeleceu o estado de direito, constantemente ignorado por alguns Ministros da Suprema Corte com suas interpretações parciais e antipatrióticas, alinhadas com o pensamento de políticos de esquerda, que insistem no retorno ao poder de criminosos, mas que não convencem nem o pior estudante de Direito. É lamentável termos no Brasil, Ministros cujas togas não serviriam nem para ser usadas como pano de chão, pelo cheiro de podre que exalam. Parabéns ao Brasil por comemorar seus 522 anos de descobrimento com renovada esperança de que a verdadeira democracia há de prevalecer. Brasil Acima de Tudo!" General de Divisão Eduardo José Barbosa, presidente do Clube Militar. Fonte: o próprio Twitter.

**22 de abril de 2022**
"**Lamentável termos, no Brasil, Ministros cujas togas não serviriam nem para ser usadas como pano de chão, pelo cheiro de podre que exalam. Brasil Acima de Tudo!**" **General de Divisão Eduardo José Barbosa, presidente do Clube Militar. Fonte: o próprio Twitter.**

**22 de abril de 2022**
"Diferença entre o machão covarde e o cabra macho da peste. Enquanto uns rasgam a Constituição [foto de Alexandre de Moraes, ministro do STF]... Outros seguem a risca, lutando pela liberdade! [foto do presidente Jair Bolsonaro]." Major Costa Araújo, 'cristão, militar, [de] direita, bolsonarista raiz, olavista'. Fonte: o próprio Twitter.

**BOLSONARO E SEUS SEGUIDORES: O HORROR EM 3.560 FRASES**

22 de abril de 2022
"Ontem foi um dia importante pro nosso país. Não pela pessoa que estava em jogo [deputado Daniel Silveira, PTB-RJ] ou por quem foi protagonista desse episódio, mas do simbolismo de que nós temos mais que o direito, nós temos a garantia da nossa liberdade. Vocês devem saber também como as decisões muitas vezes são difíceis, mas eu sei que pior que uma decisão mal tomada é uma indecisão. Nós não deixaremos de na hora certa, seja com o sacrifício do que for, tomar a frente e dar um rumo pro nosso Brasil. Essa liberdade você tem que conquistá-la, mantê-la dia após dia. Tem certas coisas que só se dá valor depois que se perde." Presidente Jair Bolsonaro, em evento em Porto Seguro, na Bahia. Fonte: programa 'O É da Coisa' na Rádio BandNews, com Reinaldo Azevedo, André Coutinho e Bob Furuya.

22 de abril de 2022
"Todo o povo brasileiro comemorou sim o seu ato [a 'graça', o perdão individual da pena a favor do deputado Daniel Silveira, PTB-RJ] contra aqueles covardes que dizem que representam o nosso Judiciário. É uma vergonha que nós temos em nosso país. Mas com a sua reeleição nós vamos dar o troco a todos eles. (...) O maior presente que o povo brasileiro pode dar ao seu próprio povo e ao nosso país é reelegê-lo presidente do nosso Brasil." Jânio Natal (PL-BA), prefeito de Porto Seguro, em evento oficial. Fonte: Folha, por João Pedro Pitombo e Júnior Leite.

22 de abril de 2022
"A atitude do Presidente da República [Jair Bolsonaro], em relação ao STF [induto individual ao deputado Daniel Silveira, PTB-RJ], tem por objetivo principal o respeito à Constituição. Isso representa, em suma, a valorização da democracia e seus princípios. Desrespeitá-los abre as portas para o personalismo e para a insegurança jurídica. Brasil acima de tudo!" General Augusto Heleno, ministro-chefe do Gabinete de Segurança Institucional (GSI). Fonte: o próprio Twitter.

22 de abril de 2022
"Todo meu apoio à decisão do Presidente da República." Deputada estadual Janaina Paschoal (PRTB-SP). Fonte: o próprio Twitter.

22 de abril de 2022
"Eu te vejo em tudo, obrigado Deus, por guiar a decisão do presidente Bolsonaro decretando graça [indulto individual] para o deputado Daniel Silveira. Viva a liberdade!" Pastor José Carlos Bernardi, jornalista. Fonte: o próprio Twitter.

22 de abril de 2022
"A balança estava oscilando, o equilíbrio envolto em brumas até aparecer o presidente Jair Bolsonaro, o estadista." Pastor e deputado Marco Feliciano (PL-SP). Fonte: o próprio Twitter.

**22 de abril de 2022**
"A decisão do STF no caso do [deputado] Daniel Silveira [PTB-RJ] era arbitrária e a graça [indulto individual] constitucional conferida pelo Presidente da República [Jair Bolsonaro] vem para corrigir esse absurdo." Deputado Paulo Gamine (NOVO-RJ). Fonte: o próprio Twitter.

**22 de abril de 2022**
"QUEM MANDA AQUI, É O BOLSONARO!" Maicon Sulivan, palestrante político. Fonte: o próprio Twitter.

**22 de abril de 2022**
"O 21 de abril [Dia de Tiradentes] deste ano marcou mais um episódio na história de nossa República. Foi salvo da forca [deputado Daniel Silveira, PTB-RJ] o novo Tiradentes do Brasil pelo presidente Bolsonaro que, como muita coragem, enfrentou estruturas para que nossa democracia ficasse cada vez mais fortalecida, para que nossas instituições fiquem equilibradas." Deputado João Roma (PL-BA), ex-ministro da Cidadania e pré-candidato ao governador da Bahia, em discurso em Porto Seguro/BA. Fonte: o próprio site.

**22 de abril de 2022**
"O capitão [presidente Jair Bolsonaro] não abandona soldado." Sérgio Camargo, ex-presidente da Fundação Palmares. Fonte: o próprio Twitter.

**22 de abril de 2022**
"Grande dia." Rodrigo Constantino, jornalista. Fonte: o próprio Twitter.

**22 de abril de 2022**
"Se lá na frente precisarmos pedir isso ao presidente [a 'graça', o perdão individual da pena para Roberto Jefferson], se ele [presidente Jair Bolsonaro] puder, com certeza vai nos ajudar. Mas a gente tem fé na Justiça e acredita que o Judiciário não é representando apenas pelos ministros do Supremo [Tribunal Federal] que não aceitam críticas." Cristiane Brasil, filha de Roberto Jefferson. Fonte: EXTRA, por Camila Zarur.

**22 de abril de 2022**
"Não." Presidente Jair Bolsonaro, sobre a sugestão do ex-presidente Michel Temer de revogar o perdão da pena para o deputado Daniel Silveira e aguardar o julgamento definitivo do caso. Fonte: Twitter do próprio presidente e CNN Brasil.

**BOLSONARO E SEUS SEGUIDORES: O HORROR EM 3.560 FRASES**

22 de abril de 2022
"E conhecereis a Verdade: Tomara que o indulto dê certo, ao menos para o [deputado] Daniel [Silveira, PTB-RJ]. Porém, a pior derrota. A euforia de uma sensação de segurança, garantirá mais segurança e a segurança ainda mais a segurança. Agora, podem me crucificar." Abraham Weintraub, ex-ministro da Educação. Fonte: o próprio Twitter.

23 de abril de 2022
"Ele [deputado Daniel Silveira, PTB-RJ] estava alegre e agradecido. Não esperava que fosse acontecer tão rápido. Sabia que havia essa possibilidade [da 'graça', indulto individual], mas a gente imaginava que fosse ficar para depois, meses mais para frente." Deputado Coronel Tadeu (PL-SP). Fonte: O Antagonista.

23 de abril de 2022
"A gente tá (na) guerra e o cara me falando em precedente, como se nunca um corrupto tivesse recebido indulto e agora o instrumento tenha sido utilizado para seu fim: soltar um inocente. E quem fala são os irmãos que saíram do país para se livrar desta perseguição [Abraham Weintraub e Arthur Weintraub]. São uns filhos de uma puta! Desculpa, mas não há outra palavra." Deputado Eduardo Bolsonaro (PL-SP). Fonte: O Antagonista.

23 de abril de 2022
"Não tenham medo de serem presos. (...) Qualquer coisa, tem indulto do Bolsonaro." Sérgio Camargo, ex-presidente da Fundação Palmares. Fonte: o próprio Twitter.

23 de abril de 2022
"Aguardo o deputado Eduardo Bolsonaro (PL-SP) me procurar, após ofender minha falecida mãe. Quer conversar em particular? Debater em público? Falar pessoalmente? Cedo ou tarde irei te encontrar (isso não é ameaça de violência física) e você não vai gostar." Abraham Weintraub, ex-ministro da Educação. Fonte: o próprio Twitter.

23 de abril de 2022
"[A defesa da bandeira brasileira não pode ser feita] com letras esquisitas, danças imorais [se referindo à artista Anitta], uma série de coisas que são absolutamente incompatíveis com o verdadeiro valor da família, com os valores conservadores, com o que é o espírito do brasileiro." Ricardo Salles, ex-ministro do Meio Ambiente. Fonte: Folha, por Fábio Zanini, Guilherme Seto e Juliana Braga.

**23 de abril de 2022**
"Tenho certeza de que o presidente [Jair Bolsonaro] está no caminho certo. Ele não deixa nenhum soldado para trás. Por mais que não concorde com algumas coisas que o Daniel Silveira [deputado, PTB-RJ] falava, com os exageros que falou, ele tem o direito de falar. O indulto usou a prerrogativa constitucional, e tenho certeza de que será obedecido por todos." Senador Flávio Bolsonaro (PL-RJ). Fonte: o próprio Twitter.

**23 de abril de 2022**
"Não tenham medo de serem presos. Coloquem a nota que acham que o STF merece. Qualquer coisa, tem indulto [individual] do Bolsonaro." Sérgio Camargo, ex-presidente da Fundação Palmares. Fonte: o próprio Twitter.

**23 de abril de 2022**
"ONDE QUER CHEGAR O STF? Contrariamente ao que se espera de uma corte constitucional, o STF [Supremo Tribunal Federal] vem há tempos propagando notórias e repetidas demonstrações de partidarismo político em suas interpretações da Constituição Federal e, até mesmo de modo surpreendente, manifestando publicamente preferências partidárias, como agiu um de seus Ministros em evento no exterior, ao considerar como inimigo o Chefe do Poder Executivo. Arrogando-se o direito de, sem cerimônias, interferir nas atribuições dos demais Poderes que constituem o Estado Brasileiro, decidiu recentemente aquele Tribunal punir, de modo injusto e desproporcional, um parlamentar que, de forma insultuosa, emitiu opinião sobre a corte e alguns de seus integrantes. Estritamente de acordo com o que reza a Carta Magna, o Presidente exerceu o direito de indultar o punido, não por concordar com os insultos, mas para corrigir um processo e julgamento cristalinamente inconstitucionais, posto que caberia ao Congresso conduzi-los. Estabelecido o impasse institucional, pergunta-se: Aonde querem chegar alguns Ministros do Supremo? Pretendem enfraquecer nossa democracia? Com que finalidade? Premeditaram essa crise para fazer valer suas indisfarçáveis tendências políticas? É esta a postura que os cidadãos brasileiros devem esperar de uma corte que se pressupõe isenta e tida como suprema? Nós, integrantes dos Clubes Naval, Militar e de Aeronáutica manifestamos incondicional apoio ao Presidente da República [Jair Bolsonaro] em seu esforço para sustentar a democracia e a liberdade de expressão no país." Luiz Fernando Palmer Fonseca, almirante de esquadra, presidente do Clube Naval; Eduardo José Barbosa, general de divisão, presidente do Clube Militar; e Marco Antonio Carbalo Perez, major brigadeiro do ar e presidente do Clube da Aeronáutica. Fonte: ND, por Moacir Pereira.

**BOLSONARO E SEUS SEGUIDORES: O HORROR EM 3.560 FRASES**

**24 de abril de 2022**
"Por que uma empresa de investimentos, do porte da XP, banca uma pesquisa do tal do IPESPE? Em um país 149 milhões de eleitores, entrevistou apenas 1.000 (um mil), pelo telefone. Vitória estrondosa de Lula (?). E o resultado é divulgado pela imprensa." General Augusto Heleno, ministro-chefe do Gabinete de Segurança Institucional (GSI). Fonte: o próprio Twitter.

**24 de abril de 2022**
"Xingaram meu pai de Maconheiro e minha mãe de Prostituta. Falam que sou oportunista, traidor, palhaço, etc. E há participação do topo/Palácio [do Planalto]. Cansei! Vou contar detalhes que chocarão a imensa maioria. E CONHECEREIS A VERDADE... Hoje! 21:00 horas! Ao vivo no REAÇÃO CONSERVADORA!" Abraham Weintraub, ex-ministro da Educação. Fonte: o próprio Twitter.

**24 de abril de 2022**
"Chega. Deu. Hoje às 9 da noite a gente vai contar as ameaças que a gente recebeu lá nos Estados Unidos do presidente da República [Jair Bolsonaro]. A gente vai contar para você hoje. Acabar com essa história de ingratidão, 'vocês são ingratos, quem são vocês'. Vamos contar tudo hoje. Assiste lá. Vai ver a verdade." Arthur Weintraub, ex-assessor-chefe da Presidência da República. Fonte: Folha, por Fábio Zanini, Guilherme Seto e Juliana Braga.

**24 de abril de 2022**
"Se a gente quisesse ficar aqui [nos Estados Unidos] o presidente [Jair Bolsonaro] falou: 'Some, não volta pro Brasil.' (...) Agora, pra ficar aqui, tem que ser vassalo de uma turma corrupta? Escravo do Centrão? (...) A gente vai votar no presidente Bolsonaro, mas hoje a gente não enxerga mais o presidente Bolsonaro como alguém que representa a direita. Eu nunca poderia imaginar generais do nível que encontrei em Brasília. O presidente [Jair Bolsonaro] hoje se define como Centrão. (...) Se ele [presidente Jair Bolsonaro] pedir desculpa, eu perdoo. Vou votar no presidente Bolsonaro? Vou. A alternativa é péssima. Mas ele é a pessoa para falar pela direita? Não. O poder seduz muito. (...) Quando chega em novembro [de 2021], me liga o presidente. 'Você deu uma entrevista aí no [programa da Jovem Pan] Pânico falando que quem anda com bandido pode se estrepar? Tem que tirar isso aí. Vocês não tão ganhando em dólar?" Abraham Weintraub, ex-ministro da Educação. Fonte: jornalista Daniela Lima, no Twitter.

**24 de abril de 2022**
"Eu cansei de ver os generais falando: 'Presidente, o melhor adversário que você pode ter é o [ex-presidente] Lula. E o Lula ainda tava preso." Arthur Weintraub. Fonte: jornalista Daniela Lima, no Twitter.

**24 de abril de 2022**
"Uma coisa que me chocou muito foi a adesão à Rússia. Um país que está cometendo os maiores crimes de guerra. O Brasil tá fechado aí uma aliança Rússia/China/Irã. Com isso a gente vê o teatro das tesouras." Ernesto Araújo, ex-ministro das Relações Exteriores. Fonte: jornalista Daniela Lima, no Twitter.

**24 de abril de 2022**
"A decisão do Presidente [Jair Bolsonaro] foi técnica, respaldada na desproporcionalidade, sem precedentes, da condenação de Daniel Silveira [deputado PTB-RJ]. Mas é importante que os bolsonaristas não pressionem o Presidente a lançar mão desse expediente de maneira ampla e irrestrita, sob pena de perder a razão." Deputada estadual Janaina Paschoal (PRTB-SP). Fonte: o próprio Twitter.

**24 de abril de 2022**
"Acerca da fala do Ministro Luís Roberto Barroso, do Supremo Tribunal Federal, durante participação, por videoconferência, em um seminário sobre o Brasil, promovido por entidade acadêmica estrangeira, em que afirma que as Forças Armadas são orientadas a atacar e desacreditar o processo eleitoral, o Ministério da Defesa repudia qualquer ilação ou insinuação, sem provas, de que elas teriam recebido suposta orientação para efetuar ações contrárias aos princípios da democracia. Afirmar que as Forças Armadas foram orientadas a atacar o sistema eleitoral, ainda mais sem a apresentação de qualquer prova ou evidência de quem orientou ou como isso aconteceu, é irresponsável e constitui-se em ofensa grave a essas Instituições Nacionais Permanentes do Estado Brasileiro. Além disso, afeta a ética, a harmonia e o respeito entre as instituições. As Forças Armadas, republicanamente, atenderam ao convite do Tribunal Superior Eleitoral (TSE) e apresentaram propostas colaborativas, plausíveis e exequíveis, no âmbito da Comissão de Transparência das Eleições (CTE) e calcadas em acurado estudo técnico realizado por uma equipe de especialistas, para aprimorar a segurança e a transparência do sistema eleitoral, o que ora encontra-se em apreciação naquela Comissão. As eleições são questão de soberania e segurança nacional, portanto, do interesse de todos. As Forças Armadas, como instituições do Estado Brasileiro, desde o seu nascedouro, têm uma história de séculos de dedicação a bem servir à Pátria e ao Povo brasileiro, quer na defesa do País, quer na contribuição para o desenvolvimento nacional e para o bem-estar dos brasileiros. Elas se fizeram, desde sempre, instituições respeitadas pela população. Por fim, cabe destacar que as Forças Armadas contam com a ampla confiança da sociedade, rotineiramente demonstrada em sucessivas pesquisas e no contato direto e regular com a população. Assim, o prestígio das Forças Armadas não é algo momentâneo ou recente, ele advém da indissolúvel relação de confiança com o Povo brasileiro, construída junto com a própria formação do Brasil." Paulo Sérgio Nogueira de Oliveira, ministro de Estado da Defesa. Fonte: o site do Governo Federal.

**BOLSONARO E SEUS SEGUIDORES: O HORROR EM 3.560 FRASES**

25 de abril de 2022
"[Luís Roberto Barroso, presidente do Tribunal Superior Eleitoral] afirmar que as Forças Armadas foram orientadas a atacar o sistema eleitoral, ainda mais sem a apresentação de qualquer prova ou evidência de quem orientou ou como isso aconteceu, é irresponsável e constitui-se em ofensa grave a essas instituições nacionais permanentes do Estado brasileiro. Além disso, afeta a ética, a harmonia e o respeito entre as instituições." Paulo Sérgio Nogueira de Oliveira, ministro da Defesa. Fonte: O Antagonista, por Diogo Mainardi.

25 de abril de 2022
"A fala do ministro [do STF Luís Roberto] Barroso foi indevida, pois as Forças Armadas não são uma criança para serem orientadas. Em todo esse processo, elas têm se mantido à parte, sem manifestações de seus comandantes ou de seus integrantes." General Hamilton Mourão, vice-presidente da República. Fonte: Fonte: GZH, por Kelly Matos.

25 de abril de 2022
"O Ministro [do STF Luís Roberto] Barroso praticou o crime militar de ofensa às FFAA, Art. 219 do Código Penal Militar: Propalar fatos, que sabe inverídicos, capazes de ofender a dignidade ou abalar o crédito das fôrças (sic) armadas ou a confiança que estas merecem do público: Pena — detenção, de 6 meses a 1 ano." General Paulo Chagas, para quem 'todos os patriotas devem lutar para resgatar o Brasil do caos político e social'. Fonte: o próprio Twitter.

25 de abril de 2022
"Vocês sabem que, dentro do Supremo [Tribunal Federal], tem uma ação que está sendo levada adiante pelo ministro [Edson] Fachin querendo um novo marco temporal [de demarcação de terras indígenas]. Se ele conseguir vitória, me resta duas coisas: entregar a chave para o Supremo ou falar que não vou cumprir. Eu não tenho alternativa." Presidente Jair Bolsonaro. Fonte: O Antagonista.

25 de abril de 2022
"O decreto da graça e do indulto [individual do deputado Daniel Silveira, PTB-RJ] é constitucional e será cumprido. No passado soltavam bandidos, ninguém falava nada. Hoje eu solto inocentes." Presidente Jair Bolsonaro. Fonte: Migalhas.

25 de abril de 2022
"Bom dia [segunda-feira] vamos em frente! Motociata Ribeirão Preto/SP." Deputado Geral Peternelli, '45 anos dedicados à Pátria', com o presidente Jair Bolsonaro e Tarcísio de Freitas (PL-SP), ex-ministro da Infraestrutura e pré-candidato ao Governo de São Paulo. Fonte: o próprio Twitter.

**25 de abril de 2022**
"Aqui ouvimos várias críticas em relação à Caixa. Ótimo, estou aqui para aprender. Hoje, nós somos só muito ruins. O dia que a Caixa for mais ou menos nós vamos ser o maior banco do agronegócio." Pedro Guimarães, presidente da Caixa, durante a abertura da 27ª edição da Agrishow. Fonte: Valor Investe, por Rafael Walendorff.

**25 de abril de 2022**
"Nesta segunda-feira (25) será anunciado, oficialmente, a indicação da ex-ministra da Mulher, da Família e dos Direitos Humanos, Damares Alves, como pré-candidata ao Senado pelo Distrito Federal." Republicanos. Fonte: o próprio Twitter.

**25 de abril de 2022**
"Espero que até meus piores críticos permaneçam no Twitter, porque é isso que significa liberdade de expressão." Elon Musk, que acabara de adquirir a totalidade das cotas do Twitter. Fonte: o próprio Twitter.

**25 de abril de 2022**
"Com medo de expor minha arma de fogo publicamente no balcão [do *check-in* da empresa aérea, no aeroporto de Brasília] tentei desmuniciá-la dentro da pasta, ocasião em que ocorreu o disparo acidental." Milton Ribeiro, ex-ministro da Educação, em depoimento à Polícia Federal (PF). Fonte: Folha, por Fabio Serapião.

**26 de abril de 2022**
"Ministra do [Supremo Tribunal Federal] STF, Rosa Weber, dá 10 dias para [o presidente Jair] Bolsonaro explicar o indulto [individual] ao colega [deputado] Daniel Silveira [PTB-RJ]. Esse tipo de explicação, nem pra porteiro. A Ministra Deveria entender o art. 84, da Constituição Federal, que quem dá o indulto é o Presidente da República. Respeito é bom…" Deputado Bibo Nunes (PL-RS). Fonte: o próprio Twitter.

**26 de abril de 2022**
"Alexandre de Moraes [ministro do STF] resolveu agora mandar bloquear o site do jornalista Allan dos Santos em todo o Brasil, seu único ganha pão nos EUA. Não basta destruir a vida do sujeito por completo, tem de matá-lo de fome. Pergunto, até quando isso vai continuar?" Bernardo P. Küster, diretor de opinião do jornal Brasil Sem Medo. Fonte: o próprio Twitter.

## BOLSONARO E SEUS SEGUIDORES: O HORROR EM 3.560 FRASES

**26 de abril de 2022**
"Esta Lei concede anistia, nos termos do art. 48, VIII, da Constituição Federal, a todos aqueles que, no período entre 1º de janeiro de 2019 e 21 de abril de 2022, tenham praticado atos que sejam investigados ou processados sob a forma de crimes de natureza política ou conexo, decorrente ou relacionado com estes, bem como aos que sejam praticados por motivação política, incluindo condutas inseridas no âmbito da liberdade de expressão, manifestação e crença." Deputada Carla Zambelli (PL-SP), em projeto de lei. Fonte: Estadão, por Iander Porcella.

**26 de abril de 2022**
"Quando eu comecei a perceber a movimentação de moderação e abandono dos conservadores, eu fui olhar alguns versículos bíblicos e vi um que dizia 'do que adianta um homem ganhar o mundo todo e perder a sua alma?'. Eu compartilhei isso com algumas pessoas naquela época, porque o governo [Jair Bolsonaro] estava perdendo sua alma para o Centrão." Ernesto Araújo, ex-ministro das Relações Exteriores. Fonte: Metrópoles, por Guilherme Amado e Bruna Lima.

**26 de abril de 2022**
"A grande preocupação nossa é quando deixarmos a Prefeitura um dia. A minha, quando deixar a Presidência. E vamos deixar um dia. E essa questão não pode nos perseguir por 10, 15, 20 anos. Fui muito criticado por ocasião da sanção da lei da improbidade administrativa, mas tenho certeza que trabalhamos junto com a Câmara e o Senado para dar mais tranquilidade para que os senhores possam trabalhar." Presidente Jair Bolsonaro, em discurso na 'Marcha dos Prefeitos', em Brasília. Fonte: Veja, por Gustavo Maia.

**27 de abril de 2022**
"A OAB [Ordem dos Advogados do Brasil] diz que o Decreto do presidente Jair Bolsonaro que indultou o deputado Daniel Silveira [PTB-RJ] é inconstitucional. Tá certo. Para a OAB só vale indulto para marginal que sustenta advogado." Pastor e deputado Marco Feliciano (PL-SP). Fonte: o próprio Twitter.

## 27 de abril de 2022

"Com currículo invejável [Luís Roberto Barroso, presidente do Tribunal Superior Eleitoral], não deveria ter tido eleições de 2020 sem a conclusão daquele inquérito que deveria ser sigiloso. Ele [Luís Roberto Barroso] mente. (...) Eles [TSE] convidaram as Forças Armadas para verificar o processo, mas se esqueceram que o chefe das Forças Armadas é Jair Messias Bolsonaro. (...) Dá pra acreditar nisso? [Existe] uma sala secreta, onde meia dúzia de técnicos dizem no final 'quem ganhou foi esse'. (...) Uma das sugestões [no inquérito] seria feita uma ramificação um pouco à direita, um computador das Forças Armadas para contar os votos no Brasil." Presidente Jair Bolsonaro no evento 'Liberdade de Expressão', no Salão Nobre do Palácio do Planalto, com transmissão pela TV Brasil e contando com a presença das seguintes autoridades: Deputados: Daniel Silveira (PTB-RJ), Sóstenes Cavalcante (PL-RJ), Capitão Augusto (PL-SP), Marco Feliciano (PL-SP), Coronel Chrisóstomo (PL-RO), Carlos Jordy (PL-RJ), General Girão (PL-RN), Soraya Manato (PTB-ES), Marcelo Aro (PP-MG), Luiz Lima (PL-RJ), Alê Silva (Republicanos-MG), Filipe Barros (PL-PR), Caroline de Toni (PL-SC), João Campos (Republicanos-GO), Osmar Terra (MDB-RS), Sargento Fahur (PSD-PR), Pastor Eurico (Pl-PE), Delegado Éder Mauro (PL-PA), Sanderson (PL-RS), Eli Borges (PL-TO), Junio Amaral (PL-MG), Capitão Derrite (PL-SP), Liziane Bayer (Republicanos-RS), Gurgel (PL-RJ); Senadores: Luiz Carlos Heinze (PP-RS); Ministros: Anderson Torres (Justiça e Segurança Pública), Augusto Heleno (Gabinete de Segurança Institucional), Célio Faria Júnior (Secretaria de Governo), Carlos Brito (Turismo), Joaquim Leite (Meio Ambiente), Paulo Alvim (Ciência, Tecnologia e Inovações), Marcelo Queiroga (Saúde), Ronaldo Bento (Cidadania), José Carlos Oliveira (Trabalho e Previdência), Marcos Montes (Agricultura), Cristiane Britto (Mulher, Família e Direitos); Ex-ministros: deputada Tereza Cristina (PP-MS), Gilson Machado Neto (PSC-PE) e o general Walter Braga Netto (PL), ex-ministro da Defesa e vice na chapa de reeleição. Fonte: Correio Braziliense, por Deborah Hana Cardoso; Poder360 por Murilo Fagundes e Emilly Behnke e Folha, por Mateus Vargas e Marianna Holanda.

## 27 de abril de 2022

"Hoje me reuni com pessoal do WhatsApp e outras mídias. Tem acordo ou não com o TSE [Tribunal Superior Eleitoral]? Se tem, que acordo é esse que passa por cima da Constituição? Se tem, vou entrar com meu exército de 23 ministros. Resolvemos esse assunto. Não vou polemizar. (...) O cerceamento da liberdade de expressão, o cerceamento das redes sociais não atinge apenas a mim, por que quem foi meu marketeiro? Foi o Carlos Bolsonaro [vereador PL-RJ], que, por várias vezes, chegou para mim com informes de ameaças de prisão por *fake news*. É grave? É, assim como é grave prender qualquer um brasileiro. Mais grave ainda é prender um parlamentar, que tem liberdade para defender o que ele bem entender." Presidente Jair Bolsonaro no evento 'Liberdade de Expressão', no Palácio do Planalto. Fonte: Poder360, por Patrícia Nadir e Murilo Fagundes.

## BOLSONARO E SEUS SEGUIDORES: O HORROR EM 3.560 FRASES

**27 de abril de 2022**
"Pela lei, nada me impede [de ser candidato]. Só se alguém tiver uma imaginação muito fértil para tentar me tirar isso. Pela lei, não." Deputado Daniel Silveira (PTB-RJ), no evento 'Liberdade de Expressão', no Palácio do Planalto. Fonte: Folha e UOL, por Mateus Vargas e Marianna Holanda.

**27 de abril de 2022**
"[Estamos vivendo] tempos sombrios [no Brasil]. Onde, por diversas vezes, outro Poder da República usurpa competências de outros, ferindo o princípio básico fundamental da separação dos Poderes. (...) [O país passa por] caminho obscuro, [onde a liberdade de expressão é] censurada e relativizada. Não pelo seu conteúdo, mas sim por quem a diz." Deputado Sóstenes Cavalcante (PL-RJ), presidente da bancada evangélica. Fonte: Folha e UOL, por Mateus Vargas e Marianna Holanda.

**27 de abril de 2022**
"Alguém sabe qual é a acusação [contra Jeanine Áñez, ex-presidente boliviana, presa]: atos antidemocráticos. (...) Tenho certeza: eu jamais serei uma Jeanine. Jamais. Porque, primeiro, eu acredito em Deus e, depois, eu acredito em cada um de vocês que estão aqui. A nossa liberdade não tem preço. Digo mais, como sempre tenho dito: ela é mais importante que a nossa própria vida." Presidente Jair Bolsonaro no evento 'Liberdade de Expressão', no Palácio do Planalto. Fonte: Metrópoles, por Mayara Oliveira e o Twitter da deputada Carla Zambelli (PL-SP).

**27 de abril de 2022**
"Temos um chefe do Executivo que mente." Presidente Jair Bolsonaro no evento 'Liberdade de Expressão', no Salão Nobre do Palácio do Planalto. Fonte: G1.

**27 de abril de 2022**
"A Miriam Leitão [jornalista] diz que foi torturada, assim como todas as pessoas que estão nos presídios hoje em dia dizem que foram torturadas. Ela tendo como única prova o depoimento dela, eu tenho que ser obrigado a acreditar na versão dela, eu não posso sequer fazer uma piada." Deputado Eduardo Bolsonaro (PL-SP). Fonte: UOL, por Caio Mello.

**27 de abril de 2022**
"[João] Doria disse que respeita Lula e que não respeita Bolsonaro. Tô dizendo... vamos ganhar no primeiro turno!!!" Pastor e deputado Marco Feliciano (PL-SP). Fonte: o próprio Twitter.

**27 de abril de 2022**
"Todo tucano..." Deputado Bibo Nunes (PL-RS), se referindo à declaração de João Doria (PSDB-SP), pré-candidato à Presidência da República e ex-governador de São Paulo: "Embora eu seja um antagonista ao Lula, eu o respeito. O Lula não é Bolsonaro, o Lula é inteligente e tem passado. Eu tenho posições diferentes das dele, mas tenho respeito por ele. Já Bolsonaro não merece o meu respeito. Eu sou um liberal social". Fonte: o próprio Twitter e Valor Econômico por Cristiano Romero.

**28 de abril de 2022**
"Todo tucano..." Deputado Bibo Nunes (PL-RS), se referindo à declaração de Armínio Fraga, economista e sócio fundador da Gávea Investimentos: "Sinceramente, tenho esperança que não seja nem Bolsonaro nem Lula. Agora, eu não igualo os dois. Se a eleição estiver apertada, eu voto no PT. Se tiver com margem boa, vou anular como fiz na eleição passada". Fonte: o Twitter do próprio deputado e do Centro de Debates de Políticas Públicas (CDFP-SP).

**28 de abril de 2022**
"MINISTÉRIO DA DEFESA. GABINETE DO MINISTRO. A Sua Excelência o Senhor Ministro EDSON FACHIN, Presidente do Tribunal Superior Eleitoral. Assunto: Participação das Forças Armadas na Comissão de Transparência das Eleições. Senhor Presidente; 1. Cumprimentando cordialmente Vossa Excelência, passo a tratar da participação das Forças Armadas na Comissão de Transparência das Eleições (CTE), atendendo a convite dessa Corte Superior; 2. Como é do conhecimento de Vossa Excelência, as Forças Armadas, cuja direção superior é exercida pelo Ministro da Defesa, têm participado da CTE, por intermédio de seu representante, o General Heber Garcia Portella, que contribuiu com propostas para o aperfeiçoamento da segurança e da transparência do processo eleitoral; 3. Com a recente apresentação do Plano de Ação para a Ampliação da Transparência do Processo Eleitoral, no dia 25 de abril último, entende-se que foi concluída a etapa de planejamento de ações de ampliação da transparência do processo eleitoral, prevista no inciso I do artigo 29 da Portaria TSE nº 578, de 8 de setembro de 2021; 4. Nesse contexto e diante da impossibilidade de tê-lo feito pessoalmente, solicito a Vossa Excelência que, a partir desta data, as eventuais demandas da CTE direcionadas às Forças Armadas, tais como solicitações diversas, participação em reuniões, etc. Sejam encaminhadas a este Ministro, como autoridade representada naquela Comissão; 5. Para tanto, submeto à elevada apreciação de Vossa Excelência determinar as providências decorrentes e ofereço os dados de contato: endereço: Esplanada dos Ministérios, Bloco Q, 9º andar, sala 911, 70.049-900, Brasília-DF; telefones: 61-3312-8520/8525 — email: ministro@defesa.gov.br; 6. Por fim, aproveito o ensejo para reafirmar o compromisso das Forças Armadas em contribuir no que for necessário para a paz e a segurança do pleito eleitoral, bem como para manifestar os votos de que a Corte Eleitoral tenha pleno êxito em suas atividades, essenciais para a democracia e para a harmonia da sociedade brasileira." Paulo Sérgio Nogueira de Oliveira, ministro da Defesa. Fonte: O Antagonista (09/05/2022).

**28 de abril de 2022**
"Jornalista que publicou na [Revista] Veja que 9 pesquisas apontam resultado animador para [o ex-presidente] Lula, dizendo que ganha [a eleição] no 1º turno, também acredita em mula sem cabeça, saci Pererê e no Kuririn." Pastor e deputado Marco Feliciano (PL-SP). Fonte: o próprio Twitter.

**28 de abril de 2022**
"Fui o quarto [deputado] mais propositivo do Congresso, tenho bastantes projetos, principalmente na área de segurança pública. A nossa pauta principal é a lei orgânica das Polícias Militares de das Polícias Civis, que está tramitando na casa há 30 anos." Deputado Daniel Silveira (PTB-RJ), eleito: vice-presidente da comissão de Segurança Pública e Combate ao Crime Organizado; titular da comissão de Constituição e Justiça (CCJ); titular da comissão de Esportes; titular da comissão de Cultura; e suplente da comissão de Educação. Fonte: Folha, por Danielle Brant e Raquel Lopes.

**28 de abril de 2022**
"As Forças Armadas vão receber orientação de quem? Ah, pelo amor de Deus. As Forças Armadas são uma instituição permanente. São pessoas qualificadas. Um general do Exército tem aí no mínimo 44 anos de serviço. Sabe o que tem que fazer, sabe o que está na Constituição e tem uma leitura política do que está acontecendo no Brasil também. (...) Agora estou vendo notícia na imprensa que não querem aceitar as observações das Forças Armadas. A gente não fala, nas observações, de voto em papel. Seriam nove observações que o TSE não basta apenas trazer para si. Tem que despachar, convencer a equipe técnica das Forças Armadas de algo diferente. Pelo que estou sabendo, a reunião houve e não se chegou a conclusão de nada. (...) Para o TSE [Tribunal Superior Eleitoral], está uma maravilha, vamos confiar nas eleições. E quem desconfiar? Ué, continua desconfiando. O que eu posso garantir para vocês? Nós teremos eleições limpas no corrente ano. Isso é o que todo mundo quer. Acredito que sem exceção. A não ser aquelas pessoas que pensam em fazer algo com que nós não concordamos." Presidente Jair Bolsonaro. Fonte: CartaCapital, por Victor Ohana.

**28 de abril de 2022**
"A nossa liberdade não pode continuar sendo ameaçada. Eu me senti orgulhoso e feliz comigo mesmo pela decisão tomada [indulto individual para o deputado Daniel Silveira, PTB-RJ]." Presidente Jair Bolsonaro. Fonte: Poder360, por Murilo Fagundes.

**28 de abril de 2022**
"Resumo do Agrishow: Bolsonaro ovacionado, Doria ignorado e Ciro xingado." Ricardo Salles, ex-ministro do Meio Ambiente. Fonte: o próprio Twitter.

### 28 de abril de 2022
"O fim do agronegócio, como deseja a esquerda brasileira, seria um crime equivalente ao Holodomor." André Porciúncula, ex-secretário nacional de Incentivo e Fomento à Cultura — Lei Rouanet. Fonte: o próprio Twitter.

### 28 de abril de 2022
"Chega o ano eleitoral e junto dele as campanhas de artistas. A última que fizeram foi um verdadeiro fracasso. A da vez é incentivar os jovens a tirar o título de eleitor para tirar o presidente Bolsonaro." Mario Frias, ex-secretário especial de Cultura. Fonte: o próprio Twitter.

### 28 de abril de 2022
"NOTA DOS JURISTAS. Em razão das discussões acerca da constitucionalidade do Decreto do Presidente da República, que concedeu indulto (graça) ao Deputado Federal Daniel Silveira [PTB-RJ], os professores de Direito abaixo relacionados se reuniram, examinaram o Decreto e, sem qualquer radicalismo ou viés político, até com o fim de auxiliar na busca da pacificação social, declaram, sob uma perspectiva estritamente jurídica, que o indulto individual ou graça constitui ato soberano do Presidente da República, explicitado em sua competência privativa, insculpida no art. 84, inc. XII, combinado com o art. 5, inc. XLIII, da Constituição Federal de 1988. A graça é instituto clássico no ordenamento jurídico brasileiro, previsto desde a Constituição de 1824. Trata-se de ato de clemência, de que o Chefe do Poder Executivo pode lançar mão, em observância ao princípio da separação dos Poderes, por meio do sistema de freios e contrapesos." Adilson Abreu Dallari, Dircêo Torrecillas Ramos, Fernando Azevedo Fantauzzi, Ivan Sartori, Ives Gandra da Silva Martins, Janaína Conceição Paschoal, Mariane Andreia Cardoso dos Santos, Modesto Carvalhosa, Samantha Ribeiro Meyer-Pflug Marques, Sérgio de Azevedo Redó." Fonte: Twitter da deputada Bia Kicis (PL-DF).

### 28 de abril de 2022
"Se alguém quer interferir no que está acontecendo na Ucrânia agora, tem que saber que a resposta será rápida e certeira. (...) Temos todo tipo de ferramenta que o Ocidente não pode ter, e nós não vamos ostentar nossas armas, mas sim usá-las se for preciso." Vladimir Putin, presidente da Rússia. Fonte: Folha, por Igor Gielow.

### 29 de abril de 2022
"Se a Justiça eleitoral, em algum momento, não agir corretamente deverá sofrer intervenção. Em qualquer País do mundo!!!" Deputado Bibo Nunes (PL-RS). Fonte: o próprio Twitter.

**BOLSONARO E SEUS SEGUIDORES: O HORROR EM 3.560 FRASES**

**29 de abril de 2022**
"Ontem o STF [Supremo Tribunal Federal] derrubou três decretos do presidente Jair Bolsonaro. Essa gente de esquerda perdeu a eleição e está há 3 anos tentando ganhar no tapetão." Pastor e deputado Marco Feliciano (PL-SP). Fonte: o próprio Twitter.

**29 de abril de 2022**
"Comitê da ONU [Organização das Nações Unidas] diz que [Sérgio] Moro [ex-juiz] foi parcial e que a Lava Jato violou os direitos políticos do ex-presidiário [Luiz Inácio] Lula [da Silva]. Não vimos manifestação da ONU quando o PT e a esquerda praticavam o maior esquema de corrupção do mundo saqueando a Petrobras e o país. A ONU ESTÁ TOTALMENTE APARELHADA!" Salim Mattar, sócio da empresa Localiza e ex-secretário de Desestatização do Ministério da Economia. Fonte: o próprio Twitter.

**30 de abril de 2022**
"Os ministros do STF repudiam aqueles que fazem apologia ao AI-5, no entanto fazem comigo, com Zé Trovão, Daniel Silveira, Roberto Jefferson, pior que a censura prévia, pois, nós, sequer temos direito a censores. Fui torturado na cadeia e meu inquérito foi arquivado sem denúncia." Oswaldo Eustáquio Filho. Fonte: o próprio Twitter.

**30 de abril de 2022**
"CNBB [Conferência Nacional dos Bispos do Brasil da Igreja Católica] emitiu uma carta criticando supostas 'tentativas de ruptura institucional'. Mas do que essa gente está falando? A única ruptura institucional que vi ultimamente foi juízes perseguindo parlamentares por emitirem opinião. Ah tem o seu líder [papa Francisco] que tenta esquecer partes da Bíblia." Pastor e deputado Marco Feliciano (PL-SP). Fonte: o próprio Twitter.

**30 de abril de 2022**
"Não acredito que haja racha no agro. Na agropecuária, na produção primária, tenho certeza que mais de 90% apoiam [o presidente Jair] Bolsonaro para a reeleição. Nosso setor não está dividido." Antônio Galvan, presidente da Aprosoja Brasil, em entrevista à Rádio Capital FM, em Cuiabá, no Mato Grosso. Fonte: Diário de Cuiabá.

**30 de abril de 2022**
"A associação 'Aliança pelo Brasil' continua valendo no cartório de registro civil. Dessa vez não deu por causa da pandemia [os organizadores conseguiram 183 mil assinaturas das 492 mil necessárias]. Se a gente quiser voltar ao procedimento, mais adiante, aí é só fazer. Teria que começar do zero." Admar Gonzaga, advogado do 'Aliança pelo Brasil' e ex-ministro do Tribunal Superior Eleitoral (TSE). Fonte: Folha, por Ranier Bragon.

**30 de abril de 2022**
"[Quero] dizer a todos vocês que, porventura, irão às ruas amanhã, não para protestar, mas para dizer que o Brasil está no caminho certo, que o Brasil quer que todos joguem dentro das quatro linhas da Constituição e dizer que não abrimos mão da nossa liberdade (...)." Presidente Jair Bolsonaro, em evento oficial ao lado do presidente da Câmara, Arthur Lira (PP-AL). Fonte: UOL, por Eduardo Militão.

**30 de abril de 2022**
"Existe uma turma que quer pedir a destituição dos 11 ministros [do Supremo Tribunal Federal]. Eu estou fazendo uma manifestação sobre o dia da liberdade. Eu não posso chegar nessa pessoa e falar 'olha, você não vai falar jamais a respeito disso'. É algo que você acredita, que você quer. (...) Eu fiz somente um pedido. Que na presença do presidente Bolsonaro não fale isso jamais. Por quê? Porque se tem alguém que tem que falar algo a respeito de uma instituição, a respeito de uma pessoa, de um ministro, é o presidente Bolsonaro. Ele tem direito. Ele pode falar o que ele quiser." João Victor Oliveira Araponga Salas, *youtuber*, empresário e um dos organizadores do evento do 1º de Maio em Brasília. Fonte: Estadão, por Iander Porcella e André Shalders.

**1º de maio de 2022**
"É uma satisfação muito grande poder cumprimentá-los nessa manifestação pacífica, como todas as demais em defesa da Constituição, da família e da liberdade. Eu devo lealdade a todos vocês. Temos um governo que acredita em Deus, respeita os seus militares, defende a família e deve lealdade ao seu povo. Onde vocês estiverem, estarei sempre ao lado da população brasileira. Agradeço ao criador pela minha vida e a muito de vocês por ter acredita e ter me ofertado essa missão de conduzir os destinos do Brasil. Muito obrigado. Porque o bem sempre vence o mal. Muito obrigado a todos vocês. Muito obrigado a todos vocês. Deus, Pátria, Família." Presidente Jair Bolsonaro, em vídeo para a manifestação na Avenida Paulista. Fonte: Poder360.

**1º de maio de 2022**
"O Daniel Silveira foi a pessoa no local certo e na hora certa, mas esse decreto é por vocês. Após o decreto, quem aqui tem esperança de liberdade? Esse decreto não é pra mim, é pra vocês, e vamos defender até o fim." Deputado Daniel Silveira (PTB-RJ), em manifestação na Avenida Paulista. Fonte: Poder360.

**1º de maio de 2022**
"Não podemos desistir do Brasil, os que são do mal não têm o direito de tomar o lugar de quem trabalha para o bem." General Augusto Heleno, ministro-chefe do Gabinete de Segurança Institucional (GSI), em manifestação na Esplanada dos Ministérios. Fonte: TAB e UOL, por Mariana Felipe.

## BOLSONARO E SEUS SEGUIDORES: O HORROR EM 3.560 FRASES

**1º de maio de 2022**
"[O presidente Jair Bolsonaro é] a última barreira para que o comunismo não tome conta do Brasil." Deputada Bia Kicis (PL-DF), em manifestação na Esplanada dos Ministérios. Fonte: TAB e UOL, por Mariana Felipe.

**1º de maio de 2022**
"Assistir esse homem [presidente Jair Bolsonaro] caminhar entre o povo é lindo." Mário Frias (PL-RJ), ex-secretário da Cultura, em manifestação na Esplanada dos Ministérios. Fonte: TAB e UOL, por Mariana Felipe.

**1º de maio de 2022**
"A MAIORIA DOS MENDIGOS TÊM O DEVER BÍBLICO DE PASSAR FOME, POIS PAULO DIZ AOS TESSALONICENSES: 'SE ALGUÉM NÃO TRABALHA, QUE TAMBÉM NÃO COMA'." Pastor Marcos Granconato, da Igreja Batista Redenção. Fonte: o próprio Facebook e SBT News.

**1º de maio de 2022**
"Eu concordo: 'O BEM PRECISA VENCER O MAL! Boa noite." Pastor e deputado Marco Feliciano (PL-SP). Fonte: o próprio Twitter.

**1º de maio de 2022**
"O candidato do Bolsonaro sou eu." Senador Romário (PL-RJ), ex-jogador da seleção brasileira de futebol. Fonte: Torcedores.com, por Alexandre Magnani.

**02 de maio de 2022**
"Pela 3ª vez o Brasil não é convidado para participar da reunião do G7, mas países como Senegal e Indonésia foram. Demonstração de que a organização trata os países de forma ideológica e não pela sua importância geopolítica e econômica." Salim Mattar, sócio da empresa Localiza e ex-secretário de Desestatização do Ministério da Economia. Fonte: o próprio Twitter.

**03 de maio de 2022**
"Eu não confio mais no presidente Bolsonaro para conduzir rumos do país e o Brasil se tornar um local seguro para eu criar meus filhos e netos. Acho que Bolsonaro, quando se aproximou do Centrão, foi cooptado e, agora, está junto com eles e ele está conduzindo o Brasil numa direção que vai ter cada vez mais monopólio, droga, crimes, vão conduzir a uma distopia. Com Lula, isso vai numa velocidade mais rápida, muito pior." Abraham Weintraub, ex-ministro da Educação. Fonte: UOL, por Pedro Vilas Boas, Thiago Varella e Elias Aredes Junior.

03 de maio de 2022
"Não adianta fazer videozinho mentiroso de que está pegando fogo na Amazônia, que vai mudar o clima no mundo, não funciona. Está lá o [Leonardo] DiCaprio [ator norte-americano] botando fotografia de 20 anos atrás. O DiCaprio tem que saber que a própria diretora da OMC [Organização Mundial do Comércio] disse que sem o agronegócio brasileiro o mundo passa fome. Então é bom o Di Caprio ficar de boca fechada em vez de ficar falando besteira por aí." Presidente Jair Bolsonaro. Fonte: O Globo, por Alice Cravo.

03 de maio de 2022
"[O deputado] Daniel Silveira [PTB-RJ] foi multado em R$ 405 mil por Alexandre de Moraes, o ministro do Supremo [Tribunal Federal] também determinou desconto em folha de Daniel de 25% do seu salário além do bloqueio de todas as contas bancárias do parlamentar." Deputada Carla Zambelli (PL-SP). Fonte: o próprio Twitter.

03 de maio de 2022
"A proposição [projeto de lei] pretende anistiar réus em processos por crime de opinião, logo, inconstitucionais. Com base no texto, fica assegurada a livre manifestação e a liberdade de crença, sendo anistiados quaisquer processos que tenham por objeto condutas praticadas com base em direitos constitucionais [iniciando-se em janeiro de 2019, início do governo Bolsonaro]." Deputada Carla Zambelli (PL-SP). Fonte: UOL, por Weudson Ribeiro.

03 de maio de 2022
"O ex-ministro Tarcísio de Freitas já aparece na frente no (sic) poste [Fernando] Haddad nas pesquisas para o Governo de SP. Nosso presidente Jair Bolsonaro é um colosso! E Tarcísio é a cara de São Paulo!" Pastor e deputado Marco Feliciano (PL-SP). Fonte: o próprio Twitter.

04 de maio de 2022
"O ex-ministro do STF Celso de Melo, colocado na posição de comentarista-geral da república, é juridicamente imprestável!" Pastor e deputado Marco Feliciano (PL-SP), se referindo à opinião do ex-ministro Celso de Melo sobre o indulto individual ao deputado Daniel Silveira (PTB-RJ). Fonte: o próprio Twitter.

**BOLSONARO E SEUS SEGUIDORES: O HORROR EM 3.560 FRASES**

04 de maio de 2022
"Fica a missão do TSE [Tribunal Superior Eleitoral] de corrigir essas falhas. E aí, para que isso seja feito, eles têm de abrir essa caixa de Pandora de tudo quanto é jeito, porque ninguém entra lá, é somente eles. (...). As Forças Armadas estão praticamente de plantão esperando as ações do TSE. (...) É muito pouco tempo para eles [TSE] agirem com extrema rapidez, porque senão deve haver alguma interferência um pouco mais contundente das Forças Armadas nesse processo eleitoral. (...) Eu confio muito nas Forças Armadas, principalmente na qualificação técnica dos militares, que estão dando todo suporte para que essas eleições aconteçam com a maior transparência possível. Porque a gente sabe que só as urnas não dão a transparência que a gente quer, que o povo quer." Deputado Coronel Tadeu (PL-SP), à rádio Jovem Pan de Bauru (SP). Fonte: Política Livre, por Raul Monteiro.

04 de maio de 2022
"O presidente Bolsonaro me decepcionou muito, eu não confio mais nele para conduzir os rumos do país." Abraham Weintraub, ex-ministro da Educação. Fonte: Folha, por Joelmir Tavares.

04 de maio de 2022
"Aleluia! Aleluia! Obrigado Jesus. Obrigado por essa manhã onde podemos sentir a tua presença [chora]. Oh, Deus! Tu és poderoso senhor para curar a nossa Nação, Jesus, Aleluia (...) Obrigado porque o teu espírito se faz presente em nossas vidas. (...) O avivamento senhor do Legislativo, do Executivo, do Judiciário. (...) Nós declaramos que a nossa Nação é do senhor, aleluia! (...) Nós queremos uma geração santa e curada e restaurada pelo sangue de Jesus, aleluia, aleluia! Não nos desampara, senhor, Jesus [chora]. Obrigada, Deus, pela sua presença. (...) Abençoa os líderes da nossa Nação. (...) Viva a nossa Igreja! (...) Louvado seja o teu nome senhor (...). Muito obrigada, Deus. Nós te amamos, Jesus! Amém [palmas dos presentes]." Michelle Bolsonaro, primeira-dama, rezando ajoelhada e emocionada na Câmara dos Deputados. Fonte: Poder360.

04 de maio de 2022
"Lamentamos, meus amados, que ainda temos alguns pastores que ainda vêm trazer proposta do PT [Partido dos Trabalhadores] (...) que receba o outro candidato, o candidato do PT [ex-presidente Luiz Inácio Lula da Silva] na nossa Igreja. Não cabe, irmão, o inferno não tem como entrar no lugar santo, aqui é santo, aleluia, glória Jesus. (...) É laço do Diabo. A nossa Igreja tem o seu perfil. A nossa Igreja tem o seu posicionamento. Não adianta ficar em cima do muro, não, ou é ou não é. (...) Não se pode receber em nossos púlpitos, pessoas que tem um caráter duvidoso. Essa é a minha interpretação. Em cima do muro, nunca." Pastor José Wellington Bezerra da Costa Júnior, presidente da Convenção Geral das Assembleias de Deus no Brasil (CGADB). Fonte: GospelMais, por Will R. Filho e Poder360.

**04 de maio de 2022**
"1. A [Revista americana] Time e [o ator americano] Leonardo DiCaprio não são os únicos se intrometendo na política doméstica brasileira. Há gente muito mais perigosa do que o ator e seus colegas hollywoodianos envolvida nessa tentativa de manipular os brasileiros e afetar o desfecho da disputa eleitoral deste ano (...). " Filipe Martins, assessor internacional da presidência da República. Fonte: o próprio Twitter.

**04 de maio de 2022**
"Revista Time falando que 'Lula volta de um exílio político'. Ué, prisão por crimes de corrupção mudou de nome?" Deputado Eduardo Bolsonaro (PL-SP). Fonte: o próprio Twitter.

**04 de maio de 2022**
"Quem liga para essa porcaria de revista TIME!?!" Ricardo Salles, ex-ministro do Meio Ambiente. Fonte: o próprio Twitter.

**05 de maio de 2022**
"Deplorável para nosso povo brasileiro o enaltecimento feito pela revista TIME a um político que só prejudicou o país! Nossa nação merece mais!!!" General Eduardo Pazuello, ex-ministro da Saúde. Fonte: o próprio Twitter.

**05 de maio de 2022**
"Não se tira um ex-presidiário da cadeia para 'concorrer' uma eleição, coloca ele na capa de uma das mais famosas revistas mundiais [*TIME*], se não houver grandes poderes dispostos a tudo para o por (sic) na cadeira de presidente." André Porciúncula, ex-secretário nacional de Incentivo e Fomento à Cultura — Lei Rouanet. Fonte: o próprio Twitter.

**05 de maio de 2022**
"Com a finalidade de cumprir a obrigação legal e de conferir a maior transparência possível aos atos da gestão pública e em face da impossibilidade de ver concretizada a reunião solicitada por este Ministro a Vossa Excelência [ministro Edson Fachin, presidente do TSE], venho, por meio deste expediente, propor a esse tribunal que os documentos ostensivos relacionados à CTE [Comissão de Transparência do TSE] sejam amplamente divulgados, conjuntamente, pelo Ministério da Defesa e por essa Corte Eleitoral, haja visto (sic) o amplo interesse público no tema em questão." General Paulo Sérgio Nogueira, ministro da Defesa. Fonte: O Antagonista.

**BOLSONARO E SEUS SEGUIDORES: O HORROR EM 3.560 FRASES**

**05 de maio de 2022**
"[A empresa] pode daqui a 30, 40 dias, chegar à conclusão que, dada a documentação que tem na mão, dado o que já foi feito até o momento para melhor termos eleições livres de qualquer suspeita de ingerência externa, pode falar que é impossível auditar e não aceitar fazer o trabalho. (...) Ninguém quer dar golpe. Alguns dizem que quero dar golpe. Como quero dar golpe se já sou presidente? (...) A gente vê no mundo, nas republiquetas, o chefe do Executivo conspirar para ficar no poder, cooptar órgãos para fraudar eleições. Aqui é exatamente o contrário. (...) Já que pesquisas dizem que o senhor [ex-presidente] Lula tem 40%, o Lula vai ganhar, quero garantir a eleição do Lula com esse processo aqui [de auditoria]. (...) Ninguém precisa fazer campanha pro Lula, não. Não precisa, por exemplo, uma autoridade ou outra, que a gente vê acontecendo, ficar desmonetizando páginas de pessoa que nos apoiam, retirando páginas de pessoas que nos apoiam, ameaçando ou prendendo pessoas que nos apoiam." Presidente Jair Bolsonaro. Fonte: Folha e UOL, por Mateus Vargas e Ricardo Della Coletta.

**05 de maio de 2022**
"Matérias baseadas em anonimato? O que posso falar é a verdade sobre essa publicação mentirosa: os ministros do STF sabem, porque dialogam comigo, o papel que cumpro para arrefecer a crise. O resto? Caça-clique para ter audiência. Para não chamar de *fake news*... 'UOL. Reportagem: Alberto Bombig. Ministros do STF veem participação de Lira em movimento contra a Justiça'." Arthur Lira (PP-AL), presidente da Câmara dos Deputados. Fonte: o próprio Twitter.

**05 de maio de 2022**
"A gente apela para a Petrobras, não reajustem o preço dos combustíveis. Vocês estão tendo um lucro absurdo. (...) Ela [Petrobras] deve ter a função social. Petrobras, estamos em guerra. Petrobras, não aumente mais o preço dos combustíveis. O lucro de vocês é um estupro, é um absurdo. (...) Se continuar tendo lucro dessa forma, aumentando o preço do combustível, vai quebrar o país. Se tiver mais um aumento de combustível, pode quebrar o Brasil. E o pessoal da Petrobras não entende ou não quer entender, ou só estão de olho no lucro." Presidente Jair Bolsonaro. Fonte: UOL (11/05/2022).

**05 de maio de 2022**
"Daniel Silveira [deputado, PTB-RJ] 'condenado por estimular atos democráticos' — alguém pode informar quais foram esses atos? Existiu algum?" Alexandre Garcia, jornalista. Fonte: o próprio Twitter.

**05 de maio de 2022**
"A agenda com o Diretor da CIA [Centro de Inteligência Americano] foi devidamente divulgada. (...) Os assuntos tratados em reuniões na área de inteligência são sigilosos. O GSI não recebe recados de nenhum país do mundo, nem os transmite. Temos um excelente corpo de diplomatas e adidos para tratar dos interesses nacionais." Gabinete de Segurança Institucional (GSI), em Nota Oficial. Fonte: G1.

**05 de maio de 2022**
"Isso nunca aconteceu, não houve nenhuma troca de ideias sobre eleições, nem nos Estados Unidos nem aqui. (...) Repórter da Reuters fez narrativa de que o diretor do Centro de Inteligência Americano [CIA] teria sido mandado ao Brasil para dar recado para o senhor [presidente Jair Bolsonaro], para não perturbar mais a realização das eleições de 2022. Lógico que as conversas sobre a área de inteligência que nós tivemos foram extremamente produtivas, muito interessantes, mas esta conversa sobre eleições jamais aconteceu." General Augusto Heleno, ministro-chefe do Gabinete de Segurança Institucional (GSI), em *live* ao lado do presidente Jair Bolsonaro. Fonte: Estadão, por Eduardo Gayer.

**05 de maio de 2022**
"Fazer *fake news* usando a CIA [Centro de Inteligência Americano] para tentar desmoralizar o presidente Jair Bolsonaro demonstra desespero da imprensa marrom e da esquerda, do quanto pior melhor. Urubus de plantão desnorteados..." Deputado Bibo Nunes (PL-RS). Fonte: o próprio Twitter.

**05 de maio de 2022**
"(...) Quatro deputados federais votaram para [o então deputado] Bolsonaro para ser presidente da Câmara (...). O filho do Bolsonaro [deputado Eduardo Bolsonaro] estava surfando e fumando maconha lá no Havaí. (...) O pai pegou o telefone e disse: 'seu filho da... você não está votando em mim aqui, se a imprensa souber onde você está, surfando e fumando um brown aí no Havaí." Deputado Delegado Waldir (PSL-GO). Fonte: TV Brasil Central, no YouTube.

**05 de maio de 2022**
"Não tem ninguém brabuxo Guga (sic) [Noblat, jornalista]. Eu apenas te perguntei, no twitt anterior, onde estaria o 'golpe de Bolsonaro' que você se refere. Pode me responder? Seria na contratação de empresa pra auditar o sistema eleitoral?" Deputado Filipe Barros (PL-PR). Fonte: o próprio Twitter.

**05 de maio de 2022**
"Eu discordava [do presidente Jair Bolsonaro] por exemplo de uma determinada posição com relação à vacina. Eu me vacinei, vacinei minha família e achava que estava fazendo a coisa certa. (...) Eu discordava da linha da narrativa. Eu acho que a gente tomou a atitude correta e fez a narrativa errada." Tarcísio de Freitas (PL-SP), ex-ministro da Infraestrutura e pré-candidato ao Governo de São Paulo. Fonte: Veja, por Robson Bonin, Gustavo Maia, Laísa Dall'Agnol e Lucas Vettorazzo.

**BOLSONARO E SEUS SEGUIDORES: O HORROR EM 3.560 FRASES**

**05 de maio de 2022**
"Esse caso traz a questão do garimpo (...). O estupro dessa menina [adolescente de 12 anos da etnia Yanomani] nos chocou, como nos chocou o estupro do menininha lá entre os Guarani Kaiowá. Esse caso dessa menina causou essa repercussão toda, e isso é muito bom porque a gente ainda vai conversar sobre violência sexual contra crianças indígenas. A gente não pode ser pautada por um só caso. Lamento, mas acontece todo dia." Damares Alves, ex-ministra da Mulher, da Família e dos Direitos Humanos. Fonte: Veja, por José Casado.

**05 de maio de 2022**
"Todas as pesquisas mostram o presidente Jair Bolsonaro encostando em Lula. Menos a XP, cujo dono jantou com Lula semanas atrás. A conversa deve ter sido boa..." Pastor e deputado Marco Feliciano (PL-SP). Fonte: o próprio Twitter.

**05 de maio de 2022**
"O Coco Bambu [rede de restaurantes] passou por todos os governos durante esse período, sempre com forte crescimento. O apoio ao governo Bolsonaro é por convicção de ser o melhor para o Brasil e para os brasileiros." Afrânio Barreira, empresário e proprietário do Coco Bambu. Fonte: Metrópoles.

**06 de maio de 2022**
"Isso agora é uma briga que só vai terminar com a morte dela [Ana Cristina Valle, advogada, ex-mulher do presidente Jair Bolsonaro], com a minha morte ou então o dia que eu ver ela totalmente destruída. Enquanto nada disso acontecer, não sossego (...). E agora, com esse negócio aí (que) o Flávio [Bolsonaro] se livrou, da coisa do [Fabrício] Queiroz, eles vão cair de pau em cima disso. Pra poder ferrar com eles. Então, não quero nem saber (...)." Marcelo Nogueira dos Santos, ex-assessor do então deputado Flávio Bolsonaro (2003-2007) e caseiro (até 2021) de Ana Cristina Valle, ex-mulher do presidente Jair Bolsonaro. Fonte: Veja, por Laryssa Borges.

**06 de maio de 2022**
"(...) Ele [Marcelo Nogueira dos Santos, ex-caseiro] me pediu 200.000 reais. Fica ameaçando contar coisas da minha vida particular. Mas não tenho nada a esconder. Ele acha que, por ser ex-mulher do presidente, por morar numa casa confortável, por conhecer gente importante, estou nadando em dinheiro. (...) Não existiu rachadinha. Nunca existiu, mas realmente estou com medo da minha vida agora. O Marcelo frequentava o meu escritório de advocacia. Foi lá várias vezes. Ele pode ter gravado um vídeo lá dentro enquanto eu estava atendendo meus clientes. Não tenho a mínima preocupação com isso. Aliás, naquela época tinha celular que gravava vídeo? Acho que nem tinha. Se tem, mostra o vídeo então. Isso é balela. (...) Depois que recebi o primeiro áudio com a ameaça de morte, fiquei desesperada e cheguei a me sentar diante de um delegado para relatar todas as ameaças, mas ainda bem que saí da delegacia sem falar nada. Não quero que ele vá preso. Não quero denunciá-lo formalmente por pena e por consideração. Vou tentar me proteger, mas não quero o mal dele, embora, em uma das mensagens, ele tenha ameaçado o Jair Renan [seu filho com o presidente Jair Bolsonaro] também. (...) Marcelo [Nogueira dos Santos] não tem mais nada a perder na vida. Pelo que eu conheço ele é capaz de me matar, sim, matar o [Jair] Renan e depois se suicidar. Ele até já deu um tiro proposital no pé do [próprio] filho depois de uma briga. (...) Serei candidata a deputada distrital pelo PL. Na campanha, vou usar o nome Bolsonaro, autorizado ou não autorizado [pelo presidente Jair Bolsonaro]. Se ele não autorizar, o [Jair] Renan me empresta o sobrenome dele, né? Eu já fui uma ex-mulher brava. Demorou uns quinze anos para acontecer, mas hoje sou uma ex boazinha. Não faria mal ao presidente [Jair Bolsonaro] de jeito nenhum (...)." Ana Cristina Valle, advogada e ex-mulher do presidente Jair Bolsonaro. Fonte: Veja, por Laryssa Borges.

**06 de maio de 2022**
"Tudo isso é parte de mais um plano para envolver o presidente e a família dele num escândalo que não existe. Está absolutamente claro que estão usando esse moço para extorquir e ameaçar com objetivos políticos." Frederick Wassef, advogado da família Bolsonaro. Fonte: Veja, por Laryssa Borges.

**06 de maio de 2022**
"Não há mal que dure para sempre." Deputado Eduardo Bolsonaro (PL-SP). Fonte: o próprio Twitter.

**BOLSONARO E SEUS SEGUIDORES: O HORROR EM 3.560 FRASES**

**06 de maio de 2022**
"Basta ter bom senso e ser razoável para ver que o que foi feito antes não é normal. Todas as bancadas estaduais junto com todas as comissões têm R$ 3,2 bilhões e o relator do Orçamento [conhecido como Orçamento Secreto] sozinho fez R$ 30 bilhões [nos anos anteriores]. Fui o relator de uma resolução e o máximo que eu consegui foi reduzir para R$ 16,5 bilhões, mas evidentemente ainda acho esse valor excessivo. (...) Eu soube que o relator-geral do ano passado, Marcio Bittar [senador, União Brasil-AC], disse que não tinha mais como dar essa informação. A briga aqui no Congresso sempre foi para um deputado ou senador dizer que levou o recurso. Essa de dizer que levou o recurso e não querer aparecer é uma coisa nova. (...) Pode acontecer isso [de o parlamentar ocultar o nome]. O parlamentar pode dizer 'olha, eu vou botar o recurso aqui nesse município, mas você faz um ofício dirigido para a CMO [Comissão Mista de Planos, Orçamentos Públicos e Fiscalização], para o relator-geral'. Deve ser uma exceção da exceção, mas... (...) O Congresso se fortaleceu muito em relação ao Executivo, talvez um meio-termo em negociações possa existir, mas os deputados e senadores já estão acostumados com esse '*plus*' a mais e aí, meu amigo, para voltar atrás não é fácil, não." Senador Marcelo Castro (MDB-PI), escolhido para ser o relator do Orçamento de 2023. Fonte: Estadão, por Daniel Weterman.

**07 de maio de 2022**
"Uma homenagem em referência aos 34 anos de relevantes serviços prestados à Nação Brasileira em diversos âmbitos." Deputado estadual Coronel Salema (PL-RJ), homenageando o General Eduardo Pazuello, ex-ministro da Saúde. Fonte: O Fluminense.

**07 de maio de 2022**
"Ele [ex-presidente Lula, se vencer as eleições de 2022] vai retaliar as Forças Armadas por esse período que o presidente Bolsonaro esteve no poder. Mais do que isso, acredito também que ele deve voltar os canhões para as polícias militares e os bombeiros militares pelo simples fato de serem também militares. (...) A retaliação é dada como certa." Deputado Capitão Augusto (PL-SP), líder da Bancada da Bala e vice-presidente do PL. Fonte: Poder360, por Jonathan Karter e Gabriela Oliva.

07 de maio de 2022
"Não houve nenhum tipo de violência [na ditadura militar iniciada em 1964], nada, e depois os militares devolveram voluntariamente o poder para os civis. Lógico, que no meio de 20 anos, há episódios pontuais que acabaram ocorrendo. Mas não há como falar que eram atos endossados pelo governo militar. (...) A ditadura da Argentina, em 8 anos, matou mais de 5.000 pessoas. No Brasil, em 20 anos, foram menos de 300 desaparecidos políticos." Deputado Capitão Augusto (PL-SP), líder da Bancada da Bala e vice-presidente do PL. Fonte: Poder360, por Jonathan Karter e Gabriela Oliva.

**07 de maio de 2022**
"Por que Bolsonaro quer um Senado de Pau Mandado?" Deputada estadual Janaina Paschoal (PRTB-SP), se referindo à deputada federal Carla Zambelli (PL-SP). Fonte: o próprio Twitter.

**07 de maio de 2022**
"Continuo pré-candidata a deputada federal. Mas é por essas e outras que me pedem para eu considerar o Senado. Não me considero pau mandado, mas gratidão não prescreve e lealdade ao Brasil deve estar acima de tudo." Deputada Carla Zambelli (PL-SP), respondendo à deputada estadual Janaina Paschoal (PRTB-SP). Fonte: o próprio Twitter.

**08 de maio de 2022**
"Ao Brasil, ao povo brasileiro, não a uma pessoa. Se não, qual a diferença para o petismo?" Deputada estadual Janaina Paschoal (PRTB-SP), se referindo à deputada federal Carla Zambelli (PL-SP). Fonte: o próprio Twitter.

**08 de maio de 2022**
"Sempre apoiando o nosso presidente Jair Bolsonaro! Focado na próxima missão. 'Verás que um filho teu não foge à luta'." General Eduardo Pazuello, ex-ministro da Saúde. Fonte: o próprio Twitter.

**08 de maio de 2022**
"Ser mãe é um trabalho em tempo integral, por vezes abrimos mão das nossas vontades para acolher nossos filhos, e oferecermos o nosso melhor para eles, ser mão é chamar para si a maior e mais divina das responsabilidades. (...) Por conhecer os desafios da maternidade, temos o compromisso de cuidar das mães do nosso país. Nesse sentido, o Governo Federal tem implementado uma série de ações que beneficiam as mães brasileiras. Hoje elas são prioridade no Auxílio Brasil, nos programas habitacionais e em todos os processos de regularização fundiária. (...) Outra grande iniciativa para as mães está no Programa Renda e Oportunidade, o PRO, que permite o reembolso de gastos com creche, ou a liberação do FGTS para ajudar no pagamento de despesas com educação infantil. (...) O Governo Federal lançou também o programa Cuida Mais Brasil, com foco na saúde da mulher e na saúde materna infantil, o que reduzirá as taxa de mortalidade, são mais de 170 milhões de reais investidos para oferecer cuidados as mulheres, antes, durante e depois da gravidez. (...) Encerramos abraçando cada mãe deste Brasil, as donas de casa, as chefes de família, as mães-avós, as mães com filhos com deficiência, as mães raras, as mães indígenas, quilombolas ou ribeirinhas, todas as mães heroínas deste país. (...) Que Deus nos abençoe e nos proteja em nossa missão." Michelle Bolsonaro, primeira-dama, no Dia das Mães, em pronunciamento oficial em rede nacional de rádio e TV, com Cristiane Britto, ministra da Mulher, da Família e dos Direitos Humanos. Fonte: TV Brasil.

**BOLSONARO E SEUS SEGUIDORES: O HORROR EM 3.560 FRASES**

**09 de maio de 2022**
"Machismo querer diminuir o papel das Primeiras-Damas nos Governos! Não há sentido em falar em desvio de finalidade no pronunciamento da Primeira-Dama no dia das mães! Não é a esquerda que tanto defende o empoderamento da mulher? Tomem tenência!" Deputada estadual Janaina Paschoal (PRTB-SP). Fonte: o próprio Twitter.

**09 de maio de 2022**
"Em 2020, as pessoas me cancelaram porque eu falei mal do comunismo. Mas uma coisa é clara, o nome só mudou, porque isso, na verdade, é censura. O Instagram te censura, as próprias pessoas perseguem as outras. Eu senti na pele, mesmo que um pouquinho, como os judeus se sentiam sendo perseguidos. (...) Eu vou lá e vou votar em quem eu acho menos pior. Se o Bolsonaro é o único que tem, então, vou ter que votar nele." Rodrigo Aguiar Madeira Campos, conhecido como 'Digão', vocalista da banda Raimundos. Fonte: UOL, Splash, por Fernanda Talarico.

**09 de maio de 2022**
"Não vai ter jeito, nós vamos ter que parar. Só estamos aguardando a posição de outros segmentos do transporte. (...) Com esse valor [do diesel] não tem mais condições de rodar, o transporte no Brasil vai colapsar." Wallace Landim, conhecido como Chorão, presidente da Associação Brasileira de Condutores de Veículos Automotores (Abrava) e um dos principais líderes da greve dos caminhoneiros de 2018. Fonte: Congresso em Foco, por Vanessa Lippelt.

**09 de maio de 2022**
"[Os números sobre o desmatamento na Amazônia são] péssimos, horrorosos. Estamos vendo onde estamos errando. Estamos com ações, temos a operação Guardiões do Bioma, uma ação conjunta do Ministério do Meio Ambiente e do Ministério da Justiça, e tem que ver com eles onde está havendo a falha." General Hamilton Mourão, vice-presidente da República. Fonte: UOL

**09 de maio de 2022**
"Bolsonaro em Maringá [PR] com motociata e visita Expoingá. Reunião com as forças de segurança para preparar o evento hoje a (sic) tarde. 'GRANDE MOTOCIATA. 11 DE MAIO [QUINTA-FEIRA], 14 HORAS, CONCENTRAÇÃO 12 HORAS'." Deputado Ricardo Barros (PP-PR). Fonte: o próprio Twitter.

**09 de maio de 2022**
"Imagens que valem mais que mil palavras. Estas pessoas estão colocando votos no correio nos EUA em ação coordenada de fraude [nas eleições presidenciais de 2020]. 'Vídeo anexo'." Tatiana Mandelli, empresária sócia da Tidelli. Fonte: o próprio Twitter.

**09 de maio de 2022**
"A verdade é que essa geração pagou pela guerra [da Rússia com a Ucrânia]. Nós fizemos sacrifício e ficamos sem aumento [real] de salário [mínimo durante o governo Bolsonaro], tivemos uma recuperação econômica forte. Não houve aumento de salário real, porque durante uma guerra [é] normal que haja perdas importantes." Paulo Guedes, ministro da Economia. Fonte: EXTRA, por Fernanda Trisotto.

09 de maio de 2022
"Mudou alguma coisa desde 2018? Só o presidente Jair Bolsonaro está 100% fechado com os evangélicos. 'BOLSONARO: contra a liberação do aborto; contra o casamento gay; contra a liberação das drogas; contra a ideologia de gênero; a favor da redução da maioridade penal; contra o desarmamento da população; economia livre mercado; a favor da embaixada em Jerusalém'." Pastor e deputado Marco Feliciano (PL-SP). Fonte: o próprio Twitter.

**10 de maio de 2022**
"O único adversário do Bolsonaro nas eleições é a fraude." Elainne Faria. Fonte: o próprio Twitter.

**10 de maio de 2022**
"Depois que [Joe] Biden [presidente dos Estados Unidos] mandou diplomatas americanos referendarem um artigo maluco publicado no [Jornal O] Globo, dizendo que o presidente Jair Bolsonaro pretende dar um golpe de estado, não tenho mais dúvida que nossa vitória é certa em 2 de outubro! É melhor 'Jair' se acostumando, parte 2: o retorno!" Pastor e deputado Marco Feliciano (PL-SP). Fonte: o próprio Twitter.

**10 de maio de 2022**
"O documentário lançado nos EUA 2000 Mules demonstra fraude nas eleições nos EUA, e tem gente teimando que por aqui é impossível! A grande imprensa vai noticiar isso?" Pastor e deputado Marco Feliciano (PL-SP). Fonte: o próprio Twitter.

**11 de maio de 2022**
"O presidente tem feito críticas, mas não é só o presidente que faz crítica, muita gente faz críticas às urnas há muito tempo. O presidente da República é o meu chefe, é o meu comandante, ele tem o direito de dizer o que quiser." Almirante Almir Garnier Santos, comandante da Marinha. Fonte: Yahoo! (13/05/2022), por Fábio Zanini.

**BOLSONARO E SEUS SEGUIDORES: O HORROR EM 3.560 FRASES**

11 de maio de 2022
"Não confio. 'TSE convida as Forças Armadas para verificar o processo eleitoral e simplesmente ignora TODAS as boas sugestões dos melhores especialistas em tecnologia da informação do Brasil. Você confia no atual processo eleitoral, que, em outubro [de 2022], será comandado pelo [futuro presidente do TSE] Alexandre de Moraes?'" Coronel Adailton, advogado, coronel da Polícia Militar de Mato Grosso (PMMT). Fonte: o próprio Twitter.

11 de maio de 2022
"Nós sabemos o que está em jogo. Todos sabem o que o governo federal defende: defende a paz, a democracia e a liberdade. Um governo que não aceita provocações, um governo que sabe da sua responsabilidade para com o seu povo. (...) Todos têm que jogar dentro das quatro linhas [da Constituição]. Nós não tememos resultados de eleições limpas. Nós queremos eleições transparentes, [como] a grande maioria, ou diria a totalidade do seu povo." Presidente Jair Bolsonaro, na Expoingá, em Maringá (PR). Fonte: UOL e Folha, por Paulo Muzzolon e João Pitombo.

11 de maio de 2022
"Para quem não conhece, este é Felipe Nunes, o Diretor da Quaest, que fez a pesquisa eleitoral para Presidente, publicada hoje. Ela dá ampla vantagem a Lula... É possível acreditar na isenção? [foto de Manuela D'Ávila e Guilherme Boulos, confundido com Felipe Nunes da Quaest]." Deputado Osmar Terra (MDB-RS). Fonte: o próprio Twitter.

12 de maio de 2022
"Estamos nos aproximando de mais uma eleição. Um período em que reafirmamos nosso compromisso com a democracia e com o fortalecimento de nossas instituições. Não há espaço para cortinas de fumaça que tiram o foco do debate público sobre os temas de real interesse. Não há espaço para descredibilizar o processo eleitoral com falácias. Acreditamos em nossas Instituições e no respeito entre os Poderes para que cada um cumpra autonomamente com o seu dever constitucional, sem interesses particulares, ou sucumbiremos enquanto nação. E nós não queremos isso. O compromisso daqueles que ocupam cargos públicos ou que almejam ocupa-los (sic) após as eleições deste ano deve ser o de defender o Estado Democrático de Direito, a independência entre os Poderes e o de respeitar as Instituições. Qualquer manifestação contrária a esses princípios não tem e não terá apoio do Grupo Jovem Pan. (...) Mas é preciso reiterar: jornalistas, comentaristas e convidados não refletem a posição do Grupo Jovem Pan enquanto instituição." Grupo Jovem Pan, em editorial. Fonte: Grupo Jovem Pan, nas redes sociais.

**12 de maio de 2022**
"Até 30/05 já estaremos na frente! O FOGUETE DECOLOU!" Gilson Machado Neto (PSC-PE), ex-ministro do Turismo. Fonte: o próprio Twitter.

**12 de maio de 2022**
"Nem Lula nem Bolsonaro: SP quer um governador independente (...)." Abraham Weintraub, ex-ministro da Educação. Fonte: o próprio Twitter.

**12 de maio de 2022**
"Se o casal tiver um filho provavelmente é a mulher que vai cuidar do filho. Aí você diz: 'Mas o homem fica bêbado mais que a mulher'. Fica. Mas quem vai mais ao médico é a mulher, então, ela vai faltar mais para ir ao médico." Adolfo Sachsida, ministro das Minas e Energia. Fonte: Blog do Noblat, no Twitter.

**12 de maio de 2022**
"Os cristão estavam mudos. Agora, estão se levantando. Precisamos nos posicionar na política, porque a família está sendo ameaçada. (...) Esse ano tem eleições. Temos que nos posicionar! Você tem o poder de influência. Influencie na sua casa, na sua empresa, na sua vida. (...) Não foi por ele [presidente Jair Bolsonaro] ser um militar, não foi porque eu queria o Exército na rua. Não foi porque ele falou que vai defender ter a arma liberada dentro de casa. Não, não é. Foi porque ele propôs a preservação da família e Deus acima de todos, ou seja, o princípio da Palavra de Deus. (...) Ele não é o cara perfeito. Não apoio ele pela perfeição dele, ou por estar dentro dos padrões. Eu preciso escolher um. Então, ele foi o meu escolhido. Todo mundo sabe que ele é um cara que não tem filtro. Mas em ações para o povo, o coletivo, ele é o melhor dentre as opções que existem. (...) Eu vejo pessoas entrando para faculdades e famílias perdendo seus filhos por causa das ideologias esquerdistas que se aplicam lá dentro." Pastora Raquel Prado. BBC News Brasil, por Nathalia Passarinho.

**12 de maio de 2022**
"Somente os ditadores temem o povo armado. Eu quero que todo cidadão de bem possua sua arma de fogo para resistir, se for o caso, à tentação de um ditador de plantão. O Brasil tem uma área cobiçada por muitos países, a região amazônica. E para vocês, família brasileira, a arma de fogo é defesa da mesma e é reforço para as nossas Forças Armadas porque o povo de bem armado jamais será escravizado. (...) Pior do que ameaça externa é a ameaça interna de comunização." Presidente Jair Bolsonaro, na feira agropecuária de Maringá (PR). Fonte: UOL, por Ricardo Kotscho.

**12 de maio de 2022**
"Percebem que, em São Paulo, os dois pré-candidatos ao Governo disparados na frente estão com Lula? [Fernando] Haddad e [Márcio] França são candidatos de Lula! Podemos ter um segundo turno entre Lula e Lula, em São Paulo! Acordem, enquanto há tempo! Já nem sei se há!" Deputada estadual Janaina Paschoal (PRTB-SP). Fonte: o próprio Twitter.

**BOLSONARO E SEUS SEGUIDORES: O HORROR EM 3.560 FRASES**

12 de maio de 2022
"Conseguiram te levantar, pô? Tu pesa o quê, mais de sete arrobas, né?" Presidente Jair Bolsonaro, se dirigindo a uma pessoa negra, em conversa com apoiadores no Palácio da Alvorada. Fonte: O Povo, por Marcelo Teixeira.

12 de maio de 2022
"O caso do Bolsonaro é muito difícil. As palhaçadas de Bolsonaro são muito difíceis para um liberal admitir. Agora, entre Bolsonaro e Lula, prefiro Bolsonaro. Mesmo com as palhaçadas de Bolsonaro, ele não é Lula." Mario Vargas Llosa, escritor peruano, Prêmio Nobel de Literatura em 2010. Fonte: O Antagonista.

12 de maio de 2022
"Eu não sei de onde ele [Edson Fachin, presidente do TSE] está tirando esse fantasma que as Forças Armadas querem interferir na Justiça Eleitoral. Não existe interferência, ninguém quer impor nada, ninguém quer atacar as urnas, atacar a democracia, nada disso. Ninguém está incorrendo em atos antidemocráticos. Pelo amor de Deus! A transparência das eleições, eleições limpas, transparente, é questão de segurança nacional. (...) Ninguém quer ter dúvidas quando acaba eleição, se aquele candidato ganhou mesmo ou não, né? Ou se o que perdeu perdeu, ou não. As Forças Armadas vão continuar fazendo seu trabalho a não ser que o ministro revogue a portaria [que criou a Comissão de Transparência Eleitoral]. (...) Sem ataques à democracia, as Forças Armadas estão cumprindo sua missão." Presidente Jair Bolsonaro. Fonte: Folha, por Marianna Holanda.

13 de maio de 2022
"Nós, pessoas de bem, civis e militares, precisamos de todos para garantir a nossa liberdade. Porque os marginais do passado hoje usam de outras armas, também em gabinetes com ar-condicionado, visando roubar a nossa liberdade. (...) E começam roubando a nossa liberdade de expressão, começam fustigando as pessoas de bem, fazendo com que eles desistam do seu propósito. Nós, Forças Armadas, nós, forças auxiliares, não deixaremos que isso aconteça." Presidente Jair Bolsonaro, em discurso em formatura de policiais militares em São Paulo. Fonte: Nexo Jornal.

**13 de maio de 2022**
"Vocês devem estar acompanhando o que acontece no centro do poder lá em Brasília. Uma luta pelo poder. Pessoas poucas, mas que saem das quatro linhas da Constituição para tumultuar o que vem acontecendo no Brasil. (...) Nós queremos eleições limpas, transparentes, com voto auditável. Convidaram as Forças Armadas a participar do processo eleitoral. Elas fizeram seu papel, não foram lá para servir de moldura para quem quer que seja, e hoje nos atacam como [se] as Forças Armadas estivessem interferindo no processo eleitoral. Longe disso." Presidente Jair Bolsonaro, em discurso na abertura da 56ª Convenção Nacional do Comércio Lojista, em Campos do Jordão (SP). Fonte: O Globo, por Bianca Gomes.

**13 de maio de 2022**
"O presidente [Jair Bolsonaro] confirmou a chapa: para governador e para o Senado, Tarcísio [de Fretas] e eu. Conformou os dois." José Luiz Datena (PSC-SP), apresentador. Fonte: Eixo Político, no Twitter.

**13 de maio de 2022**
"Foi isso mesmo. Eu fiz o contrato de reforma do camarote, com o que seria feito, e ele [Luís Felipe Belmonte, empresário, que atuou na tentativa de montar o partido 'Aliança para o Brasil'] fez a transferência. Depois, gerei o recibo de pagamento e executei a obra conforme estava planejado. Foi uma reforma simples e rápida. Foi mais pintura geral, um pedaço de parede de gesso, ajustes de elétrica, polimento da pedra que já tinha, instalação de iluminação simples e instalação de um piso flutuante de compensado imitando madeira. Neste orçamento, foi feito o pagamento de materiais e mão de obra. É mais uma maquiagem do local, pois obra mesmo do tipo estrutural, ou alterações não ocorreu. (...) No final, prestei contas e gerei o recibo de pagamento, como todo profissional faz. O resto de materiais, como mobílias, móveis, painéis, plantas e placa da logo deles, foi de patrocinadores de outras empresas, que foram passadas para mim e eu só defini o tipo, cor e tamanho. A tratativa ou acordos não foram comigo. Só defini, mediante catálogos, o que ficava bom lá dentro." Tânia Fernandes, arquiteta de Jair Renan Bolsonaro, filho 'Zero Quatro' do presidente Jair Bolsonaro. Fonte: O Globo, por Aguirre Talento.

**13 de maio de 2022**
"[Jair Renan Bolsonaro] não solicitou dinheiro a ninguém, não recebeu um único real de quem quer que seja, não recebeu carro de presente, não atuou para nenhuma empresa, não solicitou que ninguém pagasse nada a ninguém e seu nome foi usado indevidamente. (...) [E que] não marcou reunião em nenhum ministério." Frederick Wassef, advogado de Jair Renan Bolsonaro. Fonte: O Globo, por Aguirre Talento.

**BOLSONARO E SEUS SEGUIDORES: O HORROR EM 3.560 FRASES**

**13 de maio de 2022**
"O fato de ser filho do presidente da República [Jair Bolsonaro] é irrelevante." Luís Felipe Belmonte, empresário, em depoimento na Polícia Federal sobre o pagamento da reforma do escritório em Brasília usado por Jair Renan Bolsonaro. Fonte: O Globo, por Aguirre Talento.

**13 de maio de 2022**
"Papai do céu nos ajudou." Presidente Jair Bolsonaro, sobre a decisão de André Mendonça, ministro do Supremo Tribunal Federal (STF), que suspendeu posição de que decisões relativas ao ICMS sobre os combustíveis cabem aos estados. Fonte: Poder360.

**13 de maio de 2022**
"O ex-presidiário Lula depois de dizer que, se eleito, vai criar os ministérios da igualdade racial e de questões indígenas, agora falou em recriar o Ministério da Cultura mas não falou em erradicar o analfabetismo pois a esquerda populista precisa dos analfabetos." Salim Mattar, sócio da empresa Localiza e ex-secretário de Desestatização do Ministério da Economia. Fonte: o próprio Twitter.

**13 de maio de 2022**
"No passado, sempre as Forças Armadas e as forças auxiliares estiveram juntos. Lá atrás, nos anos [19]70, não foi diferente. Os grandes inimigos nossos eram aqueles que queriam roubar não o nosso patrimônio, mas roubar a nossa liberdade. (...) Hoje, não é diferente. Nós, pessoas de bem, civis e militares, precisamos de todos para garantir a nossa liberdade. Porque os marginais do passado hoje usam de outras armas, também em gabinetes, com ar-condicionado, visando roubar a nossa liberdade. E começam roubando a nossa liberdade de expressão, começam fustigando as pessoas de bem, fazendo com que elas desistam do seu propósito. Nós, Forças Armadas, nós, forças auxiliares, não deixaremos que isso aconteça. Nós defendemos a nossa Constituição, a nossa democracia e a nossa liberdade. Esse exército de pessoas de bem, civis e militares, deve se unir para evitar que roubem a nossa liberdade." Presidente Jair Bolsonaro, em discurso na formatura da Academia de Polícia Militar do Barro Branco (SP). Fonte: Correio Braziliense, por Ingrid Soares.

**13 de maio de 2022**
"Estamos aqui em Sorriso, no Mato Grosso, um dos estados que sustentou o Brasil durante a pandemia. Nós somos artistas que não dependemos de Lei Rouanet. O nosso cachê quem paga é o povo. A gente não precisa fazer tatuagem no 'toba' pra mostrar se está bem ou mal. A gente simplesmente vem aqui e canta." Zé Neto, no palco, em apresentação com Cristiano, em show pelo qual a dupla Zé Neto e Cristiano recebeu R$ 400 mil de recursos públicos da Prefeitura Municipal de Sorriso. Fonte: O Globo (16/05/2022), por Gustavo Cunha.

**13 de maio de 2022**
"Datena [apresentador José Luiz Datena, PSC-SP] é um grande comunicador, é muito respeitado e é ouvido por todas as classes sociais pelo trabalho que desempenha, sempre atento às demandas da sociedade. Ele vai agregar, com certeza, à chapa." Presidente Jair Bolsonaro. Fonte: CNN Brasil, por Leandro Magalhães e Iuri Pitta.

**13 de maio de 2022**
"Desejo um país em que você compre armas e munições no mercado, em que o Congresso não te trate como um escravo proibido de ter meios de se defender do crime comum ou do crime de Estado." André Porciúncula, ex-secretário nacional de Incentivo e Fomento à Cultura — Lei Rouanet. Fonte: o próprio Twitter.

**13 de maio de 2022**
"Se depender da esquerda, do quanto pior melhor, eles legalizarão o aborto, incesto e pedofilia. Se é a favor, vá de ex e futuro presidiário na urna. Chorem, urubus..." Deputado Bibo Nunes (PL-RS). Fonte: o próprio Twitter.

**13 de maio de 2022**
"Coluna da semana: Milhões de norte-americanos alimentaram a sensação de que algo esquisito e fraudulento aconteceu para que Joe Biden fosse eleito [em 2020 presidente dos Estados Unidos] com mais voto (sic) do que [Barack] Obama." Rodrigo Constantino, jornalista. Fonte: o próprio Twitter.

**14 de maio de 2022**
"Essa atual crise passa, a que não passa é a do Socialismo, que o PT ajudou a implementar na Venezuela, está em andamento na Argentina e quer, agora, impor no Brasil com tentativa da esquerda voltar ao Poder." Presidente Jair Bolsonaro. Fonte: o próprio Twitter.

**14 de maio de 2022**
"ATENÇÃO PESSOAL!!! QUANDO VOCÊS FOREM (L)OVAR O LULA, NÃO ATIREM OVOS NELE, MAS, SIM, JOGUEM OVOS PARA ELE!!! PELO MENOS NÃO É AGRESSIVO, JURIDICAMENTE FALANDO, E É MAIS POSITIVO! AGORA, SE ELE VAI SEGURAR (OS OVOS), OU NÃO, É PROBLEMA DELE!" Augusto Brandão, 'brasileiro, nacionalista, livre iniciativa, liberdade de autodefesa e de negócios, solteiro. Direito de direita e republicano'. Fonte: o próprio Twitter.

**15 de maio de 2022**
"Causa indignação a 'aproximação' do Presidente do Senado, Rodrigo Pacheco, com alguns togados do Supremo [Tribunal Federal]. Em vez de cobrar o cumprimento da Constituição, oferece aos escudos e 'garantias' aos inconstitucionais. Isto é, aqueles que agem à margem da lei." Deputado General Girão Monteiro (PL-RN), general da reserva do Exército Brasileiro. Fonte: o próprio Twitter.

**BOLSONARO E SEUS SEGUIDORES: O HORROR EM 3.560 FRASES**

15 de maio de 2022
"Só um psicopata ou um imbecil para dizer que os movimentos de 7 de Setembro e 1º de Maio atentam contra a democracia. Quem diz isso é um psicopata ou imbecil." Presidente Jair Bolsonaro. Fonte: Yahoo! Notícias.

15 de maio de 2022
"Se não tivéssemos redes sociais, [não] teríamos que ouvir a opinião de imbecis famosos, como Anitta." Karina Kufa, advogada do presidente Jair Bolsonaro e do deputado Daniel Silveira (PTB-RJ). Fonte: o próprio Twitter.

15 de maio de 2022
"O presidente do Senado [Rodrigo Pacheco, PSD-MG] deveria parar de se comportar como um estudante de DCE em universidade pública. Como autoridade pública, se está dizendo que há ataques a (sic) democracia, comece a provar e agir, não fique fazendo postagem no Twitter, como se fosse um animador de palco." André Porciúncula, ex-secretário nacional de Incentivo e Fomento à Cultura — Lei Rouanet e pré-candidato a deputado federal pela Bahia. Fonte: o próprio Twitter.

15 de maio de 2022
"Eu classifico como psicopata, imbecil, aqueles que duvidam de manifestações espontâneas como o 7 de Setembro [de 2021] ou o 1º de maio [de 2022] como se fossem atos antidemocráticos. Então, eu classifico quem chama isso de atos antidemocráticos como pessoas psicopatas ou imbecis." Presidente Jair Bolsonaro, montado em sua moto na praça dos Três Poderes. Fonte: Poder360, por Bernardo Gonzaga.

16 de maio de 2022
"Sou apoiador do Bolsonaro, nunca neguei o alinhamento a ele, mas sempre tem gente querendo criar confusão nisso. (...) Quem comprou as vacinas? Quem distribuiu? Bolsonaro é o pai da vacina. Enquanto debatiam se o imunizante transformava alguém em jacaré, eu montava a logística e vacinava. Mas antes de comprar a vacina, o presidente também se referiu à doença como 'gripezinha' e pregou o uso da cloroquina... Não sou comentarista das falas do Bolsonaro." Cláudio Castro (PL-RJ), governador do Rio de Janeiro. Fonte: O Globo, por Bernardo Mello, Gabriel Sabóia e Thiago Prado.

**16 de maio de 2022**
"Falaram: 'no tempo dele [ex-presidente Lula], o povo vivia um pouco melhor do que hoje'. É lógico que vivia, concordo! Temos um pós-pandemia [da Covid-19], do 'fique em casa' [isolamento social], economia a gente vê depois, uma guerra [Rússia e Ucrânia], entre outros problemas." Presidente Jair Bolsonaro. Fonte: UOL, por Leonardo Sakamoto.

**16 de maio de 2022**
"Discurso do [ex-presidente] Lula agora de prender minha família toda depois da eleição? Prender para que, qual acusação? *Fake news*? Essa é a acusação, *fake news*? *Fake news* é o que eles não gostam de ouvir, é a verdade deles. (...) Tem uma passagem bíblica que diz que a soberba precede a queda. Esses caras não sabem o que é Deus, não acreditam e não têm respeito por quem acredita." Presidente Jair Bolsonaro. Fonte: UOL, por Bruno B. Soraggi.

**16 de maio de 2022**
Não vou falar aqui: 'Não me abandonem! Não me deixem só'. Isso é da consciência de vocês. Eu vou fazer a minha parte pela minha pátria. Jurei dar a minha vida pela pátria." Presidente Jair Bolsonaro. Fonte: Folha, por Bruno B. Soraggi.

**16 de maio de 2022**
"Vocês [supermercadistas] foram excepcionais nessa pandemia, mas tudo pode acontecer. Poderemos ter outra crise. Poderemos ter eleições conturbadas. Imagine acabarmos as eleições e pairar para um lado, ou para o outro, a suspeição de que elas não foram limpas? Não queremos isso. (...) Ou nós decidimos, no voto, para valer, contabilizado, auditado ou a gente se entrega. E se se entregar, serão 50 anos ou mais para voltar a situação que está hoje em dia. (...) Quem está dando essa certeza para ele [de que Lula vencerá as eleições]? É o inexpugnável TSE [Tribunal Superior Eleitoral]? (...) A alma da democracia é o voto. O TSE convida as Forças Armadas a participar do processo. As Forças Armadas levantam mais de 600 vulnerabilidades. Dá para vocês entenderem? 600 vulnerabilidades. Faz seu trabalho, apresentam sugestões... não valem as sugestões. Não vale. Democracia? Eleições? Quanto mais transparente, melhor." Presidente Jair Bolsonaro, em discurso na abertura da feira de supermercados Apas Show (Associação Paulista de Supermercados). Fonte: O Antagonista.

**16 de maio de 2022**
"Reitero o que disse a diversos veículos ao longo do dia, não há nenhum sinal de quebra de institucionalidade. Estamos fabricando notícias!" Deputada estadual Janaina Paschoal (PRTB-SP). Fonte: o próprio Twitter.

**BOLSONARO E SEUS SEGUIDORES: O HORROR EM 3.560 FRASES**

**16 de maio de 2022**
"A liberdade é mais importante que a nossa própria vida. Em mais da metade do meu tempo eu me viro contra processos. Ainda falam que eu vou ser preso. Por Deus que está no céu, eu nunca serei preso. Não estou dando recado para ninguém. (...) Eu não sou ditador. Sou uma pessoa que tem responsabilidades pelo Brasil. E digo: se Deus me deu essa missão, eu vou ter que cumpri-la. E sempre falo: só ele me tira de lá. Não adianta alguém querer inventar uma canetada por aí, que não vai conseguir. (...) Não sou fodão, não. Mas creio que já dei mais do que provas suficientes a todos de que tem que conduzir com pulso firme o destino do Brasil. Eu não manjo nada de economia. Assim como o Guedes não manja nada de política. Eu sou o técnico do time (...)." Presidente Jair Bolsonaro, em discurso na abertura da feira de supermercados Apas Show. Fonte: UOL, por Bruno B. Soraggi.

**16 de maio de 2022**
"Eu não tive poder de administrar a pandemia. O Supremo [Tribunal Federal] deu poder para os governadores e prefeitos. E barbaridades foram feitas. (...) Por que a China tá com Covid? Não é de lá a vacina? Qual é o problema? Ou era vacina só para exportar? Não era para ter ninguém com Covid na China." Presidente Jair Bolsonaro, em discurso na abertura da feira de supermercados Apas Show. Fonte: UOL, por Bruno B. Soraggi.

**16 de maio de 2022**
"Quantas vezes chegava um parlamentar gordinho, nada contra os gordinhos, [e falava] 'olha se não arranjar esse Ministério não entra em pauta nada, nem na Câmara, nem no Senado'. É foda trabalhar assim. Não se pensa no Brasil de jeito nenhum, o Brasil que se exploda. Essa é uma máxima, quase que uma regra da política brasileira. Como se trabalhar em um ambiente desse?" Presidente Jair Bolsonaro, em discurso na abertura da feira de supermercados Apas Show. Fonte: O Antagonista.

**16 de maio de 2022**
"Também fomos para a questão do armamento, que eu entendo que é segurança pessoal. Eu não durmo sem uma arma do meu lado mesmo eu tendo mais de 100 seguranças no [Palácio da] Alvorada. A arma de fogo é questão de segurança nacional. Povo armado jamais será escravizado (...)." Presidente Jair Bolsonaro, em discurso na abertura da feira de supermercados Apas Show. Fonte: O Sul.

**16 de maio de 2022**
"Ainda que tudo pareça fora do lugar, estamos unidos pela mesma esperança: a certeza de que tudo vai melhorar! E essa esperança tem nome: Jair Messias Bolsonaro! BOM DIA!!!!" Paula Zanelli. Fonte: o próprio Twitter.

**16 de maio de 2022**
"Tendências Eleitorais do Fonte Primária de maio/22. Bolsonaro com 45% e Lula 22%. Créditos: RedeTv." Marcio Furtado, ex-superintendente no Ministério da Economia. Fonte: o próprio Twitter.

**16 de maio de 2022**
"Chupa Daniel Silveira [deputado, PTB-RJ]! 'UOL: Eduardo Bolsonaro e PL são campeões de denúncias no Conselho de Ética [da Câmada dos Deputados]. No período, o órgão recebeu 55 representações protocoladas contra 26 deputados. Com dez casos, Eduardo Bolsonaro lidera o ranking, seguido pelo também bolsonarista Daniel Silveira (PTB), com nove'." Deputado Eduardo Bolsonaro (PL-SP). Fonte: o próprio Twitter.

**17 de maio de 2022**
"Será que agora param de encher o saco do [senador] Flávio Bolsonaro? 'brasilsemmedo.com. Justiça do Rio arquiva processo de caso de supostas rachadinhas'." Bernardo P. Küster, diretor de opinião do jornal Brasil Sem Medo. Fonte: o próprio Twitter.

**17 de maio de 2022**
"Nós defendemos o armamento para o cidadão de bem, porque entendemos que a arma de fogo, além de uma segurança pessoal para as famílias, ela também é a segurança para a nossa soberania nacional e a garantia de que a nossa democracia será preservada, não interessa os meios que porventura um dia tenhamos que usar. A nossa democracia e a nossa liberdade são inegociáveis." Presidente Jair Bolsonaro, durante cerimônia de inauguração da duplicação de um trecho da BR-101, em Sergipe. Fonte: O Antagonista.

**17 de maio de 2022**
"Vejo cada vez mais o interesse de vocês pelo destino da nação e se libertando cada vez mais da velha política brasileira." Presidente Jair Bolsonaro, ao lado do ex-presidente e senador Fernando Collor (PTB-AL). Fonte: UOL e Folha, por José Matheus Santos e Eliene Andrade.

**BOLSONARO E SEUS SEGUIDORES: O HORROR EM 3.560 FRASES**

> 17 de maio de 2022
> "Ajuizei ação no STF [Supremo Tribunal Federal] contra o Ministro Alexandre de Moraes por abuso de autoridade, levando-se em conta seus sucessivos ataques à Democracia, desrespeito à Constituição e desprezo aos direitos garantias fundamentais. 1- Injustificada investigação no inquérito das Fake News, quer pelo seu exagerado prazo, quer pela ausência de fato ilícito; 2- Por não permitir que a defesa tenha acesso aos autos; 3- O inquérito das Fake News não respeita o contraditório; 4- Decretar contra investigados medidas não previstas no Código de Processo Penal, contrariando o Marco Civil da Internet; e 5- Mesmo após a PF [Polícia Federal] ter concluído que o Presidente da República não cometeu crime em sua live, sobre as urnas eletrônicas, o ministro insiste em mantê-lo como investigado." Presidente Jair Bolsonaro, em Nota Pública. Fonte: Poder360 (18/05/2022).

17 de maio de 2022
"CURSO: PREPARA BRASIL. [O objetivo do curso é] formar uma direita preparada para enfrentar as mentiras da esquerda e capaz de assumir o seu papel na defesa do Brasil. (...) Se você compreende que estamos no ano mais decisivo das últimas décadas e quer abrir os olhos das pessoas à sua volta, este é o treinamento perfeito." Deputado Eduardo Bolsonaro (PL-SP), vendendo o próprio curso nas redes sociais por R$ 197, no qual também ministrariam aulas Damares Alves, Mário Frias, Onyx Lorenzoni e Ricardo Salles, entre outros políticos. Fonte: UOL.

17 de maio de 2022
"Arthur do Mal (sic) [Arthur do Val, ex-deputado do Podemos-SP, conhecido como Mamãe Falei] foi cassado e alguns comemoram que está inelegível por oito anos, mas ele já estava inelegível na prática: pelo eleitor! Vai pra lata do lixo da história esse assunto asqueroso..." Rodrigo Constantino, jornalista. Fonte: o próprio Twitter.

18 de maio de 2022
"PSTF [Partido Supremo Tribunal Federal], o novo partido político do Brasil. Natimorto!" Deputado Bibo Nunes (PL-RS). Fonte: o próprio Twitter.

18 de maio de 2022
"JAIR GASTA O BRASIL PAGA? Bolsonaro usa cartão corporativo para, principalmente, garantir a sua segurança. Um ex-militante do Psol tentou assassiná-lo, o que eleva seu grau de risco de morte pois a chance de ele ser vítima novamente do ódio da esquerda é grande." Senador Flávio Bolsonaro (PL-RJ). Fonte: o próprio Twitter.

**18 de maio de 2022**
"Não sei o que vai acontecer, mas é prudente que o TSE [Tribunal Superior Eleitoral] tome as providências para evitar que haja qualquer desconfiança sobre as urnas eletrônicas. Tanto no 'Datapovo' quanto na nossas pesquisas internas, é vitória de Bolsonaro no primeiro turno, disparado." Senador Flávio Bolsonaro (PL-RJ), em entrevista ao SBT News, no programa 'Perspectivas, com Débora Bergamasco'. Fonte: as redes sociais do SBT News e O Antagonista.

**19 de maio de 2022**
"As Forças Armadas foram convidadas a participar do processo eleitoral, e não vão ser jogadas no lixo suas sugestões e observações. Quem porventura votar no outro lado, queremos que seja respeitado, e quem votar do lado de cá também. Não podemos enfrentar um sistema eleitoral [sobre o qual] paire a sombra da suspeição." Presidente Jair Bolsonaro. Fonte: O Antagonista.

**19 de maio de 2022**
"Avisa para esses endemoniados de Itaboraí que o tempo da bagunça espiritual acabou. Pode matar galinha, pode fazer farofa, prepara para ver muito centro de umbanda sendo fechado na cidade. Deus vai começar a salvar esses pais de santo que tem na cidade." Pastor Felippe Valadão, líder da Igreja Batista Lagoinha, em show com dinheiro público pelos 189 anos de Itaboraí (RJ). Fonte: Brasil 247 (20/06/2022).

**19 de maio de 2022**
"O voto é a alma da democracia. Ele tem que ser contado publicamente e auditado. Não serão duas ou três pessoas que vão bater no peito e dizer 'eu mando, vai ser assim e quem agir diferente eu vou caçar registro e vou prender.' Isso não é democracia. (...) As Forças Armadas, das quais sou chefe supremo, foram convidadas a participar do processo eleitoral. Não vão ser jogadas no lixo as observações, as sugestões das Forças Armadas. Não podemos enfrentar o sistema eleitoral onde paire a sombra da suspeição. Há uma democracia que é o voto contado. (...) Mais da metade do meu tempo eu passo me defendendo de interferências indevidas do STF. É triste isso daí." Presidente Jair Bolsonaro. Fonte: UOL, por Lisandra Paraguassu e Reuters.

**19 de maio de 2022**
"A HORA H CHEGARÁ. O STF liberou o presidiário num momento oportuno, sem chance de nova condenação. A democracia inteligente e forte, também num momento oportuno, fará justiça..." Brigadeiro Gabriel, médico. Fonte: o próprio Twitter.

## BOLSONARO E SEUS SEGUIDORES: O HORROR EM 3.560 FRASES

19 de maio de 2022
"Podem botar 1 milhão de observadores [internacionais] nas eleições; vão observar o quê?" Presidente Jair Bolsonaro, sobre a declaração do presidente do Tribunal Superior Eleitoral, Edson Fachin, que disse pretender trazer ao Brasil mais de cem observadores de instituições internacionais para acompanhar as eleições. Fonte: IstoÉ e Estadão Conteúdo.

19 de maio de 2022
"O Senado deveria fiscalizar o colocar alguns ministros [do Supremo Tribunal Federal] nos seus lugares e não deixar que eles tomem atitudes que são claramente inconstitucionais. Algumas decisões nos dão repulsa, enjoo." General da reserva Eduardo José Barbosa e presidente do Clube Militar. Fonte: o próprio Twitter.

19 de maio de 2022
"Se essa coalizão [de centro-direita], que é o caminho da prosperidade, seguir, é natural que eu apoie, ajude e esteja lá. (...) Se tivesse tido 1 [mandato] de Fernando Henrique, 1 de Lula e 1 de Dilma, dava para ter 1 de Bolsonaro. Agora, com 2 de Dilma, 2 de Fernando Henrique e 2 de Lula, talvez precise de 2 de Bolsonaro." Paulo Guedes, ministro da Economia. Fonte: Poder360, por Douglas Rodrigues.

19 de maio de 2022
"De poucas semanas para cá, estamos vendo a explosão de casos de Covid na China. Não vou fazer juízo de valor: de onde é a CoronaVac? (...) Se no país onde nasceu a CoronaVac o povo está se contaminando agora em larga escala, o que está acontecendo?" Presidente Jair Bolsonaro. Fonte: UOL.

19 de maio de 2022
"Não se pode [questionar a vacinação contra a Covid-19 e as urnas eletrônicas]. Igual a urna, não pode ser discutido. Discutir isso é um crime, 'ato contra o Estado de direito', é 'golpista'." Presidente Jair Bolsonaro. Fonte: UOL.

19 de maio de 2022
"Mais da metade do meu tempo passo me defendendo de interferências indevidas do Supremo Tribunal Federal." Presidente Jair Bolsonaro. Fonte: O Antagonista.

### 19 de maio de 2022

"INSTITUTO GENERAL VILLAS BÔAS. INSTITUTO FEDERALISTA. SAGRES: Política e Gestão Estratégica Aplicadas. CONVITE. SOLENIDADE DE LANÇAMENTO DO PROJETO DE NAÇÃO: O BRASIL EM 2035. (…) O chamado globalismo, movimento internacionalista cujo objetivo é determinar, dirigir e controlar as relações entre as nações e entre os próprios cidadãos, por meio de posições, atitudes, intervenções e imposições de caráter autoritário, porém disfarçados como socialmente corretos e necessários. No centro desse movimento está a elite financeira mundial, ator não estatal constituído por megainvestidores, bancos, conglomerados transnacionais e outros representantes do ultracapitalismo, com extraordinários recursos financeiros e econômicos. (…) O globalismo tem outra face, mais sofisticada, que pode ser caracterizada como 'o ativismo judicial político-partidário', onde parcela do Judiciário, do Ministério Público e da Defensoria Pública atuam (sic) sob um prisma exclusivamente ideológico, reinterpretando e agredindo o arcabouço legal vigente, a começar pela Constituição brasileira. (…) Além disso, nos últimos parágrafos da introdução da Parte II — Resumo Executivo — encontra-se uma ideia geral de como implantar e colocar em execução o Projeto de Nação. COODENADORES: general Luiz Eduardo Rocha Paiva e professora Maria Verônica Korilio Campos. COMITÊ REVISOR: general Alberto Mendes Cardoso, professor Ricardo Véllez Rodríguez, embaixador Marcos Henrique Camillo Côrtes, embaixador José Antonio Macedo Soares, general Maynard Marques de Santa Rosa, professor Timothy Martins Mulholland, coronel Raul José de Abreu Sturari. MEMBROS E COLABORADORES DO INSTITUTO SAGRES: Artur de Melo Reis, Cláudio Gomes de Oliveira, Diógenes Lima Neto, Dóris Santos de Faria, Eduardo Martins Franco, Fábio Sahm Paggiaro, Fábio Santos, Homero Zanotta, Israel Ferreira Costa, Ivomar Schuler da Costa, Jacintho Mendes Lopes Júnior, Jefferson de Souza Oliveira, Jetson Turquiello, Joanisval Brito Gonçalves, José Carlos Alves, Jucimar Mattos, Juliane Michelle Marucci Lopes, Leonardo Carvalho de Paula, Leonardo José Machado Brant, Luís Henrique Sganzella, Marcondes Moreira, Olavo Mendonça, Paulo Berguenmayer, Paulo Egler, Paulo Henrique Gregório, Ridauto Lúcio Fernandes, Romilson Volotão, Stavros Xanthopoylos, Thomas Korontai, Túlio Eufrásio Marques Júnior. IN MEMORIAN (sic): Adrian Nicolaiev e Rossana Pavaneli." Publicação lançada com a presença do vice-presidente general Hamilton Mourão. Fonte: Sagres, Instituto. ISBN: 978-85-53117-02-4 e Estadão, por Marcelo Godoy.

### 20 de maio de 2022

"Ontem à noite o General [Hamilton] Mourão [vice-presidente da República] discursou no evento de lançamento do Projeto de Nação do SAGRES INSTITUTO. Entre belas e fortes palavras, afirmou que 'Para enfrentar este momento precisamos de lideranças reformistas, inspiradoras, agregadoras e facilitadoras'." General Hamilton Mourão, vice-presidente da República. Fonte: o próprio Twitter.

**BOLSONARO E SEUS SEGUIDORES: O HORROR EM 3.560 FRASES**

**20 de maio de 2022**
"Novidade suprema. [Alexandre de] Moraes [ministro do STF] manda bloquear TODOS os bens, móveis e imóveis, que estão em nome do [deputado] Daniel Silveira [PTB-RJ] e não só suas contas bancárias. As multas impostas pelo Xerife já somam quase 700 mil reais. Não basta tirar a liberdade do parlamentar. Tem de matar de fome! Até quando?" Bernardo P. Küster, diretor de opinião do jornal Brasil Sem Medo. Fonte: o próprio Twitter.

**20 de maio de 2022**
"Nenhum dos dois representa o que eu quero para o Brasil, tenho o meu lado, que é o do Felipe D'Avila, candidato do Novo à Presidência. Votei no Bolsonaro em 2018, mas ele não cumpriu o que prometeu em vários aspectos ligados à política econômica, principalmente quando se fala em interferência política em empresas públicas como a Petrobras. Não acho o Bolsonaro santo. Agora, até por questões de princípios, tenho, sim, uma rejeição maior pelo Lula (...)." Deputado Paulo Ganime (NOVO-RJ). Fonte: O Globo, por Gabriel Sabóia, Fernanda Alves e Fernanda Freitas.

**20 de maio de 2022**
"Temos três ministros que infernizam, não é o presidente [Jair Bolsonaro], mas o Brasil: [Edson] Fachin, [Luís Roberto] Barroso e Alexandre de Moraes. Esse último é o mais ativo." Presidente Jair Bolsonaro. Fonte: O Antagonista.

**20 de maio de 2022**
"Não enxergo nenhum elemento de golpe, não vi nenhum ato que sugerisse golpe. O que vejo é debate de ideias. A questão da urna eletrônica, eu mesmo fui candidato, e já perdi, venci, nunca questionei a urna. Agora, qualquer trabalho que possa ser feito no sentido de melhorar a segurança, entendo que é um trabalho positivo. (...) Acho que o presidente Bolsonaro merece um segundo mandato, até para essa arrumação toda que eles estão fazendo, colher os frutos disso." Cláudio Castro (PL), governador do Rio de Janeiro. Fonte: UOL.

**20 de maio de 2022**
"Uma vez que você considera que um magistrado [Alexandre de Moraes, ministro do STF] está agindo parcialmente, em relação à sua pessoa [presidente Jair Bolsonaro], você tem essas armas para utilizar, para considerar que ele tá sendo parcial. (...) Eu considero [o ministro Alexandre de Moraes parcial], acho que está havendo certa disruptura nisso aí. Concordo que o presidente utilizou os instrumentos que tinha a sua disposição." General Hamilton Mourão, vice-presidente da República. Fonte: O Antagonista.

**20 de maio de 2022**
"Elon Musk chega hoje ao Brasil para se encontrar com o patriota presidente Jair Bolsonaro em São Paulo." John F. Kennedy Jr., jornalista. Fonte: o próprio Twitter.

**20 de maio de 2022**
"O mais rico do mundo e o mais admirado do mundo juntos! Eita!" Pastor e deputado Marco Feliciano (PL-SP). Fonte: o próprio Twitter.

**20 de maio de 2022**
"Bom dia a todos. Cumprimentar quem nos honra e prestigia. Estamos tendo breve relato de que o futuro é o presente. De que cada vez mais a tecnologia se fará presente entre nós. Lá atrás tínhamos o fim da máquina de datilografia. Aqui foi anunciado o fim das autoescolas e da carteira nacional de habilitação. Mas o mais importante da presença dele [Elon Musk] é imaterial, hoje em dia poderíamos chamá-lo de 'mito da liberdade'. É aquilo que nos fará falta para qualquer coisa que, por ventura, possamos pensar para o futuro. O exemplo que nos deu há poucos dias, quando se anunciou a compra do Twitter, para nós aqui foi um sopro de esperança. O mundo todo passa por pessoas que têm vontade de roubar essa liberdade de nós. E a liberdade é a semente para o futuro. A presença dele aqui, todos sabem sua importância para o mundo, poderia estar preocupado consigo próprio, mas não, veio para o nosso país e demonstra o que pretende deixar para todos nós. Sua passagem e essa breve explanação é uma coisa que nos marcará para sempre, em especial a mim, vendo a juventude ali na frente, já tive a idade de vocês numa época completamente diferente. Jamais, quando tinha a idade de vocês, poderia imaginar que chegaríamos à fase que nos encontramos no momento. A tecnologia, a ciência, o estudo fazem com que a vida se torne melhor para todos. A questão da Amazônia é muito importante para nós, precisamos e contamos com Elon Musk para que Amazônia seja conhecida por todos no Brasil e no mundo para mostrar a exuberância dessa região, como ela é preservada por nós e quanto malefício causa para nós aqueles que difundem mentiras sobre essa região. Muito orgulhoso e feliz, agradeço a Elon Musk por essa passagem pelo Brasil." Presidente Jair Bolsonaro, em evento no Brasil com Elon Musk, com a presença das seguintes autoridades: ministros: Ciro Nogueira (Casa Civil), Augusto Heleno (Segurança Institucional), Paulo Sérgio Nogueira (Defesa) e Carlos França (Relações Exteriores); presidente do Banco Central, Roberto Campos Neto; Dias Toffoli, ministro do STF; assessor especial da Presidência, Walter Braga Netto. Empresários presentes: Patrícia Abravanel (SBT), Alberto Griselli (TIM Brasil), Alberto Leite (FS), André Esteves (BTG Pactual), Carlos Fonseca (Galápagos), Carlos Sanchez (EMS), Flávio Rocha (Riachuelo), José Félix (Claro), Pietro Labriola (TIM), Ricardo Faria (Granja Faria), Rodrigo Abreu (Oi), Rubens Menin (MRV e Inter), Rubens Ometto (Cosan) e Zeco Auriemo (Grupo JHSF). Fonte: Poder360, por Murilo Fagundes.

**20 de maio de 2022**
"Everybody in Brazil loves you." Fábio Faria, ministro das Comunicações, encerrando o discurso dirigido ao empresário Elon Musk, ao lado do presidente Jair Bolsonaro, de sua mulher Patrícia Abravanel (SBT) e outros. Fonte: jornal Estado de Minas, por Matheus Muratori.

**BOLSONARO E SEUS SEGUIDORES: O HORROR EM 3.560 FRASES**

20 de maio de 2022
"Noé [da Arca, da Bíblia] foi tido por louco. Estudiosos dizem que nunca havia chovido na Terra antes. Mas lá estava Noé, falando de um dilúvio e construindo um barco gigante. Seria Noé um louco ou um visionário habilidoso escolhido por Deus? (...) Gênio [Elon Musk] por todos seus feitos já realizados. Seu maior sonho é tornar a humanidade interplanetária. Sua nova nave, chamada Starship, projetada para viagem à Lua e ao planeta vermelho já está sendo construída. Louco, gênio, sonhador, visionário. Será ele o Noé do nosso tempo?" Patrícia Abravanel, do SBT, em discurso ao lado do presidente Jair Bolsonaro, do seu marido Fábio Faria (ministro das Comunicações) e outros. Fonte: O Antagonista.

**20 de maio de 2022**
"Que honra estar junto a esses 02 (sic) mitos! Presidente Jair Bolsonaro e Elon Musk. #BolsoMusk." Fabiano Guimarães, intérprete de libras do presidente Jair Bolsonaro e pré-candidato a deputado federal pelo Distrito Federal. Fonte: o próprio Twitter.

**20 de maio de 2022**
"Obviamente, falei com ele [Elon Musk] sobre a bateria de nióbio. (...) No momento, isso não está no radar deles. Eles acham que tem que esperar um pouco mais para investir nessa área (...)." Presidente Jair Bolsonaro. Fonte: O Tempo, por Luana Melody Brasil.

**21 de maio de 2022**
"É o primeiro contato, é o início de um namoro que tenho certeza que vai acabar em casamento brevemente. Ele [Elon Musk] é uma pessoa bastante objetiva e quer concretizar o seus sonhos da forma mais rápida possível. Por parte do governo, toda a boa vontade, inclusive com desburocratização, desregulamentações e oferecimento disso para ele. Interessa, e muito, para nós essa parceria." Presidente Jair Bolsonaro. Fonte: UOL, com Hanrrikson de Andrade e Eduardo Militão, AFP e Reuters.

**21 de maio de 2022**
"Aconteceram umas coisas com o partido [PL] que me deixaram meio chateado. Estão querendo pegar meu número [2222, de identificação do candidato na urna eletrônica] para dar para o [deputado] Eduardo Bolsonaro [PL-SP]." Deputado Tiririca (PL-SP), humorista. Fonte: CNN Brasil, por Luciana Amaral.

**21 de maio de 2022**
"Porque o povo não sabe, eles acham que o Bolsonaro não fez nada até hoje." Valdemar Costa Neto, presidente do PL. Fonte: Blog Tulio Lemos.

**21 de maio de 2022**
"Pastor [Jeter Josepetti de Andrade, da Igreja Presbiteriana Renovada, em Aracaju/SE] que não faz batismo de gay é chamado de homofóbico. Vamos à constituição! Assista e divulgue!" Pastor Silas Malafaia. Fonte: o próprio Twitter.

**21 de maio de 2022**
"Acho que o presidente Bolsonaro merece um segundo mandato, até para essa arrumação toda que eles estão fazendo, colher os frutos disso. (...) Ninguém passou as dificuldades que ele [presidente Jair Bolsonaro] passou. Dois anos de pandemia, crise de *commodities*, guerra. Nenhum outro presidente desde a redemocratização passou por tantos percalços como ele passou. (...) Na questão econômica, muitas coisas concordo com ele, muitas coisas mesmo." Cláudio Castro, governador do Rio de Janeiro, durante sabatina realizada pela Folha e UOL. Fonte: O Antagonista.

**21 de maio de 2022**
"Somos democratas, respeitamos a nossa Constituição e é um dever meu, como chefe do Executivo, fazer que todos aqueles que estejam fora das 4 linhas da nossa Constituição venham para dentro. (...) O nosso Exército é o povo brasileiro. Vocês nos dão o norte, vocês participam hoje de um movimento que é tradição em várias capitais do Brasil." Presidente Jair Bolsonaro, na Marcha para Jesus em Curitiba (PR), evento organizado por pastores evangélicos. Fonte: Poder360 (22/05/2022), por Murilo Fagundes.

**21 de maio de 2022**
"E SE O SUPREMO [TRIBUNAL FEDERAL] ACABASSE? Sem intervenção política, absolutamente desnecessária e justa: 1) A instância de juízes verdadeiros não faria melhor seu papel? 2) Quanta economia do nosso dinheiro haveria? 3) A justiça não seria mais rápida e valorizada? A democracia ganharia!!!" Brigadeiro Gabriel, médico. Fonte: o próprio Twitter.

**21 de maio de 2022**
"Macron [França], Biden [EUA], Trudeau [Canadá], Boris [Reino Unido], entre outros, estão o tempo todo nos fustigando, [dizendo] que nós não sabemos tratar da Amazônia. (...) Nós temos aqui *commodities*, especialmente no campo. E concorremos com alguns países importantes. Obviamente os países têm interesse em nos deixar no segundo plano, porque quanto menos mercadoria no mercado o deles é mais valorizado (sic). França, Estados Unidos, um pouco da Austrália, que não tem grande poder de influência e não trabalha contra a gente." Presidente Jair Bolsonaro. Fonte: O Antagonista.

**21 de maio de 2022**
"É o capitão do povo, que vai vencer de novo. Ele é de Deus, você pode confiar. Defende a família e não vai te enganar. É o capitão do povo, que vai vencer de novo. Igual a ele nunca existiu. É a salvação do nosso Brasil. Ei, no Mito eu boto fé. É ele quem defende a nação, que tem nossa bandeira no seu coração. Ei, está em nossas mãos. Temos a chance de novo, de cuidar do nosso povo e gritar 'Brasil Acima de Tudo, Deus Acima de Todos'." Mateus & Cristiano, dupla sertaneja, cantando para o presidente Jair Bolsonaro, ao lado do general Walter Braga Netto e de Luciano Hang. Fonte: Pleno. News e o Facebook do próprio presidente.

**BOLSONARO E SEUS SEGUIDORES: O HORROR EM 3.560 FRASES**

22 de maio de 2022
"Venceremos porque estamos do lado do bem. Não é uma luta da esquerda contra direita, é uma luta do bem contra o mal. E o bem vencerá." Presidente Jair Bolsonaro, em vídeo para os fiéis da Assembleia de Deus do bairro Agostinho Porto, em São João de Meriti, na Baixada Fluminense, Rio de Janeiro. Fonte: UOL (27/05/2022), por Chico Alves.

22 de maio de 2022
"Os bancos que estão bancando esses pesquisas fraudulentas contra o presidente Jair Bolsonaro estão perdendo muitos clientes. Eu já saí de um. Os urubus de plantão bancários se dando mal..." Deputado Bibo Nunes (PSL-RS). Fonte: o próprio Twitter.

22 de maio de 2022
"Eu nem poderia usar naquela época [a tornozeleira eletrônica]. Hoje é que eu não uso mesmo. Eu fui indultado pela graça [indulto individual]. Quando o Judiciário tem o perdão presidencial, é meramente declaratório o reconhecimento. O Judiciário não faz mais nada, só declara a extinção." Deputado Daniel Silveira (PTB-RJ). Fonte: Estadão, por Rayanderson Guerra.

23 de maio de 2022
"Será que o restaurante Arturito, da chef [Paola Carosella] arrogante, resiste só com a clientela da esquerda caviar, sem nenhum 'escroto ou burro' bolsonarista?" Rodrigo Constantino, jornalista. Fonte: o próprio Twitter.

23 de maio de 2022
"Paola Carosella [chef do restaurante Arturito], cuspindo ódio e nojo aos eleitores de Bolsonaro (burros ou escrotos, ela disse [que são]), traduz o preconceito da elite progressista que cospe ódio e nojo à livre escolha do povo. Ela, juízes, artistas e intelectuais, cospem na democracia, usando um falso discurso democrata." Adrilles Jorge, jornalista. Fonte: o próprio Twitter.

23 de maio de 2022
"Na vida é Deus, pátria, família e liberdade. Liberdade para pensar, liberdade para agir, liberdade para vencer, liberdade para conversar, liberdade para tá na internet, liberdade de expressão, liberdade de conquista. E a gente tem que conquistar essa porra. Porque o Brasil é nosso. (...) Aqui nunca vai ser o comunismo." Cuiabano Lima, locutor do evento do cantor Gusttavo Lima, em show no Estádio Nacional de Brasília 'Mané Garrincha'. Fonte: Brasil 247 e R7, LORENA, por Tatiana Oliveira.

23 de maio de 2022
"A mensagem do grande vencedor da música — Gusttavo Lima — o povão gostou." Milton Neves, jornalista e apresentador. Fonte; o próprio Twitter.

### 23 de maio de 2022
"O Governo Federal, como acionista controlador da Petróleo Brasileiro S.A. — Petrobras, participa que decidiu promover alteração da Presidência da Empresa. O Governo consigna ao Presidente José Mauro os agradecimentos pelos resultados alcançados em sua gestão [que durou 40 dias], frente a Petrobras (...). Assim, o Governo Federal decidiu convidar o Sr. Caio Mário Paes de Andrade para exercer o Cargo de Presidente da Petrobras (...)." Governo Federal, Ministério de Minas e Energia, informando sobre a nomeação do quarto presidente da Petrobras durante o período do governo Jair Bolsonaro. Fonte: o site do Governo Federal.

### 23 de maio de 2022
"Ao desistir da pré-candidatura [à presidência da República, João] Doria [PSDB-SP] mostra que a conta do autoritarismo é a impopularidade. Só lamento dele não ter desistido, na época, de mandar soldar e fechar portas de comércios e de prender pessoas que estavam na rua buscando seu sustento e de suas famílias." Senador Flávio Bolsonaro (PL-RJ). Fonte: o próprio Twitter.

### 23 de maio de 2022
"Caro ex-político João Doria [ex-governador de São Paulo, PSDB, ex-pré-candidato à Presidência da República], chegou o momento que você tão (sic) esperava: Fique em casa." Luciano Hang, empresário, dono da Havan. Fonte: o próprio Twitter.

### 24 de maio de 2022
"Menos 22 votos da esquerda [emojis de sorriso]." Fabrício Queiroz, sobre a operação da Polícia Militar na Vila Cruzeiro, na Penha, Rio de Janeiro, que matou 22 pessoas. Fonte: o próprio Twitter.

### 25 de maio de 2022
"Eu diria que esse cenário é o mais provável hoje. Infelizmente, o presidente Bolsonaro não deve se reeleger, e o [ex-presidente] Lula deve ser [eleito novamente] presidente [em 2022]. Daqui até a eleição as coisas só vão piorar na parte econômica, e na parte política vão aparecer mais escândalos. O presidente perdeu uma parte significativa da militância, porque todo aquele ideário foi para o ralo, de não negociar com pessoas acusadas de corrupção. Não se fala mais em 'a verdade vos libertará'. Hoje é 'psiu, não conta senão o PT volta'." Abraham Weintraub, ex-ministro da Educação. Fonte: O Globo, por Guilherme Caetano.

### 25 de maio de 2022
"Não é possível avaliar, nos moldes da referida Lei, a envergadura dos feitos da médica Nise Magalhães da Silveira e o impacto destes no desenvolvimento da Nação, a despeito de sua contribuição para a área da terapia ocupacional." Presidente Jair Bolsonaro, vetando a inscrição do nome da psiquiatra Nise da Silveira no livro de 'Heróis e Heroínas da Pátria'. Fonte: Diário Oficial da União (DOU) e Agência Brasil.

**BOLSONARO E SEUS SEGUIDORES: O HORROR EM 3.560 FRASES**

### 25 de maio de 2022

"Eu sou Bolsonaro! Aonde eu vou todo mundo diz: 'Serjão, é Bolsonaro, hein, pelo amor de Deus!' Eu sou amigo do Bolsonaro porque era deputado com ele. Ele é palmeirense como eu, a gente assistia a jogo junto. Acompanho o trabalho dele, torço para ele. (...) Ele ganha no primeiro [turno]. Não tem como! De cara. Só [não ganha] se roubarem. (...) Eu não acredito em pesquisa! Nunca ninguém perguntou para mim! Que pesquisa é essa? Eu tenho 82 anos, nunca me perguntaram! Pesquisa de 2.000 e tantas pessoas. Isso é pesquisa? Numa pesquisa com um milhão de pessoas consultadas, eu acredito. Nós temos 200 milhões de pessoas no país! Agora, uma pesquisa com 2.000 pessoas? Sai fora, né, jornalista! (...) Imagina se o nosso Exército quer golpe! Nunca teve golpe! Sabe qual o golpe que teve naquela época [década de 1960], por que teve? Porque Brizola tinha uns caras que queriam impor o comunismo dentro do Brasil. E o Exército não deixou! E aqueles que eram comunistas saíram, e acabou, morreram. Olha, Caetano, Gil, Chico Buarque... eles são contra? Então vão embora! Até hoje são de esquerda, todos eles! Mas não foram morar em Cuba. Foram morar em Londres, caraca! Até eu vou! Sou amigo de todos eles, respeito, gravo música deles, não tem frescura, não. Não misturo as coisas. O que eu não posso é ver o artista falar bobagem na televisão. Aí vem a Ivete Sangalo, uma baita artista, dizer 'Bolsonaro, vai tomar no...'? (...) É dinheiro para o público [Prefeitura contratar artistas para fazer shows], não é dinheiro público. Uma prefeitura precisa levar lazer para o povo da cidade. Então, meu amigo, se tem uma festa, qual é o problema de ela ter artistas?" Sérgio Reis, ex-deputado e cantor. Fonte: Folha, por Gustavo Alonso.

### 25 de maio de 2022

"Não existe espaço para um golpe. Quem diz isso está enlouquecendo. (...) Com toda a minha sinceridade, sempre pode ter algum problema. Mas desde que esse processo teve início [votação pela urna eletrônica], não teve fraude. (...) Em um país que não guarda segredo, uma fraude já teria aparecido. É uma bobagem ficar alimentando isso aí. (...) Qualquer pessoa quando vai ao banco pode tirar um extrato e conferir se foi aquela operação que fez. Qual seria o problema de acontecer isso na eleição? (...) Entre 90 e 100 engenheiros cibernéticos, que defendem o país de ataques *hackers* diariamente, produziram dois documentos. Um com mais de 400 observações, de caráter menor. E outro com nove aspectos que poderiam ser melhorados. Mas deram um grau de sigilo para todos e o presidente [Jair Bolsonaro] ficou pressionando para divulgar. Mas o Tribunal respondeu que não aceitava. (...) O problema é que se coloca em discussão que as Forças Armadas estão intervindo, mas não. Criamos o relatório, fizemos o trabalho e está encerrado o assunto. Próximo assunto das Forças Armadas é a distribuição das urnas e a segurança do processo eleitoral. É o que ela faz toda vez que acontece uma eleição." General Hamilton Mourão, vice-presidente. Fonte: Estadão, por Karla Spotorno.

25 de maio de 2022
"Estamos esgotando tudo dentro das quatro linhas da Constituição. Você tem alguma dúvida (...) de que há abuso de autoridade para comigo? Esse próprio inquérito de *fake news* não passou pelo Ministério Público Federal. Nunca vi inquérito durar tanto tempo como esse. (...) Quando a gente pensa que vai resolver, complica a situação. O que é o senhor Alexandre de Moraes? Ele quer o confronto? Ele quer uma ruptura? Por que ele ataca tanto a democracia? Por que, por exemplo, você não pode apresentar sugestões para o TSE a convite do próprio TSE? (...) [O Alexandre de Moraes, ministro do STF e do TSE, é] totalmente parcial. Não tenho dúvida disso. Os próprios atos dele bem demonstram. Você não vê um ataque meu." Presidente Jair Bolsonaro. Fonte: O Antagonista.

25 de maio de 2022
"Itália: Primeiro caso de indenização de Estado italiano para morte causada pela vacina anti-covid — Karina Michelin. Podem fingir que é mentira mas os fatos estão aí para serem mostrados." Deputada Bia Kicis (PL-DF). Fonte: o próprio Twitter.

25 de maio de 2022
"Palestra do [presidente do STF, Luiz] Fux [no] RS [em Bento Gonçalves] é cancelada após pressão de empresários bolsonaristas [associados ao CIC (Centro da Indústria, Comércio e Serviços), como Roni Kussler, da marca de produtos de limpeza Saif, e sócios da financeira Sicredi] e por decisão tomada pela presidente do CIC, Sra. Marijane Paese." Deputado Bibo Nunes (PL-RJ). Fonte: o próprio Twitter do deputado, Folha/UOL por Caue Fonseca e GZH, por Rosane de Oliveira.

25 de maio de 2022
"Foi acertado, terei [encontro] bilateral com ele [Joe Biden, presidente dos Estados Unidos], irei lá fazer valer o que o Brasil representa para o mundo. Eu estava propenso a não comparecer. (...) Encontrei com ele no G20, passou como se eu não existisse. Foi tratamento dele com todo mundo, não sei se é a idade. (...) Ele [presidente Joe Biden] enviou uma pessoa especialmente para conversar comigo e ali eu botei as cartas na mesa. Estava o pessoal do Itamaraty presente, eu falei da mudança do comportamento dos EUA para com o Brasil quando o Biden assumiu. Com o [Donald] Trump estava indo muito bem. Quando entrou o Biden, de minha parte não mudei política com ele." Presidente Jair Bolsonaro. Fonte: O Antagonista.

25 de maio de 2022
Não [existe risco de fraude eleitoral]. Entendo que o Congresso definiu o rito que cabe a ele definir. Iniciativas podem ser tomadas para aumentar o nível de confiança (do sistema). Quando o Tribunal Superior Eleitoral (TSE) convida as Forças Armadas para analisar em conjunto o processo, isso é bom e saudável. As Forças Armadas disponibilizam o que têm de melhor na área de guerras eletrônica e cibernética e fazem sugestões. Seria muito bom que essas sugestões fossem levadas em consideração, acatadas ou não. E que tivesse de forma transparente quais seriam acatadas, quais não e por quê. (...) O tribunal teve a iniciativa e depois deu um passo para trás. Agiu de uma maneira muito refratária. (...) Eu confio [na urna eletrônica]. Mas, como todo processo, ele pode ser aprimorado. Se há uma desconfiança que é de uma parcela da sociedade, e isso vem sendo reverberado de alguma forma, cabe ao TSE mostrar que o sistema é seguro. Não existe sistema inviolável e nada que não possa ser aperfeiçoado. É um gesto de humildade ouvir e analisar propostas que sejam eventualmente feitas. Falta um gesto para que todos tenham essa mesma confiança que a Justiça têm [na urna eletrônica]. Ela não conseguiu comunicar isso de uma forma adequada para uma parcela da sociedade. (...) [O presidente Jair Bolsonaro] passa [a faixa presidencial se perder a eleição]. O presidente é um democrata e é um produto da democracia, ele se elegeu por meio da democracia." Tarcísio de Freitas (PL-SP), ex-ministro da Infraestrutura e pré-candidato ao Governo de São Paulo. Fonte: O Globo, por Guilherme Caetano e Ivan Martínez-Vargas.

25 de maio de 2022

"MINISTÉRIO DA JUSTIÇA E SEGURANÇA PÚBLICA. POLÍCIA RODOVIÁRIA FEDERAL. COP — Comunicação de Ocorrência Policial. NARRATIVA. No dia 25 de maio de 2022, por volta das 11h10, esta equipe de motopoliciamento tático efetuava policiamento e fiscalização no município de Umbaúba/SE, quando, na altura do Km 180 da BR 101, visualizou uma motocicleta de placa OUP0J89/SE sendo conduzida por um indivíduo sem capacete de segurança, motivo pela qual procedeu à sua abordagem. (...) Devido à reiterada desobediência aos comandos legais emanados pelo agente e em função da agitação do abordado, tornou-se necessário realizar sua contenção, a qual foi excessivamente dificultada pela resistência do indivíduo, que passou a se debater e se opor violentamente contra os policiais, chegando a entrar em vias de fato. Diante disso, a equipe necessitou utilizar técnicas de imobilização, sem êxito, evoluindo para o uso das tecnologias de menor potencial ofensivo, com o uso de espargidor de pimenta e gás lacrimogêneo, únicas disponíveis no momento. Decorrido algum tempo, a equipe conseguiu enfim algemá-lo e contê-lo, mas ao tentar colocá-lo no compartimento de presos da viatura, novamente o abordado resistiu, se debateu e deu chutes a esmo, deixando as pernas do lado de fora [da viatura], sendo necessário mais uma vez o uso das tecnologias. Em seguida a equipe abriu o compartimento para que o indivíduo se acalmasse e cooperasse com a condução, momento em que a contenção das pernas se tornou possível. Nesse momento, o abordado, plenamente consciente, posicionou-se de forma sentada, sendo conduzido para a delegacia. Imediatamente, a equipe seguiu para a delegacia de Polícia Civil da cidade e, durante o trajeto, o conduzido começou a passar mal, sendo socorrido prontamente. A equipe seguiu rapidamente para o hospital local, onde foram adotados os procedimentos médicos necessários, porém, possivelmente devido a um mal súbito, a equipe foi informada que o indivíduo veio a óbito. O mesmo foi identificado como Genivaldo de Jesus Santos, 38 anos, CPF (...). Por todas as circunstâncias, diante dos delitos de desobediência e resistência, após ter sido empregado legitimamente o uso diferenciado da força, tem-se por ocorrida uma fatalidade, desvinculada da ação policial legítima. Ocorrência encaminhada à polícia judiciária, para fim de registro e providências." Clenilson José dos Santos, Paulo Rodolpho Lima Nascimento, Adeilton dos Santos Nunes, William de Barros Noia e Kleber Nascimento Freitas, todos cinco policiais rodoviários federais (PRF). Fonte: The Intercept Brasil, por Rafael Moro Martins e Leonardo Martins.

25 de maio de 2022
NOTA OFICIAL. (...) Durante ação policial na BR-101, em Umbaúba-SE, um homem de 38 anos [Genivaldo de Jesus Santos], resistiu ativamente a uma abordagem de uma equipe PRF [Polícia Rodoviária Federal]. Em razão da sua agressividade, foram empregados técnicas de imobilização e instrumentos de menor potencial ofensivo para sua contenção e o indivíduo foi conduzido à Delegacia de Polícia Civil em Umbaúba. Durante o deslocamento, o abordado veio a passar mal e socorrido de imediato ao Hospital José Nailson Moura, onde posteriormente foi atendido e constatado o óbito. A equipe registrou a ocorrência na Polícia Judiciária, que irá apurar o caso. A Polícia Rodoviária Federal em Sergipe lamenta o ocorrido e informa que foi aberto procedimento disciplinar para averiguar a conduta dos policiais envolvidos." Assessoria de Comunicação Social Polícia Rodoviária Federal — Sergipe. Fonte: o site da própria PRF.

26 de maio de 2022
"As Forças Policiais e de Segurança do Brasil (PRF [Polícia Rodoviária Federal], PF, polícias militares e civis e seus batalhões, entre outras) têm trabalhado em prol da liberdade dos brasileiros de bem, ordeiros e honestos. Lamentam o sucesso das ações de segurança, apenas, bandidos e comparsas. (...)." Secretaria Especial de Comunicação Social (SECOM). Fonte: Telegram do presidente Jair Bolsonaro.

26 de maio de 2022
"Vou me inteirar com a PRF [Polícia Rodoviária Federal]. Eu vi há pouco, há duas semanas, aqueles dois policiais executados por um marginal que estava andando lá no Ceará. Foram negociar com ele, o cara tomou a arma dele e matou os dois. Talvez isso, nesse caso, não tomei conhecimento, o que tinha na cabeça dele. (...) Uma coisa é execução. A outra eu não sei o que aconteceu. A execução ninguém admite ninguém executar ninguém. Mas não sei o que aconteceu para te dar uma resposta adequada." Presidente Jair Bolsonaro, sobre Genivaldo de Jesus Santos, de 38 anos, diagnosticado com esquizofrenia e tomando medicação há 20 anos, que foi algemado e colocado dentro do porta-malas da viatura da Polícia Rodoviária Federal enquanto os policiais da Polícia Rodoviária Federal (PRF) colocavam gás lacrimogêneo dentro do viatura, o que resultou na sua morte por asfixia mecânica e insuficiência respiratória aguda, segundo o laudo do Instituto Médico Legal (IML). Fonte: O Globo, por Alice Cravo e O Antagonista.

26 de maio de 2022
"Pra mim [a ditadura militar], foi um marco no Brasil. (...) Um momento de progresso." Presidente Jair Bolsonaro, em entrevista à *youtuber* Cíntia Chagas. Fonte: Poder360 (27/05/2022).

26 de maio de 2022
A diferença entre IBOPE e BOPE: o primeiro, faz crescer a quantidade de eleitores do barba [ex-presidente Lula]. O segundo, reduz [se referindo aos 22 mortos pela operação da polícia militar no Rio de Janeiro]." Ricardo Salles, ex-ministro do Meio Ambiente. Fonte: o próprio Twitter.

27 de maio de 2022
A diferença entre IBOPE e BOPE: o primeiro, faz crescer a quantidade de eleitores do barba. O segundo, reduz." Luciano Hang, dono da Havan. Fonte: o próprio Twitter.

27 de maio de 2022
"O que o policial faz? Abre um pouquinho, pega o spray de pimenta e taca. Foda-se, é bom pra caralho, a pessoa fica mansinha [risos do palestrante e na plateia]. (...) Daqui a pouco escuto 'vou morrer', 'vou morrer'. Aí fiquei com pena, vou abrir. Tortura [risos]." Ronaldo Bandeira, policial rodoviário federal, em vídeo que circula nas redes sociais sem data específica, lecionando no curso Alfacon, preparatório para a Polícia Rodoviária Federal (PRF). Fonte: UOL e Congresso em Foco, por Lucas Neiva.

27 de maio de 2022
"Democracia é um algoritmo de decisão política descentralizada. E, por isso, faz barulho. O presidente [Jair Bolsonaro] fala uma coisa, o Supremo [Tribunal Federal] fala outra e o Congresso outra. É normal numa democracia. (...) É uma democracia robusta, resiliente. Barulhenta, porém resiliente. (...) Esse barulho nos atrapalha muito. Poderíamos ter crescido mais, ter feito mais reformas." Paulo Guedes, ministro da Economia. Fonte: CNN Brasil, por Fernando Nakagawa e Folha, por Luciana Coelho.

27 de maio de 2022
"Em qual desses 4 vocês acreditam? 1) Papai Noel; 2) Duendes; 3) Pinóquio; e 4) Datafolha." Fábio Faria, ministro das Comunicações, ironizando a Pesquisa Datafolha que indicou, no primeiro turno, com relação aos votos válidos: 54% para Lula (PT) e 30% para Bolsonaro (PL). Fonte: o próprio Twitter do ministro e Folha, por Joelmir Tavares e Carolina Linhares.

**BOLSONARO E SEUS SEGUIDORES: O HORROR EM 3.560 FRASES**

27 de maio de 2022
"Temos estudos de que *lockdown* não salvou uma vida sequer. Estudos de fora do Brasil. Nós sofremos a consequência disso no mundo todo. Preço de alimentos, preço de combustíveis e foi um duro baque na educação dos nossos filhos. Eu fiz a minha parte, apesar de tolhido pelo Supremo Tribunal Federal." Presidente Jair Bolsonaro, na Convenção das Assembleias de Deus do Ministério Madureira, em Goiânia. Fonte: O Antagonista.

27 de maio de 2022
A liberdade não tem preço. Ela vale mais que a própria vida. Não pude ver um cidadão ser condenado a 9 anos de cadeia, a começar no regime fechado, ter o mandato cassado, tornar-se inelegível, e ser multado por ter se expressado. Não interessa o que ele falou. Exerci meu poder dentro das quatro linhas até para dar exemplo ao STF [Supremo Tribunal Federal]. Nós devemos respeitar os outros poderes, nunca temer." Presidente Jair Bolsonaro, na Convenção das Assembleias de Deus do Ministério Madureira, em Goiânia. Fonte: O Antagonista.

27 de maio de 2022
"Vamos [presidente Jair Bolsonaro] para o segundo turno. Na minha avaliação é muito difícil que Bolsonaro, apesar de eu ser governo, ganhe no segundo turno. Mas, no segundo turno, esses antipetistas voltarão para o Bolsonaro." Deputado Lincoln Portela (PL-MG), vice-presidente da Câmara dos Deputados. Fonte: UOL.

27 de maio de 2022
"É muito desespero de um Instituto de Pesquisa [Datafolha] dizer que o ex e futuro presidiário Lula tem 48% e Bolsonaro 27%. Perderam totalmente a noção... Urubus sem cérebros." Deputado Bibo Nunes (PL-RJ). Fonte: o próprio Twitter.

27 de maio de 2022
"Será que o Datafolha está jogando, fazendo tabelinha com uma instituição [Tribunal Superior Eleitoral] por aí que diz que lá tudo é inexpugnável? O que está acontecendo? Vamos ter eleições no corrente ano, e vamos ter eleições limpas. É o que o povo quer. Afinal de contas, a alma da democracia é o voto, e eleições democráticas evitam problemas sociais, é questão de soberania, garantia da nossa liberdade." Presidente Jair Bolsonaro. Fonte: Jovem Pan.

27 de maio de 2022
"No lugar de atacar as pesquisas, os bolsonaristas precisam refletir. Enquanto Lula atrai antigos adversários, os apoiadores de Bolsonaro afastam antigos aliados. Ninguém ganha eleição em gueto! [João] Doria colheu o que plantou. O bolsonarismo também está plantando." Deputada estadual Janaina Paschoal (PRTB-SP). Fonte: o próprio Twitter.

27 de maio de 2022
"Os grupos de checadores, que foram escolhidos pelo TSE [Tribunal Superior Eleitoral], é gente ligada ao PT, ao PCdoB, ao PSOL, a ONGs." Presidente Jair Bolsonaro. Fonte: Poder360, por Anna Júlia Lopes.

27 de maio de 2022
"A regulamentação da mídia e das redes sociais nos levará a uma prisão fora de uma cela." Presidente Jair Bolsonaro. Fonte: Poder360, por Anna Júlia Lopes.

27 de maio de 2022
"A gente sabe a vida pregressa dele [Edson Fachin, presidente do TSE]. Foi advogado do MST e botou o Lula para fora. Agora, botou para fora só para vê-lo livre? Ninguém vai botar um cara para fora com condenações grandes simplesmente para ficar passeando por aí, com sua namorada, noiva e agora jovem esposa. Colocou para fora, no meu entendimento, para ser presidente." Presidente Jair Bolsonaro. Fonte: Poder360, por Anna Júlia Lopes.

27 de maio de 2022
"A existência do mal em nosso mundo não é motivo para desarmar cidadãos que cumprem a lei. A existência do mal é uma das melhores razões para armar cidadãos cumpridores da lei. As várias políticas de controle de armas promovidas pela esquerda não teriam feito nada para evitar o horror que ocorreu [jovem de 18 anos que adquiriu legalmente um fuzil AR-15 e assassinou 21 pessoas numa escola nos Estados Unidos]. Absolutamente nada. (...) Como diz o velho ditado, a única maneira de parar um bandido com uma arma é um cara bom com uma arma." Donaldo Trump, ex-presidente dos Estados Unidos, em discurso para membros da Associação Nacional do Rifle (NRA). Fonte: O Globo, por Filipe Barini.

27 de maio de 2022
"Tamo aqui ao lado do presidente [Jair Bolsonaro], o homem que sempre acreditou na retomada. Capitão, para o alto e avante, porque você já está reeleito." Latino, cantor, em almoço com o presidente Jair Bolsonaro. Fonte: G1, SONAR.

27 de maio de 2022
"[Deputado Alexandre] Frota mente descaradamente ao dizer que a Lei Audir (sic) Blanc (...)." Mario Frias (PL-RJ), ex-secretário da Cultura. Fonte: o próprio Twitter.

27 de maio de 2022
"Gusttavo Lima [cantor sertanejo] homenageia [o presidente Jair] Bolsonaro adesivando seu helicóptero, veja. 'agoranoticiasbrasil.com.br'." Cecília Pereira. Fonte: o próprio Twitter.

27 de maio de 2022
"Estamos muito orgulhosos disso [sorteio da arma] porque nossa igreja está se mudando para um novo local e nós comunicamos aos amigos para que eles pudessem nos ajudar com algum tipo de oferta ou alguma coisa que eles tivessem que pudéssemos vender (...). Foi aí que um amigo querido que é colecionador de armas sugeriu a possibilidade de doar uma espingarda calibre 12 e para estarmos sorteando e obviamente que nós aceitamos essa oferta. (...) Muitas pessoas não conseguem compreender essa mentalidade. Nós respeitamos os pensamentos contrários. Não temos problema com isso porque o armamento é para o cidadão de bem. Nós incentivamos a todo homem de bem que tenha uma arma para defesa da sua família." Pastor Dinho Souza, da Igreja evangélica Povo da Cruz, no Espírito Santo. Fonte: Pragmatismo.

28 de maio de 2022
PREFEITURA CANCELA PARTICIPAÇÃO DE GUSTTAVO LIMA E BRUNO E MARRONE NA 30ª CAVALGADA. A Prefeitura de Conceição do Mato Dentro [cidade com 17 mil habitantes] informa que, devido a lamentável tentativa de envolver a 30ª Cavalgada do Jubileu do Senhor Bom Jesus de Matosinhos em uma guerra política e partidária que não tem nenhuma ligação com o município e nem tampouco com a tradicional festa, está cancelada a participação do cantor Gusttavo Lima [R$ 1,2 milhão] e da dupla Bruno e Marrone [R$ 520 mil] no evento." Prefeito José Fernando Aparecido de Oliveira, do município de Conceição do Mato Dentro (MG), 'juntos por um novo tempo'. Fonte: o próprio Instagram.

28 de maio de 2022
"Dia 28 de maio, em Manaus. O candidato que perde no primeiro turno, segundo o Datafoice. Por favor, vamos tornar confiáveis e coerentes nossas pesquisas." General Augusto Heleno, ministro-chefe do Gabinete de Segurança Institucional (GSI). Fonte: o próprio Twitter.

29 de maio de 2022
"É da turma do Lula. Hipocrisia pura. Temos que ensinar a pescar, e não dar o peixe. Cada dia que passa é mais malandro vivendo nas costas de quem trabalha. Quem defende bandido, bandido é." Luciano Hang, dono da Havan, se referindo ao padre Júlio Lancellotti, da Pastoral do Povo de Rua de São Paulo, que ajuda pessoas em situação de rua. Fonte: Brasil 247 (31/05/2022) e Metrópoles, por Guilherme Amado e Eduardo Barretto.

29 de maio de 2022
"Em participação na 'Marcha para Jesus', o presidente Jair Bolsonaro defendeu os valores familiares, se pronunciou contra o aborto e contra a liberação das drogas. Nunca foi tão fácil escolher um lado!!" Deputada Clarissa Garotinho (PROS-RJ). Fonte: o próprio Twitter.

29 de maio de 2022
"Eu não faço entrevista com ninguém, não faço enquete, não pergunto voto pra Maria e depois coloco na minha planilha... Basicamente, do cidadão, eu pego os eventos que Bolsonaro vai, os eventos que Lula vai e monitoro proporcionalmente se tem engajamento." Marcio Furtado, ex-superintendente da Secretaria do Patrimônio da União (SPU), do Ministério da Economia, que divulgou uma 'pesquisa', que chama de 'tendências eleitorais', em que o presidente Jair Bolsonaro tinha 45%, ante 22% do ex-presidente Lula. Fonte: Metrópoles, por Guilherme Amado e Eduardo Barretto.

29 de maio de 2022
"Conforme relatório técnico, a prótese inflável é a prótese que mantém maior semelhança com a ereção fisiológica, pois há um mecanismo para fazer o pênis ficar ereto e voltar ao seu estado normal, além disso possui menor percentual de extrusão. (...) [E as próteses penianas dos modelos mais baratos] deixam o pênis em permanente estado de ereção tendo o paciente que dobrar o pênis para vestir uma roupa." Exército brasileiro, em documento oficial enviado ao Tribunal de Contas da União (TCU), justificando a compra de 60 próteses penianas por 3,5 milhões de reais. Fonte: VivaBem, UOL.

30 de maio de 2022
"A justiça vai existir nesse caso [de Genivaldo de Jesus Santos] e, com toda certeza, será feita a justiça, né... Todos nós queremos isso aí. Sem exageros e sem pressão por parte da mídia, que sempre tem um lado: o lado da bandidagem. Como lamentavelmente grande parte de vocês [jornalistas] se comportam, sempre tomam as dores do outro lado. Lamentamos o ocorrido e vamos com seriedade fazer o devido processo legal para não cometermos injustiça e fazermos, de fato, justiça." Presidente Jair Bolsonaro. Fonte: UOL, Hanrrikson de Andrade.

**BOLSONARO E SEUS SEGUIDORES: O HORROR EM 3.560 FRASES**

**30 de maio de 2022**
"[Primeira-dama] Michelle, o presidente [Jair Bolsonaro] tem uma missão muito pesada, que é cuidar desse nosso país, e dos brasileiros. Aí eu pergunto: 'ele tá dando conta em casa'?" Sikêra Jr., apresentador, no programa Alerta Nacional da RedeTV! Fonte: UOL.

**30 de maio de 2022**
"Ele é 'imbrochável', 'incomível' e 'imorrível'." Michelle Bolsonaro, primeira-dama, respondendo a pergunta do apresentador Sikêra Jr., no programa Alerta Nacional da RedeTV! Fonte: UOL.

**30 de maio de 2022**
"Tenha uma certeza democrática: Os militares não deixarão!" Brigadeiro Gabriel, médico. Fonte: o próprio Twitter.

**30 de maio de 2022**
"Satanás não gosta de igreja." Deputado Eduardo Bolsonaro (PL-SP). Fonte: o próprio Twitter.

**30 de maio de 2022**
"Grande parte de nós é responsável, os políticos. Mas a população poderia colaborar também, evitando construir suas residências em locais com excesso de precipitação." Presidente Jair Bolsonaro, em entrevista ao programa do apresentador José Luiz Datena, na Band, se referindo às chuvas ocorridas em Recife/PE e que mataram mais de 120 pessoas. Fonte: Poder360.

**31 de maio de 2022**
"No 2º turno, vou participar. Se eu for [para o 2º turno]. Devo ir, né? Aí vou participar. No 1º turno, a gente pensa. Por quê? Se eu for, os 10 candidatos vão querer o tempo todo dar pancada em mim. O debate tinha que ser com pergunta pré-acertada com os encarregados, para não baixar o nível." Presidente Jair Bolsonaro. Fonte: Poder360, por Murilo Fagundes.

**31 de maio de 2022**
"Eu nunca imaginei que ser bem-sucedido no Brasil traria tanta inveja, tanto coisa ruim. Às vezes, dá vontade de sumir para ver se essa perseguição em cima de mim acaba." Gusttavo Lima, cantor sertanejo, chorando nas redes sociais. Fonte: BNews e O Antagonista, por Diogo Mainardi.

**31 de maio de 2022**
"Primeiramente, trazer a solidariedade da Polícia Militar para você, nossa casaca parda está contigo." Tenente-coronel Flávio Santiago, chefe do centro de jornalismo da Polícia Militar de Minas Gerais (PMMG). Fonte: Uai, por Mariana Valbão.

**31 de maio de 2022**
"A Polícia Militar de Minas Gerais (PMMG) reconhece o trabalho do cantor Gusttavo Lima e a sua entrada junto ao homem e a mulher do campo. Solidarizar-se com o cantor é fazer com que as ações de autoproteção divulgadas pela instituição junto às comunidades rurais sejam reforçadas, uma vez que a música sertaneja é a linguagem do campo. Assim, a PMMG continua a sustentação de Minas Gerais como o estado mais seguro do Brasil. Vale destacar que gravações, como a realizada com o cantor, já ocorreram com as duplas Mato Grosso e Matias e Henrique e Juliano e com o cantor Léo Chaves." Polícia Militar de Minas Gerais (PMMG). Fonte: Uai, por Mariana Valbão.

**31 de maio de 2022**
"Há uma enorme diferença entre um artista que é contratado por uma cidade, por iniciativa da prefeitura, e um artista que vive de captar recursos através da Lei Rouanet. No primeiro caso, é o Estado quem vai atrás do artista. No segundo, é o artista quem vai atrás do Estado." Mario Frias (PL-RJ), ex-secretário da Cultura. Fonte: o próprio Twitter.

**31 de maio de 2022**
"A verdade é que ninguém está nem aí para a cor da sua pele. Todos têm mais o que fazer." Sérgio Camargo, ex-presidente da Fundação Palmares. Fonte: o próprio Twitter.

**31 de maio de 2022**
"Esse governo [Bolsonaro] é radicalmente contra o aborto, contra a ideologia de gênero e contra o comunismo. [Esse governo] é temente a Deus acima de tudo." Presidente Jair Bolsonaro, em uma motociata, sem capacete, em Jataí/GO. Fonte: UOL, por Hanrrikson de Andrade.

**1º de junho de 2022**
"É notório o quanto cai meu engajamento no Instagram quando eu falo sobre armamento. Hahahah vou ter que postar umas selfies pra disfarçar e sair do radar. Não é fácil Brasil, mas vamos em frente." Jessica Seferin, jornalista, presidente do Movimento Jovens de Direita e comentarista do 'Jornal da Cidade Online' e 'Revista Brasil'. Fonte: o próprio Twitter.

**1º de junho de 2022**
"A renda familiar dos réus [Flávio Bolsonaro e sua esposa, Fernanda Bolsonaro] não está adstrita somente à remuneração percebida pelo réu no exercício da atividade parlamentar, visto que o mesmo atua como advogado, além de empresário e empreendedor, por muitos anos." Senador Flávio Bolsonaro (PL-RJ), em ação movida pela deputada Erika Kokay (PT-CE) sobre a disponibilidade de renda do senador no pagamento do imóvel residencial adquirido em Brasília (DF). Fonte: oliberal.com, por Gabriel Mansur.

**BOLSONARO E SEUS SEGUIDORES: O HORROR EM 3.560 FRASES**

**02 de junho de 2022**
"PIB para cima. Desemprego para baixo. Inflação para baixo e economia crescendo." Paulo Guedes, ministro da Economia. Fonte: Correio do Povo, R7.

**02 de junho de 2022**
"Hoje é a direita, amanhã pode ser qualquer um. Bem-vindo ao clube, PCO [Partido da Causa Operária]. 'PCO no Twitter: CENSURA: Alexandre de Moraes decretou que sejam bloqueados os perfis do PCO no Facebook, Instagram, Telegram, Twitter, YouTube e TikTok'." Sérgio Camargo, ex-presidente da Fundação Palmares. Fonte: o próprio Twitter.

**02 de junho de 2022**
"Agora foi a vez do PCO [Partido da Causa Operária] ser incluído no inquérito das Fake News ou do fim do mundo. Como eles mesmos diziam, vai chegar pra todos." Deputada Bia Kicis (PL-DF). Fonte: o próprio Twitter.

**03 de junho de 2022**
"(...) Eu peço que vocês cada vez mais se interessem por este assunto. Se precisar iremos à guerra. Mas eu quero um povo ao meu lado consciente do que está fazendo e de por quem está lutando. Também tenho uma filha de 11 anos de idade. Nós todos aqui, não podemos, lá na frente, em 23, 24, 25 ver a situação que se encontra o Brasil e falar: 'o que nós não fizemos em 2022 para que nossa pátria chegasse à situação em que se encontra? Todos nós temos um compromisso com o nosso Brasil." Presidente Jair Bolsonaro. Fonte: O Antagonista.

**03 de junho de 2022**
"Não é a primeira vez que morre alguém com gás lacrimogêneo no Brasil. Se pesquisar um pouquinho, até nas Forças Armadas já morreu gente. [...] Eles queriam matar? Eu acho que não. Lamento. Erraram? Erraram. A Justiça vai decidir. Acontece, lamentavelmente." Presidente Jair Bolsonaro, se referindo à morte de Genivaldo de Jesus Santos. Fonte: Folha, por Denise Paro e João Pedro Pitombo.

**03 de junho de 2022**
"Quando você se encontra com brasileiros sempre acaba em jiu-jítsu." Príncipe Nasser bin Hamad al-Khalifa, do Reino do Bahrein, com o presidente recém-empossado dos Emirados Árabes, Mohammed bin Zayed al Nahyan, conhecido como MBZ, em encontro com o deputado Eduardo Bolsonaro (PL-SP) e Renzo Gracie, estrela do jiu-jítsu mundial. Fonte: Estadão, por Vinícius Valfré e Felipe Frazão.

03 de junho de 2022
"Quero agradecer a Renzo Gracie. Um encontro que deveria ser rápido, apenas para entregar a condolência assinada pelo presidente Jair Bolsonaro devido ao falecimento do presidente dos Emirados Árabes Unidos, e se transformou em uma conversa aberta, um bate-papo entre amigos. Passamos por diversos assuntos e ainda fizemos uma vídeo-chamada com o presidente Bolsonaro. (...) É a terceira vez que encontro com sheik Nasser. Até postei uma foto fazendo uma brincadeira saudável com ele, de jiu-jítsu. O jiu-jítsu aqui no Oriente Médio abre portas, o Renzo Gracie que o diga." Deputado Eduardo Bolsonaro. Fonte: Estadão, por Vinícius Valfré e Felipe Frazão.

03 de junho de 2022
"Com meu governo, a posse e o porte de arma de fogo começaram a ser realidade. Todas as ditaduras começaram com campanhas de desarmamento do povo, assim foi no Chile. Nesta semana, o Canadá começou uma campanha. Mas a arma de fogo é garantia de sobrevivência das famílias, é uma questão de segurança nacional. (...) Povo armado jamais será escravizado." Presidente Jair Bolsonaro. Fonte: Correio do Povo.

03 de junho de 2022
"'Lula é mais honesto que Bolsonaro...' O mesmo Instituto [de Pesquisa] deu Lula com 45% [dos votos] e Bolsonaro com 34% kkkkk. 'Correio Braziliense. Eleições 2022. Lula é mais honesto do que Bolsonaro, aponta pesquisa XP/Ipespe'." Senador Flávio Bolsonaro. Fonte: o próprio Twitter.

03 de junho de 2022
"Tem gente que usa máscara com uma proteção maior, tem gente que passa o mês inteiro com uma máscara de pano. Qual é a efetividade disso? É zero. Como fiscalizamos isso? Quem fez festinha de Carnaval fora de época? Não foi o governo federal. Os casos aumentaram, mas os hospitais têm suportado a demanda. (...) Precisamos de um SUS [Sistema Único de Saúde] mais forte. A obrigatoriedade da máscara não é algo novo. É uma política inútil que foi colocada em prática por muitos secretários que não conseguem resolver o problema e jogam a culpa no Ministério da Saúde." Marcelo Queiroga, ministro da Saúde, durante visita ao Hospital do Câncer de Londrina (HCL). Fonte: Bonde, por Rafael Machado — Grupo Folha.

03 de junho de 2022
"Olá! Meu nome é Octavio de Lazari Junior, sou o CEO presidente do banco Bradesco, onde trabalho há 43 anos. Uma corporação com 90.000 funcionários, um dos maiores bancos do mundo. Uma empresa genuinamente brasileira e que certamente todos vocês conhecem. Mas há 4 décadas eu me apresentava assim: soldado 939 Lazari, ao seu comando. Durante um ano, lá em 1982, essa frase foi parte da minha rotina. E que privilégio foi servir ao nosso Exército brasileiro, no 2º Pelotão da 2ª Companhia, do 39º Batalhão de Infantaria Motorizada, e justamente no mesmo quartel em que meu pai havia servido, em 1956, e que na época se chamava 4º Regimento de Infantaria. Me senti diferente, me senti especial! Sob o comando do Capitão Gonçalves, um militar exigente, competente, mas, acima de tudo, um líder por excelência. Aprendi muita coisa e reforcei os valores que eu, com muito orgulho, já trazia da minha casa. Agora, quando enxergo esse período com o olhar da experiência, fica claro que os dias de quartel se transformaram em uma referência para mim, e que ajuda a entender melhor o porquê o serviço militar representa um marco tão importante para todo jovem de 18 anos. Retidão, determinação, respeito, confiança, união disciplina. É disso que eu estou falando, e é isso que fica pra sempre na vida de cada um de nós. Esses princípios, que se consolidaram ao longo dos anos, foram fundamentais para que eu pudesse construir a minha carreira, aqui no Bradesco e no mercado, mas também talhar o meu caráter, o meu compromisso, o meu propósito de vida! Servir ao Exército, um lugar onde construí amizades que faço questão de cultivar até hoje, me ofereceu a chance de entender a valorizar aquilo que realmente faz a diferença em nossa existência. Foi lá que eu aprendi que não se deixa ninguém pelo caminho, que a adversidade, quando encarada com inteligência, vira força e conhecimento e que, acima de tudo, missão dada é missão cumprida. Felicidade por fazer parte, gratidão pela oportunidade. Para mim, esse é o resumo que fica dessa jornada! Passam os anos, mas algumas coisas não mudam. E o soldado 939 Lazari continua de prontidão." Octavio de Lazari Júnior, diretor-presidente do Bradesco, em vídeo com a logomarca do Bradesco. Fonte: UOL, Poder360, no YouTube.

04 de junho de 2022
"Marina Silva, a evangélica, agora diz que apoia o abortista Lula." Pastor e deputado Marco Feliciano (PL-SP). Fonte: o próprio Twitter.

**04 de junho de 2022**
"A gente gastou uma fortuna com campanha de vacinação. Quem é que está reclamando da [falta de] campanha de vacinação? Eu mesmo já vacinei criança lá no Acre. Em Santarém (PA), na aldeia Zoé. Nenhum desses especialistas que ficam na televisão foi vacinar indígenas na aldeia Zoé. Duvido. Se foram lá fazer isso, peço para sair [do Ministério]. O Ministério [da Saúde] faz campanhas. Quem é que está pedindo para fazer? Clínica de vacinação privada. Querem que eu faça campanha para ganharem dinheiro vendendo vacinas? Por que não fazem? (...) Não cabe a mim julgar as falas do presidente [Jair Bolsonaro]. Nem fazer conjecturas sobre se as pessoas quiseram ou não tomar a vacina [contra a Covid-19]. O maior defensor do presidente na área de saúde sou eu. E sou o maior defensor da vacina [contra a Covid-19]." Marcelo Queiroga, ministro da Saúde, médico. Fonte: Folha, por Mateus Vargas e Thaísa Oliveira.

**04 de junho de 2022**
"Você enricou durante a COVID? Se deu bem? Você vive melhor hoje? Comprou casa de R$ 6 milhões? Apartamento de R$ 2 milhões? Viaja para Mônaco no fim de semana? Jet ski? Esqueci, o jet ski é da Marinha... Foi para isso que lutamos?" Abraham Weintraub, ex-ministro da Educação, em *post* com foto do presidente Jair Bolsonaro, do senador Flávio Bolsonaro (PL-RJ) e de Tarcísio de Freitas (PL-SP). Fonte: o próprio Twitter.

**04 de junho de 2022**
"Agora, vai cassar meu registro? Duvido que tenham coragem de cassar meu registro [...]. Não tem nenhum maluco querendo cancelar minha candidatura por *fake news*, é brincadeira [...]. Eu defendo a liberdade. Onde está a tipificação das *fake news*?" Presidente Jair Bolsonaro. Fonte: pleno.news, por Paulo Moura.

**05 de junho de 2022**
"Como fomos enganados. FHC era de direita? Não, Serra era de direita? Claro que não. Aécio era de direita? Também não. O grande prazer do FHC foi passar o poder ao Lula. A meta do fórum de São Paulo estava cumprida." Luciano Hang, dono da Havan. Fonte: o próprio Twitter.

**05 de junho de 2022**
"Eu quero ver eles [família Bolsonaro] dizerem que não vão me apoiar. Qualquer lugar que eu vou me perguntam se eles vão me apoiar, e eu digo que é um absurdo se eles não me apoiarem. Eu sou bandido? Não, eu sou o Queiroz, pai de família, trabalhador. (...) Imagino o que o Flávio [Bolsonaro, senador PL-RJ] tenha passado na vida dele com esses problemas. O cara é pai de família, bacana, honesto, trabalhador. Se eles quisessem fazer sacanagem não seria com essa merreca, não. Seria com coisas grandes." Fabrício Queiroz, pré-candidato a deputado federal, em entrevista ao *podcast* 'Mais ou Menos'. Fonte: O Antagonista.

**BOLSONARO E SEUS SEGUIDORES: O HORROR EM 3.560 FRASES**

**05 de junho de 2022**
"Com [o presidente Jair] Bolsonaro, o cartão de visitas para os vagabundos do MST sempre será um cartucho de 7.62!!!" Senador Flávio Bolsonaro. Fonte: o próprio Twitter.

**06 de junho de 2022**
"As falas presidenciais não constituem mais do que atos característicos de meras críticas ou opiniões sobre o processo eleitoral brasileiro e a necessidade, na ótica do chefe do Poder Executivo da União [presidente Jair Bolsonaro], de aperfeiçoamento do sistema eletrônico de votação. (...) [A Constituição] veda censura política, ideológica e artística, além de confiar a uma sociedade democrática e dialógica a produção de debates, críticas, apoiamento e rejeição de propostas em um processo dinâmico de circulação de ideias para tomada de posição pelas pessoas na arena pública." Lindôra Araújo, vice-procuradora-geral da Procuradoria-Geral da República (PGR). Fonte: UOL, por Weudson Ribeiro.

**06 de junho de 2022**
"Se a mídia continuar me difamando, eu vou votar no Bolsonaro e fazer campanha para ele, só porque eu sei que ele ganhar é o pior pesadelo deles, mesmo eu não simpatizando com o cara." Bruno Aiub, conhecido como Monark, ganhando emojis de risos do presidente Jair Bolsonaro. Fonte: o próprio Twitter.

**06 de junho de 2022**
"Gostaria de dedicar esse tweet a mídia jornalística mentirosa e lacradora: vai toma (sic) no cu!" Bruno Aiub, conhecido como Monark. Fonte: o próprio Twitter.

**06 de junho de 2022**
"Ô, ministros [Edson] Fachin, [Luís Roberto] Barroso e [Alexandre de ] Moraes: pelo que se vê nas ruas comigo, é impossível não ter segundo turno ou eu não ganhar no primeiro turno (...). No meu tempo, lá atrás, ganhava a eleição quem tinha voto dentro da urna. Agora, parece — quero que esteja errado, é um direito meu desconfiar —, espero que não ganhe as eleições quem tem amigo para contar o voto dentro do TSE. (...) [O ministro Edson Fachin] foi o relator do processo que retirou o [ex-presidente] Lula da cadeia, e agora está à frente do TSE. Ou seja, um tremendo desgaste para retirar Lula da cadeia, está à frente do TSE e tudo faz para que não haja transparência, obviamente, no meu entender, para eleger o Lula de forma não aceitável (...)." Presidente Jair Bolsonaro. Fonte: O Antagonista.

**06 de junho de 2022**
"Hoje, dia da Liberdade de Imprensa, tive excelente reunião com o vice presidente mundial do Telegram, o Sr. Ilya Perekopsky, e o representante legal no Brasil, o Sr. Alan Thomaz. — Ótima conversa sobre a sagrada liberdade de expressão, democracia e cumprimento da Constituição." Presidente Jair Bolsonaro. Fonte: o próprio Twitter.

06 de junho de 2022
"MINISTÉRIO DA DEFESA. EXÉRCITO BRASILEIRO. COMANDO MILITAR DA AMAZÔNIA. RESPOSTA À IMPRENSA. Em resposta a demanda sobre o caso do desaparecimento de um indigenista e um jornalista inglês na região amazônica, o Comando Militar da Amazônia (CMA) está em condições de cumprir missão humanitária de busca e salvamento, como tem feito ao longo de sua história, contudo as ações serão iniciadas mediante acionamento por parte do Escalão Superior. Agradecemos a confiança depositada nas Forças Armadas." Comando Militar da Amazônia, se referindo ao indigenista Bruno Araújo Pereira e ao jornalista inglês Dom Phillips, colaborador do The Guardian, quando o desaparecimento já ultrapassava 30 horas. Fonte: Folha, por Naná DeLuca.

07 de junho de 2022
"O que nós sabemos, até o momento, é que no meio do caminho [eles, o indigenista Bruno Araújo Pereira e o jornalista inglês Dom Phillips, colaborador do The Guardian] teriam se encontrado com duas pessoas, que já estão detidas pela Polícia Federal, estão sendo investigadas. E realmente duas pessoas apenas num barco, numa região daquela, completamente selvagem, é uma aventura que não é recomendável que se faça. Tudo pode acontecer. Pode ser um acidente, pode ser que eles tenham sido executados. A gente espera e pede a Deus para que sejam encontrados brevemente." Presidente Jair Bolsonaro, em entrevista ao SBT News. Fonte: Estadão.

07 de junho de 2022
"Estava eu, [o ex-presidente] Michel Temer e um telefone celular na minha frente. Ligamos para o [ministro do STF e TSE] Alexandre de Moraes e conversamos por três vezes com ele. E combinamos certas coisas para assinar aquela carta. Ele não cumpriu nenhum dos itens que eu combinei com ele. (...) Logicamente eu não gravei essa conversa, por questão de ética, jamais faria isso. Mas eu reitero para você: o seu Alexandre de Moraes não cumpriu uma só das coisas que acertamos para assinar aquela carta. (...) [O país não pode] terminar umas eleições sob o manto da desconfiança de modo que o lado perdedor fique revoltado. Eu não vou entrar nisso aí para você: 'se'. Eu não vou ficar com 'se' [em referência à hipótese de perder a disputa]. Acho que eles [ministros do TSE] sabem do meu potencial e o que o povo está pensando também. Nós queremos eleições limpas e dá tempo ainda de ter eleições limpas. Não podemos terminar umas eleições sob o manto da desconfiança de modo que o lado perdedor fique revoltado. Isso não pode acontecer. Não pode acontecer isso daí. (...) É irresponsabilidade esses três ministros do TSE [Alexandre de Moraes, Edson Fachin e Luis Roberto Barroso] levarem adiante esse processo que está aí sem discutir com a equipe técnica das Forças Armadas, da CGU, da AGU e da Polícia Federal. Coisa que eles não querem discutir." Presidente Jair Bolsonaro, em entrevista ao SBT News. Fonte: UOL, por Hanrrikson de Andrade.

**BOLSONARO E SEUS SEGUIDORES: O HORROR EM 3.560 FRASES**

**07 de junho de 2022**
"7 de setembro: Você atendeu a 'convocação' do Presidente [Jair Bolsonaro] e foi para a rua. Gastou seu tempo e dinheiro. Alguns foram presos e ameaçados. Eu alertei para tomarem cuidado! Para não confiarem! A VERDADE APARECEU! Seu sacrifício foi trocado por um pacto! QUAIS OS DETALHES DO PACTO?" Abraham Weintraub, ex--ministro da Educação. Fonte: o próprio Twitter.

**07 de junho de 2022**
"Aqui do outro lado, na 'Praça dos Três Poderes', uma turma do Supremo Tribunal Federal por 3 a 2, mantém a cassação de um deputado [estadual Fernando Francischini, União-PR], acusado em 2018 de espalhar *fake news*. Esse deputado não espalhou *fake news*. Porque o que ele falou na *live* eu também falei para todo mundo, que estava tendo fraude na eleição de 2018." Presidente Jair Bolsonaro. Fonte: programa 'O É da Coisa' na Rádio BandNews, com Reinaldo Azevedo, Alexandre Bentivoglio e Bob Furuya.

**07 de junho de 2022**
"Eu fui do tempo que decisão do Supremo [Tribunal Federal] não se discute, se cumpre. Eu fui desse tempo. Não sou mais." Presidente Jair Bolsonaro. Fonte: Brunno Melo, jornalista, no Twitter.

**07 de junho de 2022**
"Se for para punir com *fake news* a derrubada de páginas, fecha a imprensa brasileira, que é uma fábrica de *fake news*, em especial Globo e Folha. (...) Esse deputado não espalhou *fake news*, porque o que ele falou na *live*, eu também falei para todo mundo." Presidente Jair Bolsonaro, se referindo ao ex-deputado estadual Fernando Francischini (União Brasil-PR), cassado por divulgar *fake news*. Fonte: Poder360, por Anna Júlia Lopes.

**07 de junho de 2022**
"Povo brasileiro diz que a única coisa que queima deliberadamente é a rosca desse verme fdp... Ele [o ator norte-americano Mark Ruffalo] que vá cuidar das florestas da Califórnia que estão em chamas!" Rico Pinheiro, 'economista, empresário, terrivelmente cristão e entusiasta do Brasil! Seremos a maior nação do Planeta!'. Fonte: o próprio Twitter.

07 de junho de 2022
"Quem recebe R$ 400 de Auxílio Brasil pode passar dificuldades, mas fome não passa." Senador Flávio Bolsonaro (PL-RJ). Fonte: Central Eleitoral, no Twitter.

07 de junho de 2022
"Alguns ainda acham que é brincadeira. Se Bolsonaro ajudar a descobrir a cura do câncer, jornalistas profi$$$ionai$ serão contra. A ideologia e o ódio ao presidente já não os permite enxergar que 2+2=4." Deputado Eduardo Bolsonaro (PL-SP). Fonte: o próprio Twitter.

08 de junho de 2022
"O sujeito foi o presidente "mais popular" da história [ex-presidente Luiz Inácio Lula da Silva], é o favoritíssimo para 2022 segundo vários institutos de pesquisa, mas além de não sair nas ruas, leva sacode nas redes sociais até no próprio post, de um simples comentário meu! Acredito na popularidade do ladrão sim..." Rodrigo Constantino, jornalista. Fonte: o próprio Twitter.

08 de junho de 2022
"Eu sou chefe das Forças Armadas, nós não vamos fazer papel de idiotas. Eu tenho a obrigação de agir. Eu não vou viver como um rato, tem que ter uma reação. Não podemos terminar umas eleições onde um lado não vai se satisfazer com o resultado. Isso não é um desabafo, é um alerta à nação brasileira." Presidente Jair Bolsonaro. Fonte: O Antagonista, por Diogo Mainardi.

08 de junho de 2022
"Então, senhores, não posso falar de mim e nem vou fazer campanha. Mas, se configurar essas duas opções que nós temos, o 9 dedos e eu, ele tem 8 anos. Eu vou ter 3 e meio, não posso falar 'vote em mim', vocês têm que decidir." Presidente Jair Bolsonaro. Fonte: Poder360.

08 de junho de 2022
"O político tem que brigar pela preferência do povo. Não é um membro do Judiciário que tem que brigar por isso. Mas as próprias pessoas estão se vendo motivadas a irem para a rua no 7 de Setembro esse ano, exatamente para somar a esse grito de socorro que o presidente Bolsonaro está dando para a população. (...) Me ajude, você está vendo o que está acontecendo com o Brasil. Vamos ter uma democracia que a gente não está tendo hoje. Então, isso que motiva. O que é que dá razão para a pessoa ir para a rua no 7 de Setembro? É o Bolsonaro ou são essas poucas pessoas do Supremo?" Senador Flávio Bolsonaro (PL-RJ). Fonte: UOL.

**BOLSONARO E SEUS SEGUIDORES: O HORROR EM 3.560 FRASES**

**08 de junho de 2022**
"Tenho a honra de participar com um capítulo desse importante projeto em homenagem ao saudoso professor Olavo de Carvalho. O livro [*Olavo de Carvalho: um filósofo do Brasil*] sairá pela editora Armada, e, clicando no link abaixo, você que é fã do Olavo pode contribuir com a campanha de lançamento." Flávio Gordon, antropólogo. Fonte: o próprio Twitter.

**08 de junho de 2022**
"Vou falar um absurdo para você aqui. Podemos partir para o escambo, a troca. Tem país que refina petróleo e tem diesel em abundância, nós temos alimentos. O que é mais importante, alimento ou comida? Os dois são importantes. Mas a comida é mais importante." Presidente Jair Bolsonaro, em entrevista ao 'SBT News'. Fonte: Biodieselbr e Valor Econômico.

08 de junho de 2022
"Pedro, o Grande, travou a Grande Guerra do Norte por 21 anos. Parece que ele estava em guerra com a Suécia, que ele tirou algo deles. Ele não tirou nada deles, ele recuperou [o que era da Rússia]. Aparentemente, também coube a nós devolver [o que é da Rússia] e fortalecer [o nosso país]. E se partirmos do fato de que esses valores básicos formam a base de nossa existência, certamente conseguiremos resolver os objetivos que enfrentamos." Vladimir Putin, presidente da Rússia. Fonte: Estadão.

**09 de junho de 2022**
"[Qual] a fonte, de onde você tirou, que o aumento do câncer na humanidade e no Brasil é proveniente do agrotóxico?" Deputado Nelson Barbudo (PL-MT), em debate no Congresso Nacional. Fonte: o Instagram do deputado Nilto Tatto (PT-SP).

**09 de junho de 2022**
"Lamento ter me deixado influenciar por fatos mentirosos compartilhados comigo pela à época ministra encarregada pela pasta responsável pelo programa de proteção a defensoras e defensores de direitos humanos, Damares Regina Alves. (...) Entendo que sou responsável pelos meus próprios atos e poderia ter apurado a veracidade de uma montagem falsa que atribuía à Debora Diniz o crime de ter divulgado a identidade da menina em um artigo de jornal, o que jamais aconteceu. Contudo, confiei na integridade da ministra [Damares Alves] e me deixei levar pelas instigações para que reagisse à conduta falsamente atribuída à professora." Sara Fernanda Giromini, conhecida como Sara Winter, ex-líder do 'Acampamento dos 300', se retratando publicamente por ter chamado, em 2020, a professora e antropóloga Débora Diniz de "a maior abortista brasileira". Fonte: Folha, por Mônica Bergamo.

**09 de junho de 2022**
"É pelas futuras gerações. Vagas para assistir online. 'CPAC BRASIL 2022. O MAIOR EVENTO CONSERVADOR DO MUNDO. André Fernandes. Capitão Derrite. Carla Zambelli. André Porciúncula. Eduardo Bolsonaro. Fernando Conrado. Nikolas Ferreira. Sérgio Santana. Rafael Nogueira. Adrilles Jorge. Tarcísio de Freitas. Felipe Pedri. Filipe Sabará. Gil Diniz. Mário Frias. Ricardo Salles. Damares Alves. Augusto Nunes. Filipe Barros. Paulo Eduardo Martins. Roberto Motta. William Douglas.'" Deputado Eduardo Bolsonaro (PL-SP). Fonte: o próprio Twitter.

**09 de junho de 2022**
"As decisões do Supremo [Tribunal Federal] é que ameaçam a democracia, porque violam a Constituição. Então, são eles que estão empurrando o Brasil para essa crise, porque havendo impasse entre poderes, no caso entre o Poder Executivo e o Poder Judiciário, representado pelo Supremo [Tribunal Federal], a decisão será transferida para as Forças Armadas. Isso segundo a Constituição." Augusto Nunes, diretor de Redação do Portal R7, comentarista da Record, apresentador do 'Direto ao Ponto' e integrante de 'Os Pingos nos Is' na Jovem Pan e articulista da Revista Oeste. Fonte: Sleeping Giants Brasil.

**09 de junho de 2022**
"É hora de dar um freio nos preços. Empresários precisam entender que temos que quebrar a cadeia inflacionária. Estamos em hora decisiva para o Brasil. Nova tabela de preços só em 2023. Trava os preços, vamos parar de aumentar os preços." Paulo Guedes, ministro da Economia, no Fórum da Cadeia Nacional de Abastecimento, promovido pela Associação Brasileira de Supermercados (Abras). Fonte: Estadão.

**09 de junho de 2022**
"Peço às autoridades e aos líderes que nos debrucemos para solucionar a urgência do momento. A sociedade precisa da cadeia nacional de abastecimento. Quero lançar um desafio: nova tabela só em 2023." João Galassi, presidente da Associação Brasileira de Supermercados (Abras). Fonte: Folha, por Joana Cunha, Paulo Ricardo Martins e Gilmara Santos.

**09 de junho de 2022**
"Tá na hora de meter o pé na porta e mandar para a cadeia esses 9 vagabundos." Coronel Homero Cerqueira, 'ex-presidente do ICMBio, policial militar de SP por 35 anos, doutor em educação pró Armas, Família, Deus, e Pátria'. Fonte: o próprio Twitter.

**09 de junho de 2022**
"Dear Mark Ruffles [Mark Ruffalo], calm dowm (sic)! I'm sure you have never read the Brazilian Constitution, but I can assure you it's nothing like the complicated Hulk scripts you have to memorize: 'AHGFRR'. Read it and you'll find out I'm not only respecting it, but protecting Brazil's rule of law." Presidente Jair Bolsonaro, respondendo ao ator americano Mark Ruffalo, que fez a seguinte publicação no Twitter: "Dear president Joe Biden: the man you are meeting with today does not respect democracy and consistently threatens a coup. As the 1/6 hearings begin, remember to stand on the side of democracy". Fonte: o Twitter do presidente Jair Bolsonaro.

**BOLSONARO E SEUS SEGUIDORES: O HORROR EM 3.560 FRASES**

09 de junho de 2022
"Hoje, o presidente [Jair Bolsonaro] me ligou... Ele tá com um pressentimento, novamente, que eles podem querer atingi-lo através de mim, sabe? É que eu tenho mandado versículos para ele, né? (...) Ele acha que vão fazer uma busca e apreensão... em casa... sabe... é... é muito triste. Bom! Isso pode acontecer, né? Se houver indícios, né... Mas não há motivo, meu Deus (...)." Milton Ribeiro, ex-ministro da Educação, em conversa telefônica com a filha Juliana. Fonte: O Antagonista (24/06/2022), por Claudio Dantas.

10 de junho de 2022
"Já vi perseguições políticas em candidatos de esquerda, mas nunca vi tanta perseguição política de candidatos de direita. É a primeira vez na história do País. Não precisa eu achar, acho que todo o povo brasileiro percebe, em cada ação que é feita, e ele [presidente Jair Bolsonaro] tem estilo muito próprio, jeitão de falar mesmo, expressão do que sente." Anderson Ferreira (PL-PE), pré-candidato ao Governo do Estado. Fonte: Edmar Lyra, o Blog da Política de Pernambuco.

10 de junho de 2022
"Parabéns [Jornal da Cidade Online] pela perseverança, parabéns pelo trabalho que vocês fazem. É um trabalho importante para mostrar o outro lado da história, que, muitas vezes, não é mostrado por ninguém. (...) A gente vai ter tempos melhores aí vindo pela frente, tenho certeza disso, com o presidente tendo mais um mandato para a gente reformular a constituição de tribunais. (...) E é importante que a gente restaure a liberdade de expressão de uma forma verdadeira no Brasil." Tarcísio de Freitas (PL-SP), ex-ministro da Infraestrutura. Fonte: o próprio Twitter.

10 de junho de 2022
"Senhor Presidente [do Tribunal Superior Eleitoral (TSE) Edson Fachin]: 1) Cumprimentando cordialmente Vossa Excelência, passo a tratar das respostas técnicas manifestadas por esse Tribunal Superior Eleitoral (TSE) no Anexo ao Ofício-Circular GAB-SPR/GABPRES nº 262/2022, de 9 de maio de 2022; 2) Inicialmente, destaca-se que essa Corte Eleitoral ampliou o escopo do tradicional apoio das Forças Armadas ao processo eleitoral, que, historicamente, provê suporte logístico e segurança, garantindo a votação e a apuração das eleições, ao convidá-las para integrar a Comissão de Transparência das Eleições (CTE), por meio da Portaria nº 578-TSE, de 8 de setembro de 2021, que em seu artigo 1º, apresenta as finalidades de: "I — Ampliar a transparência e a segurança de todas as etapas de preparação e realização das eleições; — Aumentar a participação de especialistas, entidades da sociedade civil e instituições públicas na fiscalização e auditoria do processo eleitoral; e — Contribuir para resguardar a integridade do processo eleitoral"; 3) Dessa forma, as Forças Armadas foram convidadas por esse Tribunal para integrar, ao lado de outras instituições, a CTE, com o propósito de contribuir para o esforço de aprimoramento da segurança e de ampliação da transparência do processo eleitoral brasileiro; 4) Cabe ressaltar que a colaboração das Forças Armadas com a Corte Eleitoral não é de agora. Nos locais apontados pelo TSE, as Forças Armadas, rotineiramente, planejam detalhadamente, prestam o suporte logístico e proveem a segurança para a garantia da votação. Sem esse

trabalho dedicado, zeloso e eficiente das Forças Armadas torna-se muito difícil para o Estado brasileiro realizar as eleições em parcela do País; 5) Como é sabido, o processo eleitoral não se restringe às urnas eletrônicas. Ele é complexo e possui particularidades técnicas que exigem tempo e aprofundamento para ser compreendido. Qualquer tipo de análise séria e consistente implica em, primeiramente, conhecer esse processo. Assim, as Forças Armadas buscaram estudar e entender o processo eleitoral e, com esse único propósito, realizaram, em dezembro de 2021, questionamentos ao TSE. As respostas a esses questionamentos foram encaminhadas pelo Tribunal, por intermédio do Ofício GAB-SPR nº 537/2022, de 10 de fevereiro de 2022. Ressalta-se que o trabalho das Forças Armadas tem o intuito sempre democrático, buscando contribuir para que o País tenha eleições justas, democráticas e transparentes; 6) A despeito da complexidade do processo a ser entendido e com base nas respostas do TSE aos questionamentos, as Forças Armadas elaboraram propostas plausíveis, em vários níveis, desde o técnico até o de governança. Essas foram calcadas nas premissas disponíveis no momento do estudo e em elementos estimados, de forma a permitir, como ponto de partida, o exercício do raciocínio lógico que pudesse trazer alguma contribuição para os trabalhos dos técnicos do TSE. Ressalta-se que as respostas do TSE aos questionamentos feitos não apontaram divergências das premissas e dos parâmetros contidos nas perguntas, o que ocorreu somente quando das respostas técnicas do Tribunal às propostas das Forças Armadas, em maio de 2022; 7) Importa rememorar que, no âmbito da CTE, o entendimento da exiguidade de tempo para um trabalho mais detalhado levou à possibilidade de admissão de propostas mesmo após a data limite de 17 de dezembro, pelas razões acima mencionadas, e de tal sorte que a própria resposta do TSE aos questionamentos ocorreu somente em fevereiro de 2022. Desse modo, em 22 de março do ano corrente, as Forças Armadas encaminharam 07 (sete) propostas gerais ao TSE; 8) Haja vista que tanto as premissas quanto alguns conceitos que balizaram a elaboração das propostas demandavam melhor clarificação, a intenção, tratada por este Ministro com Vossa Excelência, em audiência realizada no dia 6 de abril último, era promover a apresentação das propostas, seguida da discussão de ordem técnica com a equipe do TSE, a fim de subsidiar melhor o eventual debate no âmbito da CTE. Uma vez apresentadas as propostas, na reunião realizada no Tribunal, no dia 20 de abril de 2022, ainda não foi possível concretizar a discussão técnica; 9) Em 9 de maio de 2022, essa Corte Eleitoral divulgou o Ofício-Circular GAB-SPR/GABPRES nº 262/2022, cujo Anexo traz uma manifestação técnica voltada à análise das opiniões e das recomendações sobre o processo eleitoral encaminhadas pelas Forças Armadas ao TSE. Essa manifestação foi feita sob a forma de respostas técnicas do TSE, que apontaram divergências quanto às premissas e aos parâmetros que haviam sido considerados nas propostas das Forças Armadas; 10) Uma vez estudadas as respostas técnicas do TSE, trago a Vossa Excelência algumas considerações, constantes do Anexo a este expediente, com o intento de oferecer importante argumentação para a compreensão dos conteúdos das propostas das Forças Armadas por essa Corte Eleitoral e pela sociedade e que pode, portanto, ser útil no prosseguimento dos trabalhos desse Tribunal. Neste ponto, assinalo que as divergências que ainda persistam podem ser dirimidas com a pretendida discussão entre as equipes técnicas; 11) Até o momento, não houve a discussão técnica mencionada, não por parte das Forças Armadas, mas pelo TSE ter sinalizado que não pretende aprofundar a discussão; 12) É plenamente sabido que qualquer sistema eletrônico demanda uma contínua atualização, razão das novidades tecnológicas e da evolução das ameaças. As Forças Armadas buscaram, na CTE, desde o início e de modo colaborativo, contribuir para aumentar o grau de segurança pelo conhecimento e pelo gerenciamento dos riscos existentes. Além disso, a transparência permite à sociedade conhecer e aceitar o nível de segurança do processo eleitoral diante de eventuais riscos. Reitero que as sugestões propostas pelas Forças Armadas precisam ser debatidas pelos técnicos; 13) Destaca-se que, por se tratar de uma eleição eletrônica, os meios de fiscalização devem se atualizar continuamente, exigindo pessoal especializado em segurança cibernética e de dados. Não basta, portanto, a participação de "observadores visuais", nacionais e estrangeiros, do processo eleitoral; 14) Destaca-se que as Forças Armadas foram elencadas como entidades fiscalizadoras, ao lado de outras instituições, legitimadas a participar das etapas do processo de fiscalização do sistema eletrônico de votação, conforme estabelecido na Resolução nº 23.673-TSE, de 14 de dezembro de 2021. Até o momento, reitero, as Forças Armadas não se sentem devidamente prestigiadas por atenderem ao honroso convite do TSE para integrar a CTE; 15) O fato de as Forças Armadas identificarem possíveis oportunidades de melhoria e apresentarem sugestões para tratá-las tem como único objetivo trabalhar, responsavelmente, para proteger o processo eleitoral e fortalecer a democracia. Cabe destacar que uma premissa fundamental é que secreto é o exercício do voto, não a sua apuração. Dessa forma, entende-se que a transparência do pleito deve orientar, permanentemente, a atuação das entidades fiscalizadoras e do próprio TSE; 16) Vale destacar, ainda, que alguns conceitos jurídicos corroboram o direito de fiscalização de todas as fases do processo eleitoral. Segundo o art. 37 da Constituição Federal, a administração pública direta e indireta de qualquer dos Poderes da União, dos Estados, do Distrito Federal e dos Municípios obedecerá aos princípios de legalidade, impessoalidade, moralidade, publicidade e eficiência. Soma-se, a esse conceito constitucional, o previsto na Lei nº 9.504/1997, em seu art. 66, onde é estabelecido que os partidos e coligações poderão fiscalizar todas as fases do processo de votação e apuração das eleições e o processamento eletrônico da totalização dos resultados (redação dada pela Lei nº 10.408/2002); 17) Ressalta-se, ainda, que no dia da eleição, conforme o § 6º, do art. 66, da Lei nº 9.504/1997, podem ser realizadas, por amostragem, auditoria de verificação do funcionamento das urnas eletrônicas na presença dos fiscais dos partidos e coligações, nos moldes fixados em resolução do Tribunal Superior Eleitoral (incluído pela Lei nº 10.408/2002); 18) Em síntese, o que se busca com as propostas das Forças Armadas é aperfeiçoar a segurança e a transparência do processo eleitoral, mitigando ao máximo as possibilidades de ataques cibernéticos, falhas e fraudes, que podem comprometer as eleições, e adotando a adequada sinergia de esforços, que é fundamental para que sejam atingidos os objetivos da Portaria nº 578-TSE, supramencionada; 19) A defesa da Pátria e a garantia dos poderes constitucionais, da lei e da ordem são as missões estabelecidas pelo Povo para as Forças Armadas, que continuarão trabalhando, diuturnamente, para cumpri-las, pois não há opção que não seja servir aos brasileiros naquilo que eles determinaram. Assim, as Forças Armadas têm firme compromisso com o fortalecimento do sistema democrático brasileiro e com as suas instituições; 20) Aproveito a oportunidade para informar que as Forças Armadas continuarão à disposição do TSE para o prosseguimento dos trabalhos na Comissão, assim como para participar das fases do processo eleitoral como entidades fiscalizadoras, conforme definido pelo próprio Tribunal; 21) Por fim, encerro afirmando que a todos nós não interessa concluir o pleito eleitoral sob a sombra da desconfiança dos eleitores. Eleições transparentes são questões de soberania nacional e de respeito aos eleitores." Paulo Sérgio Nogueira De Oliveira, ministro da Defesa. Fonte: Gazeta Brasil, por Gianlucca Cenciarelli Gattai.

**10 de junho de 2022**
"Houve um pedido legítimo do Ministério da Defesa [ao Tribunal Superior Eleitoral] e eu pergunto, por que negar? Tem alguma coisa a esconder ali? Fica essa coisa, não consigo entender, acho que tem de ser o mais transparente possível. (...) Existe alguma desconfiança em relação ao Ministério da Defesa? Existe alguma desconfiança em relação à Polícia Federal? Essas são as perguntas que eu tenho a fazer." Anderson Torres, ministro da Justiça e Segurança Pública, na Cúpula das Américas, em Los Angeles, nos Estados Unidos. Fonte: O Antagonista.

**10 de junho de 2022**
"Foi por alto a conversa [com Joe Biden, presidente dos Estados Unidos, sobre o sistema eleitoral brasileiro]. Eu não estou trazendo problemas do Brasil para cá, eu não vou entrar nessa discussão. Eu sei que vocês com a câmera na mão tem um comportamento, me desculpe. Conversando particularmente com uns colegas de vocês a gente conversa e todos nós queremos, como a grande parte do TSE, eleições limpas, transparentes e auditáveis." Presidente Jair Bolsonaro, na Cúpula das Américas, em Los Angeles, nos Estados Unidos. Fonte: UOL.

**10 de junho de 2022**
"Este ano, temos eleições no Brasil. E nós queremos eleições limpas, confiáveis e auditáveis, para que não haja nenhuma dúvida após o pleito. Tenho certeza que ele será realizado neste espírito democrático. Cheguei pela democracia e tenho certeza de que, quando deixar o governo, também será de forma democrática." Presidente Jair Bolsonaro, em pronunciamento oficial na Cúpula das Américas, em Los Angeles, nos Estados Unidos, ao lado do presidente Joe Biden. Fonte: UOL, por Reinaldo Azevedo.

**10 de junho de 2022**
"Estive com o presidente [dos Estados Unidos Joe] Biden numa [reunião] bilateral ampliada e depois uma mais reservada, com pouquíssimas pessoas. Ficamos por 30 minutos sentados, em distância inferior a um metro e sem máscara (...)." Presidente Jair Bolsonaro, na Cúpula das Américas, em Los Angeles, nos Estados Unidos. Fonte: UOL, por Hanrrikson de Andrade.

**11 de junho de 2022**
"Conversei com ele [Donald Trump] essa semana. Convidei, como sempre. Ele quer, dois meses antes da eleição, se encontrar comigo, aqui [nos EUA] ou lá [no Brasil]." Presidente Jair Bolsonaro, em Orlando, Flórida, nos Estados Unidos, onde inaugurou um vice-consulado do Brasil. Fonte: Folha, por Rafael Balago.

**BOLSONARO E SEUS SEGUIDORES: O HORROR EM 3.560 FRASES**

11 de junho de 2022
"O Xandão [Alexandre de Moraes, ministro do STF e do TSE] não queria que eu participasse de motociata no Brasil e o que Deus faz? Traz uma motociata para cá. (...) Chora, Xandão. (...) Você vai derrubar a minha conta [nas redes sociais], eu vou criar dez mil. Não vão me calar, não." Allan dos Santos, *youtuber* e blogueiro, foragido da Justiça brasileira, em motociata com o presidente Jair Bolsonaro, em Orlando, Flórida, nos Estados Unidos. Fonte: UOL.

11 de junho de 2022
O que ele [ministro do STF e do TSE Alexandre de Moraes] tem na cabeça. O que está ganhando com isso. Quais são seus interesses? Ele está ligado a quem? Ou é um psicopata? Ele tem um problema. (...) Agora foi confirmado dez anos de cadeia para ela [Jeanine Áñez, ex-presidente interina da Bolívia]. Qual a acusação? Atos antidemocráticos. Alguém faz alguma correlação com Alexandre de Moraes e os inquéritos por atos antidemocráticos? Ou seja, é uma ameaça para mim quando deixar o governo?" Presidente Jair Bolsonaro, em frente a uma churrascaria em Orlando, Flórida, nos Estados Unidos. Fonte: jornal Estado de Minas e Correio Braziliense, por Cristiane Noberto.

11 de junho de 2022
"Eu não estou atacando a Justiça Eleitoral, eu estou atacando o [ministro do STF e do TSE Luís Roberto] Barroso, que não tem caráter." Presidente Jair Bolsonaro, em frente a uma churrascaria em Orlando, Flórida, nos Estados Unidos. Fonte: jornal Estado de Minas e Correio Braziliense, por Cristiane Noberto.

11 de junho de 2022
"Se o artigo 142 existe, as Forças Armadas cumprirão seu papel..." Brigadeiro Gabriel, médico. Fonte: o próprio Twitter.

11 de junho de 2022
"Que privilégio poder almoçar ao lado do presidente Jair Bolsonaro. Que Deus continue abençoando sua vida cada dia mais." Rivaldo Ferreira, ex-jogador de futebol da Seleção Brasileira. Fonte: o próprio Instagram.

11 de junho de 2022
"No fim, riem da cara de quem foi usado e sofre (sic) com as consequências do projeto de poder de seres extremamente maquiavélicos! Isso não é achismo, é simplesmente história!" Vereador Carlos Bolsonaro (PL-RJ). Fonte: o próprio Twitter.

**11 de junho de 2022**
"Somos pessoas normais. Podemos até viver sem oxigênio, mas jamais sem liberdade." Presidente Jair Bolsonaro. Fonte: Central Eleitoral, no Twitter.

**11 de junho de 2022**
"O que que eu pedi? O que eu pedi não, qual é a exigência do Proarmas para todos os candidatos que nós apoiamos? Uma vaga no gabinete. Para quê? Para ter o monitoramento para que esse tipo de coisa não aconteça. Vai ter um cara nosso lá monitorando e fazendo o *briefing* de como é que a ideologia e o que o Proarmas pensa dessa pauta. (...) Segundo ponto: nós pedimos para todos os candidatos a assessoria jurídica do gabinete porque nós queremos conduzir a pauta de armas do gabinete. Então projetos de lei, manifestações, nós queremos fazer." Marcos Pollon (PL-MS), presidente do 'Movimento Proarmas', em vídeo publicado nas redes sociais. Fonte: Folha, por Raquel Lopes.

**11 de junho de 2022**
"É meu camarada, é meu amigo [Marcos Pollon (PL-MS), presidente do 'Movimento Proarmas']. Não estava nos planos dele, mas eu confesso que eu adorei que ele é pré-candidato a deputado federal pelo estado do Mato Grosso do Sul. O líder do Proarmas, é um advogado atuante, é uma pessoa que trabalha pela causa porque ele gosta — tudo que a gente faz gostando, a gente faz bem-feito." Deputado Eduardo Bolsonaro (PL-SP). Fonte: Folha, por Raquel Lopes.

**11 de junho de 2022**
'Nós não podemos permitir a volta da esquerda, o discurso da esquerda, por sinal um discurso horroroso, um discurso de negação da família. Quem nega a família nega Cristo." Tarcísio de Freitas (PL-SP), ex-ministro da Infraestrutura e pré-candidato ao Governo de São Paulo, ajoelhado no palco recebendo uma oração feita pelo ex-senador Magno Malta (PL-ES), que é pastor evangélico. Fonte: Folha, por Fábio Zanini, Guilherme Seto e Juliana Braga.

**12 de junho de 2022**
"Sabe por que eu votei contra o [Luís Roberto] Barroso [na sabatina do Senado Federal para ser ministro do STF]? Advogado de Cesare Battisti, das ONGs abortistas e da legalização da maconha. Quando ele é sabatinado no Senado a gente descobre que ele tem dois processos no STJ, na Lei Maria da Penha, de espancamento de mulher. Além de tudo, Barroso batia em mulher. (...) Esse homem [Edson Fachin, presidente do Tribunal Superior Eleitoral] tem trabalhado diuturnamente. Ataques vis à democracia, à Constituição que já não mais existe. E uma tentativa sórdida quando ele diz que o mundo, os embaixadores precisam aceitar de imediato o resultado das eleições, e que o Bolsonaro é obrigado a aceitar o resultado das eleições. Peraí, Fachin, as eleições estão decididas? Você está dizendo que está decidida a eleição?" Magno Malta (PL-ES), ex-senador e pastor evangélico, discursando na CPAC Brasil. Fonte: O Globo, por Guilherme Caetano.

**BOLSONARO E SEUS SEGUIDORES: O HORROR EM 3.560 FRASES**

**12 de junho de 2022**
"Ciro Gomes [PDT-CE], há poucos dias, disse que, se o [ex-presidente] Lula ganhar, o mundo amanhece em guerra no dia seguinte. Obviamente, eu não vou interpretar a palavra do Ciro. Eu digo uma coisa: se ganhar no voto, lamentavelmente, eu não tenho muito o que fazer. Mas se ganhar na suspeição, na dúvida, aí complica. (...) [Edson] Fachin [ministro do STF] foi quem soltou o Lula, o relator da soltura do Lula. E agora está presidindo o TSE. Agora quer, e continua achando que é o dono do TSE, o puxadinho que ele representa no STF. (...) [Luís Roberto] Barroso [ministro do STF] há poucas semanas nos Estados Unidos, deu uma palestra sobre como tirar o presidente da cadeira. Ele foi para dentro do Parlamento. Uma interferência clara. Não sei o contexto da argumentação dele, mas no dia seguinte os líderes partidários começaram a trocar seus integrantes na comissão que trabalhava a PEC do voto impresso." Presidente Jair Bolsonaro, durante participação na Conferência de Ação Política Conservadora (CPAC Brasil). Fonte: UOL, por Paulo Roberto Netto e Isabela Aleixo.

**12 de junho de 2022**
"Você confia seus investimentos a uma empresa financeira [XP Investimentos], que em uma pesquisa aponta Lula mais Honesto que Bolsonaro?? E estranhamente cancela a pesquisa. XISPEM!!!" Gilson Machado Neto (PSC-PE), ex-ministro do Turismo. Fonte: o próprio Twitter.

**12 de junho de 2022**
"Eles [o indigenista Bruno Pereira e o jornalista inglês Dom Phillips], quando partiram, as informações que temos é que não foi acertado com a Funai [Fundação Nacional do Índio]. Acontece, né. As pessoas abusam, né? (...) Apareceu no rio, boiando, partes de corpo humano, as vísceras. E já foi para fazer o [exame de] DNA. A gente espera que não seja deles." Presidente Jair Bolsonaro. Fonte: O Antagonista.

**12 de junho de 2022**
"Temos um outro problema, este espiritual que o Brasil não está ausente, que é a luta do bem contra o mal. (...) Nós bem sabemos o que queremos e o que defendemos. Somos contra o aborto, a ideologia de gênero e contra a liberação das drogas. (...) Defendo a família e a liberdade como bem maior, a incluir a liberdade religiosa." Presidente Jair Bolsonaro, em evento organizado pela Associação Evangelística Billy Graham. Fonte: Preto no Branco, por Sibelle Fonseca.

**12 de junho de 2022**
"Não há como haver democracia e, ao mesmo tempo, um supremo tribunal que pratica a ilegalidade o tempo todo." J. R. Guzzo, jornalista. Fonte: o próprio Twitter.

**13 de junho de 2022**
"Tem uma grande interrogação na apuração dessa forma eletrônica que tem sido feito no TSE Tribunal Superior Eleitoral nos últimos anos. (...) Se alguém tentar engravidar um computador com o bilhete premiado, não vai conseguir." Presidente Jair Bolsonaro. Fonte: IstoÉ, Estadão Conteúdo.

**13 de junho de 2022**
"O temor que eu tenho não é por mim, é continuar a política que ele fazia. Se Lula continuar a política que ele fazia no passado, vai ser pior agora, no meu entendimento. Ele está crente que não cometeu crime nenhum. No meu entender, se voltar, vai ser para nunca mais sair." Presidente Jair Bolsonaro. Fonte: O Antagonista.

**13 de junho de 2022**
"Os indícios levam a crer que fizeram alguma maldade com eles, porque já foram encontradas vísceras humanas boiando no rio, que já estão aqui em Brasília para fazer o [exame de] DNA e pelo tempo, já temos 8 dias, indo para o nono dia, de que isso tudo aconteceu, vai ser muito difícil encontrá-los com vida. Peço a Deus que isso aconteça, que encontremos com vida." Presidente Jair Bolsonaro, em entrevista à Rádio CBN Recife. Fonte: Estadão, por Giordanna Neves, Matheus de Souza e Davi Medeiros.

**13 de junho de 2022**
"É um caso de polícia. É uma região inóspita, afastada de tudo. Na fronteira com o Peru e do lado peruano uma série de ilegalidades acontece. Madeira etc. e tal. Do nosso lado também. As duas pessoas entram numa área que é perigosa, sem pedir uma escolta, sem avisar efetivamente as autoridades competentes, e passam a correr risco. Lamentavelmente, é isso aí." General Hamilton Mourão, vice-presidente. Fonte: O Globo, por Daniel Gullino.

**13 de junho de 2022**
"URGENTE: TSE confirma Forças Armadas como entidade fiscalizadora." Deputado estadual Capitão Assumção (PL-ES), 'conservador, bolsonarista, Igreja Cristã MARANATA'. Fonte: o próprio Twitter.

**13 de junho de 2022**
"Caso queira, posso poupar seu trabalho, pois as premissas são falsas. Não consta o nome do 'foragido' na difusão vermelha da Interpol, portanto, na verdade, ele [Allan dos Santos] não é foragido. Alerto também que eu e o presidente Jair Bolsonaro não temos poder de polícia nos EUA." Anderson Torres, ministro da Justiça, sobre o encontro dele e do presidente Jair Bolsonaro com Allan dos Santos na motociata em Orlando, Flórida, nos Estados Unidos. Fonte: Metrópoles, por Guilherme Amado e Edoardo Ghirotto.

**13 de junho de 2022**
"A previsão é cair por volta de R$ 2 o litro da gasolina, e cair por volta de R$ 1 o preço do diesel. (...) "Não [é um cálculo do Ministério da Economia]. Eu mesmo fiz a conta." Presidente Jair Bolsonaro. Fonte: Poder360, por Murilo Fagundes e Emilly Behnke.

**BOLSONARO E SEUS SEGUIDORES: O HORROR EM 3.560 FRASES**

13 de junho de 2022
"Querem me dar o golpe para me tirar do poder. É fácil resolver isso aí, vamos deixar a apuração simultânea do lado. Qual o problema?" Presidente Jair Bolsonaro, em entrevista à Rádio CBN de Recife, defendendo a apuração simultânea das eleições a ser feita pelas Forças Armadas. Fonte: Poder360.

13 de junho de 2022
"Quando se fala em golpe, há 2 semanas o ministro [do STF e do TSE, Edson] Fachin convida em torno de 70 embaixadores e fala para eles, de forma indireta, mas diz exatamente que o presidente estaria preparando um golpe, que quer desacreditar o sistema eleitoral e diz mais: que ao anunciar o resultado [das eleições] os seus respectivos chefes de Estado devem reconhecer imediatamente o ganhador. Ou seja, será que o retrato do final das eleições de 2022 já está pronto no TSE? (...) Ninguém quer dar golpe. Não quero é que volte para o Brasil alguém sem apoio popular." Presidente Jair Bolsonaro. Fonte: Poder360, por Emilly Behnke.

13 de junho de 2022
"Vou mandar 100 reais no PIX para quem comentar o melhor e mais curtido apelido para qualquer membro do supremo. Comenta abaixo." Bruno Aiub, conhecido como Monark. Fonte: o próprio Twitter.

14 de junho de 2022
"Não podemos dissociar a economia da política. [Eu] não tinha nada para estar aqui [na Presidência]. Nem levo jeito. Nasci para ser militar, fiquei por 15 anos no Exército Brasileiro, entrei na política meio por acaso. Passei 28 anos dentro da Câmara [dos Deputados]." Presidente Jair Bolsonaro, no Fórum de Investimentos Brasil 2022, em São Paulo. Fonte: O Antagonista.

14 de junho de 2022
"Por que quem duvidar do sistema eletrônico vai ter registro cassado e ser preso? Sou obrigado a confiar? Eu posso apresentar falhas? Posso dizer, como foi em 2014, que no meu entendimento técnico o Aécio ganhou? E eu, com documentação que tenho do próprio TSE, falar que ganhei no 1º turno? Não posso falar isso? Vão cassar o meu registro?" Presidente Jair Bolsonaro, em discurso na abertura do 5º Fórum de Investimentos Brasil, o BIF, em São Paulo. Fonte: Poder360, por Murilo Fagundes.

**14 de junho de 2022**
"A revelação de Ratanabá, a 'cidade perdida' na Amazônia Brasileira. (...) No dia 11/07/2020 enquanto eu estava como Secretário de Cultura, recebi no meu gabinete o Urandir Fernandes de Oliveira que é o Presidente da Associação Dakila Pesquisas, entidade independente que revelou Ratanabá. (...) Na ocasião, ele me apresentou um documento que resume os estudos iniciados pela associação desde 1992, ano em que Ratanabá teria sido descoberta. (...) Ao longo destes anos, os pesquisadores contaram com o apoio do Exército, do Iphan, das Forças Aéreas, da Defesa Civil, do Ministério da Defesa, entre outros órgãos. (...) A minha ideia era ir pessoalmente nos locais indicados, no entanto sofri um pré-infarto pouco tempo depois e não foi possível. (...) As pesquisas da associação indicam que Ratanabá teria sido a capital do mundo há 450 milhões de anos e foi construída pela primeira civilização da Terra, chamada Muril, que não era primitiva. O local, segundo os estudos, possui monumentos bem preservados, alguns em formato piramidal, além de tecnologias mais avançadas que as nossas. (...) O fato é que podemos estar diante da maior descoberta dos últimos tempos!" Mario Frias (PL-RJ), ex-secretário da Cultura. Fonte: o próprio Twitter.

**14 de junho de 2022**
"O que resta para mim, uma vez o STF decidindo isso? Dou a chave para o ministro [e presidente do STF Luiz] Fux administrar o Brasil. Ou falo: Não vou cumprir. Isso é pesado? Não. Isso é real. Chega de bananas na política brasileira. De demagogos que ficam falando bonito e por trás fazem outra coisa completamente diferente." Presidente Jair Bolsonaro. Fonte: Poder360, por Murilo Fagundes.

**14 de junho de 2022**
"Ontem eu iria participar de uma videoconferência mas o equipamento falhou. Hoje estávamos em plena votação no Plenário da Câmara quando o painel eletrônico falhou. O único equipamento de tecnologia que nunca falha são as urnas do TSE." Deputada Bia Kicis (PL-DF). Fonte: o próprio Twitter.

**15 de junho de 2022**
"Esse inglês [jornalista Dom Phillips] era malvisto na região, fazia matéria contra garimpeiro, questão ambiental, então naquela região mais isolada muita gente não gostava dele, ele tinha que ter mais que redobrada atenção para consigo próprio e resolveu fazer uma excursão. (...) Pelo que tudo indica, se mataram os dois, se mataram, espero que não, estão dentro d'água. Dentro d'água, pouca coisa vai sobrar. Peixe come. Não sei se tem piranha lá no Javari." Presidente Jair Bolsonaro, em entrevista à apresentadora Leda Nagle, falando sobre o caso do desaparecimento na Amazônia do indigenista Bruno Pereira e do jornalista inglês Dom Phillips. Fonte: SBT News, por Bruna Yamaguti e EXTRA.

**BOLSONARO E SEUS SEGUIDORES: O HORROR EM 3.560 FRASES**

**15 de junho de 2022**
"A preocupação do [ministro do STF e TSE] Alexandre de Moraes é *fake news*. Pelo amor de Deus. Ô, Leda [Nagle], se eu contar uma mentira para você agora, você acredita se quiser. Ou, se você não gostar, você nunca mais fala comigo, você nunca mais entra na minha página. Ele [ministro Alexandre de Moraes] vem arranjando maneiras de desgastar o meu governo e também retirar do ar parte das pessoas que me apoiam." Presidente Jair Bolsonaro, em entrevista à apresentadora Leda Nagle. Fonte: Brasil 247.

**15 de junho de 2022**
"A minha popularidade não se discute em relação ao outro lado. O outro lado, o [ex--presidente] Lula, não consegue parar o carro e tomar uma tubaína na esquina, não consegue marcar um local para fazer um evento qualquer, não chega lá. Ele só faz evento em local fechado. Ora, esse cara que está com 45% em pesquisa? O [instituto de pesquisa] Datafolha é vendido. Em 2018, o Datafolha falou que eu perdia para qualquer um se fosse para o segundo turno." Presidente Jair Bolsonaro, em entrevista à jornalista Leda Nagle. Fonte: O Antagonista.

**15 de junho de 2022**
"Na hora que acabar o veneno, apita? [Sim,] Apita. Tá saindo muito [veneno], haha! O povo está correndo, velho. Tem produto aqui ainda. Pode levantar [o *drone*]. Joga pra cima do palco. Joga pra cima do palco. Nossa velho! Em cima do palco. Junto daquelas caixas. Tem muita vazão. Já está no máximo aqui. Será que tem muito ainda? Tem, jogou 2 litros só. Mais do lado da arquibancada. Olha o palco lá, viu? Vai dar mais uma volta [com o *drone*], fica parado não, vai andando [com o *drone*]. Fica parado não. Sobe mais..." Rodrigo Luiz Parreira, Charles Wender Oliveira Souza e Daniel Rodrigues de Oliveira, em diálogo gravado em vídeo por eles mesmos, e postado em rede social, operando um *drone* que jogava veneno no público que aguardava o ex-presidente Luiz Inácio Lula da Silva e Alexandre Kalil (PSD-MG), ex-prefeito de Belo Horizonte, para uma manifestação no Centro Universitário do Triângulo (Unitri). Os três foram detidos em flagrante pela Polícia Militar na cidade de Uberlândia (MG). Fonte: Yahoo Notícias (17/06/2022); O Tempo, com o vídeo no Twitter; e UOL (16/06/2022), também com o vídeo, com Aventuras na História.

**15 de junho de 2022**
"Não existe mais lei no Brasil por parte do Supremo Tribunal Federal, é uma obsessão por tentar me tirar daqui, ou me tornar inelegível, ou fazer com que eu perca as eleições. (...) O Lula é o candidato do [ministro Edson] Fachin, do [ministro Luís Roberto] Barroso, do [ministro] Alexandre de Moraes. Eles não fazem nada do outro lado, só do meu lado. Isso é claríssimo o que está acontecendo." Presidente Jair Bolsonaro. Fonte: O Antagonista.

**15 de junho de 2022**
"Mais uma vez, sou alvo de perseguição, de discriminação e de cancelamento por parte do sistema que regula e domina as contratações levadas a cabo na televisão e no mundo artístico. Sou uma atriz conservadora, de direita e sou apoiadora do presidente Jair Bolsonaro. Acredito que esses teriam sido os motivos pelos quais fui afastada do elenco daquela que seria a minha quarta novela na TV Globo!" Maria Vieira, atriz portuguesa. Fonte: Folha, UOL, F5, por Ana Cora Lima.

**15 de junho de 2022**
"Ele [Jesus Cristo] não comprou pistola porque não tinha naquela época." Presidente Jair Bolsonaro, em reunião no Palácio do Planalto com religiosos. Fonte: Valor Investe, por Matheus Schuch e Fabio Murakawa.

**16 de junho de 2022**
"Acredito que, se Lula fosse presidente, ele ia 'fazer' R$ 1.000 [o Auxílio Emergencial]. Não tenho dúvida, na minha opinião. Por quê? Ele não estava se preocupando se o dólar ia para R$ 10, R$ 12 nem se a inflação iria aumentar. Ele pegaria um eleitor sempre mais à esquerda. O presidente [Bolsonaro] foi contra isso." Fábio Faria, ministro das Comunicações. Fonte: Poder360, por Murilo Fagundes e Lais Carregosa.

**16 de junho de 2022**
"O presidente realmente não acredita em pesquisa. Não acredita mesmo. Não dá nem para puxar uma conversa com ele a esse respeito porque ele acredita muito no que ele recebe, no que ele vê nas redes, no que ele vê nas ruas (...). Quem sou eu para brigar com pesquisa? Mas você tem que ver o perfil do eleitor do Bolsonaro. O eleitor do Bolsonaro é muito fiel ao presidente, tem uma base mais sólida. É o eleitor bolsonarista mais raiz. Esse eleitor não acredita em nenhuma pesquisa. Se você é um instituto de pesquisas, você encontra um eleitor do presidente na rua [e diz]: 'Eu sou do Datafolha, por favor, queria que você respondesse aqui um questionário', o eleitor não vai responder. Porque ele já sabe que ele não acredita, e ele não vai perder tempo para responder. E é uma pesquisa que faz no fluxo de pessoas, não é na casa. É o modelo do instituto. Não brigo com pesquisa (...)." Fábio Faria, ministro das Comunicações. Fonte: Poder360, por Murilo Fagundes e Lais Carregosa.

**16 de junho de 2022**
"A partir de 1º de julho, nas importações de partes e acessórios dos consoles e das máquinas de videogame, ao invés dos atuais 16%, a alíquota reduzida será de 12%. Para videogames com telas incorporadas (portáteis ou não) e suas partes, a redução é de 16% para 0%." Presidente Jair Bolsonaro. Fonte: o próprio Twitter.

**16 de junho de 2022**
"A Funai [Fundação Nacional do Índio] vem a público, com imenso pesar, lamentar o falecimento do servidor Bruno Pereira e do jornalista britânico Dom Phillips, que estavam desaparecidos após saírem em expedição no Vale do Javari (AM)." Fundação Nacional do Índios (Funai). Fonte: o próprio Twitter.

**16 de junho de 2022**
"Nossos sentimentos aos familiares e que Deus conforte o coração de todos!" Presidente Jair Bolsonaro, sobre a morte do indigenista Bruno Pereira e o jornalista inglês Dom Phillips, respondendo ao Twitter da Funai. Fonte: o Twitter da Funai.

**16 de junho de 2022**
"O Ministério da Mulher, da Família e dos Direitos Humanos (MMFDH) manifesta pesar pelo assassinato do indigenista Bruno Pereira e do jornalista britânico Dom Phillips, que estavam desaparecidos desde domingo (5), na região do Vale do Javari, no Amazonas. O MMFDH enaltece o trabalho realizado pela Polícia Federal e pelas Forças Armadas, que rapidamente elucidaram o caso." Ministério da Mulher, da Família e dos Direitos Humanos (MMFDH). Fonte: Correio Braziliense.

**17 de junho de 2022**
"Motociclistas aqui presentes: muito obrigado por essa gigantesca motociata que acabamos de realizar, dando mais luz e vida a esse momento de adoração. (...) O Lula acabou de falar que, aproveitando esse caso lamentável, onde os corpos apareceram, gostaria que encontrassem vivos as pessoas, mas apareceram os corpos do inglês e do brasileiro, o Lula falando que caso eleito ele vai impor desmatamento zero na Amazônia." Presidente Jair Bolsonaro, em Manaus, no Estado do Amazonas. Fonte: UOL (18/06/2022).

**17 de junho de 2022**
"Eu liguei para Zé Mauro [presidente da Petrobras] ontem [quinta, 16]. Pedi para ele não dar aumento, [disse]: 'você está trabalhando contra, o que se espera da Petrobras é outra coisa'; e falei que ia fazer um trabalho para demitir ele, vou propor com o governo para taxar o lucro da Petrobras. Ele [respondeu]: 'não é bem assim, é o conselho [de administração], não estou postergando a minha saída'. (...) Vamos ver legislativamente o que podemos fazer para rever as políticas de preço, de PPI [Preço de Paridade Internacional] e ir para cima, sobretaxar e ir direto na veia." Arthur Lira (PP-AL), presidente da Câmara dos Deputados. Fonte: Folha, por Camila Mattoso e Raquel Lopes.

17 de junho de 2022
"O Governo Federal como acionista é contra qualquer reajuste nos combustíveis, não só pelo exagerado lucro da Petrobrás em plena crise mundial, bem como pelo interesse público previsto na Lei das Estatais. (...) A Petrobrás pode mergulhar o Brasil num caos. Seus presidente, diretores e conselheiros bem sabem do que aconteceu com a greve dos caminhoneiros em 2018, e as consequências nefastas para a economia do Brasil e a vida do nosso povo." Presidente Jair Bolsonaro. Fonte: o próprio Twitter.

17 de junho de 2022
"O presidente da Petrobras tem que renunciar imediatamente. Não por vontade pessoal minha, mas porque não representa o acionista majoritário da empresa — o Brasil — e, pior, trabalha sistematicamente contra o povo brasileiro na pior crise do país. (...) Ele só representa a si mesmo e o que faz deixará um legado de destruição para a empresa, para o país e para o povo. Saia!!! Pois sua gestão é um ato de terrorismo corporativo." Arthur Lira (PP-AL), presidente da Câmara dos Deputados. Fonte: o próprio Twitter.

17 de junho de 2022
"As ações da Petrobras desabam em Nova Iorque no dia em que aumenta o seus (sic) produtos. Prova maior da inconsequência corporativa de agir contra todo um país e o acionista controlador?" Arthur Lira (PP-AL), presidente da Câmara dos Deputados. Fonte: o próprio Twitter.

17 de junho de 2022
"Conversei há alguns minutos com [o presidente da Câmara dos Deputados] Arthur Lira [PP-AL], ele está nesse momento reunido com líderes partidários. A ideia nossa é propor uma CPI [Comissão Parlamentar de Inquérito] para investigar o presidente da Petrobras, os seus diretores e também o seu conselho administrativo e fiscal. Queremos saber se tem algo errado nessa conduta deles." Presidente Jair Bolsonaro. Fonte: O Antagonista.

18 de junho de 2022
"Na última sexta-feira, infelizmente, com o anúncio do aumento dos combustíveis... A Petrobras perdeu no seu valor R$ 30 bilhões. Acredito que na segunda-feira, com a CPI, vai perder outros R$ 30. Eles não pensam no Brasil. (...) Conversei ontem com o líder do governo e com o presidente da Câmara para gente abrir uma CPI segunda-feira. Vamos para dentro da Petrobras. É inadmissível com uma crise mundial a Petrobras se gabar dos lucros que tem. Só no 1º trimestre foram R$ 44 bilhões de lucro." Presidente Jair Bolsonaro. Fonte: Poder360, por Mateus Maia.

**18 de junho de 2022**
"Quem se eleger presidente ou se reeleger bota dois no ano que vem. Já se muda a história do Supremo Tribunal Federal. (...) Vocês sabem quem são os dois que eu indiquei [André Mendonça e Kassio Nunes Marques]. Um foi compromisso assumido em 2017 de indicar um terrivelmente evangélico. André Mendonça tem suas falhas como ser humano. Chegou, obviamente, indicado por nós, aprovado na sabatina do Senado, que não foi fácil. (...) O sistema queria outro nome." Presidente Jair Bolsonaro. Fonte: O Antagonista.

**18 de junho de 2022**
"Vinícius Peixoto Gonçalves [empresário e advogado], citado pela reportagem, não pagou qualquer despesa do ministro [do STF Kassio Nunes Marques]. O advogado também nunca pôs avião à disposição do ministro. Nunca tiveram contato anterior à viagem, nem pessoal, nem telefônico. (...) O jornalista [Rodrigo Rangel, do Metrópoles] também erra ao afirmar ter ocorrido um tour, pois o ministro jamais fora (sic) a Mônaco ou a Roland Garros. A matéria, portanto, baseia-se em informações erradas para criar um contexto que não existe." Kassio Nunes Marques, ministro do Supremo Tribunal Federal (STF), em nota oficial. Fonte: Metrópoles, por Rodrigo Rangel.

**19 de junho de 2022**
"A responsabilidade do eleitor brasileiro só aumenta. Já não é mais 'tão somente' pelo Brasil, é por toda a região." Deputado Eduardo Bolsonaro (PL-SP). Fonte: o próprio Twitter.

**19 de junho de 2022**
"Se eu respondesse esse bosta à altura seria 'ataque à imprensa e à democracia'..." Presidente Jair Bolsonaro, se dirigindo ao jornalista Ricardo Noblat. Fonte: o próprio Twitter.

**20 de junho de 2022**
"O voto 'lulo' pregado pelos 'isentões' e pelos faria lulers no Brasil fez mais um na América Latina [Gustavo Petro, eleito presidente da Colômbia]. Nada disso tem a ver com Jair Bolsonaro, mas somente com você! Basta olhar as catástrofes que nossos vizinhos estão sofrendo ou já sofreram. A escolha é dos senhores!" Vereador Carlos Bolsonaro (Republicanos-RJ). Fonte: o próprio Twitter.

20 de junho de 2022
**"Vocês viram o discurso de hoje do novo presidente da Colômbia [Gustavo Petro]? 'Soltar todos os meninos presos, todos'. O Lula vai soltar os menininhos que mataram alguém por um celular para tomar uma cerveja." Presidente Jair Bolsonaro. Fonte: O Globo, por Daniel Gullino.**

**20 de junho de 2022**
"O País vai parar naturalmente, por não ter mais condições de rodar. Estou aqui em São Paulo, 300 litros de diesel, R$ 2.610, R$ 8,70 o litro do diesel. Categoria, vamos acordar. Precisamos, sim, se unir, todos os Estados. (...) Vamos acordar, se unificar e ir para cima da Petrobras. E quando eu falo ir para cima da Petrobras, é ir para cima do governo federal, também. Quem nomeia o presidente da estatal é o senhor Jair Messias Bolsonaro, que fez um compromisso para nós de mudar esse preço de paridade de importação em 2018. Por isso nós acreditamos no senhor." Wallace Landim, conhecido como Chorão, presidente da Associação Brasileira de Condutores de Veículos Automotores (Abrava) e um dos principais líderes da greve dos caminhoneiros de 2018. Fonte: Estadão, por André Borges.

**20 de junho de 2022**
"Eu diria que a CPI [da Petrobras] está em andamento. A renúncia do presidente da Petrobras é um fato novo e haverá uma consulta hoje, às 17h, para a gente tomar alguma decisão. Há uma preocupação também com a criação da CPI, porque ela causa uma certa instabilidade. A decisão será uma decisão sensata. Se a decisão for instalar uma CPI, eu peço que seja uma decisão sobre o preço dos combustíveis e não uma CPI sobre a Petrobras" Deputado Ricardo Barros (PP-PR), líder do governo na Câmara. Fonte: Estadão, no Editorial. Fonte: UOL e BandNews TV.

**20 de junho de 2022**
"PETROBRAS SOBRE MUDANÇA NA ADMINISTRAÇÃO. [A] Petrobras informa que o senhor José Mauro Coelho pediu demissão do cargo de presidente da empresa na manhã de hoje. A nomeação de um presidente interino será examinada pelo Conselho de Administração da Petrobras a partir de agora." Petrobras. Fonte: Congresso em Foco.

**20 de junho de 2022**
"Estou acertando uma CPI na Petrobras. 'Ah, você que indicou o presidente [da Petrobras]'. Sim, mas quero CPI, por que não? Investiga o cara, pô. Se der em nada, tudo bem. Mas os preços da Petrobras são um abuso." Presidente Jair Bolsonaro. Fonte: Estadão, por Iander Porcella e Eduardo Gayer.

## BOLSONARO E SEUS SEGUIDORES: O HORROR EM 3.560 FRASES

**20 de junho de 2022**
"Não sei se há um mandante. Se há um mandante é comerciante da área que estava se sentindo prejudicado pela ação principalmente do Bruno e não do Dom, o Dom entrou de gaiato nessa história. Foi efeito colateral. (...) Essas pessoas aí que assassinaram, provavelmente, os dois são ribeirinhos, gente que vive também ali no limite de, vamos dizer, ter acesso à melhores condições de vida. Vivem da pesca. (...) Essa é a vida do cara. Mora numa comunidade que não tem luz elétrica 24h por dia, é gerador. Quando tem combustível, o gerador funciona, quando não tem, não funciona. Então é uma vida dura. (...) Isso é um crime, foi o que aconteceu num momento, vamos dizer assim, quase que uma emboscada. Um assunto que vinha se arrastando, vamos dizer. Na minha avaliação deve ter acontecido no domingo, domingo a turma bebe, se embriaga, mesma coisa que acontece aqui na periferia das grandes cidades. Aqui em Brasília a gente sabe, todo final de semana tem gente que é morta aí a facada, tiro, das maneiras mais covardes, normalmente fruto de quê? Da bebida. Então mesma coisa deve ter acontecido lá." General Hamilton Mourão, vice-presidente, se referindo ao assassinato do indigenista Bruno Pereira e do jornalista britânico Dom Phillips na Amazônia. Fonte: O Globo, por Alice Cravo.

**20 de junho de 2022**
"O sistema brasileiro sequestrou e privatizou a apuração eleitoral. Eu confio na urna, eu não confio nas pessoas e é sábio não confiar nas pessoas." Onyx Lorenzoni (PL-RS), ex-ministro, durante uma entrevista realizada pelo portal UOL em parceria com o jornal Folha de S.Paulo. Fonte: Brasil 123, por Alisson Henrique.

**20 de junho de 2022**
"Informo ainda que a necessidade de participação da PF [Polícia Federal] na fiscalização e auditoria relativas ao emprego da urna eletrônica (sistema eletrônico de votação), inclusive com a possibilidade de desenvolvimento de programas próprios de verificação (art. 15 da Resolução no 23.673/2021), visa resguardar o estado democrático de direito, que exige integridade e autenticidade dos sistemas eleitorais, consagrando, assim, uma eleição escorreita." Anderson Torres, ministro da Justiça, em ofício ao Tribunal Superior Eleitoral (TSE). Fonte: O Antagonista.

**20 de junho de 2022**
"Muita gente parou de falar comigo desde que defendi ele [Jair Bolsonaro], gente que prefiro nem citar nomes. Eu conheci um cara com nome de Capitão, morava perto do condomínio dele no Rio, e sempre o tratei assim, de Capitão. Até que aconteceu aquela facada durante a eleição e percebi que 'capitão' era candidato à presidência. Fui lá prestar solidariedade. Nem sabia que era político! Falei: 'Quero que seja meu presidente! E não me arrependo disso'." Dedé Santana, ator, comediante de 'Os Trapalhões'. Fonte: Veja, por Valmir Moratelli.

### 21 de junho de 2022
"A candidata [a presidente] do MDB [Simone Tebet] disse que se não for pro segundo turno apoiará Lula. MDB foi vice de Dilma PT (sic), com Temer. Agora ela estará entre os últimos na eleição, com certeza. Mostrou a cara..." Deputado Bibo Nunes (PL-RS), sobre a senadora Simone Tebet (MDB-MS) ter dito, em entrevista ao portal G1: 'Eu não estarei assistindo na sala, na frente de uma TV. Eu estarei em um palanque eleitoral defendendo a democracia e defendendo as propostas de país que possam efetivamente tirar o país dessa vergonhosa estatística de ser um dos países mais desiguais do mundo'. Fonte: o próprio Twitter e Estadão.

### 21 de junho de 2022
"Por que será que o TSE briga tanto pra não deixar auditar as urnas?" Zezé di Camargo, cantor sertanejo. Fonte: Brado Jornal.

### 21 de junho de 2022
"A grande falha e incompetência do governo Bolsonaro foi não ter reestruturado a Petrobras e suas operações no início do governo, não ter dado início a mudanças estruturantes na empresa e, o principal, não ter cumprido sua palavra com os caminhoneiro." Wallace Landim, conhecido como Chorão, presidente da Associação Brasileira de Condutores de Veículos Automotores (Abrava) e um dos principais líderes da greve dos caminhoneiros de 2018. Fonte: CartaCapital, por Getulio Xavier.

### 21 de junho de 2022
"Tô é broxa mesmo. Apanhar 24 horas por dia não é fácil, não." Presidente Jair Bolsonaro, falando no cercadinho para apoiadores. Fonte: O Antagonista.

### 21 de junho de 2022
"Um aviso: neste momento pode parecer confortável bancar o ignorante, fechar os olhos ao sofrimento alheio e ficar no colo quente do lobby fingindo que a vacina de Covid-19 é SEGURA. Mas esse momento vai passar e a gravidade dos danos será exposta, junto com a DESUMANIDADE de todos vocês." Guilherme Fiuza, jornalista, colunista da Revista Oeste. Fonte: o próprio Twitter.

### 21 de junho de 2022
"Ao final do pronunciamento, recebi cumprimentos do próprio Daniel Silveira [deputado, PTB-RJ], que foi ao plenário do Senado." Senador Lasier Martins (Podemos-RS). Fonte: o próprio Twitter.

**BOLSONARO E SEUS SEGUIDORES: O HORROR EM 3.560 FRASES**

**22 de junho de 2022**
"Faz-se necessário que o ministro Gilmar Mendes, do STF, preste esclarecimentos urgentes sobre informações de que estaria assessorando a campanha eleitoral de Lula. Se o fato for verdadeiro, é gravíssimo. Infelizmente, o ativismo político da Corte nos leva a suspeitar disso." Senador Lasier Martins (Podemos-RS). Fonte: o próprio Twitter.

**22 de junho de 2022**
"Vejam a data! Não foi por falta de aviso. O pior: há mais coisas vindo. Podem apostar! 'Abraham Weintraub [em 05/02/2022]: O presidente Bolsonaro falou que colocava a cara no fogo pelo Milton Ribeiro, ex-ministro da Educação. Eu não colocava nem o dedo mindinho. Eu jamais faria negócio com o Milton'." Abraham Weintraub, ex-ministro da Educação, sobre a prisão do também ex-ministro da Educação Milton Ribeiro e dos pastores evangélicos Gilmar Santos e Arilton Moura. Fonte: o próprio Twitter.

**22 de junho de 2022**
"Estamos presenciando uma das maiores injustiças, com o ex-ministro Milton Ribeiro, do MEC. É das pessoas mais corretas e sérias, que conheci. Tem que pedir indenização depois. Aguardem!" Deputado Bibo Nunes (PL-RS). Fonte: o próprio Twitter.

22 de junho de 2022
"Se tiver algo de errado, ele [Milton Ribeiro, ex-ministro da Educação] vai responder. Se for inocente, sem problema; se for culpado, vai pagar. O governo colabora com a investigação. A gente não compactua com nada disso. (...) Agora, não sei qual a profundidade dessa investigação. No meu entender, não é aquela orgânica, porque nós temos os *compliances* nos ministérios. Qualquer contrato, qualquer negócio não passa. Não há casos de corrupção [no meu governo]." Presidente Jair Bolsonaro, sobre a prisão do ex-ministro da Educação Milton Ribeiro e dos pastores evangélicos Gilmar Santos e Arilton Moura. Fonte: Estadão, por Julia Affonso e Davi Medeiros.

22 de junho de 2022
"A juíza está certa." Deputado Eduardo Bolsonaro (PL-SP), se referindo à juíza Joana Ribeiro Zimmer, que tentou prolongar a gestação, fruto de um estupro, de uma criança de 11 anos. Fonte: Folha, por Fábio Zanini, Juliana Braga e Carolina Linhares.

22 de junho de 2022
"(...) Participação das Forças Armadas como entidades fiscalizadoras do sistema eletrônico de votação. (...) [Representada por]: Coronel Marcelo Nogueira de Souza, do Exército, que atuará como chefe da equipe das Forças Armadas; Coronel Wagner Oliveira da Silva, da Aeronáutica; Coronel Ricardo Sant'ana, do Exército; Capitão Marcus Rogers Cavalcante Andrade, da Marinha; Capitão Helio Mendes Salmon, da Marinha; Capitão Vilc Queupe Rufino, da Marinha; Tenente-coronel Rafael Salema Marques, da Aeronáutica; Major Renato Vargas Monteiro, do Exército; Major Antônio Amite, do Exército; e Capitão Heitor Albuquerque Vieira, da Aeronáutica." Paulo Sérgio Nogueira de Oliveira, ministro da Defesa. Fonte: Poder360 (27/06/2022).

23 de junho de 2022
"Todo sistema teve que trabalhar em prol de uma ditadura. A condenação vem de uma pressão causada por um erro lá na base. Se esse indivíduo [ministro do STF Alexandre de Moraes] tivesse seguido aquilo que está escrito na Constituição, nós não estaríamos aqui. Qual a dúvida disso? É justo ou injusto?" Jurandir Pereira Alencar, que foi condenado com Antonio Carlos Bronzeri, por terem feito um protesto, com mais outras 15 pessoas, na frente da residência do ministro do STF Alexandre de Moraes. Fonte: Folha, por Renata Galf.

23 de junho de 2022
"Quando cheguei ao MEC, encontrei no gabinete vários quadros do Rubem Valentim. Pedi para retirar todos. Sua obra é inspirada na simbologia da umbanda. Soube que o Milton pediu para recolocar todos os quadros. Parece que o Milton [Ribeiro] e o Tarcísio [de Freitas] gostam dessa temática." Abraham Weintraub. Fonte: o próprio Twitter.

23 de junho de 2022
"Se pagar bem, tem Instituto de pesquisa que é capaz de colocar o ex e futuro presidiário Lula com 102% dos votos, para Presidente." Deputado Bibo Nunes (PL-RS). Fonte: o próprio Twitter.

23 de junho de 2022
"Informo que trata-se de pedido de informação pessoal de servidores desta instituição, conforme inciso IV, do art. 4º da Lei 12.527 [lei de acesso à informação]. [A] proteção da informação sigilosa e da informação pessoal, observada a sua disponibilidade, autenticidade, integridade e eventual restrição de acesso, configura, inclusive, conduta ilícita divulgação de informação pessoal." Polícia Rodoviária Federal (PRF), colocando sigilo de 100 anos no processo que investiga a morte de Genivaldo de Jesus Santos, no dia 25 de maio do mesmo ano, em uma espécie de 'câmara de gás' improvisada por policiais no porta-malas de uma viatura, após ser abordado por estar sem capacete. Fonte: Metrópoles, por Tácio Lorran.

**BOLSONARO E SEUS SEGUIDORES: O HORROR EM 3.560 FRASES**

**23 de junho de 2022**
"Quer dizer que o Lula defende o aborto em rede nacional e a pesquisa mostra que ele não cai entre os evangélicos? Isso não é pesquisa, é torcida contra Bolsonaro." Senador Flávio Bolsonaro (PL-RJ), se referindo à pesquisa Datafolha que indicou 53% dos votos válidos para Lula e 32% para Bolsonaro no primeiro turno da eleição. Fonte: UOL.

**23 de junho de 2022**
"O juiz que decretou a prisão [de Milton Ribeiro, ex-ministro da Educação] foi o mesmo que o ano passado deu uma sentença preliminar para cada vez que alguém me visse sem máscara [de proteção contra a Covid-19], ia me multar em R$ 2 mil, sem comprovação científica nenhuma sobre a máscara, alguém me via na rua, R$ 2 mil [de multa] para o presidente." Presidente Jair Bolsonaro. Fonte: UOL, por Beatriz Gomes.

**23 de junho de 2022**
"Você já foi entrevistado em uma pesquisa eleitoral?" Mayra Pinheiro, ex-secretária de Gestão e Trabalho do Ministério da Saúde, médica. Fonte: o próprio Twitter.

**23 de junho de 2022**
"Um bebê de SETE MESES de gestação, não se discute a forma que ele foi gerado [estupro de uma criança de 11 anos], se está amparada ou não pela lei. É inadmissível falar em tirar a vida desse ser indefeso!" Presidente Jair Bolsonaro. Fonte: o próprio Twitter.

**23 de junho de 2022**
"Eu falei lá atrás que botava a cara no fogo por ele. Eu exagerei, mas eu boto a mão no fogo pelo Milton [Ribeiro, ex-ministro da Educação] assim como boto por todos os meus ministros. Porque o que eu conheço deles, a vivência e etc., dificilmente alguém vai cometer um ato de corrupção." Presidente Jair Bolsonaro. Fonte: Poder360, por Emilly Behnke.

**23 de junho de 2022**
"O presidente Bolsonaro jamais interferiu numa pauta dessa natureza, da prisão desse ex-ministro [Milton Ribeiro]. O presidente não interfere em nenhuma instituição. Essa campanha contínua de *fake news*, que toda hora imputam ao presidente interferência, não passa de mentiras sórdidas e infundadas. O presidente não fez nenhum movimento nem pediu para ninguém ajudar o ex-ministro." Frederick Wassef, 'conselheiro, consultor jurídico e advogado' do presidente Jair Bolsonaro. Fonte: Poder360, por Murilo Fagundes.

23 de junho de 2022
"Considerando boatos de possível interferência na execução da Operação Acesso Pago e objetivando garantir a autonomia e a independência funcional do delegado de Polícia Federal, conforme garante a Lei nº 12.830/2013, informamos que foi determinada a instauração de procedimento apuratório para verificar a eventual ocorrência de interferência, buscando o total esclarecimento dos fatos." Polícia Federal. Fonte: Agência Brasil.

23 de junho de 2022
"Para reflexão. Sinto isso na pele: como apoio o presidente Jair Bolsonaro sou tratado assim a todo momento. Pouco importa que terminei meu doutorado aos 28 anos, que fui professor nos Estados Unidos, que escrevi livros. Tudo some sob o rótulo: bolsonarista." Adolfo Sachsida, ministro de Minas e Energia. Fonte: o próprio Twitter.

23 de junho de 2022
"Caruaru/PE. Presidente Jair Bolsonaro [em carreata, quinta-feira]." Presidente Jair Bolsonaro. Fonte: o próprio Twitter.

24 de junho de 2022
"Campina Grande/PB. Presidente Jair Bolsonaro [em motociata, sexta-feira]." Presidente Jair Bolsonaro. Fonte: o próprio Twitter.

24 de junho de 2022
"Maior desastre ambiental da história (2019); maior pandemia da história (2020-22); maior crise hídrica em 100 anos (2021); maior guerra europeia desde 1945 (2022); maior inflação americana em 40 anos (2022); juros globais em níveis recordes. A economia brasileira segue crescendo." Adolfo Sachsida, ministro de Minas e Energia. Fonte: o próprio Twitter.

24 de junho de 2022
"Nosso país está tomado pelo ódio e fome de poder, com interesses políticos manipulando a verdade e a transparência dos fatos. Como sabemos, existe uma luta incansável para enfraquecer o governo eleito. (...) São tempos de guerra e eu não paro de lutar." Pastor Gilmar Santos, ao sair da prisão, acusado de comandar um esquema de tráfico de influência no Ministério da Educação com o ex-ministro Milton Ribeiro. Fonte: O Antagonista.

**BOLSONARO E SEUS SEGUIDORES: O HORROR EM 3.560 FRASES**

**24 de junho de 2022**
"Então havia gravação do ex-ministro falando que 'ele' achava que poderia ter busca e apreensão? Se 'ele' era Bolsonaro, porque o juiz e o procurador do Ministério Público Federal/Procuradoria-Geral da República não remeteram os autos ao Supremo Tribunal Federal ao invés de prender o ex-ministro [Milton Ribeiro]? Tá cheirando a 'sacanagem', além de crime, claro." Senador Flávio Bolsonaro. Fonte: o próprio Twitter.

**25 de junho de 2022**
"Eu preciso que você ligue para a minha esposa... acalme minha esposa... porque se der qualquer problema com a minha menininha, eu vou destruir todo mundo!" Pastor Arilton Moura, um dos presos na operação da Polícia Federal sobre denúncias de corrupção no Ministério da Educação, em gravação da Justiça. Fonte: Poder360 (24/06/2022).

**25 de junho de 2022**
"Um lado defende o aborto, o outro é contra; um lado defende a família, o outro quer cada vez mais desgastar os seus valores; um lado é contra a ideologia de gênero, o outro é favorável; um lado quer que seu povo se arme, para que cada vez mais se afaste a sombra daqueles que querem roubar essa nossa tão sagrada liberdade; e eu tenho dito: povo armado jamais será escravizado." Presidente Jair Bolsonaro, no evento religioso Marcha para Jesus. Fonte: Estadão, por Bianca Ávila Müller, Felipe Frazão e Davi Medeiros.

**25 de junho de 2022**
"Vai pra trás, meu Deus do céu." Presidente Jair Bolsonaro, se dirigindo à vice-governadora, Daniela Cristina Reinehr (PL-SC), em manifestação na orla de Balneário Camboriú (SC), ao lado e de mãos dadas com Luciano Hang, dono da Havan. Fonte: Rádio Peão Brasil, no site.

**25 de junho de 2022**
"O Presidente Jair Bolsonaro tem razão quando diz que não podemos viver sem liberdade. O Brasil corre o risco de ser dirigido por parceiros de um dos regimes que mais perseguiu e ainda persegue cristãos pelo mundo." Carla Zambelli (PL-SP). Fonte: o próprio Twitter.

**25 de junho de 2022**
"A Folha de S.Paulo não é mais um jornal. É um organismo político em plena campanha, valendo desinformar e espalhar fake news a todo custo. E uma de suas armas é o Datafolha [Instituto de Pesquisas]. Pior: eles não tem (sic) vergonha de serem desmascarados a cada resultado." Marcelo de Carvalho, sócio da RedeTV!. Fonte: o próprio Twitter.

25 de junho de 2022

"Sempre tenho falado das quatro linhas da Constituição. Mas tenho certeza, se preciso for, e cada vez mais parece que será preciso, nós tomaremos as decisões que devem ser tomadas. Cada vez mais eu tenho um exército que se aproxima dos 200 milhões de pessoas nos quatro cantos desse país. (...) Nos acusam do que eles verdadeiramente são. Se julgam os donos da verdade, acham que podem tudo, até mesmo nos escravizar. Sempre digo, para mim, é muito mais fácil estar desse lado. Mas não podemos esquecer de uma coisa: todos nós aqui teremos um ponto final um dia. Todos serão julgados. E as consequências? Cada um imagina qual seja a sua. (...) Não podemos esperar chegar 2023 ou 2024 e olhar para trás, nós aqui, e perguntarmos a nós mesmos: o que não fizemos para que chegássemos a essa situação difícil de hoje em dia? Nós somos a maioria. A democracia é vocês (sic). Vocês têm que dar o norte para todos nós." Presidente Jair Bolsonaro, no evento religioso Marcha para Jesus, acompanhado da primeira-dama Michelle Bolsonaro, do empresário Luciano Hang, das Lojas Havan, e do presidente da Caixa Econômica Federal, Pedro Guimarães. Fonte: Gazeta Brasil.

A seguir apresentamos os nomes de todas as pessoas que estão citadas neste livro, por ordem alfabética, como "Fonte".

Agradecemos a todos(as).

Atenciosamente, o Autor.

A Gazeta; Acontece Botucatu; Adriana Ferraz; Afonso Marangoni; AFP; Agência Brasil; Agência Cenarium; Agência de Notícias AP; Agência Lupa; Agência Senado; Agora Notícias Brasil; Aguirre Talento; Alberto Bombig; Alerta Nacional; Alessandra Monnerat; Alex Taira; Alexa Salomão; Alexandre Bentivoglio; Alexandre Magnani; Alexandro Martello; Alice Cravo; Alisson Henrique; Amanda Oliveira; Amanda Pupo; Amanda Rossi; Amauri Nolasco; Ana Carolina Nunes; Ana Cora Lima; Ana Estela de Souza Pinto; Ana Krüger; Ana Luiza Albuquerque; Ana Luiza Menezes; Ana Mendonça; Ana Paula Bimbati; Ana Paula Ramos; Ana Rosa Alves; Anaís Motta; Ancelmo Gois; Anderson Antunes; Anderson Ramos; André Borges; André Coutinho; André de Souza; André Ítalo Rocha; André Shalders; André Trigueiro; Andrea Jubé; Anna Júlia Lopes; Anna Russi; Anna Satie; Anna Virginia Balloussier; Anne Warth; Antena1; Antonio Temóteo; Aos Fatos; Artur Piva; Artur Rodrigues; Assembleia Legislativa do Estado do Rio de Janeiro; Augusto Fernandes; Aventuras na História; Bahia Notícias; BandNews TV; Bárbara Correa; BBC Brasil; BBC News Brasil; BCharts; BDM; Beatriz Gomes; Beatriz Montesanti; Beatriz Roscoe; Bela Megale; Bem Paraná; Bernardo Barbosa; Bernardo Caram; Bernardo Gonzaga; Bernardo Mello; Bernardo Mello Franco; Bernardo Yoneshigue; Bertha Maakroun; Bianca Ávila Müller; Bianca Gomes; Bianka Vieira; Biodieselbr; Blog da Política de Pernambuco; Blog do Noblat; Blog Social 1; Blog Tulio Lemos; Bob Fernandes; Bob Furuya; Bonde; Brado Jornal; Brasil 123; Brasil 247; Brasil de Fato; Brasil Fede Covid; Breno Pires; Bruna Borges; Bruna Carvalho; Bruna de Alencar; Bruna Lima; Bruna Yamaguti; Brunno Melo; Bruno Alfano; Bruno B. Soraggi; Bruno Góes; Bruno Nomura; Caio Barbieri; Caio Matos; Caio Mello; Caio Sartori; Caio Spechoto; Caique Alencar; Caique Santos; Câmara dos Deputados; Câmara dos Vereadores da Cidade do Salvador; Camila Mattoso; Camila Turtelli; Camila Zarur; Campo Grande News; Carla Araújo; Carol Macário; Carolina Cruz; Carolina Dantas; Carolina Linhares; Carolina Macário; Carolina Marins; Carolina Riveira; CartaCapital; Catia Seabra; Catraca Livre; Caue Fonseca; Cecília Sóter; Cedê Silva; Célia Froufe; CenárioMT; Central Eleitoral; Centro de Debates de Políticas Públicas; Chico Alves; Chico Marés; Chico Otavio; CitaçõesIn; Clara Becker;

# WALTER BARRETTO JR.

Claudio Dantas; CNN Brasil; Colégio e Curso Start; Congregação Cristã no Brasil; Congresso em Foco; Conjur; Conselho Federal de Medicina; Constança Rezende; Conversa Afiada; Correio; Correio Braziliense; Correio do Povo; Cristiane Noberto; Cristiano Romero; Crusoé; Daniel Adjuto; Daniel Carvalho; Daniel Gullino; Daniel Pereira; Daniel Weterman; Daniela Lima; Danielle Brant; Dante Ferrasoli; Davi Medeiros; DCM; Débora Álvares; Delis Ortiz; Denise Paro; Desmentindo Bolsonaro; Diário de Cuiabá; Diário de Goiás; Diário de Notícias; Diário de Pernambuco; Diário Oficial da União; Dimitrius Dantas; Diogo Bercito; Diogo Mainardi; Douglas Corrêa; Douglas Gavras; Douglas Rodrigues; Duda Monteiro de Barros; DW; Dyepeson Martins; Edilson Salgueiro; Edmar Lyra; Edoardo Ghirotto; Edson Sardinha; Eduardo Barretto; Eduardo Fernandes; Eduardo Gayer; Eduardo Gonçalves; Eduardo Militão; Eduardo Moura; Eduardo Rodrigues; Eduardo Simões; Eixo Político; El País; Elena Landau; Elias Aredes Junior; Eliene Andrade; Elio Gaspari; Elis Barreto; Emerson Voltare; Emilly Behnke; ÉPOCA; Eric Luis Carvalho; Erick Mota; Érika Kokay; ESBrasil; Estadão; Eudes Lima; Evandro Éboli; Exame; Exército brasileiro; EXTRA; F5; Fabiana Barroso; Fabiano Maisonnave; Fábio Fabrini; Fabio Murakawa; Fábio Pupo; Fábio Schaffner; Fabio Serapião; Fábio Zanini; Fabíola Cidral; Fabrício de Castro; Falando Verdades; Fausto Macedo; Felipe Cherque; Felipe Frazão; Felipe Matoso; Fernanda Alves; Fernanda Calgaro; Fernanda Canofre; Fernanda Freitas; Fernanda Salles; Fernanda Talarico; Fernanda Trisotto; Fernando Nakagawa; Fhilipe Peláijio; Filipe Barini; Flávia Faria; Flávia Said; Folha; Folha de Pernambuco; Folha Ilustrada; Folhajus; Folhapress; Fórum; Francisco Carlos de Assis; Funai; G1; Gabriel Lopes; Gabriel Mansur; Gabriel Sabóia; Gabriel Shinohara; Gabriela Couto; Gabriela Oliva; Gabriella Soares; Gazeta Brasil; Gazeta de S.Paulo; Gazeta do Povo; Gazeta do Rio de Janeiro; Gazeta Esportiva; Gerson Camarotti; Géssica Brandino; Getulio Xavier; GGN; Gianlucca Cenciarelli Gattai; Gil Alessi; Gilberto Nascimento; Gilmara Santos; Gilvan Marques; Giordanna Neves; Glamurama; GloboNews; GospelMais; Governo Federal; Guilherme Amado; Guilherme Balza; Guilherme Caetano; Guilherme Magalhães; Guilherme Mazui; Guilherme Seto; Guilherme Venaglia; Guilherme Waltenberg; Gustavo Alonso; Gustavo Côrtes; Gustavo Cunha; Gustavo Maia; Gustavo Queiroz; Gustavo Uribe; GZH; Hamilton Ferrari; Hanrrikson de Andrade; Hélio Schwartsman; Henrique Carlos; Henrique Rodrigues; Hugo Marques; Humanista; Ian Ferraz; Iander Porcella; Idiana Tomazelli; IG; iG Último Segundo; Igor Carvalho; Igor Gadelha; Igor Gielow; Igor Mello; Imagens História; Ingrid Soares; Isabela Aleixo; Isabella Cavalcante; Isadora Duarte; Israel Medeiros; IstoÉ; IstoÉ Dinheiro; Italo Nogueira; Itamar Melo; Iuri Corsini; Iuri Pitta; Ivan Longo; Ivan Martínez-Vargas; Jamil Chade; Jamile Racanicci; Jardel Sebba; Jayanne Rodrigues; Jefferson Anjos; Jéssica Sant'Ana; Joana Cunha; João Pedro Pitombo; João Valadares; Joaquim de Carvalho; Joelmir

**BOLSONARO E SEUS SEGUIDORES: O HORROR EM 3.560 FRASES**

Tavares; Jonathan Karter; Jornal da Cidade; Jornal da Cidade Online; Jornal Estado de Minas; Jornal Nacional; José Casado; José Marques; José Matheus Santos; Josianne Ritz; Josias de Souza; Jovem Pan; Julia Affonso; Julia Chaib; Júlia Dias Carneiro; Julia Lindner; Julia Possa; Juliana Arreguy; Juliana Braga; Juliana Bublitz; Juliana Cipriani; Juliana Dal Piva; Júnior Leite; Jussara Soares; Kamille Martinho; Karine Melo; Karla Spotorno; Katna Baran; Kelly Matos; Kim Kataguiri; Klaus Richmond; Lais Carregosa; Laísa Dall'Agnol; Lance & IstoÉ; Lara Vieira; Larissa Rodrigues; Laryssa Borges; Laura Marques; Lauriberto Pompeu; Lauro Jardim; Leandro Magalhães; Leandro Prazeres; Leandro Resende; Leda Nagle; Leia Já; Leo Branco; Leonardo Martins; Leonardo Monteiro; Leonardo Sakamoto; Letícia Casado; Lígia Mesquita; Lilia Schwarcz; Lisandra Paraguassu; Lola Ferreira; LORENA; Lorena Lara; Lorenna Rodrigues; Luana Araújo; Luana Melody Brasil; Lucas Borges Teixeira; Lucas Carvalho; Lucas Janone; Lucas Marchesini; Lucas Melo; Lucas Mendes ; Lucas Negrisoli; Lucas Neiva; Lucas Valença; Lucas Vettorazzo; Luciana Amaral; Luciana Coelho; Luís Cláudio Cicci; Luiz Antonio Cintra; Luiz Carlos Pavão; Maiá Menezes; Maíra Alves; Malu Gaspar; Malu Mões; Manoela Alcântara; Manoella Smith; Marcela Ayres; Marcela Mattos; Marcello Neves; Marcelo Godoy; Marcelo Montanini; Marcelo Rocha; Marcelo Teixeira; Marco Grillo; Maria Eduarda Cardim; Maria Regina Mouta; Mariana Carneiro; Mariana Costa; Mariana Felipe; Mariana Haubert; Mariana Muniz; Mariana Rosário; Mariana Sanches; Mariana Schreiber; Mariana Valbão; Marianna Holanda; Marina Barbosa; Marina Dias; Marina Ferraz; Mário Adolfo Filho; Matara Oliveira; Mateus Ferraz; Mateus Maia; Mateus Vargas; Matheus Adler; Matheus Caldas; Matheus de Souza; Matheus Lara; Matheus Maciel; Matheus Muratori; Matheus Rocha; Matheus Schuch; Matheus Teixeira; Mauricio Leiro; Mauricio Lima; Maurício Moraes; Mauricio Stycer; Mauro Donato; Mayara Oliveira; Mayara Prado; MBL; Meio & Mensagem; Melissa Duarte; Metro1; Metrópoles; Michele Oliveira; Mídia Ninja; Migalhas; Ministério da Defesa; Ministério da Saúde; Mirelle Pinheiro; Moacir Pereira; Mônica Bergamo; Moon BH; Mosart Aragão; Murillo Camarotto; Murilo Fagundes; Murilo Matias; Naira Trindade; Naná DeLuca; Naomi Matsul; Natália André; Natália Bosco; Natália Cancian; Natália Lázaro; Natália Portinari; Natalia Veloso; Nathália Afonso; Nathalia Galvani; Nathalia Garcia; Nathalia Passarinho; Nathan Lopes; Nathan Victor; Natuza Nery; ND; Nelson Lima Neto; Nexo Jornal; Nicholas Shores; Nicole Angel; Nilson Klava; Nilto Tatto; Notícias Agrícolas; Notícias da TV; O Antagonista; O Cafezinho; O canal; O Dia; O Fluminense; O Globo; O Globo ÉPOCA; O Museu da Direita Histérica; O Povo; O Segredo; O Sul; O Tempo; Observatório da TV; Oliberal.com; Otávio Augusto; Pablo Nascimento; Pablo Rodrigo; Paraíba Já; Partido Trabalhista Brasileiro; Patrícia Nadir; Patrícia Pasquini; Patrícia Teixeira; Patriotas; Paula Ferreira; Paula Gama; Pauline Almeida; Paulo Cappelli; Paulo

**WALTER BARRETTO JR.**

Moura; Paulo Muzzolon; Paulo Peixoto; Paulo Ricardo Martins; Paulo Roberto Netto; Paulo Saldaña; Pedro Alves; Pedro Caramuru; Pedro Fonseca; Pedro Grigori; Pedro Henrique Gomes; Pedro Pligher; Pedro Prata; Pedro Vilas Boas; Pepita Ortega; Phillippe Watanabe; Plataforma; Playboy; Pleno.News; Plínio Aguiar; Poder360; Policarpo Junior; Polícia Rodoviária Federal; Política Distrital; Política em Debate; Política Livre; POPline; Portal Jota; Pragmatismo; Preto no Branco; Priscilllando; Quebrando o Tabu; R7; Rádio Bandeirantes; Rádio BandNews; Rádio CBN; Rádio Peão Brasil; Rafa Santos; Rafael Balago; Rafael Barbosa; Rafael Machado; Rafael Moro Martins; Rafael Neves; Rafael Walendorff; Ranier Bragon; Raphael Heide; Raphael Veleda; Raquel Lopes; Raul Monteiro; Rayanderson Guerra; Rayanne Albuquerque; RBA; RD1; Rebeca Soares; Rede Alesp; Rede Brasil; Rede Globo; Rede Liberal; Rede TV!; Reinaldo Azevedo; Relatório da CPI da Covid-19 do Senado Federal; Renata Agostini; Renata Galf; Renata Mariz; Renata Nagashima; Renato Alves; Renato Machado; Renier Bragon; Renzo Mora; Reuters; Revista Oeste; Ricardo Della Coletta; Ricardo Kotscho; Ricardo Noblat; Rita Constantino; Roberta Jansen; Roberto Crispim; Robson Bonin; Rodrigo Daniel Silva; Rodrigo Maia; Rodrigo Rangel; Rodrigo Viga Gaier; Ronayre Nunes; Rosane de Oliveira; Rose Serafim; Rosiene Carvalho; Rubens Valente; Rudolfo Lago; Sagres Instituto; Saiba Mais; SamPancher; Samuel Pancher; Sandra Cohen; Sandra Manfrini; Sandy Mendes; Sarah Teófilo; SBT; SBT News; Sebastião Natalio; Senado Notícias; Sérgio Rangel; Sibelle Fonseca; Silvana Pires; Silvio Barsetti; Sinduscon Brusque; Sleeping Giants Brasil; Sleeping Giants Pt; Sofia Aguiar; Sofia Cerqueira; SONAR; Splash; Stella Borges; Sul 21; Suzana Singer; TAB; Tácio Lorran; Taísa Medeiros; Talita Fernandes; Tatiana Oliveira; Tecmundo; TelePadi; Terça Livre; Terra; Terra de Todos; Thaís Augusto; Thaís Barcellos; Thaís Paranhos; Thaísa Oliveira; Thayná Schuguel; Thays Martins; The Intercept Brasil; Thiago Bronzatto; Thiago Prado; Thiago Resende; Thiago Varella; Tiago Angelo; Tiago Cordeiro; Tilt; Tomás Conte; Torcedores.com; Tribuna da Justiça; Tribuna de Jundiaí; Tribuna do Norte; TV A Crítica; TV Bandeirantes; TV Brasil; TV Brasil Central; TV Cultura; TV Globo; TV Jovem Pan News; TV Senado; Uai; UOL; UOL Esporte; Valmir Moratelli; Valor Econômico; Valor Investe; Valter Costa; Vanessa Lima; Vanessa Lippelt; Veja; Veja São Paulo; Vera Araújo; Vera Magalhães; Vera Rosa; Vermelho; Victor Fuzeira; Victor Ohana; Victoria Azevedo; Vida & Ação; Vinicius Nunes; Vinícius Sassine; Vinícius Valfré; Vitória Queiroz; VivaBem; Washington Luiz; Weslley Galzo; Weudson Ribeiro; Will R. Filho; William Bonner; Willian Matos; Wilson Lima; WSCOM; Yago Rudá; Yahoo! Esportes; Yahoo! Notícias; Yuri Riras; Zero Hora.

Gostou do livro que terminou de ler? Aponte a câmera de seu celular para o QR Code e descubra um mundo para explorar.